KB176206

에라스무스(1466~1536) 한스 홀바인. 파리, 루브르미술관

◀에라스무스가 자신의 작품을 구술하며 비서에게 필기시키는 장면 H. 레이스의 그림을 바탕으로 19세기 벨기에인 J. 두마네가 만든 동판화

▼안데를레흐트에 있는 에라스무스 집 '르네상스의 방'
에라스무스가 안데를레흐트에서 살았는지에 대해서는 1922년 영국의 알렌 교수가 대영박물관에서 에라스무스가 쓴 22통의 편지를 발견함으로써 밝혀졌다.

〈바보의 배〉 히에로니무스 보스. 중세에서 르네상스기에 걸쳐 이 '바보의 배'라는 주제는 문학이나 미술에서 대중적
이었다. 같은 시대에 네덜란드의 화가 보스가 같은 주제로 아주 기괴한 그림을 그린 것이다.

◀◀《바보예찬》속표지 바젤의 프로벤서점에서 간행한 프로벤판

◀한스 홀바인이 그린 《바보예찬》 판화 삽화

▼〈바보 치료〉 히에로니무스 보스. 마드리드, 프라드미술관
보스가 즐겨 그린 기괴한 상징기법을 볼 수 있다.

프랑수아 드 라 로슈푸코(1613~1680)

푸아투샤랑트 주에 있는 라 로슈푸코의 관저, 베르퇴이유 성

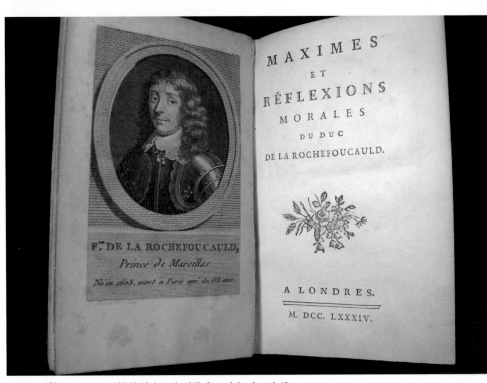

《잠언과 성찰》(초판, 1665) 권두화 및 속표지 권두화 초상은 라 로슈푸코

장 드 라 브뤼예르(1645~1696)

▲《인간성격론》(1688) 초판본 권두화 및 속표지
권두화는 라 브뤼예르 초상이다. 그는 자기 작품
의 근원을 고대인 테오프라스토스 아래 두었다.

◀테오프라스토스(BC 372?~288?) 그리스 철학자·
과학자. 《식물본원에 대하여》《성격론》 등의 저서
가 있다.

▼테오프라스토스의 《성격론》(1714) 제2판

세계사상전집040
Desiderius Erasmus/La Rochefoucauld/La Bruyére
MORIAE ENCOMIVM ID EST STVLTITIAE LAVS CUM EPISTOLA AD M, DORPIUM
REFLEXIONS OU SENTENCES ET MAXIMES MORALES
LES CARACTERES DE THEOPHRASTE TRADUITS DU GREC
AVEC LES CARACTERES OU LES MOEURS DE CE SIECLE
바보예찬/잠언과 성찰/인간성격론
에라스무스/라 로슈푸코/라 브뤼예르/정병희 옮김

Erasmus

동서문화사

바보예찬/잠언과 성찰/인간성격론
차례

Moriae Encomivm Id Est Stvltitiae Lavs Cum Epistola Ad M. Dorpium

바보예찬

에라스무스

로테르담 에라스무스*¹가 친애하는 토머스 모어*²에게

　요즘 이탈리아에서 영국으로 여행하면서*³ 내내 말을 타고 다닌다네. 나는 뮤즈 여신들*⁴과 아무 상관도 없는 시시껄렁한 잡담으로 그 시간을 낭비할 생각은 전혀 없었네. 차라리 우리가 가진 모두의 관심사 몇 가지 문제점에 대해 궁리해 보는 게 낫겠다 싶었지. 또 한동안 헤어져 있었던 좋은 친구들을 이따금 회상하기도 했네. 박식하고 훌륭한 내 친구들 말일세. 오! 모어여, 그대는 내 머릿속에 가장 먼저 떠오르는 친구들 중 하나라네. 그리운 친구여, 예전에 그대가 내 곁에 있을 때에는 참으로 즐거웠지. 지금은 비록 곁에 없지만, 그대를 회상하는 것만으로도 나는 즐겁다네. 내 평생 이보다 감미로운 기쁨은 정녕코 없을 걸세!

　나는 이 시간을 무슨 일에든 사용하고 싶었네. 하지만 진지한 일을 할 만한 상황이 아닌지라, 장난삼아 바보신을 예찬하는 글을 지어 보기로 했지. '팔라스가 그대에게 그런 생각을 불어넣었는가?'*⁵ 자네는 이렇게 말할지도 모르겠네. 이 글을 짓는 첫 번째 까닭은 내가 맨 먼저 바보신(Moria)*⁶의 이름과 비슷한 자네 이름(Morus)*⁷을 떠올렸기 때문이라네. 물론 그대는 바보신과 참으로 거리가 멀며, 오히려 바보신의 가장 큰 적이라는 사실은 누구나 인정하고 있을 걸세.

　두 번째 이유를 들자면, 이러한 내 정신적 유희를 자네가 칭찬해 줄 거라고 생각했기 때문이네. 이런 종류의 농담이라도 내가 교양 있게 제대로만 한다면, 그대는 이를 즐겨 줄 것이 틀림없으니까. 또 그대가 평소 생활 속에서 데모크리토스*⁸를 기꺼이 따르고 있기 때문이기도 하지. 그대가 그 심오한 정신으로 말미암아 비속(卑俗)한 것들을 멀리하고 있다는 점은 분명하네. 하지만 그대는 마음씨 곱고 무척 너그러운 성격이니, 하찮은 주제도 받아들여서 즐겨 줄 거라 믿네. 그러므로 보잘것없는 습작이지만 친구인 내가 보내는 것이니 기념으로서 쾌히 받아주고, *⁹ 이왕이면 이 글을 옹호하는 역할도 맡아 주었으면 좋겠네. 왜냐하면 나는 이 습작을 이미 자네에게 증정했으니까. 이 글은 이제 그대 친구의 것이 아니라 그대의 소유물일세.

앞으로 이 글을 헐뜯는 이들이 결코 없지는 않을 걸세. 이런 시시한 책은 너무나 경박하여 신학자에게 맞지 않는다고 비난하는 사람도 있을 테고, 또 너무나 신랄하여 기독교도의 체면을 상하게 한다고 주장하는 사람도 있겠지. 그들은 내가 고대의 희극[10]과 루키아노스[11]로 되돌아가서 모든 것들을 혹평했다고 떠들어 댈 걸세. 그렇지만 이 화제의 경박하고 농담조 같은 구석을 기분 나쁘게 여기는 사람들도, 이것을 내가 창안해 내진 않았다는 점을 잘 생각해 봐야 할 것이네.

여러 위대한 작가들도 똑같은 일을 이미 했거든. 몇 세기 전 호머(호메로스)는 「쥐와 개구리의 싸움」[12]을 심심풀이 삼아 썼고, 베르길리우스는 「각다귀」[13]와 「흰 치즈 샐러드」[14]를 썼으며 오비디우스는 「호두나무」[15]를 지었네. 폴리크라테스[16]는 부시리스 왕을 찬양하였고, 이소크라테스[17]는 그를 매도했지. 글라우콘[18]은 '불의'에 대한 찬문을 썼고, 파보리누스[19]는 테르시테스와 사일열[20]에 대해 예찬했다네. 또 시네시우스[21]는 '대머리' 예찬을, 루키아노스는 '파리'와 '식객'[22] 예찬을 썼고. 세네카가 클라우디우스 황제에 대한 「신화담(神化談)」[23]을 지었는가 하면, 플루타르크도 그와 마찬가지로 율리시스와 그릴루스에게 대화를 시켜 놓고선[24] 좋아했지. 루키아노스와 아풀레이우스는 당나귀와 더불어 놀았고,[25] 또 누군지 모를 어떤 사람은 '그루니우스 코로콧타'라는 새끼돼지[26]의 유언을 지었다네. 이 이야기는 성 히에로니무스[27]의 책에 실려 있지. 만약 검열관들이 그런 작품들을 좋아한다면 내 글도 그리 생각해 주길 바라네. 체스를 두거나 어린이처럼 빗자루를 걸타고 노는 것처럼,[28] 이 글도 기분 전환의 일종으로 받아들여 줬으면 좋겠네.

누구나 저마다 원하는 방식으로 삶의 피로를 풀 수 있지. 그런데 유독 정신노동자에게만 그런 권리를 주지 않다니 이 얼마나 부당한 처사인가! 더구나 통찰력 있는[29] 독자들이 어리석은 사람들의 진지한 이야기를 즐기는 것이, 엄숙하고 장중한 수많은 논의들을 접했을 때보다도 더 큰 이득을 얻는다면 더욱 그렇지 않겠는가! 어떤 사람은 '수사학'이나 '철학'에 대한 예찬 글을 짓고, 또 어떤 사람은 군왕을 찬송하는 글이나 터키인 토벌에 대한 격문을 짓네. 한편 미래를 예언하는 문인들도 있고, 양털*³⁰에 관한 여러 가지 문제를 생각해 내는 사람들도 있지. 시시한 일을 진지하게 다루는 것은 참으로 어리석은 일이네. 하지만 시시한 것을 진지한 일에 도움되도록 하는 것보다 더 슬기로운 일은 없을 것이야. 나를 판단하는 일은 남들에게 맡김세. 다만 나는 '자존심'*³¹에 내 머리가 돌아 버리지 않은 이상, '바보신'을 전혀 어리석지 않게 훌륭히 예찬했다고 생각하네.

내가 남을 물어뜯는다고 비난하는 사람이 있다면 나는 이렇게 대답할 걸세. 미치광이처럼 굴지만 않는다면, 문필가는 인생의 공통적인 상황을 언제든 자유롭게 조롱해도 아무 죄가 없다고. 나는 현시대 사람들의 귀가 하도 섬세해져서 장엄한 아첨이 넘쳐흐르는 말밖에 받아들이지 못하게 된 데에 감탄하고 있네. 가만 보면 세상의 질서가 뒤집힌 것 같아. 예수 그리스도에 대한 극악무도한 모독에 대해서는 조용히 있는 사람들이 교황이나 군주에 관한 매우 하찮은 농담에 대해서는, 더구나 그의 빵을 먹고 있는 경우에는*³² 버럭버럭 성을 낸단 말이지. 이런 모습을 보면 종교 질서마저 거꾸로 돼 버린 기분이 든다네.

딱히 누구를 꼬집어 공격하지 않고 세상 사람들의 풍습 전체를 비판하는 것이, 정말로 모두를 물어뜯는 행위일까? 그것은 오히려 남에게 가르침과 충고를 주는 행위 아닌가? 뿐만 아니라 나는 끊임없이 나 자신을 비판하고 있지 않은가? 어떤 종류의 인생도 제외하지 않는 풍자란, 특정인을 공격하는 것이 아니라 모든 사람들의 악덕을 공격하는 것이네. 그러므로 누군가가 내 글을 읽고 벌떡 일어나서 상처를 입었다고 외친다면, 그 사람은 스스로 죄가 있음을 인정하거나 적어도 불안함을 자백하는 셈일세. 성 히에로니무스는 이런 풍자를 할 때 나보다 분방하고 신랄한 태도를 취했으며, 때로는 특정 인물들의 이름까지도 서슴지 않고 내놓았네. 그런데 나의 글에는 단 한 사람의 이름도 함부로 내놓지 않았으며, 문체를 부드럽게 하려고 노력했단 말이지. 총명한 독자라면, 내가 사람들을 즐겁게 해 주려 했을 뿐 결코 누군가를 헐뜯으려 한 것은 아님을 쉽사리 깨달을 것이네. 나는 숨은 악덕의 시궁창을 휘저은 유베날리스와는 다른 사람일세. 수치스러운 일들을 목록으로 만들지도 않았지. 다만 우스꽝스러운 일들을 열거했을 뿐이네. 내가 이렇게까지 말했는데도 누그러지지 않는 완고한 사람들이 아직 남아 있다면, 그들이 '바보신'에게 공격받는 것을 명예로운 일로 생각해 주길 바랄 뿐이야. 나는 이 여신(女神)을 내세워서 그들을 만족시킬 생각이니까.

그러나 보잘것없는 명분마저도 완벽하게 변호해 주는 그대같이 훌륭한 변론가에게, 내가 이런 장황한 설명을 할 필요가 있겠는가? 이제 자네의 소유물이 된 이 「바보예찬」을 변호하는 수고는 그대의 능란한 솜씨에 맡기겠네. 안녕, 뛰어난 능변가 토머스 모어여!

1508년 6월 9일 시골에서*33

〈주〉

*1 라틴어로는 Desiderius Erasmus Rotterodamus, 프랑스어로는 Erasme. 1469년 10월 26일 로테르담에서 태어나 1536년 7월 11~12일 바젤에서 사망. 아버지는 네덜란드 남부 고우다(Gouda) 출신인 게라르 프라에트이며 어머니는 제베베르겐(Zevenbergen)에 사는 한 의사의 딸인 마르가레테다. 에라스무스는 이 두 사람 사이에서 태어난 사생아다. 그가 Desiderius Erasmus Rotterodamus라 불린 것은 1504년 이후이며 그 전에는 여러 이름으로 불렸다. 위 이름 중 Desiderius는 라틴어의 desiderium(욕망)에서, Erasmus 는 그리스어의 Epasuos(애정)에서 각각 따왔다는 설이 있으며, 이탈리아의 포르미아에(Formiae)에서 태어난 성자이자 임산부의 수호신인 에라스무스(Erasmus) 혹은 엘모(Elmo)에서 따온 이름이라는 설도 있다. 1622년 로테르담 시는 시내 한복판에 카이저가 만든 에라스무스 동상을 세워, 이 저명한 휴머니스트가 이 도시에서 태어났음을 기념했다.

*2 토머스 모어(Thomas More 혹은 Morus)는 영국의 휴머니스트로 1478년 런던에서 태어나 1535년에 사망했다. 에라스무스는 1497년 처음으로 영국에서 체류할 때 토머스 모어를 만났다고 한다. 그후 그들은 변함없는 우정을 유지한다. 두 사람이 처음 만날 당시 모어는 법률 공부를 하고 있었다. 그와 에라스무스는 마운트조이(Mountjoy)의 영주 윌리엄 블라운트(William Blount) 경의 집에서 만났다. 블라운트 경은 일찍이 파리에서, 이미 휴머니스트로 명성을 날리고 있던 에라스무스에게 가르침을 받은 바 있었다. 1505년이 저물 무렵 에라스무스는 다시 영국을 방문하여 모어의 집에 묵었다. 이때 모어는 몇 달 전에 결혼한 상태였으며 콜레트(Colet), 그로신(Grocyn), 리나카(Linacre), 윌리엄 릴리(Lilly) 등 그리스어 학자들이 모어의 집에 자주 드나들고 있었다. 에라스무스는 모어의 집에 머무르며 그와 함께 루키아노스의 여러 '대화(對話)'를 라틴어로 번역하였다. 1509년 세 번째로 영국에 갔을 때 그는 또다시 모어의 집에 머물렀다. 그 몇 주일 전에 에라스무스는 나귀를 타고 여행하면서 이야기를 하나 구상했

는데, 모어는 그 이야기를 글로 쓰라고 에라스무스에게 권했다. 그래서 「바보예찬」이 탄생한 것이다. 에라스무스보다 열 살이나 어린 모어는 1503년에 국회의원으로 뽑혔다. 그는 헨리 8세의 특사로서 플랑드르와 프랑스에 파견된 적도 있다. 1518년 그는 유명한 저서 「유토피아」를 출간했으며 1529년에 영국의 재상으로 임명되었다. 그러나 1532년, 모어는 헨리 8세의 이혼의 유효성을 인정하지 않았기 때문에 재상 자리에서 물러날 수밖에 없었다. 이어 반역죄로 몰려 사형선고를 받은 그는 1535년 런던탑에서 참수형을 당했다. 위대한 정치가이자 문호인 토머스 모어 경은 에라스무스와 콜레트가 내세운 개혁사상을 지지하였지만, 루터의 정교 분리주의에 대해선 단호히 반대하였다. 그리고 그는 모범적인 독신자(篤信者)였으며 1935년에 성인(聖人)으로 추대되었다.

＊3 근 3년 동안 이탈리아에 체류한 뒤(1506년 8월~1509년 6월), 에라스무스는 영국 친구들의 간절한 부름을 받아 영국에 되돌아가기로 결심했다. 이때 영국에서는 에라스무스를 매우 총애하는 헨리 8세가 등극한 직후였다. 에라스무스는 볼로냐, 스위스, 라인 강을 거쳐 앙베르에 도착하여 런던으로 향하는 배에 올라탔다. 이 여행 도중에 인간의 갖가지 어리석음을 생생히 목격했던 에라스무스는 「바보예찬」을 구성하였다. 그는 토머스 모어의 집에 도착한 뒤, 1509년 8월 무렵 일주일 만에 「바보예찬」을 완성하였다.

＊4 고대 신화에서 학문과 예술을 관장하는 아홉 여신. 무사이라고도 부른다.

＊5 「오디세이」 21·1에서 인용. 팔라스는 로마 신화의 미네르바와 같은 여신으로, 특히 전쟁의 여신을 가리킨다. 또 그리스 신화에서는 아테나 혹은 아테네라 불린다. 그녀는 사상·예술·과학·산업을 관장하는 여신으로 제우스의 딸이다. 태어날 때 아버지의 머릿골에서 무장(武裝)을 한 채 뛰쳐나왔다고 한다.

＊6 그리스어의 *Μωρία*로 광기(狂氣), 치우(癡愚)를 뜻한다. 작품 중에서 이 단어는 그런 광기 및 치우를 관장하는 여신으로서 다루어지고 있다. 이 작품의 제목은 처음에는 Encomiun Moriae라고 붙여졌는데, 이 두 마디의 그리스어를 라틴어로 바꾸면 Stultitiae Laus가 된다.

＊7 모어의 라틴어 이름.

＊8 기원전 5세기에 아브데라에서 태어난 그리스의 철학자. 공포심에서 벗어나는 것이 최고의 행복이라 생각하였으며, 인생 만사를 늘 희극적으로 보았다고 한다.

＊9 「카툴루스」 12·13에서 인용.

＊10 가장 대표적인 작가로 아리스토파네스를 들 수 있는 고대 희극은 동시대인들을 맹렬히 비판하였다.

＊11 1506년에 에라스무스는 토머스 모어와 함께, 루키아노스의 재치 있는 대화를 라틴어로 번역하여 파리에서 출판하였다.

＊12 그리스어 제목은 Batrachomyomachie이다. 이 작품은 에라스무스의 생각과는 달리 호메로스의 작품이 아니었다. 이는 기원전 4세기 무렵 「일리아드」를 모방해서 지어진

194행으로 된 희작이다.

*13 원어는 라틴어 Culex. 베르길리우스의 작품으로 간주되는 414생의 서사시다. 작품 내용을 요약해 보자면 다음과 같다. 잠들어 있던 목동 하나가 막 뱀에 물리려는 찰나 각다귀에게 쩔려 눈을 뜨는데, 목동은 자기 목숨을 구해 준 각다귀를 그런 줄도 모르고 때려죽인다. 각다귀는 그날 밤 목동의 꿈에 나타나서 무덤을 만들어 달라고 한다.

*14 원어는 라틴어 Moretum. 124행의 전원시. 작품 내용을 요약하자면, 한 로마의 농부가 밭에서 돌아왔을 때 저녁 식사로 먹을, 기름과 야채를 곁들인 흰 치즈 요리를 미리 만들어 놓으려고 꼭두새벽에 일어난다는 이야기다.

*15 원어는 라틴어 Nux. 182행의 시로서 오비디우스의 한 제자가 쓴 작품으로 간주된다. 이 시에서는 한 그루의 호두나무가, 지나가던 사람이 열매를 따기 위해 돌을 던져 자신을 괴롭히는 일에 대하여 재치 있게 불평한다.

*16 사모스 섬의 폭군. 문예를 애호하던 사람으로 시인 아나크레온의 친구였으며 기원전 522년에 사망했다. 부시리스는 전설상의 이집트 왕으로, 신화에 의하면 자기 나라에 들어오는 외국인들을 모조리 잡아 죽였다고 한다. 폴리크라테스는 이 전설상의 폭군을 찬양하였다.

*17 아테네의 10대 웅변가 중 한 사람(기원전 436~338). '부시리스'라는 연설에서 이 폭군을 찬양한 폴리크라테스를 비난했다.

*18 플라톤의 아우. 디오게네스 라에르티오스의 말에 따르면 그는 여러 가지 '대화'를 썼는데, 플라톤의 말에 의하면(「국가편」 2의 2) 그 가운데 불의에 대한 '대화'가 있었다고 한다.

*19 기원 1세기 말엽에 아를에서 태어나 135년에 사망한 갈리아의 수사학자이자 궤변가. 금욕주의자에서 회의주의자로 변한 인물로 하드리아누스 황제의 총애를 받았다. 그는 피론의 작품이라 여겨지는 「회의주의적 상징」에 관한 주석서를 지었으며, 「피론의 전의(轉義)」에 관한 중요한 논문을 썼다. 그가 쓴 글은 현재 디오게네스 라에르티오스나 아울루스 겔리우스 등의 작품에서 부분적으로 인용되는 형식으로밖에 남아 있지 않다. 참고로 테르시테스는 「일리아드」에 등장하는 비겁하고 거만한 인물이다.

*20 간헐열의 일종. 이 병에 걸리면 나흘간 고열이 계속된 뒤 이틀간 잠잠하다가 다시 고열이 발생한다. 파보리누스는 플라톤의 말을 인용하여 "사일열에 걸린 사람은 나중에 건강해진다"라고 말했다.

*21 프톨레마이오스의 주교. 그리스의 철학자이자 시인. 키레네 출신이다(365?~415?). 그는 여러 작품을 남겼으며 디온 크리소스토메의 「머리털 예찬」에 대응하여 「대머리 예찬」이라는 익살스런 글을 썼다.

*22 루키아노스는 「파리 예찬」과 「식객론」이라는 제목으로 짧은 글을 써서, 파리와 식객의 우스꽝스러운 태도를 재치 있게 찬양했다. 이 작품들은 루키아노스가 남긴 최고걸

작들 중에는 포함되지 못한다. 에라스무스와 토머스 모어가 공역한 번역 선집에도 이 두 작품은 들어 있지 않다.

＊23 세네카의 Apokolokyntose, 즉 「클라우디우스의 호박으로의 변신」이라는 작품을 가리킨다. 세네카는 클라우디우스 황제의 미움을 사 8년 동안 코르시카로 추방된 적이 있었다. 그래서 그는 황제가 죽은 뒤 신으로 떠받들어질 때 Apokolokyntose를 지어 황제의 apotheέose(神化)를 조롱했다. 이 글에서 클라우디우스는 죽은 뒤 신들이 사는 곳에서 지옥으로 쫓겨나, 지옥의 법관 에아크가 내린 판결에 따라 밑바닥 뚫린 통에 주사위를 던지는 형을 살게 된다.

＊24 그릴루스는 율리시스의 친구로, 키르케의 마법 때문에 돼지로 변신한다(그릴루스는 그리스어로 돼지라는 뜻). 이 대화에서 그릴루스는 짐승들의 생활이 인간들의 생활보다 더 유쾌하다는 점을 율리시스에게 이해시키려고 든다.

＊25 루키아노스는 「당나귀」, 아풀레이우스는 「황금 당나귀」라는 작품을 썼다.

＊26 3세기에 지어진 우스꽝스러운 유언으로 학생들을 즐겁게 해 준 글이다. 그루니우스는 '투덜거리는 사람'이란 뜻이고, 코로콧타(χροχόττας)는 에티오피아에 서식하는 하이에나와 돼지를 닮은 동물이다.

＊27 라틴 교회의 교부(340?~420). 이 기술은 「이사야」 주해서 12에 나온다. 에라스무스는 히에로니무스에 정통하여, 1516년 바젤에서 그의 전집을 출판했다.

＊28 호라티우스의 「풍자시」 2의 3, 248에서 인용. "조그만 집을 짓고, 조그만 수레에 쥐를 비끄러매고, 짝수냐 홀수냐 주사위 놀음을 하고, 빗자루를 걸터타고 하는 것은, 만약 턱에 수염 난 사람이 한다면 미치광이 취급을 받을 놀음이다."

＊29 원문은 '조금이라도 코가 있는'이라고 되어 있다. 호라티우스의 「에포드」 12·2에서 착상한 표현이다.

＊30 호라티우스의 「에포드」 1·18·15~16에 이런 구절이 나온다. "시골뜨기는 누가 자기 앞에서 양털이라 하지 않고 양모라고 말하면 당장 싸우려 든다."

＊31 에라스무스가 여기에서 사용한 단어는 그리스어인 ψlλαυτία이다.

＊32 루키아노스의 「꿈 또는 수탉」 1, 아리스토파네스의 「구름」 638에서 인용. 같은 표현이 에라스무스의 「격언집」 3·6·3에도 나온다.

＊33 모리스 라의 말에 따르면 처음 몇 판에서는 여기에 아무런 날짜도 적혀 있지 않았다고 한다. '1508년 6월 9일'이란 날짜가 처음으로 등장한 것은 바젤의 프로벤 판(1523년 7월)이다. 그러므로 이 날짜는 사실이라고 인정하기 어렵다. 1511년 설(루프톤), 1510년 설(칸), 1509년 설(피에르 드 놀라크) 등도 있다. 에라스무스가 토머스 모어를 상대로 쓴 이 서간 겸 서문은 1509년 8월, 시골에서 본문과 함께 작성되었다. 그리고 이 글은 1511년 4~6월에 파리에서 인쇄에 부쳐질 때 교정되었는데, 이때 에라스무스가 6월 9일이란 날짜를 적어 넣었으리라 생각된다.

바보신은 말한다

세상 사람들은 나에 대해 별의별 말을 다 하고 있어요. 심지어 미치광이들까지도 이 바보신에게 온갖 욕을 다 하고 있지요. 나는 이런 사실을 잘 알고 있어요. 하지만 실은 나야말로, 그리고 오직 나만이 신들과 인간들을 즐겁게 해 주고 있답니다. 그 증거는 오늘만 하더라도 충분히 보여 줄 수 있어요. 왜냐하면 이렇게 수많은 청중 앞에 내가 나타나기만 하면, 모든 사람들의 눈이 즐거운 빛으로 더할 나위 없이 반짝거리거든요. 당신네들의 얼굴은 이내 내게로 돌려지고*¹ 당신네들은 찡그린 미간을 펴며 상냥한 웃음으로 박수갈채하면서 희희낙락 나를 반겨 주지요. 지금 내 앞에서는 당신네들 모두가, 호머의 신들이 즐겨 마시는 네펜데스〔忘憂草〕*²가 좀 섞인 신주*³를 들이킨 것처럼 취해 있답니다. 조금 전까지만 해도 당신네들은 트로포니오스의 동굴에서 도망쳐 나온 사람들처럼*⁴ 걱정스럽고 슬픈 얼굴로 앉아 있었는데 말이지요.

화려한 태양이 아름다운 금빛 얼굴을 대지에 드러내면, 또는 호된 겨울이 지나고 따스한 봄이 돌아와 산들바람을 불어 보내면,*⁵ 삼라만상은 변모하여 새로운 빛깔을 띠면서 도로 젊어집니다. 이와 마찬가지로 당신네들의 얼굴 표정도 나를 보자마자 갑자기 변했어요. 뛰어난 웅변가들이 애써 준비하고 연설해야지만 겨우 해낼 수 있는 것, 즉 사람들 마음에서 괴로움을 몰아내는 일도 내가 나타기만 하면 저절로 이루어지지요.

내가 왜 오늘따라 이렇게 이상야릇한 옷차림을 하고 나섰는지는 당신네들이 내 말에 조금만 귀 기울여 준다면 금방 알게 될 거예요. 귀라고 해도 당신네들이 거룩한 설교를 들을 때 쓰는 그런 귀가 아닙니다. 장터에서 돌팔이 약장수나 익살꾼이나 어릿광대들을 향해 곧잘 쫑긋거리는 귀, 또는 판 신(神)*⁶ 앞에서 우리의 미다스 왕*⁷이 보여 준 그런 귀지요.

오늘은 여러분 앞에서 궤변가 노릇을 좀 해 볼까 해요. 말하자면 젊은이들에게 형편없는 바보짓거리를 가르쳐 주고, 여자들의 말다툼보다 더 고집불통인 논쟁을 가르쳐 주는 사람들 흉내를 내 보려는 것이지요. 나는 현인이라는 불명예스러운 호칭을 안 받으려고 궤변가라는 칭호를 선택한 이 고대인들을 따라해 볼 거예요. 그들은 신들과 영웅들을 예찬하는 글을 열성을 다해 지었지요. 그래서 나도 이제부터 예찬을 한바탕 늘어놓을 참입니다. 헤라클레스*8 예찬도 아니요 솔론*9 예찬도

바보 여신은 말한다

아닌 나에 대한 예찬, 그러니까 바보신 예찬을 말이에요.

현인들은 제쳐 놓읍시다. 그분들은 자화자찬하는 사람을 몰상식하고 건방지다고 비난하거든요. 그들은 바보짓을 사정없이 낮잡아 보지요. 하지만 미치광이처럼 구는 것이야말로 내게는 안성맞춤이랍니다. 제 영광을 나발 불고 다니며 스스로 자신을 구가하는*10 것보다 바보신인 제게 더 잘 맞는 일이 뭐가 있겠어요! 나보다 나를 더 진실하게 그려 낼 수 있는 사람이 누가 있겠어요? 나를 나보다 더 잘 아는 사람은 아무도 없을 거예요.

일하는 궤변가들

그뿐 아니라 나는 스스로를 찬양할 때 그 어떤 유식한 양반이나 높으신 양반보다도 겸손한 태도를 취한다고 생각해요. 왜냐하면 그분들은 점잔 빼답시고 능변가의 아첨이나 시인의 엉터리 글에 값을 치르고, 그들로부터 새빨간 거짓말로 가득 찬 찬사를 듣고 있으니까요. 그런데 이 점잖은 양반이 공작처럼 꽁지깃을 펴고*11 볏을 치켜세우고*12 있느라면, 한편에서는 뻔뻔스런 아첨꾼들이 이 무능한 위인을 신들에게 견준답니다. 또 아첨꾼들은 속으로는 전혀 아니라고 생각하면서도 그 양반을 온갖 미덕의 완벽한 모범으로 추어올리고, 이 까마귀를 빌려 온 깃털로 치장하고, 이 새까만 에티오피아 인을 하얗게 꾸며 놓고*13 이 파리를 코끼리처럼 내세우고*14 있다지요. 결국

젊은 여성에게 혹해 달걀 바구니를 밟아 버린 철학자

옛 속담에서 말하듯, 자기를 칭찬해 주는 사람이 아무도 없을 때에는 제가 스스로를 칭찬하는 것도 당연하단 말씀입니다.

그런데 나는 인간들의 배은망덕에, 아니 그보다도 그들의 매정함에 정말 깜짝 놀랐어요! 모두가 내 호의를 얻으려 애쓰고, 또 몇 세기 전부터 내 덕을 보고 있으면서도, 이 바보신을 예찬하며 감사의 뜻을 표해 준 사람은 한 분도 없단 말이지요. 반면에 부시리스*15나 팔라리스*16 같은 폭군이나 사일열*17 파리*18 대머리,*19 그 밖의 온갖 재앙을 찬양하는 글을 쓰기 위해 등잔기름과 잠잘 시간을 허비하는 사람들이 지금까지 많았거든요.

이제부터 나는 즉흥적으로 이야기할 겁니다. 미리 준비해 둔 이야기가 아니니 그만큼 진실미가 넘칠 거예요.

하기야 보통 웅변가들도 자신을 돋보이게 하려고 이런 말을 종종 하지요. 여러분도 잘 아시다시피, 그분들은 30년 걸려 겨우 완성하거나 또는 자기가 짓지도 않은 논설을, 불과 사흘 동안 놀면서 썼다거나 남에게 받아쓰게 했다고 거짓말을 하잖아요. 그런데 나로 말하자면 혓바닥에 떠오르는 것을 모조리 말해 버리는*20 일을 언제나 무척 좋아한답니다.

아마 여러분은 내가 수사학의 일반 관례에 따라 나 자신에 관해 정의하기를 기대하고 있겠지요. 하지만 천만의 말씀! 나는 그런 일은 아예 하지 않을 거예요. 도처에 군림하고 있으며 아득히 먼 곳까지 미쳐 지상의 모든 것에 스며들어 있는 신의 힘을 한정하거나 분할하는 일은 온당치 못하거든요. 게다가 나는 이렇게 여러분 앞에 나와 있는걸요. 여러분이 나를 두 눈으로 직접 보고 있는데, 내가 스스로를 정의하고 그려 내거나 묘사할 필요가 어디 있겠어요? 여러분도 아시다시피 나는 라틴 사람들이 Stultitia라 부르고 그리스 사람들이 Moria라 부르는 바보신, '진실로 행복을 나누어 주는'*21 여신이랍니다.

다만 드릴 말씀이 하나 있습니다. 내가 어떤 존재인가는 사람들 말마따나, 이마에도 눈에도 나타나 있지는 않죠.*22 하지만 만약 누군가가 나를 미네르바나 지혜의 여신으로 여기려 한다면, 나는 그의 잘못된 생각을 아무 말 없이 한 눈으로 깨우쳐 주겠어요. 나는 변장 따위는 하지 않거든요. 나는 겉모양을 조금도 꾸미지 않으며, 가슴으로 느껴지지 않는 것을 얼굴에 거짓으로 나타내 보이지도 않아요. 어디를 가도 나는 나 그대로의 모습을 하고 있지요. 내게는 내 모습이 가장 잘 어울리니까요. 현인 노릇을 하려고 애쓰는 사람들은 바보신인 나를 이해하지 못하겠지요. 나는 주홍빛 옷을 입은 원숭이들*23이나 사자의 가죽을 뒤집어쓴 당나귀들*24 같은 꼴을 하고 돌아다니는 그런 사람들처럼 가장하지는 않아요. 이런 분들은 제멋대로 분장하고 다녀도 좋겠지요. 하지만 언젠가는 귀가 쑥 불거져서 미다스*25의 정체가 탄로날 거예요.

내 덕을 톡톡히 보고 있는 주제에 은혜를 모르는 족속들은, 사람들 앞에서 내 이름과 관계되는 일을 부끄럽게 여깁니다. 게다가 뻔뻔하게도 내 이름을 써서 남들을 욕한단 말이지요. 그러면서도 현인이라 인정받고 현대의 탈레스*26인 양 행세하고 싶어하는 바보(Morotatoi)들이니, 이들을 바보현인(Morosophoi)*27들이라고나 불러야 하지 않을까요?

이러다가는 나마저 웅변가들 흉내를 내게 생겼군요. 그분들은 거머리처럼 두 개의 혀를 사용하며,*28 자기가 신이라도 된 줄 알고 그들의 라틴어 문장에 그리스어 낱말을 토막토막 끼워 넣어 엉성한 모자이크를 만들어 내지요. 그러고는 마냥 신이 나서 우쭐댑니다. 써먹을 외국어가 다 떨어지면, 그들은 썩은 양피지에서 낡아빠진 표현을 네댓 개쯤 쥐어뜯어다가 독자들의 눈앞에 연막처럼 뿌립니다. 그러면 그 뜻을 아는 사람들은 거들먹거

당나귀 귀를 가진 미다스 왕

리고, 알지 못하는 사람들은 모르는 만큼 더욱더 그 문장에 감탄하게 되지요. 사실 인간들이란 자신과 최고로 상관없는 것에서 최고의 쾌락을 느끼게 마련이거든요. 그래서인지 이국의 문물을 되도록 높이 평가하는 것이 이 나라 사람들의 도덕이랍니다. 그들의 허영심은 그런 일에서 만족을 느끼지요. 그들은 웃고, 손뼉을 치고, 당나귀처럼 귀를 움직이면서*29 "그래, 정말 그래!" 하고 남들보다도 더 잘 이해하는 척합니다. 어쨌든 이쯤에서 본론으로 돌아가야겠어요.

그럼 여러분, 이제 내 이름은 아셨겠지요? 인간들이여……. 이 인간들이라는 말에 어떤 형용사를 붙여야 할지? 바보들이라고 부르는 게 나을까요? 좋겠죠! 바보 여신이 자신의 신도들을 부르는 데에 이보다 더 적절한 호칭은 없겠군요. 그런데 여러분은 내가 어디에서 왔는지 모르실 테니까, 뮤즈 여신*30들의 호의를 얻어 그것부터 설명해 보도록 하죠.

카오스*31 오르쿠스,*32 사투르누스,*33 이아페토스*34……. 이 낡아빠진 먼 지투성이 신들 중 어느 누구도 내 아버지가 아닙니다. 호머와 헤시오도스와 주피터에게는 미안한 말씀이지만, 나는 '인간과 신들의 유일한 생부'*35인 플루토스*36로부터 태어났답니다. 예나 지금이나 이분의 일거수일투족에 따라 신의 세계도 인간의 세계도 뒤집어지고 모든 것이, 그러니까 전쟁도, 평화도, 정부도, 의회도, 재판도, 회의도, 결혼도, 계약도, 조약도, 동맹도, 법률도, 예술도, 유흥도, 노동도……, 아이고 숨 차라……. 하여튼 공사를 막론하고 인간 세상의 모든 일들이 이분의 뜻대로 되지요. 이분의 도움 없이는 시가를 통해 찬미되는 모든 신들이, 더 정확히 말하자면 '대신(大神)들'*37이 존재할 수 없게 됩니다. 설령 그런 사태는 피하더라도, 최소한 그들은 집에서 변변찮은 식사를 하게 될 거예요.*38 이 플루토스의 비위를 거스른 사람은 팔라스*39가 몸소 나서도 살려 내지 못하겠지만, 이분의 보호를 받는 사람은 뇌성벽력을 내리는 주피터까지도 조롱할 수 있답니다.

내 아버지는 위와 같으며, 나는 그 사실을 자랑스럽게 여기고 있어요. 그분은 나를 자신의 머릿골에서 낳아 주시진 않았어요. 주피터는 그 무뚝뚝하고 사나운 팔라스를 그렇게 내놓았지만 말이에요.*40 그분은 모든 님프들*41 중에서도 가장 아리땁고 가장 쾌활한 유벤타스(청춘)*42로부터 내가 태어날 수 있도록 해 주셨습니다. 그분들 사이에는 불카누스와 같은 절름발이 대장장이를 낳기에 꼭 알맞은 그런 망측스런 결혼 관계*43는 전혀 없었으며, 우리 호머가 말한 것처럼 오직 '사랑이 넘치는 관계'*44밖에 없었답니다. 이것이 훨씬 더 달콤한 일이지요. 그런데 아리스토파네스의 플루토스*45일랑 제발 생각하지 말아 주세요. 거기에 등장하는 플루토스는 늙어빠진 약골이고 앞도 제대로 못 보지만, 내 아버지는 그때까지도 아직 건강하고 '청춘에 활활 불타오르고 있는'*46 플루토스였으니까요. 그분은 청춘에 불타고 있었을 뿐만 아니라, 아마 신들의 잔치*47에서 잔뜩 들이마셨을 신주*48 때문에도 한창 달아오르고 있었답니다.

오늘날 귀족이란 신분은 무엇보다도 그 사람이 첫 울음소리를 낸 장소가 어디인가에 따라 결정되지요. 내가 태어난 장소를 여러분이 묻는다면, 나는 이렇게 대답하겠어요. 내가 태어난 곳은 떠 있는 섬 델로스*49도 아니고, 천파만파의 바다*50도 아니며, 푸른 동굴*51도 아니라고요. 파종이나 노동 없이도 수확의 기쁨이 넘치는 '행복의 섬'*52이 내 고향이랍니다. 그 섬은 노동도 노쇠도 병환도 모르는 땅입니다. 들판에는 수선화, 접시꽃, 무릇,*53 층층이부채꽃, 잠두 등과 같은 평범한 식물은 하나도 없어요. 하지만 어디를 가나몰리(moly)*54나 파나케이아,*55 네펜티스,*56 마욜라나, 암브로시아,*57 수련,*58 장미, 오랑캐꽃, 히아신스 등, 아도니스의 동산*59에 피는 모든 화초가 보는 이의 눈을 즐겁게 해 주지요. 나는 이런 쾌락 속에서 태어났기 때문에 소리내어 울며 삶에 첫인사를 하지는 않았답니다. 그 대신 어머니를 향해 웃어 보였지요.*60

'크로노스의 권세 있는 아들'*61에게 유모 노릇을 해 준 염소*62가 있었다는 사실을 나는 조금도 부러워하지 않아요. 왜냐하면 나는 대단히 매력적인 두 님프, 바쿠스의 딸인 '도취'와 판의 딸인 '무지'*63의 젖무덤에서 나오는 젖을 먹었거든요. 이 두 여신들을 여기 내 일행 속에서 찾아내 보시겠어요? 이제부터 여러분께 내 일행을 소개해 드릴 테니 한번 잘 찾아보세요. 나는 그들의 이름을 그리스어로만 말할 거예요.

눈살을 찌푸리고 있는 것은 필라우티아(자존

바보 여신의 유모들. '도취'와 '무지'

심)*⁶⁴예요. 눈웃음 지으면서 손뼉을 치고 있는 것은 콜라키아(아첨)*⁶⁵이고요. 반쯤 졸고 있는 듯 보이는 것은 레테(망각)*⁶⁶입니다. 두 팔꿈치를 짚고 깍지를 끼고 있는 것은 미소포니아(게으름)*⁶⁷이며, 장미꽃 관을 쓰고 향유 냄새를 풍기고 있는 것은 헤도 네(쾌락)*⁶⁸이에요. 눈길을 가만히 못 두고 이리저리 움직이고 있는 것은 아노이아(경망)*⁶⁹이고요. 포동포동 살이 찌고 혈색 좋은 것은 트리페(방탕)*⁷⁰입니다. 그리고 이 젊은 여자들 사이에 두 남자 신이 있는데, 바로 '미식'*⁷¹의 신과 '깊은 잠'*⁷²의 신이에요. 이들은 모두 내 하인들이랍니다. 이들은 내가 언제까지나 세계를 지배하고 임금님들 위에 군림할 수 있도록, 나를 충실히 도와주고 있죠.

이제 여러분은 내 출신도, 내가 받은 교육도, 내 측근들도 잘 아셨을 겁니다. 그럼 지금부터는 내가 왜 여신이라 불리는지 증명해 볼게요. 내가 신들과 인간들에게 어떤 이득을 베풀어 주며, 내 지배권이 어디에까지 미치고 있는가를 여러분에게 보여 드리겠어요. 자, 귀를 쫑긋 세우고 들어 주세요.

인간을 도와주는 자가 곧 신이라고 말한 사람이 있는데*⁷³ 그건 옳은 말이에요. 포도주 제조법이나 소맥의 사용법을 가르쳐 주는 등 인간의 편의를 봐준 자들에게는, 신들의 모임에 들어갈 자격이 당연히 있는 셈이지요. 그렇다면 모든 사람들에게 모든 것을 아낌없이 주고 있는 내가, 모든 신들 가운데 알파이자 제1*⁷⁴로서 인정받지 못할 까닭이 있겠어요?

애초에 생명 그 자체보다도 더 즐겁고 귀중한 것이 뭐가 있겠습니까? 그런데 내 덕택이 아니라면 대체 누구 덕택으로 생명이 시작되겠어요? 인류를 생산하고 번식시키는 것은 '권세 있는 아버지를 둔'*⁷⁵ 팔라스의 창도 아니고 '구름을 불러 모으는'*⁷⁶ 주피터의 방패도 아니잖아요! 고개 한 번만 까딱해도*⁷⁷ 올림포스 산을 온통 떨게 할 수 있는, 신들의 아버지이자 인류의 군주*⁷⁸인 그 위대한 신조차 어린애 하나를 만들 때마다 쩔쩔매죠. 그때마다 그는 세 갈래 벼락 창*⁷⁹도, 신들을 공포에 떨게 하는 그 흉포한 얼굴*⁸⁰도 잠시 치워 두고, 희극 배우와 같은 가련한 탈을 빌려 써야만 한답니다.

스토아 파의 철학자들*⁸¹은 감히 신들과 어깨를 나란히 하려 생각하고 있지요. 그렇다면 세 배든 네 배든, 아니 천 배라도 더 스토아적인 철학자를 한 분 여기 내놓아 보십시오.

염소와 더불어 지니고 있는 지혜의 표지*⁸²인 긴 수염을 기른 그조차도,

자식을 얻으려 할 때에는 틀림없이 거만한 태도를 버리고 이마의 주름살을 펴고, 그 엄격한 계율을 팽개쳐 버릴 거예요. 어쩌면 이러쿵저러쿵 바보 같은 소리를 지껄이며 미친 지랄을 떨어 댈지도 모르죠. 암, 그렇고말고요. 제아무리 스토아 학자라도 아버지가 되고 싶으면 별 수 있나요. 이때 그가 도움을 청하는 대상은 바로 나, 이 바보신일 거예요.

그런데 왜 사실을 분명하게 말해서는 안 되나요? 솔직히 말하는 것이 내 버릇인걸요. 그래, 신들과 인간들은 대체 무엇으로 만들어 낸답니까? 머리로, 얼굴로, 가슴으로 만들어 내나요? 손이나 귀 같은 점잖은 부분으로 만들어 내나요? 천만에, 그렇지 않답니다. 인류를 번식시키는 것은, 웃지 않고서는 그 이름도 말할 수 없을 만큼 어처구니없고 우스꽝스러운 다른 부분이에요. 모든 존재들이 생명을 길러내는 것, 피타고라스의 사원수(四元數)*83보다 훨씬 더 많은 생명을 모든 존재들에게 주는 것. 그것은 바로 이 신성한 샘이랍니다.

또 만약 우리 현인들이 그렇게 하고 있듯이, 결혼 상태의 불편함을 미리 계산한다고 생각해

사랑에 빠진 스토아 철학자

어린 주피터를 기르는 아말테이아

보세요. 그러면 대관절 어떤 사람이 그런 결혼의 멍에에 목을 내밀겠어요? 누가 그럴지 좀 물어보고 싶을 정도군요. 그리고 아기를 낳는 데 어떤 위험이 따르고 기르는 데 어떤 고생이 필요할지 깊이 생각해 본다면, 대관절 어떤 여자가 남자에게 시집가겠어요? 사람들이 결혼할 수 있는 까닭은 내 시녀인 '경망'이 존재하기 때문이랍니다. 물론 그럼으로써 여러분의 생명이 탄생되는 것이지요. 그 밖에도 여러분은 내게 많은 은혜를 입고 있답니다. 여러분도 그걸 좀 아셔야겠어요. 만약 '망각'이라는 내 시녀가 여자들 옆에 붙어 있지 않는다면, 대관절 어떤 여자가 그렇게 고생하고 난 뒤에도 똑같은

짓을 되풀이하려 하겠어요? 비너스도 만약 내가 그녀 일을 거들어 주지 않는다면, 루크레티우스야 어찌 생각하든 간에*84 정말 헛수고만 하고 말 거예요.

취한 우리들이 벌이는 우스꽝스러운 놀이에서, 수도사들에게 숭배받는 저 눈살을 찌푸린 철학자들이 태어난 거랍니다. 또 주홍빛 옷을 입은 임금님들,*85 경건한 사제들, 세 배는 더 신성한 교황님들도 그 놀이에서 탄생한 것이지요. 심지어 시 속에 등장하는 저 모든 신들도 여기에서 탄생했어요. 이 신들의 수효는 어찌나 많은지, 올림포스가 아무리 넓다 해도 그들을 다 들여놓기는 어려울 지경입니다.

그러나 나야말로 생명의 씨앗이자 샘이라는 것을 여러분에게 가르쳐 드린다 해도, 그건 사실 별 의미 없답니다. 인생에 존재하는 다른 모든 좋은 것들 역시 실은 내 덕택이라는 사실을 덧붙여 설명하지 않는다면 말이지요.

아닌게아니라, 만약 즐거움이라는 것이 없다면 인생은 대체 어찌 될까요? 그것을 인생이라고 부를 수나 있을까요? 여러분이 박수갈채를 보내 주시니 내 말이 진실이라는 확신이 드네요. 그렇지만 쾌락 없이는 생명도 없다고 보는 현명하신 분은, 여러분 중에도 아마 없을 거예요. 아니 오히려 그만큼 어리석은 분이라고나 할까, 아니, 역시 현명하신 분이라고 해 둡시다.

하지만 저 지독한 스토아 철학자들마저도 즐거움을 거부하고 있지는 않아요. 물론 그들은 남들 앞에서 즐거움을 감추고 그것에 대해 온갖 욕설을 퍼붓지요. 그러나 그것은 다만 딴 사람들을 즐거움에서 돌아서게 하고, 자기들끼리 그 즐거움을 만끽하기 위한 술책일 뿐이에요. 그러므로 그들도 주피터 신에게 맹세코, 즐거움이라는 것을 인정할 수밖에 없어요.

인생의 모든 시간은 즐거움 없이는 의미가 없어요. 다시 말해 바보신이 거기에 재미를 불어넣어 주지 않는 이상, 인생은 서글프고 따분하며 멋없고 지루한 것이 되어 버릴 거예요. 여러분에게 아무리 찬양받아도 부족할 저 소포클레스*86의 증언을 여기 인용해 볼까요? 그는 나에 관해서 이렇게 말했지요. "사람은 덜 슬기로울수록 그만큼 더 행복하다"*87라고. 그럼 이제 더 상세한 본론으로 들어갑시다.

인생의 초년이야말로 가장 즐겁고 가장 유쾌한 시절이지요. 그 사실을 누가 모르겠어요? 우리가 어린이들을 귀여워하고 입을 맞추면서 쓰다듬어 주는 것도, 설령 원수라 해도 상대가 어린애라면 도와주려 하는 것도, 다 그들에게 바보신의 매력이 깃들어 있기 때문 아닌가요? 신중한 '자연'은 갓난 아기들에게 그러한 매력을 선물함으로써 그들을 길러 내는 사람들의 노고를 보상해 주고, 그들이 어른들의 보호를 받도록 해 주고 있는 거예요.

이러한 유년 시절 다음에는 청소년 시절이 옵니다. 청소년들은 참으로 누구에게나 환영받고 소중히 다루어지고 격려를 받지요. 모든 사람들이 그들에게 기꺼이 손길을 주고 있어요! 이들의 어리석은 젊음의 매력이 바보신인 내게서 비롯되지 않는다면 대관절 어디에서 비롯되겠어요? 나는 젊은이들이 분별 및 그에 따르는 근심 걱정을 안 가져도 되도록 해 주고 있답니다. 그러니 그들의 어리석은 매력도 다 내 덕분 아닌가요? 그런데 그들이 성장해서 공부를 하고 처세술을 배우게 되면, 그들의 겉모습은 늙어 가고, 그들의 발랄함은 사그라져 가고, 그들의 매력은 사라져 가고, 그들의 활기는 시들어 가 버리지요.

내게서 멀어져 갈수록 인간은 점점 생기를 잃어버려요. 그리하여 마침내는 저 주체스러운 노년기를 맞이하지요. 이 노년기라는 것은 '자기 자신에게나 남에게나 짐이 되는'*88 것이랍니다. 만약 내가 그처럼 엄청난 괴로움을 도와주기 위해 다시 찾아오지 않는다면, 아무도 이 노년기를 견뎌 내지 못할 거예요.

시인들이 노래하는 신들은 무덤 옆까지 다가선 늙은이들을 변신시킴으로써 죽음으로부터 구해 주지요. 마찬가지로 나는 그러한 늙은이들을 다시금 초년기로 데려와 줍니다. 사람들은 이러한 노인들을 두고 "도로 어린애가 되었다"*89라고 말하는데 참으로 지당한 표현이에요.

내가 어떤 식으로 그들을 도와주는지 숨길 필요는 없겠지요. 나의 시녀 레테(망각)의 샘은 '행복의 섬'*90에서 솟아오르고 있는데(지옥의 샘*91은 매우 조그만 시내에 불과해요), 나는 그곳으로 노인들을 데려 갑니다. 노인들은 거기서 영원한 망각을 마시지요.*92 이로써 그들의 고통은 그 물 속에 빠져 버리고, 그들은 도로 젊어지는 거예요.

사람들은 그들이 잠꼬대 같은 소리를 하고 헛소리를 한다고 생각하지요. 하지만 바로 그렇기 때문에 그들이 도로 어린애가 됐다고 표현하는 거예요. 헛짓을 하고, 잠꼬대 같은 소리를 하는 것이야말로 유년기 매력의 전부가 아니겠어요? 어른처럼 이치를 따지는 어린애란 끔찍스러운 괴물이잖아요? 다음 격언이 그 사실을 증명해 주고 있지요. "어린애의 조숙한 지혜는 가증스러워……."[93]

인생에 관한 완전한 경험과 아울러 생생한 정신력과 투철한 판단력이라는 장점까지 겸비한 노인을, 어느 누가 친구로 삼고 측근자로 두겠어요? 그런 노인을 견뎌 내기는 어렵죠. 차라리 잠꼬대 같은 소리를 지껄이도록 늙은이들을 내버려 둡시다. 이런 미치광이 늙은이들이 생겨나는 것도 다 내 덕분이랍니다.

그런데 나의 늙은이들도 정상인이 겪을 법한 고통을 품고 있는 경우가 있죠. 그래도 그들은 쾌활한 술꾼이에요. 그보다도 더 건장한 나이의 인간이라면 고통거리가 될지도 모를 인생혐오를, 이 늙은이들은 느끼지 않아요. 때때로 그는 저 늙은 플라우투스[94]처럼 누구나 다 아는 그 세 글자로 되돌아가는데,[95] 만약 이성이 있다면 그는 그 때문에 매우 불행해질 거예요. 그러나 그는 내가 베풀어 주는 혜택을 얻는 동안 행복하며, 그의 친구들에게나 세상 사람들에게 유쾌함을 선사하죠.

그리하여 호머의 책을 보면[96] 네스토르의 입에서는 꿀보다 달콤한 말들이 흘러나오는 데 반하여, 아킬레스의 변설에서는 쓴맛이 넘쳐흐르고 있어요. 또한 이 시인은 도시의 성벽 위에서 늙은이들이 이야기꽃을 피우는 모습도 보여 주고 있어요.[97] 이런 점에서 늙은이들은 어린이들보다도 한술 더 뜨는 셈이지요. 어린애들은 분명히 매우 귀엽기는 하지만, 지껄인다는 인생 최고의 즐거움은 누리지 못하거든요.

게다가 늙은이들은 어린애들을 무척 사랑하고 어린애들도 늙은이들을 매우 좋아하는데, 그 까닭은 '끼리끼리 모이기'[98] 때문이죠. 그들의 차이점은 주름살과 나이뿐이에요. 연한 머리털 빛깔, 이가 없는 입, 가느다란 몸, 젖을 좋아하는 성향, 더듬더듬 말하는 말투, 쫑알쫑알 지껄이는 버릇, 우둔함, 나쁜 기억력, 경솔함 등 모든 것이 서로 닮았어요. 이렇듯 사람은 늙으면 늙을수록 어린애와 닮은 점이 더더욱 드러나지요. 마침내 늙은이는 인생을 그리워하는 것도, 죽음을 느끼는 것도 못하게 됩니다. 마치 어린애처럼 말이지요. 그러다가 이 세상을 하직합니다.

그럼 이제, 다른 신들이 행하는 변신과 내가 베푸는 은혜를 감히 비교해 보세요! 다른 신들이 성이 나서 한 행위는 언급하지 않겠습니다만, 그들이 가장 아끼던 사람들에게 한 짓을 보세요. 그들은 아끼던 사람들을 무엇으로 바꿔 버렸던가요? 한 그루의 나무*⁹⁹나 한 마리의 새*¹⁰⁰나 매미,*¹⁰¹ 심지어 뱀*¹⁰²으로도 바꿔 놓지 않았던가요? 마치 형태가 변하는 것은, 죽음과는 다르다고 주장하듯이! 그런데 내 방식으로 말하자면, 하나의 인간을 그의 생애 중 가장 좋고 행복한 시절로 다시 데려다 주는 방식이에요. 만약 인간들이 지혜와 손을 끊기로 마음먹고 줄곧 나와 함께 산다면, 늙을 걱정 없이 언제나 젊음의 즐거움을 맛볼 수 있을 거예요.

철학 같은 까다로운 사업에 사로잡힌 우울한 사람들이 있잖아요? 그들은 대개 청춘을 즐기기도 전에 늙어 버리지요. 왜 그런가 하면 그들이 온갖 근심 걱정에 파묻혀 끊임없이 궁리하면서 긴장을 늦추지 않는 동안, 그들 내부에 있던 생명의 숨결과 정기가 시나브로 말라 버렸기 때문이죠. 이와 반대로 나의 미치광이들은 기름기가 번지르르하고*¹⁰³ 살갗도 매끈매끈 윤이 나는, 이른바 진짜 '아카르나니아의 돼지'*¹⁰⁴랍니다. 이들이 현인병(賢人病)에 걸리지 않도록 완벽하게 조심한다면, 노년의 불편 같은 건 조금도 겪지 않을 거예요. 인간이란 불완전하여 때때로 현인병에 걸리는 수가 있는데, 그것은 그들이 매우 중요한 아래 속담을 종종 잊어버리기 때문이랍니다.

"오직 '바보'만이 젊음을 간직하고, 따분한 늙음을 물리친다."

보통 사람들은 나이를 먹으면 신중해집니다. 그런데 이들과는 달리 나이를 먹어도 슬기로워지지 않는 브라방*¹⁰⁵ 사람들은 모두에게 칭찬받아 마땅하지요! 브라방 사람들은 나이를 먹으면 먹을수록 더욱 어리석어지거든요. 그들보다 더 편히 살고, 늙음을 슬퍼하지 않는 주민은 세상에 없답니다. 나의 네덜란드 사람들*¹⁰⁶은 브라방 사람들과 지리적으로 이웃한 덕에 서로 비슷한 풍습을 지니고 있지요. 그러니 이 착한 네덜란드 사람들을 내 동포라고 불러선 안 될 까닭이 어디 있겠어요? 그들은 나를 숭배하고 있어요. 따라서 그들에겐 별명*¹⁰⁷ 하나쯤 받을 만한 자격이 있지요. '네덜란드의 바보'라고 불리면, 그들은 얼굴을 붉히기는커녕 그것을 자랑스럽게 여긴답니다.

자, 그럼 어리석은 인간들이여. 메데이아,*¹⁰⁸ 키르케,*¹⁰⁹ 비너스, 아우로라*¹¹⁰ 중 누구라도 좋아요. 아니면 어느 샘이라도 상관없겠죠. 어쨌든 그들이나 샘에게 찾아가 젊음을 되돌려 달라고 얼마든지 청해 보세요. 하지만 젊

지나치게 먹어 치우는 바보

음을 되돌리는 힘은 사실 오직 나에게만 있답니다. 나는 멤논*[111]의 딸이 자기 할아버지인 티토노스의 젊음을 늘려 준 데에 사용한 그 신비로운 영약을 갖고 있어요. 파온은 비너스 여신 덕분에 젊음을 되찾아서 사포의 마음을 사로잡을 수 있었지요.*[112] 내가 쓰는 영험한 약초며(실은 그런 풀이 있거든요) 내가 드리는 기도는, 사라진 젊음을 되돌려 줄 뿐만 아니라 영원한 청춘을 약속하는 샘이랍니다.

만약 여러분들이 젊음이야말로 최고의 행복이요 늙음은 가장 끔찍한 불행이라는 것을 확신한다면, 내가 여러분에게 얼마나 도움이 될 수 있는지 아시겠지요. 나는 젊음을 돌려주고 늙음에서 여러분을 해방시켜 드리니까 말예요.

바쿠스

이쯤에서 인간들의 이야기는 그만둡시다. 여러분, 이제 하늘나라를 샅샅이 돌아다녀 보세요. 만약 사람들이 숭배하고 찬미하는 하늘나라 신들 가운데 내 단골이 아닌 신이 단 한 명이라도 있다면, 여러분이 내 이름을 욕설에 사용해도 난 아무 말 않겠어요.

왜 바쿠스는 언제나 아름다운 머리털을 가진 청년인 것일까요? 그 이유는 그가 거나하게 취하여 분별이 없고, 주연과 무도와 노래와 노름에만 젖어서 살며,*[113] 팔라스하고는 조금도 사귀지 않기 때문이죠. 그에게는 현자가 될 생각이 요만치도 없으므로, 그가 좋아하는 제식이라곤 장난과 농담뿐이에요. 그를 인용하는 속담 중 '모리코스보다 더 미친 놈'*[114]이라는 것이 있는데, 바쿠스는 그 속담에 대해서도 성내지 않아요. 이 모리코스라는 이름은 그의 신전 입구에 서 있는 조상에서 유래했는데, 농부들이 포도즙이며 생 무화과로 이 조상을 더럽히기를 즐겼던 것에서 나온 이름이지요.

고대 희극*[115]에서 바쿠스는 갖은 폭언을 들었답니다. "어리석은 신이여, 그대는 허벅다리에서 태어나기에 딱 알맞다!"*[116]라는 말까지 들었지요. 하지만 '믿음직스럽지 못하고'*117 온 세상 사람들이 두려워하는 주피터나, 가는 곳마다 공포를 자아내는 늙은 판*118이나, 재를 뒤집어쓰면서 대장일을 하느라 새까맣게 더러워진 불카누스나, 창과 고르곤*119으로 남을 끊임없이 위협하는 '사나운 눈'*120을 가진 팔라스보다는 오히려 바쿠스가 낫지 않나요? 그처럼 늘 쾌활하고 젊으며 누구에게나 즐거움과 기쁨을 가져다주는 이런 미치광이, 이런 바보가 되기를 바라지 않을 사람이 누가 있겠어요?

큐피드*121는 항상 변함없이 어린애 모습을 유지하고 있지요. 어째서일까요? 왜냐하면 큐피드는 경박해서 '진지한 일'을 전혀 하지도 않고 생각하지도 않기 때문이죠. 황금빛으로 반짝이는 비너스의 아름다움이 영원한 봄인 까닭은 또 뭘까요? 그것은 비너스가 나와 한 가족이고, 그 얼굴에 내 아버지의 살빛을 띠고 있기 때문이에요. 그래서 호머도 이 여신을 '황금의 아프로디테'*122라고 부른 것이지요. 게다가 시인들이나 그 경쟁자인 조각가들의 말을 곧이곧대로 듣는다면, 비너스는 언제나 즐겁게 웃고 있답니다. 마지막으로 모든 즐거움의 어머니인 플로라*123보다 더 로마 사람들에게 숭배받은 신이 또 누가 있었겠어요?

그런데 엄격한 신들이라 해도 호머의 책에 드러난 그들의 행동을 유심히 살펴보면, 숱한 바보짓의 흔적을 어디에서나 쉽게 찾아낼 수 있을 거예요. 이를테면 벼락을 지배하는 저 주피터도 가지가지 연애와 향락*124을 즐겼다는 사실, 여러분은 잘 알고 계시나요? 자기가 여성이라는 사실도 잊어버리고 사냥만 다니던 저 야성적인 디아나조차 엔디미온에게 반해 사랑의 포로가 되지 않았겠어요.*125

그 옛날 모모스*126는 신들에게 그들 행위의 진상을 자주 들려주었답니다. 지금도 모모스가 그렇게 해 준다면 좋으련만, 아쉽게도 성난 신들이 모모스를 아테*127와 더불어 지상으로 떨어뜨려 버렸지요. 왜냐하면 모모스의 훈계가 신들의 행복에 방해가 됐기 때문이에요. 이렇게 추방당한 모모스는 현재이 지상에서 아무에게도 받아들여지지 않고 있어요. 특히 제후들의 조정에서는 더더욱 받아들여지지 않고 있죠. 왜냐하면 조정에서는 내 시녀인 '아첨'이 으뜸가는 자리를 차지하고 있는데, 이 '아첨'과 모모스 사이는 이리와 새끼 양 같은 사이거든요.

모모스를 쫓아내 버리고 나서부터 신들은 지금까지보다 더 많이, 게다가

폴리페모스와 반인반수(半人半獸)들

더 제멋대로 놀아나고 있어요. 호머 말마따나 그들은 '안락한 생활'*128을 하고 있지요. 그들을 비판하는 존재는 이제 아무도 없어요. 무화과나무의 프리아포스는 얼마나 신들의 웃음거리가 되고 있는지! *129 또 신들은 메르쿠리우스가 좀도둑질이나 소매치기를 하는 모습을 보고 얼마나 즐거워하고 있는지! *130 불카누스는 신들의 연회석상에서 광대 노릇을 단골로 했는데, 그는 절뚝거리며 와서는 짓궂은 말이며 황당한 말을 지껄여*131 참석자들을 웃게 만들고 있어요. 또 음탕한 늙은이 실레노스*132가 육중한 폴리페모스*133와 함께 신들 앞에서 코르닥스*134 춤을 추어 보이고 있으면, 한편에서는 님프들로 이루어진 합창단이 맨발 춤*135을 추어 흥을 돋우고 있지요. 하반신이 염소인 사티로스*136들도 아텔란 소극(笑劇)*137을 연출해 보이고요. 판이 바보 같은 노래로 모든 신들의 웃음을 이끌어 내면, 신들은 뮤즈 여신들의 노래보다도 이 판의 노래를 더 좋아하게 된답니다. 특히 그들이 신주에 거나하게 취했을 때에는 더욱 그렇지요.

마음껏 술을 마신 신들이 식사를 마친 뒤 무슨 짓을 하는지! 이걸 어떻게 이야기한다지요? 그건 한마디로 미친 지랄이거든요. 나조차도 그걸 보고는 때때로 웃지 않고는 못 견딜 지경이에요. 하지만 그 점에 관해서는 하르포크라테스*138처럼 입을 다물고 있는 편이 낫겠지요. 그것은 저 모모스마저도 함부로 말했다가는 큰일 날 내용이니까요. 함부로 말했다가 그 내용을 코리카이오스의 신들*139 중 누군가가 듣기라도 하면 야단날 거예요.

호머 식으로 말하자면, 이제 하늘나라를 떠나 지상으로 되돌아올 시간이군요. 만약 내가 이 땅에 나서지 않는다면 여러분은 아무 기쁨도 행복도 맛볼 수 없을 겁니다. 첫째로 인류를 낳고 만들어 준 '자연'의 여신[140]은 선견지명을 발휘하여 모든 것들 속에다가 약간의 바보스러움을 넣어 두었지요.

스토아 철학자들의 말에 의하면 '지혜'는 이성에 인도되는 데에 있고, '바보스러움'은 변덕스런 정열에 끌려가는 데에 있다고 합니다. 하지만 인간들의 생활이 완전히 서글퍼지고 우울해지는 일을 막기 위해, 주피터는 그들에게 이성보다도 훨씬 더 많은 정열을 주었어요. 어떤 비율로 주었냐고요? 1/2온스 대 1아스[141]의 비율이죠. 그뿐 아니라 주피터는 이 이성을 머릿속 한쪽 구석에 처넣어 놓고, 몸 전체는 정열에 내맡겨 버렸어요.

그리하여 고립된 이성은 두 폭군의 폭력 앞에 노출되고 만 거랍니다. 즉 심장이라는 생명의 샘과 더불어 가슴의 성채를 손아귀에 넣고 있는 '노여움'과, 지배력을 아랫배에까지 널리 뻗치고 있는 '정욕'이라는 두 폭군의 폭력에 말이지요. 이렇게 연합한 두 폭군에게서 이성이 어떻게 스스로를 지킬 수 있겠어요?

인간의 일반적 관습은 위 사실을 충분히 보여 주고 있어요. 이성은 의무의 명령을 지키라고 목이 쉬도록 외칩니다. 하지만 이성의 외침은 욕지거리만 잔뜩 얻어 들을 뿐, 결국엔 교수형 받으러 가는 임금님 꼴이 되어 버리지요. 이를 견디다 못한 이성은 마침내 입을 다물고 항복해 버리는 거예요.

그런데 인간은, 다시 말해 남자는 만물을 지배하는 존재로서 태어났지요. 그러니 약간의 이성보다도 더 많은 것을 받아야 마땅했을 거예요. 주피터는 그 점에 관해 여느 때와 마찬가지로 나에게 의논을 했답니다. 그래서 나는 그에게 나다운 조언을 해 줬어요. 남자에게 여자를 붙여 주라고 말이지요. 나는 정확히 다음과 같이 말했어요.

"사실 여자란 것은 미치광이와 같아요. 지각은 없지만 동시에 유쾌하고 기분 좋은 동물이지요. 그러니까 여자는 자신의 어리석음을 자기 배우자의 고지식함에 섞어서 그의 갖가지 어려움을 덜어 줄 거예요."[142]

플라톤[143]이 이성을 지닌 생물이라는 카테고리에 여성을 넣을까 말까 망설이는 듯했던 것은, 그가 매우 자명한 여성의 어리석음을 보여 주려 했던 까닭이지 다른 뜻은 없었어요. 혹시 어떤 여자가 사람들에게 현명한 여자로서 인정받고 싶어하기라도 한다면, 그녀는 자신의 어리석음을 되풀이하는 것이 고작일 거예요. 한번 생각해 보세요. 황소에 기름을 발라 서로 씨름하게 만드는*144 일을 미네르바가 과연 허락하겠어요?

자연에 거스르지 맙시다. 결점을 장점으로 덮어씌우려 하고 억지로 재주를 부리려 하면 결점만 더 두드러질 뿐이에요. 그리스 속담에서 말하듯이 '주홍빛 옷을 입어도 원숭이는 결국 원숭이'*145거든요. 마찬가지로 여자가 아무리 탈을 뒤집어써도 소용없는 일이랍니다. 그래봤자 여자는 여전히 여자, 즉 미치광이일 뿐이죠.

나는 여자들을 미치광이라 부릅니다. 그렇다고 여자들이 과연 여자이자 바보신인 나를 원망할 수 있을까요? 결코 그럴 수야 없겠지요. 곰곰이 생각해 보면 여자들이 여러 가지 측면에서 남자들보다도 더 행복할 수 있는 이유는, 바로 그녀들이 어리석음을 타고났기 때문이거든요.

우선 여자들은 남자들에 비해 아름다움이라는 장점을 지니고 있지요.*146 여자들이 그 아름다움이란 장점을 무엇보다도 소중히 여기는 것은 매우 지당한 일이며, 아름다움은 그들이 폭군을 억압하는 데에도 도움을 준답니다.

남자들은 거친 용모를 하고 있지요. 살갗은 까칠까칠하고 수염은 더부룩하게 나서*147 늙어 보입니다. 이 모든 것들은 남자들의 현명함을 의미합니다. 한편 여자들의 경우 뺨은 언제나 매끈하고 목소리는 늘 부드러우며 살갗은 항상 야들야들하지요.*148 그러니까 그들은 영원한 젊음의 성질을 갖추고 있는 셈입니다.

게다가 남자들의 마음을 사로잡는 것을 뺀다면, 대체 여자들의 인생에 무슨 목적이 남겠어요? 그렇게나 요란스럽게 몸치장을 하고 분을 바르고 목욕을 하고 머리를 손질하고 향유나 향수를 뿌리고 하는 것도, 그처럼 화장을 고치고 얼굴과 눈과 살갗을 가꾸고 하는 그 모든 솜씨도, 실은 다 그런 목적 때문 아니겠어요? 그리고 이 여자들에게 남자들을 가장 잘 데려다 주는 존재는 바로 나, 바보신이 아닌가요? 여자의 어리석음보다 더 강하게 남자의 마음을 사로잡는 무기가 어디 있겠어요?

남자들은 여자들의 소원이라면 무엇이든 다 들어 주지요. 그들이 그 대가로 요구하는 것은? 즐거움뿐이랍니다. 그런데 여자들이 남자

여자와 애인

들에게 즐거움을 주기 위해서는 바보신의 힘을 빌리는 수밖에 없습니다. 여자가 기쁨이나 쾌락을 남자에게 제대로 주지 못할 때, 남자는 그녀가 얼마나 시시한 여자인지 떠벌리고 다니며 무성의한 태도로 그녀를 대합니다. 그 점만 봐도 진실은 명명백백하지요.

이제 여러분은 인생 최대이자 제일가는 쾌락이 무엇이며, 또 그것이 어디에서 비롯되는지 아셨을 겁니다.

그런데 여자보다도 술병을 더 좋아하고, 최고의 행복을 술잔치에서 찾아내는 그런 사람들도 있기는 해요. 특히 늙은이들에게 그런 경우가 많죠. 여자 없이도 즐거운 식사가 가능한지는 딴 사람들의 판정에 맡기겠어요. 어쨌든 나는, 즐거운 식사에는 미친 지랄이라는 양념이 꼭 곁들여져야만 한다고 단언해 둘 겁니다. 만약 잔치 자리에 미친 지랄을 하는 사람이 하나도 없다면, 여러분은 진짜로든 가짜로든 지랄을 떨어 좌흥을 돋울 만한 우스꽝스러운 직업 광대라도 불러서 그의 기괴망측하고 미치광이 같은 재담으로 침묵과 따분함을 쫓아내겠지요. 여러분의 눈과 귀와 온 마음이, 웃음과 농담과 유쾌한 말들을 포식하지 못한다고 생각해 보세요. 그럼 그 많은 진수성찬으로 배를 채운들 무슨 소용 있겠어요?

이처럼 연회에 꼭 필요한 여흥을 담당하는 것이 바로 나예요. 모든 연회의 관습들, 즉 임금님 제비뽑기*[149]라든가 주사위 던지기, 건강을 위한 축배 들기, 차례로 마시고 노래 부르기, 도금양(桃金孃) 노래 부르기,*[150] 춤이나 흉내 내기 등, 이 모든 것들을 발명해 낸 사람은 그리스의 칠현인이 아니랍니다. 그것은 바로 나지요. 내가 인류의 행복을 위해 만들어 낸 거예요.

이러한 유희들의 특징은, 이것들에 미친 지랄이 많이 더해지면 더해질수록 인간의 삶이 더욱 즐거워진다는 점이지요. 만약 삶이 슬프기만 하다면 삶이라 불릴 수 없을 거예요. 그리고 삶이 슬픔과 그 사촌인 따분함으로부터 벗어나려면 위와 같은 방법들을 쓸 수밖에 딴 도리가 없지요.

어떤 사람들은 이 같은 쾌락을 멸시하고, 친구들끼리의 애정이나 교제에서 기쁨을 발견할지도 몰라요. 그들은 우정이야말로 이 세상에서 가장 좋아해야 할 대상이며, 공기나 불이나 물 못지않게 인간에게 필요한 것이라고 단언하죠. 또 우정의 매력은 이만저만한 것이 아니어서, 우정을 인간 사회에서 제거한다는 것은 인류로부터 태양을 빼앗는 것과 마찬가지라고까지 말한답니다. 심지어 우정을 커다란 덕목이자 재산으로 꼽으며, 인류는 그것을 존중해야 한다고 망설임 없이 주장하는 철학자들*151마저 있지요. 그런데 나는 나야말로 이 커다란 재산의 '이물인 동시에 고물'*152이라는 사실을 증명할수 있어요. 내 증명에는 악어의 모순*153이나 잘못된 연쇄논법*154 같은 궤변은 존재하지 않는답니다. 평범한 상식만 있다면 여러분도 내 증명을 충분히이해할 수 있을 거예요.

  잘 생각해 보세요. 자기 친구의 결점을 묵과하거나 착각하거나 무시하고, 그에 환상을 품기도 하고, 가장 두드러지는 특징을 장점이라 생각하면서 찬양하여 그의 환심을 사고……. 이런 것들은 사실 어리석은 행동 아닌가요? 어떤 사내는 제 애첩의 무사마귀에 입을 맞추고, 어떤 사내는 제 사랑하는여인의 종기에 넋을 잃고, 어떤 아버지는 제 사팔뜨기 아들을 가리켜 '저 애는 추파를 던지고 있는 거요'라고 말하지요.*155 이것이야말로 진정한 어리석음이 아니겠어요? 세 번이고 네 번이고 거듭해서 소리 높여 말하겠어요. 바보 같은 짓을 하고 있다고! 그런데 실은 이 어리석음만이 친구들의 결합을유도하고 유지해 주는 거예요.

  세상 사람들에 대해 이야기해 볼까요. 결점 없이 태어나는 사람 따위는 세상에 한 명도 없죠. 그러니까 가장 훌륭한 사람은, 가장 크지 않은 결점을가진 사람일 거예요. 그런데 이 신과 같은 소위 현인들 사이에는 끈끈한 우정이 아예 존재하지 않거나, 답답하고 재미없는 우정만이 약간 있을 뿐이랍니다. 그들 사이의 우정은 정말로 찾아보기 힘들어요. 사실 양심적으로 조금더 정확히 말하자면, 그들은 우정뿐 아니라 다른 무엇으로도 남들과 인연을맺지 않지만요.

  어쨌든 사람은 결국 끼리끼리 모이기 마련이에요. 다들 아시다시피, 대부분의 사람들은 슬기로움과 거리가 멀며 누구나 예외 없이 바보 같은 짓거리를 하고 앉았지요. 그런 사람들끼리 우정을 쌓고 있는 거예요. 그러면 앞서말한 엄숙한 양반들은 어떨까요? 그들은 이따금 서로 공명하여 결합하기도합니다. 하지만 극도로 명민하고 준엄한 그들 사이의 결합은 불안정하므로오래가지 못해요. 이런 양반들은 독수리나 에피다우로스의 뱀*156 같이 날카로운 눈을 가지고 자기 친구들의 결점을 식별하거든요. 물론 이 양반들은 자신의 결점에 대해서는 눈이 완전히 멀었으며, 자기 등 뒤에 매달린 주머니는

전혀 모르고 있지요.*157

자신의 결점으로부터 벗어날 수 있는 사람은 없습니다. 그게 인간의 본성이니까요. 게다가 사람들마다 기질이나 관심이 매우 다르고, 인생에는 수많은 실패·과오·사고가 잇따르지요. 상황이 이럴진대 저 아르고스처럼 날카로운 눈을 잔뜩 가진 이른바 현인들 사이에 우정이란 것이 존재할 수나 있겠어요? 그리스인들이 말하는 '에우에테이아', 그러니까 '어리석음'이나 '적당한 태도'로 번역할 수 있는 이것이 현인들에게 주어지지 않는다면, 그들은 단 한 시간조차 우정을 즐길 수 없을 거예요.

그런데 대체 어찌 된 일일까요? 모든 인연을 맺어 주고 지배하는 저 큐피드는 눈이 완전히 멀었잖아요?*158 바로 그거예요. 아름답지 않은 것도 큐피드에게는 아름답게 보인답니다.*159 이와 마찬가지로 큐피드는 여러분이 저마다 자신이 가진 것을 아름답게 생각하도록 해 주며, 늙은이가 할멈을 좋아하듯*160 소년이 소녀를 좋아하도록 해 주지요. 이런 우스꽝스러운 일들은 흔히 일어난답니다. 사람들은 이를 비웃지만, 실은 이러한 일들이야말로 인생을 즐겁게 해 주고 사회를 유지되게 해 준단 말이지요.

지금까지 우정에 대해 이야기했잖아요? 그런데 그 내용은 사실 결혼에 더 잘 맞는 말이랍니다. 결혼은 그야말로 일생일대의 결합이죠. 아아, 불사의 신들이여! 만약 남녀의 가정생활이 아양이나 농담, 기댐, 환상, 거짓 등 한마디로 말해 나의 모든 시녀들이 지닌 온갖 성질(도취, 무지, 추종, 자만, 망각 등)의 지지를 받지 못한다고 생각해 보세요. 그러면 이혼이라든가 이혼보다 더 고약한 사건들이 얼마나 자주 일어나겠어요?

아! 만일 상냥하고 정숙해 보이는 숫처녀가 결혼식 전에 어떤 짓을 하고 놀았는지 예비 신랑이 자세히 알아 버린다면, 결혼은 좀처럼 성립되지 못할 거예요! 남자가 게으르고 둔감하여 그녀가 저지른 수많은 짓거리들을 눈치채지 못한다면 다행이겠지만, 그의 게으름과 둔감함이 혹시 부족하다면 또 얼마나 많은 결혼이 깨져 버리겠어요?

그러니까 모든 결혼은 다 바보신 덕택에 이루어지는 거랍니다. 이 여신 덕분에 남편은 아내를 좋아하고 아내도 남편을 좋아하며, 집안은 평화롭고 부부의 결합도 오래도록 유지되는 거예요. 세상 사람들은 오쟁이를 진 사내*161라느니 기둥서방이라느니 하며 그를 비웃을지도 모르지요. 하지만 그가 부도덕한 여성의 눈물을 입맞춤으로 닦아 주는 모습을 보고 누가 뭐라 하겠어요? 뜨거운 질투에 사로잡혀 모든 것을 비극적으로 생각하는 것보다는, 그것을 받아들이는 게 차라리 행복스런 꿈이 아닐까요?

이제 요약 좀 해 보지요. 내가 없다면 어떤 모임에도 즐거움이 없고, 어떤 관계도 오래 지속되지 못해요. 만약 양쪽 다 환상에 빠져 있지 않고, 둘 사이에 속임수며 아첨이며 사려 깊은 공모(共謀)가 없다고 생각해 보세요. 다시 말해 그들이 바보신의 꿀을 주고받아 상대를 어루만져 주지 않는다면, 아마 사람들은 서

잠든 남자

로를 견뎌 내지 못할 거예요. 백성은 임금님을, 하인은 상전을, 시녀는 마님을, 선생은 학생을, 친구는 친구를, 아내는 남편을, 임대인은 임차인을, 동료는 동료를, 술친구는 술친구를 그렇게 오래 참고 견디지 못하겠지요.

내 말이 너무 극단적이라고 생각하시나요? 그럼 계속 귀 기울여 보세요. 더 대단한 이야기를 들려 드릴 테니까요.

자기 자신을 미워하는 사람이 과연 남을 사랑할 수 있을까요? 어디 말 좀 해 보세요. 자기 자신과 의견 차이를 보이는 사람이 과연 남과 화합할 수 있을까요? 너무 엄격해서 자기 자신조차 짜증나게 만드는 사람이 과연 남을 즐겁게 해 줄 수 있을까요? 이 바보신보다도 더 어리석은 사람이 아니라면, 이 질문들에 '그렇다'라고 대답하지는 못할 거예요. 그러니까 만약 여러분이 나를 이 세상에서 쫓아낸다면, 세상에 남을 조금이라도 참고 견뎌 낼 수 있는 사람은 하나도 남지 않을 거예요. 결국엔 자기 자신마저 싫어하게 되겠지요. 자기 자신을 자랑스러워할 수 없고, 자신이 하는 일에 가치를 느낄 수 없게 될 테니까요.

그럼 왜 이런 일이 일어날까요? 까닭을 말하자면 다 '자연' 때문이지요. 이것은 우리의 친어머니라기보다는 악랄한 계모일 때가 더 많은데, 이 자연이 사람들의 정신 속에 악덕을 심어 놓은 거예요. 사람들은 약간이라도 총명해지면, 자연이 준 악덕 때문에 자기 자신의 성질을 싫어하고 남의 성질을

부러워하게 돼 버리죠. 이러한 성향은, 그가 하늘로부터 받은 자질과 그의 모든 인생에 매력을 잃어버리도록 만든답니다. 불멸의 신들이 준 가장 큰 선물인 아름다움도 그것이 시들어 버린다면 무슨 소용 있겠어요? 또 만약 젊음이 겉늙은 권태로 인해 망가져 버린다면 무슨 소용 있겠어요?

그대가 행동할 때 가장 신경 써야 할 첫째 원칙은 우아함이지요. 그런데 내 동생뻘인 '자존심'*162이 그대 곁에 없다면, 그대가 자기 자신이나 남에 대해서 어찌 우아하게 처신할 수 있겠어요? 아 참, 자존심이라는 이 여신은 어디에서나 나에게 협력해 주니까 내 동생뻘인 거예요.

자존심은 어리석은 자기만족이나 자화자찬과도 닮았답니다. 그런데 생각 좀 해 보세요. 만약 사람이 자기 자신을 불만스럽게 여긴다면, 어떻게 남들 앞에서 우아하고 매력적인 행동을 할 수 있겠어요? 어떻게 남들에게 호감을 살 수 있겠어요? 인생에서 이 자존심이라는 조미료를 한번 없애 보세요. 그러면 웅변가의 연설은 도중에 열기가 식을 것이고, 음악가의 곡은 모두에게 외면당할 것이고, 배우의 연기는 갈채를 받지 못할 것이고, 시인의 시는 비웃음을 살 것이고, 화가의 작품은 평가받지 못할 것이고, 의사의 약은 의미를 잃어버려서 그는 굶어죽을 거예요. 미남 니레우스는 추남 테르시테스*163를 닮아 버릴 것이고, 젊은 파온은 네스토르*164를, 미네르바는 암퇘지를 닮아 버리겠지요.*165 또한 뛰어난 연사는 어린애만도 못한 소리를 지껄일 것이고, 도시 사람들은 시골뜨기처럼 보일 거예요.

자존심은 이처럼 중요하답니다. 남들에게 환영받고 갈채를 받기 위해서는, 내가 먼저 자기 자신에게 갈채를 보내야 하죠. 스스로에게 환영받는 것은 그토록 필요한 일이랍니다.

결국 행복이란, 현재 있는 그대로의 모습으로 머물러 있고 싶다고 생각하는 것을 뜻합니다.*166 그리고 나의 착한 '자존심'의 여신은 사람들이 이처럼 자신에게 만족하도록 충분히 도와주고 있어요. '자존심'은 사람들이 자기 얼굴이나 재능, 민족, 지위, 교육, 조국에 불만을 느끼지 않도록 해 주지요. 그 결과 아일랜드 사람은 이탈리아 사람과, 트라키아 사람은 아테네

미치광이와 거울

사람과, 스키타이 사람은 행복의 섬*167 사람들과 자신을 바꾸려 하지 않는 거예요.

자연은 참으로 많은 불평등을 재주도 좋게 소멸시켜 버리고 있죠. 그 세심한 배려가 놀라울 따름이에요! 자연이 누군가에게 선물을 줄 때 간혹 아까워하며 덜 주는 경우가 있는데, 이때 자연은 그 빈 공간에 재빨리 자존심을 끼워 넣어서 선물해 버린답니다. 그런데 이 자존심이야말로 사실 최고의 선물이지요. 그러니 제가 자연의 행위에 대해 이렇게 왈가왈부하는 것도 사실 어리석은 짓일 거예요.

그럼 이제부터는 다른 이야기를 해 보지요. 나는 모든 훌륭한 행위의 든든한 지원자이며, 모든 아름다운 예술의 창조자랍니다. 나 없이는 그 모든 것이 이루어지지 못해요. 자기자랑처럼 들리더라도 내 이야기 좀 들어 주세요.

빛나는 무훈은 싸움터에서 세워지지 않나요? 그런데 전쟁을 하면 양쪽 다 이익보다는 손해를 더 많이 보기 마련이에요. 그럼에도 사람들은 뭐가 뭔지도 모를 동기로 이런 쓸데없는 싸움을 시작한단 말이지요. 그러니 이보다 더 미친 지랄이 어디 있겠어요? 싸움터에서는 수많은 사람들이 쓰러지지만, 그 따위는 사실 문제도 아니에요. 메가라 사람들도 신경 안 쓰잖아요? *168

그런데 대답 좀 해 보세요. 갑옷을 입은 군대들이 서로 대치한 상태에서 우렁찬 나팔소리*169가 울려 퍼질 때, 공부에 지쳐 핏기를 잃고 간신히 숨만 붙어 있는 저 현인들이 대체 무슨 쓸모가 있겠어요? 그런 싸움터에 필요한 것은 별로 깊이 생각하지 않고 무조건 앞으로만 돌진하는, 몸집 좋고 담대한 사람들이랍니다. 아르킬로코스의 충고에 따라 적군을 보자마자 방패를 던지고 달아난 저 데모스테네스*170를 생각해 보세요. 어떤 사람은 그런 군인을 더 좋아할지도 모르죠. 하지만 데모스테네스는 연단에서 현명했던 것만큼이나 싸움터에서는 비겁했어요.

전쟁에서 매우 중요한 건 지혜라고 주장하는 사람들도 있어요. 물론 저도 인정해요. 지휘자에게는 지혜가 중요하죠. 하지만 철학자의 지혜는 결코 중요하지 않아요. 식객과 뚜쟁이와 도둑과 강도와 바보 등등, 쓰레기 같은 인간들은 싸움터에서 그토록 훌륭히 활약하지만, 등불 아래에서 밤새도록 책만 파는 철학자들은 도저히 그러지 못하거든요.

이런 철학자들은 인생에서 아무 일도 할 줄 모른답니다. 그 증거로 절세의 현인 소크라테스를 들 수 있죠. 그는 아폴로의 신탁을 통해, 세상에 견줄 상대가 없을 만큼 현명한 사람으로 밝혀졌지요.*171 하지만 그는 현명한 판단을 할 줄 모르는 사람이었어요. 무슨 일에 관해서였는지는 모르겠지만, 하루는 소크라테스가 대중 앞에서 무언가를 이야기하려고 했지요. 그러다가 사람들의 비웃음을 사는 바람에 결국 입을 다물 수밖에 없었답니다.

소크라테스에게 상식이 있었다는 사실을 보여 주는 증거도 있기는 하죠. 하지만 사실 몇 개 없어요. 그가 현인이라는 호칭을 받기를 거절하고 그것은 오직 신에게만 어울리는 호칭이라고 말했던 것이라든가, 동포들을 향해 국가의 공사에 참견하지 말라고 충고했던 것 정도일까요.*172

하지만 이왕이면, 인간답게 살기 위해서는 지혜 같은 건 가지지 말라고 충고하는 게 더 좋았을 거예요. 애초에 소크라테스가 독배를 마셔야만 했던 이유도 바로 사람들에게 지혜를 가르쳤기 때문 아닐까요? 그는 구름이나 이데아 같은 갖가지 개념에 대해 철학적으로 사색하고, 벼룩의 다리 길이를 수학적으로 측정하고, 모기의 윙윙거리는 소리를 관찰했지요.*173 하지만 그는 인생의 기본 관습에 관해서는 아무것도 모르고 있었던 거예요.

그리고 소크라테스의 제자인 플라톤은 스승을 사형으로부터 구해 내기 위해 변호를 맡으려 했죠. 사실 플라톤은 꽤 훌륭한 변호인이었어요. 하지만 그는 군중의 소란에 놀란 나머지, 준비해 온 연설의 절반도 채 못하고 사람들 앞을 떠나야 했죠! *174 연단에 오르자마자 꼭 늑대라도 만난 것처럼*175 꿀 먹은 벙어리가 되어 버린 테오프라스토스*176는 또 어떻고요? 그런 그가 전쟁터에서 병사들을 이끌 수 있었겠어요? 이 소크라테스는 말도 못하게 겁쟁이여서 감히 입도 뻥긋 못했다지요.*177 로마 웅변의 아버지라 불리던 마르쿠스 툴리우스*178도 서두를 꺼낼 때에는 어린애가 흐느끼듯이 고통스럽게 떨었다고 해요.*179 퀸틸리아누스*180는 그런 태도야말로 위기를 미리 파악하는 신중한 변호사의 증거라고 말했지요. 하지만 그건 변명이에요. 차라리 현명함이 모든 일을 방해한다고 솔직하게 인정하는 편이 낫지 않을까요? 말로만 싸울 때에도

늙은 현인과 어리석은 아이

두려움에 바짝 얼어붙는 이런 사람들이, 손에 칼을 들고 싸워야 할 때에는 대체 어떻게 행동하겠어요?

내가 이렇게까지 말해도, 세상 사람들은 한심하게도 플라톤의 저 유명한 잠언을 내세우겠지요.*181 "철학자가 통치를 하거나 통치자가 철학을 공부하는 국가는 행복하도다"라고 말이에요. 하지만 역사를 한번 살펴보세요. 그러면 역사상 가장 나쁜 정부는 으레 철학이나 문학을 핥은*182 인간이 이끄는 정부였음을 알 수 있게 될 거예요. 두 명의 카토 이야기는 다들 알고 계시지요? 내가 보기에는 그것이 가장 결정적인 예인 것 같네요. 한 사람의 카토*183는 무리한 고발을 자행한 끝에 나라 안을 발칵 뒤집어 놓았고, 또 한 사람의 카토*184는 로마 사람들의 자유를 옹호하는 데에 너무 신중했던 까닭에 그들의 자유 자체를 근본부터 파괴해 버렸잖아요?

이들뿐만이 아닙니다. 여기에 브루투스, 카시우스, 그라쿠스 형제,*185 키케로까지도 덧붙일 수 있지요. 데모스테네스가 아테네 국가의 증오의 대상이 됐던 것처럼, 키케로는 로마 공화국의 증오의 대상이 되었거든요. 한편 마르쿠스 안토니누스*186는 철리(哲理)를 깨달았다는 이유로 대중적 인기를 얻지 못했죠. 따라서 나는 그가 훌륭한 황제였다고는 생각지 않지만, 여기서는 일단 그를 훌륭한 황제였다고 해 봅시다. 물론 그는 통치자로서 능력을 발휘해 국가에 많은 이익을 주었지요. 하지만 그는 자신이 남겨 놓은 아들*187로 인해, 그보다 더 많은 손해를 국가에 끼치고 말았어요.

지성을 연마하는 데에 열중하는 이런 종류의 인간들은 다른 모든 일에서 실수를 저지르기 마련이에요. 하지만 불행 중 다행히도, 그들에게는 보통 자식을 늘리는 재주가 부족합니다. 아마도 선견지명을 가진 '자연'이, 지혜의 독이 지나치게 널리 퍼지지 못하도록 미리 손을 써 둔 것이겠지요. 이런 자연의 섭리 덕분에 키케로의 아들*188은 타락했으며, 현인인 소크라테스의 아들들도 형편없는 인간이 된 겁니다. 어느 훌륭한 작가의 말에 의하면, 소크라테스의 아들들은 아버지보다도 어머니를 더 닮았더라고 해요. 그러니까 미치광이였다는 얘기지요.

이런 사람들이 칠현금을 든 당나귀*189처럼 공적인 일에 손을 댄다 해도, 그들이 일상생활의 모든 행위에 있어 서투르게 구는 일만 그만둔다면 어떻게든 참을 수 있을 거예요. 하지만 실제로는 어떤가요? 어디 현인 한 명을 식사에 초대해 보세요. 그는 우울하게 침묵을 지키거나 참기 힘든 장광설을 늘어놓아 흥을 깨뜨려 버릴 거예요. 그를 무도회에 초대해 보세요. 낙타가 껑충거리는*190 것 같을 거예요. 연극에 초대해 보세요. 그가 극장에 얼굴을 보이자마자 그때까지 즐기고 있었던 관중들의 흥마저 깨져 버릴 테고, 결국 그는 강제로 퇴장당할 거예요. 마치 저 현명한 카토가 찌푸린 얼굴을 풀지 못하여 그런 일을 당한 것처럼*191 말이지요.

모두가 잡담을 나누고 있는 자리에 현인이 나타난다고 생각해 보세요. 마치 우화 속의 이리가 등장한 것 같은 상황이 펼쳐질 거예요. 물건을 산다든가, 계약을 체결한다든가, 일상생활에 꼭 필요한 증서를 작성한다든가 할 때마다, 현인은 인간이 아닌 장작개비가 돼 버려요. 그는 자기 자신에게나 조국에게나 친구들에게나 전혀 쓸모없는 존재일 거예요. 왜냐하면 그는 세상사에 관해서는 아무것도 모르는 데다, 세간에 퍼져 있는 의견이나 관습 등과 아무런 관계도 없기 때문이죠.

현인은 이처럼 다른 사람들과 동떨어져 있답니다. 그런 까닭에 보통 사람들에게 미움을 받게 되는 것이지요. 사실 인간 세상에서 일어나는 모든 일은 이 바보신의 뜻대로 미치광이들에 의해, 미치광이들 사이에서 이루어지는 것 아닌가요? 세상의 보편적 흐름에 거스르고자 하는 사람은 티몬*192을 본받아 사막에라도 갈 수밖에요. 아무도 없는 곳에서 홀로 자신의 슬기로움을 즐기는 것 외에 별 도리가 있겠어요?

본론으로 되돌아가 볼까요. 바위틈이나 떡갈나무에서 태어난 것 같은*193 천박한 사람들을, 도시로 모아서 사회가 구성되도록 만든 힘의 정체는 도대체 무엇일까요? 바로 즐거움이지요. 즐거움이 그들을 움직인 거예요. 암피온과 오르페우스*194의 칠현금이 지니는 의미도 바로 거기에 있죠. 로마의 민중이 봉기하여 바야흐로 극단적인 폭거를 저지르려 했을 때, 그들의 흥분을 가라앉힌 것이 대체 무엇이었던가요? 철학자의 연설이었을까요? 천만의 말씀! 그건 바로 손발과 밥통에 관한 우스꽝스럽고도 유치한 우화*195였어요. 테미스토클레스도 여우와 고슴도치라는 우화*196로 역시 목적을 달성했지요. 세르토리우스의 암사슴 이야기,*197 리쿠르고스의 두 마리 개의 이야기,*198 말의 꼬리털을 뽑는 방법에 대한 우스운 이야기*199 등등······. 이런 이야기들이 갖는 효과를 현인들이 무슨 말로 거둘 수 있겠어요? 미노스*200

말꼬리 털을 어찌 뽑을까

와 누마*²⁰¹에 대해서는 말할 것도 없겠지요. 그들은 둘 다 터무니없는 거짓말로 어리석은 민중을 다스렸답니다. 저 민중이라는 거대하고 강력한 짐승*²⁰²을 제대로 이끌어 갈 수단은, 결국 바보스러운 수작밖에 없다는 것이지요.

플라톤 혹은 아리스토텔레스의 법칙이나 소크라테스의 가르침에 의해 다스려진 나라가 과연 하나라도 있었나요? 데키우스*²⁰³가 마네스 신들*²⁰⁴에게 흔쾌히 목숨을 바치기로 마음먹은 까닭은 무엇일까요? 쿠르티우스*²⁰⁵가 구렁텅이로 들어간 이유는 무엇일까요?

답은 '허영'입니다. 오직 그뿐이죠. 그런데 이 허영은 그야말로 매혹적인 사이렌*²⁰⁶ 같은 존재라서, 현인들로부터 맹렬한 비난을 받고 있답니다. 현인들은 입을 모아 이렇게 말하고 있어요.

"당선되기 위해 민중에게 아첨하고, 민중의 표를 매수하고, 수많은 미치광이들로부터 갈채를 얻으려 애쓰고, 사람들에게 찬양 받아서 우쭐대고, 우상처럼 치켜세워지고, 자기 모습이 동상이 되어 광장에 세워지고.*²⁰⁷ 이런 것들보다 더 어리석은 일이 있겠는가? 그뿐 아니라 사람들은 자기 이름을 과시하고, 한낱 가엾은 인간에게 신의 영예를 부여하고, 국가적인 의식을 거행해 가증스러운 폭군을 신과 같은 위치에 올려놓기도 한다.*²⁰⁸ 이것이야말로 단 한 명의 데모크리토스*²⁰⁹만 가지고는 조롱하기 벅찰 정도로 미친 지랄이다."

그야 물론 그렇겠지요. 하지만 실은 이런 미친 지랄에서 영웅들의 고귀한 행위가 탄생하는 거예요. 수많은 찬연한 글로 격찬을 받는 행위가 말이지요. 또 이 미친 지랄에서 도시들도 태어나며, 제국, 행정, 종교, 의회, 사법도

다 미친 지랄 덕분에 유지되고 있지요. 그러니까 인간 생활은 사실 이 바보신의 장난에 지나지 않는 거예요.

이제는 여러 가지 기예에 관해 이야기해 봅시다. 썩 뛰어나다고 여겨지고 있는 그 숱한 지식들을 생각해 보세요. 사람들은 왜 그 지식들을 만들어 내서 후세에까지 전한 걸까요? 바로 명예욕 때문이지요. 명예욕 말고 무슨 이유가 있겠어요? 사실 더없이 어리석은 인간들은 자신이 밤샘을 거듭하고 땀을 잔뜩 흘린 덕택에, 세상 모든 것 중에서도 가장 허망한 저 명예를 얻었다고 생각한답니다. 그러니까 여러분은 이 바보신이 선물해 주는 어리석음 덕분에, 인생의 온갖 귀중한 편의를 누리면서 한없이 즐겁게 살아가고 있는 셈이에요. 다시 말해 여러분은 편리한 것들을 통해 남들의 어리석음을 이용하고 있는 것이지요.

민중 : 머리가 여러 개 달린 괴물

방금 나는 인간의 용기와 노동의 성과를 내 덕택으로 돌리는 데에 성공했어요. 그럼 이번에는 양식(良識) 또한 내 덕분이라고 주장해 볼게요. 어떤 사람은 "당치 않은 소리! 차라리 물과 불을 합치는 게 더 쉽겠다"[210]라고 말할지도 몰라요. 하지만 여러분이 지금까지와 같이 조금이라도 내 말에 귀를 기울여 주신다면, 충분히 납득이 갈 거랍니다.

양식은 경험에서 오는 것이지요. 그럼 그 양식을 지니고 있다는 명예는 어떤 자에게 돌아가야 할까요? 겸손한 탓인지 소심한 탓인지 아무것에도 도전하지 않는 현인일까요, 아니면 위험이라는 걸 모르므로 겸손하지도 않고 소심하지도 않은 미치광이일까요? 현인은 고대 사람들이 쓴 책 속에 틀어박혀 나오질 않아요. 그들은 그 안에서 순수하고 섬세하게 말을 꾸미는 방법만 열심히 배우고 앉아 있죠. 반면 미치광이는 현실에서 살아가며 이것저것 손을 대 봅니다. 그러므로 내 생각에는, 미치광이야말로 진짜 양식을 터득하고 있다고 할 수 있습니다.

호머는 눈이 멀었는데도 이 사실을 확실히 보고 있었지요. 그래서 그는 "미치광이는 스스로 희생을 치름으로써 배움을 얻는다"[211]라고 말했던 거랍니다. 사람들은 두 가지 주요한 장애 때문에 일에 실패하곤 해요. 즉 명석한 정신을 흐리멍덩하게 만드는 망설임과, 위험을 보여 주어 행동력을 떨어뜨리는 두려움 때문에 실패하는 거죠. 그런데 바보신은 그 두 가지를 전부 쫓아 버립니다. 망설임을 버리고 뭐든 감행하면 커다란 이득을 볼 수 있는데, 아쉽게도 그 사실을 아는 사람은 많지 않아요.

어떤 사람들은 경험보다는 '판단'을 기준으로 양식이 있고 없고를 결정해야 한다고 말할지도 몰라요. 하지만 이렇게 주장하는 소위 양식 있는 사람들은, 자신들이 진정한 양식으로부터 얼마나 멀리 떨어진 존재인지 모를 거예요. 내가 그것을 설명 드릴 테니까 좀 들어 보세요. 첫째, 인간 세상의 모든 일은 매우 판이한 두 가지 면으로 이루어져 있어요. 마치 알키비아데스의 '실레노스의 상자'[212]처럼 말이지요. 겉으로는 죽음처럼 보이는 것 속에 삶이 들어 있을 수 있고, 반대의 경우도 얼마든지 가능하죠. 아름다움이 추악함을 덮고 있고, 부유함이 가난함을, 치욕이 영광을, 무식이 지식을 덮고 있는 거예요. 실해 보이는 것이 사실은 허술하고, 고귀해 보이는 것이 실은 비천할 수도 있죠. 기쁨은 슬픔을 감추고, 번영은 불행을, 우정은 증오를, 약은 독을 감추고 있어요. 여러분도 실레노스의 상자를 한번 열어 보세요. 겉모습과 정반대인 것을 보게 될 거예요.

내 이야기가 너무 철학적이었나요? 그럼 좀 더 평범한 이야기를 해 보죠. 임금님 하면 누구나 돈 많고 권세 있는 사람을 떠올립니다. 그런데 이 임금님에게 정신적 장점이 전혀 없으며 불만만 가득하다고 생각해 보세요. 그렇다면 그는 세상에서 가장 가난한 사람일 겁니다. 만약 그가 수많은 악덕을 거리낌 없이 수용하기까지 한다면, 그는 불명예스럽게도 천한 노예근성을 갖고 있는 셈이에요. 즉 임금님이 곧 가난뱅이요 노예인 것이죠. 이런 논법은 다른 여러 가지 경우에도 적용할 수 있지만, 뭐

사악한 군주

방금 든 임금님의 예만으로도 충분하겠지요.

네? 무엇을 증명하는 데 충분하냐고요? 내가 증명하고 싶은 사실은 말하자면 이런 거예요. 배우들이 연극을 하고 있을 때, 누군가 그들이 쓰고 있는 탈을 벗겨서 그들의 진짜 얼굴을 구경꾼들에게 보여 주려 한다고 합시다. 이러면 연극이 완전히 망가져 버리지 않겠어요? 또 이렇게 난폭한 짓을 한 사람은 극장에서 쫓겨나야 마땅하지 않겠어요? 그가 배우들의 내면을 폭로한 순간, 그들의 겉모습이 딴판으로 바뀌어 버린 거예요. 무대의 여자는 순식간에 남자가 되고, 젊은이는 늙은이로, 임금님은 노예*213로, 신은 자그마한 노인으로 변해 버리지요. 즉 그 난폭한 사람이 연극에서 모든 환상을 몰아낸 것이에요. 환상이 사라지면 연극 전체가 뒤집히죠. 왜냐하면 관중들의 눈길을 매혹하고 있었던 것의 정체는 바로 배우들의 분장과 화장이니까요.

인생도 사실 마찬가지랍니다. 인생이란 저마다 가면을 뒤집어쓰고 무대에 올라, 무대 감독이 내려오라고 할 때까지 자신이 맡은 배역을 계속 연기하는 한 편의 연극이거든요. 게다가 무대 감독은 한 배우에게 매우 다양한 역할을 맡기죠. 그래서 임금님의 주홍빛 옷을 걸치고 있던 사람이, 잠시 후에는 노예의 누더기를 걸치고 다시 무대에 오르지요. 요컨대 연극의 모든 것은 가장(假裝)을 전제로 성립되는데, 인생이라는 연극도 이러한 실제 연극과 별다를 바 없어요.

한 현인이 하늘에서 뚝 떨어져서 우리에게 이런 말을 한다고 상상해 봅시다.

"모든 사람들이 신이자 군주로서 숭배하고 있는 그 자는 인간도 아니오. 그 까닭은 그가 짐승처럼 갖가지 정감(情感)에 지배당하고 있기 때문이라오. 그토록 수치스러운 수많은 주인들*214에게 자발적으로 복종하고 있으니, 그는 노예 중에서도 제일 천한 노예요. 아버지의 죽음을 슬퍼하며 울고 있는 저 초상집 아들은 오히려 기뻐해야 할 것이오. 왜냐하면 이승의 삶은 죽음과 다를 바 없으므로, 고인은 이제야 진정으로 살기 시작한 셈이니까. 또 제 가문을 자랑스럽게 여기고 있는 저 사나이는 사실 상놈이자 서자에 불과하오. 왜냐하면 모든 참다운 고귀함은 덕으로부터 나오는데, 그는 미덕과 아무 관계가 없기 때문이오."

만약 이 현인이 모든 사람들을 한 명씩 붙들고 이런 얘길 한다면 어떨까요? 누구나 그를 완전히 미친놈으로 취급할 거예요. 상황에 맞지 않는 진실

을 말하는 것이 어리석기 짝이 없는 일이듯, 무턱대고 현인인 척하는 것은 다
시없는 실수예요. 있는 그대로의 현실에 순응할 줄 모르고, 관습을 따르지 않
고, "마셔라, 안 그럴 거면 꺼져라!"*215라는 술잔치의 법칙을 무시하고, 연극
이 연극이어서는 안 된다고 말하는 그런 행동, 그것은 분별없는 행동이에요.

그대는 인간입니다. 인간의 수준을 초월하는 지식에 열을 올리지 말고, 군
중에 섞여서 남의 허물을 덮어 주거나 친절한 마음에서 잘못을 기꺼이 저지
르는 사람이 돼 보세요. 그것이야말로 정말로 양식 있는 사람이 취할 행동이
니까요. 내 말에 누군가는 이렇게 말하겠지요. "아니, 그건 미친 지랄이잖
아!" 그야 그렇지요. 어리석은 행위라는 것은 저도 부정하지 않겠어요. 다만
그 어리석은 짓도 인생이란 연극의 한 부분이라는 내 의견에, 그들이 찬성해
준다면 말이지요.

아아, 불사의 신들이여! 내가 다른 것들에 대해 계속해서 말해야 하나요?
아니면 이제 입을 다물어야 하나요? 하지만 진실보다도 더 진실한 것을 말
하지 말아야 할 이유가 있나요? 아마 이처럼 중대한 문제를 다루려면 헬리
콘 산*216의 뮤즈 여신들을 불러야겠지요. 시인들은 매우 하찮은 일로도 툭
하면 뮤즈 여신들에게 도움을 청하잖아요? 그러니 주피터의 딸들이여, 자!
이리로 가까이 좀 와 주세요. 현인들이 행복의 성이라 부르는 저 완전한 '지
혜'에 도달할 방법은 오직 바보신의 힘을 빌리는 것뿐이랍니다. 그 사실을
이제부터 내가 증명해 보일 거예요. 그러니 여신들이여, 잠시 이곳에 머물러
주세요.

우선 모든 정열이 바보신과 관련되어 있다는 사실은 다들 인정하시겠죠?
미치광이와 현인의 차이점은, 미치광이는 정열에 끌려가고 현인은 이성에
끌려간다는 점이지요. 그래서 스토아 철학자들*217은 모든 정열을 질병으로
간주하고, 현인들이 그 병을 멀리하도록 만들고 있어요.

그러나 사실 정열은 노련한 뱃사공이 항구에 도달하게 도와줍니다. 더구나
덕을 쌓는 사람들이 선(善)을 향해 나아가도록 자극을 가해 주기도 하죠. 그
런데 진정한 스토아 철학자라 할 수 있는 세네카는, 현인은 일체의 정열을 가
져선 안 된다고 주장했어요. 아마 그는 내 말에 반박하겠지요. 하지만 그러한
그의 행동이 실은 인간 그 자체를 말살해 버리고 있는 거예요. 그는 어디에도
존재하지 않고 앞으로도 결코 존재하지 않을 조물주*218를, 그러니까 하나의

새로운 신을 만들어 내고 있어요. 좀더 정확히 말하자면, 지성도 없고 인간적 감정도 전혀 없는 하나의 대리석상을 만들고 있는 것이지요.

그러므로 스토아 학파 학자님들은 그들만의 현인을 마음껏 즐기시라고 내버려 둡시다. 그들로부터 그를 빼앗을 필요는 없어요. 그들이 그를 사랑하게 내버려 두자고요. 그들이 그와 함께하기 위해 플라톤의 나라*219든 이데아의 세계든 탄탈로스의 정원*220이든, 어딜 골라서 살든 상관하지 맙시다. 어차피 제풀에 나가떨어질 텐데요, 뭐. 모든 자연적인 감정에 뚜껑을 덮고 '단단한 돌멩이나 마르페수스의 바위'처럼*221 아무 감동도 받지 못하고, 애정에도 연민에도 흔들리지 않는 인간. 이런 사람을 실제로 만나면, 누구나 그를 괴물 또는 유령 취급하며 무서워서 달아나 버릴 거예요. 이런 사람은 아무것도 간과하지 않고 어떤 잘못도 저지르지 않으며, 린케우스처럼*222 모든 것을 꿰뚫어 보고, 늘 올바르게 판단하고 모든 것을 알며, 오직 스스로에게만 만족하고, 자신만이 신이고 왕이며 건강하고 자유로운 존재라고 생각하지요. 한 마디로 그는 천상천하 유아독존이며*223 자기만의 판단에 따라 행동합니다. 친구를 기쁘게 하기는커녕 아예 친구가 없지요. 그는 신들을 업신여겨 그들에게 추방형이나 교수형을 거침없이 내리며, 인간의 모든 행위를 어리석다고 보며 비난하고 조롱합니다. 자, 이제 아시겠어요? 완벽한 현인이란 이처럼 무시무시한 존재랍니다.

그럼 대답해 보세요. 만약 투표를 한다면, 어느 나라가 그런 지배자에게 기꺼이 표를 던지겠어요? 또 어떤 군대가 그런 대장 밑에서 싸우고자 하겠어요? 더구나 어떤 여자가 그런 남편을 바라겠으며, 어떤 주인이 그런 손님을 받아들이겠으며, 어떤 하인이 그런 주인을 견뎌 내겠어요? 그보다는 차라리 자신들에게 명령하거나 복종할 줄 아는 사람, 자신을 비롯한 대다수의 사람들이 좋아할 수 있는 사람, 아내에게 상냥하고 친구들에게 친절하며, 식탁에서는 즐겁게 먹고 마실 줄 알며, 안심하고 함께 살아가기에 적합한 사람이 낫죠. 즉 인간적인 것에 무관심하지 않은 사람을 완벽한 미치광이들 중에서 적당히 골라 사귀는 편이, 완벽한 현인과 사귀는 것보다 더 낫다고 생각하지 않을 사람이 누가 있겠어요?

뭐, 어쨌든 나는 이런 현인들에게 진작부터 진절머리가 나 있었어요. 그러니 이 따분한 얘기는 그만둡시다. 좀더 흥미로운 이야기를 해 보자고요.

시인들이 노래하는 주피터가 때때로 그러듯이[224] 누군가가 높은 곳에서 하계를 내려다보며 인간의 삶을 관찰한다고 생각해 보세요. 한 인간이 얼마나 욕되게 태어나고, 얼마나 고생하면서 교육을 받고, 유년 시절에는 또 어떤 위험을 겪으며, 청년 시절에는 얼마나 가혹한 노동을 강요당하고, 노년기에는 얼마나 고통을 받고, 사방팔방으로부터 수많은 질병과 불편의 공격을 받아 평생을 잡친 끝에, 피할 수 없는 죽음을 맞이하는지를! 천상에서 내려다보면 소란과 불행으로 꽉 찬 인간 세상이 한눈에 훤히 내려다보일 거예요.

위에서 나열한 필연적인 고통뿐 아니라, 인간이 인간에게 주는 해악도 이루 헤아릴 수 없이 많죠. 인간은 남을 파산으로 몰아넣고, 감옥에 넣고, 욕을 보이고, 고문을 하고, 함정에 빠뜨리고, 배반을 합니다. 또 갖은 모욕이며 소송이며 사기며……. 이런 것들을 전부 열거하기란 사막에서 모래알을 세는 거나 마찬가지예요.

인간들이 대체 무슨 악행을 저질렀기에 이러한 운명을 타고났는지, 아니면 무슨 신이 역정을 냈기에 인간들이 이런 비참한 꼴을 당하게 되었는지, 그 연유를 여기서 말씀드릴 필요는 없겠지요. 어쨌든 이런 인간의 운명을 생각해 보면, 밀레투스 처녀들의 예[225]는 어쩜 당연한 것일지도 몰라요. 어찌 됐든 젊은 여자들의 자살은 참으로 비통한 일이지만요.

그런데 살기 싫어서 자살하는 사람들은 대체 어떤 자들일까요? 바로 '지혜'의 단골손님이랍니다. 디오게네스[226]·크세노크라테스[227]·카토[228]·카시우스[229]·브루투스[230] 같은 사람들은 뭐 그렇다고 칩시다. 그런데 키론[231]은 불사신인데도 죽음을 선택했단 말이지요. 사정이 이러한데 만약 모든 인간들이 뛰어난 지혜를 익혀 버린다면 대체 무슨 일이 일어나겠어요? 그러면 아마 또 다른 프로메테우스가 등장해서 새로운 진흙으로 새 인간들을 반죽해 내야만 할 거예요.

그런데 이 바보신은 어떤가요? 나로 말하자면 '무지'와 '경망'의 여신들의 도움을 받아 인간들로 하여금 비참함을 잊게 만들지요. 나는 그들이 행복을 바랄 수 있게 하며, 때때로 즐거움의 꿀을 주어 그들의 고통을 덜어 준답니다. 그러므로 파르카이 신[232]이 인간들의 수명의 실을 다 짜 버리고 생명 자체가 그들을 버리는 순간에도, 못내 아쉬워하며 삶을 떠나가지요.

그들은 삶에 싫증을 내지 않아요. 특히 삶에 집착할 이유가 적으면 적을수

록 더욱 삶에 매달리죠. 네스토르*233만큼이나
나이를 먹어 사람다운 면을 홀딱 잃어버린 저
늙은이들을 보세요. 중언부언 우물거리고, 이
는 다 빠지고, 머리털은 하얗게 세거나 다 사
라져 버린 그들 말이에요. 아리스토파네스의
말*234을 빌려 더 자세히 묘사하자면, 꾀죄죄해
지고, 꼬부랑꼬부랑해지고, 쭈글쭈글해지고,
대머리가 되고, 합죽이가 되고, 턱이 없어진
뒤에도 악착같이 삶을 즐기려 하는 저 늙은이
들이야말로 내 단골손님들이죠. 그래서 그들은
머리에 물을 들이거나 가발을 쓰고, 돼지에게
서 뽑아낸 듯한 의치를 자기 잇몸에 박아 넣
고, 또 숫처녀에게 반해 새파란 젊은이도 무색

도로 젊어지고픈 늙은이

할 만큼 온갖 미친 지랄을 다 하면서까지 젊음
을 되찾으려고*235 애쓰는 거예요. 어떤 다 죽
어 가는 사나이는 저승길이 코앞인데도, 어린
계집애에게 지참금도 없이 장가를 들지요. 어
차피 그 아가씨는 곧 다른 남자들과 놀아날 텐
데 말이에요. 이런 일은 흔히 일어나는데, 본
인들은 이를 자랑거리로 여길 정도랍니다.

그러나 무엇보다 재미있는 것은, 마치 저승
에서 돌아온 듯 송장처럼 늙어 빠진 할머니가
"인생은 즐거워!"라고 연발하는 모습을 보는
일이에요. 이런 할머니들은 암캐처럼 따끈따끈
하고, 그리스인들의 관용구를 빌리자면 염소
냄새가 나지요.*236 그녀들은 돈을 잔뜩 뿌려서
어느 젊은 파온*237을 유혹하고, 끊임없이 분칠

방탕한 여자

을 하고, 거울을 손에서 놓지 않으며, 은밀한
곳의 털을 뽑고,*238 시들어 빠져서 물렁물렁해진 젖퉁이*239를 드러내 보이
고, 떨리는 목소리로 넋두리를 하여 사그라져 가는 욕정에 불을 붙이려 하

고,*240 술을 마시려 하고, 젊은 처녀들 틈에 끼어서 춤을 추고, 연애편지를 쓰기도 해요. 사람들은 이런 할머니들을 비웃으며 최고의 미친년들이라고 말하지요. 하지만 그래도 상관없잖아요? 그녀들은 자기 자신에게 만족하여 온갖 즐거움을 누리고, 갖가지 기쁨을 다 맛보고, 내 덕택으로 행복에 젖어 있으니까요.

이런 여자들을 우스꽝스럽다고 생각하시나요? 그렇다면 이렇게 생각해 보세요. 이 같은 미친 지랄에 폭 빠져서 즐겁게 생활하는 편이, 목을 매달기 위해 튼튼한 들보를 찾는*241 것보다 훨씬 낫지 않나요? 물론 나의 미치광이들이 하는 행동은 수치스러운 짓일지도 몰라요. 하지만 본인들에게는 그런 것쯤 아무 문제가 안 되지요. 그들은 애초부터 수치스러움을 느끼지 않으며, 설령 느끼더라도 그런 것에는 아랑곳하지도 않거든요. 머리에 돌을 맞는 것은 틀림없이 불행한 일이지요. 하지만 수치나 치욕, 불명예, 모욕 등을 당하는 것은 스스로 불행하다고 느낄 때에만 불행한 일이거든요. 아무것도 느끼지 않는 사람에게는 불행한 일이라곤 전혀 없습니다. 온 세상 사람들이 그대를 비웃어도, 그대 자신이 당당하다면 그까짓 비웃음은 아무것도 아니지요.*242 그리고 오직 이 바보신만이 그대가 그렇게 당당해질 수 있도록 해 주는 거예요.

이쯤에서 철학자들은 다음처럼 주장할지도 몰라요.

"그렇게 어리석음에 사로잡혀 착각과 과실과 무지의 구렁텅이에 폭 빠져 있는 것이야말로 진정한 불행이다."

설마요. 천만의 말씀이에요. 그것이야말로 진짜 인간다운 일이라고요. 인간은 다들 이렇게 태어나서 길러지고 교육받는데, 이처럼 자연스러운 것을 왜 그 양반들이 불행이라고 부르는지 도통 이해가 안 돼요. 새처럼 하늘을 날 수 없다거나, 다른 짐승들처럼 네 다리로 걸을 수 없다거나, 황소처럼 날카로운 뿔을 지니지 못했다는 이유로, 인간이 스스로를 한심한 존재라고 생각하고 있다면 또 모르겠지만요. 매우 아름다운 말 한 마리가 문법을 모르고 과자를 못 먹는다고 해서, 또 황소 한 마리가 체조를 못한다고 해서 그를 불행하다고 말할 수 있을까요? 문법을 모르는 것 가지고 말이 불행해지지는 않습니다. 마찬가지로 '어리석음' 역시 인간을 결코 불행하게 만들지 않아요. 왜냐하면 어리석음은 인간의 본성에 꼭 알맞은 것이니까요.

똑똑한 반대자들은 이렇게 응수하겠지요.

"인간에게는 여러 가지 지식을 익히는 재주가 있다. 그러므로 인간은 자연으로부터 받은 천성에서 비롯된 결점을, 지성의 힘으로 극복할 수 있다."

하! 과연 그럴까요? 미미한 각다귀는 물론이고 식물과 꽃에게까지 끊임없는 관심을 기울이는 '자연'이, 주의를 덜 기울인 단 하나의 존재가 인간이라 이 말인가요? 그래서 학문이 필요하다고요? 인류를 싫어하던 저 사악한 테우스*[243]는 인간을 멸망시키기 위해 학문을 발명했지요. 그런데 그 학문의 힘을 인간이 자진해서 빌려야만 한다니! 그런 주장이 어디 있어요?

학문은 처음부터 인간을 해치기 위해 만들어졌어요. 그러니까 인간의 행복에는 별 도움이 안 된다고요. 인간들이 학문에 기대하고 있는 이익은 사실 얻기 힘들어요. 이 점은 플라톤의 책에 나오는, 문자의 발명에 대해 매우 조심스러웠던 어느 현명한 임금님*[244] 덕분에 멋들어지게 증명된 바 있지요. 인간이 부끄러워해야 할 모든 악행은 악마들로부터 비롯된 것인데, 학문은 이 악마들의 손에 의해 다른 재난들과 더불어 인류 속으로 침입해 들어온 것입니다. 이런 까닭에 그리스어의 '학자'라는 단어에서 악마라는 말이 유래하게 된 것이지요.*[245]

황금시대의 소박한 인간들에게는 아무런 학문도 없었어요. 그들은 자연의 본능에 따라 생활했죠. 그 시절에는 모든 사람들이 하나의 언어를 사용했으며, 말은 서로를 이해하기 위해서만 필요한 도구였어요. 그러니 문법이 무슨 필요 있었겠어요? 대립된 의견들 사이에서 논쟁이 벌어지는 일도 전혀 없었으니, 논증법이 무슨 필요 있었겠어요? 소송도 아예 없었으니 변론법이 무슨 필요 있었겠어요? 나쁜 관습도 탄생하지 않았는데 법률이 무슨 필요 있었겠어요? 훌륭한 법률이 나쁜 관습에서 태어난다는*[246] 것은 분명한 사실이니까 말이에요.

고대인들은 신앙심이 너무나 두터웠으므로, '자연'의 신비에 대해 불경한 호기심을 품지 않았어요. 천체며 그 운행이며 영향 등을 측정하거나, 우주의 신비로운 구조를 탐색하는 일도 물론 하지 않았고요. 그들은 한낱 인간이 그보다 더 자세한 내용을 알려고 애쓰는 것을 죄악이라고 생각했어요. 하늘 너머를 넘겨다본다는 것은 감히 상상도 못할 일이었죠.

그러나 황금시대가 점차 끝나 가면서 이러한 순결성은 줄어들기 시작했어요. 그

바구니를 진찰하는 의사

리고 앞서 말했던 사악한 존재들이 학문을 발명해 내고 말았지요. 사실 초기 학문은 몇 개 안 되었어요. 그것을 배우는 사람도 얼마 없었고요. 그런데 시간이 흐르자 상황이 바뀌었어요. 칼데아 사람들의 미신이며 그리스 사람들의 경박스러움으로 말미암아, 학문은 인간의 지성에 무수한 고통을 주는 것들로 꽉 채워지고 말았죠. 결국 사람들은 문법학 하나만으로도 평생 고생할 처지에 놓여 버린 겁니다.

그 많은 학문들 중에서도 절찬을 받고 있는 것은 상식, 즉 어리석음에 가장 가까운 학문이에요. 신학자들은 배를 곯고, 물리학자들은 감기를 앓고, 천문학자들은 비웃음을 사고, 변증법 논자들은 무시를 당하지요. 그러나 의사는 다릅니다. 의사는 혼자만으로도 여러 사람에 능히 비길 만하거든요.[247] 특히 이 직업에서는 가장 무식하고, 가장 엉터리이고, 가장 경솔한 의사가 제일 인기 있어요. 심지어 높으신 양반들 사이에서도 그런 의사가 인기랍니다. 왜냐하면 오늘날의 의학은 수사학 못지않을 정도의 아첨으로 이루어져[248] 있으니까요.

의사들 다음으로 좋은 대접을 받고 있는 것은 법률가들이에요. 아니, 어쩌면 이들이 일등석을 차지하고 있는지도 모르죠. 철학자들이 입 모아 말하기로는, 법률가들의 직업은 당나귀 같은 짓거리[249]에 불과하다고 해요. 하지만 이 당나귀들이 제일 큰 사건도 제일 작은 사건도 다 손아귀에 쥐고 있어요. 그들은 안 그래도 넓은 세력권을 꾸준히 넓히고 있죠. 법률가들이 그러는 동안 신학자들은 뭘 하냐고요? 신학자들이야 콩을 갉아먹으면서 빈대와 이를 쉴 새 없이 쫓아내고 있지요. 신과 관련된 온갖 쓰레기 문서들을 읽으면서 말예요.

그러니까 모든 혜택은, 어리석음에 가장 가까운 학문에만 베풀어지고 있는 셈이에요. 마찬가지로 가장 행복한 사람들은 학문으로부터 가장 멀리 달아나, 오직 자연만을 주인으로 섬기는 사람들이에요. 우리가 인간이라는 한계에서 벗어나려 하지 않는 이상, 자연은 우리를 저버리지 않아요. 어디에서고 제 역할을 다하지요.

인간 이외의 동물들을 생각해 보세요. 가장 만족스럽게 살고 있는 것은 가장 교육을 덜 받은 동물, 그러니까 오직 자연의 가르침만 받고 있는 동물이 아닌가요? 꿀벌보다 더 행복하고 신기한 생물이 어디 있나요? *250 벌들이 모든 감각을 갖추고 있는 건 아니죠. 하지만 그들은 대단해요. 사실 인간의 건축학으로는 벌들의 건축 방법을 발견해 낼 수 없어요. 또 그러한 국가*251 를 일찍이 창건해 본 적 있는 철학자가 누가 있나요?

그런데 말을 한번 보세요. 말은 꿀벌과 달리, 사람들과 같은 감각을 가지고 그들과 함께 살아가고 있죠. 그래서 말들은 사람들과 같은 비참함을 겪게 됐습니다. 그들은 경마장에서는 죽도록 뛰느라 기진맥진하고, 전쟁터에서는 승리를 위해 채찍질당하고, 기사와 함께 흙먼지를 씹고*252 있지요. 단단한 재갈이나 날카로운 박차, 감옥처럼 답답한 마구간, 채찍, 곤봉, 고삐, 기수 등등……. 복종을 선택한 말들은 이 모든 것을 감수해야 합니다. 그야말로 고통스러운 굴종이죠. 이런 비극을 어찌 말로 설명할 수 있겠어요?

그에 비하면 파리나 새들은 정말 행복한 거예요. 사람들의 올가미에 걸려 들지 않는 한, 그들은 자연적 본능에 따라 훨훨 날아다닐 수 있으니까요. 사람들 때문에 새장에 갇혀 인간 목소리를 억지로 흉내 내어야 하는 새들을 좀 보세요. 그 새들은 타고난 아름다움을 심각하게 잃어버리고 있어요.

'자연'의 조화는 '인공'의 변화보다도 훨씬 훌륭하답니다! 그러므로 나는 피타고라스로 변신했던 저 수탉*253을 아낌없이 찬양하고 싶어요. 이 수탉은 무엇이고 다 되어 보았답니다. 철학자도, 남자도, 여자도, 임금도, 평민도, 물고기도, 말도, 개구리도, 심지어 해면도 되어 보았지요. 이처럼 모든 것이 되어 본 후, 수탉은 인간이야말로 모든 동물 가운데 가장 비참한 동물이라고 결론을 내렸어요. 왜냐하면 모든 동물이 자기 본성의 한계 내에서 살아가는 운명을 받아들이고 있는데, 오직 인간만이 그 한계를 뛰어넘으려 애쓰고 있기 때문이었죠.

이 수탉은 또 이렇게 생각했어요. 인간들 중에서, 학자와 권력자들보다 무지몽매한 사람들이 훨씬 더 낫다고. 율리시스와 함께 수많은 위험을 무릅쓰는 것보다 돼지우리에서 꿀꿀거리는 것이 더 낫다고 그릴루스*254가 말했을 때, 그는 지모에 능한*255 율리시스보다 훨씬 지각이 있었어요. 이 이야기를

미치광이의 행복

지어 낸 호머도 아마 그렇게 생각했던 모양이에요. 왜냐하면 호머는 모든 인간을 불행하며 비참한 존재[256]라고 말하고 있으니까요. 또 그는 지혜의 전형인 율리시스에게 자주 '한탄하는'[257]이라는 형용사를 부여하고 있단 말이지요. 호머는 이 표현을 파리스나 아이아스나 아킬레스[258]에게는 결코 사용한 적이 없답니다. 호머가 왜 그랬을까요? 답은 간단해요. 이 교활하고 간사한 영웅[259]은 팔라스[260]의 조언 없이는 아무것도 하지 않았고, 지나친 지혜로 인해 '자연'의 조언을 완전히 무시해 버렸기 때문이지요.

'지혜'에 복종하고 있는 인간들은 정말로 가장 행복하지 못한 사람들이랍니다. 그들은 정신이 돌아도 이만저만 돈 게 아니에요. 그래서 자기들이 인간으로 태어났다는 사실조차 잊어버리고 최고신들의 지위에까지 올라가려 하는 것이죠. 마치 저 거인 종족[261]처럼 말이에요. 요컨대 그들은 학문을 무기 삼아 '자연'에 선전포고를 하고 있는 셈이에요.[262] 참으로 불행한 사람들이지요? 반대로 짐승다움과 어리석음에 가장 가까운 사람들은 세상에서 제일 행복하답니다.

위 사실을, 스토아 학자들이 애용하는 궤변[263]이 아닌 평범한 예로 알아듣기 쉽게 설명해 보죠. 세상에는 미친놈이나 돌아 버린 놈, 또는 천치란 별명으로 불리는 사람들이 있어요. 뭐 내가 듣기에는 참으로 훌륭한 별명이지만요. 하여튼 불사의 신들을 내걸고 맹세하거니와, 이런 별명으로 불리는 사람들보다 더 행복한 사람들이 과연 있을까요? 내 말이 가당치 않고 몰상식하게 들릴지는 몰라도, 이것은 틀림없는 진실이랍니다.

우선 그들은 죽음을 결코 두려워하지 않아요. 주피터 신의 이름으로 맹세하지만, 이 점은 절대 하찮은 일이 아니에요! 그들에게는 양심의 가책이란 게 존재하지 않아요. 유령 이야기를 들어도 전혀 무서워하지 않죠. 이런 사람들은 도깨비나 망령도 두려워하지 않고, 무서운 불행도 걱정하지 않고, 장래의 행복을 지나치게 기대하지도 않아요. 요컨대 인생을 가득 채우고 있는 저 오만 가지 근심 걱정 가운데 그 무엇도 그들을 괴롭히진 못해요. 그들은 수치도, 공포도, 야심도, 선망도, 애정도 모르니까요. 게다가 그들이 짐승과 같은 수준의 어리석음에까지 도달하면, 신학상의 잘못으로부터 완전히 해방될 수 있죠.

자, 어리석기 짝이 없는 그대 현인들이여, 그대들의 영혼을 밤낮으로 괴롭히는 불안과 고민을 떠올려 보세요. 그 숱한 고민에 사로잡혀 지새던 낮과 밤이 어땠는지 회상도 좀 해 보시고요. 그대 삶의 모든 근심과 걱정을 그대 앞에 차곡차곡 쌓아 놓고, 내가 얼마나 많은 고통으로부터 나의 미치광이들을 해방시켜 주고 있는지 깨달으려고 애써 보세요.

나의 미치광이들은 즐겁게 놀고, 농담하고, 웃고, 노래하면서 지내는 데에 그치지 않는답니다. 그들은 가는 곳마다 기쁨과 놀이와 재미와 즐거움을 가져다 주지요. 마치 관대한 신들이, 슬픈 인간 생활에 즐거움을 선사하는 역할을 그들에게 부여한 것처럼 말이지요. 따라서 그들은 언제 어디서나 친구로서 인정받고 있어요. 사람들은 이 미치광이들과 사귀려 하고, 그들을 진수성찬으로 대접하고, 쓰다듬고 귀여워해 주며, 필요할 때에는 도와주고, 또 그들이 무슨 짓을 하거나 무슨 말을 해도 다 용서해 줍니다. 아무도 그들을 해치려 하지 않으며, 들짐승마저도 그들이 해롭지 않다는 걸 본능적으로 느끼므로 그들에게 위해를 가하지 않아요. 사실 그들은 신들의 보호, 특히 내 보호를 받고 있어요. 또한 모든 사람들의 존경으로 둘러싸여 있답니다.

게다가 가장 힘 있고 높으신 임금님들도 나의 미치광이들을 매우 존중하고 있어요.*²⁶⁴ 임금님들은 미치광이들 없이는 식탁에 앉지도 못하고, 한 걸음 걷지도 못해요. 그들 없이는 한시도 견디지 못할 정도죠. 물론 많은 임금님들이 현인들을 돌봐 주고 있기는 해요. 하지만 그건 허세를 부리기 위해서일 뿐, 사실 임금님들은 그런 현인들보다 왕실의 어릿광대들을 훨씬 더 소중히 여기고 있어요. 어째서 어릿광대들을 더 좋아하냐고요? 그야 현인들이 임금님들에게 가져다주는 것은 슬픔뿐이니까요. 어때요, 이상하기는커녕 참으로 이해하기 쉬운 이유지요? 넘쳐흐르는 지식을 가진 현인들은 갖가지 진리로 임금님들의 연약한 귀*²⁶⁵를 주저 없이 괴롭히죠. 반면 어릿광대들은 임금님들이 어디서 무슨 짓을 해서라도 찾아내려고 하는 것들, 즉 오락·미소·폭소·환락 등을 그들에게 선사해 줍니다.

게다가 어릿광대들에게는 무시할 수 없는 장점이 하나 존재해요. 바로 솔직함이지요. 오직 그들만이 솔직하고 진실하다는 점, 그 점은 여러분도 인정해 주셔야 해요. 진실보다 더 칭찬받을 만한 덕목이 뭐가 있겠어요? 플라톤의 글에 나오는 알키비아데스의 속담*266에서는 "진실은 포도주와 어린아이의 입 속에 들어 있다"라고 하지만, 진실을 말한다는 공적은 사실 전부 내게로 돌아와야만 할 거예요. 에우리피데스도 "미치광이는 미친 소리를 지껄인다"*267라는 유명한 말로써 내 공로를 인정하지 않았겠어요? 미치광이들은 마음속에 품고 있는 것을 모조리 얼굴에 나타내고 말로 표현해요.

그런데 현인들은 그와 정반대지요. 이번에도 에우리피데스*268의 말을 빌리자면, 현인들은 두 개의 혀를 가지고 있거든요. 하나는 진실을 말할 때, 또 하나는 그때그때 적당한 말을 할 때 사용되죠. 현인들은 검은 것을 흰 것으로 만들*269 줄 알고, 같은 입에서 찬 것도 더운 것도 불어 낼*270 줄 알며, 생각과 말을 따로 놀게 할 줄도 알고 있어요.

임금님들은 천복을 누리면서도 진실을 듣지 못하고 아첨꾼들의 말에만 귀를 기울입니다. 친구들의 말은 잘 듣지 않죠. 나는 이 현실을 참으로 한심스럽게 생각해요. 사람들은 아마 이렇게 말하겠지요. 임금님들의 귀는 진실을 무서워하고 있으며, 그들이 현인들을 피하는 까닭은 기분 좋은 소리 대신 솔직한 소리를 듣게 될까 봐 두려워하기 때문이라고. 나도 그것은 인정해요. 진실은 임금님들에게 사랑받지 못하고 있는 거예요. 하지만 나의 미치광이들은 이런 임금님들을 상대로 놀라운 일을 해내고 있어요! 그들은 임금님들이 진실을 받아들이게 하고, 심지어 공공연히 임금님들에게 욕설을 퍼부으면서 즐거움을 주고 있다니까요. 정말 대단하지 않나요? 만약 현인이 같은 말을 했다면 그는 사형을 당할 거예요. 하지만 어릿광대가 진실을 말하면, 임금님은 오히려 매우 즐거워한단 말이지요.

진실이란 그런 겁니다. 사람의 감정에 거슬리지 않는 한, 진실은 상대를 즐겁게 해 주는 힘을 지니고 있죠. 그런데 신들은 이 진실을 오직 미치광이들에게만 맡겨 놓은 거예요.

여자들은 본디 쾌락과 어리석은 짓거리에 알맞은 성향을 지니고 태어나는 존재예요. 게다가 위와 같은 이유도 있고 해서, 여자들은 미치광이를 무척 좋아한답니다. 미치광이들이 무슨 짓을 하고 또 아무리 진실한 짓을 하더라도, 여자들은 그 모든 것들을 장난이나 농담으로 받아들여 버려요. 그것이야말로 여자들이 지닌 재주지요. 여자들은 그만큼 능란하며, 특히 자신의 사소한 결점을 숨기는 데에 매우 능숙해요.

어쨌든 미치광이들의 행복스러운 팔자 이야기로 돌아갑시다. 그들은 죽음을 두려워하지도 않고 느끼지도 못하며 평생을 즐겁게 살아가죠. 그런 뒤에 곧장 천국으로 올라가, 경건하고 한가한 사람들의 넋을 그들의 익살로 즐겁게 해 주는 거예요.

왕과 미치광이

자, 그럼 현인의 운명은 어떨까요? 지혜의 화신이라고 할 수 있는 사람을 떠올려 보세요. 어린 시절과 젊은 시절을 학문에 전부 바치고, 인생의 가장 화려한 시기를 밤샘과 근심 걱정 및 끝없는 노력으로 망가뜨리고, 남은 생애를 손톱만큼의 즐거움도 없이 보내 버린 그런 사람 말이에요. 그는 항상 쩨쩨하며 옹색하고, 침울하고, 우울하고, 스스로를 엄격하고 냉혹하게 대하고, 남을 미치도록 따분하게 만드는

여자에게 사랑받는 미치광이

사람이죠. 게다가 얼굴은 창백하고 몸은 수척하며, 병약하고, 눈에 눈곱이 끼고, 늙어 빠졌고, 아직 젊은데도 머리가 홀랑 벗겨졌어요. 아마 그는 조만간 요절할 거예요. 뭐, 하지만 그런 사람이야 죽어도 상관없지요. 엄밀히 말해 그는 여태껏 한 번도 살아 있어 본 적이 없으니까요. 이것이야말로 현인의 희한한 초상이랍니다.

저런, 스토아 파의 개구리들이 또다시 개굴개굴 울어 대는군요. 어디 한번 들어 볼까요?

"광기는 최악의 불행이다. 또한 현저한 어리석음은 광기에 가까운 정도가 아니라, 광기 그 자체이다. 정신적으로 논리를 잃어버린 사람은 곧 광인이기 때문이다."

하지만 이 개구리들의 주장은 완전히 잘못된 것이에요. 그들의 삼단논법은 꽤 그럴싸해 보이지만, 나는 뮤즈 여신의 힘을 빌려 그들의 논리를 때려 부숴 버릴 거예요. 플라톤의 책에서*271 소크라테스는 단 하나의 비너스를 나누어 두 명의 비너스로 만들고, 단 하나의 큐피드를 두 명의 큐피드로 만들었지요. 우리의 변증법 논자들도 소크라테스의 전례에 따라, 두 가지 광기를 구별함으로써 자신들에게 분별이 있음을 증명해야 할 거예요.

네, 그래요. 모든 광기가 해로운 것은 아니라고요. 광기가 무조건 나쁜 것이었다면, 호라티우스도 "정다운 광란에 나는 희롱되고 있는 것일까?"*272라고 말하지는 않았을 거예요. 또한 플라톤*273 역시 시적인 열광과 예언자의 열광, 사랑하는 사람들의 열광을 이 세상의 커다란 혜택으로 꼽지 않았을 것이고, 무녀도 아이네아스의 기도를 무모한 짓이라고 부르지 않았을 거예요.*274 그러므로 세상에는 두 종류의 광기가 있는 셈이지요.

광기 중에는 무서운 것이 있어요. 지옥에 사는 복수의 신*275들의 뱀 또는 횃불에서 비롯되는 광기죠. 복수의 신들은 뱀을 던져서 인간의 마음속에 전쟁의 열광, 황금에 대한 끝없는 갈망, 수치스럽고 죄 많은 치정, 부모 살해, 근친상간, 신성모독, 그 밖의 모든 광기들을 빚어 놓아요. 또 그들은 무서운 횃불을 휘둘러서 죄인의 마음을 몰아세우기도 하죠. 이렇게 복수의 신들이 지옥에서 터뜨려 놓는 광기, 그것이 바로 무서운 광기예요.

또 하나의 광기는 위와는 전혀 다른 거예요. 그것은 나에게서 나오는 것으로, 가장 바람직한 광기지요. 달콤한 환상이 인간의 마음을 고통스러운 근심 걱정으로부터 해방시켜 온갖 형태의 쾌락을 맛보게 해줄 때, 그러한 광기가 태어난답니다. 이 환상에 관해 키케로는 아티쿠스에게*276 다음과 같이 말했지요. 자신은 환상을 통해 자신의 모든 불행을 잊으므로, 그것을 신들이 주신 최고의 선물로서 희구한다고요.

무대에서 아무 연극도 상연되고 있지 않은데, 마치 대단한 연극을 구경하는 양 극장에서 며칠씩이나 혼자 웃고 갈채하고 기뻐하며 지낼 만큼 미쳐 버린 저 아르고스의 사나이를 찬양합시다. 그는 사실 대체로 훌륭하게 살아가고 있었습니다. 호라티우스는 그에 대해 "친구들은 그를 싹싹하다고 하고, 아내는 그를 멋지다고 하고, 하인들은 그를 너그럽다고 한다. 그는 술 한 병 마셨다고 날뛰는 사람도 아니었다"*277라고 말했을 정도니까요. 그런데 그

후, 그의 광기는 가족들의 간호와 약제로 인해 깨끗이 나아 버렸어요. 그는 제정신을 되찾자 이렇게 한탄합니다.

"폴룩스의 이름으로 맹세하지만, 오 나의 친구들이여! 그대들이 나를 죽였도다! 그대들은 결코 나를 구한 게 아니야. 그대들은 내게서 내 기쁨을 빼앗아 가고, 내가 내 정신의 즐거운 환상과 손을 끊게 하였도다."[278]

참으로 옳은 말이지요. 그토록 행복스럽고 유익한 광기를 병으로 치부하여 약을 써서 고쳐 줘 버리다니! 그들이야말로 '광기를 치료하는 약'[279]을 먹었어야 하지 않을까요?

하나 분명히 알아 두셔야 할 게 있어요. 내가 광기라고 일컫는 것은 감각이나 정신의 모든 착란을 뜻하는 게 아니랍니다. 눈이 어찔하여 당나귀를 노새라고 착각하거나,[280] 시시한 시(詩)를 읽고 감동한다고 해서 그가 미치광이인 건 아니에요. 하지만 감각 이외의 판단에서도 실수를 저지른다면, 더구나 그 실수가 매우 심각하며 언제까지고 일어나는 경우에는 광기란 말을 쓸 수 있겠죠.

예를 들어 당나귀가 울 때마다 교향곡이라도 듣는 듯 즐긴다든가, 가난하고 신분도 천한 주제에 리디아의 왕 크로이소스[281]처럼 군다든가 하면 미쳤다고 표현할 수밖에요. 이런 광기는 그것을 겪고 있는 본인에게나, 그것을 옆에서 보고 있는 또 다른 종류의 미치광이들에게나 즐거움을 줄 때가 상당히 많아요. 이 유쾌한 광기는 보통 사람들이 생각하는 것보다 일상에서 훨씬 더 자주 볼 수 있답니다. 미치광이들은 서로 번갈아서 상대를 조롱하고, 서로에게 즐거움을 주고 있어요. 그리고 두 미치광이 중에서도 제일 심하게 미친 사람이 가장 호들갑스럽게 웃는 법이지요. 이런 장면도 꽤 흔히 볼 수 있을 거예요.

바보신인 내 의견을 말하자면, 사람은 미치면 미칠수록 더욱 행복해지기 마련이에요. 단, 내가 지배하는 광기의 영역에만 머무른다면 말이지요. 물론 사실 내가 지배하는 영역은 대단히 넓어요. 왜냐하면 항상 현명하고[282] 어떤 종류의 광기에도 사로잡히지 않는 인간은, 인류 가운데 단 한 사람도 없을 테니까요. 사실 미치광이와 보통 사람 사이에는 오직 한 가지 차이점이 있을 뿐입니다. 예를 들어 호박을 여자로 착각하는 남자가 미치광이로 취급당하는 까닭은, 그런 잘못을 저지르는 사람이 얼마 없기 때문이에요. 한편

사냥의 즐거움

자기 아내가 수많은 정부와 놀아나는데도 남편은 의기양양하게 "내 아내는 페넬로페보다 더 정숙하다"*283라고 호언장담한다면 어떨까요? 그런 사나이를 미치광이라고 부르는 사람은 없겠지요. 왜냐하면 그러한 정신 상태를 가진 남편들이 워낙 많으니까요.

뿔피리의 요란한 소리와 사냥개들의 짖어 대는 소리를 들을 때에만 진심으로 행복감을 느끼는 저 광적인 사냥꾼들도 그런 환상가에 속한다고 볼 수 있어요. 그들은 분명 개똥에서 계피 냄새가 난다고 생각할 거예요. 그러니 짐승을 썩둑썩둑 자르는 일에는 얼마나 큰 황홀감을 느끼겠어요? 황소와 염소를 도살하는 것은 천민이 할 일이지만, 들짐승을 썰고 베는 것은 귀족이 할 일이라 그거지요. 저기 저 귀족의 거동 좀 봐요. 모자를 벗고, 무릎을 꿇고, 들짐승을 썰기 위해 특수한 칼을 들고 있잖아요? 그는 일정한 순서대로 몇 가지 몸짓을 한 뒤, 의식에 따라 일정한 부분을 잘라냅니다. 주위의 관중들은 감탄하면서 입을 떡 벌리고 구경하고 있죠. 이미 천 번도 더 본 것을 마치 처음 보는 구경거리라도 되는 것처럼 말예요. 그리고 그 짐승 고기를 맛보도록 허락받은 행운아는, 그것을 어마어마한 영광이라고 생각한다니까요. 어쨌든 사냥꾼들은 수많은 들짐승을 쫓아다니며 사냥하고 먹어 치워요. 그러다가 마침내 들짐승을 닮아 버리죠. 하지만 그들은 그 지경이 되어서도, 자기들이 임금님처럼 행복한 생활을 하고 있는 줄로만 알고 있어요.

돌에 미친 사람들도 있지요. 하루는 둥근 건물을 네모진 건물로 바꾸고,

또 하루는 네모진 건물을 둥근 건물로 바꿔 버리는 버릇이 있는 이 사람들*284도 알고 보면 사냥꾼과 똑같아요. 그들은 그런 공사를 한도 끝도 없이 되풀이하다가 결국 파산하고 말죠. 그리하여 집도 잃고 음식도 못 사게 되는 거예요. 하지만 무슨 상관이겠어요! 그들은 완전한 행복으로 가득 찬 몇 년을 보낼 수 있었는걸요.

한편 갖가지 신기한 비법을 써서 여러 원소의 성질을 바꾸려 애쓰는 사람들도 있어요. 게다가 제5원소*285를 찾아내려고 땅과 바다를 다 뒤지는 사람들도 있죠. 그들은 달콤한 희망을 품고 어떠한 노력이나 비용도 아끼지 않아요. 그들은 언제나 기상천외한 공상을 마음속에 품고서 방황하고 있지요. 그러한 망상이 그들에게는 여간 소중한 게 아니랍니다. 그래서 그들은 온 재산을 탕진하여 망상을 좇죠. 그 결과 화덕 하나 만들 돈조차 안 남게 되지만요. 하지만 돈을 다 잃어도 그들은 매혹적인 몽상을 버리지 않아요. 그러기는커녕 딴 사람들에게도 자신과 똑같은 기쁨을 맛보게 해 주려고 온 힘을 다하는 거예요. 마침내 마지막 희망마저 사라져 버리면? 그래도 그들은 다음 말만으로도 충분한 위안을 얻게 되지요. "큰일에 있어서는 그 뜻을 품은 것만으로 충분하다"*286라는 명언 말이에요. 그러고는 자기들의 굉장한 계획을 이루어지지 못하게 만든 짧은 수명을 원망하는 거예요.

노름꾼들도 우리 미치광이들의 범주 안에 넣어야 할까요? 그건 좀 의심쩍군요. 하지만 떨어지는 주사위 소리에 가슴을 두근거리는 노름꾼들이 뺑 둘러앉아 있는 것만큼 우스운 광경은 없지요. 그들은 한몫 단단히 잡으려는 희망을 결코 버리지 않아요. 하지만 그들의 재산을 싣고 가던 배가 말레아 곳*287보다 훨씬 무서운 '도박'이라는 암초에 부딪쳐 부서지고, 난파된 사람들이 천신만고 끝에 파도를 헤치고 벌거숭이 상태로 뭍에 오른다면 어떨까요? 그들은 다른 사람들에게 어리석다고 손가락질 받을까 봐 두려워서, 자기 돈을 따 간 사람보다 더 악독하게 남들을 속여 댈지도 몰라요. 어디 주위 좀 보세요. 반쯤 눈이 먼 늙은이가 돼서도 노름에서 손을 못 떼고 안경까지 써 가며 도박하는 사람도 있잖아요?

주사위 노름꾼들의 어리석음

그러다가 결국 당연한 응보로 통풍에 걸려 관절을 못 쓰게 되면, 그들은 자기들 대신 탁자 위에 주사위를 던져 줄 사람을 사기까지 한답니다.[288] 만약 노름이 분노로 끝나지 않는다면 참 다행스럽고도 즐겁겠지요. 물론 그런 일은 드물지만요. 그래도 제가 뭘 어쩌겠어요? 분노는 복수의 신이 관장하는 것이지 내게 속하는 것이 아니거든요.

허무맹랑하고 기괴망측한 기적 이야기를 듣거나 이야기하기 좋아하는 사람들도 있지요. 그들은 정녕코 우리와 같은 무리[289]일 거예요. 나는 그렇게 확신해요. 그들은 유령이나 귀신, 도깨비, 지옥의 악령, 그 밖에도 이와 비슷한 온갖 불가사의한 존재들에 관한 터무니없는 이야기를 지칠 줄 모르고 듣는답니다. 그 이야기가 사실적이지 못하면 못할수록 그들은 더욱 열심히 그것을 곧이들으려 하고, 그로 인해 더 크고 달콤한 쾌감을 느끼지요.[290] 그런 이야기들이 따분한 시간을 즐겁게 해 주는 구실만 하는 게 아니에요. 그것은 사람들에게 어떤 이득까지 가져다주죠. 특히 사제나 설교사에게 커다란 이득을 줍니다.

다음과 같은 사람들도 매한가지예요. 우선 현대의 폴리페모스라 불리는 저 크리스토포루스[291]의 조각이나 그림을 봐 두면, 그날 하룻동안은 결코 죽지 않는다는 확신을 품은 사람들이 있죠. 또 성녀 바르바라[292]의 조각상을 향해 싸움터에서 무사히 돌아오는 주문을 외는 사람들도 있어요. 특정한 날에 성 에라스무스[293]에게 특정한 작은 초와 특정한 짧은 기도를 바치면 즉시 복을 받는다고 믿는 사람들도 있고요. 이런 사람들은, 제2의 히폴리투스[294]를 만들어 낸 것과 마찬가지로 성 게오르기우스를 제2의 헤라클레스로 삼아 버렸어요.[295] 그들은 성 게오르기우스의 말을 숭배하고 있어요. 그 말을 마구며 마갑(馬甲)으로 장식해 놓고는, 매우 경건한 태도로 예배를 드리고 있죠. 어디 그뿐인가요? 더 나아가 그들은 조그만 제물을 바침으로써 이 성자의 은총을 얻고 있어요. 또 그의 청동 투구에 대고 맹세하는 것을 진짜 엄숙한 행위로 보고 있다지요.

자신이 저지른 죄에 대해 터무니없는 사면장[296]을 얻었다 하여 기고만장해서 우쭐거리고, 마치 물시계로라도 재듯이 누군가가 연옥에 있어야 할 기간이 얼마나 줄었는지[297] 측정하여 몇 세기, 몇 년, 몇 달, 며칠, 몇 시간이라고 정확히 계산표를 작성하는 사람들도 있어요. 그들에 대해서는 뭐라고

우상과 미신숭배

성 베르나르와 악마

말해야 좋을까요? 또 어느 허영심 많고 탐욕스러운 사기꾼 승려가 지어 낸 주문이나 기도문을 맹신하고, 부귀영화·쾌락·번영, 변함없는 건강, 정정한 노년, 마지막으로 천국의 예수 옆자리까지도 전부 손에 넣을 수 있다고 믿는 사람들에 관해서는 뭐라고 말해야 할까요?

그런데 그들은 어렵게 얻은 예수 옆자리에 되도록 늦게 가려고 기를 쓴답니다. 필사적으로 매달려 있던 이승의 쾌락에게 결국 버림받아, 천국의 쾌락만으로 만족하지 않으면 안 될 때가 되어야지만 비로소 그들은 그 자리에 앉으려 하죠. 그러므로 저 장사치도, 저 군인도, 저 법관도, 부정하게 손에 넣은 엄청난 재산으로부터 돈푼깨나 떼어서 공물로 바치기만 하면 레르나의 늪*298 같은 그들의 생애를 단번에 정화할 수 있다고 믿고 있어요. 또 단 한 번의 헌금으로, 그토록 수많은 배신과 방탕과 주정과 싸움질과 살해와 사기와 불성실과 배신을 속죄할 수 있다고도 믿고 있지요. 요컨대 모든 죄는 돈으로 씻어 낼 수 있으며, 그런 뒤에는 또다시 악행을 계속해도 된다고 생각하는 거예요.

한편 날마다 시편 중 일곱 소절을 외우면 반드시 선택된 인간으로서의 천복을 누릴 수 있다고 믿는 사람들도 있어요. 이보다 더 미친 사람들이, 아니 더 행복한 사람들이 또 있을까요! 그런데 이 마력을 지니고 있다는 소절은, 어떤 악마가 장난삼아 성 베르나르에게 가르쳐 준 것이라고 해요. 결과적으로 이 악마는 제 자신이 파 놓은 함정에 스스로 빠져 버린 셈이니까, 꾀바르다기보다는 경솔했다고 할 수 있겠지요.*299 하여튼 이런 미친 지랄들은 바보신인 나 자신조차 얼굴을 붉힐 만큼 대단해요. 게다가 이 미친 소리를 일반 사람들뿐만 아니라 종교계의 선생님들까지도 믿고 있으니 말 다했죠.

주위를 둘러보세요. 나라마다 어떤 특별한 성자를 만들어서 편리할 대로 사용하고 있잖아요? 그것도 위와 같은 생각에서 비롯된 현상이에요. 나라마다 각 성자의 고유한 영험을 인정해 주고, 그를 위해 제각기 독자적인 의식을 바치고 있어요. 아픈 이를 고치기 위해서도 성자가 필요하고, 여자의 산고를 풀어 주기 위해서도 또 다른 성자가 필요해요. 도둑맞은 물건을 찾아내는 성자도 있고, 난파된 사람을 구해 주는 성자도 있고, 가축 무리를 지켜 주는 성자도 있고, 또 그 밖에도 가지가지 성자가 있죠. 그 성자들 이름을 전부 나열하다가는 한이 없겠어요. 아, 어떤 성자들은 여러 가지 힘을 두루 갖추고 있기도 해요. 대표적인 예가 성모 마리아지요. 주님의 어머니 말이에요. 세상 사람들은 이 성모 마리아가 그녀의 아드님보다 더 많은 힘을 가지고 있다고 생각해요.

그런데 사람들이 저 성자들에게 바라는 것은 무엇일까요? 실은 이 바보신과 관련된 것 아닌가요? 아무 교회나 가 보세요. 교회 천장의 아치에 이르기까지 온 벽을 뒤덮고 있는 그 모든 감사 기도문을 읽어 보시라고요. 그러면 바보 병을 치유해 달라거나, 털끝만큼의 지혜라도 갖게 해 달라고 기원한 사람은 한 명도 없음을 알 수 있을 거예요.

감사 기도를 드린 사람들 중 어떤 사람은 헤엄쳐서 살아났고, 어떤 사람은 전쟁터에서 줄행랑을 쳐서 살아났을 거예요. 아마 그는 자신의 운이나 용기 덕분에 살았다고 말하고 있겠지만요. 또 어떤 사람은 교수대로부터 무사히 도망친 뒤, 도둑들을 지켜 준다는 아무개 성자에게 감사하기도 하죠. 그 후 이 사람은 재산이 넘쳐서 주체 못하는 동포들의 짐을 덜어 주려고 또다시 노력할지도 몰라요. 감옥 문을 부수고 나온 사람도 있고, 열병에 걸렸다가 나아 의사를 화나게 만든 사람도 있고, 독을 마셨지만 장만 깨끗이 씻어 냈을 뿐 죽지 않았기 때문에 그의 아내를 헛수고 하게 만든 사나이도 있어요.*300 자기 마차가 엎어졌는데도 말은 무사히 집으로 끌고 간 사람도 있고, 무너진 집 아래에서 산 채로 구출된 사람도 있고, 정부의 남편에게 붙잡혔다가 빠져 나온 사내도 있어요.

그런데 광기는 어떤가요? 광기에서 벗어나게 해 주셔서 감사하다고 기도 드리는 사람은 한 명도 없어요. 사실 미치광이가 되는 것은 참으로 즐거운 일이거든요. 인간들은 모든 것들로부터 벗어나려고 애를 쓰지만, 이 바보신에게서는 좀처럼 벗어나려 하지 않는단 말이지요. 그렇지 않다면 내가 어떻게 이 미신의 바다를 헤쳐 나갈 수 있겠어요?

세상에는 이런 말이 있답니다.

"설령 나에게 1백 개의 혀와 1백 개의 입과 청동 같은 목소리가 있다 하더라도, 온갖 종류의 미치광이들, 모든 어리석음의 이름들을 일일이 열거할 수는 없으리라."[301]

왜 아니겠어요. 그것도 다 기독교도들의 일상생활이 그런 괴상망측한 행위로 가득 차 있기 때문이지요. 게다가 사제들은 이런 부조리를 기꺼이 허용하며 또 보존해 두고 있어요. 왜냐하면 그런 것들이 자신들에게 어떤 이익을 주는지 알고 있으니까요. 이런 사람들 가운데 어떤 주제넘은 현인 하나가 벌떡 일어나서 사실을 사실대로 말한다고 생각해 보세요. 이를테면 이렇게 말이죠.

"만약 그대가 올바르게 살았다면 그대는 나쁜 죽음을 맞이하지 않으리라. 그대가 저지른 죄를 씻으려면, 그대가 내는 돈에다가 그대의 과오에 대한 증오도 덧붙여서 눈물을 흘려라. 그리고 밤에도 자지 말고, 기도를 드리고, 단식을 하고, 자기 행동을 완전히 고쳐라. 그대가 기도를 올리는 성자를 본받아라. 그 성자의 생활과 그대의 생활이 비슷해진다면, 그의 가호를 받을 수 있을 것이다."

이 성자가 이러한 진리 및 그와 비슷한 진리를 자꾸만 되풀이해 말한다고 생각해 보세요. 그러면 그는 사람들의 마음에서 행복감을 빼앗아 버리고, 그 안에 혼란을 가득 심어 줘 버릴 거예요.

미치광이들의 무리 중에는 이런 사람들도 있어요. 살아생전에 자기 장례식 계획을 꼼꼼히 세우는 사람 말예요.[302] 초상 때 촛불은 몇 개를 켜고, 검은 외투는 몇 사람이 입고, 조가를 부르고 곡을 할 사람[303]은 몇 명이나 살지 미리 정해 두는 것이지요. 그런 사람들은 장례식 광경이, 이미 관 속에 들어가 있는 자신에게까지 영향을 미친다고 생각하는 모양이에요. 장례식이 화려하지 않으면 죽은 사람이 창피를 당한다고 믿나 보죠. 하기야 막 선출된 안찰관(aedilis)[304]이 경기 및 축제 준비에 열중하는 것도 이와 비슷한 생각 때문이겠지만요.

귀족의 어리석음

미치광이의 쾌락

내 이야기는 아직도 많이 남았어요. 앞으로도 갈 길이 머니 서둘러야 해요. 하지만 아무리 바빠도, 천한 막일꾼과 하나도 다를 바 없는 주제에*305 귀족 칭호를 내세우며 자존심만 잔뜩 부풀어 있는 사람들 이야기는 그냥 넘어갈 수 없겠군요. 어떤 사람은 자기 선조가 아이네아스라고 주장하고, 또 어떤 사람은 브루투스의 후예라고 자칭하며, 또 어떤 사람은 이카리오스*306의 자손이라고 자칭하죠. 이런 사람들의 집은 선조의 모습을 담은 조각이나 회화로 온통 도배되어 있어요. 그들은 증조와 고조의 이름까지 들먹이고 케케묵은 별명까지 신나게 자랑하지요. 하지만 그들 자신은 어떤가요? 그들은 말 못하는 선조와 하나도 다를 게 없고, 사방에 늘어놓은 조각이나 그림보다 더 나을 것도 없어요. 하지만 친절한 자존심*307 덕택에 그들은 더할 나위 없이 행복하게 살아가고 있죠. 게다가 이런 짐승 같은 사람들을 신처럼 모시는, 비슷한 종류의 미치광이들도 얼마든지 있답니다.

자존심(필라우티아)은 언제 어디서나 사람들에게 행복을 줘요. 그것도 놀라울 만한 행복을 말이에요. 그 많은 행복을 한두 개 예로 든들 무슨 소용이겠어요. 원숭이보다도 못생긴 주제에 스스로를 니레우스*308 같은 미남이라고 생각하는 사람도 있고, 컴퍼스로 세 개의 줄을 그었다 하여 스스로를 유클리드*309 같은 천재라고 믿는 사람도 있지요. 또 칠현금 앞에서는 당나귀*310와 다름없고, 마치 암탉을 물어뜯는 수탉처럼 괴이한 목소리를 내는 음치*312인 주제에, 자신이 헤르모게네스*313처럼 노래한다고 믿는 사람마저 있다니까요.

또 한 가지 매우 유쾌한 종류의 미친 짓이 있어요. 바로 자기 하인의 장점을 자랑스러워한 나머지, 그것이 자기 장점인 척 행세하는 것이지요. 그래서 세네카가 말했던 한 졸부*³¹⁴는 지극히 행복했답니다. 그는 괜찮은 이야기 한 토막을 할 때마다 하인을 곁에 두었어요. 하인이 속삭여 주는 말을 그대로 따라 하기 위해서였죠. 또 그는 매우 허약한 주제에 누가 씨름이라도 하자고 하면 두말 않고 승낙하는 사람이었어요. 왜냐하면 그의 집에는 대신 싸워 줄 튼튼한 노예들이 많으니까요.

직업적인 예술가들에 관해서는 굳이 말할 필요가 있을까요? 그들은 저마다 독특한 자존심에 사로잡혀 있어요. 그래서 자신의 재능을 양보하느니 차라리 선조에게 물려받은 전답을 내놓으려 하죠. 배우·가수·웅변가·시인은 이런 경향이 특히 심해요. 가치가 적은 사람일수록 더 자존심이 강하고 교만하며, 더욱더 우쭐거리고 거드름을 피우는 거예요. 그런데 이런 사람들이 자기 상품을 용케 팔아먹는단 말이지요.*³¹⁵ 그 까닭은 세상에서 가장 무능한 자가 으레 가장 많은 찬미자를 만나게 마련이기 때문이랍니다. 사람들 대부분은 바보신의 노예이므로, 가장 엉터리인 인간이 가장 많은 사람들의 호감을 살 수밖에 없는 일이거든요. 게다가 가장 서투른 인간이 마찬가지로 가장 자신만만하게 굴며 온갖 찬미를 받고 있는 상황인데, 참다운 지식에 집착한들 무슨 소용이겠어요? 참다운 지식은 터득하기도 힘들뿐더러 따분하고, 본인을 소심하게 만들며, 결국 극소수의 사람들에게밖에 인정받지 못하잖아요?

자연은 모든 사람에게 이 '자존심'이라는 것을 주었어요. 그래서 사람은 저마다 자존심을 가지고 태어나죠. 마찬가지로 모든 국민과 모든 도시도 자연으로부터 자존심을 선물 받았답니다. 그 결과 영국인들은 수많은 자질 중에서도 훌륭한 풍채나 음악적 재능, 식도락가로서의 재주*³¹⁶가 있다며 스스로를 자랑하게 되었지요. 또 스코틀랜드인들은 귀족의 가문, 왕실과의 인척 관계, 능란한 논쟁 기술 등을 자랑하고 있어요. 프랑스인들은 우아함이야말로 자기네 전매특허라고 주장하고 있으며, 파리 사람들*³¹⁷은 신학의 전매권이 자기들에게만 있다는 듯 행세하고 있지요. 이탈리아인들은 문학과 웅변을 독점 판매하다시피 하면서, 이 세상 사람들 중 자기들이야말로 야만족이 아닌 유일한 시민이라고 자랑하고 있어요. 이런 종류의 행복감을 맛보는 데에는 로마인들을 따를 사람이 없죠. 그들은 지금까지도 고대 로마의 꿈에 취해 있거든요. 베네치아인들은 자기네들의 높은 가문을 소중히 하는 데에서

터키인과 유대인의 종교

서로 비벼대는 두 당나귀

행복을 느낍니다.*318 온갖 예술의 창조자로 자처하고 있는 저 그리스인들은 고대 영웅의 영광스러운 칭호를 자기 것인 양 사용하고 있지요. 저 야만적인 패거리인 터키인들은 자기들이야말로 가장 훌륭한 종교를 갖고 있다고 자부하면서 기독교도들을 미신가 취급하며 조롱하고 있어요. 더욱 재미있는 것은 유대인들인데, 그들은 메시아(구세주)의 도래를 변함없이 기다리면서 지금도 끈덕지게 모세를 떠받들고 있죠. 스페인 사람들은 전쟁의 영광을 안다는 점에서는 그 누구에게도 뒤지지 않아요. 독일 사람들은 발달한 육체와 마술에 대한 지식을 자랑스럽게 여기고 있고요.*319

더 이상 구구절절 말하진 않겠어요. 이 정도면 '자존심'이 얼마나 많은 사람들에게, 그리고 한 사람 한 사람에게 만족을 선사하고 있는지 여러분도 아셨을 테니까요.

자존심에는 '아첨'이라는 동생이 있어요. 그녀는 언니를 무척 닮았죠. 다른 점이라면, 자존심은 자기 자신을 어루만지고 아첨은 남을 어루만진다는 것뿐이에요. 그런데 아첨은 요즘 일부 사람들에게 나쁜 평판을 듣고 있어요. 사실은 곧잘 외면하면서 말에는 쉽게 좌지우지되는 사람들에게 말이에요. 이런 사람들은 성실성과 아첨이 양립할 수 없다고 생각하지요. 하지만 많은 예가—짐승의 예도 포함하여—그와 정반대인 현실을 증명해 주고 있어요.

자, 생각해 보세요. 개보다도 더 아첨을 잘하면서 또 그보다도 더 충실한 것이 뭐가 있겠어요? 다람쥐보다 더 알랑거리면서 동시에 그보다도 더 사람들의 벗이 돼 주는 것이 뭐가 있겠어요? 그들보다는 사나운 사자나 잔인한 호랑이나 흉포한 표범 같은 것들이 인간 생활에 더 알맞다고 주장하실 셈인가요?

하기야 불행한 사람들을 파멸로 몰아넣으려는 아첨도 이따금 존재하긴 해요. 악의와 조롱의 모습을 한 아첨 말예요. 하지만 내게서 비롯되는 아첨은 호의와 순진함에서 태어나요. 이와 정반대인 무뚝뚝함이나, 호라티우스가 말하는 저 음울하고 거친 기분*320보다는 내게서 태어난 아첨이 훨씬 미덕에 가깝지요. 아첨은 사람들의 풀 죽은 마음을 북돋워 일으키고, 슬픔을 가라앉혀 주고, 무기력한 자들에게 자극을 주고, 얼빠진 자들을 정신 차리게 하고, 아픈 사람들의 고통을 덜어 주고, 성난 마음을 누그러뜨려 주고, 사랑하는 사람들을 서로 맺어 주기도 합니다. 아첨은 또 어린이를 격려하여 공부를 좋아하도록 만들고, 늙은이의 주름살을 펴 주기도 하며, 간언과 교훈과 찬사를 써서 임금님 비위에 거슬리지 않는 조언을 하기도 하죠. 요컨대 아첨은 모든 사람들이 자기 자신을 한결 유쾌하고 한결 소중하게 여길 수 있도록 해 줍니다. 이것이야말로 행복의 비결이지요. 서로를 긁어 주는 두 마리 당나귀*321보다 더 친절한 것이 어디 있겠어요?

아첨은 이미 저 인기 높은 웅변의 일부가 되어 있어요. 또 의술에서는 더욱더 많은 부분을 차지하고, 물론 도시에서도 최고의 몫을 차지하고 있죠. 그것은 모든 인간관계의 꿀이자 양념이에요.

어떤 사람들은 '속는다는 것은 불행한 일이다'라고 주장할지도 몰라요. 하지만 속지 않는 것이 실은 더 큰 불행이에요. 현실의 사물 속에 행복이 존재한다고 믿는 것은 커다란 잘못이에요. 행복이란 사물에 관해 인간이 갖는 의견에 따라 좌우되니까요. 인간 세상의 일 중에는 애매한 것과 다양한 것이 이만저만 많은 게 아니에요. 그러므로 '철학자들 가운데에서는 가장 오만하지 않은' 나의 아카데미아 파 철학자들*322도 말하고 있듯이, 우리는 그 어떤 것도 분명히 밝혀낼 순 없어요. 혹시 누가 무엇을 분명히 알게 되었다면, 그것은 자기 행복을 희생한 결과일 경우가 대부분이에요.

인간의 정신은 질서보다도 거짓말에 더 혹하도록 만들어져 있어요. 의심스러우면 직접 실험해 보세요. 교회 설교를 들으러 가는 겁니다. 만약 설교하는 내용이 진지하다면 청중은 졸고, 하품하고, 지루해하고 있을 거예요. 그러나 고함지르는 사람이…… 어머, 실례했군요! 설교하는 사람이라고 말할 생각이었는데. 하여튼 그런 사람이 할머니들이 들려줄 법한 이야기를 늘어놓기 시작하면, 다들 잠에서 깨어나 입을 딱 벌리고 경청하겠지요. 마찬가지로 성 게오르기우스[323]나 성 크리스토포루스,[324] 성녀 바르바라[325] 등 좀 전설적이고 시적인 성자가 등장한다면, 성 베드로나 성 바울이나 심지어 예수를 보고 모이는 사람들보다도 훨씬 더 많은 신자들이 그 성자들에게 몰려드는 모습을 볼 수 있을 거예요. 그러나 이런 이야기를 여기서 해 봤자 아무 소용없겠지요.

앞서 말한 그런 행복을 얻기란 사실 별로 힘들지 않아요! 문법 같은 지식을 손톱만큼이라도 터득하기 위해서는 갖은 노력을 기울여야 해요. 하지만 이에 반해서 의견은 별 문제없이 쉽게 만들어진단 말이지요. 게다가 의견은 지식과 비슷하거나 그보다 더한 수준의 행복을 인간에게 선사해요.

예를 들어 딴 사람들이라면 냄새도 맡지 못할, 소금에 절인 썩은 고기를 먹으면서 사는 사람도 있어요. 본인이 그것을 암브로시아[326] 같은 맛이라고 생각하는 이상, 실제 냄새가 어떻든 그의 즐거움에 무슨 상관이 있겠어요? 또 철갑상어 요리를 보면 구역질을 하는 사람도 있죠. 그는 그 요리를 도저히 맛있다고 생각하지 못할 거예요. 어떤 여자가 아무리 끔찍하게 못생겼어도, 남편은 그 여자를 비너스처럼 여기고 있어[327] 절세미인이라 자랑하고 다닐지도 모르지요. 주홍색과 사프란색으로 아무렇게나 그려 놓은 시시한 그림을 사서 들여다보고 감탄하여 '이건 분명 아펠레스[328]나 제우크시스[329]가 그린 작품임에 틀림없어!'라고 생각하는 사람이 있는 한편, 이 화가들의 진짜 작품을 엄청난 값으로 사 가지고는 즐겁지 않은 기분으로 그것을 들여다보는 사람도 있겠지요. 이 경우 전자가 후자보다 훨씬 행복하지 않을까요?

가까운 예를 들어 보죠. 나와 같은 이름을 가진 사람[330]이 한 분 있는데, 그는 자신의 젊은 아내에게 가짜 보석을 선사했답니다. 능변가였던 그는 그 보석이 진짜일 뿐 아니라 매우 희귀하고 엄청나게 값진 것이라고 말했지요. 젊은 아내는 그 말에 완전히 속아 버렸습니다. 그 결과 아내는 어찌 되었을까 비너스의 탄생을 그리는 아펠레스

요? 그녀는 그 유리 세공품들을 진짜 보석처럼 즐거운 마음으로 지치지 않고 들여다보았으며, 그 시시한 것들을 보물처럼 소중히 간직했어요. 그러니까 남편은 아내의 착각을 이용해 돈을 절약한 셈인데, 아내는 마치 값비싼 선물이라도 받은 양 고마워했단 말이지요.

플라톤의 동굴*331 속에서 사물의 그림자들만 보면서 그 이상 아무것도 바라지 않고 만족하는 사람들과, 동굴에서 나와 있는 그대로의 사물을 보는 현인들. 여러분은 둘 사이에서 무슨 차이를 발견하셨나요? 만약 루키아노스의 이야기에 나오는 미킬로*332가, 부자가 되었던 그 황금빛 꿈을 영원히 꿀 수만 있었다면 그 밖의 행복은 바라지 않았을 거예요. 그러므로 둘 사이에는 아무런 차이도 없으며, 혹시 있다면 미치광이들이 현인들보다 더 낫다고 말할 만한 차이점이 존재하겠지요. 미치광이들의 행복이란 별로 힘들이지 않고 얻을 수 있어요. 왜냐하면 그건 마음먹기에 달렸거든요.

게다가 그들의 행복은 많은 사람들과 함께 즐길 수 있답니다. 다들 아시다시피, 어떤 행복이든 남과 함께 나눌 수 없다면 즐겁지가 않잖아요? 그런데 현인은 어떤가요? 현인은 설령 존재한다 해도 그 수가 매우 적어요. 그토록 수많은 세기가 흐르는 동안, 그리스에 등장한 현인은 겨우 일곱 명*333뿐이에요. 그럼 그 일곱 명은 완벽한 현인일까요? 내가 장담하지만 절대 그렇지 않아요. 잘 살펴보면, 이 일곱 명 가운데 반현인은 고사하고 3분의 1 현인조차 발견하지 못할 거예요.

사람들이 찬양하는 바쿠스의 온갖 혜택 중에서도 최고의 혜택은 근심 걱정을 쫓아 주는 것이에요. 하지만 그것도 사실 잠깐뿐이지요. 왜냐하면 술에서 깨는 순간, 사람들 말마따나 근심 걱정이 바람같이 되돌아오니까요. 그런데 내가 선사하는 이득은 그보다 훨씬 더 완전하고 결정적이에요. 나는 사람들의 넋을 영속적인 도취 속에 잠가 놓는답니다! 사람들은 노력할 필요도 없어요. 내가 아무 대가도 받지 않고, 그들의 넋에 기쁨과 행복과 감격을 가득 채워 넣을 테니까요!

게다가 나는 대상을 가리지 않고 은혜를 베풀어요. 그에 반해 다른 신들은 혜택을 줄 사람을 고르고 있죠. 우리는 근심 걱정을 쫓아내기 위해, 풍부한 희망을 끝없이 가져다주는 저 진하고 달콤한 포도주*334를 마시지요. 하지만 그 포도주는 어느 고장에서나 생산되는 것이 아니에요.

비너스의 선물인 아름다움을 받는 사람들은 적고, 메르쿠리우스의 선물인 웅변을 받는 사람들은 더욱 적으며, 헤라클레스에게 부를 받는 사람들도 많지 않아요.*335 또 호머의 이야기에 나오는 주피터 역시 아무에게나 권력을 주진 않아요. 마우로스*336는 전투에서 자주 중립을 지키고요. 아폴로의 삼각의자*337에서 실망한 채 떠나는 사람들도 많죠. 사투르누스의 아들*338은 자주 벼락을 던지고, 포에부스*339는 때때로 화살을 쏘아 괴질을 보내요. 넵투누스는 건져 주는 것보다 더 많은 사람들을 물속에 빠뜨려요. 베디오비스*340나 플루톤*341·아테*342·포이네*343·피에브레스*344 같은 신들의 이야기는 그만둡시다. 이들은 신들이라기보다는 차라리 망나니들이니까요.

언제나 준비되어 있는 은혜를 모든 사람들에게 차별 없이 나누어 주는 친절한 신은 오직 나밖에 없어요.

나는 기도를 바라지도 않고 성을 내지도 않아요. 제사 도중에 사소한 실수를 했단 이유로 사죄의 공물을 바치라고 요구하지도 않죠. 설령 나를 집에 홀로 놔두고 다른 신들을 초대하거나,*345 나에게 공물의 냄새를 맡게 해 주지 않는다 해도,*346 나는 결코 천지를 뒤흔들거나 하지는 않아요.*347 이런 점에서 신들은 이만저만 까다롭지 않지요. 그들을 섬기느니 차라리 거들떠보지도 않는 것이 더 이롭고 안전할 정도예요. 이 신들처럼 인간 세상에도 툭하면 화를 내는, 상대하기 귀찮은 사람들이 있는데요. 이런 사람들을 친구로 삼기보다는 차라리 모르는 척해 버리는 게 나아요.

그런데 바보신은 어떤가요? 바보신을 위해 희생을 바치거나 신전을 세워 주는 사람은 없다고들 말하지요. 그건 옳은 말이에요. 사람들이 어찌나 배은망덕한지, 앞에서도 말했지만 나로선 그저 놀라울 따름이에요.

하지만 나는 관대하고 만사를 좋은 쪽으로만 보는 신이에요. 나는 사람들의 그런 행위에는 전혀 개의치 않아요. 어차피 인간들이 있는 곳이라면 어디에서나 나는 숭배받고 있으니까요. 각 민족 고유의 방식으로 말예요. 신학자들도 이런 숭배를 인정하고 있죠.*348 그러니 약간의 향이나 음식, 한 마리 양이나 돼지 같은 걸 받는다 해서 무슨 의미가 있겠어요? 사람들이 사람 피까지 바쳐서 디아나를 숭배하고 있다*349 해서 그녀를 시기할 필요가 있을까요? 사람들의 가슴에 내가 깃들어 있고, 풍속에 내 모습이 비치고 있고, 생활에 내 형상이 반영되어 있는걸요. 그런 모습들을 보면, 내가 어디서나 누

구에게서나 완전히 섬겨지고 있음을 확실히 깨
달을 수 있죠.

이런 형태의 숭배는 기독교도들 사이에서는
찾아보기 어려워요. 성모 마리아를 위해 대낮
에 조그만 초 한 자루를 바치는 사람들은 많지
만, 사실 그런 짓은 성모에게 아무 소용없다고
요. 한편 성모의 미덕·정결·겸손·성스러움에
대한 애정 등을 본받으려고 노력하는 사람은
거의 없죠. 실은 그렇게 하는 것이야말로 참된
숭배인데 말예요. 하늘에서 사는 이들로서는
그보다 더 기쁘고 즐거운 숭배는 없어요.

주피터와 아테

게다가 내가 왜 또 신전 같은 걸 바라겠어
요? 나는 우주를 가지고 있는걸요. 그러니까
모든 신전 중에서도 제일 훌륭한 신전을 마음
대로 사용하고 있는 셈이지요. 사람들이 있는
곳이면 어디에고 내 신자들이 존재해요. 나를
숭배하는 데 조상이나 화상 같은 건 전혀 필요
없어요. 나는 그런 쓸모없는 것들을 만들라고
사람들에게 요구할 만큼 바보는 아니랍니다.

어리석고 무식한 신자들이나 신들 대신 그
화상을 숭배하는 것이지요.*350 이런 신들과 마
찬가지로 살아 있는 인간도 자신의 대리인에게
자리를 빼앗기기도 해요. 뭐 어쨌든 이 세상에
는 나를 본뜬 조상이 사람들의 숫자만큼이나
많이 존재하는 셈인데, 그 까닭은 인간들이야
말로 나의 살아 있는 형상이기 때문이에요. 그
들이 그렇게 되길 원했든지 원치 않았든지 말
예요.

성모에게 바쳐진 촛불

그러므로 나는 다른 신들을 전혀 부러워하지 않아요. 그들이 저마다 지상
에 제 예배당을 갖고 있으며, 사람들이 정해진 날마다 그들에게 제사를 드린

다 해도 뭐 어때요? 아시다시피 로도스 섬에서는 포에부스*351가, 키프로스 섬에서는 비너스*352가, 아르고스에서는 주노*353가, 아테네에서는 미네르바*354가, 올림포스 산에서는 주피터*355가, 타렌툼에서는 넵투누스*356가, 람프사코스*357에서는 프리아포스*358가 숭배받고 있지요. 그런데 나는 온 세계 사람들이 바치는 훨씬 더 귀중한 희생을 끊임없이 받고 있답니다.

혹시 내 말이 정확하다기보다는 오히려 억측에 가까워 보이나요? 그렇다면 우리 함께 인간들의 생활을 살펴봅시다. 사람들이 내게서 얼마나 많은 은혜를 입고 있는지, 그들이 신분의 귀천을 막론하고 내게 얼마나 경의를 표하고 있는지 다 밝혀질 거예요. 그렇다고 모든 생활을 일일이 살펴보는 짓은 그만둡시다. 일이 너무 커지잖아요? 가장 두드러지는 몇몇 생활들만 보자고요. 그것들로 그 밖의 많은 것들을 짐작할 수 있을 테니까요. 서민과 천민들의 이야기까지 굳이 할 필요는 없겠지요. 이들 전체가 내 지배를 받고 있다는 거야 자명한 사실인데요 뭐. 그들의 생활에는 온갖 형태의 어리석음이 수두룩해요. 게다가 날마다 새로운 형태의 어리석음이 수없이 생겨나고 있죠. 아마 천 명의 데모크리토스*359가 있어도 그들을 조롱하기에는 충분치 못할 거예요. 늘 더 많은 데모크리토스가 필요하겠지요.

참, 신들이 이처럼 가련한 인간들로부터 날마다 얼마나 많은 재미와 농담을 끌어내고 있는지 상상이나 하시겠어요? *360 신들은 오전에는 식사도 절제하고 가지가지 송사를 받아들이고 서원을 기다리면서 시간을 보내요. 하지만 신주를 양껏 마셔서 진지한 일을 하나도 할 수 없는 지경이 되면, 그들은 하늘의 가장 높은 곳에 가서 목을 쭉 빼고 인간들의 행동을 내려다본답니다. 그들에게는 그보다 더 재미있는 구경거리가 없으니까요. 정말 무슨 극장이 저럴까! 저런 야단법석이라니! 저렇게도 가지각색의 미치광이들이 존재할 수 있다니!

나도 신들 사이에 앉아서 미치광이들을 바라보는 걸 좋아해요. 어떤 자는 깜찍한 계집 하나 때문에 다 죽어 가고 있는데, 계집이 쌀쌀해질수록 그는 더 몸 달아 하고 있군요. 또 어떤 사내는 여자와 결혼하는 게 아니라 지참금과 결혼하고 있고요. 제 여편네에게 매춘을 시키는 놈이 있는가 하면, 아르고스*361처럼 질투의 눈을 번득이며 제 여편네를 감시하는 놈도 있군요. 아! 초상이 나면 수많은 사람들이 미친 짓들을 하고 미친 소리들을 늘어놓죠. 그런데 이때 슬픈 장면을 연출하고 있는 사람들은 사실 돈으로 고용된 배우들이에요! 오, 저기에 제 의붓어미의 무덤 앞에서 울고 있는 사람도 하나 있네요. 어떤 사람은 가까이 있는 건 뭐든지 다 입에 처넣어 제 뱃속을 채우려 하고요. 그래 봤자 배는 금세 꺼지는데 말예요.*362 또 어떤 사람은 아무것도 하지 않고 잠만 자는 것을 행복으로 여기기도 해요.

게으름뱅이

좀더 볼까요. 이웃 사람들의 일을 위해서는 발 벗고 나서면서 제 일을 위해서는 꿈쩍도 않는 사람들도 저기 있네요. 또 어떤 사람은 빚더미를 짊어지고 살아가고 있죠. 이렇게 실은 파산 직전에 몰려 있으면서도 남의 돈으로 살며 제가 부자인 줄 아는 사람도 있어요. 자기는 가난하게 살면서 상속인을 부자로 만들어 주는 걸 행복의 전부라고 생각하는 사람도 있군요. 저기 저 사람은 또 어떻고요. 그는 변변치 못하고 불확실한 돈벌이를 위해 바다를 넘나들면서, 아무리 돈이 많아도 도로 살 수 없는 생명을 풍파의 위험 앞에 내맡겨 놓고 있잖아요? 그리고 저 사람은 집에서 안전하게 쉬는 것보다 전쟁에 나가 한 재산 모으기를 더 좋아하고 있어요. 또 어떤 사람은 아이 없는 늙은이에게 알랑거리고 있어요.*363 그러면 부자가 될 수 있을 거라고 착각하는 거죠. 그런가 하면, 유복한 노파들을 상대로 똑같은 술책을 쓰는 사람들도 물론 있어요.*364 이런 사기꾼들이 도리어 사기에 걸려드는 날이라도 온다면, 신들은 썩 재미나는 구경거리가 생겼다며 기뻐하겠지요.

머리가 돌아도 이만저만 돈 게 아닌 족속들이 있어요. 참으로 치사한 이 족속들은 바로 장사치들이랍니다. 왜인가 하면, 그들은 매우 천한 직업*365을 가지고 매우 부정직한 수단으로 종사하고 있기 때문이에요. 그들은 서로 경쟁하듯 거짓말을 하고, 약속을 어기고, 도둑질을 하고, 사기를 치고, 속임수를 쓰곤 하죠. 그러면서도 자기 손가락에 낀 금반지 덕분으로 사람들의 존경을 받는 줄 알고 있어요. 하기야 살살거리는 젊은 수도승들이 그들을 높이 떠받들며 대중 앞에서 존자라고까지 부르는데 오죽하겠어요. 사실 그 수도승들은, 장사치들이 부정하게 취득한 돈을 나눠 받으려고 그러는 것뿐인데 말예요.

한편 재산의 공유를 지지하고 있는 피타고라스 학파*366 사람들도 약간 있는데, 그들은 남의 감시에서 벗어난 대상이 그들 손에 닿기만 하면 그게 무엇이든 태연히 가로채 버려요. 마치 유산이라도 가로채듯이. 또 어떤 사람들은 부자가 되고 싶은 소망만 있으면 저절로 부자가 되는 줄 아는데, 이들은 자신이 꾸고 있는 즐거운 꿈만으로도 행복을 누리지요. 어떤 사람들은 집 밖에서 부유한 척하느라 집 안에서 굶어죽어 가고 있기도 해요. 가진 것을 몽땅 탕진해 버리려고 서두르는 사람이 있는가 하면, 재산을 무조건 모으기만 하는 사람도 있어요.

이 사람은 세상의 명예를 얻으려고 노심초사하는데, 저 사람은 자기 집 화롯가 한구석에 처박혀 있기도 하죠. 또 소송 사건을 끝없이 일으키는 사람도 많아요. 하지만 그들의 굳센 투지는 느림보 판사들과, 그들과 한통속인 변호사들에게만 이익을 가져다 줄 뿐이에요. 어떤 사람은 새로운 계획에만 열중하는가 하면 또 어떤 사람은 거창한 계획에만 열중하고 있죠. 그리고 갈 필요가 전혀 없는데도 예루살렘이니 로마니 성 야곱의 무덤*367이니 하는 곳에 간답시고, 자기 집이며 아내며 자식이며 다 팽개쳐 버리는 사람도 있어요.

요컨대 만약 여러분이 메니포스*368처럼 달나라에서 지구상의 난리법석을 내려다본다면, 마치 한 떼의 파리들이나 각다귀들이 서로 치고받고, 서로 함정을 파고, 서로 훔치고, 장난치고, 뛰어다니고, 태어났다가 죽고 하는 걸 볼 수 있을 거예요. 금방 죽어 사라질 운명인 이 작은 미물들이 얼마나 큰 혼란과 비극을 자아내고 있는지 여러분은 아마 상상도 못 하겠죠. 사실 전쟁이 일어나거나 전염병이 닥쳐와서 수천 명의 인간들이 한꺼번에 사라져 버리는 일도 종종 있거든요.

하지만 내가 이렇게 민중들의 미친 지랄과 주책없는 행동을 하나하나 열거해 봤자 무슨 소용이겠어요. 나 자신이 세상에서 제일가는 미치광이니, 계속 이러다가는 나야말로 데모크리토스에게 거듭 조롱당해 마땅하지 않겠어요? 그러니 다른 이야기를 합시다. 인간들 중에는 현명한 척을 하는, 소위 황금의 가지를 갖고 있다는 사람들도 있죠.*369 이제 그들 이야기를 해 볼게요.

그 무리들의 맨 앞줄에는 문법학자들이 서 있습니다. 그런데 만약 내가 부드러운 광기의 힘으로, 그들의 불우한 직업에서 오는 불행을 덜어 주지 않는다면 어떨까요? 아마 그들은 세상에서 가장 비참하고 고통스러우며, 신들에게 가장 시달림당하는 족속이 될 거예요. 그리스 풍자시에서는 그들이 다섯 번이나 저주를 받았다고 해요. 다시 말해 다섯 개의 중대한 위험에 처해 있다는 것이죠.[370] 하지만 실은 그 정도가 아니라, 무려 천 개나 되는 저주가 그들을 짓누르고 있어요.

순례

그들의 학교에 가 보세요. 그러면 늘 굶주리고 꾀죄죄한 그들을 볼 수 있죠. 아, 내가 지금 그들의 학교라고 말했나요? 실은 그들의 슬픔의 집, 혹은 죄수선(罪囚船)이나 고문실이라고 말하는 게 옳을 거예요. 그들은 학생들 때에 둘러싸여, 떠들썩한 소리에 귀를 먹고 악취와 불결 속에 허우적거리면서[371] 과로로 인해 늙어가지요. 하지만 나는 그들에게 환상을 안겨 줘요. 자기네야말로 인간들 중에 제일인자라고 믿는 환상을 말이에요!

아! 그들이 떨고 있는 학생들을 매섭게 노려보며 큰 소리로 겁을 줄 때라든가, 저 쿠마에의 당나귀[372]처럼 갖가지 분노에 빠져 있을 때를 보세요. 그들이 얼마나 흐뭇해하고 있는지! 그러는 동안에는 그들이 생활하는 환경의 더러움도 마냥 좋아만 보이고, 그들의 악취도 박하꽃 향기처럼 여겨지는 거예요. 또 그들의 불행한 노예 상태도 그들에게는 왕위처럼 느껴지

선생과 학생

죠. 이처럼 환상에 사로잡힌 그들은 자신들의 권세를 팔라리스[373]나 디오니시오스[374]의 옥홀(玉笏)과도 바꾸지 않을 거예요.

그런데 그들의 최고 행복은 뭘까요? 바로 자신의 지식을 끊임없이 자랑하는 것이랍니다. 그들은 어린이들의 머릿속을 참으로 해괴망측한 것들[375]로 담뿍 채워 주고 있어요. 그러면서 자기들이 무슨 팔라이몬[376]이나 도나투

스*377보다도 더 훌륭한 줄 안다니까요! 원, 세상에! 그리고 무슨 마술을 부렸는지, 그들은 주책없는 어머니들과 바보 같은 아버지들에게 인정받고 있어요. 그들은 또 썩어 빠진 양피지 위에서 안키세스*378의 어머니의 이름이나 busequa,*379 bovinator,*380 manticulator*381 등등 일반적으로 사용되지 않는 말들을 찾아내거나, 낡은 돌조각 위에서 비문의 단편을 발견하는 것을 더할 나위 없는 즐거움으로 여기고 있어요. 오, 주피터여! 이런 흥분이, 이런 승리가, 이런 칭찬이 또 있을까요! 그들은 아프리카를 정복하고 바빌론을 점령하기라도 한 것처럼*382 기뻐하죠. 그들은 전혀 생기도 없고 대단히 어리석으며 보잘것없는 자작시를 들고 다니면서 사람들에게 보여 줍니다. 그러다가 누가 감탄해 주기라도 하면, 베르길리우스의 넋이 자기들에게 옮아 온 줄 알고 법석을 떨지요. 자기들끼리 감탄과 칭찬을 주고받는 것만큼 그들을 기쁘게 해 주는 일은 아무것도 없어요.

하지만 그들 가운데 한 사람이 그만 실언이라도 하면 어찌 될까요? 혹시 좀더 영리한 사람 하나가 자신들의 실태를 알아차리기라도 한다면? 그런 날에는 헤라클레스에 맹세코,*383 정말 무시무시한 비극이 일어날 거예요! 그들은 얼마나 방패를 높이 쳐들고 대들까요? *384 또 얼마나 욕설과 독설을 퍼붓겠어요! 내 말에 혹시 과장이 섞여 있다면, 모든 문법학자들이 내게 덤벼들어도 좋아요!

내가 아는 사람 중 매우 다양한 지식을 갖춘 학자 한 분이 있었어요. 그는 60세가 거의 다 된 노인으로 그리스어·라틴어·수학·철학·의학에 두루 통달한 사람이지요. 그런데 그런 사람이 20여 년 전부터 모든 것을 버리고 문법 연구에 매달려 고생하고 있다니까요. 아마 그는 여덟 개의 품사를 완벽하게 정의할 때까지 살 수 있으면 행복하겠다고 생각하겠지요. 하지만 오늘날까지 그리스인이든 로마인이든 간에, 그런 일을 완벽하게 해낸 사람은 아무도 없어요. 그만큼 까다로운 작업이죠. 혹시 누가 부사의 법칙이 적용되는 영역에서 접속사를 하나라도 빼낼라치면 전쟁이 일어날 정도거든요.

다들 아시다시피 문법학자의 수효만큼이나, 아니 그보다도 더 많은 문법책이 세상에 존재해요. 그도 그럴 것이 내 친구 알두스*385는 혼자서 다섯 권이나 되는 문법책을 간행했으니까요. 문법학자는 아무리 형편없고 까다로운 문법책이라도 소홀히 여기는 법이 없어요. 그들은 끊임없이 책을 뒤적이거나 만지작거리고 있지요. 문법 문제에 관해 어리석은 소리를 지껄여 대는 바보가 어디 없나 하고, 아주 하찮은 것에까지도 눈을 번득이고 있답니다. 어째서냐고요? 그야 자신의 영광을 도둑맞지는 않을까, 자신이 문법에 다년간 쏟아 부었던 노고가 헛되이 돼 버리지는 않을까 하고 늘 걱정하기 때문이지요.

이런 그들의 행위를 미친 지랄이라고 부르든 멍청한 짓이라고 부르든 마음대로 하세요. 나하고는 아무 상관없으니까요. 다만 한 가지는 인정해 주세요. 모든 동물 중에서도 가장 불행한 이 동물이, 자기 신분을 페르시아 왕의 신분과도 바꾸지 않겠다고 말할 만큼 행복해질 수 있는 것도 전부 내가 베푸는 은혜 덕분이란 사실을요.

그럼 시인들은 어떨까요? 그들 역시 내 관할에 속해요. 하지만 그들이 내 은혜를 입는 일은 별로 없어요. 시인들은 속담에서도 말하듯이 *386 자유분방한 족속이거든요. 그들은 아무것도 아닌 것들이나 정말로 우스꽝스러운 이야기들을 갖고 미치광이들의 귀를 매혹하려고 항상 애쓰고 있어요. 그런데 놀랍게도, 시인들은 그런 보잘것없는 작품을 가지고 신과 같은 불사의 생명을 얻길 기대한단 말이죠! 게다가 한술 더 떠서 자기들이 남에게도 불사의 생명을 줄 수 있다고 믿고 있어요. *387 이 족속은 특히 '자존심'과 '아첨'의 노예인데, 모든 인간들 중에서 제일 성실하고 지조 있게 나를 숭배해 주는 사람들이랍니다.

웅변가들도 내 지배하에 속해 있지요. 하기야 그들은 종종 나를 푸대접하고, 철학자들과 한통속이 되어 버리는 수도 있지만요. 그래도 그들은 나의 친구답게 온갖 어리석은 짓거리들을 저질러요. 특히 그들이 그렇게도 진지하게 몇 번이나 '농담 이론'에 관한 글을 썼다는 사실이 압권이죠. 「헤렌니우스 수사학」*388이란 논문을 쓴 사람이 누구인진 몰라도, 하여튼 그 작자는 '어리석음'을 갖가지 익살·농담에서 사용했고, *389 이 분야의 권위자인 퀸틸리아누스 *390는 웃기는 소리에 관해 「일리아드」보다 더 기다란 글 *391을 지어 놓았다니까요. 이러니

시인

그들도 우리 동료 아니겠어요? 요컨대 그들은 웃어넘기지 못할 일조차 웃음으로 무마하게 하는 중대한 임무를 '어리석음'에게 맡겨 놓고 있는 셈이에요. 그리고 어리석음 하면 바로 나, 바보신이지요. 그래서 웅변가들은 여차할 때마다 내게 도움을 청해요. 물론 누군가가 "웃기는 이야기로 폭소를 이끌어 내는 것은 어리석음과 전혀 상관없다"라고 하면서 확실한 증거까지 보여 준다면 얘기가 달라지겠지만요.

책을 출판하여 불후의 명성을 얻으려 하는 문필가들도 이 같은 부류에 들어가요. 내 은혜를 입는 사람이야 쎄고 쎘지만, 허튼소리만 종이 위에 괴발개발 갈겨쓰는 사람들은 특히 그렇지요.

그런데 내 은혜를 마다한 채, 페르시우스도 라일리우스*³⁹²도 기피하지 않고 자신의 연구 성과를 몇 안 되는 학자들의 판단에 맡겨 버리는 사람들이 있어요. 그들은 끝없는 고통을 사서 겪는 사람들이에요. 내가 보기엔 행복하다기보다는 너무 비참한 존재들이지요. 그들은 덧붙이고, 고치고, 삭제하고, 팽개쳐 놓고, 다시 꺼내어 손을 보고, 자신의 피땀 어린 작품을 퇴고하고, 9년 동안이나 간직해 두고 하면서도 결코 만족하지를 않아요. 그리고 극소수의 사람밖에 받지 못하는, 노력에 비해 참 보잘것없는 보수인 영광이란 것을 획득하려고 이상하리만치 기를 쓴다니까요. 심지어 저 최고의 보물인 수면을 포기하면서까지!

그들은 숱한 희생과 땀과 노고를 다 바쳐 가면서 애를 써요. 그러다가 건강과 육체미마저 상실하고, 눈병에 걸리거나 심하면 눈이 멀어 버리고, 가난의 구렁텅이에 빠지고, 자신을 질투하는 사람들을 만들어 내고, 모든 즐거움을 빼앗기고, 겉늙고, 요절하기도 하죠. 그들은 이토록 많은 참사를 겪어요. 그런데 이렇게 끊임없는 희생을 치르고서도, 우리의 학자 선생님들은 한 늙은이가 마지못해 내 놓는 찬사에 만족한단 말이지요. 자신들이 너무 비싼 대가를 치렀다는 생각은 요만큼도 안 하면서요.

내 부하인 문필가들은 위의 사람들과는 전혀 달라요. 그들은 즐거운 광란에 취해 살아가요. 머릿속에 생각나는 것을 모조리 갈겨쓰고, 떠오르는 몽상을 그대로 옮겨 써 내려가지요. 종이 낭비 아니냐고요? 그런 걱정일랑 하지 마세요. 왜냐하면 그들이 쓰는 시시한 글이 시시하면 시시할수록 더 많은 갈채가, 다시 말해 미치광이들과 무지몽매한 자들의 박수갈채가 그들에게 쏟아질 테니까요. 내 부하인 문필가들은 그 사실을 잘 알고 있죠. 물론 서너 명의 위대한 학자들은 그들의 글을 읽어 보고 경멸할지도 몰라요. 하지만 그게 무슨 상관이에요? 몇몇 학자들이 낸 소수의 의견이 다수의 반대자들 앞에서 무슨 중요성이 있겠어요?

이들보다 더 영리한 사람들도 있어요. 바로 남의 작품을 자기 것으로 만들어 버릴 줄 아는 사람들이죠. 다른 사람들이 몹시 노력한 덕택으로 얻게 될 영광을, 그들은 옆에서 가로채어 버려요. 그야 언젠가는 표절했다는 비난을 받게 될지도 모르지요. 하지만 한동안은 가로챈 작품 덕을 볼 수 있지 않겠어요? 그들은 그런 확신을 갖고 있답니다. 저기 좀 보세요. 그들이 온갖 칭찬에 둘러싸여, 뭇사람들로부터 "저기 저 분이야, 그 유명한 사람!" 하고 환대를 받으며 의기양양해하고 있잖아요?*393 그들의 책은 책방의 좋은 자리에 진열되어 있으며, 그들의 작품 제목 옆에는 대개 기묘하고 신비로운 세 가지 이름*394이 적혀 있어서 그들을 기쁘게 해요. 그런 글자들에는 대관절 무슨 뜻이 있는 걸까요? 오, 불멸의 신들이여! 이 넓고 넓은 세상에서 그 뜻을 알 수 있는 사람은 얼마나 적으며, 그것을 제대로 칭찬할 수 있는 사람은 또 얼마나 적을까요? 어차피 무지몽매한 사람들이야 관심사가 따로 있으니 어쩔 수 없겠지만요. 사실 그러한 세 가지 이름들은 고대인의 책에서 지어냈거나 따온 것이 대부분이에요.

어떤 사람은 자기 이름을 텔레마코스*395라고 부르고, 또 어떤 사람은 스텔레누스,*396 또는 라에르테스,*397 또는 폴리크라테스,*398 또는 트라시마코스*399라고 부르면서 혼자서 좋아하고 있죠. 그들은 자기 책에 '카멜레온'이니 '호박'이니 하는 제목을 붙이든지, 아니면 철학자들처럼*400 '알파' 또는 '베타'라고 적어 넣어도 아랑곳하지 않을 거예요.

기가 막히게 약은 사람들은 서간시나 시편을 지어 서로에게 찬사를 퍼부어 준답니다. 이것이야말로 미치광이가 미치광이를 찬양하고, 무식쟁이가 무식쟁이를 찬양하는 꼴이지요. 한쪽 사람이 상대를 가리켜 알카이오스 같은 인물이라고 단정 지으면, 이쪽 사람은 또 저쪽 사람을 칼리마코스 같은 인물이라고 칭송하는 거예요.*401 예를 들어 상대가 당신을 키케로보다도 더 훌륭한 분이라고 칭찬하면, 당신은 상대를 플라톤보다도 더 박식한 분이라고 선언하는 거지요.

법률학자

철학자

사람들은 때때로 자기 명성을 높이려고 적수를 찾아내어 싸움을 걸기도 해요. '대중은 상반된 두 파로 갈라지고'*402 각 파의 우두머리들은 훌륭하게 싸워서, 결국 둘 다 승리자가 되어 자신의 승리를 축하하는 거죠. 현명한 사람들은 당연히 이 같은 미친 지랄을 비웃어요. 그야 그럴 테죠. 나도 그것이 미친 지랄이란 사실은 부인하지 않아요. 하지만 나는 그들을 비웃는 대신 행복하게 만들어 준답니다. 그들이 자신들의 승리를 스키피오 부자*403의 승리와도 바꾸지 않을 정도로 말이에요.

하지만 이런 미친 지랄을 비웃고, 남들의 어리석음을 즐기기를 그토록 좋아하는 학자님들도 실은 내 채무자임에 틀림없어요. 그들도 아마 그것을 부정하진 못할 거예요. 만약 부정한다면 인간들 가운데 제일 배은망덕한 자가 돼버릴 테니까요.

그런 학자들 중에서도 맨 첫 자리를 꿰차는 것이 법률학자들이지요. 그들보다 더 허영심이 강한 사람은 없으니까요. 그들은 법률하고는 아무 상관없는 문제 위에다가 법률 조문을 산더미처럼 쌓아올리고 있는데, 그것은 마치 시시포스의 바위*404를 열심히 굴리고 있는 것과 같아요. 그들은 주석 위에 주석을,*405 학설 위에 학설을 쌓아올리고 있어요. 마치 자기들의 학문이야말로 세상에서 제일 어려운 것이라는 듯이. 사실 그들은 '어려운 일이라면 무엇이든 가치가 있다'라고 생각하고 있는 거예요.

이제 그들에게 변증학자와 궤변학자들을 덧붙여 보죠. 이들은 도도네의 청동 그릇*406보다 더 시끄러운 족속으로, 그들 중 가장 못난이조차 수다 떠는 일에 있어서는 엄선된 스무 명의 여자에게라도 이겨 낼 정도예요. 하지만 사실 그들은 수다스러울 뿐이지 결코 싸움을 즐기는 건 아녜요. 그야 양털만 한 일*407로도 악착같이 싸운다든가, 말다툼에 열중한 나머지 진실을 나 몰라라 하는 경우도 있지만요. 그들은 오히려 그런 일 때문에 행복해질 수 있어요. 어쨌거나 그들은 오랜 시간을 들여 삼단논법을 공부해 왔으니까요. 그만한 능력이 있으니, 상대가 누구든지 무슨 일이든지 간에 얼마든지 끼어들어서 행복감을 느낄 수 있단 말이죠. 말하자면 자존심 덕분에 그들은 행복해질 수 있는 거예요. 게다가 그들은 완고하기 짝이 없어서, 심지어 스텐토르*408를 상대해도 결코 지지 않을 정도랍니다.

그들 다음에 등장하는 것은 철학자들이에요. 그들은 수염을 기르고 외투를 걸쳐*409 존엄해 보이려고 하고, 다른 인간들을 둥둥 떠도는 그림자로 생각해요.*410 또 오직 자신들만이 현인이라고 말하고 있죠. 그들이 무수한 세계를 건설하고 손가락이나 실로 태양과 달과 별과 천구의 크기를 잴 때, 그리고 자신들이 마치 우주의 창조자인 '자연'과 교감하는 벗이자 신들의 회의에서 파견된 특사인 양, 뇌성벽력과 바람과 일식·월식과 그 밖의 설명하기 어려운 것들을 서슴없이 설명할 때, 그들은 얼마나 황홀한 감격에 빠져 있겠어요?

하지만 사실 자연은 그들과 그들의 억측을 멋지게 비웃고 있어요. 왜냐하면 철학자들의 설명에는 확실한 근거가 전혀 없기 때문이죠. 이 점은 그들이 모든 것에 관해 끝없이 논의하고 있다는 사실만으로도 충분히 증명되고 있어요. 그들은 아무리 하찮은 것에 관해서도, 쥐뿔도 모르는 주제에 뭐든지 다 알고 있다고 주장하고 있죠. 자기 자신에 관해서는 아무것도 모르면서요. 눈이 피로한 탓인지 정신이 딴 데 팔린 탓인지, 그들은 길바닥에 있는 구렁이나 돌멩이조차 알아보지 못해요.*411 그러면서도 자기들에게는 다음과 같은 관념들, 즉 보편 개념*412·실체적 형상*413·제1원소*414·사물의 본성*415·개체성*416 등, 린케우스*417의 눈에도 띄지 않을 만큼 알아보기 어려운 모든 것들이 환히 보인다고 주장하고 있어요.

그들은 삼각형·정방형·원형 등 여러 가지 기하학적 도형들을 마치 미로처럼 복잡하게 뒤섞어 놓고, 알파벳 글자들을 전투 대형으로 늘어놓곤 해요. 다시 말해 무식한 사람들의 눈에 가루를 뿌려 그 눈을 멀게 만드는 것이죠.

천문학자

신학자

자, 생각해 보세요. 그때마다 그들이 비천한 문외한들을 얼마나 멸시하겠어요? 또 어떤 철학자들은 별들의 운행에 의거해서 미래를 점치기도 하고, 마술을 능가하는 기적을 일으켜 보이겠다고 장담하기도 해요. 그런 허풍을 곧이곧대로 들어 주는 사람들이 있다는 건 그들에게 참 다행한 일이지요.

신학자들의 이야기는 안 하고 넘어가는 게 나을지도 모르겠군요. 그런 카마리나의 늪을 굳이 휘젓거나,[418] 그런 독초에 일부러 손댈 필요는 없잖아요? 신학자들은 놀라우리만치 오만불손하고 성마른 족속이므로,[419] 오만 가지 죄목을 한데 묶어서 나를 비난할 거예요. 그리고 내가 만약 내 말을 취소하지 않는다면, 그들은 나를 이단자로서 바로 고발해 버릴 거예요. 그들은 비위에 거슬리는 상대에게 당장 벼락을 내리치는 무서운 사람들이거든요. 나는 그들에게 넘쳐흐르는 은혜를 베풀고 있는데, 그들은 그 은혜를 몰라 줘요. 나는 그들만큼이나 내 은혜를 고맙게 여기지 않는 족속을 만나 본 적이 없어요. 사실 그들은 자존심 덕택에 저 높은 제삼천(第三天)[420]에 앉아 있는 것인데 말이에요.

그들은 그 즐거운 처소의 높은 곳으로부터 지상을 내려다봐요. 그리고 땅 위를 기어 다니는 양떼 같은 인간들을 보며 가엾게 여기고 있죠. 나는 그들 주위에 독선적인 정의며, 결론이며, 필연적 귀결이며, 확실한 명제며, 불명확한 명제 등을 붙여 주어서 그들을 돕고 있어요. 한편 그들 스스로도 수많은 샛길을 갖추고 있죠. 그들은 마음대로 휘두를 수 있는

판별력 덕분에 테네도스의 도끼*421보다도 더 수
월하게 모든 매듭*422을 자를 수 있으므로, 불카
누스의 그물*423조차 피할 수 있을 정도예요.

불카누스의 애인들

그들의 문장은 신조어와 이상한 말들로 가득
차 있어요. 그들은 온갖 신비의 비밀을 그들
나름의 방법으로 설명하고 있지요. 이를테면
이 세계가 어떻게 창조되고 분배되었는가, 원
죄의 얼룩이 어떤 방식으로 아담의 후손들에게
퍼졌는가, 예수는 언제 어떻게 어느 정도로 성
모의 태내에서 완전한 형태를 갖추게 되었는
가, 성사*424에 있어서는 어떻게 실체 없이 우
유성(偶有性)이 존재할 수 있는 것인가, 등등
에 관해서 말이에요.

하지만 이런 문제들은 오늘날에는 좀 진부해
졌죠. 그래서 위대한 신학자들, 즉 자칭 견신
가(見神家)라는 사람들은 그보다 자극적인 다
른 문제들을 더 좋아해요. 그런 문제들이 자기
들에게는 훨씬 어울린다고 생각하는 것이죠.
이를테면 하느님의 탄생에는 확정된 순간이 있
었을까, 예수에게는 여러 혈통이 있었을까, 아
버지이신 하느님이 그 아들을 미워하신다는 명
제를 내세울 수 있을까, 하느님은 여자나 악마

예수

나 당나귀나 호박이나 조약돌의 형태로도 오실 수 있었을까, 호박이 설교를
하고 기적을 일으키며 십자가에 못 박힐 수 있었을까 하는 문제들 말예요.
이런 문제들은 더 있어요. 만약 예수가 십자가에 매달려 있는 동안 성 베드
로가 신에게 몸을 바쳤다면, 그는 대체 무엇에게 몸 바친 것일까? 그때 예
수는 인간이라 불릴 수 있었을까? 그리고 지금까지 배고픔과 목마름에 대해
미리 준비해 놓은 사람들은, 예수가 부활한 뒤 먹고 마시고 해도 되는 것일
까? 네, 우리의 신학자 선생님들은 이런 문제들에 매달리고 계시는 거예요.
이처럼 그들의 번거로운 잠꼬대는 수없이 많아요. 게다가 순간이니 관념

이니 관계니 형식이니 본질이니 개체성이니 하는 것들에 관한 잠꼬대들은, 앞서 말한 것들보다 더욱 번거롭지요. 그것들은 린케우스*425의 눈 없이는 알아볼 수도 없을 정도로 아주 허무맹랑한 것들이에요. 아니, 설령 린케우스라 해도 칠흑 같은 어둠 속에서 실은 존재하지도 않는 것들을 분간해야만 하겠지요.

또 잊어선 안 될 것들이 있어요. 바로 그들의 역설적인 금언이지요. 그것들은 어찌나 역설적인지, 역설파라는 별명으로 불리는 스토아학파의 역설조차 신학자들의 역설에 비하면 평범하고 진부해 보일 지경이에요. 그럼 그들의 말을 한번 들어 볼까요.

"주일에 가난한 자의 신발을 꿰매 주는 것보다는 사람 천 명을 죽이는 것이 더 죄가 가볍다. 아무리 가볍고 사소하다 해도 거짓말을 하는 것보다는, 우주 전체와 그에 포함된 모든 것들이 망하도록 내버려 두는 게 낫다."

무수한 스콜라주의자들은 안 그래도 좁은 길을 너저분한 말들로 막아 버리고 있어요. 그리고 그런 좁을 길로 여러분을 이끌어 가죠. 실재론자*426며, 유명론자(唯名論者)*427며, 토마스 학파*428며, 알베르투스 학파*429며, 오컴 학파*430며, 스코투스 학파*431며…… 수가 너무 많으니 주요 학파들의 이름만 들기로 하죠. 어쨌든 이 수많은 학파들의 꼬불꼬불한 굽은 길에 비하면, 그 어떤 미궁도 단순해 보일 지경이지요. 이러한 학파들이 만들어 놓은 길은 너무나 복잡하여 그 길을 지나려면 풍부한 학식과 갖은 노력이 필요할 정도지요. 아마 사도(使徒)들조차 쉽게는 못 빠져나올걸요. 사도들이 이 새로운 신학자들과 위의 문제들을 논하려면, 또 다른 성령을 받아야만 할 거예요.

성 바울에게 믿음이 있었다는 것은 신학자들도 인정하고 있어요. 그런데 바울은 "믿음은 소망의 실체요 보이지 않는 것들의 확신이다"*432라고 말했지요. 믿음의 정의치고는 좀 어중간하지 않나요? 또한 그는 자비(慈悲)를 완전히 실천하였지만, 「고린도전서」 제13장에서 그는 변증법에 의해 그 자비심을 분할하지도 정의하지도 않았어요.

사도들은 확실히 경건한 마음을 갖고 성체*433를 성스럽게 여기고 있었지요. 하지만 화체설(化體說)*434에 관해서나, 같은 육체가 여러 곳에 존재한다는 설에 관해서나, 천국에서와 십자가 위에서와 성사*435에서의 그리스도의 육체가 차이 난다는 점에 관해서나, 화체가 일어나는 순간 얼마만큼 영험

있는 말로써 그 현상이 충분히 일어나는가 하는 문제에 관해서, 과연 사도들은 뭐라고 대답했을까요? 즉 '어디에서'[*436]나 '그 귀결은'[*437]이라는 점에서 그들의 대답은 무엇이었을까요? 의심할 나위 없이 그들의 대답은, 스코투스 학파 사람들의 설명이나 정의보다 훨씬 단순했을 거예요. 사도들은 예수의 어머니인 마리아를 알고 있었지만, 그들 중 대체 누가 '성모 마리아가 아담의 더러움에서 벗어나 있었다는 사실'을 우리 신학자들처럼 철학적으로 증명했겠어요? [*438]

베드로는 열쇠[*439]를 받았는데, 그 열쇠는 자격 없는 사람에게는 절대 그것을 맡기지 않았을 분에게서 받았던 거예요. 그러나 학문이 없는 인간도 학문을 가질 수 있다는 그 미묘한 생각[*440]을 베드로가 이해할 수 있었을지 의문이에요. 또 사도들은 어디에 가나 영세를 주었지요. 하지만 영세의 형상인과 질료인, 작용인과 목적인[*441]이 무엇인지는 아무에게도 가르쳐 준 일이 없어요. 그들은 영세의 소멸성과 불소멸성에 관해 한 번도 이야기한 적이 없어요.

사도들이 하느님을 예배한 것은 확실해요. 하지만 그들은 "하느님은 영이시니, 예배하는 자도 영과 진실로써 예배할지니라"[*442]라는 저 복음서의 말에 충실히 따라 영으로써 예배하고 있었던 거예요. 벽에 숯으로 대충 그려진 예수 그리스도의 그림이 있을 경우, 그 인물이 긴 머리카락을 늘어뜨린 채 두 손가락을 쳐들고 후두부에 세 줄기 후광을 붙이고 있다면, 그를 하느님 예배하듯이 예배해야만 한다고 누가 그랬나요? 사도들은 절대로 그런 말을 하지 않았을 거예요.[*443] 아리스토텔레스와 스코투스의 물리학 및 형이상학을 30년 이상 공부한 사람이 아니고서야 그런 짓을 이해할 수 있을 리 없죠.

사도들은 은총을 이야기하고 있어요. 하지만 그들은 무상으로 주어지는 은총과 보상으로서 주어지는 은총을 결코 구별하고 있지 않아요. 그들은 자선 사업을 권장하고는 있지만, 인효(人效, opus operaus)와 물효(物效, opus operatum)를 구별하고 있지는 않아요. 그들은 자비를 가르치고 있지만, 선천적 자비심과 후천적 자비심을 구별할 줄 몰라요. 또 그런 자비가 우연적인 것인지 본질적인 것인지, 나중에 창조된 것인지 처음부터 존재한 것인지도 설명하지 않고 있지요. 그들은 죄를 증오하지만, 우리가 죄라고 부르는 것에 관해 과학적 정의를 내릴 줄은 몰랐어요. 내 말이 거짓말이라면 이 목을 바치겠어요! 그들은 스코투스 학파 학자들 밑에서 공부하지 않았거든요.

생각해 보세요. 우리는 성 바울을 통해 모든 사도들의 지식수준을 판단할 수 있잖아요? 그런데 성 바울이 만약 궤변에 능통했다면, 어찌 그렇게도 자주 토의*444며 변론*445이며 족보*446며, 소위 언쟁*447 등을 금할 수 있었겠어요? 사실 당시의 논쟁이란 크리시포스*448보다도 더 정교하고 치밀한 우리 신학자들의 논쟁에 비교하면 참으로 보잘것없고 조잡한 것이었지만요.

그런데 이 신학 박사들은 제법 겸손하단 말이지요. 그들은 사도들이 써 놓은 불완전하고 조잡한 글들을 비난하고 있지는 않아요. 어쨌든 사도들은 고대인이니까요. 그들은 사도라는 이름을 존경하는 데에는 이의를 제기하지 않아요. 하긴 사도들의 주님이 그들에게 일언반구도 말씀하신 적이 없는 위대한 교훈을, 사도들로부터 기대한다는 건 올바른 일이 아니잖아요? 그런데 사도들에게서 볼 수 있는 불완전한 면모가 크리소스토무스*449나 바실리우스*450나 히에로니무스*451 등이 쓴 책 속에서 드러나면, 우리의 신학자들은 그 부분에 '인정할 수 없음'이라고 써 넣지 않고서는 못 배긴단 말이지요. 그런데 이 교부들*452은 천성이 매우 완고한*453 이교도*454 철학자들을 상대로, 오직 그들의 생활과 기적만으로 논박했어요. 왜냐하면 이 이교(異敎)의 철학자들은 스코투스의 극히 간단한 자유문제*455도 이해하지 못했으니까요.

하지만 오늘날 그토록 세세하게 따지고 드는 신학자들을 만난다면, 어떤 이교도들이나 이단자들이 당장에 손을 들지 않을 수 있겠어요? 물론 그들 중에는 우리 신학자들의 말을 못 알아듣는 우둔한 사람들도 있어요. 그러나 개중에는 신학자들을 야유할 만큼 건방진 이들도 있고, 또는 끝까지 상대하여 싸울 만큼 능란한 변론가들도 있지요. 그들과 신학자들이 맞붙으면 마술사 대 마술사의 싸움이 되어 버려요. 양쪽 다 마법의 검을 휘둘러 싸우므로 언제까지고 승패가 안 갈리죠. 결국 그들의 싸움은 페넬로페*456의 일감처럼 끝없이 베틀에 걸려 있을 거예요.

만약 기독교도들이 내 말을 들어 준다면 얼마나 좋을까요. 그러면 그들은 그토록 오랫동안 승리를 못 거두고 있는 대군단*457 대신, 터키인들과 사라센인들을 상대로 우리 신학자들을 파견하겠지요. 세상에도 소란스러운 스코투스 학파*457와, 세상에도 고집불통인 오컴 학파*458와, 천하무적인 알베르투스 학파*459와, 궤변학자들까지 몽땅 합쳐서 파견해 버리자고요! 그러면

기독교도들은 최고로 매력 넘치는 접전을 보게
될 것이고, 역사상 유례없는 승리도 거둘 수
있을 거예요. 그들의 책략 앞에서 화끈 달아오
르지 않을 만큼 냉정한 사람이 어디 있겠어요?
그들의 자극을 받아 꿈틀하지 않을 만큼 둔감
한 사람이 어디 있겠어요? 그리고 그들의 암흑
세계에서 능히 빠져나올 만큼 영리한 사람이
어디 있겠어요?

베 짜는 페넬로페

　여러분은 내가 그들을 조롱하기 위해 이런
말을 한다고 생각하시겠지요. 하지만 그게 당
연한 걸 어쩌나요. 왜냐하면 올바른 학예를 배
운 신학자들 스스로도 그런 자질구레한 신학적
문제들에 구역질을 느끼고 있으며, 또 그것들
을 허튼소리라고 보고 있으니까요. 그중에는
대놓고 비판하는 사람들도 있어요. 설명보다는
숭배에 힘써야 할 대상인 성스러운 것들을 그
토록 불경하게 다루고, 이교도들처럼 세속적인
궤변으로 논하고, 그렇게 오만불손한 태도로
정의를 내리고, 신성한 신학의 존엄을 부질없
는 말과 추잡한 생각으로 더럽히고……. 이런
행태들에 대하여 실로 망측스러운 일이고 신성
모독이라 해도 과언이 아니며, 더할 나위 없이
불경한 짓이라고 생각하는 신학자들도 있단 말

아틀라스

이지요.

　그러나 우리의 신학자 분들께서는 이런 반대론에도 아랑곳하지 않으세요.
그들은 향락에 빠져 의기양양하게 지내며, 밤낮으로 기분 좋은 농담이나 허
튼소리를 하느라 여념이 없어, 복음서나 성 바울의 서간을 한번 뒤적거려 볼
시간조차 없을 지경이지요. 또 그들은 대학에서 그런 싱거운 소리나 지껄이
고 놀면서 '우리는 어깨로 하늘을 떠받치고 있는 아틀라스*460와 비슷하다'라
는 착각에 빠져 있어요. 온 교회가 자신들의 삼단논법 위에 세워져 있으므

로, 자기들이 없으면 모든 교회는 무너져 버리기 때문이라나요.

자, 이 신학자 분들이 얼마나 행복한 존재인지 여러분도 아시겠지요! 그들은 마치 밀랍이라도 다루듯이 제멋대로 「성서」를 반죽하고 또 반죽하고 있어요. 그들은 몇몇 스콜라 신학자들에게 인정받은 자신들의 의견을, 마치 솔론*461의 법률보다 훌륭하고 심지어 교황의 포고보다도 더 나은 것처럼 발표하고 있어요. 그들은 이 세상의 검열관을 자처하면서, 자기들의 명시적 또는 암묵적 결론과 정확히 일치하지 않는 의견들은 모두 취소하게 만들어요. 심한 경우에는 다음 같은 신탁까지 내리기도 하고요. "이 명제는 파렴치하다. 이것은 불경하다. 저것은 이단의 냄새가 난다. 그것은 듣기에 좋지 않다." 등등.

그리하여 영세도, 복음서도, 성 바울이나 성 베드로도, 성 히에로니무스나 성 아우구스티누스도, 심지어 최고의 아리스토텔레스 학자인 성 토마스마저도, 혼자서는 단 한 명의 기독교도조차 만들어 내지 못할 거예요. 이 너저분한 정치 체제의 대법관이신 우리 신학자 선생님들의 권위를 등에 업지 못한다면 말이에요.

"요강아, 넌 고약한 냄새를 풍기고 있다(matula putes)"와 "요강은 고약한 냄새를 풍기고 있다(matula putet)"라는 두 가지 표현이 같은 뜻이라고 말하는 사람은 기독교가 아니래요.*462 믿어지세요? 또 "냄비가 끓고 있다(ollae férvere)"와 "냄비가 끓고 있음(ollam férvere)"이라는 표현도 마찬가지죠. 우리 신학자님들께서 같다고 말씀하시지 않는 이상, 이런 표현들은 같은 뜻을 지니지 못하는 거예요. 사실 그들이 등장하기 전까지는 아무도 눈치 채지 못했던 이 숱한 오류들을, 만약 그들이 대학의 큼지막한 도장을 콱 찍어서 지적해 주지 않는다면 무슨 수로 교회에서 말끔히 씻어낼 수 있었겠어요?

그들이 이런 검열을 하고, 마치 몇 년쯤 지옥에서 지내다 온 사람처럼 지옥의 모든 것들을 세밀하게 묘사하는 모습을 보세요. 그들이 얼마나 행복해하는지 보세요! 또 그들은 자기들 마음대로 새로운 천국을 창조해서 가장 넓고 가장 아름다운 천계를 덧붙인 뒤, 그곳에 복자(福者)들의 넋이 산책도 하고 연회도 즐기고 공놀이도 할 만큼 넉넉한 자리를 마련해 놓죠.*463 이때도 그들이 얼마나 행복해하는지 보세요! 그들의 머릿속은 이처럼 어리석은 일들이며, 그와 비슷한 수천 가지 일들로 가득 차서 터질 지경이랍니다. 아마 팔라스를 낳기 위해 불카누스의 도끼에게 도움을 청했던 때의 주피터의 머릿속도[464] 그 정도로 꽉 차 있지는 않았을 거예요. 그러니까 공개 토론회에서 신학자들이 모자[465]로 머리를 꼭꼭 싸매고 있는 모습을 보더라도 놀라지 마세요. 그렇게 싸매 두지 않으면 머리가 뻥 터져서 산산조각 나 버릴 테니까요.

나는 그들이 어떤 식으로 신학자로서의 우월성을 내보이고 있는지 보면서 혼자 웃곤 해요. 그들은 경쟁이라도 하듯이 세상에도 야만스럽고 상스러운 말을 쓰고 있어요. 또 더듬기 경쟁이라도 하는 것처럼 말해서, 말더듬이가 아니고서는 그들의 말을 알아듣기 어려울 정도예요. 그들은 자기들의 사상이 심원하기 때문에 대중으로부터 이해받지 못하는 것이라고 믿으며, 자신들의 문장을 문법가들이 정한 규칙에 맞출 필

팔라스의 탄생

요는 없다고 생각해요. 그런 건 「성서」에 어울리는 행위가 아니라나요.[466] 신학자들만이 부정확하게 말한다는 것은 그들이 가진 기묘한 특권일지도 몰라요. 만약 그러한 특권을 일반 서민들과 나눠 갖지 않는다면 말이지요.

끝으로 한 마디만 더 하죠. 신학자들은 사람들에게 Magister noster(우리의 선생님)라는 공경이 담긴 칭호로 불릴 때마다, 자기들이 하느님 곁에 있는 줄 알고 있어요. 그들 말에 의하면, 그 칭호는 유대인의 신비한 4문자[467]에 해당한다는 거예요. 그래서 그들은 그 칭호를 대문자로만 쓰게 하고 있어요. 만약 누가 그것을 뒤집어서 noster magister라고 적기라도 하면, 그 사람은 신학자의 권위를 모독한 셈이 되겠지요.[468]

신학자들의 행복 다음에 오는 것은, 보통 수도사 또는 은자라고 불리는 사람들의 행복이에요. 그런데 이 호칭은 둘 다 잘못된 거랍니다. 왜냐하면 그들은 대개 종교로부터 동떨어진 사람들이며, 이 소위 은자들[469]보다 더 세상 곳곳을 발발거리며 돌아다니는 사람은 없으니까 말예요. 내 생각이지만 이들이 나의 도움을 받지 못한다면, 세상에서 가장 불행한 사람들이 돼 버릴

수도사

탁발 수도사

거예요. 이들은 누구에게서나 미움을 사고 있어서, 사람들은 우연히 이들과 마주치기만 해도 불길한 징조라고 말할 정도지요. 그런데도 본인들은 자기들에 대해 굉장한 생각을 품고 있어요!

예를 들어 그들은 최고의 신앙이란 아무것도 모르는 것이며, 심지어 글조차 읽을 줄 모르는 것이라고 생각하고 있어요. 그들은 무슨 뜻인지도 모르면서 번호순으로 성가를 부르고, 성당에서 당나귀들처럼 떠들어 대요. 그러면서 자기들이 천국에 계시는 분들의 귀를 즐겁게 해 드리고 있는 줄 알지요. 또 자신들의 더러움과 동냥질을 상당히 자랑스럽게 여기고 있어요. 그들은 빵을 얻기 위해 문전에서 고함을 지르고, 주막이며 역마차며 배며, 어디든 간에 함부로 들어감으로써 다른 거지들에게 큰 폐를 끼쳐요. 정말이지 불결과 무식과 야비함과 파렴치를 내세워 사도들처럼 행세하려 드는 사랑스러운 양반들이라니까요!

가장 우스꽝스러운 사실은, 그들이 일정한 규칙에 따라 행동하고 있다는 점이에요. 게다가 그 절대적으로 엄격한 규칙을 손톱만큼이라도 어겨선 안 된다고 생각하는 모양이에요. 그게 무슨 큰 죄악이라는 듯이 말이죠. 구두끈의 매듭은 몇 개이고, 허리띠 빛깔은 무엇이며, 의복의 얼룩무늬는 무엇이고, 허리띠의 천은 무엇이고 그 너비는 얼마며, 두건 달린 외투의 모양새는 어떻고 그 크기는 어느 정도이며, 머리털 길이는 얼마이고, 수면은 몇 시간이라는 식의 규칙이 딱 정해져 있단 말이지요! 육체적으로나 정신적으로나 그렇게도 다양한 인간들이 이런 천편일률적인 규칙을 꼭 지켜야만 한다니, 그게 얼마나 부당한 일인지는 누구나 다 알지 않나요?

그런데 본인들은 그 어리석은 규칙을 다 지키면서 스스로를 자랑스럽게 여긴다니까요. 얼마나 자랑스러우면 보통 사람들을 경멸하다 못해 다른 종파끼리도 서로 경멸하고 있겠어요. 입으로는 사도의 자비를 말하는 사람들이, 옷 모양새가 좀 다르거나 옷 빛깔이 좀더 짙다는 이유로 흥분해서 난리를 떠는 모습이라니! 개중에는 종교적 계율에 너무 충실한 나머지 실리시아의 양털*470 법의와 밀레투스의 삼베*471 셔츠를 입는 사람들도 있어요. 반대로 어떤 사람들은 겉에 삼베를 걸치고 속에 털옷을 입고 있고요. 돈 만지는 일을 독이라도 만지는 것처럼 무서워하면서, 술과 여자에 손대는 일은 조금도 두려워하지 않는 사람들도 있지요. 이처럼 그들은 자기 나름의 생활방식으로 사람들의 눈길을 끌려 하고 있어요. 그들의 야심은 그리스도를 닮는 것이 아니라, 저마다 다른 사람이 되는 것이기 때문이지요.

호색 수도사

비만 수도사

그들은 그들의 별명에서 큰 행복을 얻는답니다. 이를테면 '밧줄 수사(修士)'*472라 불리는 것을 기뻐하는 사람들도 있죠. 콜레타스 파*473·미노레스 파*474·미니모스 파*475·블리스타스 파*476 등도 이런 무리에 속한답니다. 그 밖에도 베네딕트 회*477·베르나르두스 회*478·브리기테 회*479·아우구스티누스 회*480·빌헬름 회*481·야곱 회*482 등이 있는데, 그들은 기독교도라고 불리는 것만으로는 성이 안 차는 모양이에요.

그들이 행하는 전례며 자질구레한 전승은 전부 인간적인 수준에서 못 벗어나고 있는데, 그들 생각으로는 그 업적들이 여간 가치 있는 게 아닌가 봐요. 그래서 그것들에 대한 보상은 천국밖에 없다고 믿죠. 사실 그리스도는 그러한 것들을 모두 멸시하고 계시므로, 주님의 계율인 '자비의 계율'을 지켰는가 안 지켰는가 하는 점만 물어 보실 텐데 말이에요. 그들은 이 사실을 깡그리 잊고 있어요. 그들 중 어떤 자는 온갖 종류의 생선으로 부풀어 오른 배때기*483를 드러내 보일 것이고, 어떤 자는 입에서 백 섬쯤 되는 시편을 쏟아낼 것이고, 어떤 자는 하루 한 끼 수준이라지만 배를 터지도록 채워 놓고서는 수만 번을 단식했다고 말할 것이고, 어떤 자는 배 일곱 척에 가득 실을 만큼 산더미 같은 예배를 드렸다고 할 것이고, 어떤 자는 60년 동안 맨손으로는—장갑 낀 손을 제외한—절대 돈을 만지지도 않았다고 자랑할 것이고, 어떤 자는 뱃사람도 제 살 위에 걸치지 않을 만큼 때 묻고 더러운 두건 외투를 내놓을 것이고, 어떤 자는 55년도 넘게 바위에 붙은 해면처럼 한 곳에서 죽 살아왔다고 말할 것이고,*484 어떤 자는 성가를 하도 많이 불러서 목이 쉬었다고 주장할 것이고, 어떤 자는 그 동안 외롭게 살아와서 멍청해져 버렸다거나 줄곧 침묵해서 말을 잃어버렸다고 주장하겠지요. 그러나 그리스도는 이 끝없는 자화자찬의 파도를 가로막고 이렇게 말씀하실 거예요.

"이 새로운 종류의 유대인은 대체 무엇이냐? 나는 내 계율로서 하나의 계율밖에 인정하지 않았는데, 그 유일한 계율에 관해 내게 말하는 사람은 아무도 없구나. 비유의 베일을 걷어 버리고 분명히 말하건대, 과거에 내가 우리 '아버지'의 유산을 주겠노라고 약속한 대상은, 결코 두건 외투나 설교나 금욕이 아니었다. 그 대상은 신앙과 자비의 행위였느니라. 자신의 선행을 지나치게 인정하는 사람들을 나는 인정하지 않는다. 저들이 만약 나보다 더 성스러운 자로 보이길 원한다면, 어디 원하는 대로 아브락사스 파의 천국*485에 가서 살든지, 아니면 저들이 내 가르침보다 존중하는 그 비속한 전승을 물려준 자들에게 새로운 천국을 하나 더 만들어 달라 해서 받도록 해라!"

우리 수도사들이 이런 말씀을 듣고, 그리스도가 뱃사람들이나 짐마차꾼들을 자기들보다 더 소중히 여기시리라는 걸 알게 된다면, 그들은 어떤 얼굴을 하고 서로를 쳐다볼까요?

하지만 그 순간이 오기 전까지는 아무 문제가 없죠. 수도사들은 내 은혜조차 필요로 하지 않아요. 그들은 그저 자신들의 헛된 희망만으로 즐겁게 살아가고 있답니다. 그리고 그들이 공사를 게을리 해도, 감히 그들에게 경멸을 표시하려 하는 사람은 하나도 없어요. 특히 탁발 수사*486에 대해서는 더욱 그러하지요. 왜냐하면 그들이 이른바 고해성사라는 것을 통해서 모든 사람들의 비밀을 쥐고 있기 때문이에요. 물론 그들도 그 비밀을 누설하는 것을 죄악으로 여기고 있긴 해요. 하지만 술에 취해 재미있는 이야기나 하면서 즐기려 할 때에는 죄악감도 사라져 버려요. 그야 누구라고 이름까지 밝히진 않지만, 대충 짐작할 만한 여지는 남겨 놓는단 말이지요. 이런 말벌을 화나게 해선 안 돼요. 그들은 설교할 때 넌지시 적의 이야기를 흘림으로써 앙갚음을 하는데, 조금만 이해력이 있는 사람이면 누구나 그 암시를 알 아차려 버리거든요. 그들의 입에 먹이를 물려 놓지 않는 한 끊임없이 짖어 댈 거예요.[487]

시빌과 케르베로스

어느 희극 배우나 어느 광대가 이러한 설교 사들보다 더 능란하겠어요? 설교사들은 확실히 우스꽝스러운 웅변가들이에요. 하지만 웅변술의 전통적 관습을 흉내 내는 솜씨가 아주 일품이지요. 어쩜 그렇게도 요란스럽게 손짓 몸 짓을 하는지! 어쩜 그렇게도 음조를 잘 맞추고, 목소리를 떨고, 몸을 흔들고, 쉼 없이 얼굴 표정을 바꾸고, 자꾸만 큰 소리를 지르고 하는 것인지! 이런 설교 수법은 수도사에서 수도사로 전해 내려오는 비결이랍니다. 나야 그 비결을 잘 모르지요. 하지만 다음처럼 상상하고는 있어요.

자, 먼저 그들은 시인들의 관습을 모방하여 기원부터 할 거예요. 그 다음에는 이야기를 시작하겠죠. 예를 들어 자비심에 관해 말해야 한다면 나일 강 이야기부터 시작하는 거예요. 십자가의 신비를 말할 때에는 바빌론의 용 '벨'[488]의 이야기를 적절히 인용하고요. 단식에 관해 말할 때에는 황도 십이궁을 바탕으로, 이를테면 채식은 양자리와 관련이 있다는 식으로 이야기하는 거죠. 또 믿음에 관해 말할 때에는 원의 구적법을 장황하게 논하지요.

완전히 출세한 어느 미치광이 하나―어머 실례, 어느 유식한 사람이라고 말할 생각이었는데 그만―의 예를 들어 볼까요. 나는 그 분이 어느 유명한 모임에서 '성 삼위일체'의 신비를 설명하는 걸 들은 적이 있어요. 자신의 학문이 얼마나 정밀한지 증명하고 신학자들의 귀를 만족시키고자 했던 그 분은, 참으로 신기한 방법을 쓰기 시작했어요. 그는 자모와 철자 및 품사, 주어와 동사의 일치, 형용사와 명사의 일치 등에 관해 말하기 시작했던 거예요. 많은 사람들은 깜짝 놀랐지요. 그중의 어떤 사람들은 "이 모든 뚱딴지 같은 소리는 대체 뭘 말하려는 거야?"[489]라는 호라티우스의 말을 하면서 수군거렸고요. 그런데 이 사람이 결국 어떻게 했는지 아세요? '성 삼위일체'는 문법의 기초 속에 전부 들어 있으며, 수학적 도형으로도 이 신비를 그보다 더 명쾌하게 나타내지는 못할 거라고 주장하지 뭐겠어요! 이 절세의 신학자는 그 연설을 준비하는 데 꼬박 여덟 달이나 바쳤지요. 그래서 오늘날 그의 눈이 두더지보다도 더 멀어 버렸나 봐요.*490 아마 정신을 지나치게 소비해서 그의 예리한 시력이 다 닳아 없어져 버린 모양이지요. 그런데 우리의 학자님께서는 그렇게 병신이 됐는데도 전혀 후회하지 않아요. 자신이 얻은 영광에 비하면 이 정도 손해야 오히려 싸게 먹힌 것이라고 생각한다니까요.

또 다른 신학자의 예를 들어 보지요. 현재 팔순 노인인 그는 스코투스*491의 환생이 아닌가 싶을 정도로 굉장한 신학자였어요. 어느 날 그는 예수라는 이름의 신비를 설명해야 할 상황에 놓였지요. 이때 그는 이 말의 글자들 속에는 예수 자신에 관해 말할 수 있는 모든 것이 포함되어 있다는 사실을, 희한할 정도로 정교하게 증명했어요. 그에 따르면 이 예수(Jesus)라는 말의 어미는 세 가지 격으로 변화하는데, 그것이 성스러운 '삼위일체'의 명백한 상징이라는 거예요. 제1형인 Jesus는 s로 끝나고, 제2형인 Jesum은 m으로 끝나고, 제3형인 Jesu는 u로 끝나는데, 거기에 형언할 수 없는 신비가 숨어 있다는 것이지요. 즉, 이 세 개의 소문자(s·m·u)는 예수가 시초(summum)이자 중간(medium)이자 끝(ultimum)임을 나타내고 있다는 거예요. 또한 이 세 글자는 그보다 더 깊은 수학적 비밀까지 지니고 있는 모양이에요. 이 웅변가는 예수의 이름을 두 개의 균등한 부분으로 나누되 한가운데에 있는 s라는 글자는 따로 떼어 놓았어요. 그러고는 그 글자야말로 헤브루 사람들이 syn이라 부르는 글자임에 틀림없다는 것을 증명했는데, syn이라는 것은 스코틀랜드어로 '죄'를 뜻하는 단어지요.*492 이를 바탕으로 그는, 예수가 이 세상의 온갖 죄를 지워 버렸음이 분명하다고 결론지었던 거예요! 어쩜 그렇게 참신한 서론인지! 그 말에 청중은 그야말로 대경실색을 하였지요. 특히 신학자들은 하마터면 니오베*493와 같은 운명을 밟을 뻔했다니까요. 나로 말하자면, 카니디아와 사가나가 한밤중에 벌이는 의식(儀式)에 참석했던 저 무화과나무의 프리아포스*494와 같은 꼴을 당할 뻔했고요.

정말 가소롭지 않나요? 그리스의 데모스테네스도 로마의 키케로도, 결코 그런 식으로 서두를 떼진 않았을 거예요. 그들은 주제와 상관없는 첫머리를 악취미라고 생각하고 있었으니까요.*495 '자연'의 착한 제자인 돼지떼를 지키

학살되는 니오베의 자식들

는 목동들도 그런 식으로 이야기를 시작하지는 않아요. 그런데 우리의 학자 님들은 이와 정반대지요. 그들은 이른바 '서론'이라는 것을 수사학의 걸작으로 만들고자 해요. 주제와 관련된 내용을 서론에서 싹 빼 버리고는, 깜짝 놀란 청중이 "이 이야기는 대체 어디로 흘러가는 거야?"*496라고 수군거리기라도 하면 자기들이 성공한 거라고 믿는 거예요.

셋째로, 그들은 복음서에서 무언가를 급히 인용할 경우, 그것을 설명하는 것이 유일한 임무일 텐데도 말이 난 김에 잠깐 언급한다는 식으로 넘어가 버려요. 넷째로, 그들은 역할을 바꾸어서 흔히 '하늘과도 땅과도 관계 없는'*497 신학상의 문제를 논하는 거예요. 그들의 말에 의하면, 그것은 곧 표현법과 관련된 행위라나요. 그러다가 마침내 신학자다운 교만을 과시하면서 장엄 박사니, 정묘(精妙) 박사니, 최고 정묘 박사니, 치품천사 박사니, 지품천사 박사니, 성인(聖人) 박사니, 논박 불가능 박사니 하는 호화로운 칭호*498들을 귀가 아프도록 외쳐 대는 거예요. 그리고 그들은 삼단논법이며

키마이라

칠현금을 든 당나귀

대전제·소전제·결론·파생적 결론·가정 등과 같이 스콜라 철학 냄새가 나는, 무미건조한 뚱딴지 같은 소리들을 무지하고 무능한 속인들에게 억지로 들려주지요.

자, 아직 다섯째로 하는 일이 남았답니다. 연극의 제5막은 매우 중요하죠. 이 예술가들은 여기서 평소보다도 더 뛰어난 연기를 보여 줘야 한답니다. 이들이 뭘 하냐고요? 우선 「역사의 거울」*499이나 「게스타 로마노룸」*500 같은 데서, 교양도 없고 어리석기만 한 이야기를 골라내지요. 그리고 그 이야기에서 종교적 의미며 도덕적 교훈이며 묵시적이고 신비적인 의미 등을 억지로 긁어내어 원래 이야기에 차례차례 덧붙이는 거예요. 그러면 그들만의 '키마이라'*501가 탄생하게 되지요. 이 키마이라는 그야말로 호라티우스가 "사람의 머리에 말의 목을……"*502이란 글을 쓸 때조차 꿈에도 생각 못했을 괴물이에요.

그나저나 침착하고 조용한 목소리로 첫머리를 말해야 한다는 것을 대체 누구한테 배웠는지, 그들은 늘 낮은 소리로 이야기를 시작해요. 그 목소리가 어찌나 낮은지 겨우 알아들을까 말까 할 정도지요. 마치 아무도 못 알아들어도 상관없다는 식이에요. 참, 그들은 청중을 감동하게 만드는 비법으로서 절규법(絕叫法)도 배운 모양이에요. 그렇기에 아무 이유도 없이 갑자기 조용한 말투를 사나운 고함으로 바꿔 버리는 게 아닐까요. 이렇게 함부로 고함치는 사람에게는 '광기를 치료하는 약'*503이라도 먹여야 할 텐데 말이에요. 또한 그들은 말하면서 차츰차츰 열을 올려야 한다는 가르침도 받고 있는 듯해요. 그래서 이야기 서두를 그럭저럭 말하고 나면, 그들의 목소리는 별안간 비상하게 높아진답니다. 내용은 사실 별것도 아닌데도! 그렇게 헛수고를 하니까 이야기가 끝날 무렵에는 숨이 끊어져 버리는 거예요.

끝으로 웃음을 살펴보죠. 그들은 수사학에선 웃음을 잘 이용한다는 사실을 알고 있어요. 그렇기 때문에 농담을 써서 자신들의 연설을 유쾌하게 만들려고 늘 애써요. 그 모습을 본 당신은 "얼마나 사교적인가, 오, 친애하는 아프로디테*504여!"라거나 "그야말로 칠현금을 든 당나귀*505로구나!"라고 말할지도 몰라요. 네, 맞아요. 그들은 남에게 상처 입히기보다는 오히려 그를 어루만져 주는 사람들이에요. 뭐 가끔은 남을 나무라기도 하지만요. 어쨌든 자유롭게 진심으로 말하는 척해서 남의 환심을 사는 게 그들의 특기예요. 요컨대 그들의 이야기를 들어 보면, 그들이 장터의 약장수에게 말을 배웠나 싶을 거예요. 물론 약장수들의 솜씨가 훨씬 훌륭하겠지만요. 하여튼 그들의 수사학은 서로 퍽 닮았으므로, 그들 중 어느 한쪽이 그 수사학을 상대에게 가르쳤음이 틀림없어요.

그래도 내 보살핌 덕분에, 이 수다쟁이들은 그들을 찬미해 주는 사람들을 만나 오늘날의 데모스테네스니 키케로니 하는 소리를 듣고 있어요. 그들은 특히 상인들과 여자들에게 찬미받으며 그 아첨 공세에 귀를 기울이겠지요. 상인들은 그들이 부정 취득한 재산을 나눠 받기 위해 아첨할 것이고, 여자들은 그들 가슴속을 향해 남편의 험담을 마음껏 하기 위해 아첨할 거예요.

자, 이 양반들이 얼마나 내 덕을 보고 있는지 깨달으셨지요? 그들은 숱한 거짓과 우스꽝스러운 엉터리 수작, 요란한 고함소리 등으로 중생들 가운데에서 일종의 폭군 노릇을 하며, 현세의 바울*506 혹은 안토니우스*507를 자처하고 있는 거예요.

슬슬 우리의 어릿광대들과 헤어져야겠군요. 물론 기쁘게 헤어질 거예요. 내 은혜를 감추고, 위선으로 믿음을 가장하고 있는 이 배은망덕한 사람들과 헤어지는 거니까요.

이제 국왕과 제후 이야기를 해 볼까요? 난 오래 전부터 이들의 이야기를 하고 싶었어요. 적어도 이런 분들은 자유인답게 솔직한 태도로 날 숭배해 주고 있단 말이지요.

사실 조금이라도 양식을 지닌 사람이 보기에, 그들의 생활보다 더 슬프고 더 회피하고픈 생활이 어디 있겠어요? 진실로 나라를 다스리고자 하는 자를 짓누르는 무거운 짐이 어떤 것인지 깊이 생각해 본 사람이라면, 배신이나 부모 살해까지 해 가면서 왕관을 얻으려 하진 않을 거예요. 올바른 국왕·제후는 일단 권력을 잡자마자 공사만 생각해야지 개인적인 일은 생각해선 안 되고,*508 국민들의 이익만을 위해야 하고, 자신이 공포하여 실시케 하고 있는 법률을 한 치의 어긋남 없이 준수해야 하고,*509 행정과 사법에 있어 골고루 공정(公正)해야 해요.

게다가 모든 사람들이 그를 주목하고 있죠. 왜냐하면 그는 그의 미덕에 따라, 사람들에게 구원을 가져다주는 상서로운 별이 되기도 하고 재앙을 가져다주는 위험한 별이 되기도 하거든요. 보통 사람들의 악덕은 그만큼 중요하진 않고 영향도 그토록 멀리까지 미치진 않지만, 군주는 매우 중요한 위치에 올라 있으므로 조금이라도 실수했다간 모든 사람들에게 나쁜 영향을 주게 되지요.

그는 부귀를 누릴 수 있는 사람이에요. 따라서 온갖 유혹에 둘러싸여 있답니다. 갖가지 쾌락과 자유·추종·사치 속에서, 자기 의무를 잘못 이행하거나 아예 저버리거나 하지 않으려면 많은 노력이 필요해요. 물론 조심도 많이 해야 하고요.

또한 그는 가지가지 함정과 증오와 위험에 둘러싸여 공포를 느끼면서 살아가야 해요. 그중 가장 두려운 건 머리 위에 계시는 참다운 왕의 존재지요. 그는 자신의 머리 위에 그분이 계신다는 걸 알아요. 그분은 머지않아 군주의 아주 사소한 잘못에 관해서도 책임을 물을 거예요. 그리고 군주가 휘두르는 권력이 커지면 커질수록, 장차 그분은 그를 준엄하게 심판할 거예요.

군주들은 사실 위와 같이 어려운 상황에 놓여 있어요. 만약 그들이 현명하여 이 사실을 안다면, 마음 편하게 잠을 잘 수도 없고 식사를 즐길 수도 없을 거예요. 그래서 나는 이때 그들에게 은혜를 베풀어 준답니다. 그 결과 그들은 국정 처리를 신들에게 맡겨 버리고*510 게으른 생활을 보낼 수 있게 되지요. 또 듣기 좋은 이야기만 해 주고, 자기들 마음속에서 모든 근심거리를 쫓아내 주는 사람들의 말밖에는 들으려 하지 않게 되는 거예요. 그들은 열심히 사냥질을 하고, 훌륭한 말을 기르고, 사법·행정직이며 군직을 마음대로 거래하고, 세리(稅吏)를 시켜 국민의 재산을 빨아먹기 위한 가지가지 방법을 날마다 꾸며 내고, 최악의 부정을 겉보기만의 정의로 은폐하려고 교묘한 구실을 찾아내요. 그러면서 자신들이 군주의 의무를 완벽하게 수행하고 있는 줄로 착각한다니까요. 게다가 그들은 국민들의 마음을 붙잡아 두기 위해,

그들에게 아첨하는 일도 잊지 않아요.

자, 그럼 이 세상에서 흔히 볼 수 있는 군주들의 실제 모습을 마음속에 상상해 보세요. 군주는 법률을 잘 모르며, 자기 잇속만 차리므로 공익에 대해서는 상당한 적의를 품고 있지요. 그는 유흥에 탐닉하고, 학문과 자유와 진리를 증오하고, 사회복지를 우습게 여기며, 자신의 탐욕과 이기심만을 유일한 준칙으로 삼고 있어요. 이러한 군주에게 모든 미덕의 결합을 상징하는 황금 목걸이며 보석 왕관을 주면서, 당신은 이제 모든 영웅적인 미덕을 한 몸에 갖추었으니 세상 어느 누구보다도 훌륭한 사람이라고 말해 보세요. 더 나아가 정의와 청렴의 표상인 옥홀(玉笏)과, 국가에의 완전한 헌신을 의미하는 주홍빛 옷까지 덧붙여 주어 보세요. 자신의 직책을 상징하는 그런 물건들과 자기 행동을 비교해 볼 줄 아는 군주라면, 그것들을 착용하는 즉시 얼굴이 빨개질 거예요. 또 어느 경멸스러운 해설자가 자신의 비극적인 상황을 웃음과 농담으로 조롱하지는 않을까 두려워하겠지요.

군주

신하들은 어떠냐고요? 뭐라고 말해야 할지. 그들 대부분보다 더 비굴하고 굽실굽실하고 어리석고 비겁한 족속은 달리 없는데도, 그들은 어디를 가나 맨 첫줄에 나서려 해요. 그러나 딱

신하

한 가지에 있어서는 결코 앞으로 나서지 않아요. 즉 황금과 보석과 주홍빛 옷 등 '미덕과 현명'의 표지들을 몸에 착용하는 일에만 만족하고, 그 미덕과 현명의 실천은 늘 남들에게 맡기며 겸양하지요. 그들의 행복의 전부는, 군주를 폐하라 부르고, 서너 마디 말로 군주에게 인사할 줄 알고, 각하니 전하니 대군이니 하는 공식 칭호를 남발할 권리를 갖고 있다는 거예요. 그들은 그런 행복으로 낯짝을 칠하고 아첨 속에서 뛰놀고 있어요. 그러면서 그것이야말로

주교

귀족과 신하의 가장 중요한 재능이라고 말하죠.

만약 여러분이 좀더 자세히 살펴본다면, 그들이 페넬로페의 구혼자인 진짜 파이아케스 사람들처럼 살고 있다는 사실을 알게 될 거예요.[511] '메아리'가 나보다 더 잘 전해 줄 시의 마지막 대목은 여러분도 알고 계시겠지요.[512] 그들은 대낮까지 잠을 자요. 그리고 그들이 일어나자마자, 침대 곁에서 기다리고 있던 고용된 신부가 황급히 미사를 드리지요. 아침식사가 끝나면 곧 점심식사를 먹으러 가요. 그 후 따라붙는 것은 주사위요, 장기요, 점쟁이요, 어릿광대요, 계집이요, 유흥이요, 잡담이지요. 그러는 사이사이 한두 번쯤 간식을 먹고요. 그런 뒤에는 저녁 식탁 앞에 앉고, 그 다음에는 술을 마셔요. 이런 식으로 조금도 따분한 일 없이 시간이 흐르고, 날이 흐르고, 달이 흐르고, 해가 흐르고, 세기가 흘러 가지요.

이 높으신 양반들로 말하자면, 나마저도 정이 떨어져서 그냥 작별해 버릴 정도예요. 그들은 자기들이 신과 같은 무리인 줄 알고, 남들보다 더 긴 옷자락을 드리움으로써 신들과 한결 가까워질 수 있다고 착각하고 있거든요. 더구나 고관대작들은 경쟁이라도 하듯 팔꿈치를 휘저으면서 주피터를 흉내 내려 하고, 남들보다 더 무거운 사슬을 목에 늘어뜨리기만을 갈망해요. 그렇게 해서 자신의 육체적 힘과 부유함을 동시에 자랑하려는 속셈이지요.

군주의 좋은 경쟁자로는 교황과 추기경, 주교들이 있어요. 그들은 군주를 거의 능가할 정도예요. 하지만 이들의 삶을 잘 검토해 본다면 다음 사실들을 깨달을 수 있죠. 우선 눈처럼 새하얗고 아름다운 백의는 무구한 생활의 표상이고, 하나의 같은 매듭으로 연결된 두 개의 뿔이 달린 주교관은 '신약'과 '구약'에 관한 균등하고도 깊은 지식을 갖췄음을 전제로 하고 있어요. 그리고 두 손을 뒤덮는 장갑은 성사를 행하는 사람에겐 일체의 더러움이 없어야 함을 의미하고, 그 지팡이는 맡겨진 양떼를 감시한다는 뜻이며, 앞에 내세운 십자가

는 인간의 모든 정념에 대한 승리의 상징이지
요. 만약 그들이 이 사실들에 대해 생각한다
면, 슬픔과 불안에 사로잡혀 살아갈 수밖에 없
지 않을까요?

그런데 현실은 정반대랍니다. 이 목자들은
잘 먹는 것 외에는 아무 일도 하지 않아요. 양
떼를 보살피는 일은 그리스도 자신이나, 지명
된 신부 또는 자신의 대리자에게 맡겨 두고 있
어요. 자기들의 주교*513라는 이름이 근로와 감
시와 염려를 의미한다는 사실을 잊고 있는 거
지요. 하지만 그런 특성도 돈벌이하는 데에 있
어서는 큰 도움이 되요. 왜냐하면 돈벌이할 때
야말로 그들이 '감시의 눈을 번뜩이기'*514 때문
이지요.

사실 추기경들도 마찬가지예요. 사도들의 후
계자로서 그들의 포교를 계속하는 것이 추기경
들의 의무지요. 또한 그들은 영적 재보의 소유
자가 아닌 분배자이므로, 이 재보에 관해서는
머지않아 엄격한 보고를 해야 하지요. 추기경

추기경

들도 이런 사실들에 대해 생각해 봐야 할 거예
요. 만약 그들이 자신들의 복장에 관해 조금이라도 사색해 본 뒤 다음과 같
이 생각한다면 어떨까요?

"이 백의가 품행의 완전한 순결을 의미하지 않는다면 대체 무엇을 의미하
겠는가? 이 주홍빛 법의*515가 하느님에 대한 가장 열렬한 사랑이 아니라면
무엇을 의미하겠는가? 이 널따란 주름이 잡힌 펑퍼짐한 외투는 고승의 당나
귀를 덮어 주고 낙타까지 더 싸 줄 정도로 큰데, 그것이 모든 사람에게 베풀
어지고 도움을 주어야 할 한없는 자비심을 의미하지 않는다면, 다시 말해 가
르치고, 격려하고, 위로하고, 교정하고, 경고하고, 전쟁을 끝내고, 악한 군
주에게 저항하고, 그리스도의 양떼를 위해 자신의 재물뿐 아니라 피까지도
아낌없이 희생한다는, 이 모든 것들을 의미하지 않는다면 대체 무엇을 의미

하겠는가? 그리고 가난한 사도들을 따르는 사람에게 재물이 무슨 소용 있겠는가? *516"

추기경들이 위와 같이 심사숙고해 본다면, 그들은 지금 차지하고 있는 지위에 연연하기는커녕 미련 없이 그것을 버릴 거예요. 그리고 과거의 사도들을 본받아 노고와 헌신의 생활을 보내겠지요.

이번엔 교황님들을 살펴볼까요. 그리스도를 대신하고 있는 그분들이, 그리스도의 성빈(聖貧)과 노고, 현명, 고난, 현세에서 받았던 멸시 등을 본받으려고 애쓴다고 생각해 보세요. 또 그분들이 '아버지'를 의미하는 '교황'*517 이라는 명칭과 자신들에게 주어진 '지성(至聖)'이란 칭호에 관해 깊이 생각한다고 가정해 보세요. 그러면 그분들은 세상 사람들 중에서 가장 불행한 사람이 되지 않을까요? 한편 이 높은 자리를 사기 위해 온갖 수단을 다 쓴 사람은, 목적을 이룬 뒤에는 칼과 독약과 폭력으로 그 자리를 지켜야만 하지 않겠어요? *518 만약 어느 날 지혜가 그들 속에 깃든다면, 아니 굳이 지혜까지는 아니어도 그리스도가 말씀하신 그 소금*519 중 단 한 알이라도 그들 속에 깃든다면, 그들은 얼마나 많은 이익을 잃어버리겠어요! 그렇게도 많은 재물·영광·전리품·공직·면제·세금·면죄부와, 그렇게도 넘치는 말·당나귀·위병들, 또 그렇게도 풍부한 쾌락 등을 말이에요. 몇 마디 안 되는 말이지만, 이것이 실로 그들의 굉장한 거래, 막대한 수확, 넓은 바다 같은 재물을 표현하고 있다니까요!

그들은 이 모든 것들을 잃어버리고, 밤샘과 단식·눈물·기도·설교·연구·고행, 그 밖의 온갖 귀찮고 불편한 일들을 해야 할 거예요. 게다가 또 잊어선 안 될 점이 있죠. 교황님들이 이렇게 되어 버린다면, 그렇게도 많은 서기며 필생(筆生)·공증인·변호사·종교 그리고 감찰관·비서관·노새 그리고 몰이꾼·마부·주방장·중매쟁이*520—좀더 강렬한 말을 쓸 수도 있지만 귀에 거슬릴 테니 관두겠어요—등등, 이런 사람들 다 어떻게 되겠어요? 로마 교황청에 신세를 지고 있는, 아니, 내가 말실수를 했군요. 그게 아니라 로마 교황청에서 일을 하는 이 수많은 사람들이 기아 상태에 빠져 버릴 거예요. 그러므로 세계의 참다운 빛인 교회의 수령님들이 지팡이를 짚고 바랑을 메는 생활로 되돌아간다는 것은 몰인정하고 무책임한 일이며, 한없이 가증스러운 일인 것이지요.

오늘날 교황님들은, 직책 중에서 힘든 부분은 한가한 성 베드로나 성 바울에게 거의 다 맡겨 버리다시피 하고 계세요. 그리고 호화로운 의식과 행락 부분만 담당하고 계시죠. 따라서 그들은 내 덕택으로 세상의 어느 누구보다도 더 즐겁게 살고 있답니다. 그들만큼 근심 걱정이 적은 사람은 없어요. 왜냐하면 그들은 거의 연극처럼 화려한 전례(典禮)에 '지복'이니 '지존'이니 '지성'이니 하는 칭호를 걸치고 나타나서 의식을 축복하고 저주하고 감시하는 것만으로도, 그리스도를 섬기는 임무를 충분히 다한 줄로 알기 때문이에요. 기적을 일으키는 것은 이미 시대에 뒤떨어진 낡아 빠진 관습이고, 민중을 교화하는 것은 피곤한 일이고,「성서」를 해석하는 것은 학교에서 할 일이고, 기도하는 것은 무익한 일이고, 눈물을 흘리는 것은 불행한 사람들이나 여자들이 할 일이고, 가난하게 사는 것은 경시될 일이고, 패배를 당하는 것은 가장 위대한 왕이 자기 발에 입맞춤하

교황

는 것조차 쉽사리 허락하지 않는 교황님으로서 당치도 않은 치욕이며, 죽는 것은 가혹한 일이고 더구나 십자가 위에서 죽는다는 것은 불명예스럽다 이거예요.

교황님들에게 남아 있는 무기라고는, 성 바울의 이른바 달콤한 축복*521. 금지·면직·파문 경고·파문·파문 화상,*522 그리고 그들이 손 한 번만 까딱해도 사람들의 영혼을 지옥 밑바닥으로 떨어뜨려 버리는 무서운 벼락 등이에요. 사실 그들은 이 무기들을 남발하지요. 그리스도 안에서 살고 있는 이 지극히 성스러운 신부님들, 그러니까 이 그리스도의 대리자들은, 악마의 유혹에 빠져 성 베드로의 유산을 줄이거나 갉아먹으려 하는 자들에게는 특히 무자비한 벌을 내려요. 사실 성 베드로는 복음서에서 "우리는 모든 것을 버리고 당신을 좇았도다"*523라고 말했지요. 그런데 교황님들은 그를 위한답시고

영토와 도시와 공물과 세금 등의 재산으로 하나의 완전한 왕국을 세워 놓고 있어요. 그리고 이 모든 것을 보존하기 위해, 그리스도에 대한 사랑으로 불타오르는 그들은 총칼로 싸워 그리스도의 피를 강물처럼 흐르게 만들고 있죠. 그들은 자신들이 적으로 여기는 사람들을 산산조각 낼 때에도, 자기들은 어디까지나 사도로서 그리스도의 아내인 '교회'*524를 지키는 것이라고 생각한다니까요. 마치 '교회'의 가장 고약한 원수는, 자기들의 침묵으로써 그리스도를 잊히게 만들고, 거래의 규칙 속에 그를 비끄러매고, 억지스러운 해석으로 그의 가르침을 왜곡하고, 자기들의 추악한 행동으로 그를 암살하고 있는 반종교적인 교황님들 외에 따로 있다는 듯이 말예요!

기독교 '교회'는 피로써 세워지고 굳어지고 거대해졌어요. 마치 그리스도가 자신의 재산을 자기 나름의 방법으로 지키지 못하기라도 한다는 듯, 우리 교황님들은 그것을 위해 계속 피를 뿌리고 있지요. 전쟁은 참으로 흉악한 일이나, 짐승을 위해 존재하는 것일 뿐 인간을 위해 존재하는 게 아니에요. 시인들의 공상에 의하면*525 전쟁은, 복수의 신*526들이 보낸 광란이요, 어딘가를 지나갈 때마다 그곳의 인간 생활을 파괴해 버리는 흑사병이요, 극악무도한 불한당들을 가장 훌륭한 전사로 만들고 마는 진정한 불의이며, 그리스도와는 아무런 공통점도 없는 반종교적인 것에 불과해요.

그런데 우리 교황님들은 이 모든 사실을 무시하고서, 전쟁을 자신들의 주된 업무로 삼고 있어요.*527 그 많은 사람들 중에는 몇몇 늙어 빠진 노인*528들도 보이는데, 그들은 전쟁을 위해 젊음의 정열을 쏟아 붓고, 돈도 뿌리고, 피로를 무릅쓰고, 무엇 앞에서도 뒷걸음질치지 않아요. 그렇게 함으로써 법률도 종교도 평화도 온 인류도 뒤죽박죽으로 만들어 버리고 있죠. 그런 뒤 그들은 박식한 아첨꾼들을 잔뜩 찾아다가, 그 같은 명백한 탈선행위를 열정이니 신앙이니 용기니 하는 이름으로 장식하게끔 해요. 게다가 이 아첨꾼들은 교황님들이 어떤 연유로 살육의 칼을 뽑았는지, 또 그리스도가 말씀하셨던 '이웃을 사랑하는 완전한 자비심'에 추호도 어긋나지 않는 방식으로 어떻게 그 칼을 형제의 심장에 꽂았는지 하는 것을 그럴싸하게 증명한단 말이지요.

그들은 전례(前例)를 남긴 것일까요, 아니면 독일의 어떤 주교들이 남긴 선례를 따른 것일까요? 여기서 말하는 독일의 주교들이란, 예배와 축복과 전례(典禮)는 팽개쳐 버린 채 공공연하게 제후 행세를 하고, 자신의 용맹스런 영혼을 전쟁터 이외의 장소에서 하느님께 돌려 드린다는 것은 주교의 직분에 합당치 못하다고 생각하는 사람들이에요. 또 대부분의 신부들도 성덕(聖德)에 있어서 주교들만 못하다는 소리를 듣지 않으려고, 검이든 창이든 석궁이든 뭐든 들고 자신들의 십일조*529를 지키기 위해 진짜 병사처럼 싸우고 있어요.

교회의 무기 (이단자에게 가하는 고문)

그런데 한편으로는 낡은 양피지를 뒤지는 영리한 사람들도 있죠. 이 사제들은 십일조는 고사하고, 그보다 더 많은 조세를 치를 의무가 백성들에게 있음을 증명할 만한 근거를 찾아내려 해요.*530 그리고 실제로도 참 잘도 찾아내지요. 사실 백성들에 대한 그들의 의무야말로 온갖 서류에 적혀 있는데, 그런 구절은 절대로 읽을 생각조차 안 하면서 말이에요.

사제들은 삭발하고 있는 주제에, 모든 세속적 정념에서 벗어나 천국의 일에만 전념해야 한다는 그의 임무에 대해서는 꿈에도 생각해 보려 하지 않아요. 그러기는커녕 이 최고의 도락가들은 기도만 중얼거리면 양심의 가책이 곧 사라지는 줄 알고 있어요. 이런 판국이니 그들이 아무리 외친들, 하느님이 그 소리를 알아듣고 이해하실 수나 있겠어요? 왜냐하면 그들이 설령 큰 소리로 외친다 해도, 그들 자신마저도 대개 서로의 말을 이해하지 못하거든요.

성직자와 병사

그들은 돈을 긁어모으는 데에 악착스럽고 자신의 권리를 남들에게 인정받는 일에 능란해요. 그런 점에서 속인들과 매우 비슷하죠. 사제들은 무슨 어려운 직무가 있으면, 그것을 남의 어깨 위에 조심스럽게 얹어 놓고 이러쿵저러쿵 말만 해요. 그러니까 그들은 속세의 군주를 닮은 셈이지요. 군주들은 번거로운 정치적 일을 신하들에게 떠넘기는데,

행운의 여신과 미치광이

에라스무스

또 그 신하들은 자기 부하들에게 그 일을 넘겨 버리거든요. 교회의 사정도 이와 비슷하답니다. 물론 사제들이야 겸손한 마음에서 모든 자선 사업을 신자들에게 양도하는 것이겠지요. 하지만 신자들은 또 그것을 전도사라는 사람에게 떠넘겨 버린단 말이에요. 마치 자기 자신은 교회와 아무 상관없는 사람이고, 세례 성사는 단순한 의식에 불과하기라도 했던 것처럼.

한편 많은 사제들은 속세의 사제라고 불려요. 그렇게 함으로써 그들은 그리스도가 아닌 속세에 몸 바치는 척하는 것이지요. 그 결과 그들의 임무는 수도원의 신부들 어깨 위로 넘어가지요. 그리고 그 신부들은 수도사들에게, 방종한 수도사들은 계율을 엄격히 지키는 수도사들에게, 이 모든 수도사들은 탁발 수도사*531들에게, 탁발 수도사들은 샤르트뢰 파*532에게 이 짐을 차례로 던져 버리는 거예요. 이 샤르트뢰 파는 신앙심을 간직하고 있는 유일한 사람들이겠지만, 그 신앙심이 너무 깊숙이 간직되어 있어 알아보기조차 힘들 지경이에요.

참고로 교황님들도 사제들과 마찬가지랍니다. 매우 부지런한 수금인(收金員)인 우리 교황님들은 교황의 직무를 주교들에게 맡기고, 주교들은 사제들에게, 사제들은 부사제들에게, 부사제들은 탁발 수도사들에게 떠넘겨 버리지요. 그리고 탁발 수도사들은 양털 깎는 사람들에게 그것을 맡겨 버리는 거예요.

하지만 교황님들이나 사제들의 생활을 따지는 것은 내 의도가 아니에요. 내가 그런 짓을 하면, 자화자찬을 하는 대신 풍자문을 짓는 것처럼 보일 테니까요. 난 나쁜 군주들을 찬양하면서 착한 군주들을 비난하고 있는 것처럼 보이기는 싫어요. 그러니 오해하지 마세요. 내가 그들에 관해 이렇게까지 이야기한 이유는, 내 전례(典禮)의 비결을 모르고 내 은혜를 받지 않는 사람은 그 누구도 행복해질 수 없다는 것을 증명하기 위해서일 뿐이에요.

행복과 불행의 지배자인 람누스의 여신*533도 나처럼 항상 현인들과 싸웠고, 잠들어 있는 미치광이들에게 아낌없이 재물을 가져다주었지요. 이처럼 나와 그녀에게는 공통적인 구석이 있어요. 참, 여러분은 저 티모테우스*534라는 사람을 알고 계시나요? 그의 이름*535도, "그는 자면서도 고기를 낚았다"라는 격언*536도, "미네르바의 부엉이는 나를 위해서 난다"라는 또 하나의 격언*537도 그 사람에게는 참으로 안성맞춤이었지요. 반대로 현인들에게는 "4월에 태어났다"*538나 "세야누스의 말을 탄다"*539나 "툴루즈의 돈을 가지고 있다"*540 같은 말이 어울려요. 뭐, 이런 격언을 늘어놓는 건 이쯤에서 그만두지요. 내 친구 에라스무스가 만든 「격언집」*541에서 표절해 온 것처럼 보일 테니까요.

솔직히 말할게요. 운명의 여신은 생각이 깊지 않은 사람들, 무모한 사람들, "운명은 결정되었다!"*542라고 즐겨 말하는 사람들을 좋아해요. 지혜는 사람을 소심하게 만들 뿐이지요. 그래서 현인들은 가난과 굶주림과 허망한 꿈만 동반한 채 세상 사람들의 망각 속에서, 아무런 영광도 동정도 받지 못하고 살아가는 거예요. 반대로 미치광이들은 산더미처럼 많은 돈을 가지고 있고, 나라를 좌지우지하고, 모든 면에서 순식간에 번창하게 되지요.

혹시 군주의 마음에 들어서,*543 보석으로 휘감긴 나의 신들 사이에서 사는 것을 행복이라고 생각하시나요? 만약 그렇다면 지혜보다 더 쓸모없는 것이 뭐가 있으며, 또 그런 사람들 사이에서 그보다 더 악평이 자자한 게 뭐가 있겠어요? 아니면 혹시 재물을 얻고 싶나요? 하지만 지혜에 이끌리는 상인이 벌어 봤자 얼마나 벌겠어요? 그런 상인은 배신 앞에선 뒷걸음질을 칠 것이고, 거짓말하다가 들키면 얼굴이 새빨개질 것이며, 현인들처럼 사기와 고리대금에 관해 양심의 가책을 다소나마 느낄

고관

거예요. 만약 교회의 높은 지위와 재산을 갈망하더라도, 당나귀나 말이나 소들이 현인보다도 더 일찍 소원을 성취할 거예요. 또 사랑의 즐거움을 얻고자 할 때도 마찬가지예요. 사랑에 필요한 상대인 젊은 여인은 미치광이의 편이므로, 전갈같이 무서운 현인을 피해 달아나 버리겠지요. 인생을 즐겁게 향유하고자 하는 사람이라면, 무엇보다도 먼저 현인을 피하고 짐승과 닥치는 대로 교제해야 할 테고요.

결국 교황이든 군주든 법관이든 고관이든 친구든 원수든 간에, 모든 사람은 빈부귀천을 막론하고 현금만을 원하고 있어요. 그런데 현인들은 돈을 멸시하지요. 그래서 사람들이 현인과 함께 있기를 피하는 거예요.

나에 대한 예찬은 정말로 한이 없어요. 하지만 이야기를 슬슬 끝맺어야 하니 이 정도로 그만둬야겠군요. 아, 그래도 나를 찬양하는 위대한 작가들의 작품과 행동은 간단하게나마 보여 드려야겠어요. 그래야 나 혼자서 자화자찬하고 있다는 소리를 안 들을 테니까요. 또한 따지기 좋아하는 사람들도 "당신을 찬미하고 있는 문헌이 없잖은가?"라고 나를 공격하지는 못할 테지요. 그러니까 나도 그들처럼 닥치는 대로 문헌을 인용하겠어요.

널리 인정받고 있는 잠언 중에 "없는 것은 있는 체하여라"라는 것이 있는데요. 이 잠언에서 "최대의 지혜는 미친 체하는 것이다"[544]라는 시구가 만들어졌지요. 여러분은 '바보신'이 얼마나 고마운 존재인지 경험을 통해서 이미 잘 알고 계실 거예요. 왜냐하면 근심 걱정을 잊게 해 주는 바보신의 그림자만 내비쳐도, 혹은 그것을 그냥 모방하기만 해도 위 시구처럼 유식한 찬사를 받을 수 있으니까요. 저 기름기가 번지르르하고 살갗에도 윤이 나는 에피쿠로스의 돼지[545](호라티우스)는, 여러분의 생각 속에 광기를 섞으라고 권하였지요.[546] 이 얼마나 솔직한 표현인가요. 물론 그가 말한 것은 안타깝게도 일시적인 광기였지만요. 그는 어느 곳에서는 "알맞게 헛소리하는 것은 즐겁도다"[547]라고 말했으며, 또 다른 곳에서는 "현인이 되어 성을 내는 것보다는 미친 체하고 우매한 체하는 게 더 좋다"[548]라고도 말했어요.

한편 호머는 텔레마코스[549]에게 찬사를 퍼부었지요. 그런데 호머는 텔레마코스를 흔히 철없는 아이라고 불렀으며,[550] 또 여러 비극적인 시에서 그처럼 훌륭한 형용사를 청소년들에게 붙여 주었어요. 그리고 호머의 시 「일리아드」에서 여러 임금님들과 민족들의 미친 행동에 대한 이야기를 제외한다면 뭐가 남겠어요? "세상은 미치광이들로 가득 차 있다"[551]라고 키케로가 말했는데, 이 말이야말로 나에 대한 가장 완벽한 예찬이에요. 왜냐하면 세상에 가장 널리 퍼진 선(善)이 곧 가장 완전한 것이니까요.

지금까지 소개한 예문의 권위는 기독교도들에겐 안 통할지도 모르겠군요. 그렇다면 학자님들의 말씀처럼 「성서」의 증거에 입각하여 나를 예찬해 보겠어요. 신학자님들, 부디 나를 용서해 주시길. 어쨌든 이건 보통 어려운 일이 아니에요. 그러니 또다시 헬리콘 산[552]으로부터 뮤즈 신들을 불러와야 하겠지만, 별 상관없는 일을 갖고 그들에게 그토록 먼 여행을 시키

술꾼과 동행인

기도 뭣하지요. 그보다는 소르본 신학부[553]의 깊숙한 곳에서부터 스코투스[554]의 넋을 내 마음으로 불러들이는 편이 나을지도 몰라요. 어쨌든 내가 신학자를 자처하여 그 가시덤불 속으로 감히 헤치고 들어가는 판국이니까요. 고슴도치보다도 가시가 많은 스코투스의 넋에게는, 이 일을 끝낸 뒤 어디로든 맘대로 가라고 하죠 뭐. 그가 원한다면 까마귀들에게라도[555] 돌아가면 되지 않겠어요?

나라고 해서 얼굴 모양과 차림새를 바꾸어 신학자로 분장하지 못하라는 법이 있나요! 다만 걱정이 하나 있어요. 내가 신학에 매우 능

둔스 스코투스의 영혼을 마셔 버리는 바보 여신

통하다는 것을 알면, 내가 그 지식을 우리 신학 박사님들의 상자 속에서 훔쳐내거나 슬쩍 빌려 왔다고 비난하는 사람들이 있을지도 모르거든요. 하지만 내가 그들의 지식 중 일부를 안다는 건 별로 놀라운 일이 아니에요. 나는 오래전부터 그분들과 친하게 지내 왔으니까요. 무화과나무의 신 프리아포스[556]는 자기 집 주인이 자기 앞에서 읽는 그

리스어 몇 마디를 유심히 듣다가 외워 버렸으며, 루키아노스의 수탉*557은 사람들과 친하게 지낸 나머지 사람의 말을 배워 버렸지요.

자, 그럼 재수가 좋을 것 같으니 시작해 볼까요. 우선 「전도서」 제1장을 보면 "미치광이의 수효는 한이 없다"*558라는 말이 나와 있어요. 이 말은 정녕코 모든 사람들을 포함하고 있는 것 같아요. 물론 눈에 잘 안 띄는 몇몇 사람들은 제외될 수도 있겠지만요. 이 말은 예레미야서 제10장에서는 더욱 분명하게 표현되고 있어요. "모든 사람은 그 자신의 지혜로 말미암아 미치광이가 된다"*559라고 말이죠. 예레미야의 말에 따르면, 하느님만이 현명하시고 온 인류는 미쳤다는 거예요.*560 또한 그는 그보다 조금 더 위에서 "인간은 제 지혜를 뽐내지 말라!"*561라고도 말하고 있어요. 착한 예레미야여, 어찌하여 그대는 인간에게 지혜를 뽐내지 못하도록 한 건가요? 하고 묻는다면, 그는 "인간에게 지혜가 없기 때문이오."라고 대답하겠지요.

뭐, 어쨌든 「전도서」로 되돌아갑시다. "헛되고 헛되니 모든 것이 헛되도다!"*562라고 전도자*563는 외치고 있어요. 내 생각에 그가 여기서 말하고자 했던 유일한 진실은, 인생이 '바보신'의 장난에 불과하다는 것일 거예요. 이것이야말로 앞서 인용한 키케로의 "세상은 미치광이들로 가득 차 있다"*564라는 그 굉장한 찬사 위에, 나를 위한 흰 조약돌*565 하나를 덧붙여 주는 것 아니겠어요? "미치광이는 달처럼 변하는데 현인은 해처럼 변함없다"*566라는 그 박학한 전도자의 말은 또 무엇을 의미하는 걸까요? 그건 다름이 아니라, 인류는 미쳤지만 하느님만은 지혜의 속성을 변함없이 지니고 계신다는 의미겠지요. 왜냐하면 인간의 본성은 달로 비유되고, 하느님은 모든 빛의 원천인 해로 비유되기 때문이에요. 게다가 그리스도 자신도 복음서*567에서 "하느님만이 자비로운 자로서 불려야 된다"라고 덧붙였지요. 따라서 스토아 철학자들의 간절한 소망처럼 지혜와 자비가 동의어이고, 현명하지 않은 자는 전부 미쳤다고 볼 경우, 죽어야 할 모든 인간은 필연적으로 '바보신'의 지배하에 놓여 있는 셈이에요.

또한 솔로몬은 제15장에서*568 "미치광이는 그 어리석음을 즐긴다"라고 말했어요. 그는 어리석음이 없으면 인생에서 아무 매력도 못 느낀다는 사실을 인정했기에 이런 말을 한 거예요. 그리고 "학식을 더하는 자는 고통을 더하며, 많이 알수록 더 많이 성을 낸다"*569라는 문장도 같은 생각에서 비롯된 것이지요.

이 뛰어난 변설가는 제7장에서도 비슷한 이야기를 했어요. "현인의 마음은 슬픔과 함께 있고, 미치광이의 마음은 기쁨과 함께 있도다"*570라고. 그런 까닭에 솔로몬*571은 지혜를 닦는 것만으로는 부족하다고 생각했던 것이며, 나와 알고 지내기를 바랐던 것이죠. 혹시 이 사실이 의심스럽다면 여기 제1장을 보세요. 그

전도사

가 직접 쓴 "나는 마음을 써서 지혜와 학식을, 미친 것과 바보스러움을 알려고 하였다"*572라는 말이 적혀 있거든요. 바보신인 나로서는 명예로운 일이죠. 참, 여기서 그가 맨 마지막으로 '바보스러움'을 든 것에 유의하세요. 아시다시피 교회의 관례상, 서열이 가장 높은 인물이 의식에서는 맨 마지막에 등장하는 법이니까요. 그것은 복음서의 가르침과도 일치하지요.*573

어쨌든 어리석음이 지혜보다 훨씬 가치 있다는 것은, 그 작자가 누구이든 간에 「전도서」 44장*574에서 똑똑히 증명되고 있는 바와 같아요. 다만 그것을 인용하기 전에 여러분이 날 좀 도와주셔야겠어요. 지금부터 귀납법을 쓸 거거든요. 플라톤의 「대화편」에서 소크라테스가 사용했던 방식*575을 쓸 생각이니, 내가 질

솔로몬 왕

문을 하면 여러분은 대답해 주세요.

다음 두 가지 중 어떤 물건을 자물쇠로 채워 두는 게 더 나을까요? 귀중한 물건일까요, 아니면 희귀하지도 않고 가치도 없는 물건일까요? 저런, 왜 대답이 없으신가요? 아무 의견도 없는 건가요? 그렇다면 다음 속담이 여러분 대신 대답해 줄 거예요. "물동이는 문간에 내놓아 둔다." 여러분이 이 속담을 지당하다고 여기시길 바라며, 이 말을 인용하고 있는 사람이 누구인지 이름을 대겠어요. 그것은 바로 우리 박사님들이 신처럼 숭상하는 아리스토

바보신은 말한다 115

텔레스*576랍니다. 여러분 중 자신의 보석과 황금을 길바닥에 내놓아 둘 만큼 어리석은 사람이 누가 있을까요? 분명 아무도 없겠지요. 여러분은 그런 것들을 집의 가장 은밀한 곳에, 가장 외딴 구석에, 가장 튼튼한 자물쇠를 채운 상자 속에 꼭꼭 넣어둘 거예요. 오물은 길거리에 내다 놓고요. 이처럼 사람들은 가장 귀중한 것은 감추어 두고, 가장 천한 것은 공개된 장소에 내버려 둬요. 그렇다면 사람들이 감추지 말라고들 말하는 '지혜'는, 숨겨 두기를 권하는 '어리석음'보다도 덜 귀중한 것 아니겠어요?

그럼 여기서 아까 내가 인용하려다 말았던 증언을 공개할게요.

"자신의 어리석음을 감추는 자는 자신의 지혜를 감추는 자보다 낫다."*577

현인은 자신이 모든 사람들 위에 존재한다고 믿고 있어요. 반대로 미치광이에게는 겸양의 미덕이 있죠. 「성서」는 이 사실을 인정하고 있어요. 그렇기에 전도자*578는 제10장에서 "그러나 길을 걸어가는 미치광이는 머리가 돌았으므로, 다른 사람들도 모두 자기처럼 미쳤다고 생각한다"*579라고 말했던 거예요. 즉 미치광이는 모든 사람들을 자기 자신과 동등하게 생각한다는 것이죠. 무릇 사람이라면 저마다의 허영심 때문에 남들 위에 서려고 하는 법 아니겠어요? 그런데도 미치광이는 모든 사람들과 더불어 자신의 장점을 나눠 가지니, 이야말로 정말 훌륭한 겸양 아닌가요?

저 위대한 왕 솔로몬도 미치광이라는 칭호를 부끄러워하지 않고 제30장에서 "나는 사람들 중에서 가장 미쳤도다"*580라고 말했어요. 그리고 이방인의 박사*581 성 바울도 「고린도서」에서 그 칭호를 거리낌 없이 받아들여 자신에게 붙였지요. "나는 누구보다도 더 미쳤으므로 미치광이처럼 말한다"라고.*582 마치 남들보다 덜 미치는 것이 창피스럽다는 것 같은 말투지요.

아, 몇몇 시시한 그리스어 학자들*583이 목청 높여 항의하는 소리가 들리는군요. 그들은 까마귀의 눈깔을 도려내려고,*584 즉 그 시대 신학자들의 눈깔을 도려내려고 애쓰는 사람들이에요. 게다가 보통 사람들을 현혹하기 위해 주서도 내놓고 있죠. 참고로 이 무리들은 내 친구 에라스무스를, 첫째 두목*585은 아니라 해도 둘째 두목으로는 받들고 있어요. 그들도 나만큼이나 에라스무스의 이름을 자주 인용하지요.

어쨌든 그 학자들은 아마 이렇게 외쳐 댈 거예요.

"정말이지 미친놈처럼 인용하는군! 참으로 '바보신'다운 인용이다! 사도 성 바울의 생각을 그런 망상으로 해석하다니 얼토당토않다. 그가 스스로를 딴 사람들보다도 더 미치광이라고 생각해서 그렇게 말했다고? 절대로 그렇지 않다. 그는 '저희가 그리스도의 일꾼이면, 나 또한 그러하도다'라고 썼다가, 그것만으로는 자신과 다른 사도들이 동등해지므로 '나는 더욱 그러하도다'라고 말을 고쳐서 자신을 두드러지게 한 것뿐이다.*586 성 바울은 다른 사도들과 마찬가지로 복음의 전도에 몸 바치고는 있지만, 사실 어떤 점에서는 자신이 다른 사도들보다 더 우월하다고 느끼고 있었다. 그래서 그 사실을 남들에게 인정받고자 한 것이다. 하지만 건방진 말은 사람들의 기분을 상하게 할 수 있으므로, 미치광이라는 겉옷으로 몸을 가리고 있는 것이다. 즉 그가 스스로를 미치광이라고 부른 까닭은, 남의 기분을 상하게 하지 않으면서 진리를 말할 특권은 오직 미치광이들만이 갖고 있기 때문이다."

뭐, 바울이 그 문장에 부여한 뜻에 관해서는 신학자님들의 토론에 맡기겠어요. 뚱뚱하고 기름지고 권위가 흘러넘치는 위대하신 신학자님들이 계시니, 저야 그분들 말씀만 따르면 되겠지요. 사실 대부분의 학자들도 그렇게 하고 있어요. 그들은 세 외국어*587에 능통한 사람들과 더불어, 올바름을 고수하는 것보다는 그 위대한 신학자님들과 함께 틀리는 것을 더 좋아하고 있답니다. 저 시시한 그리스어 학자들 따위는 새 새끼들만큼도 문제되지 않아요. 게다가 크게 명성을 떨치고 있는 신학자님 한 분은, 지금 문제가 되고 있는 문장을 교사처럼 또 신학자처럼 해석하기까지 했지요. 그분의 이름은 차마 밝힐 수 없지만요. 만약 내가 그 이름을 밝힌다면 우리의 그리스어 학자들이 당장 '칠현금을 뜯는 당나귀'*588라는 그리스어 속담으로 그를 조롱할 테니까요. 어쨌든 그 신학자님께서는, "나는 누구보다도 더 미쳤으므로 미치광이처럼 말한다"라는 문장으로부터 뜻밖의 결론을 끌어냈어요. 그렇게 하기 위해서는 완전무결한 변증법이 필요했지만요. 또한 그는 자신의 해석 역시 참신한 방법으로 분할해 놓았어요. 그 해석을 형식과 내용 면에서 원문 그대로 인용하자면 다음과 같아요.

"'나는 미치광이처럼 말한다'라는 것은 즉, 만약 내가 정신 나간 소리를 함으로써 가짜 사도들과 동등해 보인다면, 나는 그들보다도 낫다고 스스로 생각하지만 남들은 나를 그들보다 현명한 사람이라고 여기지는 않으리라는 뜻이다."

이렇게 말한 뒤, 이 양반은 자기 이야기의 주제도 잊어버리고 딴 이야기를 하기 시작했다니까요.

그런데 이런 단 하나의 문장 가지고 우리가 왜 이렇게 고생해야 하는 걸까요? 누구나 다 아시다시피 「성서」를 연한 가죽처럼 쫙 펼쳐서 마음대로 주무르는 일은 신학자들의 몫이에요. 그들에게는 그런 권리가 있기 때문에 천국이 맡겨지는 것이지요. 예를 들어 성 바울의 말 중에도 그 자체의 문맥은 자연스러운데, 성서와는 모순되는 것들이 있어요. 5개 국어에 능통한 성 히에로니무스*[589]의 말을 믿는다면, 성 바울은 아테네에서 우연히 어떤 제단의 제명(題銘)을 발견하고는 그것을 기독교 신앙에 유리하게 고쳐 버렸다는 거예요. 성 바울은 자기네에게 해로울 것 같은 말들을 지워 버리고 '미지의 신에게'라는 마지막 두 글자만 남겨 뒀을 뿐만 아니라,*[590] 그것마저 약간 고치기까지 했어요. 왜냐하면 원문은 '아시아·유럽 및 아프리카의 신들, 이방의 미지의 신들에게'*[591]였기 때문이에요.

신학자 족속들은 이러한 성 바울의 예를 본받아, 원문 여기저기에서 몇 개의 조그만 단어들을 떼어다가 적당히 변경하여 그 뜻을 자기들의 억설에 끼워 맞추고 있는 듯해요. 앞에 적힌 것과 뒤에 적힌 것이 아무 상관없거나 심지어 모순된다 해도, 그들은 아랑곳하지 않아요. 신학자들은 이런 뻔뻔하고 파렴치한 수법으로 숱한 성공을 거두고 있지요. 그래서 법률학자들 중에는 이런 신학자들을 선망하는 사람이 많아요.

그 위대한……. 아차, 하마터면 이름을 말할 뻔했네요. 그 칠현금에 관한 조롱*[592]은 다시 한 번 피하도록 하죠. 하여튼 그 위대한 양반은, 물과 불이 잘 어울리듯 그리스도의 정신과 잘 어울리는 문장 하나를 성 누가*[593]의 말에서 끄집어냈단 말이지요. 이걸 보면 신학자들은 무슨 짓이라도 다 할 수 있는 것 같지 않나요?

우선 「누가복음」의 이야기부터 살펴보죠. 다시없는 위기를 맞이한 주인 곁으로 충복들이 모여들어 전력을 다해 위기에 대항하려 할 때, 그리스도는 이 하인들의 정신으로부터 남의 도움을 바라는 의뢰심을 없애 주려고 하셨어요. 그래서 복음 전도를 목표로 파견된 이래, 그들에게 뭔가 부족한 것이 없었느냐고 물으신 거지요. 그런데 그들은 사실 노자도 없고, 가시덤불과 조약돌로부터 발을 보호해 줄 신발도 없고, 굶주림을 달래 줄 식료품을 넣을 주머니도 없는 상태에서 전도에 나섰던 거예요. 그래도 그들은 아무것도 부족한 게 없었다고 대답했답니다. 그러자 그리스도는 그들에게 이렇게 말하셨어요. "이제 지갑이나 주머니가 있는 자는 그것을 버릴*594 것이요, 검이 없는 자는 속옷을 팔아서 하나 살지어다"라고. 그리스도의 가르침은 오직 온화와 인내, 생명의 멸시에 불과하지요. 그러니 이 가르침의 뜻을 모를 사람이 누가 있겠어요? 그는 내보내는 사람들을 더욱 발가벗겨서, 그들로 하여금 신발과 주머니를 버릴*595 뿐만 아니라 속옷*596까지 벗어 버려 알몸이 되게끔 하셨던 거예요. 즉 그들이 모든 것에서 해탈하여 복음 전도에 종사할 수 있도록 하시려 했던 거였지요. 제자들이 손에 넣을 수 있는 것이라곤 칼밖에 없었어요. 그런데 그것은 도둑놈들과 부모 살해범에게 쓰는 칼이 아니라, 양심의 가장 깊숙한 곳을 찌르고 한칼에 나쁜 정념들을 모조리 잘라 버려서 믿음만을 마음속에 남겨 놓는 정신의 칼이었어요.

미치광이와 신학자의 논쟁

그런데 이 문장을 그 유명한 신학자가 어떻게 왜곡하고 있는지 좀 보시구려. 그의 말에 따르면 그 칼은 모든 박해에 대한 방어를 의미하고, 주머니는 풍족한 식량 저장을 의미한다는 거예요. 그렇게 해석하면 마치 그리스도의 생각이 완전히 바뀐 것 같잖아요? 그러니까 사도들을 너무나도 위풍당당하지 못한 차림새로 길을 떠나게 만들었던 것을 뉘우치고, 자신이 전에 내렸던 가르침을 취소라도 하는 것처럼

니콜라 드 리라

말이에요! *597 그렇다면 그가 이전의 다른 가르침들도 다 잊으셨다는 말이 되지 않겠어요? 이를테면 그리스도는 그들에게 '굴욕과 모욕과 고통을 받은

대가로 꼭 천복을 누리리라'라고 보증하셨지요.*598 천복은 마음이 유순한 사람들을 위한 것이지 흉포한 사람들을 위한 것이 아니므로, 악한 자들에게 대항하지 말라고 백합꽃과 참새들을 본받으라고도 말씀하셨어요.*599 그럼 이 가르침들도 다 거짓이라는 건가요? 이제 그리스도는 그들에게 칼을 꼭 가지고 떠나게 하고, 칼 한 자루를 가지기 위해서는 속옷이라도 팔라고 하고, 무기를 안 지닐 거면 차라리 발가벗고 가라고 권하신다 이거군요?

우리의 신학자 나리의 해석은 계속된답니다. 그는 이 칼이라는 이름 아래에, 공격을 물리칠 수 있는 모든 것이 포함되어 있다고 생각했어요. 마찬가지로 주머니라는 이름 아래에는 생활에 필수적인 모든 것이 포함되어 있다고 보았고요. 요컨대 성스러운 사상을 지닌 이 해석자는 다음과 같이 주장한 셈이에요.

"사도들은 '십자가에 못 박히신 분'의 복음을 전도하러 가기 위해, 창과 활과 투석기와 석노 등으로 무장하고 있었다. 마찬가지로 그들은 여관에서 반드시 밥 잘 먹고 떠날 수 있도록, 지갑과 주머니와 짐을 잔뜩 짊어지고 다녔다."

사실 그리스도께서는 그로부터 잠시 후, 조금 전까지 사도들에게 그토록 굳이 사라고 권하시는 듯했던 칼을 칼집에 도로 넣으라고*600 애원하듯 명령을 내리셨어요. 물론 이 말을 듣고서도 우리의 신학자 나리께서는 조금도 당황하지 않았지만요. 그러나 사도들이 이교도의 폭력에 대항하여 칼과 방패를 썼다는 이야기는 결코 들어 본 적이 없어요. 만약 그리스도의 생각이 우리의 신학자가 해석한 것과 같았다면, 사도들은 틀림없이 칼을 썼을 텐데 말이에요.

또 한 사람의 신학자를 살펴볼까요. 이 양반도 결코 시시한 축에 속하는 분은 아닌데요. 경의를 표하는 마음에서 이름만은 밝히지 않겠어요.*601 어쨌든 이분은 산 채로 껍질이 벗겨진 성 바르톨로메오*602의 가죽과, 하박국*603이 "미디안 땅의 천막*604은 찢어지리라"에 등장하는 천막을 혼동해 버렸답니다!

참, 그러고 보니 요 며칠 전에 한 신학 논쟁에 참석했어요. 나야 뭐 그런 곳에 자주 참석하지요. 그런데 거기서 어떤 사람이, 토론을 통해 이단자를 회개하게 만들기보다는 차라리 태워 죽이라는 명령이 「성서」의 어디에 적혀 있는지 알고자 했어요. 그러자 그 눈썹만 봐도 신학자라는 것을 눈치 챌 수 있을 정도인, 준엄한 얼굴을 한 노인 하나가 격한 어조로 대답하더군요. 그 율법은 사도 바울이 "이단자는 한두 번 타이른 뒤에 멀리하라(devita)"[605] 하고 말한 데서 유래한 것이라고 말이에요. 그분은 그 말을 되풀이하면서 소리 높여 외쳤어요. 그 모습에 모두들 어리둥절하여 혹시 돌아 버린 거 아니냐며 수군거렸지요. 그러다가 마침내 그 신학자는 이렇게 해명했어요. 실수로 그 구절을 "이단자를 생명으로부터 잘라 버려야 한다"라고 잘못 이해했다고요. 그러니까 devita를 de vita(생활·생명으로부터의 분리)로 잘못 알았던 것이지요.

무장한 사도

그의 설명에 몇몇 청중들은 웃었어요. 하지만 그 해석이야말로 지극히 신학적이라고 단언하는 사람들도 있었어요. 그러자 물론 반대론도 전개되었지요. 이때 세상 사람들 말마따나 반박 불가능의 권위를 갖춘, 테네도스의 변호사[606]가 불쑥 튀어나와서 이렇게 말했어요.

"잘 들으시오. 여기에 이렇게 적혀 있소.[607] '악을 행하는 자(maleficus)는 살려 두지 말지어다'라고. 그런데 이단자는 악을 행하는 자요. 그런고로 어쩌고저쩌고……."

사람들은 이구동성으로 그 교묘한 삼단논법을 찬양했으며, 모든 청중이 그 무거운 신발을 굴렸어요. 그러나 실은 이 율법이 요술사나 주술사나 마법사를 상대로 만들어진 것이며, 헤브루인들은 라틴어의 maleficus로 번역되는 말[608]을 써서 그런 사람들을 칭했다는 사실은

신학자들의 이단 심판

아무도 생각해 내지 못했던

것이지요. 이처럼 본뜻을 무시하고 해석해 버린다면, 이 사형 선고는 간음이나 주정에도 다 같이 적용되어 버릴 거예요.

하지만 이 이야기를 더 이상 계속하는 것은 미련한 짓이겠지요. 이런 방대한 화제는 크리시포스[609]와 디디무스[610]의 저서 속에도 다 들어가진 못할 테니까요. 나는 다만 성스러운 박사님들이 감히 무슨 짓을 저지르고 있는지 여러분께 보여드려서, 하나의 무화과나무 여신 학자[611]가 좀 대담한 인용(引用)을 하더라도 너그럽게 봐 주시길 부탁드리려 했던 것뿐이에요.

성 바울 이야기로 되돌아갈까요. 그는 자기 자신에 관해 "그대는 미치광이들을 잘도 용납하는구나"[612]라고 말했어요. 그리고 좀 떨어진 곳에서는 "나를 미치광이로 받아들여라"라고 했으며, 그 다음에는 "내가 말하는 것은 하느님을 따라 하는 말이 아니오, 오직 미치광이와 같이 기탄없이 말하는 것이니라"[613]라고 했어요. 그리고 또 "우리는 그리스도와의 연고로 미련하다"[614]라고도 했지요. 이 얼마나 대단한 '바보신 예찬'인가요! 그것도 누구의 입에서 나온 예찬인가요? 게다가 그는 한 걸음 더 나아가서 어리석음이야말로 구원에 필수불가결한 것이라고까지 규정하고 있어요. "너희들 중 누구든지 제가 이 세상에서 지혜로운 줄 생각한다면 어리석은 자가 되어라. 그래야 지혜로운 자가 될 수 있다!"[615]라고.

「누가복음」에서 예수는 엠마오의 길에서 만난 두 제자를 가리켜 미련하다고 말했지요.[616] 하지만 이 말에 누가 놀라겠어요? 우리의 성 바울은 "하느님의 어리석음이 사람보다 지혜롭다"[617]라는 말로써 하느님 자신에게조차 약간의 어리석음이 있음을 인정했는데 말이죠! 하기야 오리게네스[618]는 하느님의 어리석음은 인간의 지성으로 헤아릴 수 없는 것이라고 말하였어요. 이 설명은 "십자가의 말씀은 멸망하는 자들에게는 미친 소리다"[619]라는 구절과 꼭 맞아떨어지고 있지요.

그러나 이렇게도 많은 증언을 내놓기 위해 애쓸 필요가 있겠어요? 그리스도 자신이 「시편」에서 하느님 아버지에게 "하느님, 당신은 저의 어리석음을 알고 계시나이다"[620]라고 말씀하고 계시는걸요.

미치광이는 언제나 하느님으로부터 귀여움을 받아 왔답니다. 거기에는 다 이유가 있죠. 그것은 군주가 지나치게 현명한 사람들을 경계하고 두려워하는 것과 같은 이치예요. 이를테면 카이사르는 주정뱅이인 안토니우스를 조금도 무서워하지 않았지만, 브루투스와 카시우스에 대해서는 경계하고 있었지요.*621 네로는 세네카를,*622 디오니시오스는 플라톤을*623 각각 의심하였고요. 왜냐하면 폭군들이란 조잡하고 별로 총명하지 못한 사람들만 좋아하기 때문이에요.

군주와 미치광이 (브루투스를 멀리하고 주정뱅이 안토니우스의 손을 잡는 카이사르)

마찬가지로 그리스도도 자기 자신의 지혜를 철석같이 믿는 현인들을 증오하고 쉴 새 없이 비난하고 계세요. 성 바울은 단도직입적으로 "하느님께서 세상의 미련한 것들을 선택하셨다",*624 "하느님은 미련함으로써 세상을 구원하려고 하셨다"*625라고 단언했지요. 결국 하느님도 지혜로써 세상을 바로잡을 수는 없으셨던 거예요. 하느님 자신도 예언자의 입을 통해 이 사실을 충분히 표명하고 계세요. "내가 지혜 있는 자들의 지혜를 멸하고 총명한 자들의 총명을 폐하리라"라고 말이지요.*626 하느님은 현인들 앞에서는 구원의 신비를 감추셨고, 아주 미천한 자들 앞에서만 그것을 계시하시며 기뻐하셨어요.*627 여기서 아주 미천한 자들이란 곧 미치광이들이지요. 왜냐하면 그리스어에서 '아주 미천한 자들'을 가리키는 말이 '미치광이'이며, 이 말은 '현인'과는 반대되는 단어이기 때문이에요. 이번에는 그리스도가 바리새인·학자·법학 박사들을 끊임없이 공격하였음을 보여 주는 복음서의 문장을 여기에 모두 덧붙여 봅시다. "너희들에게 화(禍)가 있으라. 학자와 바리새인들이여!"*628라는 말은, "현인들아, 너희들에게 화가 있으라!"라는 뜻이 아니고 무엇이겠어요.

그리스도가 기꺼이 함께 있고자 했던 대상은 아녀자들과 어부들이었어요. 짐승들 중에서는 여우의 신중함으로부터 제일 멀리 떨어져 있는 짐승들을 더 좋아하셨고요. 그래서 그분은 탈것으로서 당나귀를 고르셨던 거예요.*629 만약 그분이 원하셨다면 사자라도 걸타고 길을 가실 수 있었을 텐데 말이죠! 또한 성령은 비둘기의 형상을 하고 내려왔지,*630 독수리나 솔개의 모습으로 내려오지는 않았어요. 그리고 「성서」에는 사슴이며 새끼 사슴이며 새끼

세례자 요한

양 같은 동물들의 이야기가 자주 나오잖아요? 특히 그리스도는 자신의 신도들 중, 그분께 영원한 생명을 받을 사람을 양이라고 부르고 계시지요.*631 이 점에 주목하세요. 사실 양보다 더 어리석은 동물은 없답니다.

아리스토텔레스도 말했듯이*632 "양의 머리"라는 속담*633은 이 짐승의 어리석음에서 유래한 것이지요. 이것은 모든 무능하고 저능한 사람들을 욕할 때 쓰이는 말이에요. 그리스도는 바로 이러한 양떼의 목자임을 자처하고 계시는 거예요. 그는 또 사람들에게 어린 양이라고 불리기를 좋아하고 계세요. 성 요한도 "이분이 하느님의 어린 양이로다!"*634란 문장을 통해 그리스도를 그렇게 불렀고요. 이것은 또 「묵시록」에서 가장 흔하게 쓰인 표현이기도 해요.*635

이 모든 것은, 어리석음이 모든 인간들 속에는 물론이고 심지어 믿음 속에까지 존재한다는 것을 의미해요. 사실 그게 아니면 무엇을 의미하겠어요? 그리스도는 이런 어리석음을 돕기 위해, 그 자신이 하느님 아버지의 지혜의 구현인데도*636 일부러 인성을 띠고 인간의 모습으로 나타나셨어요.*637 게다가 그는 죄를 막기 스스로 죄가 되셨지요.*638 이때 그리스도는 자기 몫의 어리석음을 받아들이는 데에 동의하신 거예요. 그는 오직 십자가의 어리석음*639에 의해서, 그리고 무식하고 촌스러운 사도들의 도움에 의해서만 죄를 막으려고 하셨어요. 그는 그들에게 어리석음을 정성껏 권함으로써 지혜로부터 등 돌리게 하고 있어요. 왜냐하면 그는 어린아이,*640 백합꽃,*641 겨자씨,*642 참새*643 등 어리석고 철없는 것만을 그들에게 본보기로 제시하고 계시니까요. 이 본보기들은 꾸밈없고 근심도 없는 삶을 누리며 오직 '자연'만을 길잡이 삼아 살아가는 생명들이지요.

그리스도는 그들에게 이렇게 가르치고 계세요. "법정에 서서 답변해야 할 때에는 걱정하지 말라.*644 때와 시기에 마음 쓰지 말라.*645 그대들의 신중함을 믿지 말고, 오직 나의 뜻만을 절대로 따라야 한다."

이런 까닭에 하느님은 천지를 창조하셨을 때, 마치 지혜가 행복의 독이라도 되는 듯이 지혜의 나무 열매를 맛보지 못하게 하신 거예요.*646 성 바울은 지혜를 해로운 것, 교만을 길러 주는 것이라 하여 공공연하게 배척했지요.*647 성 베르나르*648도 물론 그에 따라서, 악마 루시퍼가 자리잡고 있는 산을 가리켜 '지혜의 산'이라고 불렀어요.*649

여기에서 잊어선 안 될 증거가 하나 있어요. 현인은 전혀 용서받지 못하는데도, '바보신'만은 특별히 사면되어 천국에서 환대를 받는다는 사실이에요. 그래서 심지어 의식적으로 죄를 범한 사람조차도 용서를 구할 때에는 바보신을 핑계로 내세우며 내 보호를 받으려 하지요. 만약 내 기억이 잘못되지 않았다면, 아론은「민수기」에서 다음과 같이 죄를 용서해 달라고 애원했을 거예요. "주여, 우리가 어리석어서 죄를 저질렀으니 청컨대 그 허물을 우리에게 돌리지 마소서"*650라고. 사울도 다윗에게 자신의 잘못을 사과할 때 "제가 미치광이처럼 행동한 것 같군요"*651라고 말했지요. 게다가 다윗도 천주에게 "주여, 원컨대 당신 하인의 죄를 사

지혜의 나무 앞에 선 신과 아담

해 주소서. 저는 미치광이처럼 행동했나이다"*652라고 애원하였고요.

결국 그들은 어리석음과 광기를 내세우지 않고서는 용서를 구할 수 없었던 거예요. 그런데 그들보다 더 간절하게 애원했던 자가 있어요. 바로 십자가에 매달린 그리스도지요. 그는 자신의 원수들을 위해 "아버지여, 그들을 용서해 주소서!"*653라고 기도했어요. 이때 그가 그들을 위해 내세웠던 유일한 변명은 '무지'였어요. "그들은 자기가 무슨 일을 하는지 모르고 있습니다"*654라고 말이죠. 비슷한 예로 성 바울의 이야기를 들 수 있어요. 그는 디모데에게 이런 변명을 했답니다. "내가 하느님의 긍휼을 입은 것을 믿지 못

신에게 용서를 구하는 다윗 왕

할 때 모르고서 저지른 행동이오"*655라고. 모르고서 했다는 표현에, 악의가 아닌 어리석음 때문에 죄를 지었다는 뜻 말고 무엇이 담겨 있겠어요? '내가 하느님의 긍휼을 입은 것은'이라는 말은, 만약 그가 바보신을 내세우지 않았더라면 긍휼을 입지 못했을 거란 뜻 아니겠어요?

「시편」의 신비로운 작자가 누구인지는 여기서 밝히지 않겠지만, 그도 실은 우리와 같은 무리예요. 그는 "내 어릴 적 죄와 무지를 기억하지 마소서"라고 적어 놓았거든요.*656 그는 나와 관련된 두 가지 변명을 사용했어요. 여러분도 이 사실을 깨달으셨지요? 그는 나의 영원한 친구인 젊음과, 무수히 많은 어리석음이 지닌 위대한 힘을 핑계로 삼았던 거예요.

이제 끝없이 횡설수설하는 건 슬슬 그만두고 이야기를 줄일까요. 아, 그런데 기독교는 어리석음과는 혈연관계인 반면 지혜와는 거의 남남인 것 같아요. 그 증거를 보여 드릴까요? 첫째로 어린애들과 늙은이들, 여자들, 숙맥들은 다른 사람들보다 더 종교적 의식 및 종교와 관련된 일을 좋아하지요. 그들은 오직 자연적 충동에 의해서 항상 제단 옆에 붙어 있으려 해요. 둘째로 기독교를 창시한 사람들은 그지없이 소박하기만 하여, 학식하고는 어울릴 수 없는 사람들이었다는 점도 잊어선 안 되겠죠. 끝으로 가장 엄청난 미치광이가 누구인지 생각해 보세요. 바로 기독교를 향한 신앙의 열정에 완전히 사로잡혀 버린 사람들 아니겠어요? 그들은 자기 재산을 아낌없이 뿌리고, 부정(不正)을 무시하고, 속임수도 쓰고, 친구와 원수를 조금도 구별하지 않고, 즐거움을 두려워하고, 단식과 밤샘·눈물·노고·굴욕 등을 질리도록 맛보고, 삶을 싫어하고, 죽음을 안타깝게 기다리고 있어요. 요컨대 그들에게는 인간다운 감정이라고는 전혀 없는 것 같아요. 그들의 정신은 마치 육체 밖의 어딘가에서 살고 있는 듯해요. 이러니 그들이 미치광이가 아니면 대체 무엇이겠어요? 사도들이 감미로운 술에 취한 사람들처럼 보인 것도,*657 법관 베스도가 성 바울을 미치광이로 알았던 것도*658 생각해 보면 놀랄 일이 아니라니까요.

이왕 사자의 가죽을 뒤집어써 버린 김에*659 하나 더 가르쳐 드리지요. 기독교도들이 숱한 시련을 겪는 대가로 얻으려 하는 행복은, 일종의 광기와 어리석음에 지나지 않는답니다. 과장하지 않고 설명할 테니 잘 들어 보세요. 우선 기독교도들은 플라톤주의자들과 같은 학설을 갖고 있어요.*660 육체의 사슬로 감싸이고 묶여 있으며 물질 때문에 둔중해진 정신은, 있는 그대로의 진실을 거의 바라보지도 즐기지도 못한다는 것이 기독교의 학설이에요. 그런데 이것은 플라톤의 학설이기도 하거든요. 이 이론에 따르면 철학이란 죽음의 명상이에요. 왜냐하면 철학은 눈에 보이는 육체적 사물로부터 영혼을 떼어 놓는데, 이는 곧 '죽음'이란 현상과 같기 때문이지요. 이 학설에서는 영혼이 육체의 기관을 정상적으로 지배하는 상태를 건전하다고 표현해요. 반대로 영혼이 육체와의 사슬을 끊고 해방되려고 발버둥치며, 그 감옥에서 달아나려고 하는 것은 불건전하다고 표현하지요. 이런 발버둥이 신체 기관의 이상 혹은 질병과 동시에 일어난다면? 그것은 광기라고 불린답니다.

그런데 이 광적인 상태에 빠진 사람들이 때로는 미래를 예언하고, 배운 적도 없는 외국어나 문학을 줄줄 외우고, 어떤 신성한 면모를 드러내기도 해요. 이것은 그들의 영혼이 육체의 구속으로부터 부분적으로나마 벗어나서 정화되었기 때문임에 틀림없어요. 그러니까 정화된 영혼이 타고난 힘을 발휘하기 시작한 것이지요. 죽음을 코앞에 둔 사람들이 영감 받은 예언자처럼 주절거리는 경우가 종종 있어요. 그것도 아마 똑같은 이유 때문일 거예요.*661

만약 종교적인 열정이 그와 같은 결과를 빚어낸다면, 그 열정은 우리의 광기와 정확히 일치하지는 않을지도 몰라요. 하지만 이 두 가지 광기는 매우 닮았지요. 따라서 대부분의 사람들은 그것들을 혼동하고 있어요. 게다가 고유의 생활방식으로 말미암아*662 인류로부터 완전히 동떨어져 있는 저 가련한 사람들의 수효가 적은 만큼, 더더욱 그 둘을 혼동하게 마련이죠.

문득 플라톤의 우화가 생각나는군요. 동굴 속에 묶인 죄수들이 사물의 그림자밖에 보지 못하고 있다는 그 이야기 말이에요.*663 그중 한 죄수가 달아났다가 다시 동굴로 돌아와서 자기는 실제 사물들을 보았다고 나머지 죄수들에게 말한 뒤, 이 한심스런 그림자들 외에는 아무것도 존재하지 않는다고 보는 그들의 믿음이 얼마나 큰 잘못인지 증명하는 내용이죠. 그는 현명해졌으므로 다른 죄수들을 가엾게 여기고, 그들이 광기로 인해 그 같은 환상에 젖어 있다는 현실을 한탄합니다. 하지만 나머지 사람들은 오히려 그를 실성했다고 비웃으며 밖으로 쫓아내 버리지요.

대다수의 인간들도 이와 마찬가지예요. 그들은 육체적인 사물에만 집착한 나머지 그런 것들만이 존재한다고 믿고 있어요. 반대로 경건한 사람들은 육체와 관련된 모든 것들을 무시하고, 보이지 않는 것들을 관조하면서 완전한 희열을 느끼지요. 전자는 맨 먼저 재물에 마음을 쓰고, 다음으로 육체의 안락에 신경 써요. 그리고 맨 나중에야 영혼에 마음을 쓰죠. 하기야 대부분의 사람들은 영혼 따위 믿지도 않지만요. 영혼은 눈에 안 보이잖아요? 반면 후자는 모든 존재 중에서 가장 단순하신 하느님을 향해 자신의 모든 노력을 기울여요. 그리고 다음으로는 하느님과 가장 가까운 것, 즉 영혼을 향해 노력을 기울이고요. 그들은 육체에 신경 쓰지 않으며, 돈을 멸시하여 무슨 전염병처럼 기피해요. 혹시 부득이하게 돈을 다룰 때에는 불쾌함을 느끼면서도 마지못해 할 뿐이지요. 그들 입장에서 그런 것들은, 갖고 있어도 사실 안 갖고 있는 것과 진배없어요. 따라서 그들은 그것들을 소유하면서도 소유하지 않는 셈이랍니다.[664]

두 유형을 세부적으로 뜯어보면 또 갖가지 정도 차이를 발견할 수 있어요. 우리의 모든 감각·지각은 기본적으로 육체와 관련되어 있지요. 하지만 어떤 것들은 촉각·청각·시각·후각·미각처럼 한결 물질적이고, 다른 것들은 기억·지성·의지와 같이 육체와의 관계가 한결 희박해요. 예를 들어 영혼은 행사하면 할수록 강해지죠.[665] 경건한 사람들은 그들의 영혼이 지닌 힘을 모두 발휘해, 거친 감각과 가장 무관한 대상을 향해 나아갑니다. 그러므로 그들은 결국 그 감각을 무디게 하고 아예 없애 버리지요. 반면 속인들은 그 감각은 매우 잘 사용하지만 다른 면에서 능력 발휘를 못해요. 오죽하면 성자들은 기름을 포도주로 알고 마실 수 있다는 이야기까지 있겠어요?[666]

영혼의 정념 가운데 어떤 것들은 성욕·식욕·수면욕·분노·오만·선망과 같이 육체의 거친 감각들과 밀접하게 연관되어 있어요. 경건한 사람들의 신앙심은 이런 것들을 상대로 맹렬하게 항쟁하고 있지요. 반면 속인들은 그런 정념들 없이는 살아가지를 못해요.

다음으로는 조국애나 자식·어버이·친구들에
대한 애정 등, 소위 자연적이고 중간적인 정념
이 있어요. 보통 사람들은 그런 정념들에 질질
끌려다니지요. 하지만 경건한 자들은 자기 영
혼에 자리한 그것들을 뿌리째 뽑아 버리거나,
영혼의 꼭대기까지 높이려고 노력해요. 이런
사람들은 아버지를 아버지로서 사랑하진 않아
요. 왜냐하면 아버지는 그의 육체밖에 낳아 주
지 않았는데, 그 육체마저도 실은 성스러운 하
느님 아버지께서 그에게 주신 거니까요. 혹시

자비를 베푸는 기독교도

그들이 아버지를 사랑한다면, 그것은 아버지가
훌륭한 인간이라서 그 안에 반짝이는 최고의
지혜를 간직하고 있기 때문일 거예요. 그들은
이 최고의 지혜에 의해 최고의 선으로 인도되
길 바라니까요. 이런 지혜가 없는 곳에는, 그
들이 사랑할 것도 희구할 것도 전혀 존재하지
않아요.

그들은 늘 이런 기준으로 인생의 모든 의무
를 측정한답니다. 물론 눈에 보이는 사물을 늘
멸시하기만 해서는 안 되겠죠. 하지만 최소한
그런 것들이 눈에 보이지 않는 것들보다 훨씬
열등하다고는 생각해요. 그들은 또 성사(聖事)
나 신앙의 실천에서마저, 육체와 정신은 구별

금욕하는 사람

해야 한다고 주장하지요. 한 예로 단식을 들어 볼까요. 속인들은 육식을 금
하거나 한 끼 굶는 일이야말로 단식의 본질이라고 믿고 있어요. 하지만 경건
한 사람들은 그런 일에 별 가치를 두지 않죠. 그들은 신앙을 실천할 때 갖가
지 정념을 끊어 버리고 분노와 교만도 억눌러요. 그렇게 하면 그들의 정신은
육체의 무거운 짐을 한결 내려놓게 되어, 천국의 지복을 맛볼 수 있다는 거
예요.

기름을 마시는 성 베르나르

미사에 관해서도 마찬가지예요. 경건한 사람들은 전례(典禮)의 외부 형태를 경멸하지는 않는다고 말해요. 하지만 그 눈에 보이는 표상들이 나타내야 할 영적 요소가 거기에 깃들어 있지 않다면, 그 외부 형태는 별로 유익하지 않을뿐더러 해롭기까지 하다는 것이 그들의 생각이지요. 미사는 그리스도의 죽음을 상징적으로 나타내는 것이므로, 그들 모든 신도들은 육체의 정념을 억제하고 소멸시켜—말하자면 매몰하여—그리스도의 죽음을 자기 안에서 재현해 내야 한다고 그들은 주장해요. 그래야지만 그들이 새로운 생명으로 거듭나고, 모두 함께 그리스도와 일체가 될 수 있다는 거죠. 경건한 사람들은 진심으로 그렇게 생각하고 행동해요. 반면 대중이 생각하는 미사란, 그저 제단에 좀더 가까이 다가가려고 노력하는 것, 성가를 듣는 것, 갖가지 자질구레한 의식에 참석하는 것 등에 불과하지요.

지금까지 든 몇몇 예를 보면 알 수 있듯이, 경건한 사람은 모든 방면에 있어 육체적인 것들로부터 멀어지려 해요. 그는 영적이고 눈에 보이지 않는 영원한 것들을 향해 날아오르려 하죠. 그러므로 내 생각에 '미치광이'란 말은 속인들보다 경건한 사람들 쪽에 더 잘 어울리는 것 같아요. 물론 경건한 사람이든 속인이든 간에 각자의 입장에서는 상대가 미치광이처럼 보일 테지만요.

경건한 사람들이 기대하고 있는 최고의 보상은 일종의 광기에 지나지 않아요. 지금부터 이 사실을 몇 마디 안 되는 말로 증명해 보일 거예요. 그러면 여러분도 앞서 내가 말한 내용을 확신하시게 되겠지요.

플라톤이 '애인들의 광란은 모든 광란 중에서 가장 행복한 것'이라고 썼을 때,*667 그가 어떤 몽상을 펼쳤을지 상상해 보세요. 광란에 빠진 애인이란, 이미 자기 속에서는 살지 않으며 자기가 사랑하는 사람 속에서 온전히 살아가고 있는 자를 뜻해요. 그는 사랑하는 사람 속에 녹아들기를 원해요. 따라서 자기 자신으로부터 벗어나면 벗어날수록 그는 행복을 느끼지요. 그런데 영혼을 자신의 육체에서 분리하기 위해서는, 신체 기관을 정상적으로 사용하길 포기해야 해요. 사람들은 이런 경우를 가리켜 '미쳤다'라고 표현하죠. 우리가 일반적으로 쓰는 '넋이 빠졌다'나 '정신 차리다', '제정신이 돌아오다' 등도 다 이러한 의미에서 사용되는 말이에요. 그리고 그 사랑이 완전하면 완전할수록, 이러한 광기는 더욱 크고 감미로워지지요.

그렇다면 경건한 사람들이 그토록 열렬하게 동경하고 있는 '천국의 생활'이란 대체 무엇일까요? 이때 정신은 육체를 지배하고 더 나아가 흡수해 버릴 거예요. 거기에는 두 가지 이유가 있죠. 첫째로 천국은 정신의 주된 활동 무대이기 때문이에요. 둘째로 살아생전에 정신이 육체를 정화하고 그 힘을 다 빼 놓았기 때문이지요. 즉 정신은 생전부터 육체를 흡수할 준비를 차근차근 해 놓았던 거예요. 이렇게 육체를 흡수해 버린 정신은, 이번에는 온갖 무한한 힘을 가진 최고의 지혜에게 흡수될 겁니다. 그 결과 그 인간은 고스란히 자기 자신 밖으로 나와 있게 되겠지요. 이 상황에서 그가 얻을 수 있는 행복은 단 하나예요. 자기 자신이기를 그만두고, 모든 것을 끌어당기는 저 형언할 수 없는 최고의 선에 그저 복종하는 일뿐이지요.

하기야 이런 천복에는 조건이 있을 거예요. 불멸성을 지닌 영혼이 과거의 육체를 도로 얻어야지만 비로소 그 천복이 완전해지는 것이겠지요.[668] 그러나 믿음이 있는 사람들의 생활은 영원을 향한 명상, 혹은 이 영원한 것의 그림자에 불과하지요. 따라서 그들은 과거의 육체를 도로 얻기도 전에, 그 천복을 조금 맛보고 그 향기를 약간 들이마시는 수도 있어요. 끝없는 행복의 마르지 않는 샘물에 비하면, 그것은 분명 조그만 한 방울에 지나지 않아요. 하지만 그들은 인간 세상의 모든 쾌락을 합친 것보다도 이 한 방울의 천복을 더 바람직하게 느낀단 말이지요. 이처럼 정신적인 것은 물질을 능가하고, 보이지 않는 것은 보이는 것을 능가해요. 이것이 예언자의 약속이랍니다. 그분은 "하느님이 자기를 사랑하는 자들을 위하여 준비하신 모든 것은, 눈으로 보지 못하고 귀로 듣지 못하고 사람의 마음으로 느끼지 못하는 것들이다"[669]라고 말씀하셨지요. 이승에서 저승으로 옮아가면서 완성되는 끝없는 광기란 바로 이런 거예요.

이러한 감정을 가진다는 것은 매우 희귀한 특권이에요. 이 특권을 누린 사람들은 일종의 광기를 느끼게 되죠. 그들은 다른 사람들과 관계없는 이야기

사막의 성 히에로니무스

를 횡설수설 지껄이고, 의미 없는 헛소리를 뇌까려요. 또 그들의 표정은 시시각각으로 변하지요. 때로는 유쾌해하고 때로는 슬퍼하면서, 웃고 울고 한숨짓고 해요. 요컨대 그들은 정말로 넋이 빠져 있는 거예요. 그들은 제정신으로 돌아온 뒤에도 자기가 어딜 갔다 왔는지, 자신이 자기 육체 속에 있었는지 밖에 있었는지, 깨어 있었는지 잠들어 있었는지조차 제대로 말하지 못한다니까요. 그들은 대체 무엇을 보고 듣고 말했으며, 또 무엇을 했을까요? 그들로서는 뜬구름 잡듯이, 혹은 꿈처럼 회상하듯 떠올리는 게 고작이에요. 다만 기억하는 것이라곤 광기에 빠져 있는 동안 행복했다는 사실뿐이지요. 그들은 제정신으로 돌아온 것을 한탄하고, 영원히 미치광이가 되기만을 꿈꿔요. 이것이 바로 그들이 훗날 맛볼 행복과의 자그마한 접촉이지요.

어머나, 내가 지금 무슨 소리를 하고 있는 걸까요? 꽤 오래전부터 나 자신을 잊고 분수에 넘치는 소릴 하고 있었네요.*670 혹시 내 연설이 지나치게 극성스럽거나 수다스럽게 느껴진다면, 내가 '바보 여신'이라서 여자답게 이야기하는 거라고 생각해 주세요. 그리고 "미친놈도 적절한 소리를 곧잘 한다"*671라는 그리스 속담을 떠올려 주시고요. 설마 이 속담에서 여자는 제외된다고 생각하시는 건 아니겠지요?

여러분은 이제 결론을 기다리고 계시는 것 같군요. 하지만 지금까지 온갖 수다를 다 떤 내가 자신이 말한 내용을 기억하고 있으리라 생각하신다면, 여러분은 참으로 미친 사람들이에요. "기억력 좋은 손님은 싫다"*672라는 옛말이 있어요. 실은 "기억력 좋은 청중은 싫다"라는 새말도 있답니다.

그럼, 안녕! 바보신을 모시는 고명한 사제들이여. 이제 박수갈채를 보내세요. 부디 번영하시고 축배를 드시기를!

ac uelut umbra quædā, fit ut præmij quoq; illi⁹ aliqñ guſtū,
aut odorē aliquē ſentiāt. Id tāetſi minutiſſima quædā ſtillu
la eſt ad fontē illū æternæ felicitatis, tñ longe ſupat uniuer-
ſas corpis uoluptates, etiā ſi oēs omniū mortaliū delitiæ in
unū cōferant. Vſq;adeo præſtāt ſpiritalia corpalib⁹, inuiſi-
bilia uiſibilib⁹. Hoc nimirū eſt, qd pollicet̃ ꝓpheta, oculus
nō uidit, nec auris audiuit, nec in cor hois aſcēdit, quæ præ-
parauit deus diligētibus ſe. Atq; hæc eſt Moriæ pars, quæ
nō aufert̃ cōmutatiōe uitæ, ſed ꝓficit̃. Hoc igit̃ qbus ſentire
licuit(cōtingit aut ppaucis) ñ patiunt̃ qddā demētiæ ſimilli
mū, loquūtur quædā nō ſatis cohærētia, nec humano mo-
re, ſed dant ſine mēte ſonū, deinde ſubinde totā oris ſpeciē
uertūt, Nūc alacres, nūc deiecti, nūc lachrymāt, nūc rident,
nūc ſuſpirāt, in ſūma uere toti extra ſe ſunt. Mox ubi ad ſe
ſe redierint, negāt ſe ſcire, ubi fuerint, utrū in corpe, an extra
corp⁹, uigilātes, an dormiētes, qd audierint, qd uiderint, qd
dixerint, qd fecerint, nō meminerūt, niſi tāq; ꝑ nebulam, ac
ſomniū, tantū hoc ſciunt, ſe feliciſſimos fuiſſe, dū ita deſipe
rēt. Itaq; plorāt ſeſe reſipuiſſe, nihilq; omniū malint q̃ hoc
inſaniæ genus ppetuo inſanire. Atq; hæc eſt futuræ felicita
tis tenuis quædā deguſtatiuncula. Verū ego iādudū oblita
mei ὑπὲρ τὰ ἐσκαμμένα πηδῶ. Quāq; ſiqd petulātius aut loquā
cius a me dictū uidebit̃, cogitate & ſtulticiā, & mulierem di
xiſſe. Sed interim tñ memineritis illius Græcanici ꝓuerbij,
πολλάκιϛ καὶ μωρὸϛ ἀνὴρ κατακαίριον ἔπεν. Niſi forte putatis hoc
ad mulieres nihil attinere. Video uos epilogū expectare,
ſed nimiū deſipitis, ſi qdē arbitramini me qd dixerim etiā
dū meminiſſe. Cū tantā uerborū farraginē effuderim. Ve-
tus illud, μισῶ μνάμονα συμπόταν. Nouū hoc, μισῶ μνάμονα ἀκρος
ατὴν, Quare ualete, plaudite, uiuite, bibite, Moriæ celeberri-
mi Myſtæ.　ΜΩΡΙΑΣ ΕΓΚΩΜΙΩΝ Feliciter abſolutum.

이야기를 마친 바보 여신 (바젤 판, 최종 도판에 실린 페이지 전체)

〈주〉

*1 테렌티우스(기원전 195?, 185? ~159)의 「형제」 839에서 인용.

*2 네펜데스는 망우초란 약초를 가리킨다. 고대 그리스인들은 그 즙을 포도주에 섞어 마시면 모든 근심 걱정과 슬픔, 노여움을 잊을 수 있다고 믿었다(「오디세이」 4·220 참조).

*3 그리스·로마 신화에 나오는 신들의 음료로서 '넥타르'라 불린다.

*4 트로포니오스는 델포이 신전을 건축한 그리스의 건축가다. 형제인 아가메데스를 죽여 버린 트로포니오스는 보이오티아 지방의 레바데이아 성림(聖林)에 있는 동굴 속에 빠지게 된다. 이 동굴에서는 신탁이 들리는데, 여기에 와서 신탁을 들은 사람은 누구나 평생 슬픔에 잠긴다는 전설이 있다(「파우사니아스」 9·37·3 참조). 에라스무스는 그의 「격언집」 1·7·77에서도 트로포니오스의 동굴에서 도망쳐 나온 사람들에 대해 언급하고 있다.

*5 호라티우스의 「오드」 1·4·1과 3·7·2 및 4·5·6에서 따온 표현.

*6 헤르메스의 아들로서 염소의 다리와 뿔과 털을 달고 태어난 신이다. 그는 곧잘 디오니소스(로마 신화의 바쿠스)의 행렬에 끼거나 산과 들을 쏘다니며 사냥을 했다. 혹은 자기가 만든 피리로 반주하여 님프들을 춤추게 하였다(신화).

*7 프리기아의 왕 미다스는 디오니소스 신에게 신비로운 능력을 받았다. 바로 손에 닿는 모든 것을 황금으로 바꾸는 능력이었다. 그런데 음식물까지도 황금으로 변하는 것이었다. 구해 달라고 간청하는 미다스에게 신은 파크톨로스 강에 가서 몸을 담그라고 하였다. 그 후 이 강에는 사금이 굴러다녔다고 한다. 또 미다스는 아폴로의 리라보다도 판의 피리를 더 좋아하여 아폴로의 분노를 샀다. 화가 난 신은 미다스에게 당나귀 귀를 달아 주었다. 미다스는 이 귀를 계속 감추어 왔으나 이발사에게 비밀을 들키고 만다. 입이 근질근질하던 이발사는 결국 땅에 구멍을 파고 그 안에다가 비밀을 말한 뒤 흙으로 얼른 덮었다. 시간이 흐른 뒤 그 자리에서 갈대가 자라났고, 갈대는 바람이 조금만 불어도 "미다스 왕의 귀는 당나귀 귀"라고 되풀이했다(신화).

*8 그리스·로마 신화에 나오는 반신(半神). 주피터(유피테르)와 알크메네 사이에서 태어난 영웅으로, 유명한 열두 가지 큰일 외에도 수많은 위업을 달성했다.

*9 아테네의 입법자. 그리스의 일곱 현인 가운데 한 사람(기원전 640~525.) 아테네의 시민정신을 일으키고 가난한 시민들의 짐을 덜어 주었으며, 보다 자유로운 헌법을 만들었다.

*10 원문은 그리스어로 자화자찬한다는 의미다. 직역하면 '스스로를 위해 피리를 부는 사람'이다.

*11 꽁지깃을 부채같이 펴는 공작처럼, 교만하게 으쓱대고 도도하게 뽐내며 멋을 부린다는 뜻이다.

*12 수탉같이 볏을 치켜세운다는 것은 거만하게 군다는 말이다.

*13 그리스 속담. 에라스무스의 「격언집」 1·4·50에서도 인용되고 있다.

*14 그리스 속담. 「격언집」 1·9·69에서도 인용되고 있다.

*15 '로테르담의 에라스무스가 친애하는 토머스 모어에게' 주 16을 보라.

*16 팔라리스 또는 폴라리스, 시칠리아 섬 아그리겐툼의 폭군(기원전 670~562이다. 그는 자기 희생자들을 청동으로 만든 황소에 넣어 태워 죽이면서 그 비명을 즐겼다. 사모사타의 루키아노스가 그를 예찬하는 글을 썼다.

*17 '로테르담의 에라스무스가 친애하는 토머스 모어에게' 주 20을 보라.

*18 '로테르담의 에라스무스가 친애하는 토머스 모어에게' 주 22를 보라.

*19 '로테르담의 에라스무스가 친애하는 토머스 모어에게' 주 21을 보라.

*20 에라스무스의 「격언집」 1·5·73에서도 인용되고 있다.

*21 「오디세이」 8·325에서 따온 표현이다.

*22 키케로의 〈아티쿠스에게 보내는 편지〉 14·13에서 인용.

*23 「격언집」 1·7·10 참조.

*24 「격언집」 1·3·66 참조.

*25 주 40을 보라.

*26 밀레투스에서 태어난 그리스의 수학자이자 철학자(기원전 636?~546?). 이오니아 학파의 창시자로 고대 그리스의 일곱 현인 중 하나. "탈레스인 양 행세한다"는 말은 그리스의 속담이다. 「격언집」 12·7·26 참조.

*27 루키아노스가 지은 말(「알렉산드로」 40). 이 말은 휴머니스트들이 구파에 속하는 철학자들을 조롱할 때 종종 사용되었던 듯하다. 라블레 「제3서 팡타그뤼엘」 제46장에도 이 말이 나온다.

*28 오비디우스의 「변신이야기」 4·586 및 에라스무스의 「격언집」 2·4·84 참조.

*29 에라스무스의 「격언집」 1·1·35에 "아무것도 모르면서 이미 아는 것처럼 보이려고 때때로 귀를 움직이는 것이 당나귀의 특성 가운데 하나"라는 구절이 있다. 라블레 「제3서 팡타그뤼엘」의 머리말에도 같은 속담이 등장하는데, 여기에는 "아르카디아의 당나귀들처럼 악사들의 노래에 귀를 쫑긋쫑긋 놀리는 사람들"이라 적혀 있다.

*30 '로테르담의 에라스무스가 친애하는 토머스 모어에게' 주 4를 보라.

*31 카오스는 '벌어진 공간'이라는 뜻으로, 헤시오도스의 「테오고니아」 116에 의하면 천지 시초의 혼돈을 가리킨다.

*32 오르쿠스는 고대 이탈리아의 지옥의 신이다. 옛날에는 우라구스라고도 불렸으며, 라틴 시인들은 흔히 플루톤과 동일시했다.

*33 사투르누스는 신화에 등장하는 이탈리아의 왕이다. 로마인들은 그를 그리스의 크로노스와 동일시했고, 나중에는 주피터·주노·넵투누스(넵튠)·플루톤·케레스·베스타의 아버지로 간주했다. 헤시오도스의 「테오고니아」 507, 오비디우스의 「변신이야기」 1·113 참조.

*34 이아페토스는 거인족의 일원으로 '하늘'과 '땅'의 아들이자 아틀라스·프로메테우스·에
피메테우스·메네티우스의 아버지다. 호머의 「일리아드」 8·479, 헤시오도스의 「테오고
니아」 507, 베르길리우스의 「농경시」 1·278 참조.

*35 호머와 헤시오도스가 자주 사용한 시구. 사실 플루토스를 형용하는 데 쓰인 표현은
아니지만, 여기에서는 에라스무스가 이례적으로 플루토스를 형용하기 위해 사용했다.

*36 플루토스는 풍요의 신으로, 이아시온과 케레스의 아들이다.

*37 올림포스의 대신(大神)들의 수는 주피터를 비롯하여 12명 또는 20명이었다.

*38 플루토스가 도와주지 않으면 사람들이 신들에게 바치는 희생은 줄어든다. 따라서 신
들은 '넥타르'와 '암브로시아(신의 양식)'만 먹으며 만족해야 될 것이라는 뜻이다. 루
키아노스의 「희생」 9 참조.

*39 '로테르담의 에라스무스가 친애하는 토머스 모어에게' 주 5를 보라.

*40 '로테르담의 에라스무스가 친애하는 토머스 모어에게' 주 5를 보라.

*41 신화에서 숲, 산, 강, 바다에 사는 하급 여신들의 이름.

*42 이 여신을 로마인들은 유벤타스 또는 유벤투스라 했으며 그리스인들은 헤베라고 불렀
다. 이 청춘의 여신은 주피터와 주노의 딸로서, 헤라클레스의 아내가 되어 그에게 아
들과 딸 둘을 낳아 주었다. 에라스무스는 이 청춘의 여신 헤베가 식사 자리에서 신들
의 시중을 들었을 때, 플루토스에게 사랑을 받아 바보신이라는 딸을 낳았을 거라고
상상하고 있다.

*43 불카누스는 주피터와 그의 누이이자 아내인 주노 사이에서 태어난 적자다. 그래서
'망측스런 결혼 관계'라고 표현한 것이리라. 에라스무스의 말에 따르면 불카누스가 절
름발이이고 추악하게 생긴 것도 그 때문이라 한다.

*44 호머의 「오디세이」 8·271, 「일리아드」 14·295에 등장하는 이 표현은 올바른 혼인관계
를 나타내고 있는 반면, 에라스무스는 같은 표현을 빌려 은밀한 사랑 관계를 나타내
고 있다.

*45 아리스토파네스의 희곡 「플루토스」(기원전 388년에 상연됨)를 가리킨다.

*46 호라티우스의 「오드」 3·14·27에서 인용.

*47 이 잔치에서 플루토스는 헤베(유벤타스)의 시중을 받고 그녀와 사랑에 빠졌다.

*48 주 3을 보라.

*49 디아나와 아폴로는 이 '떠 있는 섬'에서 태어났다. 주피터는 금강석 사슬로 이 섬을
움직이지 못하게 묶어 두었다. 오비디우스의 「변신이야기」 6·333 참조.

*50 비너스는 '물결의 거품' 속에서 태어났다.

*51 바다의 여신 테티스와 그녀의 동생들이 태어난 장소. 「오디세이」 1·73, 4·403에서 인
용.

*52 「오디세이」 9·109에서 인용. 복된 사람들이 살았던 섬이다. 고대 지리학자들은 '헤라
클레스의 기둥', 즉 지브롤터 해협 저편의 카나리아 제도에 이 섬이 존재한다고 믿었

다. 호라티우스의「에포드」16·42에는 이렇게 적혀 있다. "저 풍요로운 평야, '행복의 섬'으로 가자. 해마다 땅을 갈지 않아도 풍족한 밀이 나고, 포도나무는 자르지 않아도 번성하고, 감람나무 가지는 싹이 터 결코 속이는 법이 없고, 익은 무화과는 나무에 접붙이지 않아도 주렁주렁 열리고, 꿀은 떡갈나무 안에서 흘러내리고, 시원한 물은 산 위에서 콸콸 떨어진다."

*53 호라티우스의「풍자시」2·4·58, 2·8·42에 나오는 식물. 결코 평범한 식물은 아니라고 한다.

*54 「오디세이」10·305에 의하면 이 식물은 뿌리가 검고 꽃이 흰 신비로운 약초다. 메르쿠리우스는 키르케의 마력에 대항할 수단으로, 이 약초를 율리시스에게 주었다.

*55 플리니우스의「박물지」25·11에 의하면, 이 식물은 πανάχεια라는 그 이름이 뜻하는 바와 같이 만병통치약으로 쓰이는 신비로운 약초다.

*56 주 2를 보라.

*57 올림포스의 신들이 먹던 음식으로 불사약(不死藥)이다. 여기에서는 불로초로 간주되고 있다.

*58 호머의「오디세이」9·84 참조. 이 열매를 먹은 나그네는 고국을 잊었다고 한다.

*59 '아도니스의 동산'은 피자마자 곧 시드는 꽃동산이란 뜻이다. 「격언집」1·1·4 참조. 아도니스는 신화에 등장하는 미남자로, 죽은 뒤 아네모네가 되었다고 한다.

*60 베르길리우스의「전원시」4·62~63에 "아기로서 제 어미를 향해 웃지 않는 자에게는 신들의 밥상도 여신들의 잠자리도 함께할 자격이 없다"라는 구절이 등장한다.

*61 「일리아드」2·403에서 인용한 표현으로 주피터를 가리키는 말. 크로노스는 사투르누스와 같은 신이다.

*62 아말테아라는 암염소가 크레타 섬에서 주피터에게 젖을 먹여 주었다. 오비디우스의 「파스티(祭曆)」5·165 이하 참조.

*63 '도취'도 '무지'도 에라스무스가 꾸며 낸 가공의 여신.

*64 '로테르담의 에라스무스가 친애하는 토머스 모어에게' 주 31을 보라.

*65 Κολαχια, 이 말은 에라스무스가 Κολαχεια(아첨)에서 만들어 낸 이름이다.

*66 Λήθη, 그리스 신화에서 '레테'는 지옥에 흐르는 강들 가운데 하나다. 전설에 의하면 죽은 자들은 이승의 고락을 잊기 위해 이 강물을 마셨다고 한다.

*67 Μισοπονια, 루키아노스의「점성가」2에 '게으름', 즉 '노력의 적'으로서 이미 등장하고 있다.

*68 Ηδονη.

*69 Ανοια.

*70 Τρυφη.

*71 Κωμος.

*72 νηγρειος. 「오디세이」13·79에서 사용한 표현.

＊73 플리니우스의 「박물지」 2·5 참조.

＊74 「성서」에서 쓰인 표현. 「요한계시록」 1·8에 "주께서 말씀하시기를 '나는 알파이자 오메가요, 처음과 마지막이며 시작이자 끝이로다'"라는 구절이 있다.

＊75 「일리아드」 5·747에서 팔라스를 형용할 때 사용된 표현이다.

＊76 「일리아드」 1·160·470에서 주피터를 형용할 때 사용된 표현이다.

＊77 베르길리우스의 「아이네이스」 9·106 참조.

＊78 「일리아드」에서 자주 사용된(1·125 및 기타) 주피터의 호칭.

＊79 주피터는 벼락을 상징하는, 끝이 셋으로 갈라진 창을 휘두르는 모습으로 묘사된다. 오비디우스의 「변신이야기」 2·848 참조.

＊80 신들에게 대항하여 산에 산을 겹쳐 쌓아서 하늘로 오르려다가 주피터의 벼락을 맞은 티탄 족과 같은, 상대를 위협하는 사나운 얼굴(루키아노스의 「이카로메니포스」 23, 기타).

＊81 기원전 4세기 말 아테네에서 제논이 창시한 철학의 한 유파. 이들은 Stoa, 즉 회랑에서 모였으므로 스토아라는 이름으로 불렸다. 로마 시대에는 세네카, 페르시우스, 마르쿠스 아우렐리우스 황제 등이 이 유파의 대표적 철학자였다. 스토아 철학은 특히 금욕적인 윤리 사상으로 유명한데, 부귀·건강·고통 등 외부 상황에 무관심함으로써 오직 이성에만 따르려고 노력하는 것을 최고선으로 삼고 있다.

＊82 긴 수염은 망토(abolla)와 지팡이와 더불어, 거리의 철학자나 키닉 학파 및 스토아 파 철학자들의 특징이었다. 호라티우스의 「풍자시」 1·3·133, 2·3·35 참조.

＊83 사원수(四元數), 즉 1·2·3·4라는 네 개의 숫자는 피타고라스 학파 체계의 기초가 되는 간격을 나타낸다. 피타고라스는 사모스 섬에서 태어난 그리스의 철학자이자 수학자이다(기원전 580?~500?).

＊84 루크레티우스는 그의 「자연론(Do Natura)」 첫머리에서 비너스의 힘을 찬미하고 있다.

＊85 호라티우스의 「오드」 1·35·12 참조.

＊86 그리스의 비극시인(기원전 497 또는 495~405). 그의 비극으로는 「오이디푸스 왕」 등 일곱 개의 걸작이 전해지고 있다.

＊87 소포클레스의 비극 「아이아스」 554에서 인용.

＊88 세네카의 「오이디푸스 왕」 607 참조.

＊89 루키아노스의 「사투르나리아」 9에서 사용된 표현. 에라스무스의 「격언집」 1·5·36 참조.

＊90 주 52를 보라.

＊91 레테는 본디 지옥의 강들 중 하나다.

＊92 베르길리우스의 「아이네이스」 6·715에서 사용된 표현.

＊93 에라스무스의 「격언집」 4·2·100 참조.

*94 티투스 플라우투스(기원전 254~184). 로마 시대의 희극 작가다.

*95 A·M·O. 즉 amo(사랑한)로 되돌아간다는 것은, 다시 사랑하기 시작한다는 뜻이다. 플라우투스의 「상인(Mercator)」 304 참조.

*96 「일리아드」 1·249 참조. 네스토르는 총명하기로 유명한 노인. 아킬레우스는 젊고 혈기 왕성한 장군.

*97 「일리아드」 3·152 참조. 트로이 성이 포위된 상황에서도 늙은이들은 아리따운 헬레네의 자태를 보고 흥이 나서 입을 나불거린다.

*98 호머의 「오디세이」 17·218에서 인용.

*99 아폴로에게 쫓기던 님프 다프네가 월계수로 변신했다는 신화를 가리키는 것 같다. 오비디우스의 「변신이야기」 1·452~567 참조.

*100 아이올로스의 딸 할키오네는 남편 케익스의 죽음을 슬퍼한 나머지 바다에 뛰어들어 물총새가 되었다. 다른 전설에 의하면 부부가 함께 변신을 했다고 한다. 오비디우스의 「변신이야기」 2·410~742 참조.

*101 프리아무스(프리암)의 동생 티토노스는 미남인 까닭에 새벽의 여신 아우로라(오로라)의 사랑을 받고 죽어서 매미가 되었다. 오비디우스의 「파스티」 6·473, 베르길리우스의 「아에네이드」 4·585 참조.

*102 주피터에게 납치된 에우로페의 오빠이자 테베 시의 시조인 카드모스는 늙어서 뱀이 된다. 오비디우스의 「변신이야기」 4·571~603 참조.

*103 호라티우스가 자칭 '에피쿠로스의 돼지'라고 하면서 스스로를 형용한 말. 「서간집」 1·4·15~16 참조.

*104 에라스무스의 「격언집」 2·3·59 참조. 아카르나니아는 남쪽에 이오니아 바다를, 서쪽에 암브라키아 만을, 북쪽에 에피루스를, 동쪽에 에톨리아를 각각 끼고 있던 옛 지방의 이름. 주민들이 우매했으므로 '아카르나니아의 돼지'라는 속담이 생겼다.

*105 벨기에의 한 지방의 이름. 수도는 브뤼셀이다.

*106 작가 에라스무스가 네덜란드 사람이기 때문에 이런 표현을 쓴 듯하다.

*107 네덜란드에는 "네덜란드 사람은 늙을수록 바보가 된다(Hoe ouder, hoe botten Hollander)"라는 속담이 있다.

*108 메데이아는 황금 양털을 찾으러 떠난 아르고스 사람들의 이야기에 나오는 여자 마법사다. 그녀는 이아손의 아버지를 다시 젊게 만들어 준다. 오비디우스의 「변신이야기」 7·162 참조.

*109 키르케는 호머의 「오디세이」에 나오는 마녀다. 그녀는 율리시스의 부하들을 돼지로 만들어 버린다(「오디세이」 10·137 참조). 이 이야기는 오비디우스의 「변신이야기」 14·10·348, 399에도 나온다.

*110 아우로라(오로라)는 새벽의 여신이다. 그녀의 임무는 '태양'에게 동쪽 문을 열어 주는 것이다.

＊111 멤논은 에티오피아의 왕이자 티토노스와 아우로라의 아들이다. 멤논의 딸은 주피터에게 빌어서 할아버지 티토노스를 매미로 변신시켰다. 실은 그 일이 있기 전에 이미 아우로라가 신들에게 빈 덕택으로 티토노스는 불사(不死)를 얻었으나, 영원한 젊음은 얻지 못한 탓에 딱딱하게 오그라든 매미가 돼 버린 것이다. 오비디우스의 「변신이야기」 13·575~622 참조.

＊112 파온은 미틸레네의 늙은 뱃사공이다. 그는 늙은 노파로 변신한 비너스를 공짜로 건네주었다. 비너스는 그 답례로 파온을 미남으로 변신시켰다. 사포는 이 미남에게 반했으나, 그로부터 멸시를 받게 되자 레우카디아의 바위에서 물에 빠져 죽고 만다. 오비디우스의 「여장부(헤로이데스)」 15, 루키아노스의 「죽은 사람들의 대화」 9·2 참조.

＊113 베르길리우스의 「농경시」 2·380~396 참조.

＊114 모리코스($M\acute{o}\rho\nu X o\varsigma$)는 $\mu o\rho\acute{o}\sigma\acute{o}\omega$(더럽히다)에서 만들어진 말로 바쿠스의 별명이다. 술에 취한 바쿠스 신의 얼굴이며 몸이 더럽혀져 있음을 뜻한다. '모리코스(바쿠스)보다도 더 미친 놈'이라는 속담은 시칠리아의 격언이다. 에라스무스의 「격언집」 2·9·1 참조.

＊115 아리스토파네스의 「개구리」를 가리킨다. 이 희극에서 작자는 희곡 예술의 수호신인 디오니소스, 즉 바쿠스를 사정없이 조롱하고 있다.

＊116 바쿠스의 어머니는 카드모스의 딸 세멜레다. 그런데 어느 날 주피터의 아내 주노가 변장을 하여 세멜레 앞에 나타났다. 주노는 "영광에 둘러싸인 모습을 보여 달라고 주피터에게 간청해 봐라"라고 세멜레를 부추겼다. 세멜레가 주노의 말에 따라 행동한 결과, 주피터는 어쩔 수 없이 세멜레의 청을 받아들이게 되었다. 그는 번갯불에 둘러싸인 모습으로 세멜레 앞에 나타났다. 그 불꽃에 휩싸인 세멜레는 죽어가면서 달도 안 찬 바쿠스를 낳았다. 그런 바쿠스를 가엾게 여긴 주피터는 아기를 자기 허벅다리에 넣어 달이 찰 때까지 길러 주었다. 오비디우스의 「변신이야기」 3·310, 4·11 이하 참조.

＊117 이 표현을 호머는 사투르누스의 형용어로 썼으며, 헤시오도스는 프로메테우스의 형용어로 사용했다.

＊118 판은 다른 숲의 신들과 마찬가지로, 때때로 느닷없이 나타나 길손들을 무섭게 만들었다.

＊119 팔라스(미네르바)의 방패에 달린 메두사의 무서운 머리를 가리킨다. 본디 고르곤은 세 자매를 뜻하는 말이지만, 그중 한 명인 메두사만을 가리키는 경우도 많다. 고르곤은 팔라스의 노여움을 산 탓에 흉측한 모습으로 바뀌고 말았다. 페르세우스는 메두사를 죽여 그 머리를 가지고 싸움터에 나가 적군에게 공포를 주었다. 고르곤에게는 제 얼굴을 보는 모든 사람들을 돌로 만드는 힘이 있었다고 한다.

＊120 소포클레스의 「아이아스」 452 참조.

*121 로마 신화의 사랑의 신. 그리스 신화의 에로스와 같은 신이다.

*122 호머의「오디세이」8·337에서 사용된 표현.

*123 플로라는 로마 신화에 등장하는 꽃과 봄의 여신이다. 그녀를 위한 축제인 플로리아 제(祭)는 해마다 4월 28일부터 5월 1일까지 열렸는데, 이때마다 온갖 음란과 환락이 벌어졌다. 오비디우스의「파스티」5·183 이하 참조.

*124 헤시오도스의 말에 따르면, 주피터는 메티스·테미스·에우리노메·케레스·므네모시네·라토나·주노 등 일곱 여신과 차례차례 결혼했으며, 헤아릴 수 없을 만큼 많은 이승의 여인들과 관계를 맺어 수많은 신과 반신을 낳았다고 한다.

*125 달의 여신 디아나는 카리아의 라트모스 산 위를 지나다가, 그곳에서 자고 있던 미남 사냥꾼 엔디미온에게 반하여 그의 곁으로 내려왔다. 그리고 디아나는 엔디미온의 잠이 영원히 계속되도록 하여, 밤마다 남몰래 그를 껴안았다. 키케로의「투스쿨라나룸 담론」1·38, 유베날리스의「풍자시집」10 참조.

*126 녹스(밤)의 아들. 조롱과 비판의 신이다. 모모스는 신들의 풍습을 감독하고, 불카누스가 만들어 내는 인간들을 검열했다고 한다(참고로 불카누스는 자기가 만드는 인간의 가슴에, 그의 비밀스런 생각을 남들이 들여다볼 수 있을 만한 구멍을 결코 만들어 놓지 않았다고 한다). 모모스는 언제나 가면을 벗어 올리고 손에는 지팡이를 들고 있는 모습으로 묘사되는데, 이 지팡이는 바보의 상징이다. 헤시오도스의「신통기(神統記)」214, 에라스무스의「격언집」1·5·74 참조.

*127 유혹의 여신 아테는 주피터와 디스코르디아(不和)의 딸이다. 아테는 올림포스 신들을 교사하여 그들을 파멸하게 만들더니 마침내는 주노를 선동하여, 주피터를 속여서 헤라클레스보다 먼저 에우리스테우스를 낳게 하였다. 주피터는 그런 죄를 지은 아테를 지상으로 떨어뜨렸다. 이때부터 아테는 놀라운 속도로 지상을 돌아다니며 불의와 재난을 즐겨 일으켰다. 호머의「일리아드」19·91 이하, 9·502, 헤시오도스의「신통기」230 참조.

*128 「일리아드」6·138 참조.

*129 호라티우스는 그의 여덟째「풍자시」1·8·1에서 프라이포스에 대해 이야기하였다. 그 이야기에서 프라이포스는 "나는 예전에 무화과 줄기(truncus ficulnus)였다"라고 말한다. 프라이포스는 정원과 포도밭과 생식의 신이며 디오니소스와 아프로디테, 혹은 어떤 님프 사이에서 태어난 아들이다. 그는 남성의 상징으로서 커다란 음경 모양으로 묘사된다.

*130 호라티우스의「오드」1·10에 의하면, 메르쿠리우스는 어릴 적에 아폴로의 소와 화살통을 훔쳤다. 또 성장해서는 트로이 성 함락 후, 그리스인들의 눈을 속여 프리아모스를 슬쩍 구출해 갔다.

*131 호머의「일리아드」1·568, 18·397 참조.

*132 실레노스는 메르쿠리우스 또는 판에게서 태어났다고 한다. 실레노스는 바쿠스를 길

렸으며 늘 그와 함께 다녔다. 대개 술에 취해 있으며, 당나귀에 걸타고 있거나 지팡이를 짚은 늙은이 모습으로 묘사된다.

*133 폴리페모스는 외눈박이 거인이다. 율리시스 일행을 위험에 빠뜨렸던 그는, 율리시스의 재치에 의해 도리어 눈을 잃고 만다.

*134 고대 그리스에서 희극이 상연되기 전에 행해지던 기괴하고 음란한 춤. 이 춤을 추는 사람들은, 매우 기형적인 모습이나 술에 취하고 방탕에 빠져 보기 흉해진 육체를 흉내 내려고 애썼다. 아리스토파네스의 「구름」 540 및 555, 페트로니우스의 「사티리콘」 52·9 참조. 바티칸 박물관에 보관된 한 대리석 잔에는, 목신과 바쿠스 신을 모시는 여자 제관들이 코르닥스 춤을 추고 있는 그림이 새겨져 있다고 한다.

*135 루키아노스의 「무용에 관하여」 12 참조.

*136 바쿠스를 따라다니는 반은 사람, 반은 염소 모습을 한 신.

*137 고대 이탈리아의 오스코 족이 하던 상당히 음란한 소극. 카푸아와 나폴리 사이에 있던 고대 이탈리아 도시인 아텔란에서 유래한 이름이다. 티투스 리비우스의 「로마 건국사」 7·2, 22·61, 26·16 이하 참조.

*138 침묵의 신. 집게손가락을 입에 대고 침묵과 신중을 권장하는 모습으로 그려진다. 에라스무스의 「격언집」 4·1·52 참조.

*139 파르나소스 산에 사는 신들을 가리킨다. 이 산에 코리카이오스라는 유명한 동굴이 있었다.

*140 키케로의 「신에 관하여」 1·8 참조.

*141 24 : 51 정도의 비율.

*142 아울루스 겔리우스의 「아티카 야화(夜話)」 15·25·2에서도 같은 사상을 엿볼 수 있다.

*143 플라톤의 「티마이오스」 90 E 참조. 에라스무스의 이 문장은 앙드레 티라코의 「결혼 규칙」 1·14에 인용되었으며, 라블레는 또 그것으로부터 착상을 얻어 「제3서 팡타그뤼엘」 제32장에서 여성을 우롱하는 문장을 쓴 듯하다.

*144 말귀를 못 알아듣는 사람에게 어떤 것을 가르쳐 주려 한다는 뜻. 에라스무스의 「격언집」 1·4·62에 인용된 그리스 속담. 과거 씨름꾼들은 몸에 기름을 발랐다.

*145 에라스무스의 「격언집」 1·7·10~11에 인용된 그리스 속담.

*146 여기에서 에라스무스는 플라톤과 같은 생각을 표명하고 있다. 훗날 뮈세도 그의 유명한 시에서 이들과 같은 생각을 드러냈다. "나도 시인한다. 여자들이란 꽤 무식한 존재. 무엇이 그들을 기쁘게 만드는지 큰 소리로 말하지는 않겠지만, 그러나 어찌하랴. 그들에겐 아름다움이 있는 것을……. 아름다움이야말로 그들의 전부, 플라톤도 그리 말하였더라."

*147 유베날리스의 「풍자시집」 7·13 참조.

*148 비용의 「유언시집」 325~326 참조.

*149 호라티우스의 「오드」 1·18에 나오는 regna vini sortiri talis와 같은 것으로, 고대인들
은 주사위를 던져 연회의 왕 rex convivii(그리스인들은 symposiarque, 즉 좌장이라고
불렀음)을 뽑는 놀이다. 이 왕은 대화를 주도하고 각자가 마셔야 할 술잔 수를 정하
고, 노래 부를 사람을 지명하였다.

*150 ad myrtum canere. 이 표현은 에라스무스의 「격언집」 2·6·21에도 나온다. 도금양 가
지를 차례차례 돌려서, 그것을 받은 사람이 노래를 부르는 놀이.

*151 특히 스토아 철학자들과 키케로 같은 사람들이 이에 속한다.

*152 그리스·로마 속담. 에라스무스의 「격언집」 1·1·8에서도 인용되고 있다.

*153 악어와 관련된 삼단논법으로 일종의 궤변이다. 이 논법의 형식은 퀸틸리아누스의
「웅변교수론」 1·10·5에 언급되어 있으며 자세한 내용은 다음과 같다. 어린애 하나
를 채 간 악어가 아이 어머니에게, 자신이 그 아이를 어떻게 할 생각인지 알아맞히
면 아이를 돌려주겠다고 말했다. 어머니는 "너는 아이를 돌려주지 않을 거야"라고
대답했다. 그러자 악어는 정말로 아이를 돌려주지 않았다. 이에 어머니는 "어서 아
이를 돌려줘. 내가 네 생각을 맞췄잖아"라고 재촉했다. 하지만 악어는 "그럴 순 없
지. 만약 아이를 돌려준다면, 너는 내 생각을 못 알아맞힌 게 되니까"라고 대꾸할
뿐이었다. 아울루스 겔리우스의 「아티카 야화」 1·2·4도 참조할 것.

*154 이 연쇄논법의 형식도 퀸틸리아누스의 「웅변교수론」 1·10·5에 나온다. 간추린 내용
은 다음과 같다. "너는 네가 잃어버리지 않은 것을 가지고 있다. 그런데 너는 뿔을
잃어버리지 않았다. 그러므로 너는 뿔을 가지고 있다." 루키아노스의 「향연」 23, 아
울루스 겔리우스의 「아티카 야화」 18·2·9도 참조할 것.

*155 '어떤 사내는……'부터 이어지는 이 독설은 호라티우스의 「풍자시」 1·3·73~74,
38~40, 44~45에서 따온 것이다.

*156 에피다우로스의 뱀이란 아스클레피오스를 가리킨다. 의술의 신인 아스클레피오스는
에피다우로스(그리스의 옛 도시 가운데 하나)에서 뱀으로서 숭배를 받았는데, 그것
은 뱀이 의사에게 필요한 조심성을 상징하였기 때문이다. 에라스무스의 이 문장은
호라티우스의 「풍자시」 1·3·25~26에서 인용한 것. 에라스무스의 「격언집」 1·9·96
참조.

*157 파에드루스의 「우화」 4·9에서 착상한 표현인 듯하다. 페르시우스의 「풍자시」 4·24도
참조할 것. 사람은 앞뒤로 주머니를 하나씩 매달고 있는데, 앞의 주머니에는 자신의
좋은 점이 들어 있고 뒤의 주머니에는 자신의 나쁜 점이 들어 있다고 한다. 그래서
사람은 자신의 나쁜 점을 눈치 채지 못한다.

*158 사랑에 빠진 사람은 상대의 결점을 보지 못한다. 그래서 사랑의 신의 사자인 큐피드
는 흔히 눈가리개를 한 모습으로 묘사된다.

*159 테오크리토스의 「목가」 6·19에서 인용.

*160 로마 속담. 에라스무스의 「격언집」 1·2·62 참조.

* 161 프랑스어 cocu는 coucou(라틴어 cuculus), 즉 '뻐꾸기'란 단어에서 비롯된 말이다. 암컷 뻐꾸기에게는 다른 새의 둥지에 알을 낳는 버릇이 있다. 그런 까닭에 이 단어는 아내가 외간 남자와 간통한다는 뜻으로 쓰이게 되었다.

* 162 '로테르담의 에라스무스가 친애하는 토머스 모어에게' 주 31을 보라.

* 163 트로이 공성군 중에서 제일가는 미남은 니레우스(호머의 「일리아드」 2·639)이며 제일가는 추남은 테르시테스다(「일리아드」 2·212)

* 164 파온에 대해서는 주 112를 참조하라. 네스토르는 트로이 공성군 중 가장 늙은 군주로서 현명하기로 유명했다.

* 165 에라스무스의 「격언집」 1·1·40 참조.

* 166 마르티알리스의 「풍자시」 10·47·12에서 사용된 표현.

* 167 주 52를 보라.

* 168 에라스무스의 「격언집」 2·1·79 참조. 메가라는 코린트와 아테네 사이에 있었던 도시 이름이다. 메가라 사람들은 매우 호전적이라 아테네 사람들과 종종 싸웠고, 때로는 그들과 협력하여 페르시아 사람들을 무찌르기도 했다.

* 169 베르길리우스의 「아이네이스」 8·2 참조.

* 170 아르킬로코스는 기원전 7세기에 파로스 섬에서 태어난 그리스의 시인이다. 데모스테네스는 기원전 338년 아테네 군인으로서 전쟁에 참가하여 마케도니아 군대와 싸우다가 달아났던 모양이다.

* 171 플라톤의 「소크라테스의 변명」 20 D 참조.

* 172 플라톤의 「소크라테스의 변명」 31 C, 「고르기아스」 521 D 및 크세노폰의 「메모라빌리아」 1·6·15 참조.

* 173 벼룩과 모기에 관한 이야기는 아리스토파네스의 「구름」 146, 157에서 인용한 것이다.

* 174 이 이야기는 디오게네스 라에르티오스의 「철인 열전(哲人列傳)」 2·41에서 인용한 것이다.

* 175 에라스무스의 「격언집」 3·8·56 및 4·5·50에도 수록된 속담.

* 176 테오프라스토스는 그리스의 위대한 웅변가이자 철학자로 레스보스 섬에서 태어났다(기원전 370~285). 이 이야기의 출처가 어디인지는 불분명하다. 다만 칸의 말에 따르면, 키케로의 「투스쿨라나룸 담론」의 한 구절(5·9·24)을 에라스무스가 잘못 이해하여 이런 이야기를 쓴 듯하다.

* 177 이소크라테스는 아테네 태생(기원전 436~338)으로 그리스의 십대 웅변가 중 한 사람이다. 이 이야기는 키케로의 「변론가론」 2·3·10에서 인용한 것이다.

* 178 로마의 대웅변가 키케로(기원전 107~43).

* 179 키케로 자신이 말한 내용이다. 그는 말을 하기 시작할 때마다 으레 어리둥절했다고(Summus timor) 기록하였다. 「로스키우스 변호」 4·9 참조.

*180 퀸틸리아누스는 스페인 출신(35~95)인 로마의 수사학자다. 이 대목은 그의 「웅변 교수론」 2·1·43에서 인용한 것이다.

*181 「국가론」 5·473 D 참조. 라블레의 「가르강튀아」 제45장에서도 같은 내용이 인용되고 있다.

*182 성 아우구스티누스의 「하느님의 나라」 D 27에 나오는 표현(philosophastium).

*183 감찰관(Censor) 카토 또는 대(大)카토라고 불린 마르쿠스 포르키우스 카토(기원전 234~149). 로마인의 오랜 병폐를 바로잡은 정치가. 반대파인 스키피오 가문과 싸웠다. 플루타르크의 「카토」 8 참조.

*184 우티카의 카토 또는 소(小)카토라 불린 인물로 대카토의 증손자다(기원전 95~46). 폼페이우스와 손을 잡고, 로마 귀족파의 우두머리로서 내란 중에 활약하였다.

*185 마르쿠스 유니우스 브루투스(기원전 86~42)는 카이사르의 오랜 친구였다. 그러나 사상적 차이 때문에 브루투스는 카이사르를 죽인다. 그 결과 로마는 혼란에 빠진다. 카이우스 카시우스는 브루투스와 손을 잡고 카이사를 죽인 인물이다. 그라쿠스 형제는 로마 정부의 개혁을 꾀하다가 실패한 사람들이다.

*186 철인 황제라고 불린 로마의 황제 마르쿠스 아우렐리우스 안토니누스(121~181)를 가리킨다.

*187 마르쿠스 아우렐리우스 황제의 아들 코모두스 황제(180~192)는 나라를 어지럽힌 끝에 결국 독살당한다.

*188 키케로의 아들은 주정뱅이였다. 플리니우스의 「박물지」 14·28 참조.

*189 그리스 속담. 에라스무스의 「격언집」 1·1·35 참조.

*190 「격언집」 2·7·66에 수록된 속담.

*191 이는 감찰관 카토, 즉 대카토의 이야기다. 마르티알리스는 그가 쓴 「풍자시」 제1권 서문에서 "카토는 우리 극장에 들어오지 마라. 혹시 꼭 들어와야 한다면 구경꾼이 돼라"라고 말하고 있다. 풍기 문란에 대한 카토의 엄격한 태도(눈살을 찌푸리는 표정 등)를 언급한 라틴 문학은 수없이 많다.

*192 페리클레스 시대의 그리스 염세 철학자. 알키비아데스 외에는 아무도 사귀지 않았으며, 세상과 완전히 담을 쌓고 살았다. 에라스무스는 1506년에 루키아노스의 「티몬」을 번역했다.

*193 푸블리우스 파피니우스 스타티우스(45~96)의 서사시 「테바이스」 4·340 참조.

*194 암피온은 메르쿠리우스 신에게서 받은 칠현금을 테베에서 탔다. 그런데 그 기술이 어찌나 교묘하던지, 돌들이 저절로 춤을 추며 굴러들어 성벽을 이루었다. 오르페우스는 아폴로의 칠현금을 연주해서 짐승과 나무와 돌들을 매혹하여, 그들이 자기 뒤를 따라다니도록 하였다. 호라티우스의 「시론」 391~397 참조.

*195 403년 로마 내란이 일어났을 당시 집정관 아그리파가 했던 연설을 가리킨다. 위가 움직이지 않으면 손발도 쇠약해져서 몸 전체가 망가진다는 우화다. 티투스 리비우스

2·32 참조.

＊196 테미스토클레스는 아테네의 유명한 장군(기원전 525~460)이다. 하층민이 관리의 횡포에 대항하여 봉기했을 때, 테미스토클레스는 다음과 같은 우화로 그들을 진정시켰다. "늪에 빠진 여우가 모기에게 물려 고생하고 있는데 고슴도치가 다가와 모기를 쫓아 주겠다고 말했다. 그러자 여우는 지금 피를 빨고 있는 모기를 쫓아 버리면 더 무서운 놈들이 올 테니까 그냥 놔두라고 대답하였다." 탐관오리를 몰아내면 더 고약한 관리가 권력을 잡는다는 뜻이다. 이 우화는 플루타르크의「국가는 노인이 다스려야만 하는가」12장에 나온다.

＊197 세르토리우스는 로마의 장군(기원전 122~72)이다. 그는 스페인 원주민을 정복할 때 이렇게 말하였다. "나를 늘 따라다니는 흰 암사슴은 디아나 여신이 주신 것이다. 나는 이 사슴 덕택에 신들과 교통하고 있다." 그는 이 꾸며 낸 이야기로 원주민들을 설복하였다. 플루타르크의「세르토리우스 전기」11 및 20, 아울루스 겔리우스의「아티카 야화」15·22 참조.

＊198 플루타르크의「아동 교육론」4에 다음과 같은 이야기가 나온다. "리쿠르고스는 한 배에서 태어난 두 마리 개를 기르고 있었다. 그는 그중 한 마리는 훈련을 시켰고, 또 한 마리는 훈련을 시키지 않았다. 어느 날 그는 스파르타 사람들에게 교육과 훈련의 중요성을 증명해 보이기 위해, 그 두 마리 개를 사람들 앞에 데려왔다. 그리고 개들 사이에 토끼 한 마리와 밥그릇 하나를 갖다 놓았다. 그러자 훈련받은 개는 토끼에게 달려들고 다른 개는 밥그릇에 달려들었다."

＊199 발레리우스 막시무스는 그의「기념할 만한 언행들」7·3·6에서 다음처럼 이야기하고 있다. "세르토리우스는 로마인과 전면전을 벌이지 말라고 루시타니아(포르투갈) 사람들에게 말로써 설득하려다 실패했다. 그러나 그는 한 가지 교묘한 꾀를 써서 그들로 하여금 자기 의견에 따르도록 할 수 있었다. 먼저 그는 루시타니아 사람들 앞에 원기 왕성한 말 한 마리와, 지쳐 빠진 말 한 마리를 끌어다 놓았다. 그리고 힘없는 늙은이 한 사람에게 기운 센 말의 꼬리털을 하나하나씩 뽑게 하고, 제일 튼튼한 청년 한 사람에게 지쳐 빠진 말의 꼬리털을 단번에 뽑게 하였다. 그들은 세르토리우스가 시키는 대로 하였다. 그 결과 젊은이는 쓸데없이 애만 쓰다가 지쳐 버렸으나, 쇠약한 늙은이는 말꼬리의 털을 다 뽑는 데 성공했다. 모여 있던 루시타니아 사람들은 세르토리우스가 왜 이런 짓을 하는지 의아하게 여겼다. 그러자 세르토리우스는 이렇게 말하였다. '로마 군대는 말꼬리와 같소. 부분적인 공격으로는 로마 군대를 무찌를 수 있지만, 한꺼번에 공격해서는 이기기는커녕 승리를 빼앗길 뿐이오.' 이처럼 그는 통제에서 벗어나 자멸의 길로 빠져 들고 있던 미개인들에게, 귀로만 들어서는 이해하기 힘든 내용을 직접 보여줌으로써 그들을 설득하였다."

＊200 미노스는 크레타 섬의 왕이다. 전설에 의하면 그는, "나는 9년마다 주피터의 동굴에 가서 그 위대한 신으로부터 지혜를 얻어 가지고 돌아온다"라고 백성들에게 말했다

고 한다. 호머의 「오디세이」 19·178 참조.

＊201 로마의 제2대 왕 누마 폼필리우스(기원전 714~639는 "나는 로마 근처의 숲속에서 님프인 에게리아를 만나 지혜를 얻는다"라고 신하들을 속였다. 티투스 리비우스 1· 19·21 및 플루타르크의 「누마 전기」 참조.

＊202 호라티우스의 「서간시」 1·5·76에서 빌려 온 비유일 것이다. 거기서 그는 민중을 '여 러 개의 머리를 가진 짐승(beluamultorum captium)'이라 표현하고 있다.

＊203 데키우스는 삼대에 걸쳐 조국을 위해 몸 바쳤다. 아버지는 기원전 340년 베세리스에 서 벌어진 로마 군대와 만리우스 토르콰투스의 싸움에서(티투스 리비우스 8·8 참 조), 아들은 기원전 295년 센티눔에서(티투스 리비우스 10·27 참조), 손자는 기원 전 279년 에스쿨룸에서 필루스와의 전쟁 중에(플로루스 1·18·21) 전사했다.

＊204 사자(死者)의 신들.

＊205 전설에 따르면 기원전 363년, 로마 광장의 땅이 갑자기 갈라졌다고 한다. 점쟁이들 은 로마의 가장 귀중한 보물을 던져 넣어야만 그 구렁텅이가 닫힐 것이라고 말했 다. 그러자 젊은 귀족인 쿠르티우스가 말을 타고 와서, 용감하고 갸륵한 시민보다 더 귀중한 것은 로마에 없다면서 그 구렁텅이 속으로 뛰어들었다. 그러자 그 구멍은 곧 닫혔다고 한다. 티투스 리비우스 7·6·5, 발레리우스 막시무스 5·67 참조.

＊206 상반신은 여자이고 하반신은 물고기인 전설상의 동물. 매혹적인 노랫소리로 수많은 고깃배들을 좌초하게 만들었다고 한다.

＊207 호라티우스의 「풍자시」 2·3·183에서 착상을 얻은 표현이다. 호라티우스는 다음처럼 말했다. "재산을 낭비하여 거들먹거리고, 동상으로 세워지기 위해(aeneus ut stes) 아버지에게 물려받은 땅과 돈을 없애는 것은 어리석은 짓이다."

＊208 로마 황제가 죽으면, 그를 신으로 모시는 의식(apotheosis)이 대대적으로 거행되었 다. 이 의식을 비판하는 것이다.

＊209 주 8을 보라. 그는 모든 것을 비웃으라고 권한 철학자이다.

＊210 에라스무스의 「격언집」 4·4·94 참조.

＊211 호머의 「일리아드」 17·32 및 에라스무스의 「격언집」 1·1·30 참조.

＊212 플라톤의 「향연」 215 A, 크세노폰의 「향연」 4·13, 에라스무스의 「격언집」 3·3·1 참 조. 이에 의하면 소크라테스의 애제자 알키비아데스는 스승 소크라테스의 지혜를 찬 양하면서 그를 '실레노스의 상자'에 비유했다고 한다. 소크라테스는 지혜로웠지만 그것을 뽐내지 않고 바보인 양 행동했다. 알키비아데스는 그런 소크라테스를, 표면 에는 추악한 실레노스 신과 그 밖의 갖가지 기괴망측한 것들을 그려 놓고 그 속에는 고귀한 것을 담은 '실레노스의 상자'에 빗댄 것이다. 르네상스의 휴머니스트들은 겉 으로는 우스꽝스럽거나 추악해 보여도 알맹이는 귀중하고 진실한 모든 것에 이 비유 를 곧잘 사용하였다. 예를 들어 피코 델라 미란돌라는 그의 저서 「철학적 대화」에서 그것을 사용하였고, 기욤 뷔데도 이 비유를 썼으며, 라블레는 「가르강튀아」의 머리

말이라는 명문에서 이 비유를 활용했다. 그런데 라블레가 이 비유를 플라톤이나 크세노폰의 글에서 직접 따왔는지, 아니면 에라스무스의 「격언집」에서 끌어 왔는지, 또는 1512년부터 1528년까지 10번이나 재판된 프로벤(Froben) 출판사의 「속담집」에서 인용했는지는 불명확하다.

＊213 원어는 Dama. 이것은 호라티우스가 시리아의 한 천한 노예에게 붙인 이름이다. 그의 「풍자시」 2·5·18 및 7·54, 1·6·38 참조.

＊214 갖가지 정감을 가리킨다.

＊215 에라스무스의 「격언집」 1·10·47 참조.

＊216 그리스의 코린트 만 근처에 있는 산. 뮤즈 여신들에게 바쳐진 산이다. 베르길리우스의 「아이네이스」 7·641 참조.

＊217 특히 세네카의 「서간집」 4·11 및 89·13 참조.

＊218 원어는 demiurgos. 플라톤의 「티마이오스」 29 A, 31 A 참조.

＊219 플라톤의 이상 국가. 루키아노스의 「참다운 이야기」 115에 의하면, 이 나라에는 플라톤만이 홀로 살고 있다고 한다.

＊220 어디에도 존재하지 않는 정원. 에라스무스의 「격언집」 2·1·46 참조. 탄탈로스는 전설 속에 등장하는 리디아 왕이며, 주피터로부터 영원한 형벌을 받았다. 그는 물속에 있어도 물을 마실 수 없다. 그가 마시려 하는 순간 물이 달아나 버리기 때문이다. 따라서 그는 영원히 갈증을 풀지 못한다.

＊221 베르길리우스의 「아이네이스」 1·471에서 인용한 표현이다. 마르페수스의 바위란, 파로스 섬에 있는 마르페수스 산의 바위를 가리킨다. 이 산은 좋은 대리석이 산출되는 곳이었다.

＊222 아파레우스의 아들로서 황금 양털을 찾으러 떠난 아르고 원정대의 일원이다. 그는 눈이 날카롭기로 유명했다. 살쾡이와(lynx) 종종 혼동되기도 한다. 에라스무스의 「격언집」 2·1·54 및 호라티우스의 「서간시」 1·1·28 참조.

＊223 루킬리우스는 "현인만이 이 세상에서 모든 것을 가질 수 있는 유일한 사람이며, 오직 그만이 아름답고, 부유하고, 자유롭고, 왕이라 불릴 것이다"라고 말했다. 호라티우스의 「서간시」 1·1·106～107에는 "요컨대 현인에게는 주피터라는 단 하나의 주인밖에 없다. 그는 부유하고, 자유롭고, 존경받고, 아름다운 왕 중의 왕이다"라고 쓰여 있다. 호라티우스의 「풍자시」 1·3·124～125도 참조할 것.

＊224 호머의 「일리아드」 8·51 참조.

＊225 아울루스 겔리우스의 「아티카 야화」 15·10에 의하면, 밀레투스에 사는 처녀들 사이에 한때 자살이 유행했다고 한다. 밀레투스는 에게 해 연안에 있던 소아시아의 옛 도시다.

＊226 키닉 학파인 디오게네스는 스스로 질식사했다고 알려져 있다.

＊227 크세노크라테스(기원전 396～314)는 25년 동안 아카데메이아를 운영한 인물로, 자

살했다고도 하고 사고로 죽었다고도 한다. 키케로의 「투스쿨라나룸 담론」 5·32, 디오게네스 라에르티오스 2·2·11 및 4·2·12 참조.

*228 스토아 철학자이자 정치가인 우티카의 카토(소카토)는 타프수스에서 벌어진 싸움에 지자, 그날 밤늦도록 소크라테스의 죽음에 관해 적혀 있는 플라톤의 「파이돈」을 읽고서는 자살하였다.

*229 카시우스 롱기누스는 에피쿠로스 철학의 신봉자이자 정치가이며, 카이사르를 암살한 인물이기도 하다. 그는 안토니우스에게 패배한 뒤, 자신이 해방시켜 준 노예에게 자기 목숨을 끊으라고 명하였다(기원전 42).

*230 유니우스 브루투스는 철학 애호가이자 정치가로, 카이사르를 암살한 장본인이다. 그는 안토니우스에게 패한 뒤 자살했다(기원전 42).

*231 키론 또는 케이론. 키론은 사투르누스의 아들로 '모든 켄타우로스 종족 가운데 가장 박식하고 가장 올바른 신'이었다. 그런데 제자인 헤라클레스가 다른 켄타우로스들과 싸우다가 그만 독화살로 키론에게 상처를 입히고 만다. 그는 불사신이었지만 고통에 사로잡힌 채 살기를 원치 않았으므로, 불사(不死)의 능력을 프로메테우스에게 넘겨 주고 숨을 거두었다. 루키아노스의 「죽은 사람들의 대화」 26, 오비디우스의 「변신이야기」 2·676, 호라티우스의 「에포드」 13 참조.

*232 그리스 신화의 모이라이에 해당하며, 저승에서 인간의 수명을 관장하는 세 명의 여신(클로토·라케시스·아트로포스)이다. 탄생을 관장하는 클로토는 운명의 실을 뽑고, 라케시스는 그 실을 인간들에게 나누어 주며, 아트로포스는 그 실을 끊는다.

*233 필로스의 왕인 네스토르는 호머의 작품에서 현명한 노인으로 등장한다. 그는 3세대에 걸쳐 살았으므로 고대인에게 장수의 상징으로 여겨졌다. 마르티알리스의 「풍자시」 9·29 참조.

*234 아리스토파네스가 플루토스를 묘사하기 위해, 그의 희곡 「플루토스」 266~267에서 사용하고 있는 말.

*235 에라스무스가 여기에서 사용하고 있는 원어는 그리스어인 $\nu \varepsilon \alpha \nu \tau \zeta \varepsilon \iota \nu$로서, 플루타르크에게서 따온 표현이다. 에라스무스의 「격언집」 4·1, 83 참조.

*236 아리스토파네스는 「플루투스」 1024에서 '염소 냄새가 나는 노파'라는 말을 사용하고 있다. 에라스무스의 「격언집」 1·9·9 참조.

*237 사포가 반했던 미남. 주 112를 보라.

*238 마르티알리스의 「풍자시」 10·90 참조.

*239 호라티우스의 「에포드」 8·7에서 한 시인이 노파에게 이렇게 말한다. "당신은 암말처럼 시들어 빠진 젖퉁이로 나를 흥분시킬 수 있다고 생각하나 보지?"

*240 호라티우스의 「오드」 4·13·5~6에 다음 같은 부분이 나온다. "그대는 늙었는데도 미녀로 보이고 싶어 한다. 그대는 거침없이 놀아나고 술을 마신다. 그리고 술을 마시면, 떨리는 목소리로 넋두리를 하여 사그라져 가는 정열에 불을 붙이려 한다."

＊241 에라스무스의 「격언집」 1·10·21에 수록된 속담.

＊242 호라티우스의 「풍자시」 1·1·66 참조.

＊243 Theuth 또는 Thoth라 불리는 이집트의 신이다. 플라톤은 「파이드로스」에서 이 신을 가리켜 숫자와 문자의 발명자라 찬양하고 있다(「파이드로스」 274 C 및 D).

＊244 이집트의 왕 타무스를 가리킨다. 플라톤의 「파이드로스」 274 C 및 D 참조. 내용을 요약하면 다음과 같다. 테우스는 자신이 발명한 것(숫자와 문자)을 타무스 왕에게 보여 주면서, 그것을 백성들에게 널리 알리라고 권했다. 그러나 왕은 부정적으로 대답하였다. 문자가 발명되면 사람들이 기억하기를 게을리 할 것이고, 스스로 지식을 터득하기 위한 경험을 쌓는 대신 앉아서 책만 읽을 것이라고.

＊245 daêmones(악마)라는 말이 daênai(앎)에서 유래했다는 설이 있다. 하지만 이 설은 확실하지 않다. 플라톤의 「크라틸루스」 396 B 참조.

＊246 마크로비우스의 말이다. 「사투르날리아」 3·17·10 참조.

＊247 호머의 「일리아드」에서 인용.

＊248 호머의 「일리아드」 2·514에서 인용.

＊249 플라톤의 「고르기아스」 463 A에서 소크라테스가 한 말이다.

＊250 어리석음, 바보짓, 지독한 무식을 가리킨다.

＊251 여러 작가들이 비슷한 이야기를 했다. 그중에서도 특히 베르길리우스의 「농경시」 4·153 이하, 플리니우스의 「박물지」 2·4를 참조할 것.

＊252 꿀벌들의 국가.

＊253 베르길리우스의 「아이네이스」 2·418에서 사용된 표현.

＊254 루키아노스의 「꿈 또는 수탉」에 나오는 수탉. 에라스무스가 이 작품을 번역한 바 있다.

＊255 '로테르담의 에라스무스가 친애하는 토머스 모어에게' 주 24를 보라.

＊256 호머가 율리시스를 형용할 때 쓴 표현.

＊257 호머가 인간을 불행하다고 표현한 것은 사실이다. 하지만 비참하다고 말한 대목은 어디에도 없다. 다만 몽테뉴가 이렇게 말한 바 있다. "모든 피조물 중 가장 비참하고 가장 약한 것이 인간이다."

＊258 호머의 「오디세이」 5·436 참조.

＊259 파리스, 아이아스, 아킬레스는 모두 호머의 작품에 나오는 용사들이다.

＊260 율리시스를 가리킨다.

＊261 미네르바와 같은 신. '로테르담의 에라스무스가 친애하는 토머스 모어에게' 주 5를 보라.

＊262 올림포스의 신들에게 도전한 티탄 족을 가리킨다. 이 거인 족은 하늘나라에 올라가기 위해 산 위에 산을 쌓아 올리려 했다.

＊263 키케로는 「노년론」 2·5에서 이렇게 말하였다. "거인 족들처럼 신들과 싸운다는 것

은, 자연에 선전포고를 하는 것과 다름없지 않은가?"

＊264 원어는 Enthymema. 이것은 대전제나 소전제가 없는 불완전한 삼단논법이다. 키케로의 「토피카」 13〜14, 퀸틸리아누스 5·10·1, 2 및 5, 14·1 참조.

＊265 임금님의 어릿광대라는 지위가 프랑스에는 정말로 존재했다. 이 관직에 있던 사람이 사망하면, 후임자가 직함을 계승하고는 했다. 프랑스에서 가장 유명한 어릿광대로는 샤를 5세의 어릿광대 테브냉, 루이 12세와 프랑수아 1세의 어릿광대 트리뷸레 등이 있다. 특히 트리뷸레는 현명한 의견을 내기로도 유명했다. 라블레도 「제3서 팡타그뤼엘」 제37장, 제38장에서 궁중과 인생에 있어서의 어릿광대와 미치광이의 역할에 관해 말하고 있다. 참고로 프랑스어에서는 궁중의 어릿광대와 미치광이를 다같이 fou라고 한다.

＊266 페르시우스의 「풍자시」 1·107에서 인용.

＊267 플라톤의 「향연」 217 E 참조.

＊268 에우리피데스의 「바쿠스의 신녀」 369에서 인용.

＊269 진짜 에우리피데스는 아니다. 어느 가짜 에우리피데스의 작품인 「레소스」 394에서 인용한 것.

＊270 유베날리스의 「풍자시」 3·30에서 인용.

＊271 「이솝우화」 64, 에라스무스의 「격언집」 1·8·30에 나오는 우화에서 착상한 표현. 어느 날 숲의 신 사티로스는 한 농부의 집을 방문하게 되었는데, 날씨가 추웠던 탓에 농부는 손을 녹이기 위해 호호 불었다. 잠시 후 식사 때가 되어 뜨거운 음식이 나오자, 농부는 그것을 식히기 위해 후후 불었다. 그 모습을 본 사티로스는 정반대의 목적을 위해 같은 행위를 하는 인간을 괘씸하게 여겨 성을 내고 나가버렸다고 한다.

＊272 플라톤의 「향연」 180 D 참조. 비너스 여신을 '우라니아의 비너스'(순결한 사랑의 신)와 '판데모스의 비너스'(천박한 사랑의 신)로 나누고, 각자에게 에로스와 안테로스를 붙여 주었다.

＊273 「오드」 3·4·5에서 인용.

＊274 「파이드로스」 244 A 참조.

＊275 「아이네이스」 6·135 참조.

＊276 지옥에 살면서 인간의 죄를 벌하던 여신들. 머리카락은 뱀으로 되어 있으며, 한 손에는 햇불을 들고 다른 한 손에는 칼을 쥐고 있다. 푸리아, 에리니에스, 에우메니데스 등으로 불린 이 복수의 세 여신의 이름은 각각 티시포네, 알렉토, 메가에라다.

＊277 키케로의 「서간」 3·13·2 참조.

＊278 「서간시」 2·2·133〜135 참조.

＊279 호라티우스의 「서간시」 2·2·138〜140 참조. 폴룩스는 카스토르와 더불어 주피터의 아들이다.

＊280 헬레보름. 옛날에 광기를 고치는 신비로운 약으로 알려졌던 약초. 에라스무스의 「격

언집」 1·8·52〜53, 라블레의 「제1서 가르강튀아」 제23장에서도 이 약초 이름이 언급되고 있다.

*281 에라스무스의 「격언집」 3·1·55 참조.

*282 '크로이소스 왕처럼 부자'라는 말은 에라스무스의 「격언집」 1·6·74 C에도 수록된 속담이다.

*283 플리니우스의 「박물지」 7·41에 나오는 말.

*284 율리시즈의 아내. 정숙하기로 유명하다. 그녀는 20년 동안이나 남편이 돌아오기를 기다리면서 수절하였다.

*285 호라티우스의 「서간시」 1·1·100에서 착상을 얻은 것.

*286 땅·불·바람·물 이외의 다섯 번째 원소를 가리킨다. 만물의 본질이라 여겨지는 원소이기도 하다. 특히 연금술사들이 이것을 탐구하였으며, 라블레는 스스로를 '제5원소를 찾아낸 자'라고 자칭하였다.

*287 프로페르티우스의 「애가(哀歌)」 2·10·6에서 인용.

*288 라코니아 지방에 있던 곳이다. 무서운 암초가 있는 지역으로 유명했다. 라틴어 원문을 보면, 도박·운수를 가리키는 단어인 알레아(alea)와 말레아(Malea)의 비슷한 소리를 이용한 기교 있는 표현임을 알 수 있다.

*289 호라티우스의 「풍자시」 2·7·15〜18을 보면, 익살꾼 볼라네리우스가 이런 집념을 보이는 모습이 묘사되어 있다.

*290 페르시우스의 「풍자시」 5·115에 나오는 표현. 에라스무스의 「격언집」 3·5·44에도 수록되어 있는 속담이다.

*291 이 대목을 쓸 때 에라스무스는 아마, 친구인 토머스 모어가 번역한 루키아노스의 네 개의 대화 가운데 하나인 「거짓말쟁이」란 작품을 생각하고 있었을 것이다.

*292 폴리페모스는 그리스 신화에 등장하는 눈이 하나인 거인이다. 주 166을 보라. 성 크리스토포루스는 '기독교를 믿는 폴리페모스' 또는 '기독교를 믿는 헤라클레스'라고 불렸다. 그는 3세기에 시리아 혹은 팔레스타인에서 태어나 성 바빌라스로부터 영세를 받고, 250년 경 데키우스 황제 치하에서 순교하였다. 그는 중세에 유난히 숭배를 받았으며 이때 그의 그림과 조각이 수많이 만들어졌다. 당시 사람들은 이 성자의 화상(畫像)을 보면 그날은 하루 종일 수난·화재·지진 등의 재난을 면할 수 있다고 믿었다. 그의 화상은 보통 거대한 크기(전통적으로 높이 4m)로 만들어졌으며, 보통 입상으로 제작되어 성당의 첫째 기둥에 옆에 세워졌다. 1413년 파리의 노트르담 성당에 그의 거대한 입상이 세워졌으나, 이 조각상은 성당 참사회의 명령으로 1784년에 파괴되었다. 그의 화상에는 보통 다음과 같은 글이 새겨져 있었다. "성 크리스토포루스의 초상을 보는 자는 누구나 그날 하루 동안 아무런 화도 입지 않는다." "크리스토포루스의 얼굴을 보면, 그날 하루 안에는 절대로 나쁜 죽음을 맞이하지 않으리라." 에라스무스는 그가 쓴 「기독교 병사의 필독서」 제5권 26쪽 E에서도 성 크리

스토포루스에 대해 이야기하고 있다. 라블레의 「제1서 가르강튀아」 제45자에도 이
성자에 관한 언급이 나온다. 여러 성자들의 영험에 대한 신앙에 관해서는, 드 로르
네가 엮은 「라블레 작품집」 제 442쪽 이하에, 또 「라블레 연구지」 제4집 제 199쪽
이하에 재미있는 문헌이 나오니 한번 읽어 보라.

*293 동정녀로 순교한 성녀 바르바라는 235년 무렵 니코메디아에서 참수형을 당했는데,
그 목을 자른 망나니는 바로 그녀의 친아버지였다고 한다. 전설에 의하면 이 이교도
사형집행인은 딸에게 마지막 칼을 대는 순간 벼락에 맞아 죽었다고 한다. 그런 까닭
에 성녀 바르바라는 포수(砲手)의 수호신이 되었다. 왜냐하면 대포는 전쟁터의 벼
락이기 때문이다. 에라스무스는 「기독교 병사의 필독서」 제1권 제1장에서도 이 성녀
에 관해 언급하고 있다.

*294 보통 성 엘모 또는 성 에르모(Elmo, Ermo)라 불리는 고위성직자를 가리킨다. 그는
도미티아누스 및 막시무스 황제 치하의 이탈리아에서 주교로 활약하다가 305년 무
렵에 순교하였다. 지중해 뱃사람들은 성 에라스무스가 폭풍우로부터 자신들을 지켜
준다고 믿어 그를 수호신으로 삼았다. 또 작가 에라스무스 말마따나, 부자가 되고자
하는 사람들도 이 성자에게 기도를 드렸다. 게다가 특정 질병에 관해서도 사람들은
이 성자의 가호를 빌었다.

*295 3세기 전반에 살았던 주교, 순교하였다.

*296 성 게오르기우스는 디오클레티아누스 황제 치하 303년에 순교한 인물이다. 그는 헤
라클레스가 레르나 늪의 히드라를 물리친 것처럼, 말을 타고서 용을 퇴치한 것으로
유명하다.

*297 면죄부를 가리킨다. 옛날부터 꾸준히 발행되었다. 그러나 율리우스 2세와 레오 10세
등이 특히 면죄부를 남발하였으므로, 루터를 비롯한 휴머니스트들은 그 행태를 맹렬
히 비난하였다. 에라스무스의 「기독교 병사의 필독서」 제5권 167쪽 E 참조.

*298 면죄부는 죽은 뒤 연옥에서 보내야 할 기간을 줄여 주는 도구였다.

*299 범죄의 늪을 가리킨다. 그리스 아르골리스 지방에 있었던 늪으로, 헤라클레스가 히
드라를 죽인 장소이기도 하다.

*300 악마는 성 베르나르(1091~1153)에게 이렇게 말하였다. "날마다 외면 반드시 천국
에 갈 수 있는 힘을 가진 일곱 소절이 시편 속에 감춰져 있다." 성 베르나르는 그것
이 무엇이냐고 물었지만 악마는 가르쳐 주지 않았다. 악마는 성자가 천국에 못 가도
록 하고 싶었던 것이다. 그러나 성자는 악마에게 다음같이 말했다. "상관없다. 나는
날마다 시편 전체를 읽으리라. 그러면 그 마력을 가졌다는 일곱 소절도 반드시 읽게
될 테니까."

*301 이 이야기는 아우소니우스의 「풍자시」 10에서 따온 것으로 추측된다. 아우소니우스
는 다음과 같이 이야기하고 있다. 어느 간부(姦婦)가 질투심에 사로잡힌 남편에게
독약을 먹였는데 아무래도 독약이 부족한 것 같았다. 그래서 그녀는 그 독약의 효력

을 높여 남편의 죽음을 재촉하기 위해, 그에게 또다시 치사량의 수은을 먹였다. 그런데 놀라운 일이 일어났다. 이 두 독약은 따로따로 먹으면 치명적이지만, 둘을 한꺼번에 먹으면 저절로 해독 작용이 일어나는 것이었다. 따라서 이 두 개의 독약이 체내에서 서로 싸워, 건강에 이로운 것이 해로운 것을 이겨 냈다. 그러자 두 독약은 그냥 장 내부의 깊숙한 곳으로 흘러 내려가 버렸다. 신들의 섭리란 이 얼마나 거룩한지! 아내의 극악한 행위에서 유익한 결과가 생겨나며, 운명이 그렇게 정해져 있을 때에는 두 가지 독약의 혼합조차 유익한 일이 되는 것이다.

*302 베르길리우스의 「아이네이스」 6·625~627. 이 3행의 유명한 시구를 조금 바꾸어 놓은 것이다. 「아이네이스」 원문의 내용은 이렇다. "설령 나에게 백 개의 입과 청동 같은 목소리가 있다 하더라도, 말로써 온갖 악행을 열거하고, 모든 죄악의 이름을 일소할 수 있겠는가?"

*303 세네카의 「짧은 삶」 20 참조.

*304 장례식에서 직업적으로 돈을 받고 곡을 하는 남녀들. 호라티우스의 「시론」 431 참조.

*305 로마의 관직 명칭이다. 공공건물의 시설과 경기·축제 및 식료품을 감독하였다.

*306 유베날리스의 「풍자시」 8·181~182에서 착상을 얻은 표현이다. "하지만 당신들은 트로이인의 후예라 자칭하며 제멋대로 행동하는데, 막일꾼에게 수치스러운 일도 볼레수스와 브루투스 같은 이들에게는 명예가 될 수 있다."

*307 아테네 사람으로 바쿠스의 친구다. 술 취한 양치기들에게 죽음을 당한 그는 승천하여 밤하늘의 목자자리가 되었다. 그리고 그의 죽음을 슬퍼하여 자살한 딸 에리고네도 승천하여 처녀자리가 되었다.

*308 '로테르담의 에라스무스가 친애하는 토머스 모어에게' 주 31을 보라.

*309 주 163을 보라.

*310 알렉산드리아의 수학자(기원전 323~283).

*311 주 189를 보라.

*312 유베날리스의 「풍자시」 3·90~91에서 인용.

*313 헤르모게네스는 사르데스 출신으로, 아우구스투스 황제의 보호를 받는 훌륭한 가수였다.

*314 「서간」 27·5 참조.

*315 에라스무스의 「격언집」 1·10·71 참조.

*316 에라스무스는 그의 「서간」에서, 영국인들이 식도락 취미를 갖고 있다는 말을 종종 하고 있다.

*317 당시 소르본 대학의 신학부를 가리키는 말인 듯하다. 에라스무스의 「서간」 610 참조.

*318 에라스무스의 「서간」 466 참조.

＊319 에라스무스는 휴머니스트이자 역사가인 요하네스 트리테미우스(1462~1516)를 생각하며 이 글을 썼을 것이다. 뷔르츠부르크의 사제였던 트리테미우스는 마술에 능하기로 유명했다.

＊320 호라티우스의 「서간시」 1·18·6 참조.

＊321 서로 칭찬해 주는 바보들이라는 뜻의 속담. 에라스무스 「격언집」 1·7·76 참조.

＊322 플라톤의 「고르기아스」 463 A 참조.

＊323 주 295를 보라.

＊324 주 291을 보라.

＊325 주 292를 보라.

＊326 주 57을 보라.

＊327 루크레티우스가 쓴, 사랑의 환상에 대한 글에서 착상한 것 같다.

＊328 그리스에서 가장 유명한 화가. 알렉산더 대왕과 같은 시대 사람이다. 플리니우스의 「박물지」 35·10 참조.

＊329 기원전 5세기 끝 무렵 그리스에서 활약했던 유명한 화가. 플리니우스의 「박물지」 35·9, 루키아노스의 「제우크시스」 참조.

＊330 바보신 모리아와 같은 이름이라면 모루스(모어)라는 이름을 가진 사람일 것이다. 어쩌면 토머스 모어일 수도 있다.

＊331 플라톤의 「국가론」 7의 첫머리 참조.

＊332 「꿈 또는 수탉」이라는 루키아노스의 대화집 첫머리에 등장하는 인물로, 수탉이 우는 소리에 잠을 깬다.

＊333 기원전 6세기 그리스의 일곱 현인. 즉 탈레스·피타코스·비아스·클레오불로스·뮈손·킬론·솔론. 혹자들은 페리안드로스와 아나카르시스를 칠현인 가운데 넣기도 한다.

＊334 호라티우스의 「서간시」 1·15·19에서 인용.

＊335 헤라클레스는 인간의 재산을 지배하였다. 페르시우스의 「풍자시」 2·10~12에 다음 같은 부분이 나온다. "오, 돈으로 가득 찬 단지여! 헤라클레스의 자비로움 덕분에, 내 곡괭이 아래 돈 단지 하나가 뎅그렁 울렸으면!" 페트로니우스의 「사티리콘」 88도 참조할 것.

＊336 전쟁의 신 마르스(아레스)의 옛 이름.

＊337 아폴로의 신탁을 전하는 무녀가 앉는 삼각의자.

＊338 주피터를 가리킨다.

＊339 아폴로를 가리킨다. 그가 이따금 지상에 콜레라 병을 퍼뜨린다는 이야기는 호머의 「일리아드」 1·10 및 51에 나온다.

＊340 본디 에트루리아의 재난의 신이었는데, 그가 벼락을 치기도 전에 사람들로 하여금 귀를 먹게 하였으므로 어린 시절의 주피터와 동일시되기도 했다. 오비디우스의 「파스티」 3·429 이하 참조. 라블레의 「가르강튀아」 제45장에서도 이 신이 악신으로 언

급되어 있다.

＊341 지옥의 신.

＊342 주 160을 보라.

＊343 형벌의 신.

＊344 열병의 신.

＊345 불화의 신(Discorde)은 펠레우스와 테티스의 결혼식에 초대받지 못했다는 사실에 성이 나서, 초대된 손님들에게 '불화의 사과'를 던졌다.

＊346 디아나는 사람들이 공물을 바치지 않은 것에 성이 나서, 산돼지를 풀어 놓아 밭을 망가뜨렸다. 오비디우스의 「변신이야기」 8·276 참조.

＊347 에라스무스의 「격언집」 1·3·81 참조.

＊348 신학자들을 우롱하는 대목이다.

＊349 그리스인들과 로마인들은 타우리스의 한 여신(그리스의 아르테미스 여신, 로마의 디아나 여신)에게, 난파하여 그 고장 바닷가로 흘러 온 모든 외국인을 제물로 바쳤다고 한다. 헤로도토스 4·103 참조.

＊350 무식한 화상(畵像) 예배에 관해서는 에라스무스의 「기독교 병사의 필독서」 5·32F를 참조할 것. 여기에서 에라스무스는 '하느님 대신'이라는 말을 '신들 대신'이라고 부드럽게 바꿔서 표현하고 있으나, 실은 당시 가톨릭교도들의 우상 숭배를 비판하고 있는 것이다.

＊351 태양신 포에부스(아폴로)는 '밝은 로도스 섬'에서 특별히 숭배를 받았는데, 이 섬에는 그를 위한 높이 36m의 청동 거상(로도스 거상)이 세워져 있었다. 플리니우스의 「박물지」 2·163 참조.

＊352 키프로스 섬은 비너스를 가장 열심히 숭배하던 곳들 중 하나였다. 이 섬에서도 특히 파포스와 아마토스에서 비너스 숭배가 활발히 이루어졌다. 호라티우스의 「오드」 1·3·1 참조.

＊353 아르고스에는 주노의 가장 유명한 신전이 있었다. 그리고 그 신전에는 폴리클레이토스가 황금과 상아로 만든 주노의 거대한 상이 세워져 있었다. 호라티우스의 「오드」 1·7·8~9 참조.

＊354 아테네에는 미네르바 혹은 팔라스 여신을 모시는 파르테논 신전이 세워졌다. 이 신전에는 피디아스의 결작인, 순 황금과 상아로 만든 높이 10m의 미네르바 상이 세워져 있었다. 호라티우스는 「오드」 1·7·5에서, 아테네를 '처녀신 팔라스의 도시'라고 부르고 있다.

＊355 올림포스 산은 그리스에서 제일 높은 산이다. 그래서 많은 시인들은 구름 속에 가려진 그 산의 꼭대기를 가리켜, 신들의 왕인 주피터와 그 밖의 대신(大神)들이 사는 장소라고 하였다.

＊356 타렌툼은 넵투누스의 아들 타라스가 세운 도시였으므로 그곳에서는 넵투누스 숭배가

주를 이루었다. 호라티우스의 「오드」 1·28·29 참조.

*357 람프사코스라는 도시의 헬레스폰투스 해협 해변에는 프리아포스 신의 신상이 세워져 있었다. 베르길리우스의 「농경시」 4·111 참조.

*358 주 162를 보라.

*359 주 242를 보라. 데모크리토스는 늘 사물의 재미있는 면만 보고 인간의 어리석음을 비웃었던 철학자다. 그러므로 이 표현은, 이러한 데모크리토스와 같은 종류의 수많은 철학자들을 가리킨다.

*360 이하 구체적인 예들 중 상당수는 루키아노스의 「이카로메니포스」에서 빌려 온 것들이다.

*361 아르고스의 왕으로 100개의 눈을 가지고 있던 인물이었다. 그 눈들 중 50개는 언제나 뜨여 있었으므로 아르고스에게는 파노프테스(모든 것을 본다)라는 별명이 붙었다. 그의 이름은 눈이 밝은 성가신 감시자라는 뜻으로 쓰인다. 그런데 하루는 주노에게 부탁을 받아, 암소로 변한 이오를 감시하게 되었다. 그러나 그는 메르쿠리우스의 피리 소리 때문에 그만 깜빡 잠들어서 목이 잘리고 만다. 주노는 죽은 아르고스의 눈들을 공작 깃털에 박아 넣었다고 한다.

*362 호라티우스의 「서간시」 1·15·32에서 착상을 얻은 것.

*363 유산을 가로채려는 사람을 암시한다. 호라티우스의 「풍자시」 2·5·23~24, 페트로니우스의 「사티리콘」 27 및 125 참조.

*364 유베날리스의 「풍자시」 1·37~39 참조.

*365 로마 공화국 시절에 상업은 귀족들과 기사들로부터 천시를 받았으며, 해방 노예들만이 이에 종사했다. 키케로의 「의무론」 1·42 참조.

*366 피타고라스 학파에는 일종의 공산 사상이 존재했다. 에라스무스의 「격언집」 1·1·1 참조.

*367 스페인 콤포스텔라에 있는 성 야곱의 무덤. 이 무덤은 중세에 순례지로 유명하였다. 휴머니스트들은 순례에 대한 비판을 많이 했는데, 라블레의 「가르강튀아」 제45장이 그 전형적인 예다.

*368 루키아노스의 「이카로메니포스」의 주인공. 주 360를 보라.

*369 베르길리우스의 「아이네이스」 6·124 이하에 나오는 내용. 프로세르피나 여신은 아이네아스에게, 죽은 아버지의 넋을 만나고 싶다면 '황금의 가지'를 찾으라고 말한다. 이 황금의 가지는 지혜를 상징한다.

*370 팔라다스의 「풍자시」 1 및 9·175에 다음과 같은 내용이 나온다. "(「일리아드」에서 배우는) 문법은 오행시의 저주로 시작된다. 첫째 줄에는 '노여움'이, 둘째 줄에는 '불행한'이라는 글자가 보이는데, 이 '불행한'이란 글자 다음에는 또 그리스인들의 수많은 '고난'이 따라온다. 셋째 줄은 '지옥의 넋들'을 인도하고, 넷째 줄은 '먹이'와 '아귀아귀 먹어 대는 개들'의 이야기를, 다섯째 줄은 '탐욕스런 새들'과 '주피터의 분

노'의 이야기를 하고 있다. 이처럼 불길한 말들이 잔뜩 나오는데, 어찌 문법학자들이 '불행'에 시달리지 않을 수 있겠는가?"

＊371 유베날리스는 그의 「풍자시」 7·225～227에서 문법학자들에 관한 다음 이야기를 썼다. "교실에서 그들은 퇴색한 호라티우스의 책과 때가 새까맣게 묻은 베르길리우스의 책을 가지고, 어린애들 수만큼이나 많은 등불의 악취를 들이마시고 있다."

＊372 사자 가죽을 걸치고 허세를 부린 당나귀. 에라스무스의 「격언집」 1·3·66 및 1·7·12 참조.

＊373 아그리겐툼의 폭군(기원전 670～594). 주 49)를 보라.

＊374 기원전 4세기 사람으로 시라쿠사의 폭군이다. 같은 이름의 폭군이 둘이나 있다.

＊375 유베날리스의 「풍자시」 7·234 이하에 이런 내용이 나온다. "문법학자는 안키세스의 유모의 이름이나 안케몰루스의 의붓어머니의 이름과 출생지를 알고 있어야 하고, 알케스티스가 몇 년을 살았고, 프리기아인들에게 시칠리아 포도주를 몇 부대나 선물했는지도 말할 수 있어야 한다고 사람들은 생각한다." 이와 비슷한 풍자를 라블레의 「가르강튀아」 제14장 및 제15장에서도 볼 수 있다.

＊376 티베리우스 황제 시대의 유명한 문법학자. 유베날리스의 「풍자시」 7·215～216 참조.

＊377 4세기의 유명한 문법학자. 성 히에로니무스의 스승. 그의 「라틴어 문법」은 그 당시부터 오늘날에 이르기까지 많은 라틴어 문법서들의 모범이 되었다. 그는 베르길리우스와 테렌티우스에 관한 주석도 남겼다.

＊378 트로이의 왕족인 안키세스는 비너스와 정을 통하여 아이네아스를 낳았다. 트로이 성이 함락되었을 때, 그는 아들인 아이네아스의 등에 업혀 달아났다. 안키세스는 전설상의 인물이므로 그의 어머니가 누구인지는 밝혀져 있지 않다. 유베날리스의 「풍자시」 7·234. 참고로 주 375을 보라.

＊379 busequa[bus+sequor]=bubulcus(목동)는 아폴레이우스의 「변형담」 8·1과 「변명」 10에서 사용되었다.

＊380 bovinator는 '소송 걸기 좋아하는 사람, 트집쟁이'란 뜻으로, 노니우스 마르켈루스 및 루킬리우스의 단편에서 사용되었다(아울루스 겔리우스의 「아티카 야화」 11·7·9에 인용됨).

＊381 manticulator는 '소매치기'란 뜻으로, 파쿠비우스의 글에서 사용되었다.

＊382 거의 불가능한 일을 성취한다는 뜻의 그리스 속담.

＊383 맹세하는 말로 흔히 쓰였다.

＊384 로마 시대에 병사들은 장군들에 대해서 불만이나 반항의 뜻을 나타낼 때 방패를 치켜들었다.

＊385 알두스 가(家)라는 이탈리아의 유명한 인쇄업자 가문의 우두머리인 알두스 마누티우스(1450～1482)를 가리킨다. 알두스는 아리스토텔레스·플라톤·아이스킬루스·아리

스토파네스·소포클레스·핀다로스·테오크리토스 등의 작품을 출판했을 뿐만 아니라, 「라틴 문법서」(베네치아, 1468)와 「그리스 문법서」(베네티아, 1515)도 편집하여 출판했다. 폴리티아누스·피코 델라 미란돌라·에라스무스와 친구인 그는, 1508년 9월에 에라스무스의 「격언집」을 출판해 주기도 했다. 한편 에라스무스는 이탈리아에 체류할 때, 알두스의 의형(義兄)인 프란체스코 다솔라의 집에서 여덟 달 동안이나 식객 노릇을 하였다.

＊386 에라스무스의 「격언집」 3·1·48 참조.

＊387 시인들에게서 흔히 볼 수 있는 생각이다. 에라스무스가 좋아하던 호라티우스는 「오드」 4·8·28~29에서 "뮤즈 신은 영광을 받을 가치가 있는 영웅을 죽지 않게 만든다. 뮤즈는 천상에서의 행복을 그에게 선물한다"라고 하였고, 또 「오드」 4·9·25~29에서는 "아가멤논 이전에도 용사들은 있었다. 그러나 거룩한 시인이 그들의 이야기를 노래해 주지 않았으므로, 그들은 죽음을 슬퍼해 주는 사람 하나 못 만난 채 깊은 어둠 속에 잠겨서 알려지지 않고 있다"라고 하였다.

＊388 헤렌니우스는 기원전 3세기 사람으로 삼니움의 장군이다. 로마 군대와 맞서 싸우던 그는 기원전 321년에 싸움에 패하고, 기원전 292년에 사로잡혀 죽음을 당하였다. 「헤렌니우스 수사학(Rhetorica ad Herennium)」이란 책은 한때 키케로의 작품으로 알려졌으나, 지금은 코르니피키우스의 작품이라는 설이 우세하다.

＊389 「헤렌니우스 수사학」의 작자가 '어리석음(바보짓)'을 수사의 한 기법으로 치고 있었다는 뜻이다. 이 책의 1·6·10에는 다음 같은 내용이 등장한다. "청중의 주의가 흐트러지면, 우리는 청중을 웃기기 위해 다음 같은 이야기를 시작할 것이다. 즉 우화·그럴싸한 이야기·만담·풍자·이중적인 말·암시·농담·광우·과장·비교·재담·의표를 찌르는 독설·대조·가공의 혹은 역사상의 일화·시구 인용·질문 또는 빈정거리는 칭찬을 말이다."

＊390 마르쿠스 파비우스 퀸틸리아누스(35~95). 수사학에 관한 많은 저술을 남겼다.

＊391 「웅변교수론」 제7권 제3장을 가리킨다.

＊392 아울루스 페르시우스 플락쿠스는 스토아 철학을 공부한 풍자시인(34~62)이다. 라일리우스라는 이름을 가진 사람으로는 아버지와 아들 두 사람이 있는데, 이들은 각기 스키피오 부자(父子)와 친구였다. 특히 아들 라일리우스는 '현인'이라는 별명을 지녔으며, 파쿠비우스와 테렌티우스를 두둔하기도 했다. 한편 아버지 라일리우스는 기원전 140년에는 로마 집정관이 된 인물이다. 여기에서 말하는 라일리우스는 아마 아들을 가리키는 것이리라. 참고로 본문과 같은 표현은 키케로의 「변론가론」 2·6·25에 나온다.

＊393 호라티우스의 「오드」 4·3·21~23 참조.

＊394 로마 사람들, 특히 귀족들은 세 가지 이름을 가졌다. 그것은 성(姓)과 명(名), 그리고 자(字) 또는 호(號)를 가리킨다. 유베날리스의 「풍자시」 5·125~127 참조.

*395 율리시스의 아들. 트로이 전쟁 후 아버지를 찾아 긴 여행에 나선다.

*396 에라스무스는 Stélénus라고 적었지만, 아마 스테넬로스(Sthenelus)를 잘못 적은 것이리라. 그는 트로이 전쟁 때 아르고스 인들을 지휘한 사람이다. 「일리아드」 2·564 및 23·511 참조.

*397 율리시스의 아버지. 오비디우스의 「여장부」 1·113 참조.

*398 에라스무스가 여기에서 가리키고 있는 것은 기원전 6세기 사람인 사모스 섬의 유명한 폭군이 아니라, 기원전 5세기 사람인 아테네의 소피스트일 것이다. 왜냐하면 이 이름이 아테네의 소피스트인 트라시마코스와 나란히 나오기 때문이다. 이들은 모두 아테네의 유명한 소피스트인 고르기아스(기원전 487~380)와 같은 시대 사람들일 것이다. 키케로의 「변론가론」 12·39 및 13·41 참조.

*399 주 398을 보라.

*400 아리스토텔레스 학파의 철학자들은 숫자와 기호 대신 알파벳을 사용했다.

*401 알카이오스는 기원전 7세기 미틸레네 출신의 그리스 서정시인이며, 칼리마코스는 기원전 4세기 키레네 출신의 그리스 서정시인이다. 호라티우스는 그의 「서간시」 2·2·99~100에서 이렇게 말하고 있다. "우리가 헤어질 때 나는 알카이오스가 되고, 그는 칼리마코스 외에 어떤 사람이 되겠는가?"

*402 베르길리우스의 「아이네이스」 2·39에서 인용.

*403 기원전 2세기 무렵의 인물들. 부자가 2대에 걸쳐 로마 장군이 되었으며, 카르타고와의 전쟁에서 활약하였다.

*404 시시포스는 코린트의 왕이다. 그는 죽은 뒤 신들의 벌을 받아, 지옥에서 산꼭대기까지 커다란 바위를 굴려 올리는 형벌에 처해진다. 그런데 이 바위는 산꼭대기에서 반드시 도로 굴러 떨어지므로 벌은 영원히 끝나지 않는다. 따라서 '시시포스의 바위를 굴린다'란, 성과도 없고 끝도 없는 고된 작업을 한다는 뜻이다. 에라스무스의 「격언집」 2·3·40에도 수록된 속담이다.

*405 12세기부터 14세기에 걸쳐 수많은 법률학자들이 「로마법대전」에 관한 주해를 만들었다. 그런데 이 주해들이 마침내는 법률의 힘을 갖기에 이르렀다. 에라스무스는 여기서 그런 주석자들을 비판하고 있는 듯하다.

*406 도도나란 과거 에피루스 지방에 있었던 성역이다. 이곳에 있는 떡갈나무 가지에는 청동 그릇들이 매달려 있었는데, 바람이 불어 나무가 흔들리면 그릇들이 서로 부딪쳐 요란스러운 소리를 냈다. 사람들은 이 소리 속에 주피터의 신탁이 숨겨져 있다고 믿었다. 호머의 「일리아드」 2·750, 「오디세이」 478·327, 헤로도토스 2·57 및 7·185 등을 참조할 것. 에라스무스는 「격언집」 1·1·7에서 수다쟁이들을 가리켜 이렇게 말했다. "그들은 도도나의 청동 그릇처럼 시끄럽다."

*407 아무것도 아닌 일을 가리킨다. 에라스무스의 「격언집」 1·3·53 참조.

*408 트로이 성을 공격할 때 그리스의 군사(軍使) 노릇을 한 사람. 호머의 「일리아드」 5·

585에 의하면, 그의 고함소리는 50명의 남자들이 한꺼번에 외치는 소리만큼이나 컸다고 한다. 유베날리스의 「풍자시」 13·112 참조.

＊409 고대에는 수염을 기르고 외투(pallium, abolla)를 걸치고 지팡이를 들고 다니는 것이 거리의 철학자들의 특징적 풍모였다. 호라티우스의 「풍자시」 1·3·133 및 2·3·35 참조. 또한 보고아스는 그의 저서에서 "만약 철학자를 그 수염 길이로써 평가해야 한다면, 칭찬받아야 할 첫째가는 철학자는 염소일 것이다"라고 말했다.

＊410 호머의 「오디세이」 10·494에서 키르케는 테이레시아스에 관해 이렇게 말하고 있다. "페르세포네는 오직 그(테이레시아스)에게만, 그가 죽은 뒤에도 통찰할 수 있는 힘을 주었다. 다른 죽은 자들은 둥둥 떠도는 그림자들이다."

＊411 '우물 속에 빠진 점성학자'라는 바브리우스 혹은 이솝의 우화에서 착상을 얻은 듯 보이나, 그보다는 호라티우스의 「풍자시」 2·3·59에서 더 큰 암시를 얻은 것으로 생각된다. 그 대목에서 어머니와 누이와 아버지와 아내가 미치광이에게 이렇게 외친다. "네 앞에 깊은 구렁이 있다. 커다란 바위가 있다. 조심해라!"

＊412 중세의 스콜라 철학에서는 일반적인 명사, 즉 여러 가지 주어의 객어가 될 수 있는 명사에 의해 나타내어진 관념을 '보편 개념'이라고 불렀다. 이 보편 개념에는 다섯 가지가 있는데, 그것은 족·종·차별·개유(個有)·우유(偶有)다.

＊413 스콜라 철학에선 물질의 요소에 대한 개체의 형태를 '실체적 형상'이라고 불렀다.

＊414 스콜라 철학자들은 제2원소(materiae secundae)와 제1원소(materiae primae)를, 또 형식(forma 또는 formalitas)과 일반적인 질료(materia)를 대립시켰다.

＊415 quidditas. 스콜라 철학자들은 존재(an sit)에 대한 본질(quid sit)을 quidditas라고 불렀다.

＊416 어떤 개체를 그 자체가 될 수 있게 해 주며, 그것을 다른 모든 개체로부터 구별될 수 있게 해 주는 성질.

＊417 주 255를 보라. 눈이 날카로운 사람이라는 뜻.

＊418 '카마리나의 늪'이란 '독기를 풍기고 역한 냄새가 나는 늪'을 가리킨다(에라스무스의 「격언집」 1·1·64 참조). '카마리나의 늪을 휘젓지 말라'는 말은 '위험을 피하라'는 뜻의 그리스 속담이다. 카마리나는 시칠리아 섬 남해안에 위치한 도시였는데, 이 도시 근처에 독기를 풍기는 늪이 있었다. 카마리나 시 주민들은 이 늪을 없애지 말라는 신탁을 무시하고 그것을 말려 버렸다. 그래서 그 후 카마리나 시는 적의 침입을 자주 받게 되었다. 헤로도토스 7·154 참조.

＊419 호라티우스는 신학자들이 아닌 시인들에 대해 그렇게 말한 바 있다. 「서간시」 2·2·102 참조.

＊420 고대인들은 하늘을 일곱으로 나누었다. 기독교 신학자들은 그에 세 개의 하늘을 덧붙였다. 그중 세 번째 천계(天界)가 곧 최고천(最高天)이요, 그것은 '천국'이라 하여 '복자(福者)들의 넋'을 위해 바쳐졌다.

＊421 에라스무스의「격언집」1·9·29 참조. 테네도스의 왕 테네스는, 무고한 사람을 고발한 자를 도끼로 죽이도록 했다. 따라서 테네도스의 도끼는 '정의의 도끼'라는 뜻으로 사용된다.

＊422 매듭(noeuds)은 어떤 문제의 '핵심'을 뜻하기도 한다. 따라서 '매듭을 자른다'라는 표현은 '문제를 해결한다'는 의미다.

＊423 불카누스는 부정한 아내 비너스와 그녀의 정부 마르스에게 복수하기 위해, 서로 엉켜 있는 그 둘을 눈에 보이지 않는 그물로 붙잡아 많은 신들에게 보여 주었다. 호머의「오디세이」8·270 이하 참조.

＊424 가톨릭교의 성사에는 영세(領洗)·견진(堅振)·성체(聖體)·종부(終傅)·혼배(婚配)·신품(神品)·고해(告解)의 일곱 가지가 있다.

＊425 주 255를 보라.

＊426 보편 개념―주 412 참조―은 그것이 나타나 있는 사물과 독립하여 존재한다고 생각한 이론가를, 중세에는 '실재론자'라고 불렀다. 이 학설은 유명론과 대립하였다.

＊427 보편 개념은 존재하지 않으며 오직 보편 표상만이 존재할 뿐이라고 생각한 이론가들(로스켈리누스·오컴·홉스 등)을 중세에는 '유명론자'라고 불렀다. 이 학설은 실재론과 대립하였다.

＊428 성 토마스 아퀴나스(1227?∼1274)의 학설을 지지하는 사람들. 아퀴나스의 학설은 일반적으로 둔스 스코투스의 학설과 대립하였으며, '알려진 것은 믿어질 수 없다'라는 원리를 표명했다.

＊429 알베르투스 마그누스(1200?∼1280)의 학설을 지지하는 사람들. 그는 토마스 아퀴나스의 스승이었으며 모든 분야에 정통했다. 따라서 그 시대 사람들은 알베르투스를 만물박사라고 불렀다. 그는 종교와는 별개로 모든 현상들을 설명하려 시도했다. 이 같은 알베르투스의 '종교와 철학 분리주의'를 성 토마스 아퀴나스가 명확한 이론으로 정리하였다.

＊430 윌리엄 오브 오컴(1290?∼1349)의 학설을 지지하는 사람들. 오컴은 개체의 실재를 인정하여 유명론을 주장하였다. 그는 간단함의 원리(오컴의 면도날)를 주장한 사람으로도 유명하다.

＊431 둔스 스코투스(1266∼1308)의 학설을 지지하는 사람들. 토마스 학파와 대립하였으며 실재론을 옹호하였다.

＊432「히브리서」11·1 참조. 라블레는「가르강튀아」제6장에서, 소르본 신학자들에게 다음처럼 이 믿음의 정의를 내리게 하여 빈정대고 있다. "믿음이란 아무 표적 없는 것들의 논증이라고 소르본 신학자들은 말하고 있다." 그러나 이 문장은 1542년에 삭제되었다.

＊433 가톨릭 교리에 있어 성찬의 빵과 포도주처럼, 예수 그리스도의 피와 살과 영혼과 신성을 실체적으로 지니고 있다고 믿어지는 대상물.

＊434 성찬의 빵과 포도주의 모든 실체가 예수 그리스도의 피와 살의 모든 실체로 변한다는 설.

＊435 주 424를 보라.

＊436 원문의 라틴어는 a quo다.

＊437 원문의 라틴어는 ad quem이다.

＊438 스코투스학파가 토마스학파에 대항하여 주장한 성모의 '무염시태(원죄 없는 잉태) 이론'은 1497년 3월 3일 파리 소르본 대학 신학부에 의해 인정되었다.

＊439 천국의 열쇠. 「마태복음」 16·19 참조.

＊440 스쿠터스 학파의 이론이다.

＊441 아리스토텔레스가 말한 운동의 네 가지 원인 중 두 가지. 작용인은 어떤 결과를 낳는 직접적 원인이고, 목적인은 한 사실이 어떤 목적의 수단이 될 때 그 점을 설명해 주는 원인이다. 이 두 가지 원인은 서로 대립되는 개념이다.

＊442 「요한복음」 4·24 참조.

＊443 이는 우상숭배라는 폐습을 비판한 것이다. 종교개혁파들도 성모 마리아와 여러 성자들의 화상을 예배하는 행위를 비난하였다.

＊444 「디모데후서」 2·23 참조.

＊445 「디모데후서」 2·16 및 「디모데전서」 6·20 참조.

＊446 「디모데후서」 1·4 참조.

＊447 「디모데후서」 6·4 참조.

＊448 실리시아의 크리시포스는 유명한 스토아 파 철학자(기원전 282~208)다. 크리시포스는 아테네에서 클레안테스에게 가르침을 받은 뒤 아카데미아의 회의주의를 버리고, 지식은 확실한 근거 위에서만 확립될 수 있다고 주장하였다. 그는 풍부한 지식을 지녔으며 놀랄 만큼 정교하고 치밀한 논법을 구사하였다. 그리고 700가지 이상의 작품을 지어냈다.

＊449 성 요한은 그리스의 교부다(349~407). 웅변에 능했으므로 크리소스토무스, 즉 '황금의 입'이라는 별명을 얻었다. 그의 주요 저작 중에는 다음 같은 것들이 있다. 수도 생활을 하다가 환속한 친구에게 준 글인 〈테오도르에게 보내는 격려〉, 여자들의 품행과 동정에 관한 논문(여기서는 교회 일을 보는 여자들이나 수녀들이, 처녀의 결혼 및 과부의 개가를 금지하는 풍습을 공격하고 있다), 「창세기」와 「구약성서」에 관한 강론집, 「시편」과 「신약성서」에 대한 주해 등.

＊450 성 바실리우스는 교부이자 카에사레아의 주교였다(329~347). 6일간의 창조 작업을 설명한 「여섯 날」을 비롯하여 강론집과 서간집 등 많은 저작을 남겼다.

＊451 성 히에로니무스는 라틴 교회의 가장 위대한 학자들 중 한 사람이다(346?~420). 그는 「성서」의 라틴어 번역본 대부분을 편찬하였으며, 「구약성서」의 주해 등 많은 저술을 남겼다. 참고로 성 요한, 성 바실리우스, 성 히에로니무스는 모두 에라스무스

가 존경한 중세의 세 교부들이다.

*452 교부(敎父)란 1세기부터 4세기 사이에 기독교 교리를 가르쳤던 신학자를 말한다.

*453 다윗 왕은 헤브루 사람들을 '고집 세고 다루기 힘든 민족'이라 표현하였다.

*454 「사도행전」 13·46에서는, 교회 밖에 있는 사람들을 '이교도'라 부르고 있다.

*455 quodlibetum, 즉 긍정으로나 부정으로나 마음대로 대답할 수 있는 질문.

*456 주 316)을 보라. 페넬로페는 20년간 수절하는 동안, 구혼하는 남자들을 물리치기 위해 '베를 다 짜면 승낙하겠다'라고 말하고는 낮에 짠 베를 밤마다 풀어 버렸다. 그래서 그녀의 베 짜는 일은 좀처럼 끝나지 않았다.

*457 멀게는 십자군 전쟁을 가리키고, 가깝게는 당시 터키와 독일·프랑스·이탈리아 사이에서 종종 일어나던 싸움을 가리키는 듯하다.

*458 주 430을 보라.

*459 주 429를 보라.

*460 그리스의 신. 그는 신들에 대항하여 거인족의 편을 든 죄로, 주피터로부터 양 어깨로 하늘을 떠받치는 벌을 받았다.

*461 그리스의 칠현인 중 하나. 아테네의 입법자(기원전 640~525).

*462 제라르 리스테르의 「주해」에 따르면, 한 수도사는 "소크라테스여, 그대는 달린다"와 "소크라테스는 달린다"라는 두 문장을 같은 의미라고 감히 주장했다는 죄목으로, 옥스퍼드의 신학자들로부터 유죄 선고를 받았다고 한다.

*463 주 420를 보라.

*464 주피터는 현명함의 여신 메티스를 삼켰기 때문에 머리가 너무나도 아팠다. 그래서 그는 불카누스에게 도움을 청했다. 불카누스는 그의 도끼로 주피터의 머리를 쪼갰다. 그러자 그 안에서 팔라스(미네르바) 여신이 완전 무장을 한 채 뛰쳐나왔다.

*465 신학박사들이 쓰는 모자.

*466 에라스무스는 이와 똑같은 사상을 「로렌초 발라의 신약성서 주해」(1505년 4월 출판)의 서문에서도 표명하였다.

*467 유대인들이 하느님(JEHOVAH)라는 신비로운 말을 나타내기 위해 삼각형 속에 적어 넣은 신비로운 4자음(子音)이다. 프랑스어로는 i, h, w, h에 가깝다. 이 네 글자는 짧은 모음과 여러 형태로 결합하여 발음된다. 이는 흔히 iahowah, eihowih, iao, iaou 등으로 표기된다.

*468 에라스무스는 똑같은 사상을 「기독교 병사의 필독서」 5·49 A에서도 드러내고 있다.

*469 여기서 은자라고 번역한 프랑스어의 moine, 라틴어의 monachus는 '홀로 사는 사람, 세상을 버린 사람'이라는 뜻을 가진 그리스어 $Mova\chi$-s에서 온 말이다.

*470 실리시아의 모직물은 염소 또는 산양의 털로 짠 것인데, 두께가 얇고 질도 나빴다.

*471 밀레투스의 삼베는 실이 가늘기로 유명했으며 특히 그 빛깔 때문에 큰 호평을 받았다. 호라티우스의 「서간시」 1·17·30, 베르길리우스의 「농경시」 3·306 참조. 이 부

분은 수도사들이 겉에는 나쁜 것을, 속에는 좋은 것을 입고 있는 상태를 말하는 대목이다. 그리고 다음 대목은 반대되는 상황을 지적하고 있는 듯하다.

＊472 1223년에 아시시의 성 프란체스코가 세운 수도회. 청빈을 존중하고 허리에 허리띠 대신 밧줄을 둘렀으므로 이런 별명이 붙었다.

＊473 성녀 클라라가 세웠고, 1807년 피우스 7세 교황에 의해 성자가 된 콜레트 드 코르비(1380~1414)가 개혁한 수도회.

＊474 '밧줄 수사'에게 겸허의 정신을 심어 주기 위해 성 프란체스코 자신이 붙여 준 이름. 미노레스(Minores)는 '보다 적은, 천한'이라는 뜻이다.

＊475 성 프랑수아 드 폴이 1436년 무렵 칼라브리아에 세운 수도회. 1473년 식스투스 4세 교황이 이 수도회를 인가했다. 아시시의 성 프란체스코는 자기 수도사에게 겸허의 정신을 길러 주기 위하여 '미노레스'란 이름을 붙였는데, 성 프랑수아 드 폴은 자기 수도사에게 그보다 더욱 큰 겸허의 정신을 불어넣기 위해 '보잘것없는, 최소'란 뜻의 '미니무스'라는 명칭을 붙였다.

＊476 보통은 오브세르반테스(Observantes, 회칙파)라 불리던 성 프란체스코회의 수도사들 가운데, 에우게니우스 4세 교황의 Bulla 즉 대칙서(大則書, 1446년)를 지키던 사람들에게 붙여진 이름. '불리스타스'는 '불라(Bulla)'에서 나온 말이다.

＊477 528년에 성 베네딕트가 이탈리아 카시노 산에서 세운 수도회. 위생, 검소, 근로를 계율로 삼았다.

＊478 시토회라고도 불린다. 1098년 시토의 사제 로베르투스가 세운 수도회로, 1119년 그의 후계자이자 '마지막 교부'라 불렸던 성 베르나르두스가 이를 개혁했다.

＊479 1346년 스웨덴 남부의 베테른 호숫가에서 성녀 브리기테가 세운 수도회. 이 수도회는 생소뵈르 수도회라고도 불렀다.

＊480 성 아우구스티누스의 계율을 지키는 탁발 수사에게 붙여진 이름. 이들의 수도회는 1256년 알렉산데르 4세 교황에 의해 실제로 창설되었다.

＊481 빌헬름이라는 빈의 은자가 12세기 초반에 세운 수도회. 이 회의 준엄한 수도사들은 처음에는 시에나 근처의 한 계곡에서 살았는데, 13세기에 이웃의 여러 나라로 뿔뿔이 흩어졌다. 1297년 보니파키우스 8세 교황으로부터, 얼마 전에 해산된 '백의회(白衣會)'의 수도원을 받았다.

＊482 성 도미니크회의 수도사들이, 1218년 생캉탱 수도원장 장 바라스트르로부터 성 야곱 예배당을 받았을 때 채용한 명칭이다.

＊483 에라스무스는 1522년에 발표한 「대화집(Colloquia)」의 한 장에 '$I\chi\theta\upsilon o\varphi\alpha\gamma\iota\alpha$(생선 먹기)'라는 제목을 붙이고, 금욕의 서약을 해 놓고선 생선을 먹는 수도사들을 풍자하는 글을 썼다.

＊484 기둥 위에서 고행하며 생애를 보낸 성자가 세 명 있다. 한 성자는 안타키아 근처에서 30년간(422~420) 산 뒤 459년에 죽었다. 또 한 성자도 같은 도시 근처에서 고

행하다가 597년에 죽었다. 마지막 한 성자는 6세기 사람으로 실리시아에서 고행하다가 벼락을 맞아 죽었다. 이들은 모두 '기둥 위의 성자 시메온'이라고 불린다.

*485 하드리아누스 황제 시대에 알렉산드리아에서 바실리데스(~130?)가 퍼뜨린 이단 신비설. 천계를 365로 나누었으며 각 천계에 등급이 다른 정령이 살고 있다고 말했다. 그리고 인간 세계는 최하급 정령의 지배하에 있다고도 했다. 그리스 문자에 번호를 붙여 신성한 숫자인 365가 되게 해서, 그것을 부적으로 사용하였다. a(1)+b(2)+r(100)+a(1)+x(60)+a(1)+s(200)=abraxas(365)

*486 가르멜, 도미니크, 프란체스코, 아우구스티누스라는 네 파가 있다.

*487 베르길리우스의 「아이네이스」 6·419를 보면 지옥의 개 케르베로스를 이처럼 표현하고 있다. 탁발 수사를 갖가지 짐승(당나귀·개·말벌·무늬말벌 등)에 비유하는 일은 예전부터 흔히 볼 수 있었다. 프랑수아 1세의 어머니 루이즈 드 사부아가 쓴 「일기」(1489)의 한 대목에 나오는 다음 글은 에라스무스의 본문과 비교해 볼 만하다. "12월에 내 아들과 나는 성령 덕택으로 백색·흑색·황색·재색, 기타 온갖 빛깔의 위선자들을 알아보기 시작했다. 하느님이시여, 그들로부터 우리를 지켜 주소서." 이 글에 나오는 여러 빛깔은 탁발 수사의 옷 색깔이다.

*488 페니키아의 '발'에 해당. 처음에는 태양을 상징하는 신이었다. 이 말의 뜻은 '주(主)'다. 「다니엘서」 부록 제2(제13장·제14장)를 보면 벨의 이야기가 나오는데, 벨과 용은 엄연히 다른 존재다. 어쩌면 에라스무스가 혼동한 것인지도 모른다. 「다니엘서」를 보면 다니엘은 우상 벨을 파괴하고(제13장), 그 후 신성한 용을 죽이고 민중의 분노를 사는 바람에 사자 굴로 던져졌다가 하느님의 가호로 목숨을 구한다(제14장). 이 이야기와 십자가의 신비 사이에 무슨 관계가 있는지는 잘 모르겠지만, 혹시 다니엘의 순교적 행위에 초점을 둔 게 아닌가 싶다.

*489 호라티우스의 「풍자시」 2·7·21에서 인용.

*490 에라스무스의 「격언집」 1·3·35에 수록된 표현.

*491 주 431을 보라.

*492 영어의 sin은 '죄'를 뜻한다.

*493 탄탈로스의 딸이자 테베 왕 암피온의 아내. 니오베의 슬하에는 일곱 아들과 일곱 딸이 있었다. 그녀는 자식이라곤 아들 하나와 딸 하나, 즉 아폴로와 디아나밖에 없는 라토나 여신을 비웃었다. 그래서 아폴로와 디아나는 어머니의 원수를 갚기 위해 니오베의 모든 아들딸을 화살로 쏘아 죽여 버렸다. 그 모습을 본 니오베는 크나큰 놀라움과 슬픔 때문에 돌로 변해 버렸다. 호머의 「일리아드」 24·602 이하, 오비디우스의 「변신이야기」 6·152 이하 참조.

*494 호라티우스의 「풍자시」 1·8에 의하면, 무화과나무의 프리아포스는 마녀 카니디아와 사가나가 한밤중에 벌이는 의식에 참석했다고 한다. 프리아포스는 남성의 생식기 모양으로 묘사된다. 주 162를 보라.

＊495 키케로의 「창작론(De inventione)」 1·15 참조.

＊496 베르길리우스의 「전원시」 3·19에서 인용.

＊497 루키아노스의 「알렉산드로스」 54에서 인용.

＊498 중세의 신학자들은 여러 가지 별명으로 불렸다. 예를 들어 토마스 아퀴나스는 Doctor angelicus(천사 박사), 알베르투스 마그누스는 Doctor universalis(만물박사), 윌리엄 오브 오컴은 Doctor invincibilis, Venerabilis inceptor(논박 불가능 박사, 존경할 만한 스승), 둔스 스코투스는 Doctor subtilis(정묘박사), 보나벤투라는 Doctor seraphicus(치품천사 박사)라고 불리었다.

＊499 「역사의 거울(Speculum Historiale)」은 뱅상 드 보베가 지은 백과사전 「사면경(四面鏡, Speculum quadruplex)」의 제3부로, 1244년까지의 세계사를 요약한 책이다. 이 책은 1473~76년에 스트라스부르에서 처음으로 출판되었다.

＊500 「게스타 로마노룸(Gesta Romanorum)」은 13세기 말 혹은 14세기 초에 편집된 것으로, 로마 시대의 역사 및 풍속에 관한 견문록이다. 1472년 쾰른에서 출판되었다.

＊501 라틴어로 Chimaera(프랑스어로는 Chimère)라고 하는 이것은 본디 전설상의 괴수 이름이다. 호머에 의하면 사자 머리에 양의 몸통, 그리고 용의 꼬리를 지닌 이 괴물은 입에서 불꽃을 내뿜는다고 한다. 이 괴물은 천마를 탄 벨레로폰의 손에 죽임을 당했다. 참고로 키마이라는 인간의 망상·몽상을 상징한다.

＊502 호라티우스는 「시론」의 첫머리에서 이렇게 말하고 있다. "사람의 머리에 말의 목을 덧붙이고, 몸의 나머지를 여러 빛깔의 깃털로 뒤덮고, 고르지 않은 손발을 덧붙이고, 여인의 아름다운 상반신이 보기 흉한 물고기 꼬리로 끝나게 해 보라. 그것을 보고 여러분은 웃음을 참을 수 있겠는가?"

＊503 주 312를 보라.

＊504 로마 신화의 비너스에 해당한다. '아름다움'과 '사랑'을 관장하는 그리스 여신.

＊505 주 222를 보라.

＊506 스물두 살 때 테바이스에서 은자가 되고 백열세 살 때인 342년에 세상을 떠난 성 바울을 가리키는 것이리라. 사도 바울은 아니라고 생각된다.

＊507 유명한 안토니우스로는 두 사람이 있다. 파도바의 안토니우스(1195~1231)와 이집트의 성 안토니우스(251~356)다. 여기서 말하는 안토니우스는 후자를 가리킨다. 그는 수도원 제도의 창시자 중 하나로, 젊은 시절에 가난한 사람들에게 자기 재산을 나눠 주고 테바이스에서 은자로 지내었다. 그리고 백다섯 살 되던 해인 356년에 두 애제자의 품에 안기어 운명하였다. 그는 20년간 무서운 환상과 유혹의 시련을 받았다고 하는데, 그처럼 고통스러웠다는 그의 수도 생활은 문학 및 예술의 소재로 흔히 사용되었다.

＊508 이와 유사한 사상을 에라스무스의 「기독교 군주 교육」에서도 볼 수 있다. 1516년 5월, 에라스무스는 이 책을 훗날 독일의 황제 카를 5세가 될 젊은 왕자에게 헌정하였

다.

＊509 에라스무스의 「격언집」 1·5·6 참조.

＊510 호라티우스의 「오드」 1·9·9 참조.

＊511 호라티우스의 「풍자시」 1·2·27 이하에 이런 말이 나온다. "우리들로 말하자면 실로 보잘것없는 존재, 오직 먹기 위해 태어난 사람들일 뿐이다. 우리들은 페넬로페에게 구혼한 건달이자 알키노오스 왕궁의 신하이며, 몸치장에만 마음을 쓰고, 대낮까지 잠을 자고, 삼현금 소리에 맞춰 흔들흔들하며 조는 것을 멋으로 아는 자들이다." 파이아케스 사람들이 향연과 쾌락의 나날을 보냈다는 것은 널리 알려진 사실로, 호머의 「오디세이」 8·248에서도 이를 확인할 수 있다. 페넬로페에 관해서는 주 316), 주 456을 보라.

＊512 이 문장은 "메아리가 나보다도 더 잘, 파이아케스 사람들의 생활에 대해 노래한 시의 마지막 대목을 가르쳐 줄 것이다"라는 뜻으로 추정된다. 「오디세이」의 여덟 번째 노래를 보면 알키노우스가 파이아케스 사람들의 생활을 율리시스에게 말해 주는 대목(226~249)이 나오는데, 마지막 두 줄에는 이렇게 적혀 있다. "우리들이 항상 좋아하는 것은 향연·노래·무용·새 옷·온욕, 그리고 따사로운 침실이다."

＊513 주교는 그리스어로 episcopos(πισχοπος)라고 하는데, 그 뜻은 '~를 감시하는 사람'이다.

＊514 주교(episcopos)의 원뜻으로 재담을 한 것. 주 513을 보라.

＊515 14세기 초 보니파시오 8세가, 추기경이 주홍빛 법의와 외투를 착용하는 것을 허가하였다.

＊516 「누가복음」 9·3 참조. "여행을 위해 아무것도 가지지 마라. 지팡이도 주머니도 양식도 돈도, 두 벌의 옷도 가지지 마라."

＊517 라틴어로 papa.

＊518 당시 로마 교황청의 문란과, 몇몇 교황들의 수치스러운 행동은 라블레의 「이탈리아 소식」이나 벤베누토 첼리니의 「자서전」 등에서 찾아볼 수 있다. 특히 부르크하르트의 「이탈리아 르네상스의 문화」에는 교황의 끔찍스런 행적이 잔뜩 실려 있다. 주 527을 보라.

＊519 「마태복음」 5·13 참조. "너희는 세상의 소금이니라. 만일 소금이 그 맛을 잃으면 무엇으로 짜게 할 수 있겠는가?"

＊520 원어에는 '뚜쟁이'라는 뜻도 있다.

＊521 「로마서」 16·18 참조. "이 같은 자들은 우리 주 그리스도를 섬기지 아니하고 자기 자신의 배를 섬기며, 아첨하는 달콤한 말로 순진한 자들의 마음을 속이느니라." 여기서 에라스무스는 「성서」에 나오는 '달콤한 말', 즉 감언 대신 '달콤한 축복'이란 표현을 쓰고 있다.

＊522 파문된 사람들은 불꽃과 악마들에 둘러싸인 모습으로 그려진다. 이런 그림이 로마의

여러 성당에 게시되었다.

*523 「마태복음」 19·27 참조. "이에 베드로가 이어 가로되 '보소서. 우리는 모든 것을 버리고 그대를 좇았는데, 장차 우리는 어찌 되오리까?'"

*524 가톨릭에서 그리스도는 '교회의 남편'이다. 따라서 교회는 '그리스도의 아내'라고 불린다.

*525 베르길리우스의 「아이네이스」 7·323 참조. 거기에서는 복수의 여신 알렉토가 광란을 불러내어 전쟁을 일으킨다.

*526 주 308을 보라.

*527 알렉산데르 6세(재위 1492~1503년. 이 교황은 자신의 누이와 관계를 맺어 독살당했다고 전해진다), 율리우스 2세(1503~13), 레오 10세(1503~21), 클레멘스 7세(1523~34), 파울루스 3세(1534~49)들은 모두 전쟁을 자주 하였다.

*528 특히 율리우스 2세를 가리키는 것으로 보인다. 60세에 교황이 된 그는 재임 기간인 10년 동안 끊임없이 전쟁을 일으켰다. 그러기 위해 터키인과 동맹을 맺었을 정도다. 당시 이탈리아를 여행하던 에라스무스는 1506년에 볼로냐에 정착하려 했으나, 율리우스 2세의 군대가 그곳을 포위하는 바람에 피렌체로 떠날 수밖에 없었다. 그는 그 일 때문에 더더욱 이 교황을 탐탁지 않게 여겼다.

*529 봉건 시대에 백성이 교회나 영주에게 바치던 세금. 토지에서 난 수확의 10분의 1을 현물로 바치는 것이었다.

*530 주 앞과 동일.

*531 주 486을 보라.

*532 성 브뤼노가 1084년에, 그르노블 근처의 샤르트뢰즈 벌판에 세운 수도회.

*533 네메시스 여신을 가리킨다. 아티카의 도시 람누스에는 이 여신을 모시는 유명한 신전이 있다. 에레보스와 닉스(밤의 여신)의 딸인 이 여신은 지상과 지옥에서 지내면서, 범죄의 처벌과 정의의 실천을 감시하였다. 또한 그녀는 사람들로 하여금 평화 조약 및 신앙을 지키게 하였으며, 강자를 꺾고 약자를 도왔다.

*534 아테네 사람으로 기원전 354년에 사망했다.

*535 '티모테우스'라는 이름의 뜻은 '신의 숭배를 받는'이다.

*536 에라스무스의 「격언집」 1·5·82에 수록된 속담.

*537 처음에는 잘 안 풀리던 일이라도 마지막에는 해낸다는 것을 나타내는 아테네 속담. 에라스무스의 「격언집」 1·1·76에 수록된 속담. 부엉이는 지혜를 상징하는 미네르바 여신에게 바쳐진 새다.

*538 불길한 별 아래 태어난 사람을 가리키는 속담. 에라스무스의 「격언집」 1·1·77 참조.

*539 불길한 말을 탄다는 뜻. 로마 시대의 세이우스 크네이우스란 사람은 아르고스에서 태어난 훌륭한 말을 가지고 있었다. 그러나 이 말은 불길한 말이었으므로 크네이우스는 사형을 당했다. 그 후 이 말은 차례로 코르넬리우스 들라벨라·카시우스·안토

니우스의 소유가 되었는데, 그들은 모두 불행한 죽음을 당하였다. 그럼 아이리우스 세야누스(31년에 사망)는 누구일까? 그는 아우구스투스 황제 시대의 귀족으로, 배은망덕한 죄로 인해 사형되었다. 그러므로 에라스무스는 세이우스 크네이우스와 이 세야누스를 혼동하여 적은 것으로 보인다. 아울루스 겔리우스의 「아티카 야화」 3·9·6, 에라스무스의 「격언집」 1·10·97 참조.

* 540 통용되지 않는 돈을 가지고 있다는 뜻. 아울루스 겔리우스의 「아티카 야화」 3·9·7, 에라스무스의 「격언집」 1·10·98 참조.

* 541 1508년 9월 알두스 마우티누스가 베네치아에서 출판한 「격언집」의 증보판을 가리키는 것으로 보인다. 에라스무스의 「격언집」 초판은 1500년 6월 혹은 7월에 파리의 장 필립 서점에서 출판되었다.

* 542 카이사르가 루비콘 강을 건너면서 말했던 "Alea jacta est!"를 가리킨다. 과감한 마지막 결정을 내릴 때 쓰는 말이다.

* 543 호라티우스는 「서간시」 1·17·35에서 다음과 같이 말하고 있다. "군주의 마음에 든다는 것은 사소한 영광이 아니며, 아무나 다 코린트에 들어갈 수 있는 건 아니다."

* 544 디오니시우스 카토의 「2행시」 제2권에 실린 어느 2행시의 두 번째 시구. 중세 어린이들은 학교에서 라틴어를 막 배울 때 이 시구들을 암기하였다.

* 545 호라티우스가 자기 자신을 가리켜 사용한 표현. 주 136을 보라. 「서간시」 1·4·16 참조. 에피쿠로스는 그리스의 철학자로 사모스 출신이다(기원전 431~270). 아테네에서 크세노크라테스에게 가르침을 받은 그는 데모크리토스의 학설을 채용했다. 그는 쾌락이 최고의 행복이라고 가르쳤다. 하지만 그가 말한 쾌락은 관능의 야비한 향락에서 오는 것이 아니라, 정신의 도야와 덕행의 실천에서 비롯되는 것이었다. 오늘날에는 '에피쿠로스 학파', '에피쿠로스의 제자'라는 말이 향락주의자, 관능적 쾌락을 즐기는 사람, 주색에 빠진 사람, 식탐을 내는 사람 등을 가리킬 때 종종 쓰이는데, 이는 잘못된 해석에서 온 것이다. 참고로 루크레티우스의 「자연론」은 에피쿠로스의 철학 체계를 교훈적·서정적으로 전개한 철학시다.

* 546 호라티우스의 「오드」 4·12·27에 이런 말이 있다. "음산한 화형의 장작더미를 생각하라. 또 가능하다면 그대의 생각 속에 약간의 광기를 섞어라. 알맞게 헛소리하는 것은 즐겁도다."

* 547 호라티우스의 「오드」 4·12·28. 주 546을 보라.

* 548 호라티우스의 「서간시」 2·2·126에서 인용.

* 549 주 395을 보라.

* 550 호머는 어린 시절의 텔레마코스만을 그렇게 부르고 있다. 「오디세이」 11·449 참조.

* 551 키케로의 「친구에게 보내는 편지」 9·22·4 참조. 키케로 이전에 시모니스(기원전 556?~467?)도 "미치광이의 수효는 셀 수조차 없다"라고 말한 바 있다.

* 552 주 249를 보라.

＊553 루이 11세의 고해 신부인 로베르 드 소르봉이 1253년에 세운 학교로, 처음 설립 목적은 가난한 학생들에게 신학 공부를 시키는 것이었다. 따라서 중세 시대에 소르본 하면 신학부를 가리켰다. 여기에서 10년간 공부하고 논문 심사에 통과하면 박사 학위를 받을 수 있었다. 반휴머니즘·반종교개혁 세력의 본거지였다.

＊554 주 431을 보라.

＊555 원문은 그리스어. '까마귀 밥이나 돼라', '지옥에 떨어져라'라는 뜻.

＊556 호라티우스의 「풍자시」 1·1·8 및 「프리아포스 찬시」(69)에 프리아포스의 이야기가 나온다. 무화과나무가 된 프리아포스 신이 뜰에 서 있는데, 집 주인은 종종 그의 앞에서 글을 읽었다. 프리아포스 신은 그 소리를 자주 들은 나머지 그중 몇 구절을 외워 버렸다고 자랑하였다. 참고로 옛날 사람들은 정원의 신인 프리아포스의 형상을 무화과나무 줄기에 즐겨 새겼다.

＊557 루키아노스의 「꿈 또는 수탉」 2 참조. 주 364를 보라.

＊558 「전도서」 1·15 참조. 그러나 미국 성서 협회에서 낸 「성서」에서는 "구부러진 것을 펼 수는 없고, 빠진 것을 셀 수는 없도다"라고 되어 있다.

＊559 「예레미야서」에 인용문과 똑같은 구절은 없다. 다만 10·7~8을 보면 "하느님은 위대하시며 만국의 현인들은 다 무지하고 어리석다"라는 말이 나온다.

＊560 「예레미야서」 10·7~8 참조. 바로 앞의 주를 보라.

＊561 「예레미야서」 9·23에 "지혜 있는 자는 제 지혜를 뽐내지 마라"라고 적혀 있다.

＊562 「전도서」 1·2 및 12·8 참조.

＊563 「전도서」를 쓴 솔로몬을 가리킨다.

＊564 주 551을 보라.

＊565 흰 조약돌이란 칭찬의 표시다. 에라스무스의 「격언집」 1·5·53 참조.

＊566 「전도서」 27·11 참조.

＊567 「마태복음」 19·17 참조.

＊568 「잠언」 15·21a에 "무지한 자는 어리석은 것을 즐긴다"라고 적혀 있다.

＊569 「전도서」 1·18에는 다음처럼 적혀 있다. "지혜가 많으면 번뇌도 많으니, 지식을 더하는 자는 근심을 더하느니라." 에라스무스에게는 기억을 더듬어 인용하는 버릇이 있었다. 그래서 이처럼 원문과 인용문이 조금씩 다른 것이다.

＊570 「전도서」 7·4에는 "현인의 마음은 초상집에 있으되 우매한 자의 마음은 혼인집에 있느니라"라고 적혀 있다.

＊571 이스라엘의 제3대 왕(기원전 978? 년에 사망). 현명하여 나라를 잘 다스렸으나, 만년에 영화를 탐닉하다가 신의 벌을 받고 말았다. 「전도서」·「잠언」·「아가」는 솔로몬이 지은 것이라고 한다. "나와 알고 지내기를……"이라는 부분은, 나이 든 솔로몬의 방탕한 생활을 가리킨다.

＊572 「전도서」 1·17에는 "나는 마음을 써서 지혜를 알고자 했으며, 미친 것과 미련한 것

을 알고자 했다"라고 되어 있다.

* 573 「마태복음」 19·30 참조. "그러나 먼저 된 자로서 나중 되고, 나중 된 자로서 먼저
될 자가 많으니라."

* 574 본문의 지적이 잘못된 것 같다.

* 575 이른바 산파술. 질문을 거듭함으로써 상대의 생각을 굳어지게 만드는 방법이다.

* 576 아리스토텔레스의 「수사학」 1·6, 에라스무스의 「격언집」 2·1·65 참조.

* 577 「전도서」 20·33을 정확히 인용하면 다음과 같다. "제 지혜의 모자람을 감추는 자는
제 지혜를 감추는 자보다 낫다." 사실 이 구절은 지혜를 예찬하는 문장이지 않은가
싶다.

* 578 솔로몬을 가리킨다. 주 563을 보라.

* 579 「전도서」 10·3에는 다음과 같은 말이 적혀 있다. "우매한 자는 길을 걸을 때에도 사
리를 분별할 줄 몰라, 각 사람을 보고 저기에 우매한 자가 있다고 말한다."

* 580 「잠언」 30·2~3에는 다음처럼 적혀 있다. "나는 다른 사람들에 비하면 짐승이라, 내
게는 사람의 총명이 있지 아니하니라. 나는 지혜를 배우지 못하였고 또 거룩하신 자
를 아는 지식이 없도다."

* 581 성 바울은 이교도 국민들을 전도하였으므로 그들에게 이방인의 박사(Gentium
Doctor)라고 불렸다.

* 582 「고린도후서」 11·23에 이런 말이 나온다. "저희가 그리스도의 일꾼이냐? 정신없는
말을 하거니와, 나는 더욱 그러하도다."

* 583 당시의 휴머니스트들을 가리키는 듯하다.

* 584 새로운 것으로써 선배들을 화나게 한다는 뜻. 에라스무스의 「격언집」 1·3·75 참조.

* 585 르페브르 데타플(1455? ~1537)을 가리키는 것이 분명하다. 그는 누구보다도 먼저
「성서」를 프랑스어로 완전히 번역했으며 아리스토텔레스의 주요 작품들을 번역하고
풀어 썼다. 그는 자신보다 약간 어린 에라스무스와 친교가 있었다.

* 586 「고린도후서」 11·23 참조. 주 582를 보라.

* 587 헤브루어·그리스어·라틴어. 당시의 휴머니스트들은 자유 검토의 정신을 실천하기 위
해 이 세 외국어를 꼭 배워야만 했다. 프랑수아 1세가 기욤 뷔데의 요청으로 세운
콜레주 드 프랑스(Collge de France)에서도 이 세 외국어를 중시하였다. 본문의 '세
외국어에 능통한 사람들'이란 휴머니스트들을 가리킨다.

* 588 주 222를 보라. 칠현금은 라틴어로 Lyra라고 한다. 따라서 이 문장은 파리 소르본
신학부의 교수로 재임하다가 1340년에 세상을 뜬 니콜라 드 리라(Nicolas de Lyra)
라는 신학자를 조롱하는 것으로 보인다. 리라는 「성서」의 주해도 내놓은 사람으로
당시 존경을 받았으나, 휴머니스트들로부터는 조소를 샀던 모양이다. "만약 리라
(니콜라 드 리라)가 리라(칠현금)를 뜯지 않았더라면 루터도 춤을 추지 않았으리
라"라는 재담이 유행했을 정도다.

*589 주 27을 보라. 그는 헤브루어·그리스어·라틴어·칼데아어·달마티아어 등 5개 국어에 능통하였다. 382년에 교황 다마소 1세의 요청으로 라틴어 「성서」를 처음으로 개정하였다.

*590 이 이야기는 히에로니무스의 「사도행전 주해」 17·23에 적혀 있다. 남겨진 마지막 두 글자는 라틴어로 'Ignoto Deo'다.

*591 라틴어 원문은 'Diis Asiae, Europae et Africae, Diis ignotis et peregrinis'다.

*592 주 588을 보라.

*593 「누가복음」 22·35~36 참조. 그리스도가 잡히기 직전에 제자들을 모아 놓고 마지막 가르침을 주는 대목. "(그리스도가) 저희에게 이르시되 내가 너희를 전대도 주머니도 신도 없이 내보냈을 때 부족한 것이 있더냐 물으셨다. 저희가 대답하되, '없었나이다.' 그러자 (그리스도가) 이르시되 이제 전대가 있는 자는 그것을 가질 것이요, 주머니가 있는 자 역시 그것을 가질 것이며, 검이 없는 자는 겉옷을 팔아 검을 살지어다."

*594 '버리다'의 라틴어 원어는 tollit다. 그런데 그것은 '집다(갖다)'와 '버리다'라는 두 가지 의미로 해석된다. 놀라크의 번역문에서는 déposer라는 프랑스어 동사를 쓰고 있는데, 그 뜻은 '내려놓다', '버리다'이다. 그러나 이 동사가 프랑스어로 된 성서를 보면 prendre(=take)란 동사로 바뀌었고, 한글판 「성서」에서도 모두 '가지다'로 번역되었다. 주 593의 번역문과 대조해 볼 것.

*595 바로 앞의 주에서 적은 것처럼, 「누가복음」 22·35를 '버리다'라고 해석하지 않으면 이 대목의 뜻과 모순되어 버린다.

*596 tunique(프랑스어). 우리말 「성서」에는 '겉옷'이라고 번역되어 있다. 하지만 이 옷은 사실 고대(그리스·로마) 사람들이 입었던, 소매가 있기도 하고 없기도 한 긴 셔츠를 가리킨다. 따라서 '속옷'이지 겉옷이 아니다. 또 속옷으로 해석해야만 이 대목의 뜻이 통한다.

*597 니콜라 드 리라는 문제의 단어를 '집다(갖다)'라는 뜻으로 해석하고 부연 설명했던 모양이다.

*598 「누가복음」 12·4, 「마태복음」 5·3, 10·17·22~23·29 참조.

*599 「누가복음」 12·27 「마태복음」 6·28 참조.

*600 그리스도가 잡히려 할 때 사도 한 명이 칼을 뽑아 들었다. "그러자 예수께서 이르시되 네 검을 도로 칼집에 꽂으라, 검을 잡는 자는 모두 검으로 망하느니라." 「마태복음」 26·52에 나오는 말로, 「요한복음」 18·11에도 같은 말이 나온다.

*601 제라르 리스테르의 말에 따르면, 이 신학자는 1336년에 죽은 조르당 드 삭스라고 한다. 그는 도미니크 수도회의 회장이었다.

*602 전설에 의하면, 12사도 가운데 한 사람인 성 바르톨로메오는 인도의 왕 아스티아제스의 아우 폴렘을 기독교로 개종하게 만들었다는 이유로 사형을 당한다. 인도 왕은

그를 태형에 처한 뒤 산 채로 그의 살가죽을 벗겨 버렸다고 한다. 그러나 성 바르톨로메오의 순교가 정확히 어떤 것이었는가에 관해서는 여러 가지 설이 있다. 성녀 도로테에 의하면 성 바르톨로메오는 십자가에 못 박혔다고 하며, 다른 역사가들에 의하면 참수형을 당했다고 한다.

＊603 12명의 예언자들 중 여덟 번째 사람이다. 「하박국서」 3·7에는 다음과 같이 적혀 있다. "내가 본즉 에티오피아의 천막이 환난을 당하고 미디안 땅의 천막이 공포에 흔들리도다."

＊604 라틴어에서는 '천막'도 '가죽'도 둘 다 pellis라고 쓴다.

＊605 「디도서」 3·10 참조.

＊606 '무서운 형상을 한 변호사'라는 뜻. 에라스무스의 「격언집」 4·1·6 참조. 테네도스에 관해서는 주 421을 보라.

＊607 「신명기」 13·5에는 "그런 선지자나 꿈꾸는 자는 죽이라"라는 구절이 있다. 이 대목은 maleficus라는 라틴어의 해석이 문제다.

＊608 mahascefim.

＊609 700가지 이상의 저서를 남긴 철학자. 주 448을 보라.

＊610 아우구스투스 황제 시대의 알렉산드리아의 문법학자 겸 비평가. 아피온과 헤라클리드의 스승. 그는 막대한 수의 작품을 남겼다. 그중에서도 특히 비평과 호머의 시에 대한 주석이 가장 흥미로운 작품이었으나 거의 다 소실되고 말았다. 다만 호머와 핀다로스 및 그 밖의 시인들에 관한 약간의 주석은 남아 있다. 아테네우스는 디디무스의 작품 수를 3,000개라고 하였으며, 세네카는 4,000개에 달한다고 했다. 그는 맹렬한 작업과 무자비한 비평으로 '칼켄테로스(chalkenteros, 청동으로 된 오장육부를 가진 자)'라는 별명을 얻었다. 또한 그는 너무나 많은 책을 읽고 쓴 탓에, 자신이 읽고 쓴 것을 깡그리 잊어버리고 모순되는 말을 종종하였다. 그래서 데메트리오스는 그에게 '비블리올라타스(bibliolathas)'라는 별명을 붙였다.

＊611 쓸모없고 어리석은 여신 학자. 에라스무스의 「격언집」 1·7·85 참조. 이는 '바보신' 자신을 가리키는 말이다.

＊612 「고린도후서」 11·19 참조.

＊613 「고린도후서」 11·16~17 참조.

＊614 「고린도전서」 4·10 참조.

＊615 「고린도전서」 3·18 참조.

＊616 「누가복음」 24·25 참조.

＊617 「고린도전서」 1·25 참조.

＊618 교부이자 철학자·작가로 유명한 인물(185~254). 성 히에로니무스는 오리게네스에 관해 다음과 같이 말하였다. "나는 오리게네스를 사도들 다음가는 '교회의 대학자'라고 생각한다. 무식한 자들 외에 이 진실을 부인할 수 있는 사람은 없으리라. 만약

「성서」에 관한 그의 학식을 얻을 수만 있다면, 그의 이름을 향해 던져진 비방조차 난 기꺼이 받아들일 것이다." 오리게네스의 일부 학설은 신플라톤주의의 영향을 받았다는 이유로 교회로부터 유죄 선고와 비방을 받았던 것이다. 에라스무스는 1501년 생토메르에 와서, 생베르텡의 사제인 앙투안 드 베르그의 집에 머물렀다. 이때 그는 프란체스코회의 수도사 장 비트리에의 권유로 오리게네스의 책을 즐겨 읽었다.

*619 「고린도전서」 1·18에서 인용.

*620 「시편」 69·5 참조.

*621 플루타르크의 「카이사르 전기」 62에 다음 이야기가 나온다. "카시우스에 대해 의심을 품고 있던 카이사르는 어느 날 친구들에게 말했다. '카시우스가 무슨 일을 꾸미고 있는 줄 아나? 나는 그가 마음에 들지 않아. 그는 너무 창백한 것 같아.' 또 한번은 사람들이 카이사르 옆에서, 안토니우스와 돌라벨라가 변혁을 꾀하고 있다며 비난하고 있었다. 그러자 카이사르는 이렇게 말했다. '나는 그렇게 뚱뚱하고 머리를 잘 빗어 넘긴 사람들은 별로 두려워하지 않는다네. 오히려 저 창백하고 수척한 사람들이 두렵지.' 이는 브루투스와 카시우스를 가리켜 한 말이었다."

*622 타키투스의 「연대기」 15·62~65 참조. 타키투스의 말에 의하면 네로 황제는 세네카를 의심했다고 하는데, 그 이유는 세네카의 인망이 높았기 때문이라고 한다. 사실 '세네카가 음모를 꾸몄으리라는 증거도 없었는데도', 네로는 세네카의 배후에 '피손(크네우스 칼푸르니우스)의 손으로 네로를 처치해 버리고 나서 피손마저 처치해 버린 뒤 세네카에게 로마 제국을 바치려 하는' 무리들이 있다고 생각하였다.

*623 키케로의 「라비리우스 변호론」 7·23 참조. 플라톤은 처음으로 시칠리아에 가서 머무를 때(390년), 그의 거침없는 솔직함으로 인해 폭군 디오니시오스의 미움을 사서 노예로 팔렸다가 친구들의 도움으로 겨우 해방되어 아테네로 돌아올 수 있었다. 또 세 번째로 시칠리아에 갔을 때에는 하마터면 잡혀서 투옥될 뻔했다.

*624 「고린도전서」 1·27a에 이런 구절이 있다. "그러나 하느님께서 세상의 미련한 것들을 선택하셨다. 지혜 있는 자들을 부끄럽게 하시기 위해."

*625 「고린도전서」 1·21에 이런 구절이 있다. "하느님은 전도를 미련함으로써 믿는 자들을 구원하려 하셨도다."

*626 「고린도전서」 1·19에서 성 바울이 한 말. 에라스무스는 이 말을 이사야가 한 것으로 착각했던 듯하다. 「이사야서」 29·14에는 꽤 다른 사상이 나타나 있다.

*627 「누가복음」 10·21, 「마태복음」 11·25 참조.

*628 「누가복음」 11·42~43, 「마태복음」 23·13~15 및 23·25~27 참조.

*629 「마태복음」 21·2 참조.

*630 「마태복음」 3·16 참조.

*631 「요한복음」 10·1~27 참조.

*632 「동물지」 9·4 참조.

＊633 에라스무스의 「격언집」 3·1·95 참조.

＊634 「요한복음」 1·29 및 36 참조.

＊635 「요한계시록」 5~7 참조.

＊636 「고린도전서」 1·18 및 24 참조.

＊637 「빌립보서」 2·7 참조.

＊638 「고린도후서」 5·21에 이렇게 적혀 있다. "하느님이 죄를 알지도 못하신 이를 우리를
　　　대신하여 죄로 삼으신 것은, 우리로 하여금 그 안에서 하느님의 정의가 되게 하려
　　　하심이라."

＊639 「고린도전서」 1·21 참조. 주 625을 보라. 십자가에 매달려도 끝없이 전도하는 그의
　　　모습을 가리켜 '십자가의 어리석음' 또는 '미친 전도'라고 말한 것이다. 속세 사람들
　　　의 눈에는 그것이 '미친 지랄'로 비칠 수 있으므로.

＊640 「마태복음」 18·3, 「누가복음」 18·17, 「마가복음」 10·15 참조.

＊641 「마태복음」 6·28, 「누가복음」 12·27 참조.

＊642 「마태복음」 13·31, 「누가복음」 13·19, 「마가복음」 4·31 참조.

＊643 「마태복음」 10·29, 「누가복음」 12·6 참조.

＊644 「마태복음」 10·18~19, 「누가복음」 12·11, 「마가복음」 13·11 참조.

＊645 「사도행전」 1·7 참조.

＊646 「창세기」 2·17 참조.

＊647 「고린도전서」 8·1 참조.

＊648 주 332를 보라.

＊649 「이사야서 주해」 14·12 참조.

＊650 「민수기」 12·11 참조.

＊651 「열왕기」 상권 29·21 참조.

＊652 「열왕기」 하권 24·10 참조.

＊653 「누가복음」 23·34 참조.

＊654 「누가복음」 23·34 참조.

＊655 「디모데전서」 1·13 참조.

＊656 「시편」 25·7 참조. 작자는 다윗이라 전해진다.

＊657 「사도행전」 2·13 참조.

＊658 「사도행전」 26·24 참조.

＊659 막중한 일을 시작했다는 뜻. 에라스무스의 「격언집」 1·3·66 참조.

＊660 플라톤의 「고르기아스」 493 A, 「파이드로스」 80 E 참조.

＊661 플라톤의 「소크라테스의 변명」 39 C 참조.

＊662 이를테면 종교적인 정열로 인해 사막에 칩거하여 수도하는 사람들을 가리키는 것 같
　　　다.

*663 플라톤의 「국가론」 7의 첫머리와 주 363 참조.

*664 「고린도전서」 7·29~31 참조.

*665 아리스토텔레스의 「영혼론」 3·4·7 참조.

*666 성 베르나르에게 비슷한 일이 있었다. 야코부스 데 보라지네의 「황금전설」에 이런 이야기가 나온다. "성 베르나르는 하느님에게 하도 전념한 나머지 감각적인 생활을 잃어버리게 되었다. (중략) 그는 음식에는 아무런 즐거움도 느끼지 못했으며, 요리의 맛을 식별하는 능력마저 잃어버렸으므로 음식을 마지못해 먹을 뿐이었다. 어느날 그는 물 대신 기름을 마셨는데, 그의 입술이 젖어 있지 않다는 말을 수도사들로부터 듣고서야 비로소 그런 줄 알았다."

*667 「파이드로스」 245 B 참조.

*668 예컨대 그리스도의 부활처럼, 완전히 거듭나는 일을 의미하는 걸지도 모른다.

*669 「고린도전서」 2·9 참조. 「이사야서」 64·4도 참조하라고 되어 있으나 거기에 이런 문구는 없다.

*670 루키아노스의 「수탉」에서 인용.

*671 아울루스 겔리우스의 「아티카 야화」 2·6·9에서 인용된 그리스 속담. 에라스무스의 「격언집」 1·6·1 참조.

*672 그리스의 옛말. 에라스무스의 「격언집」 1·7·1에 그리스어로 인용되어 있으며, 마르티알리스의 「풍자시」 마지막 부분(1·28·7)에도 인용되어 있다. 그 내용은 다음과 같다. "프로실이여, 간밤에 나는 너에게 오늘 함께 저녁 식사를 하자고 말했다. 그러자 너는 일이 다 성사된 줄 알고 이 주쟁뱅이의 말을 머릿속에 새겨 두었다. 이건 너무나도 위험한 예다. 프로실이여, 나는 잊어버리지 않는 손님을 싫어한다."

Reflexions Ou Sentences Et Maximes Morales

잠언과 성찰

라 로슈푸코

라 로슈푸코 자화상*[1]

나는 보통키에 비교적 동작이 민첩한 균형 잡힌 체구를 하고 있다. 얼굴빛은 거무접접한 편이지만, 기미 같은 것은 끼어 있지 않다. 이마는 약간 높다랗고 반듯하다. 눈은 작고 검으며 움푹하다. 눈썹은 검은 편이지만, 그런대로 모양은 좋다. 코는 설명하기가 매우 난처하다. 왜냐하면 내 코는 들창코도 매부리코도 아니고, 내 자신에게는 두텁거나 뾰족하지 않게 느껴지기 때문이다. 내가 보기에는 작다기보다 큰 편으로 코끝이 약간 밑으로 수그러져 있다는 특징뿐이다.

입은 큰 편이고 입술은 항상 붉은 빛을 띠며, 모양은 그런대로 수수한 편이라고 말할 수 있다. 이는 희고 깨끗하게 늘어서서 짜임새가 나쁜 인상은 주지 않는다. 턱은 좀 크고 모가 나 있다고 말한 친구가 있었다. 그래서 과연 내 턱이 어떻게 생겼는지 지금도 손으로 만져 보기도 하고 거울에 비추어 보기도 하지만, 나 자신은 도무지 정확하게 파악하기가 어렵다. 얼굴의 윤곽이 사각형이냐 타원형이냐고 묻는다면, 그것 역시 대답하기가 매우 곤란하다.

머리털은 검은 편이고 태어날 때부터 곱슬머리인데다가 꽤 숱이 많고 길어서, 머리 모양이 예쁘다. 나의 얼굴은 어딘지 모르게 우수에 차 있고 무뚝뚝한 데가 있다. 그래서 사실은 조금도 그런 일이 없는데, 많은 사람들이 나를 부를 때 오만한 사람이라고들 한다. 동작은 활발한 편이며 오히려 지나치게 생기가 돌 정도여서, 이야기를 주고 받으면서도 몸짓이나 손짓을 자주 쓴다.

이것이 내 외모에 대한 솔직한 나의 생각이다. 이러한 나의 상상과 나의 실제의 모습 사이에 큰 차이가 없다는 것은 세상 사람들도 인정해 주리라. 자신의 초상화를 그리는 데 있어서 나는 앞으로도 지금까지와 마찬가지로 정확하게 나 자신을 그려 나갈 것이다. 나는 자신을 좀더 잘 알기 위해서 자신을 도마 위에 올려놓고 꽤 깊이 연구를 해왔다. 나의 장점 중 하나는 아무런 거리낌 없이 자신있게 나 자신에 대해서 말할 수 있다는 것, 내가 지니고 있는 결점을 털어놓을 수 있는 솔직함을 가지고 있다는 것이다.

우선 나의 기질에 대해 말하자면, 나는 우울한 성품을 가지고 있다. 지난 3~4년 사이에 내가 웃는 모습을 세상 사람들은 3~4번쯤 보았을까. 이 우울한 성품이 체면 때문이라면 그것은 참을 수도 있겠고 별로 큰 골칫 거리가 되지도 않겠지만, 나의 경우는 다른 데 그 원인이 있다. 내 머릿속에서 떠나지 않는 이 우울은 내 생각을 가득 채우고 정신 속에 깊게 뿌리를 내리고 있다. 그래서 대개의 경우 나는 말 한 마디 없이 몽상에 잠기고 있든가, 간혹 입을 연다 해도 그것은 건성으로 던지는 말에 불과하든가, 둘 중의 하나이다.

나는 잘 모르는 사람에 대해서는 매우 폐쇄적이며, 아는 사람과의 경우에도 대체적으로 속마음을 털어놓지 않는다. 이것이 결점이라는 것을 나 자신도 잘 알고 있다. 고칠 수만 있다면 무슨 짓이라도 해보고 싶다. 그러나 내 얼굴에 나타나 있는 뭔지 모를 이 어두운 그림자가 사실보다 더 나라는 사람을 침침하게 보이게 하는 것은 어찌할 도리가 없다. 또한 태어날 때부터의 얼굴 모습에서 오는 비뚤어진 느낌이라는 것은 우리들의 힘으로는 손을 쓸 수가 없는 것이다. 그런즉 만일 내면의 결함을 고쳤다고 해도, 외면에는 여전히 침침한 느낌이 가시지 않으리라고 생각한다.

서슴지 않고 말한다. 나에게는 재치가 있다. 그러나 이런 것을 가지고 뽐내서 어디에 쓰겠단 말인가? 아무리 부드러운 말투로 온갖 수식어를 가미하여 표현한다 하더라도, 자랑거리를 늘어놓는 것은 겸손을 가장한 허영밖에는 되지 않는다. 세간의 평판 이상으로 자기의 좋은 점을 좀더 선전하려는 약삭빠른 속셈에서 오는 수작인 것이다. 나에 대해 미남이라고도, 훌륭한 사람이라고도, 재치에 넘치고 분별있는 사람이라고도 생각해 주지 않아도 좋다.

그러나 다시 한 번 말하지만, 나에게는 재치가 있다. 단, 우울병에 침식당한 재치이다. 나는 언어 구사에도 제법 뛰어난 능력을 지니고 있고, 기억력도 좋은 편이고, 사색을 하고 있는 과정에서 두뇌에 혼란이 오지도 않지만, 우울증에 마음이 깊은 상처를 입고 있으므로 때로 자신이 하고 싶은 말들을 적절히 표현하지 못하는 경우가 많다.

교양있는 사람들과 이야기를 나누는 것은 나를 가장 기쁘게 한다. 진지한 대화라면 다 좋고, 화제가 '모럴(인간성)'에 관한 것이라면 더욱 좋아한다. 그러나 이런 종류의 것이 아닌 경쾌한 회화라 할지라도 그 역시 나름대로 즐길 줄 안다. 그런 자리에서는 좌중을 웃기는 재치있는 말을 잘 던지지는 못하지만, 멋지고 교묘한 화술에서 오는 재담을 내가 잘 소화하지 못한다 해서 그런 회화의 능숙한 기술이 즐겁지 않은 것은 아니다. 때에 맞는 즉흥적인 멋진 재담이라면 재미없을 것이 조금도 없다. 나는 문장력도 꽤 뛰어나고 시도 잘 짓는다. 그러니까 이런 분야에서 일신의 영예를 차지할 생각이 있다면, 어떤 자리에서건 대화를 맛깔스럽게 이어가지 못하더라도 상당한 명성을 얻을 수 있으리라.

나는 대체적으로 독서를 즐긴다. 그 가운데에서도 지성을 연마할 수 있는 것, 영혼을 단련시킬 수 있는 독서를 가장 좋아한다. 특히 지적인 사람과 함께 독서하는 것에 나는 무한한 만족감을 느낀다. 이런 방법으로 독서를 하게 되면 자기가 읽고 있는 내용에 대해서 곰곰이 생각을 하게 될 뿐 아니라, 머릿속의 생각이 매우 즐겁고 유익한 대화로 살아나기 때문이다.

누군가 시나 산문을 지어서 나에게 보여 주면 나는 비교적 정확하게 평가를 내린다. 그러나 나의 느낌을 앞뒤로 재지 않고 멋대로 늘어놓고 만다. 거기에다 또 좋지 않은 버릇은 때로 지나친 친절에서 너무 자세하게 들여다봄으로써 도에 넘치는 엄격한 비평을 하게 되는 것이다.

나는 다른 사람들의 토론을 듣는 것을 싫어하지는 않는다. 이쪽에서 적극적으로 토론에 참가할 때도 때때로 있다. 그러나 어쩐지 나라는 사람은 너무 지나치게 자기의 의견을 고집하고 강요하는 경향이 있는 모양이다. 누군가가 나의 의견에 반대하고 옳지 않은 평을 변호하기라도 하면, 그때는 정당한 편을 옹호해 주려는 일념에서 흥분한 나머지, 나 자신이 이성을 잃어버리고 말 때도 가끔 있다.

나는 덕성(德性)과 선량함을 지니고 있고 참된 교양인이 되고 싶다는 열망을 늘 품고 있는 사람이다. 그렇기 때문에 친지들이 솔직하게 나의 결점을 지적해 주면 그 이상 더 큰 기쁨은 없다. 나라는 인간을 알고 때때로 친절한 충고를 아끼지 않는 사람이라면, 나는 언제나 기꺼이 그 충고를 받아들였고, 또 순순히 그 충고에 따랐다.

나라는 사람도 보통 사람들이 지니고 있는 정도의 모든 정열은 지니고 있지만, 그 어느 것도 온건하고 상식에서 벗어난 것은 없다. 나는 화를 낸 적도 거의 없고, 누구를 증오한 적도 없다. 그렇지만 나라고 해서 복수를 못하라는 법은 없다. 누군가가 나를 분노케 하여 그 모욕을 참고 견디는 것이 명예를 손상시키는 경우라면 나는 달라진다. 그런 경우라면 나라는 사람은 증오 대신에 의무감이 치솟아 다른 사람보다도 더 가혹한 복수를 해치울 것이다.

나는 야심에 의해서 충동적으로 하는 일은 거의 없다. 나는 무슨 일이라도 두려워하지 않는 편이고 죽음조차도 무서워하지 않는다. 나는 연민의 정에도 값싸게 마음의 동요를 일으키지 않으며, 그런 감정은 가능한 한 몸에 지니지 않으려 애쓰고 있다. 그러나 고통을 안고 있는 사람의 고뇌를 덜어 주기 위해서라면 무슨 일이라도 사양하지 않는다. 그 사람의 불행에 대하여 깊은 동정심을 품고 있다는 것을 알려 주기 위하여 그 어떤 짓이라도 한다고 굳게 믿고 있다. 불행한 사람들은 마음이 약해져 있으므로 그러한 동정을 받는 것이 무엇보다도 큰 위로가 되기 때문이다.

그러나 동정이라는 것은 상대방이 일단 알아 주면 그것으로 족한 것이다. 그것을 언제까지나 지니는 것은 절대로 금물이다. 동정이란 굳센 영혼의 소유자에게는 그다지 쓸모없는 정념으로, 마음을 약하게만 만들기 때문이다. 그런 것은 속물들에게나 내던져 주면 되는 것이다. 그들은 어떠한 행동도 이성적인 판단에 의해서 실행하는 것이 아니까, 그들에게는 어떤 행위를 하는 데 있어 정념이 필요하다. 나는 나의 친지들을 사랑한다. 그들을 위해서라면 나 개인의 이익쯤 헌신짝같이 간단히 버릴 정도로 사랑한다. 나는 그들을 겸손하게 대한다. 그들의 고약한 성미를 끈질기게 참기도 하고, 무슨 일을 저질러도 관대하게 용서해 준다. 다만 나는 그들에게 쓸데없이 비위를 맞추는 행동을 하지 않으며, 또 그들이 눈 앞에서 사라져 없어져도 별로 곤란을 느끼지 않는다.

나는 천성적으로 다른 사람들이 즐기는 것 따위에는 흥미를 느끼지 못한다. 나라는 사람은 매우 입이 무거운 편이다. 은밀히 나에게만 토로한 비밀스러운 이야기를 혼자만이 지킨다는 것은 나에게 조금도 고통스러울 것이 없다. 약속을 지키는 일에 대해서는 나는 극히 엄격하다. 어떤 사태가 벌어진다 하더라도 일단 내 입으로 약속한 말은 절대로 어기지 않는다. 이것은 일생을 통해 꼭 지켜야 할 의무라고 생각하고 있다.

나는 여자친구들과 자리를 같이할 때 매우 예의바르게 행동한다. 그녀들 앞에서 상대방을 곤란한 경지에 몰아넣는 말 같은 것은 단 한 번도 해본 기억이 없다. 상대가 훌륭한 지성의 소유자라면 남자들보다 여자들과 이야기를 나누는 것이 바람직하다. 여자들과의 대화 속에는 우리 남자들만의 사이에서는 찾아볼 수 없는 일종의 달콤함이 감돌고 있기 때문이다. 그것은 별문제라 하더라도 그녀들은 남자들보다 더 분명하게 자신의 기분을 나타낼 줄 알고, 훨씬 생기가 감도는 즐거운 아취를 대화에 불어넣어 준다.

사랑에 대해서는 나도 과거에 얼마만큼의 경험을 가지고 있다. 그러나 지금은 그런 장난과는 인연을 끊었다. 달콤한 속삭임 따위를 한가하게 여자와 주고받는 것은 이제는 그만두었다. 스스로를 교양 있는 인사로 부르는 사람들 가운데에, 아직도 그런 장난에 열을 올리고 있는 사람이 많다는 사실에 그저 놀랄 뿐이다. 나도 아름다운 사랑의 열정을 크게 찬미하는 사람의 하나이다. 그것은 영혼의 위대함을 보여 주기 때문이다. 사랑의 열정이 불러일으키는 불안과 동요에는 물론 엄하고 냉혹한 지혜와 반대되는 무엇이 있더라도, 거기에는 또 엄격한 미덕과 통하는 일면도 있으므로 사랑의 열정에 대해 비난하는 태도는 옳지 않다.

나는 사랑이라는 위대한 감정 속에는 여러 가지 섬세하고 또 강력한 그 무엇이 들어 있다는 것을 알고 있으므로 만약 어느 날엔가 내가 사랑을 하게 되는 날이 온다면, 꼭 그런 종류의 사랑을 하리라고 믿는다. 그러나 지금의 나를 바라다보고 있으면, 이런 나의 지식이 머리에서 가슴속으로 움직이리라고는 도저히 상상조차 하기 어렵다.

〈주〉

*1 1658년, 저자 45세 때 씌어진 자화상(포르트레)이다. 포르트레라는 것은 그즈음 문예 살롱에서 유행했던 일종의 지적 유희로, 인물의 풍모나 성격, 개인적인 특성을 기지에 찬 필치로 묘사하는 것임.

인간에 대한 잠언집

우리들이 흔히 미덕이라고 일컫는 것은 대부분의 경우 가장된 악덕에 지나지 않는다.

1

사실 우리들이 미덕이라고 판단하는 것은, 여러 종류의 행위와 이해 관계의 얽힘을 한군데 그러모은 것에 불과하다. 행운 또는 책략, 그 어느 한쪽이 그럴 듯하게 미덕으로 꾸며 놓은 경우가 많다. 따라서 남자가 용감하고 여자가 정숙하다는 평가를 받는 것도 오로지 용기와 순결함만에서 오는 것은 결코 아니다.

2

자기만을 사랑하는 사람이 있다면 그것은 온갖 종류의 아첨쟁이 가운데에서도 가장 밑바닥에 속하는 부류이다.

3

자기만을 사랑하는 사람의 세계에서는, 가령 만족할 만한 새로운 땅을 발견했더라도 아직도 탐험해야 할 땅들이 얼마든지 남아 있다.

4

자기만을 사랑하는 사람은, 세상에서 가장 재주를 잘 부리는 위험한 인간보다도 더 조심을 해야 할 존재다.

5

우리들의 정념이 길고 짧음은, 사람 목숨의 길고 짧음과도 같아서, 우리들

힘으로는 어찌할 수 없다.

6

정열은 때로 가장 빈틈없는 사람을 얼빠진 사람으로 만들기도 하고, 또 가장 얼빠진 사람을 빈틈없는 사람으로 만들어 놓기도 한다.

7

정치가들은 이렇게 떠들어 댄다. '눈부실 정도로 화려하고 위대한 행위는 바로 이런 웅대한 계획이 있었기에 비로소 가능했었던 것이다.' 그러나 그런 것들은 보통의 경우 그때의 기분과 정념이 빚어낸 결과이기도 한 것이다. 그러니까 아우구스투스*¹와 안토니우스*²와의 싸움도 서로가 세계의 패권을 다투려는 대망에서 온 것이라고 하지만 사실은 서로의 질투심이 빚어낸 결과일지도 모르는 일이다.

8

정열이란 기어코 상대방을 설득시키고야 마는 유일한 웅변가이다. 자연스럽게 우러나는 기술과도 같으므로, 이 이치를 뒤집어엎을 수는 없다. 제아무리 말주변이 없는 사람일지라도 정열을 품는다면, 정열이 결핍된 최고의 웅변가보다 월등하게 강한 호소력이 작용한다.

9

정열에는 옳지 못한 일면도 있으며, 그 나름대로의 이해 관계도 작용한다. 그러니까 정열에만 의존한다는 것은 위험한 일이다. 정열이 아무리 이치에 맞는다 하더라도 방심은 절대 금물이다.

10

인간의 마음속에서는, 그칠 사이 없이 정념이 발생한다. 그러므로 한 가지 정념의 소멸은 대개의 경우 또 다른 정념의 발생을 뜻한다.

11

정념은 때로 그와 정반대의 정념을 불러일으키기도 한다. 때로는 인색함이 낭비를, 낭비가 인색함을 낳는다. 사람들이란 가끔 무력함에 의해서 강해지기도 하고 소심함에 의해서 대담해지기도 한다.

12

정열에 경건과 정숙의 베일을 씌워 조심스럽게 감추어 보아도, 그것은 반드시 엄폐물을 통해서 속이 들여다보이기 마련이다.

13

우리들의 자존심은 의견이 부정되었을 때보다는 식견(識見)이 부정되었을 때 더 큰 상처를 입는다.

14

인간은 타인으로부터 받은 은혜나 모욕을 잊어버리기만 하는 게 아니다. 은혜를 베풀어 준 상대방을 미워하는 일이 있는가 하면, 모욕을 가해 온 상대방을 감싸는 경우도 있다. 은혜에 보답하고 원수를 갚겠다고 항상 신경을 쓴다는 것은 인간에게 더할 나위 없이 큰 속박이 되는 것이다.

15

왕족들이 인자함을 베푸는 것은 오로지 민중들의 마음을 사로잡겠다는 정책에 지나지 않는다.

16

왕족들의 인자함은 미덕의 하나로 불리어지기도 하지만, 때로는 허영심의 작용에서 올 때도 있고, 때로는 정신적인 태만에서, 또 가끔은 공포심의 작용에서 오는 수가 많다. 거의 모든 경우는 이 세 요소가 합쳐져서 이루어질 때가 많은 것이다.

17

행복한 사람들의 여유있는 온건함 내지 절제는 행운이 가져다 준 온화한 기분에서 나오는 것이다.

18

온건함은 행복한 생활에 푹 빠져 있는 사람들이, 타인의 선망이나 멸시를 받는 것을 두려워하는 나머지 이것을 피해 보려는 마음가짐이다. 우리들 인간의 마음으로 또 한 번 보란 듯이 헛된 과시를 해보이는 것이다. 요컨대 가장 높은 지위를 차지한 사람들의 온건함은 자기가 입신출세한 이상으로 한층 더 위대해 보이려고 하는 욕망을 말하는 것이다.

19

우리들은 모두 타인의 불행을 견디어 나갈 힘을 지니고 있다.

20

성인 군자들의 냉정이란, 마음의 불안과 동요를 가슴속 깊이 숨기는 기술이 뛰어남을 말한다.

21

사형을 선고받은 사람들이 때로는 마음의 안정을 가장하고 죽음을 아무렇지도 않게 생각하는 태도를 취할 때가 있다. 그러나 죽음을 무시하는 듯한 그들의 모습은, 다만 죽임을 당하게 된다는 공포심을 또 다른 방식으로 나타내는 것일 뿐이다. 즉, 그들의 마음속에 안정과 죽음을 초월한 어떤 무관심이 있다 하더라도, 그것은 눈에 안대를 대고 있는 것과 다를 바 없다.

22

철학은 과거의 불행과 미래의 불행을 쉽사리 이긴다. 그러나 현재의 불행은 철학을 이긴다.

죽음에 대해서 아는 사람은 별로 없다. 보통의 경우, 죽음을 맞이할 준비가 된 채로 그것을 기다리는 것은 아니다. 대부분의 사람들처럼 우연히 죽음을 맞이한다. 사람들은 그저 어떻게 막아낼 도리 없이 그저 죽음을 맞이하게 된다.

위대한 인물도 비운이 오래도록 계속되면 끝내는 굴복하고 만다. 이것은, 그들이 지금까지 견디어 올 수 있었던 것은 야심의 힘이지 영혼의 힘이 아니었음을 증명한다. 그들에게서 남달리 큰 허영심을 제거해 버린다면, 영웅이라는 부류도 평범한 사람과 조금도 다를 바 없다.

비운을 참고 견디는 것보다 행운을 지켜 나가는 것에 좀더 큰 능력이 필요하다.

태양과 죽음은 사람의 눈으로서는 쳐다볼 수 없다.

사람들은 가장 욕되고 죄스러운 정념이라도 곧잘 자랑한다. 그런데 선망이라는 것만은 음흉하고 수치스러운 정념이기에 그 아무도 결코 입 밖에 내려고 하지 않는다.

질투는 정당하고 당연한 일면을 가지고 있다. 왜냐하면 그것은 우리들이 소유하고 있는, 또는 우리가 소유하고 있다고 믿는 행복을 지켜 보는 데서 그치는 감정이기 때문이다. 그러나 선망은 타인의 행복이 얄미워 참지 못하는 데서 오는 분노이다.

29

우리들이 저지른 나쁜 짓은 선행만큼 박해나 증오를 불러들이지 않는다.

30

우리 인간들에게 부족한 것은 힘보다는 의지이다. 우리들이 불가능을 생각하는 것도 실은 자기 자신에게 의지의 박약함을 변명하는 것에 지나지 않는다.

31

만약 우리 인간들에게 결점이 없다면 타인의 결점을 찾아 내는 걸 그토록 좋아하지는 않을 것이다.

32

질투의 감정은 의혹 속에서만 살아남을 수 있다. 의혹이 확신으로 바뀌면, 그것은 순식간에 분노로 변해 버리든가 아니면 영영 사라져 버리든가, 둘 중의 하나이다.

33

자존심은 반드시 자기 밑천을 찾게 되어 있어 무엇 하나 손해볼 것이 없다. 그리고 비록 허영을 버릴 때에도 역시 그렇다.

34

우리들이 자존심을 전혀 가지고 있지 않다면, 타인의 자존심이 그토록 비위에 거슬리지는 않을 것이다.

35

자존심은 누구나 다 평등하게 지니고 있다. 단지 그것을 어떻게 나타내고 있느냐, 어떻게 나타나 있느냐 하는 방법의 차이뿐이다.

자연은 우리 인간들이 행복하게 살도록 하기 위해서 신체의 여러 기관을 멋지게 조절해 주었고 또 잘난 체하게 하는 교만심까지도 덧붙여 주었다. 우리들이 자기 자신의 결점을 알고서 고민하지 않게 하기 위해서 그런 배려까지도 해준 모양이다.

잘못을 저지른 사람들에게 야단을 칠 때 우리들에게는 선의(善意)보다는 교만심이라는 것이 더 크게 작용한다.

길게 설교를 늘어놓는 것이야말로 상대의 잘못을 바로잡겠다는 것보다 나 자신은 별개의 인간이라는 것을 들려 주는 것에 지나지 않기 때문이다.

우리들은 희망을 걸어 약속을 하고, 근심 때문에 약속을 지킨다.

사리욕은 온갖 종류의 말을 지껄이며, 모든 역할을 연기한다. 무사무욕 (無私無慾)의 역할까지도 멋지게 해낸다.

사리사욕은 사람들의 눈을 멀게 하는가 하면 반대로 눈을 뜨게 만들기도 한다.

사소한 일에 너무나 집착하는 사람들은 대부분의 경우, 큰일을 치르지 못한다.

우리 인간은 이성(理性)이 가리키는 길을 따를 수 있는 힘이 없다.

43

인간은 무엇인가에 질질 끌려가고 있는데도, 자기 딴에는 자기 몸을 이끌고 스스로 처신하고 있다고 생각한다. 머리는 어느 목적을 향해 날아가고 있지만 마음은 자신도 모르는 사이에 자기를 다른 방향으로 끌고 간다.

44

지성의 강함이니 약함이니 하는 말 따위야말로 극히 서투른 표현이다. 그런 것은 육체의 각 기관 사이에 조화가 잘 이루어져 있느냐 그렇지 않느냐 하는 것을 가리키는 말이다.

45

우리 인간의 기분이 변하는 모양은 운명의 변덕스러운 변화보다도 더 엉뚱한 데가 있다.

46

철학자들이 인생에 대해 강한 애착을 느끼거나 냉담했던 것도, 결국은 그들이 자기 자신을 사랑하는 마음의 기호 문제에 지나지 않았다. 어떤 색이 좋고 싫으냐 하는 문제와 마찬가지로 그런 것을 따질 필요는 없다.

47

우리들의 기질은 자기에게 정말 우연히 일어난 일에 대해서도 무엇인가 가치를 부여하려고 애를 쓴다.

48

진정한 즐거움은 맛 속에 있는 것이지 사물 속에 있는 것이 아니다. 그렇기에 자기 자신이 좋아하는 것을 소유할 때 비로소 행복감을 맛볼 수 있다. 타인이 좋아하는 물건을 소유해 본들 아무런 재미도 없다.

49

사람은 자기 혼자서 생각하는 것만큼 행복하지도 불행하지도 않다.

자기 자신에게 믿는 데가 있는 사람들은 불운을 명예로 삼는다. 자기만은 가혹한 운명의 포로가 될 만큼 그토록 값어치가 있는 사람이라고 타인에게도 자신에게도 타일러 주며.

일찍이 찬미하던 것을 지금에 와서는 경멸한다.

이것만큼 우리들의 자기 만족이라는 것을 스스로 깔보는 현상이란 없을 것이다.

인간의 운명은 겉으로는 많은 차이가 있어 보이지만, 실은 불행이나 행운은 서로 밀착하여 보충적인 역할을 해주기 때문에, 결국 운명은 만인에게 평등하다고 할 수 있다.

아무리 천재적인 재능을 부여받더라도 그것만으로는 영웅이 될 수 없다. 사람의 꽁무니에 달라붙어다니는 운수라는 것도 있다.

철학자들이 돈을 경멸했던 것은, 자기들의 값어치를 인정해 주지 않는 정당치 못한 운명의 처사에 대해서 복수를 하기 위한 숨은 욕구 때문이었다.

운명은 그들에게 재산의 복을 내려 주지 않았기 때문에, 그런 것 따위는 무시해 버렸다. 그들의 돈에 대한 멸시는 가난에 허덕이면서도 타락하지 않기 위해 꾸며낸 술책이며, 재산을 가지고도 얻을 수 없었던 이 세상의 존경을 이런 것으로나마 얻어 보려고 하는, 실은 옆으로 돌아가는 길이기도 했다.

55

왕의 사랑을 받고 있는 신하에게 증오심을 품는 것은, 사실은 나도 사랑을 받아 보았으면 하는 욕구의 표현에 불과하다. 사랑을 받고 있는 사람들을 경멸함으로써, 사랑을 받지 못하는 원한을 위로하고 마음을 가라앉히는 것이다. 우리 인간들은, 사랑을 받는 사람이 세상으로부터 받는 관심을 도저히 빼앗을 수는 없는 까닭에, 적어도 찬사를 던지는 것만은 거절하는 것이다.

56

세상에서 확고부동한 지위를 쌓기 위해서, 사람들은 온갖 수단을 다 써가며 자기의 지위는 이제 흔들리지 않을 것이라고 애써 내보이려 한다.

57

사람들은 자기가 이룩한 사업을 곧잘 자랑하기도 하지만, 그것은 자칫하다가는 원대한 구상의 결과로 이루어진 것이 아니라, 우연이라는 것이 가져다 준 결과임을 폭로하기도 한다.

58

우리 인간의 행위에는 행운의 별과 악운의 별이 붙어다닌다. 세상 사람들로부터 칭송을 받는 것도, 욕을 얻어먹는 것도, 대개의 경우 이 별 때문이기도 하다.

59

빈틈없는 사람이 아무런 이익도 못 낼 정도로 운이 나쁜 일이란 없다. 마치 경솔한 사람이 절대로 손해를 보지 않을 정도로 운이 좋은 사업도 없듯이.

60

운명은 자기 마음에 든 사람들을 위해서라면 모든 것을 뒤집어엎어서 행복을 만들어 준다.

61

인간의 행복과 불행은 운명에도 달려 있지만, 그 사람의 기질에도 달려 있다.

솔직하다는 것은 마음의 문을 완전히 연다는 것을 뜻한다. 그런 사람을 만난다는 것은 거의 불가능에 가깝다. 일반적으로 우리가 볼 수 있는 것은, 타인의 믿음을 사기 위해서 교묘하게 꾸며 보이는 것이 고작이다.

거짓말을 싫어한다고들 하지만, 생각해 보면 그것은 우리들의 증언에 무게를 부여하고 말에 절대적인 존엄성을 끌어들이려고 하는 은밀한 소망에서 오는 것이다.

진실을 가장한 것들이 이 세상을 욕되게 하는 만큼, 진실이 이 세상에 좋은 것만을 주지는 못한다.

신중함에 대해 우리는 찬사를 아끼지 않는다. 그러나 우리가 아무리 신중함을 지켜도 그것이 아주 사소한 모든 일까지 보증하지는 못한다.

유능한 사람이라면, 이해(利害)의 경중(輕重)에 따라서 일을 하나하나 차례대로 처리해 나갈 것이다. 그런데 우리 인간들의 탐욕은 한 번에 너무 큰 것을 좇는 나머지, 때로 중요성의 순서를 뒤바뀌게 하는 수가 있다. 하찮은 물건에 지나치게 욕심을 부려 진짜 중요한 물건을 놓치고 마는 것이다.

육체에 감도는 우아함은 정신에 깃드는 양식(良識)과도 같다.

사랑을 정의하기는 참으로 어렵다. 말할 수 있는 것은, 영혼에 있어서는 지배하려는 정열을 들 수 있고, 마음에 있어서는 공명(共鳴)을 들 수 있다.

그리고 육체에 있어서는 어떻게 해서든지 좋아하는 것을 손에 넣고야 말겠다는, 미묘하고 강렬한 욕망을 들 수 있다.

69

다른 정념이 조금도 안 섞인, 그야말로 순수한 사랑이 있다면, 그것은 마음속 깊이 숨어 있어 우리들은 모르고 지나쳐 버리기 일쑤다.

70

잘 꾸며서, 있는 사랑을 없는 것처럼 없는 사랑을 있는 것처럼 보인다 해도, 그런 것들이 그리 오래 갈 수는 없다.

71

사랑을 하지 않게 된 뒤로는, 모두 예전의 사람을 창피하게 생각한다.

72

사랑의 끝은 우정이라기보다 오히려 증오에 더 가깝다고 할 수 있다.

73

정사의 경험이 한 번도 없다는 여자는 그래도 가끔 만나볼 수 있다. 그러나 사랑의 경험이 단 한 번 밖에 없다는 여자는 거의 만나볼 수 없다.

74

사랑은 한 종류밖에 없다. 그러나 그것을 복사한다면 천 가지 만 가지로 달리 나타날 것이다.

75

사랑은 불처럼 언제나 움직이고 있는 상태에서만 보존된다. 이 이상 기대를 걸지 않는다든가 두려워하는 상태에 도달하면, 그때는 끝장이다.

76

참된 사랑은 망령의 출현과 같다. 모두들 그에 대해 이야기하지만 실제로 그것을 본 사람은 거의 없다.

77

사람들은 남녀의 온갖 종류의 결합에 대해서 멋대로 사랑이라는 이름을 붙인다. 그런데 그것과 사랑과의 사이에는 아무런 관계도 없다. 마치 베네치아에서 일어난 일과 도즈*³와의 사이에 아무런 관계가 없는 것과 마찬가지이다.

78

사람들이 정의를 사랑한다는 것은 부정을 뒤집어쓴다는 것에 대한 두려움에 불과하다.

79

침묵은 자신감을 갖지 못하는 자의 가장 안전한 수단이다.

80

우리들 인간의 우정은 몹시 변하기 쉽다. 그 까닭은 영혼을 알기는 어렵고, 재치를 알기는 쉽기 때문이다.

81

우리들은 무슨 일을 하든 자기 자신밖에는 사랑할 줄 모른다. 자기 자신보다도 친구 쪽을 더 좋아한다는 경우도 결국은 자기가 좋아하는 것, 자기의 즐거움을 좇고 있는 것에 지나지 않는다. 그러나 우정이 참되고 완전한 것이 되기 위해서는 결국 그런 친구를 고를 수밖에 별 도리가 없다.

82

우리들이 적(敵)과 화해를 하는 것은, 이쪽 태세를 재정비해야겠다든가, 싸움에 아주 지쳤다든가, 아무리 계산해 봐도 이쪽 형세가 불리한 경우에만 가능하다.

83

우정은 결국 단순한 결합이요, 이해 관계의 해결이요, 친절의 교환에 지나지 않는다. 요컨대 자신만을 사랑하는 마음이 남에게서 뭔가 빼앗을 것을 기대하며 언제나 그 태세를 갖추고 있는 거래에 불과하다.

84

친구로부터 사기를 당하는 것보다도, 벗을 의심하는 쪽이 더 수치스러운 것이다.

85

우리들은 가끔 자기보다 더 권세있는 사람들에게 사랑을 느끼고 있다는 것을 알게 된다. 그러나 우리들에게 우정을 느끼게 하는 것은 오로지 이해 관계에서만 가능하다. 우리들은 그들에게 어떤 좋은 일을 해주고 싶어 헌신하는 게 결코 아니다. 자기 자신이 어떤 보상을 받고 싶어하기 때문이다.

86

사기를 당했다고 해도 밑질 것은 없다. 이쪽에서도 상대방을 의심하고 덤벼들었던 것이었으니까.

87

인간이 서로 속이고 속아 넘어가고 하지 않는다면, 이 세상에서 오래도록 살아남지 못할 것이다.

88

우리들은 자기가 친구에 대해 어느 정도 만족하고 있느냐 하는 정도에 따라서, 제멋대로 친구의 장점을 넓히기도 하고 좁히기도 한다. 즉 친구가 어떻게 우리들과 사귀고 있는지, 그 태도에 따라서 상대방의 가치를 결정짓는다.

89

사람들은 곧잘 기억력이 나쁘다고 한탄한다. 그러나 판단력이 둔하다는 것은 아무도 개탄하지 않는다.

90

누군가와 접촉하는 경우, 그들의 장점보다 단점 덕분에 마음에 들게 된다.

91

가장 큰 야망은, 아무리 발버둥쳐 보아도 별 도리가 없을 때는 아예 그 그림자도 보이지 않고 냄새조차도 풍기지 않는 법이다.

92

자기 힘에 도취되어 기분 좋게 살고 있는 남자에게, 사실을 그대로 알려 준다는 것은 잔인하다. 그것은 항구에 들어오고 있는 배를 모두 자기 것으로 생각하였던 아테네의 미친 사람*4이 받은 것과 똑같은 잔인한 행위다.

93

노인은 좋은 교훈을 남겨 주려고 애쓴다. 나이가 들어 이제는 더 이상 나쁜 본을 보여 줄 힘이 없어졌기 때문에 그것으로 자기 자신을 위로하는 것이다.

94

명성을 얻었다 하더라도 그것을 지탱해 나갈 힘이 없다면 오히려 평범한 사람으로 있는 것만도 못하다.

95

비범한 재능을 지니고 있다는 것의 증거는, 그것을 가장 시기하고 있는 사람까지도, 그 사람에게 찬사를 던지지 않고서는 배길 수 없게끔 만드는 데에 있다.

96

자기에게 은혜를 베풀어 준 사람과 비교해서, 자기의 배은(背恩)을 책망하지 않는 사람이 있다면, 그 사람이야말로 배은망덕한 자라고 낙인을 찍어야 한다.

97

지성과 판단력을 전혀 별개의 것으로 생각해 왔으나, 그것은 그릇된 사고이다. 판단력은 지성이 지닌 빛의 위대함을 보여 주는 것에 지나지 않는다. 이 빛은 사물 깊숙이 침투해 들어가, 알아야 할 모든 것을 인식하고, 눈에 띄지 않는 작고 미묘한 것까지도 지각한다. 즉, 판단력의 작용에 의해 이루어졌다고 생각되었던 것도, 실은 모두 지성의 빛이 끼쳐준 덕이었음을 인식해야 한다.

98

누구나 다 자기 마음에 대해서는 곧잘 자랑을 한다. 그러나 자기 머리에 대해서는 아무도 감히 입을 열려고 하지 않는다.

99

정신적인 면에서의 예절은, 올바르고 점잖은 일을 생각하는 데에 있다.

100

정신적 품위는 주저없이 상대방이 좋아하는 것을 말해 주는 데 있다.

101

사물의 움직임은, 우리 인간들의 두뇌로 이렇게 저렇게 두들겨 맞추어서 돌아가게 하는 것보다, 스스로의 힘으로 저절로 잘 이루어져 가는 수가 있다. 우리들은 때때로 이런 현상을 볼 수 있다.

102

지성은 언제나 마음에 속아 넘어가기 마련이다.

103

자신의 지성을 알고 있다고 자부하는 모든 사람들이, 자신의 마음을 알고 있다고 말할 수는 없다.

104

인물 평가의 경우든 업적의 경우든 간에, 그 대상에 따라 관점이라는 것이 문제가 된다. 올바르게 평가하기 위해서 어떤 경우에는 가까이에서 바라보지 않으면 안 된다. 반대로 떨어져서 보지 않으면 그 진가를 파악할 수 없는 경우도 있다.

105

단지 운이 좋아 분별 있는 행위를 할 수 있었다고 해서, 이성을 지닌 사람이라고는 말할 수 없다. 이성을 잘 알고, 잘 식별하고, 또 그것을 느끼고 음미하는 사람이야말로 이성적인 인간이다.

106

일을 잘 파악하려면 그 세부까지 파고 들어가야 한다. 그렇지만 세부의 일은 한없이 복잡하여서 우리들의 지식은 언제나 표면적일 뿐이다. 따라서 불완전하기 마련이다.

107

자기만은 결코 사람들에게 아첨 따위는 하지 않는다고 과시하는 행위야말로 곧 하나의 아첨이다.

108

지성은 그리 오래도록 마음을 대신할 수 없다.

109

젊은이들은 혈기에 따라 삶의 멋을 바꾸고, 노인은 습관에 빠져 그것을 지킨다.

110

인간이 조금도 아낌없이 타인에게 줄 수 있는 것이 있다면 그것은 오로지 충고뿐이다.

111

여자를 사랑하면 사랑할수록, 증오도 자라난다.

112

정신적인 결함은 사람의 얼굴에 있는 결함과 같아서 나이를 먹어갈수록 더 심해지기 마련이다.

113

수수하고 그런대로 좋은 결혼은 있다. 그러나 달콤한 결혼은 어디에도 없다.

114

인간은 적에게 속고 친구에게 배신을 당하면 야단법석을 떨지만, 가끔 자기가 자신을 속인다든가 남을 배신했을 때는 태연하기만 하다.

115

타인을 속였는데도 그것을 상대방이 눈치채지 못했을 때는 곤란하지만, 자기 자신을 속이고 그것을 모르고 있을 때에는 별 문제가 안 된다.

116

충고를 구하거나 충고를 하는 행위같이 엉터리 수작은 없다. 구하는 쪽은 벗의 의견을 제법 진지하게 듣고 있는 것같이 보인다. 그러나 본마음은 벗을 자기 의견에 동의시켜서, 자기가 하는 일의 증인으로 만들어야겠다는 정도의 생각밖에는 가지고 있지 않는 것이다.

한편 충고를 하는 사람의 입장은, 자기에게 보여준 신뢰에 보답하기 위해서 이해에 상관 없는 성의를 상대방에게 보여 준다. 그러나 본마음은 대개의 경우, 충고를 하면서 자기에게 미치는 이익과 손해와 명예밖에는 염두에 두고 있지 않는 것이다.

117

온갖 종류의 책략 가운데 가장 교묘한 것은, 적이 쳐놓은 함정에 깨끗이 걸려들어 간 체하는 것이다.

상대방을 속여 넘기려고 덤벼들 때만큼, 간단히 속아 넘어가는 경우는 또 없으니까.

118

절대로 사람을 속이지 않겠다고 굳게 마음 먹고 있으면, 흔히 이쪽에서 속아 넘어가는 경우가 많다.

119

타인에 대해서 자기 자신을 속이는 행위에 너무나 익숙해진 나머지, 드디어는 자신에 대해서도 자기를 속이게끔 되어 있다.

120

인간에게는 의도한 배신행위보다는, 마음이 약해서 저지르는 배신 쪽이 더 많다.

121

인간은 꾸준히 착한 일을 한다. 나중에 나쁜 짓을 해도 관대한 처분을 받기 위해서.

122

우리들이 정열을 절제할 수 있다는 것은 다름이 아니라, 우리들의 힘보다는 정열이 약하다는 것을 말해 주는 것이다.

123

때로는 우쭐해 보기도 하라. 그렇지 않고서는 이 세상에 무슨 살 재미가 있겠는가.

124

가장 빈틈없는 모사(謀士)들은 언제나 책략에 대해서 비난을 퍼붓는 체한다. 후일의 좋은 기회와 큰 이익에 대비해서 그것을 써먹기 위하여.

125

처음부터 끝까지 책략만을 쓰는 것은 대담한 인물이 못된다는 증거이다. 어떤 장소에서는 간책을 써서 무사 통과되었다 해도, 다른 장소에서는 탄로가 나는 법이다.

126

책략을 쓰고 배신을 하는 것은, 결국 그만큼 수완이 부족하기 때문이다.

127

멋진 속임수로 한 대 얻어맞고 싶다면, 자기는 다른 사람들보다 한 수 높다고 뽐내고 있으면 된다.

128

신경이 예민하고 잘다는 것은 나쁜 뜻의 섬세함을 말하는 것이다. 진짜로 섬세하다는 것은 건전한 기민성(機敏性)을 말하는 것이다.

129

간사한 자에게 속지 않으려면, 신경이 무디면 된다는 사례(事例)가 종종 있다.

130

인간의 무력함, 이것이야말로 인간이 아무리 애써 보아도 고칠 수 없는 유일한 결점이다.

131

사랑에 빠져 다 죽게 된 여자를 동정해 줄 수 있는 유일한 길은 그녀와 연애를 하는 것이다.

132

자기 자신에 대해서 현명한 것보다는 타인에 대해서 현명한 편이 더 쉽다.

133

좋은 모조품이란 단 한 가지, 대단치도 않은 원작의 형편없음을 우리에게 보여 주는 것을 말한다.

134

사람은 자기가 타고난 성질에 의해서 웃음거리가 되는 것이 아니다. 자기에게는 있지도 않은 다른 성질을 흉내 내다가 웃음거리가 되는 것이다.

135

타인과 내가 별개의 인간이듯, 인간은 때로 자기 자신과도 별개의 인간이 될 때가 있다.

136

어떤 사람들은, 사랑 이야기를 듣지 않았다면 여자를 사랑해 보고 싶은 마음은 도저히 일어나지 않았을 것이라고 말한다.

137

사람이란 허영이 꼬리를 흔들지 않으면 거의 입을 열지 않는다.

138

사람은 자기의 일에 대해 아무 말도 하지 않으면, 심지어 자기에 대한 욕이라도 듣고 싶어한다.

이야기를 서로 주고받으면서 이 사람은 머리가 잘 돌아가는 사람이다, 기분이 좋은 사람이다, 라고 느껴지는 사람을 만난다는 것은 그리 쉬운 일이 아니다.

대부분의 사람들은 자기에게 던져진 말에 대해서 정확하게 대답하기보다 자기가 하고 싶은 말에 더 열중하기 때문이다.

대화에 가장 뛰어난 재능을 가지고 있는 사람이나, 가장 친절한 사람까지도 상대가 주의 깊게 듣고 있는 체하면 그것으로 충분하다고 생각한다. 그러나 바로 그렇게 하고 있을 때 그들의 눈이나 마음의 움직임에서, 상대방의 말을 건성으로 흘려보내고 자기가 하고 싶은 화제로 빨리 돌아갔으면 하는 모습을 우리는 엿볼 수 있다.

이런 상태로서는 사람의 마음에 든다는 일도, 사람에게 설교하는 일도 모두 쓸데없는 짓이 될 뿐이다. 그것은 자기 자신의 억지만을 강요하는 결과이다. 잘 귀담아듣고 잘 대답하는 것이야말로 대화에 있어서 가장 바람직한 태도라고 생각하나, 생각이 미처 거기에까지는 미치지 못하는 모양이다.

140

아무리 재치 있는 사람도 마구 박수를 쳐주는 바보 족속들이 좌중에 있어 주지 않는다면, 그 자리를 이끌어 나가기에 힘이 들 것이다.

141

'혼자 있어도 나는 조금도 심심치 않다' 라고 흔히 우리들은 자랑삼아 말한다. 하찮은 족속들과 같이 있고 싶지 않다는 정도로 자만심이 강한 것이다.

142

몇 마디 안 되는 말로 많은 것을 이야기하는 것이야말로 진짜 큰 재능의 소유자만이 할 수 있는 일이다. 반대로 소인배들은 많은 것을 떠들어 대지만, 결국엔 아무것도 말하지 못한다.

143

우리들이 타인의 장점을 크게 과장해서 떠들어 대는 것은, 그 사람이 지니고 있는 가치에 경의를 표한다기보다는 오히려 우리들 자신의 식견을 돋보이게 하기 위해서이다. 즉, 타인을 칭찬하고 있는 것 같지만, 실은 자기 자신이 그 칭찬을 받고 싶은 것이다.

144

사람은 칭찬하는 것을 그리 좋아하지 않는다. 이해 상관이라도 얽혀 있지 않는 한 절대로 다른 사람을 칭찬하려 들지 않는다. 칭찬이라는 것은 참으로 교묘하고 은밀하고 미묘하다. 칭찬받는 사람도 칭찬하는 사람도, 모두를 만족시켜 주는 효능을 가지고 있다. 전자는 자기 재능에 대한 당연한 보수로서 받아들이고, 후자는 자기의 공정함, 식견의 정확함을 보여 주기 위해서 찬사를 던진다.

145

우리는 때로 독을 품은 찬사를 입 밖에 낼 때가 있다. 즉 상대를 추어올리는 척하면서, 사실은 입 밖에 내기 어려운 상대방의 결점을 사람들에게 보이는 것이다.

146

사람들은 보통 칭찬받고 싶어서 칭찬을 한다.

147

나에게 어울리지 않는 칭찬보다는, 나에게 도움이 되는 비난 쪽을 고맙게 여겨야 한다. 하지만 이렇게 말할 수 있는 현명한 사람은 그리 흔하지 않다.

148

비난이 실은 칭찬이 되기도 하고, 칭찬이 비난이 되기도 한다.

149

사실 칭찬을 사양하는 것은 또 한 번 칭찬해 주기를 바라는 마음에서이다.

150

칭찬을 받고, 그것에 어울리는 사람이 되어야겠다고 마음먹는다면, 그것은 우리의 미덕을 높여 준다. 재능, 용기, 외모에 대해서 칭찬하면 그것들은 더 한층 높아진다.

151

타인에게서 지배를 받지 않으려는 행위는 타인을 지배하는 행위보다도 더 어렵다.

152

만약에 우리들 쪽에서 우쭐대지만 않는다면, 타인의 아첨으로 해를 입게 되지는 않을 것이다.

153

하늘은 재능을 주고 운명은 그것을 사용한다.

154

운명은 이성으로는 못 고칠 단점을 고쳐 준다.

155

재능을 지니고 있는데도 구역질나는 자가 있고, 결점투성이인데도 마음에 드는 사람이 있다.

156

이 세상에는 바보처럼 지껄이며 바보짓만 하는데도 사람들로부터 제법 귀여움을 받는, 오로지 그것만을 자기의 장기로 삼고 있는 사람들도 있다. 이 사람들이 그 행실을 고친다면 남는 것이 과연 무엇일까.

157

위대한 인물의 영광은 언제나, 그것을 손에 넣기 위해 그가 어떤 수단을 썼는지에 따라서 평가되어야 한다.

158

아첨은 가짜 돈이다. 우리들에게 허영이 없다면 통용되지 않는다.

159

위대한 재능을 몇 개씩이나 가지고 있다는 것만으로는 부족하다. 그것을 아껴 쓸 줄 알아야 한다.

160

아무리 빛나는 행위일지라도, 그것이 건실한 계획의 결과로 이루어진 것이 아니라면 훌륭한 것이라고 인정할 수 없다.

161

행위와 계획은 서로 이어져 있어야만 한다. 행위가 가져올 수 있는 모든 것을 실현시키려고 생각한다면.

162

평범한 재주일지라도 그것을 잘 쓸 줄 아는 기술을 알고 있다면, 사람들로부터 대우를 받을 수도 있고, 기술이 지니고 있는 값어치 이상으로 높은 평가를 받을 수도 있다.

163

언뜻 보아 대단치 않은 행동일지라도, 숨은 동기가 매우 합당하고 바람직한 경우가 이 세상에는 얼마든지 있다.

164

자기가 종사하고 있는 직장에서, 거기에 알맞는 인재로 사람들 눈에 띈다는 것은 그리 쉬운 일이 아니다. 그러나 관여하고 있지 않는 업종에서라면 그리 어려울 것도 없다.

165
우리들은 자신의 진실한 가치에 의해 뜻있는 사람의 인정을 받고, 운에 의해 세상의 인정을 받는다.

166
세상은 사람의 진실한 가치 그 자체보다는, 그 가치가 보여 주는 외적인 결과에 더 보답한다.

167
인색함이란 선심보다는 절약이라는 것과 더 상반된다.

168
우리는 희망이라는 이상야릇한 것에 늘 속아 넘어가지만, 그래도 역시 그것에 이끌려 즐거운 길을 걸어가면서 인생의 종점으로 가까이 다가간다.

169
안일함과 겁 때문에 할 수 없이 의무에 충실하다 보면, 미덕이라는 것이 튀어나와 그 명예를 전부 차지하고 만다.

170
청렴하고 성실하고 예의바른 행동이, 과연 성의에서 나온 것인지 빈틈없는 계산에서 나온 것인지 판단하기에 매우 어려울 때가 있다.

171
미덕은 이해 관계 속에서 사라져 없어진다. 마치 시냇물이 바닷속으로 자취도 없이 사라져 버리듯이.

게으름은 어떤 모습으로 나타나는가. 우리들은 보통 이해 관계보다는 의무에 대해서 게으르다.

호기심에도 여러 종류가 있다. 이해 관계에서 오는 호기심은 우리들을 독수리의 눈으로 만든다. 이득이 될 만한 것을 찾아 살핀다. 그런가 하면 거만에서 오는 호기심도 있다. 이것은 타인이 모르고 있는 것을 알아내려는 마음에서 온다.

앞으로 다가올지 모르는 불행보다 현재 부딪치고 있는 불행을 어떻게 극복해 나가느냐에 신경 쓰는 것이 중요하다.

사랑에서 정절(貞節)이란 것은 끝없는 부정을 일컫는 말이다. 지금은 이런 점을, 다음에는 저런 점을, 이렇게 구미가 바뀌어 가면서 사랑하는 사람의 여러 가지 아름다운 점에 차례차례 이끌려가는 것을 말하는 것이다. 그런즉 이런 절개라는 것은, 동일한 대상 속에 맴돌고 있는 은폐된 부정에 지나지 않는다.

사랑의 정절에는 두 종류가 있다. 하나는 사랑하는 사람에게서 끊임없이 새로운 사랑의 대상을 발견해 나가는 일이다. 다른 하나는 절개를 지키는 것을 명예라고 생각하는 마음이다.

오직 한길만을 고집하는 사람이 있다. 우리는 그런 사람을 비난할 필요도 칭찬할 필요도 없다.

그것은 취미나 감각이 바뀌지도, 좋은 면으로 발전해 나가지도 않고, 다만 현상을 유지하고만 있기 때문이다.

178

우리들이 새로 사귄 친구 쪽으로 마음이 쏠리는 것은 옛 친구에 싫증이 났다든가, 변화를 즐기고 싶다는 이유 때문이 아니다. 나를 너무나 잘 알고 있는 사람들에게서 별로 존경을 받지 못하는 것이 비위에 거슬리기 때문이다.

우리는 존경을 받기 위해 새로운 사람을 원한다.

179

우리는 친구의 변심에 때로는 대단치 않게 약간의 불평만을 늘어놓는다. 머지않아 자기 자신이 변심했을 때를 미리 생각하고.

180

후회한다는 것은 자신이 저지른 잘못을 뉘우쳐서 그러는 것이 아니다. 그것보다는 그것이 내게 입힐 화가 두렵기 때문이다.

181

사람의 마음이 자주 변하는 것은 정신이 경박하거나 무력하기 때문이다. 그래서 타인의 의견이라면 무엇이든 받아들인다. 다른 경우는, 일에 싫증이 나서 마음의 변화를 일으키는 수가 있다. 후자는 그래도 변명의 여지나마 가지고 있다.

182

미덕의 조직 속에는 악덕이 들어가 있다. 마치 약을 조제할 때에 독소가 들어가듯이. 빈틈없는 지혜는 양쪽을 합쳐 적당히 섞어 두었다가, 어려운 처지에 부딪쳤을 때 이것을 잘 사용한다.

183

인간 최대의 불행은 죄를 짓고 죄에 빠져 벗어나지 못하는 것이다.

우리가 자신의 결점을 고백하는 것은, 타인의 마음속에 심어 놓은 나쁜 인상을 솔직하다는 것으로 바꿔치기 하기 위해서다.

모든 사람들이 영웅을 숭배하지만 그 영웅이 악한을 뜻하는 경우도 있다.

악덕을 지닌 자들이 모두 멸시를 당하는 것은 아니다. 그러나 미덕을 지니지 않은 자는 모두에게 경멸을 당한다.

미덕이라는 두 글자도 이해 관계에 값지게 쓰일 때가 있다, 악덕과 같이.

영혼의 건강도 육체의 건강과 마찬가지로 보장하기 어렵다. 사람이 아무리 정열과 인연을 끊었다 하더라도, 역시 한 번쯤은 격정에 사로잡혀 날뛰게 된다. 건강한 때라도 언제 어디서 병에 걸리게 될지 모르는 것과 똑같다.

세상에 태어나자마자, 하늘은 한 사람 한 사람에게 미덕과 악덕의 한계를 긋는다.

크나큰 결점을 가지고 있다는 것은, 위대한 인물에 한해서만 쓸 수 있는 말이다.

긴 인생 행로에는 여러 가지 악덕이 우리를 기다리고 있다. 여기서 악덕이란 차례차례로 묵고 가야만 하는 여인숙의 주인과도 같다.

그런데 우리에게 같은 길을 다시 한 번 여행하는 기회가 주어졌을 때, 경험에 의해서 그런 주인들이 도사리고 있는 곳을 피해 가며 지나갈 수 있을는지 의문이다.

192
악덕이 우리를 버리고 피해갔을 때, 우리는 자기 스스로 악덕을 버렸다고 생각하며 우쭐해한다.

193
마음의 병도 육체의 병처럼 재발한다. 완치가 되었다고 생각해도, 대개의 경우 그저 소강상태를 유지하고 있든가, 아니면 병의 증세가 바뀐 것에 지나지 않는다.

194
영혼의 결함은 육체의 상처와 같다.
완전히 고쳐 보려고 노력해도 상처는 남아서 사람의 눈에 띄기 마련이고, 상처가 아문다 해도 언제 또다시 도져 고름이 터져 나올지 전혀 알 수 없다.

195
우리가 어떤 하나의 악덕에 빠지지 않는 것은, 언제나 다른 많은 악덕이 우글거리고 있기 때문이다.

196
우리는 자기 자신만이 알고 있는 과실(過失)을 아주 쉽게 잊어버린다.

197
직접 보지 않는 한, 절대로 나쁜 짓을 저지를 사람이 아니라고 생각하는 사람들이 있다. 그러나 나쁜 짓을 보고 이쪽에서 깜짝 놀라야만 하는 사람들은 없는 것이다.

우리는 어떤 사람의 영광을 낮추기 위해서 다른 사람의 영광을 찬양하기도 한다. 그러나 콩데 공*5이나 튀렌*6 원수에 대해서 말한다면, 어느 한쪽도 상대방에게 시비를 걸고 싶지 않았기 때문에, 서로를 그렇게 찬양하지 않았다는 경우도 있다.

나에게는 남다른 수완이 있다고 내세우고 싶은 마음이, 흔히 실력자가 되는 것을 방해한다.

허영이라는 길벗이 없다면, 미덕은 그리 멀리까지 가지는 못할 것이다.

자신에 한해서만, 자기 아닌 다른 사람이 필요없다고 생각하는 것은 큰 잘못이다. 그러나 자기 없이는 세상이 돌아가지 않는다고 생각하는 것은 더 큰 잘못이다.

엉터리 신사는 자기의 결점을 타인뿐만 아니라 자기 자신에게도 숨기려 한다. 진짜 신사는 자기의 결점을 완전하게 알고 그것을 고백한다.

참된 신사는 어떤 일에서도 자기 자신을 뽐내지 않는다.

여자의 매정함은 자기의 아름다움을 돋보이게 하기 위한 장식품. 연지분 따위와 같다.

여자가 정숙하다는 것은 대부분의 경우, '손가락질을 당하고 싶지 않다. 평온한 생활을 깨뜨리고 싶지 않다'는 감정의 표현이다.

항상 신사들에게 속마음을 드러내보이며 살고 싶다고 바라는 것이야말로 참된 신사가 걸어가는 길이다.

우리의 인생에는 언제나 광기(狂氣)가 붙어다닌다. 어떤 사람이 현명해 보인다는 것은, 단지 그 사람의 광기가 나이나 지위에 잘 어울려 보인다는 것에 불과하다.

자기 자신의 분수를 잘 알고 있는 어리석은 자가 있다. 이런 사람은 자기의 어리석음을 때로 능숙하게 써먹는다.

바보짓을 단 한 번도 하지 않고 살아가는 자가 있다면, 그자야말로 자기가 생각하고 있는 정도로 현명한 사람은 못된다.

사람은 나이를 먹을수록 더욱더 어리석어지기도 하고, 현명해지기도 한다.

유행가와 비슷한 인생도 있다. 잠시 동안 불릴 뿐이다.

대부분의 사람은 인간을 평가할 때, 그 사람의 인기나 운밖에는 보지 않으려고 한다.

213

명예롭고 싶다, 수치는 싫다, 성공하고 싶다, 안락하고 쾌적한 생활을 하고 싶다, 다른 사람에게는 절대로 지고 싶지 않다. 이런 기분이 세상에서 흔히 떠들어 대는 용기의 직접적인 동기가 된다.

214

용기란, 병졸들에게는 생활의 끼니를 얻기 위해 선택한 매우 위험한 직업이다.

215

완벽한 용기라든가 완전한 비겁이라는 것은, 양쪽 모두 어떤 극한 상태를 말하는 것으로, 인간은 절대로 그런 지경에 이르지 못한다. 이 중간 지대는 상당히 넓은 공간을 차지하며, 극에 미치지 않는 여러 종류의 용기가 존재하고 있다.

외모나 기질 못지않게 용기도 가지각색이다. 처음에는 쾌히 스스로 위험에 몸을 내던지기도 하지만, 얼마 안 가서 마음이 해이해져 언제 그랬느냐는 듯이 뒷걸음질 치는 사람도 있다. 또 세상의 존경을 받게 되면 그것으로 만족하고 더 이상 아무 일도 하고 싶어하지 않는 사람도 있다.

공포심을 항상 쉽게 억누르지 못하는 사람도 있고, 때로는 주위의 공포에 감염되어 버리고 마는 사람도 있다. 또 자기 위치에 꾹 참고 있지 못하고 돌진하는 사람도 있다. 조금씩 위험에 익숙해지면서 용기를 굳혀 좀더 큰 위험에 몸을 던지는 사람도 있다. 칼싸움에는 용감하지만 총은 무서워하는 사람이 있는가 하면, 총은 아무렇지도 않은데 칼싸움은 무서워하는 사람도 있다.

이 가지각색의 용기라는 것도 다음과 같은 공통점이 있다. 즉 밤이 깊어 공포심이 일면 좋은 행위, 나쁜 행위를 식별하지 못하고 모두들 한결같이 자기 몸이 제일 중하다는 결론에 도달해 버린다. 또 누구도 용기를 내기가 매우 어려운 경우가 있다. 이를테면 살아 돌아올 수 있다는 확신이 있을 때 할 수 있는 일을, 언제 어디서 위기를 당하더라도 다 해치우는 사람을 아직 본 일이 없다는 점이다. 따라서 죽음의 공포가 용기의 한 분량을 뺏어가는 것만은 자명하다.

216

완벽한 용기란, 모든 사람들이 지켜 보는 가운데 할 수 있는 일을, 아무도 보고 있지 않는 데서 해치우는 것을 말한다.

217

대담하다는 것은 영혼이 갖는 이상한 힘이다. 크나큰 위험에 직면했을 때 영혼이 불안에 빠지거나 동요하는 것을 막아 주는 힘이다. 영웅들이 지극히 놀랍고 끔찍스러운 사태에 부딪쳐도 침착함을 잃지 않고 이성적인 판단을 힘껏 발휘할 수 있게 하는 것은 바로 이 힘인 것이다.

218

위선은 악덕이 미덕에 바치는 경의를 뜻한다.

219

대부분의 사람들은 명예를 얻기 위해서라면 용감하게 싸움터에 뛰어들어 간다. 그러나 제일 중요한 싸움의 목적을 위해서 언제라도 적진에 뛰어들어 갈 사람은 극히 드물다.

220

허영심과 수치심, 그리고 체질(體質)은 흔히 남자에겐 용기를 일으켜 주고 여자에겐 정숙함을 만들어 준다.

221

목숨은 잃기 싫고 영광은 손에 넣고 싶다. 그래서 용감한 사람은 죽음을 피하기 위해, 소송광(訴訟狂)이 재산을 보호하는 것보다 더 많은 술책을 써 가며 지혜를 짜내서 싸운다.

222

인생의 고비를 넘기면 벌써 육체와 정신의 어느 구석이 쇠퇴하기 시작한다. 그것을 느끼지 않는 사람은 거의 없다.

은혜에 감사한다는 것은 장사꾼의 성실함과 비슷하다. 분명 이것이 있음으로 해서 장사도 교제도 가능하다.

빌린 돈이나 은혜를 갚는 일은 마땅히 해야 하는 의무가 아니다. 앞으로 계속 돈을 빌려 주는 사람을 더 쉽게 찾아 낼 수 있는 필요에 의해서이다.

은혜를 갚았다고 해서 그것으로 은혜를 안다고 우쭐댈 수는 없다.

은혜를 베푼 후 감사를 받게 될 즈음 기대에 어긋나는 일이 생기곤 하는데, 그것은 베풀어 준 쪽의 자존심과 받은 쪽의 자존심 사이에 무언가 가치 계산이 잘 들어맞지 않기 때문이다.

은혜를 갚으려고 너무 성급히 서두르는 것은 일종의 배은(背恩)이다.

운명의 도움으로 잘살고 있는 사람들은 절대로 자기의 행동을 고치려 들지 않는다.

운명이 그들의 나쁜 행동을 지지(支持)해 주고 있는 동안은 줄곧 자신이 옳다고 생각하기 때문이다.

자존심은 남에게 빚지는 것을 좋아하지 않는다. 그리고 자기애(自己愛)는 빚을 주는 것을 바라지 않는다.

누구에게서 은혜를 입으면 그 사람이 우리에게 나쁜 짓을 해도 침묵을 강요당한다.

실례(實例)만큼 전염성이 강한 것도 드물다. 좋은 일이든 나쁜 일이든, 우리가 유난히 눈에 띄는 행위를 하면 반드시 같은 일이 생긴다. 우리는 경쟁심에서 좋은 행위의 본을 뜨기도 하지만, 악한 천성(天性)에서 오는 나쁜 짓도 곧잘 흉내낸다. 지금까지 수치심에 의해 억압받던 것이 눈앞에 실례로 나타나면 정반대로 억압에서 풀러나게 된다.

자기 자신만이 현명한 사람이 되고 싶다는 소망은 정말 엉뚱한 짓이다.

우리는 자신이 느끼는 슬픔에 대해 다양한 구실을 붙여 보지만, 사실 슬픔의 원인은 흔히 이해 관계와 허영뿐이다.

우리가 슬퍼할 때 거기에는 여러 종류의 위선이 은폐되어 있다. 그중 하나로 가까운 벗의 죽음을 몹시 슬퍼하지만, 실은 자기 자신을 슬퍼하고 있는 것이다. 즉 죽은 사람이 자기에게 베풀었던 호의를 애도하는 것이다. 지금까지 자기가 받아 왔던 행복과 존경이 이것으로 끝나 버린 것을 애통해하는 것이다. 이렇게 죽은 사람은 산 사람이 흘리는 눈물을 고맙게 받게 된다. 이것이야말로 틀림없는 위선이다. 이런 종류의 슬픔을 미끼로, 사람은 자기 자신까지 속이고 있다.

또 이것과는 별개로 더 욕되고 모든 사람에게 불편을 안겨다 주는 위선도 있다. 어떤 사람들은 '아름다운 불멸의 고뇌'라고 하는 영광을 동경하여 비탄에 빠진다. 모든 것을 지우는 '시간'이라는 것이 옛날의 고통을 지워 주었는데도, 이런 사람들은 아직 자기의 눈물이나 불평이나 한숨을 그침 없이 끈질기게 보여 주지 않고서는 못 배기는 것이다. 그들은 슬픈 인물의 역할을 온갖 동작을 써서 연기하며, 자기의 고뇌야말로 목숨이 다할 때까지는 사라져 없어지지 않을 것이라고 호소한다. 이런 딱하고 골치아픈 허영은 대개의 경우 야심 찬 여자들에게서 발견할 수 있다. 약한 여성에게는 영광에 도달하는 길이 막혀 있기 때문에 지울 수 없는 슬픔을 내보이며 그 방면에서나 유명해져 보겠다는 심사일 것이다.

또 다른 종류의 눈물이 있다. 이 눈물의 원천은 아주 얕으며 흐르는 것도 마르는 것도 매우 간단하다. 부드러운 마음씨의 소유자라는 평판을 받기 위해서 울어 대고, 동정을 받기 위해 눈물을 흘린다. 눈물을 흘려 주었으면 해서 우는 것이고, 나중에는 눈물도 없는 사람이라고 손가락질 당할까 봐 눈물을 흘린다.

234

논리 정연한 의견에 열심히 반대하는 사람이 있는 것은, 판단 능력이 부족해서가 아니라 흔히 자존심에서 오는 경우가 많다. 즉 찬성파에 붙어도 앞장서기에는 이미 늦었고, 그렇다고 해서 사람들의 뒤꽁무니에 서는 것도 화가 나기 때문이다.

235

우리에게 가까운 벗의 불행 따위는 상관이 없다. 그것이 자신의 우정을 보여 줄 기회가 되기만 하면 족하니까.

236

우리가 타인의 이익을 위해서 일을 하게 되면 그토록 강한 자기애(自己愛)도 친절에 녹아 버려서 자기 자신의 일을 잊어버리는 수가 있다. 따지고 보면 외관상으로 그렇게 보일 뿐이지, 사실 그것은 자기애의 목적에 도달하기 위한 가장 확실한 방편이다. 즉 거저 주는 것같이 보이면서, 사실은 높은 이자로 돈을 빌려 주는 것이다. 아주 무섭고 교활한 방법으로 여러 사람의 눈을 속이고 있는 것이다.

237

악한이 될 힘을 가지고 있지 않다면, 선한 사람이라고 칭찬을 받을 자격이 없다. 즉 사람이 좋다는 것은 보통의 경우 의지의 나태 또는 무력함, 둘 중 하나에 불과한 것이다.

238

대부분의 사람들에게는 너무 친절히 대해 주는 것보다 오히려 나쁜 짓을 해주는 편이 덜 위험하다.

239

위대한 사람이 비밀을 털어놓으면 우리의 자존심은 매우 만족해한다. 우리에게는 그만한 값어치가 있다고 언뜻 생각해 버리고 마는 것이다. 그러나 사실 그런 경우, 상대방이 허영심을 자극받았다든가, 가슴속 깊이 간직할 수 없게 되었다든가, 어느 한쪽에 불과한 것이다.

240

애교와 외모의 아름다움은 별개이다. 애교는 거기에 무슨 기준이 있는지 잘 모르지만, 어떤 '균형'에서 오는 아름다움이라고 말할 수 있다. 눈·코·입의 전체적인 균형, 얼굴 모양과 얼굴색, 그러한 풍모로부터 오는 이루 말할 수 없는 조화로움이다.

241

교태를 일삼는 일이야말로, 여자의 천성적인 본질이라 할 수 있다.

그러나 모든 여자가 실제로 교태를 일삼는다고 생각하지 않는다. 왜냐하면 어떤 여자들의 교태는 두려움과 이성(理性)에 의해서 억눌려 있기 때문이다.

242

'다른 사람에게 불편을 주고 있을 리 없다'고 생각할 때 흔히 폐를 끼치고 있다.

243

아무리 노력해도 불가능한 일은 거의 없다. 수단보다는 해내겠다는 열의가 우리에게 부족할 뿐이다.

244

최고의 수완(手腕)은 일의 가치를 잘 아는 것이다.

245

자기 수완을 감출 수 있는 것은 훌륭한 수완이다.

246

후한 인심으로 느껴지는 것은 흔히 가면을 쓴 야심에 불과하다. 자질구레한 이익은 거들떠보지 않고, 큰 이해관계가 얽혀 있을 때만 덤벼든다.

247

사람들에게서 흔히 볼 수 있는 충성은, 타인의 신용을 얻기 위해 자기애가 창안한 것에 불과하다. 즉, 그럼으로써 우리들을 타인의 머리 위에 앉혀 놓고 제일 중요한 것은 자기가 떠맡겠다는 심보이다.

248

큰 아량은 모든 것을 하찮게 여긴다. 모든 것을 몽땅 손에 넣기 위해서.

249

웅변은 말의 사용법만으로는 안 된다. 목소리의 크기와 억양, 눈동자의 움직임, 말하는 태도도 중요하다.

250

참된 웅변은 할 말은 다 하되, 주제에 한해서만 말하는 것이다.

251

결점이 있으나 그런대로 잘 어울리는 사람이 있다. 그런가 하면, 장점을 가지고 있으면서도 무시당하는 사람도 있다.

취미가 바뀌는 것은 흔히 있는 일이지만, 무엇을 좋아하고 싫어하는 그 성향까지 바뀌는 일은 절대로 없다.

253

이해 관계에서 오는 욕심은 온갖 종류의 미덕과 악덕을 총동원한다.

254

겸손은 때로는 거짓 복종을 나타낸다. 타인을 굴복시키기 위해 사용하는 것에 지나지 않는다. 즉, 일단 밑으로 들어갔다가 나중에 머리꼭대기로 올라앉겠다는 자존심의 계략이다. 자존심은 천태만상 자유자재로 변화가 가능한 것인데, 겸손이라는 탈을 쓰고 몸을 감출 때만큼 멋지게 탈바꿈을 하여 쉽게 사람을 속여 넘길 수는 없다.

255

모든 감정의 표현에는 그때 그때 그것에 알맞는 목소리의 억양과 몸짓, 표정이 깃들어 있다. 이 연관성이 잘 맞느냐 안 맞느냐, 좋은 인상을 주느냐 안 주느냐에 따라서 상대방에게 호감을 사든가 미움을 사든가 한다.

256

어떤 직업에 종사하더라도, 인간은 저마다 세상 사람들에게 이런 사람으로 봐 달라는 표정과 태도를 꾸미며 일을 하고 있다. 즉 이 세상이란, 오로지 꾸며진 표정으로 이루어져 있다고 말할 수 있다.

257

근엄하다는 것은 정신의 결함을 숨기기 위해 창안한 육체의 비법이다.

258

좋은 취미는 재능보다 판단에서 생겨난다.

사람의 기쁨은 사랑한다는 것에 있다. 이 말은 상대방으로부터 사랑을 받는다는 것보다 지금 자기가 간직하고 있는 정열에 의해서 행복을 느낀다는 것이다.

예절은 자기에게도 예의를 갖추어 달라, 예의바른 사람으로 생각해 달라, 이런 소망의 표현에서 취하는 태도이다.

청년에게 주는 교육은 제2의 자부심을 불어넣어 주는 일이다.

사랑만큼 자기를 사랑하는 마음이 강하게 작용하는 정념도 없을 것이다. 그래서 자기 마음의 안정을 잃는 것보다 사랑하는 사람의 안정을 희생시키려고 든다.

선심을 쓰는 것은 대개 허영의 표현에 지나지 않는다. 주는 물건보다 허영심을 더 좋아한다는 것뿐이다.

연민의 정이란, 타인의 불행을 보고 자신의 불행을 생각하는 기분이다. 앞으로 우리에게 닥쳐올지도 모를 불행에 미리 빈틈없이 대비해 두는 것이다. 우리가 타인에게 도움의 손길을 내미는 것은, 자기도 똑같은 처지에 놓이게 되면 도와 달라는 마음에서이다. 다시 말해서, 우리가 타인을 돕는 것은 자기도 나중에 도움을 받기 위해서 선수를 치는 것에 불과하다.

정신의 편협이 옹고집을 낳는다. 우리는 자기가 아는 범위 이상의 것은 좀처럼 믿으려 들지 않는다.

266

다른 정념을 제압할 수 있는 것은 야심이나 사랑과 같은 강렬한 정념뿐이라고 생각한다면 그것은 잘못이다. 나태라는 것은 전혀 대단치 않아 보이지만, 때로 모든 정념의 우두머리가 된다. 이것은 인생의 중요한 실천과 야망도 침해해 버린다. 모르는 사이에 조금씩 정념이나 미덕을 파괴하고 좀먹는 것이다.

267

똑바로 살피지 않고 간단하게 악이라고 판정하는 것은 오만과 나태의 소치이다. 죄인을 찾아냈으나 조사하는 노고가 귀찮기 때문이다.

268

우리는 아주 작은 이익을 위해서도 재판관을 기피하곤 하지만, 자기의 성가(聲價)나 명예는 역시 주위 사람들에게서 평가받기를 바란다. 그런데 그들은 모두, 질투와 편견, 우둔함으로 가득 차서 우리와 서로 통하지 않는다. 그래서 우리는 목숨과 안전을 건 채 여러 방법을 바꾸어 가며, 오로지 그들로 하여금 우리에게 유리하게 해달라고 온갖 애를 쓰는 것이다.

269

자기가 저지르고 있는 나쁜 짓을 전부 알고 있는 것만큼 빈틈없는 사람은 없다.

270

손에 넣은 명예는 앞으로 손에 넣을 명예를 위한 담보물이나 다름이 없다.

271

청춘은 쉴 여유조차 주지 않는 도취 상태이며 그것은 이성(理性)의 열병이다.

일찍이 크게 찬양을 받은 행위를 한 사람들이 이번에는 극히 하찮은 일을 가지고서도 자기를 팔려고 무척 애를 쓴다.

이렇게나 자기 가치를 스스로 떨어뜨리는 일은 또 없을 것이다.

사교계에서 인기를 독차지하고는 있지만, 그 값어치는 사교에 필요한 악덕뿐인 사람들이 이 세상에 많다.

새로운 사랑의 맛은 싱싱한 과일의 껍질과 같다. 처음에는 광채가 돌아 매혹되나 곧 썩어 없어지고 다시는 소생하지 못한다.

천성적으로 정이 많다고 자랑삼는 따뜻한 마음씨는, 자칫하면 하찮은 이해 관계로 질식당한다.

서로 만나지 않으면 평범한 정열은 차가워지기 마련이고, 큰 정열은 더욱 커진다. 마치 바람이 촛불은 꺼 버리고, 큰 화재의 불꽃은 더 일게 하듯.

여자들은 사랑을 하고 있지 않는데도 흔히 연애를 하는 기분이 되어 버린다. 정사(情事)에 대한 여러 수단과 방법에 몰두해 있는가 하면, 남자의 말한 마디에 가슴을 죄기도 하고, 사랑을 받고 있다는 기쁨에 스스로를 내맡기기도 하고, 지금에 와서 거절한 것을 후회하기도 한다. 사실은 교태부리는 데 시간을 보내고 있었던 것에 불과한데도, 열정에 불타 있는 기분이 되어 버린다.

사람은 교섭을 벌이고 있는 사람들에 대해서 흔히 불만을 느낀다. 그 까닭은 그들이 교섭을 성공으로 이끌어가기 위하여, 대개의 경우 위탁한 사람의 이익을 크게 고려하지 않기 때문이다. 그러면서도 그들은 조정자로서 무슨 수를 써서라도 계획했던 것은 완수한다는 명예를 자기 것으로 만들고 이익을 얻고 있는 것이다.

우리는 친구의 우정을 과장해서 떠들어 댄다. 그러나 그것은 감사의 기분보다 흔히 자기는 이렇게 귀한 대접을 받고 있다는 것을 알리고 싶은 마음에서다.

사교계에 처음 발을 들여놓은 사람을 칭찬하는 것은, 이미 확고한 지위를 차지하고 있는 사람들을 은밀히 질투하기 때문이다.

자존심은 시기심을 일으키기도 하지만 동시에 시기심을 조절하는 역할도 한다.

너무나 훌륭하게 진실로 가장된, 진짜 같은 거짓이 있다. 그러나 그것은 너무 완벽하기 때문에 오히려 이쪽 판단에 그릇됨이 없나 의심하게 마련이다. 그렇기에 쉽사리 속아 넘어가지는 않는다.

충고를 받고 쉽게 받아들일 수 있다는 것은, 자기가 자신에게 충고하는 것보다 나으면 나았지 못할 것은 없다.

차라리 인정이라곤 눈곱만큼도 없는 사람 쪽이 '나에게 해를 입히지는 않겠지' 라고 느껴지는 그런 악인들도 이 세상에는 많다.

인간의 너그러움에 대해서 꽤 많은 사람들이 정의를 내렸다.

그것은 자존심이 보여 주는 양식(良識)이며, 사람들로부터 칭찬을 받기 위한 가장 위엄 있는 방법이다.

정말 보기 싫어진 사람을 다시 사랑한다는 것은 불가능에 가깝다.

한 사건을 처리하는 데 있어 여러 대책을 강구해 놓았다고 해서 특별히 머리가 좋은 것은 아니다. 오히려 두뇌가 둔하다고 하는 편이 옳다.

즉 좋은 착상(著想)을 너무 앞뒤로 재다 보면 무엇이 제일 적합한 것인지 식별할 능력을 잃어버리고 만다.

병이든 사건이든, 약이 오히려 그 시기를 더 까다롭게 만들기도 한다. 뛰어난 수완이란 언제 그것을 쓰면 위험한지를 분간할 줄 아는 데 있다.

소박한 태도로 꾸민다는 것은 제법 공들인 멋진 사기(詐欺)이다.

정신보다는 기질이 결함을 나타내는 수가 더 많다.

과일과 마찬가지로 인간의 값어치에도 계절이 있는 법이다.

건축물과 마찬가지로 인간의 기질에도 여러 면이 있다고 말할 수 있다. 앞면은 마음에 들어도 뒷면은 안 들지도 모른다.

절제(節制)에는, 야심(野心)과 싸워 정복한다는 기대를 걸 수는 없다. 그 까닭은 이 두 가지가 절대로 사이좋게 자리를 같이할 수 없기 때문이다.

절제는 정신의 쇠퇴, 게으름을 말하고 야심은 정신의 앙양, 강한 연소를 말한다.

인간은 자기를 존경하는 사람을 반드시 사랑한다.

그러나 자기가 존경하고 있는 사람을 반드시 사랑하지는 않는다.

지금 자기가 하고 싶어하는 일에 대해서 이미 모두 알고 있다고 생각하는 것은 큰 착오이다.

뛰어나지 못한 사람을 좋아하는 것은 어렵다. 그러나 우리들보다 월등하게 뛰어난 사람을 좋아하는 것은 더 어렵다.

체액(體液)*7에는 정해진 순환 작용이 있다. 이것이 우리가 모르는 사이에 의지를 움직이고 변화를 가져온다. 네 종류의 체액이 섞여 흐르며, 우리를 비밀리에 지배하고 있다. 따라서 알려고 해도 알지 못하는 가운데, 우리의 모든 행위에 체액이 크게 작용하고 있다.

사람들이 감사를 표현하는 것은 대부분 앞으로 더 큰 은혜를 베풀어 달라는 속마음에 불과하다.

299

작은 은혜는 대부분의 사람들이 기꺼이 갚는다. 중간 정도의 은혜는 꽤 많은 사람들이 감사해한다. 그러나 사람이란 큰 은혜에는 거의 다 배은한다.

300

전염병처럼 사람에게 들러붙는 광기(狂氣)도 있다.

301

재산을 하찮게 여기는 사람들은 꽤 많다. 그러나 그것을 베풀 줄 아는 사람은 거의 없다.

302

우리는 겉치레에 속아 넘어가지 않을 때도 있다. 그러나 그것은 극히 이해관계가 적을 때에 한해서이다.

303

사람들이 아무리 좋은 말을 해줄지라도 우리는 무엇 하나 새로운 것을 배우지 못한다.

304

우리는 자신을 괴롭힌 사람들을 곧잘 용서해 준다.
그러나 우리는 자기가 귀찮게 군 사람들을 좀처럼 용서하지 않는다.

305

이해타산은 모든 죄악의 근원으로 비난받고 있으나, 동시에 모든 선행의 근원으로서 찬양받을 자격도 있다.

우리가 도와줘야겠다고 마음먹는 한, 배은망덕한 사람을 만날 가능성은
극히 드물다.

타인을 오만하게 대하면 웃음거리가 되지만, 자기 자신을 오만하게 대한
다는 것은 매우 훌륭한 일이다.

사람들은 절제를 미덕으로 생각한다. 위대한 사람들의 야심을 억누르고,
평범한 사람들의 불행과 무능력을 스스로 달래기 위해서.

태어날 때부터 바보의 운명을 짊어진 사람들이 다소 있다. 그들 스스로 바
보짓을 골라 할 뿐만 아니라 그의 운명까지도 그런 짓을 하게끔 길을 터준다.

인간의 생애에는 때로 약간 미쳐 버리지 않으면 도저히 빠져나갈 수 없는
그런 재난도 적지 않다.

여지껏 한 번도 자기 약점을 드러낸 적이 없다면, 그것은 약점을 아직 들
키지 않았기 때문이다.

연인들이 항상 같이 있으면서 조금도 권태감을 느끼지 않는 것은, 자기들
에 관한 말만을 주고받기 때문이다.

우리는 자신에게 일어난 일들을 하나도 빼놓지 않고 머릿속에 넣어 두는

기억력을 가지고 있다. 그런데 왜 상대방에게 했던 말을 되풀이하고 있다는
건 기억하지 못하는 것일까?

314

우리는 자기 자신에 관해 말하는 것을 퍽 좋아한다. 그러나 듣는 편의 입
장에서 본다면, 그것은 조금도 즐거운 일이 아니다.
그러므로 상대편의 입장도 신경쓰라.

315

우리가 친구에게 마음을 숨기는 것은, 상대를 믿지 못해서가 아니라 자기
자신을 믿지 않기 때문이다.

316

약한 사람은 성실할 수도 없다.

317

은혜를 모르는 사람을 도와주는 것은 그런대로 참을 수 있다. 그러나, 파렴
치한 사람으로부터 은혜를 받게 된다는 것은 도저히 참을 수 없는 불행이다.

318

미쳐 날뛰는 광증은 고칠 길이 있다. 그렇지만 비비꼬여 있는 정신 상태는
고칠 방법이 없다.

319

가까운 벗이나 은인들의 결점을 거리낌없이 떠들어 대고 있으면, 그들에
대해서 품어야 할 감정이 오래가지 못한다.

320

왕후 앞에서 가지고 있지도 않은 미덕을 꾸며 내어 찬사를 바치는 것은,
벌받을 걱정 없이 그들에게 모욕을 주는 것이나 다름없다.

우리는 바라는 것 이상으로 우리를 사랑해 주는 사람보다 우리를 싫어하는 사람을 더 좋아하는 수도 있다.

322

경멸당하는 것을 두려워하는 사람은 경멸을 당해 마땅한 사람뿐이다.

323

지혜도 재산과 마찬가지로 운명의 손에 맡겨져 있다.

324

질투의 감정 속에는 타인을 향한 사랑보다 자기를 향한 사랑이 더 많이 배어 있다.

325

이성의 힘으로 도저히 위로받을 수 없는 고통을 흔히 무기력함이라는 것에 의해 위로받기도 한다.

326

우스꽝스러운 행동은 불명예 이상으로 체면을 손상시킨다.

327

우리가 작은 결점만을 고백하는 것은 큰 결점은 가지고 있지 않다고 설득하는 것이나 다름없다.

328

시기하는 마음은 증오심보다 더 오래 간다.

329

우리도 때로는 아첨하는 것을 싫어한다. 그러나 사실 싫어하는 것은 아첨의 표현 수단인 말투뿐이다.

330

인간은 사랑하고 있는 한 용서하는 법이다.

331

여자에게 시달림을 당할 때보다, 사랑을 받고 행복할 때 여자에게 충실하기가 더 어렵다.

332

여자들은 자기의 교태가 어떤 것인지 그 전부를 알지 못한다.

333

여자란 몸서리가 쳐질 정도로 싫지 않는 한, 그렇게 차가운 태도는 취하지 않는다.

334

여자는 열정보다 교태를 억누르는 편이 더 어렵다.

335

사랑하고 있을 때는 언제나 경계하는 마음보다 상대방을 속이고자 하는 마음이 더 크게 작용한다.

336

연애 가운데는 사랑이 극도에 달하여 질투 따위는 감히 파고들 여지가 없는, 그런 종류도 있다.

337

인간이 지니고 있는 어떤 종류의 장점은 감각 능력과 비슷한 데가 있다. 이것을 전혀 갖지 않은 사람은 느낌도 없고 이해할 능력도 없다.

증오심이 지나치면, 오히려 미워하는 사람의 꽁무니에 매달리게 될 때도 있다.

339

우리는 자기를 사랑하는 마음에 비례하여 행복과 불행을 느낀다.

340

대부분 여자의 지혜와 재능은 이성(理性)보다는 광증을 더한층 자극하는 데 도움을 준다.

341

젊은이의 격정은 노인의 냉담만큼 영혼의 구제에 방해가 되지는 않는다.

342

태어난 고장의 사투리는 정신과 마음에 살아남아 있다.

343

위대한 인물이 되기 위해서는 주어진 운을 전부 사용해야 한다.

344

대부분의 사람들은 초목과 같이, 사람 눈에 좀처럼 띄지 않는 특성을 가지고 있다. 그리고 뜻하지 않을 때 밖으로 드러난다.

345

꼭 필요할 때에 한해서 우연히 자기의 사람됨이 알려지는 것이다. 다른 사람들에게도, 더욱이 자기 자신에게도.

346

여자의 정신과 마음에는 법칙 따위가 있을 리 없다. 반드시 체질이라는 것이 끼어들기 마련이다.

347

우리는 자기와 의견을 같이하는 사람만을 '양식있는 사람'이라고 생각한다.

348

사랑하면 가장 확실하게 믿고 있었던 것도 흔히 의심하게 된다.

349

사랑에서 최대의 기적이 일어난다면, 그것은 교태가 없어지는 일이다.

350

우리에게 나쁜 술책을 꾸미는 자들에게 몹시 화를 내는 것은, 그들이 우리보다 한수 위라고 생각하기 때문이다.

351

두 사람 모두 사랑하지 않게 되었을 때는 헤어짐이 오히려 어렵다.

352

지루함을 느껴서는 안 된다는 상대와 함께 있으면 도리어 권태감을 느끼게 마련이다.

353

신사도 때로는 광적인 사랑을 한다. 그러나 바보스러운 사랑은 하지 않는다.

354

인간의 결점 중에는 잘 이용한다면 미덕보다 더 빛을 낼 수 있는 것도 있다.

355

사람을 잃고 그것이 슬프다는 느낌보다 아까운 사람이 갔다고 여겨지는

경우가 있는가 하면, 슬프기는 하지만 별로 아깝다는 생각이 들지 않는 경우
도 있다.

356

우리가 마음속으로부터 누군가를 칭찬하는 것은 상대방이 우리를 인정해
줄 때에 한해서만 있을 수 있다.

357

도량이 작은 사람은 자질구레한 일에 무척 신경을 쓴다.

도량이 큰 사람은 모든 것을 속속들이 알고 있으면서도 그것에 마음 상하
지 않는다.

358

겸손은 그리스도교적 미덕의 확실한 증거이다. 이것이 없다면 우리들의
모든 결점은 그대로 남아 있고, 자존심이 거기에 베일을 씌워 타인의 눈에서
나 우리 자신의 눈에서 그것을 영원히 가리워 버리고 말 것이다.

359

부정(不貞)한 행위가 있으면 사랑의 불길을 꺼야 한다. 그러면 질투하려
해도 질투할 수가 없기 때문이다.

또한, 질투할 만한 값어치가 있는 사람이라면 질투심을 일으킬 만한 행위
는 아예 하지 않기 때문이다.

360

다른 사람들이 당한 커다란 배신 행위보다 우리가 당한 작은 배신 행위가
오히려 우리 사이에선 더 많은 악평을 받는다.

361

질투심은 반드시 사랑과 더불어 생겨난다. 그렇다고 사랑과 함께 사라지
지는 않는다.

362

애인을 잃었을 때, 대부분의 여자들은 단지 죽은 사람에 대한 사랑 때문에만 눈물을 흘리지는 않는다. 다른 남자에게서 더 많은 사랑을 받을 수 있는 가치 있는 여자임을 보여 주기 위해 눈물을 흘리기도 한다.

363

타인이 강요하는 난폭한 짓보다 자기가 자신에게 강요하는 무리한 짓이 더 고통스럽다.

364

사람들은 자기 아내에 관한 일은 그다지 입 밖에 내려 하지 않는다.

그러면서도, 자기 자신에 관한 일이라면 입을 더 굳게 다물고 있어야 할 터인데, 좀처럼 그렇게 되지 않는다.

365

태어날 때부터 지니고 있던 장점은 퇴화해서 단점이 되는 경우가 있고, 자라면서 몸에 붙은 장점은 완벽하지 않기도 하다. 그러므로 이성(理性)은 우리에게 자기의 선행이나 신뢰를 잘 알아서 쓸 수 있게 가르쳐 줘야 하며, 천성은 우리에게 선량함과 용기를 북돋아 줘야 한다.

366

상대방이 과연 솔직하게 말하고 있는가 아무리 의심해 본다 하더라도, 그것은 다른 사람에게가 아니라 나에게만은 설마 진실을 말하고 있겠지 하는 기대에 지나지 않는다.

367

아무리 정숙한 여자라도 자기의 습성에 피로를 느낄 때가 있다.

368

대부분 정숙한 여자는 숨겨져 있는 보물과 같다. 조용한 몸가짐을 할 수 있었던 것은 다른 사람들 눈에 띄지 않았기 때문이다.

369
사랑하는 마음을 억지로 참아야 한다는 것은, 사랑하는 사람의 냉담함을 대하는 것보다 더 쓰라린 일이다.

370
왜 이다지도 두려운 것인지, 자신이 품고 있는 공포심의 정체를 언제나 정확하게 파악하고 있는 겁쟁이는 거의 없을 것이다.

371
연애를 그만둘 것인가, 그것을 알지 못하는 것이야말로 연애하는 자들이 흔히 빠지기 쉬운 결점이다.

372
때를 벗지 못한 무뚝뚝함에도 불구하고, 대부분의 젊은이들은 그것을 '순수'라고 믿고 있다.

373
어떤 종류의 눈물은 타인을 속이고, 나아가서는 자기 자신까지도 속이고 만다.

374
만약, 사랑받고 있기 때문에 상대를 사랑하고 있는 것이라고 생각한다면, 그것은 터무니없는 착각이다.

375
막돼먹은 인간은, 자신의 역량이 미치지 못하는 높은 곳에 있는 것에 대해서는 무엇이든 헐뜯으려고만 한다.

376

질투는 참된 우정 앞에서, 교태는 참된 사랑 앞에서 고개를 들지 못한다.

377

통찰력의 최대의 결점은, 목적지에 도달하지 못하는 것이 아니라 그것을 넘어서는 데에 있다.

378

충고는 흔히 해준다. 그러나 어떻게 고쳐야 한다는 방법은 가르쳐 주지는 않는다.

379

우리의 가치가 떨어지면 취미도 떨어진다.

380

운명은 우리의 미덕과 악덕을 돋보이게 한다. 마치 햇빛이 사물을 환히 비춰 주듯이.

381

애인에게 정조를 지킨다 하더라도, 단순히 지키는 일에만 값어치가 있다고 생각한다면 그것은 부정(不貞)보다 그리 소중할 것도 없다.

382

우리의 행위는 제운시(題韻詩)*8와 같다. 저마다 자기 멋대로 적당히 맞춘 것이다.

383

자기에 관한 것을 말하고 싶어하고, 또 자기의 결점을 드러내보인다 해도 자기에게 유리한 각도에서 보아 주었으면 하는 마음, 이것이 흔히 말하는 상대방에 대한 솔직함의 거의 전부를 형성한다.

장차 놀라운 일이 일어날 것이라는 것에 놀라는 것 이외에는 별로 놀랄 것
도 없다.

사랑의 열정이 정점에 도달하면, 그것이 꺼졌을 때와 마찬가지로 좀처럼
만족하려 들지 않는다.

잘못을 저지르고도 괴로워하지 않는 사람은 계속 되풀이해서 과오를 범한
다.

어리석은 사람은 선량한 사람이 될 수 있는 바탕조차도 지니고 있지 않다.

허영심이 미덕을 완전히 쓰러뜨리지는 못하더라도, 어느 정도 흔들어 놓
을 수는 있다.

타인의 허영심을 참지 못하는 것은, 그것이 우리들의 허영심에 상처를 입
히기 때문이다.

취미보다는 이해 관계 쪽이 더 단념하기 쉽다.

운(運)의 혜택을 입지 못한 사람들만이 운은 맹목적인 것이라고 생각한
다.

운도 건강과 같이 관리를 잘해야 한다. 즉, 좋을 때는 즐기고, 나쁠 때는
참고, 위급할 때가 아니면 함부로 치료를 서둘러서는 안 된다.

속물(俗物) 근성이 군대에서는 때로 사라져 없어질 수도 있다. 그러나 궁
정에서는 결코 없어지지 않는다.

누군가 한 사람을 제쳐놓고 그보다 뛰어나다고는 할 수 있다. 그러나 다른
사람 전부를 제쳐놓고 자기 혼자만 잘났다고 하는 것은 불가능하다.

사랑하는 사람으로부터 사실을 듣게 되는 것보다 거짓말을 듣는 편이 더
행복할 때도 있다.

여자는 첫사랑의 남자를 언제까지나 붙들어 두려고 한다. 두 번째 남자가
생길 때까지는.

우리는 쉽게 자기에게는 아무런 결점도 없으며, 상대에게서 좋은 점을 발
견하기 어렵다고 말하지 못한다. 그러나 하나하나 좋고 나쁜 점을 비교해 보
면, 대체적으로 그런 생각을 가지고 있는 듯하다.

우리의 모든 약점 가운데, 가장 쉽게 납득할 수 있는 것은 태만이다. 태만
은 모든 조용한 미덕에 으레 붙어다니며, 미덕을 완전히 파괴하는 일은 없으
나 일시적으로 정지시키기도 한다.

신분이나 지위에 좌우되지 않는 '기품'이란 것이 있다. 이 인품이 우리를 돈보이게 하고, 우리에게 큰 일을 시키는 것처럼 보인다. 그것은 알지 못하는 사이에 우리 몸에 붙는 품위를 말한다. 우리가 다른 사람으로부터 존경을 받는 것도 실은 바로 이 특성의 덕이며, 우리를 다른 사람 위에 올라서게 하는 것도 실은 가문이나 자부심이나 또 재능보다는 대개 이 기품이다.

기품이 수반되지 않은 재능이 있다. 그러나 아무런 재능도 수반하지 않은 기품이란 없다.

인간의 재능에 기품이 수반되는 것은 미녀에게 보석이 따르는 것과 같다.

농담삼아 하는 정사(情事)에 가장 부족한 것은 바로 사랑이다.

운명은 간혹 우리의 결점을 이용해서 우리를 출세시키는 경우도 있다. 세상에는 흔히 귀찮은 존재들이 있다. 이런 사람들을 멀리 따돌릴 수가 없었다면, 재능을 충분히 발휘할 기회가 없었을지도 모를 일*⁹이다.

자연은 우리의 정신 깊숙이 우리도 모르는 재능이나 수완 같은 것을 숨겨 놓은 모양이다. 정열만이 그것들을 끄집어 낼 힘을 가지고 있다. 그리고 때로는 어떤 기술을 가지고서도 미치지 못하는, 확실하고 빈틈없는 사물을 보는 방법을 우리에게 가져다 준다.

우리는 인생의 어떤 연령에 이르러서도 신인(新人)이다. 그러므로 아무리

나이를 먹어도 그 나이에 있어서는 경험 부족이라는 말을 듣게 마련이다.

406

야망을 부리는 여자들은 자기가 애인에게 질투하고 있다는 것을 과시한다. 다른 여자들을 질투하고 있다는 본심을 숨기기 위해서.

407

우리의 계략에 쉽게 속아 넘어간 사람들은 우리의 눈에 매우 바보스러워 보인다. 그것은 타인의 계략에 우리가 속아 넘어갔을 때 자신이 바보스러워 보이는 것과는 다르다.

408

젊었을 때 아주 예뻤던 여자가 나이가 들어 저지르기 쉬운 실수란, 자신이 더 이상 아름답지 못하다는 것을 잊어버리는 것이다.

409

가장 아름다운 행위라 할지라도 그 동기가 무엇인지 세상 사람들이 다 알게 될 경우, 때로는 부끄러워 고개를 못 드는 경우도 있다.

410

벗에 대한 큰 우정의 표시는, 벗에게 우리의 결점을 보이는 것이 아니라 그에게 그 자신의 결점을 깨우쳐 주는 것이다.

411

어떤 결점이든, 그것을 감추려고 애쓰는 수단에 비한다면 죄가 가벼운 편이다.

412

어떤 오명(汚名)을 뒤집어쓰게 되었더라도 마음만 먹으면 언제라도 자신의 평판을 되살릴 수 있다.

413

재치라 하는 것도 한 종류만 가지고서는 오래 인기를 끌 수 없다.

414

미친 사람과 바보는 자신의 기질을 통해서밖에 세상을 바라보지 못한다.

415

재치는 때로 엉뚱한 짓을 대담하게 해치우도록 한다.

416

늙어 가며 더욱더 정력이 왕성해진다는 것은 광증(狂症)의 발작이 멀지 않았음을 말하는 것이다.

417

사랑에 있어서 제일 먼저 상처가 아문 사람이 제일 잘 아문 사람이다.

418

젊은 여자가 바람둥이라는 소리를 안 들으려면, 또 노인이 웃음거리가 되지 않으려면, 사랑에 관한 이야기를 자기와 관련시켜 말하지 말아야 한다.

419

우리는 능력 이하의 일을 하면서도 남에게 훌륭하다는 말을 듣기도 한다. 그러나 능력 이상의 일을 하고 있으면서도 종종 남들이 시시하게 생각하는 경우도 있다.

420

불행 속에서도 태연한 태도를 간직하고 있다는 것은, 실은 기력 상실에 지나지 않는 경우도 있다. 즉 불행과 맞서 싸우기보다 시키는 대로 그 상태에 주저앉아 버리는 것이다. 마치 겁쟁이가 저항하는 것이 무서워서 그 자리에 앉아 죽음을 당하고 마는 것처럼.

421

신뢰는 재치보다도 대화를 기름지게 한다.

422

모든 정열이 우리로 하여금 과오를 저지르게 하지만, 그중에서도 특히 사랑의 열정은 가장 우스꽝스러운 과오를 저지르게 한다.

423

늙었다는 것을 인식하고 있는 사람은 별로 없다.

424

우리는 자기가 가지고 있는 결점과 정반대의 모습을 내보인다. 마음이 약하면 강인하다고 자랑삼는 것이다.

425

통찰력에는 어딘가 예언 같은 것이 있다. 이 점이 다른 어떤 두뇌의 움직임보다 우리들의 허영심을 더 부채질한다.

426

새로운 것의 매력과 오랜 습성은 정반대로 보이지만, 그 어느 쪽도 친구의 결점을 잘 보지 못한다는 점에서는 같다.

427

친구들은 대부분 우정을 시시하게 만들어 버리고, 믿음이 독실한 신자는 대부분 신앙심을 시시한 것으로 만든다.

428

우리는 자기에게 큰 지장을 주지 않는 한, 친구의 결점을 쉽게 용서한다.

429

사랑에 빠진 여자는 작은 부정 행위보다는 커다란 무례함을 더 쉽게 용서한다.

430

사랑도 노경(老境)에 들어서면 인생과 같다고 할 수 있다. 사람은 고생하기 위해 살아간다. 결코 기쁨을 위해서가 아니다.

431

있는 그대로의 모습을 보여 주겠다는 마음이, 자연 그대로의 모습을 보여주지 못하게 한다.

432

훌륭한 행위를 진심으로 찬양함으로써, 자기도 그 행위에 참가하게 된다.

433

태어날 때부터 다른 사람을 선망하지 않는 것은, 천성적으로 좋은 기질이라는 가장 확실한 증거이다.

434

벗에게서 배신을 당했다면, 앞으로 그들이 보이는 우정에는 냉담해도 무방하다. 그러나 그들의 불행에만은 언제나 따뜻한 마음을 보여 줘야 한다.

435

하늘의 뜻과 사람의 변덕이 세상을 지배한다.

436

한 사람의 인간을 아는 것보다 인간 전체를 아는 것이 훨씬 쉽다.

소질이 뛰어난 것만 가지고 사람의 가치를 판단한다는 것은 경솔하다. 그
것을 어떻게 쓰느냐 하는 것이 문제이다.

열렬히 은혜에 보답하는 방법이 있다. 우리가 받은 은혜만큼 갚는 것이 아
니라, 어떤 강한 보답으로써 이번에는 상대방이 우리에게서 은혜를 입고 있
다고 느끼게까지 하는 것이다.

우리가 간절히 원하고 있는 것의 정체를 다 알고 나면, 무슨 짓을 해서라
도 손에 넣어 보겠다는 생각은 아예 없어질 것이다.

대부분의 여자들이 우정에 냉담(冷淡)한 것은 무엇 때문일까.
한 번 사랑의 맛을 알고 나면 우정 따위는 정말 덧없는 것이다.

우정은 연애와 마찬가지로, 알고 있는 것보다 모르고 있는 편이 마음 편하
다.

우리는 자신이 고치고 싶지 않은 결점을, 온갖 구실을 붙여 뽐내려 든다.

아무리 격한 열정이라 해도 때로는 쉬는 시간을 갖는다. 그러나 허영심만
은 그칠 사이 없이 마음을 뒤흔들어 놓는다.

늙은 광인(狂人)은 젊은 광인보다 미친 정도가 더 심하다.

445

무기력은 악덕 이상으로 미덕과 상반(相反)되는 것이다.

446

치욕과 질투의 고통이 이토록 쓰라린 것은, 허영심도 이것을 견디어 낼 힘이 없기 때문이다.

447

예의범절은 모든 법 가운데에서 가장 약하지만, 가장 잘 지켜지고 있다.

448

올바른 사람은 비뚤어진 우리를 이끌어가는 것보다 차라리 이것에 복종하는 편이 더 괴롭지 않다.

449

노력에 의해 한 걸음 한 걸음 올라간 것도 아니고, 자기 쪽에서 크게 희망하여 올라간 것도 아닌데, 뜻밖에 운(運)이 우리에게 상상할 수도 없는 큰 지위를 내려 주면, 대개의 경우 그 자리를 굳히고 그 지위를 유지하는 데에 충분한 품위를 갖춘 듯이 보이게 하는 건 거의 불가능하다.

450

자신의 결점을 하나 하나 극복해 나가다 보면, 이번에는 자만심이 고개를 들고 나온다.

451

재치있는 바보같이 곤란한 바보는 없다.

452

자기 장점을 하나 하나 열거하다 보면, 자기가 가장 존경하는 상류인사조차도 자기보다 못하다고 생각하게 된다.

크나큰 곤란에 부딪혔을 때는 기회를 만들어 내려 하지 말고, 눈앞에 있는 기회를 살리는 쪽에 온갖 힘을 기울여야 할 것이다.

상대가 우리의 험담을 하지 않는다는 조건으로, 우리도 칭찬받는 것을 단념한다는 식의 거래는 좀처럼 있을 수 없다.

정말 세상의 판단이란 터무니없을 정도로 엉터리인 경우가 많다. 그것은 진짜 물건을 인정하지 않는다는 것이 아니라, 가짜 물건에 값비싼 대가를 치르고 있기 때문이다.

재치를 가지고 있으면서도 바보가 되어 버리는 일이 종종 있다. 그러나 판단력을 지니고 있으면서 바보가 되는 일은 절대로 없다.

남들에게 자기 이상의 것을 내보이려 하는 것보다는, 있는 그대로의 모습을 보이는 편이 자기에게 훨씬 도움이 된다.

우리의 적은 우리 자신보다 훨씬 더 정확하게 우리를 판단한다.

사랑의 병을 고치는 약은 많이 있다. 그러나 약효가 확실한 것은 하나도 없다.

정열은 도대체 우리가 어떤 일까지 해야 직성이 풀릴 것인가! 도무지 우리로서는 알 수 없다.

461

노년은 머지않아 죽을 것이라는 형벌로 위협하며 청춘의 온갖 기쁨을 금지하는 폭군이다.

462

내가 어찌 그런 결점을 가지고 있으랴, 하는 생각으로 다른 사람의 결점을 비난하는 그 교만이, 한편으로는 자기가 가지고 있지 않는 다른 사람의 장점을 무시해 버리게 만든다.

463

적의 불행에 대해 동정을 표시하는 마음속에는 흔히 선의(善意)보다 거만(倨慢)이 더 강하게 작용한다. 우리가 동정하는 것은 우리 편이 더 유리한 입장에 서 있다는 것을 보여주기 위해서이다.

464

이 세상에는 우리의 감수성으로는 도저히 미치지 못하는 그런 극도의 행복과 불행도 있다.

465

무고죄(誣告罪)는 절대로 유죄만큼의 보호를 받고 있지 못하다.

466

온갖 종류의 격한 정열 가운데서 여자에게 가장 잘 어울리는 것은 곧 사랑이다.

467

허영심은 이성(理性) 이상으로 우리들이 좋아하는 것에 탐닉하도록 만든다.

468

비뚤어진 악의(惡意)가 때로는 위대한 재능을 만들어 내는 경우도 있다.

469

이성적으로만 바라는 것은 결코 열렬하게 원하고 있는 것이 아니다.

470

우리가 마음속에 지니고 있는 것은 좋든 나쁘든 확실치 않아 믿을 수가 없다. 거의 다 그때 그때 경우에 따라 움직이므로 어느 쪽으로 기울지 알 수 없다.

471

첫사랑의 경우 여자는 연인을 사랑한다. 두 번째부터는 연애를 사랑한다.

472

자존심에는 다른 정념과 같이 묘한 점이 있다. 사람은 자기가 지금 질투하고 있다고 고백하는 것을 창피하게 여긴다. 그러면서도 과거에 질투한 일 또 앞으로 있을 질투는 거리낌없이 떠벌린다.

473

참된 사랑이 아무리 드물다 해도 참된 우정에 비하면 그렇게 드문 것도 아니다.

474

자기의 가치를 용모의 아름다움보다 더 오래도록 지탱해 나가는 여자란 거의 없다.

475

동정받고 싶은 생각, 칭찬받고 싶은 생각이, 우리가 솔직히 털어놓는 이야기의 대부분을 이룬다.

우리의 부러움은 우리가 선망하고 있는 사람의 행복보다 언제나 더 오래 계속된다.

사랑은 억누를수록 더 격화되고 오래 지속된다. 언제나 정열에 갈팡질팡 흔들리는 약한 사람은, 진정한 정열에 충만되는 법이 거의 없다.

꾸미려 해도 도저히 꾸밀 수 없는 여러 종류의 모순들이, 저마다 마음속에 태어날 때부터 도사리고 있다.

강한 자만이 진짜 부드러움을 가질 수 있다. 부드러워 보이는 자의 부드러움은 보통 무력함에 불과하다. 그것은 사소한 일에 의해 쉽게 원한으로 바뀌기도 한다.

수줍음은 손대기 어려운 결점이다. 이것을 고치려고 야단을 치는 것은 매우 위험한 일이다.

진정한 친절은 정말 보기 드물다. 사람들은 단지 상대방의 기분을 맞추기 위해서가 아니면, 마음이 약하기 때문에 친절을 베푼다.

정신은 게으름과 타성에 의해 편하고 즐거운 것에만 집착한다. 이 경향이 언제나 우리의 지식에 한계를 긋고 있다. 아직껏 자기 정신을 가능한 한 멀리까지 펼치고 뻗어나갈 노력을 한 사람은 찾아볼 수 없다.

483

흔히 악의(惡意)에서보다는 허영심 때문에 험담을 한다.

484

하나의 정열의 여파로 마음이 흔들리고 있을 때는, 완전히 제정신을 되찾았을 때보다도 오히려 다음의 새로운 정열의 포로가 되기 쉽다.

485

일찍이 격렬한 정열을 체험하고 거기서 깨어난 사람은 행복하고도 불행하고도 불행한 사람이다.

486

세상에는 남을 시기하지 않는 사람보다 물욕(物慾)이 없는 사람이 훨씬 더 많다.

487

육체보다 정신에 더 많은 나태함이 깃들어 있다.

488

우리는 삶의 중대사보다, 일상생활의 자질구레한 일들에 의해서, 더욱 기분이 평온해지기도 하고 들뜨기도 한다.

489

인간이 아무리 고약한 존재라 해도 감히 미덕의 적이라고 자처하지는 못할 것이다. 그래서 미덕을 박해하고 싶으면, 그 미덕은 가짜라고 믿는 척하든가 그것에 죄를 뒤집어씌우든가 한다.

490

사람은 때로 사랑을 버리고 야심 쪽으로 달려간다. 야심을 버리고 사랑 쪽으로 되돌아오는 일은 거의 없다.

491

극도의 인색함은 거의 언제나 착오를 일으킨다. 이처럼 자주 목적에서 벗어나는 정념은 없을 것이다. 또한 이처럼 미래를 잘못 바라보고, 현재에 끌려다니는 정념도 드물 것이다.

492

탐욕은 때때로 뜻하지 않은 결과를 가져온다. 수많은 사람들이 시시하고 당치도 않은 기대를 걸고 자기 재산의 전부를 날려 버린다. 또 어떤 자는 눈앞의 작은 이해 관계에 눈이 어두워져 장래의 막대한 이익을 팽개치고 만다.

493

아직도 인간들에게는 결점이 모자라서 야단인 모양이다. 그들은 있지도 않는 묘한 성벽(性癖)을 있는 것처럼 보이며, 계속 결점의 수를 늘려 가고만 있으니 말이다.

그리고 그것들을 너무나 공들여 가꾸기 때문에 나중에는 그것들이 천성적인 결점으로 변해 버려서 고치려 해도 자기 힘으로는 어떻게 손을 쓸 수 없게 되고 만다.

494

사람들은 자기 잘못을 비교적 잘 알고 있다고 생각한다. 그 까닭은 그들이 자기 행실에 관해 이야기할 때면 절대로 잘못된 말은 입 밖에 내지 않기 때문이다. 즉 보통 때는 그들의 눈을 가리고 있는 자기애라는 것이 이런 경우가 되면 그들에게 눈을 크게 뜨게 하고 올바르게 바라볼 수 있는 능력을 주어, 비난받을 만한 일은 어떤 사소한 것이라도 아예 빼 버리든가 적당히 속이고 있으니 말이다.

495

사교계에 발을 들여놓는 젊은이들은 수줍어하든가 얼떨떨해하든가 그 어느 한쪽이다. 능력있고 제대로 갖추어진 자신있는 풍모의 소유자란, 그런 사회에서는 격에 맞지 않기 때문이다.

496

한쪽에만 잘못이 있다면 싸움은 그리 오래가지 않는다.

497

젊어도 아름답지 못하면 아무 쓸모가 없다. 아름다워도 젊지 않다면 아무 소용없듯이.

498

세상 사람들 중에는 너무나 경솔하고 천박해서, 자신있게 내놓을 만한 장점도, 이렇다 할 결점도 가지지 못한 자들이 있다.

499

여자가 두 번째 정사(情事)를 시작하면 첫 번째 것은 계산에 넣지 않는다.

500

사랑하고 있으면서도 사랑하는 상대방을 내팽개치고 오로지 자기의 정열에만 몰두하는, 그 정도로 자기 일로 머릿속이 가득 찬 사람들도 있다.

501

물론 사랑이란 즐거운 것임에 틀림없다. 그러나 사랑 자체보다 사랑에 따라오는 여러 가지 언어나 행동이 더 재미있는 것이다.

502

머리는 좋지만 마음이 비뚤어져 있는 사람보다 머리는 나빠도 마음가짐이 바른 사람을 사귀는 편이 덜 권태롭다.

503

질투는 모든 고통 가운데에서도 가장 견디기 어려운 감정이다. 그리고 그것을 안겨준 장본인에 대해서는 티끌만큼도 연민의 정을 일으키게 하지 않는다.

이렇게 겉으로만 근사하게 보이는 미덕에 대해서 언급을 해온 이상, 여기서는 죽음을 아무렇지도 않게 생각하는 거짓된 태도에 대해서도 무언가 몇 마디 해두는 것이 좋을 성싶다.

내가 다루고 싶은 문제는, 이교도들이 좀더 나은 내세(來世)의 희망도 가지고 있지 않으면서 자기 힘만으로 죽음과의 대결에서 태연자약할 수 있다고 자랑하는, 그런 죽음에 대한 멸시 내지는 무시에 대해서이다. 태연하게 죽음을 받아들이는 것과 죽음을 무시하는 것과는 큰 차이가 있다. 전자는 흔히 있을 수 있는 일이지만, 후자는 절대로 진실이 아니라고 나는 생각한다.

지금까지 많은 사람들이 죽음은 절대로 불행한 일이 아님을 납득시키는 글들을 써 왔다. 영웅들은 물론 무기력한 사람들에게까지 이 설을 입증할 만한 많은 표본들이 나와 있다. 그러나 나는 과연 양식 있는 사람들이 이것을 믿었을까 하는 의심을 품고 있다. 또한 타인은 물론 자기 자신까지도 그것을 납득시키려면 꽤 많은 어려움이 따른다는 점으로 보아서도 그 일은 그리 쉬운 일이 아니다.

인간의 삶에는 여러 가지로 혐오하지 않을 수 없는 원인이 있다. 그렇다고 해서 그것이 죽음을 경시하는 이유는 결코 될 수 없다. 스스로 뛰어들어 죽음을 선택한 사람이라 할지라도 죽음을 그렇게 가볍고 단순하게 생각하는 것은 아니다. 그들이라 할지라도 죽음이 자기 스스로가 선택한 것과 다른 방향에서 왔다고 한다면, 다른 사람들처럼 놀라기도 하고 기절도 한다.

온갖 위인들의 용기가 질적으로 같을 수 없다는 것도, 죽음이 그들의 상상에 저마다 다르게 나타나기 때문이다. 즉 어떤 때에는 평소보다도 더 죽음이 무섭고 가깝게 그 모습을 드러내보이기 때문이다. 용감한 사람들이라 해도 죽음이 어떤 것인지를 모르고 있을 때는 죽음을 무시할 수도 있겠지만, 그 정체를 알게 되면 역시 죽음이란 무서워하지 않을 수 없는 것이다.

죽음을 모든 불행 가운데서 최악의 것으로 생각하고 싶지 않다면, 죽음과 그것에 따르는 상황을 직시하는 것을 피해야 한다. 가장 능숙하고 가장 용감한 사람이란 그럴듯한 구실을 붙여서 직접 죽음과 직시하지 않는 사람들을 말한다.

있는 그대로의 죽음을 보는 사람은 죽음을 무서운 것이라고 생각한다. 죽음의 필연성에 대한 인식이 철학자들로 하여금 냉담함을 갖게 하는 것이다. 그들은 가야만 하는 곳이라면, 서슴지 않고 가야 한다고 생각했다. 그리고 자신의 생명을 영원한 것으로 만들 수 없다면 적어도 자신의 명성이나마 영원한 것으로 만들어 보려고 노력했다. 결국 난파하고야 말 운명을 가진 둘 중에 단 하나만이라도 구출해 보려는 생각에서 온갖 힘을 기울였던 것이다.

우리가 태연하게 죽음을 맞이하기 위해서는 죽음에 대해 생각하고 있는 것을 삼가는 것이 좋겠다. 그리고 우리를 태연하게 죽음으로 인도하기 위해서 만들어 붙이는 여러 가지 쓸데없는 약한 이유 따위보다는 차라리 우리의 체질 쪽에 기대를 거는 것이 좋겠다. 태연하게 죽어간다는 영광, 아쉬움을 남긴다는 기대, 빛나는 명성을 남기고 싶다는 욕망, 삶의 비참함에서 해방되어 더 이상 운명의 장난에 희롱되지 않아도 된다는 확신, 이 모든 것은 결코 하찮게 여겨서는 안 되는 약들이다.

그러나 동시에 이것들을 만병통치약이라고 생각해서는 안 된다. 이것들이 우리의 안전을 확보해 주는가 하는 것은 마치 전투에서 총화(銃火)를 무릅쓰고 적진에 뛰어드는 사람에 대해서 하찮은 울타리가 하는 역할과 같다. 멀리서 보면 이 사람의 생명을 보호해 주는 것같이 보인다. 그러나 가까이 가 보면 그것은 엉성하기 짝이 없는 보호물에 불과하다. 죽음이 가까이 다가와도 그것이 멀리서 생각하고 있었던 죽음과 똑같다고 생각하는 것은 잘못이다.

나약한 우리의 감정이 모든 시련 가운데서 가장 잔인한 타격을 받고서도 고통을 느끼지 않을 정도로 강인하다고 생각한다면 그것은 자만심 탓이다. 또 죽음에 의해 당연히 파괴되고 마는 운명 앞에서 자기애라는 것도 힘이 없으며, 어떤 도움을 기대한다면 그것은 자기애의 힘을 지나치게 과장해서 생각하는 것뿐이다. 또 이성(理性)도 언뜻 보면 어떤 힘이 되어 줄 것 같지만 우리가 믿지 않는 것을 이성에게 납득시킬 수는 없는 것이다.

오히려 우리를 가장 많이 속이는 것이 바로 이것이다. 이성은 죽음이 별로 대단한 것이 아니라는 마음을 불어넣어 주기는커녕 죽음의 추악하고 끔찍스러운 면을 드러내 보여 준다. 이성이 우리에게 해주는 것이 있다면 그것은 죽음에서 눈을 돌리고 여러 가지 다른 것에 관심을 가지는 편이 좋을 것이라는 충고 정도가 고작일 것이다. 카토*[10]와 브루투스*[11]가 무엇에 눈길을 돌렸었느냐는 것은 유명한 이야기이지만, 어떤 하인은 얼마 전에 수레로 찍혀 죽는 형벌을 당하게 되었을 때 처형대 위에서 춤을 추는 것으로 만족했다. 이와같이 저마다 동기는 달라도 같은 결과를 가져온다.

따라서 위대한 인물과 평범한 사람들 사이에는 그 어떤 차이가 있다 할지라도 모두 같은 얼굴 표정으로 죽음을 맞이하는 것을 세상 사람들은 여러 번 보게 되는 것이다. 다만 둘 사이에는 항상 다음과 같은 차이가 있다. 위대한 인물이 죽음을 경멸하는 것은 명예욕 탓이다. 한편 평범한 사람들이 죽음의 불행이 얼마나 큰지를 모르고 다른 일로 생각을 돌리는 것은 단지 지혜의 빈곤함 때문이다.

저자의 사후에 간행된 잠언*[12](505~562)

505

신이 자연계에 여러 종류의 나무들을 심어 놓은 것처럼 인간에게도 저마다 여러 가지의 다른 재능을 주었다. 따라서 개개인의 재능에는 여러 종류의 수목들과 같이 고유의 특성과 작용이 있다. 가장 질이 좋은 배나무라도 가장 흔한 사과나무의 열매를 맺을 수는 없고, 가장 뛰어난 재능이라도 가장 평범한 재능과 똑같은 작용을 할 수는 없다. 그러므로 자기의 적성에 전혀 맞지 않는데도 잠언을 만들어 보려고 하는 것은 뿌리를 심지도 않고 화단에 튤립이 피기를 바라는 것처럼 우스꽝스러운 일이다.

506

허영의 종류를 다 센다는 것은 불가능에 가깝다.

507

누구에게나 '똥 묻은 개가 겨 묻은 개를 나무란다'는 일면이 있다.

508

고귀한 신분을 자랑삼는 사람도 그 고귀함이 어디서부터 오는 것인지 그 원인만은 아무에게나 자랑삼아 말하지 않는다.

509

신은 인간의 원죄를 벌하기 위해 인간이 자기애에 입각해서 자기를 신으로 만드는 것을 허락했다. 그럼으로써 인간은 생애의 모든 행위에 있어서 그것 때문에 고통을 받게 된 것이다.

510

이해 관계야말로 자기애의 영혼이다. 영혼을 박탈당한 육체에는 시각·청각·의식·감정·운동이 없는 것과 같이, 이해 관계에서 이탈된 자기애에는 보고 듣고 느끼고 움직이는 힘이 없다. 즉, 자기의 이해 관계를 위해서 육지와 바다를 가리지 않고 뛰어다닌 사람이 타인의 이해 관계를 위해서는 갑자기 중풍 환자가 되기도 한다.

우리가 자신에 관한 이야기를 끄집어 낼 때 상대방이 갑자기 졸거나 아무런 반응도 보이지 않는 것은 바로 이것 때문이다. 그러나 우리의 이야기 속에 무언가 그들과 관계 있는 것이 들어가 있으면 갑자기 눈에 생기가 도는 것도 바로 이것 때문이다. 이와같이 우리는 대화를 주고받고 있을 때나 계약을 체결하는 단계에 들어가서도, 같은 시간에 같은 인물이 이해 관계에 얽힌 자기 자신에 가까이 가느냐, 아니면 멀리 떨어지느냐에 따라 의식을 잃거나 정신을 되찾는 것을 보게 된다.

511

우리는 모든 것이 사라져 없어지는 것을 두려워하면서도 자기 자신만은 마치 불사신인 양 생각하고 무엇이든 소유하려고 한다.

512

여러 가지 미덕 주위에 일부러 게으름이라는 것을 배치해 놓은 것은 아마도 악마의 수작인 듯싶다.

513

다른 사람에게는 결점이 많다는 것을 우리가 쉽게 믿는 것은, '그래 주었으면' 하는 생각에서 비롯된다.

514

질투심을 없애려면, 두려워하던 것이 확실한 것으로 되는 일, 바로 그것이다. 왜냐하면 그 확실성으로써 질투의 생명이 끝나든가 사랑이 끝나든가 하기 때문이다.

그것은 쓴 약이지만 그래도 의심이나 억측에 비하면 훨씬 달다.

515

기대와 불안은 서로 뗄 수가 없다. 기대 없는 불안은 있을 수 없고 불안 없는 기대도 있을 수 없다.

516

타인이 우리에게 진실을 숨겼다고 해서 화를 내서는 안 된다. 우리도 때때로 자기 자신에게 진실을 숨기고 있으니까.

517

미덕이 허위임을 증명하는 잠언에 좀처럼 정확한 판단을 내리기 어렵다. 그것이 우리의 진실을 말하고 있는 것이 너무나 명백하기 때문이다.

518

군주에게 바치는 헌신이라는 것은 제2의 자기애이다.

519

선(善)의 끝은 악이요, 악의 끝은 선이다.

520

철학하는 사람이 부(富)를 비난하는 것은 사람들이 부를 악용하기 때문이다. 우리의 마음가짐에 따라서는 죄를 짓지 않고서도 부를 획득할 수 있고 사용할 수도 있다. 장작의 불을 꺼뜨리지 않고 계속 피우듯이, 부로 인해 죄에 빠지는 일 없이 부를 모든 미덕에 바침으로써 더 기분좋게 빛나도록 할 수도 있는 것이다.

521

이웃의 몰락은 적들에게도 그 친구에게도 고소한 일이다.

522

이 세상에서 가장 복된 사람은 아주 작은 것으로 만족하는 사람이다. 위대한 인물이나 야심가는 이런 점에서 매우 비참하기 짝이 없다. 그들을 행복하게 하려면 무한정의 재물이 필요하니까.

523

인간이 지금 있는 그대로의 존재로 만들어진 것이 아니라는 확실한 증거로는, 인간이 이성적이 되면 될수록 자기 감정이나 성격의 비정상, 비열함과 부패에 얼굴을 붉히지 않고서는 못 배기는 것으로도 충분히 알 수 있다.

524

인간의 마음속을 고발하는 잠언에 많은 물의가 일어나는 것은, 자기의 마음이 고발당하는 것을 두려워하기 때문이다.

525

사랑하는 사람이 우리에게 행사하는 권력은, 대개의 경우 우리가 자기 자신에 대해서 가지고 있는 권력보다 더 크다.

526

사람들은 타인의 결점을 쉽게 비난한다. 그러나 자기의 결점을 고치는 일은 좀처럼 하지 않는다.

527

인간은 비참한 존재이다. 어떻게 해서라도 자기의 정열을 만족시키려고 갖은 애를 쓰면서도 항상 정열의 횡포에 상처투성이가 되고 있다. 인간은 정열의 횡포에도 견디지 못하고, 정열의 속박으로부터 탈피하기 위해 애쓰는 일에도 견디어 내지 못한다. 정열도 싫고, 그것을 고치는 약도 싫어한다. 병의 고통도 참을 수 없고, 그것을 치료하는 노력도 견디지 못한다.

528
우리에게 찾아드는 행복과 불행은 그 자체의 크기보다는 우리의 감수성에 따라서 마음에 느껴진다.

529
간사한 꾀는 보기에 딱한 수완에 불과하다.

530
사람이 아낌없이 찬사를 던진다는 것은 반드시 그것을 이용하기 위해서이다.

531
여러 종류의 정열은 자기애의 여러 가지 기호에 지나지 않는다.

532
심한 권태는 우리를 권태로부터 구출해 주는 데 도움이 된다.

533
사람들이 세상 일의 대부분을 추어올렸다 깎아내렸다 하는 것은 그것이 바로 유행이기 때문이다.

534
많은 사람들은 신앙가가 되고 싶어한다. 그러나 어느 한 사람도 겸손해지기를 바라는 사람은 없다.

535
육체의 노고는 정신의 고통을 해방시켜 준다. 이것이 가난한 사람을 행복하게 해준다.

536

참된 고행(苦行)은 세상에 알려지지 않는 법이다. 사람 눈에 띈다면 허영심이 고통을 덜어 주게 되니 그리 어려울 것이 못 된다.

537

겸손이란, 신이 이것 위에 제물을 바치게끔 인간에게 바라는 제단을 말한다.

538

현명한 사람은 작은 것에도 행복해질 수 있다. 그러나 우둔한 자는 무엇이 있어도 만족하지 않는다. 이것이 많은 사람들이 비참하게 사는 원인이다.

539

우리는 행복해지기 위해서보다 행복하다는 것을 주위 사람들에게 알리고 그렇게 믿어 달라고 하는 일에 더 신경을 쓴다.

540

욕망이란 끝이 없으며, 하나를 만족시키면 다른 하나가 차례차례로 끊임없이 일어난다. 욕심을 끊지 못한다면, 차라리 최초의 욕망을 지워 버리는 쪽이 훨씬 마음편하다.

541

영혼에 지혜가 깃들어 있다는 것은 몸이 건강한 것과 같다.

542

지상의 권력자들은 우리에게 육체의 건강이나 정신의 안정을 주는 것이 아니다. 그러니까 그들이 만들어 내는 유용한 것이란 무엇이든 돈을 주고 사면 손해보기 일쑤이다.

543

어떤 물건을 소유하길 간절히 원하기 전에 그것을 소유하고 있는 사람의 행복에 대해서 잘 생각해 보아야 한다.

544

참된 벗은 모든 보물 가운데서 가장 귀중한 것이지만, 사람에게 갖고 싶다는 욕망을 가장 크게 일으키지는 않는다.

545

연애를 하는 남자들이 사랑의 환희를 잃기 전까지는 상대방의 결점이 보이지 않는다.

546

지혜와 사랑은 양립하지 않는다. 사랑하는 마음이 커지면 지혜는 더욱더 줄어들기 마련이다.

547

질투심이 강한 마누라를 둔 남자는 때로 그것이 유쾌하기도 하다. 자기가 사랑하는 여자에 관한 일을 늘 들려주기 때문이다.

548

여자가 연애와 덕(德) 양쪽을 다 가지고 있다면 그 얼마나 불쌍한 일인가!

549

현명한 사람은 상대와 싸워 이기는 것보다 아예 관계를 맺지 않는 것을 좋은 생활 태도로 삼는다.

550

책을 배우는 것보다 사람을 배우는 것이 더 중요하다.

551

행복이든 불행이든 대개의 경우 그 어느 한쪽을 많이 가지고 있는 사람에게 가 버린다.

552

정숙한 여자란 숨겨진 보물이다. 그런 여인을 발견해 낸 사람은 자랑삼아 입 밖에 내지 않는 편이 좋다.

553

사랑을 열렬히 하고 있으면, 상대방의 사랑이 식어도 좀처럼 눈치채지 못한다.

554

사람이 자신을 책망하는 것은 칭찬받고 싶은 마음에서 하는 짓이다.

555

저편에서 우리에 대하여 지루함을 느끼고 있으면, 우리들도 저쪽에 대하여 권태감을 느낀다.

556

입을 다물고 있는 것이 창피하다고 느낄 때처럼, 멋지게 이야기한다는 것이 어렵게 느껴질 때는 없다.

557

사랑받고 있다고 생각하는 것만큼 당연하면서도 믿을 수 없는 일은 없다.

558

우리는 우리가 신세를 지고 있는 사람들보다 우리가 보살펴 주고 있는 사람들을 만나는 것을 더 좋아한다.

559

있지도 않은 감정을 있는 것같이 꾸며 보이는 것보다, 있는 감정을 없는 것처럼 숨기는 쪽이 더 어렵다.

560

다시 맺어진 우정은 갈라져 본 일이 없는 우정보다도 어딘지 모르게 손이 많이 간다.

561

그 누구도 마음에 들지 않는다는 사람은, 그 누구의 마음에도 들지 않는 사람보다 훨씬 더 불행하다.

562

늙음, 그것은 여자의 지옥이다.

삭제된 잠언*13(563~650)

563

자기애(自己愛)라는 것은 자신을 향한 사랑이며, 모든 것을 자기를 위해서만 사랑하는 마음이다. 자기애는 자기를 마치 우상 숭배하듯 지나치게 사랑하고, 기회만 주어진다면 자기를 타인의 폭군으로 만들어 버리는 것도 사양하지 않는다.

자기애는 자신으로부터 떠나면 한시라도 마음이 놓이지 않는다. 다른 것에 마음을 두었다 해도 그것은 마치 꽃에 앉는 꿀벌과 같이 자기에게 필요한 것을 얻기 위해서뿐이다. 자기애의 욕망만큼 격렬한 것은 없고, 이것의 의도만큼 은밀한 것은 없으며, 이것의 행동만큼 교묘한 것은 없다. 그 탈바꿈의 유연성은 따로 예를 찾아 볼 수 없으며, 그 변신(變身)의 자유자재함은 곤충의 탈바꿈보다도 뛰어나고, 그 세련된 기교는 화학작용의 불가사의를 능가한다.

자기애의 밑바닥 깊이를 잰다는 것도, 그 심연의 어둠을 꿰뚫어본다는 것도, 사람의 힘으로는 도저히 불가능하다. 자기애는 그 어둠 속의 가장 날카로운 눈에도 보이지 않게끔 숨어서 누구의 눈에 띄는 일도 없이 종횡무진으로 돌아다니고 있다. 그런 장소에서 자기애는 자기 자신도 모르는 가운데 수많은 사랑과 미움을 잉태하고 낳고 기른다. 이리하여 너무나 거대하게 키워 놓았기 때문에 막상 햇빛을 보게 되는 날에는 자기애도 그것을 자기 자식이라고는 여길 수 없을 정도로, 아니면 차마 자식이라고는 고백할 수 없을 정도가 된다.

자기애를 감싸고 있는 이 암흑에서 자기애의 우스꽝스러운 자기 확신이 생겨난다. 거기서 자기에 대한 착각과 무지와 비열과 어리석음이 생겨난다. 또한 자기애는 감각이 잠시 잠을 자고 있으면 완전히 죽어 버린 것으로 생각하고, 좀 쉬고 있으면 이제는 더 이상 돌아갈 필요가 없어진다고 판단하며, 완전히 인연이 끊어졌다고 확신한다. 그러나 자기가 자기 자신을 볼 수 없을 정도로 지독한 이 암흑이 자기애로부터 자기 밖에 있는 세계를 완전히 차단시키지는 않는다. 그것은 마치 우리들의 눈과 비슷하다. 무엇이든 다 보이는데 유독 자기 자신만 보이지 않는 것이다.

사실 큰 이해 관계나 중대한 일이 얽히게 되면, 욕망의 격렬함이 자기애의 온 신경을 곤두세우게 한다. 이렇게 되면 자기애는 무엇이든 보고, 느끼고, 듣고, 상상하고, 억측하고, 꿰뚫어보고, 파악한다. 그래서 흔히 사람들은 자기의 정열에는 무엇인가 특별한 마력이 있는 것이 아닌가 하고 느끼게 된다. 자기애의 집착만큼 뿌리가 깊고 집요한 것은 없다. 지독한 불행을 눈앞에 보고 위협을 해본들 끊어 버리지는 못한다. 그런가 하면 또 몇 년 동안이나 열심히 해보아도 할 수 없었던 일을 자기애가 순식간에 힘 안 들이고 해치우는 수도 있다.

따라서 대체적으로 다음과 같이 결론을 내릴 수 있다. 즉 자기애의 욕망에 불을 붙이는 것은 대상의 미(美)나 가치가 아니라 오히려 자기 자신이다. 자기애의 취향이야말로 대상을 돋보이게 하는 가치이며 대상을 미화하는 장식이다. 그리고 자기애가 좇고 있는 것은 결국 자기 자신 이외의 아무것도 아니다. 자기 취향에 맞는 것을 좇고 있다고 생각해도 실은 자기 자신의 취향 그 자체를 좇고 있는 셈이다. 이와같이 말해도 잘못은 없을 것이다.

자기애에는 여러 가지 반대 요소들이 있다. 횡포하면서도 순종하고, 솔직하면서도 숨김이 있고, 자비심이 있으면서도 잔인하고, 소심하면서도 대담하다. 사람의 여러 가지 기질에 따라 자기애에도 여러 가지 다른 경향이 있다. 사람의 기질은 자기애를 어떤 경우에는 명예로, 또는 부의 축적으로 또는 쾌락으로 달리게 하든가 몰두시킨다.

자기애는 또 우리들의 연령이나 환경이나 경험의 차이에 따라서도 경향을 달리한다. 그러나 그런 경향이 몇 개이냐 하는 것은 문제거리가 안 된다. 왜냐하면 자기애는 필요에 따라 몇 개로라도 갈라지고 또 하나로 뭉치기도 하기 때문이다.

자기애는 변덕스럽다. 외부의 것이 원인이 되어 바뀌기도 하고 내버려두어도 자기 멋대로 모습을 바꾼다. 자기애는 무절조, 경박, 애욕, 새로운 것을 좋아하는 맛, 권태, 혐오의 탓으로 변덕스럽다.

또한 자기애는 감정적이다. 자기애는 때로 아무것도 아닌 것, 오히려 해가 되는 것도 손에 넣으려고 무척 열심히 움직인다. 한번 갖고 싶으면 무엇이든 추격한다.

자기애는 엉뚱한 데도 있다. 정말 쓸데없는 일에 온 정력을 기울인다. 더할 나위 없이 무미건조한 일을 마음속으로부터 즐기는가 하면, 아주 시시한 일인데도 크나큰 긍지를 갖기도 한다.

자기애는 어떠한 경우에도, 어떤 신분에도 있다. 그것은 곳곳에서 죽지 않고 살아간다. 무엇이 있으면 좋고 없으면 없는 대로 좋다. 자기애는 자기와 적대하는 사람들 속에도 끼어들어가 그들의 계획에 참가하며, 그들과 한패가 되어 자기 자신을 증오하고, 자기를 없애 버리려 꾀하고, 자신의 파멸을 위해서도 거리낌없이 행동한다.

요컨대 자기애는 존재한다는 것 이외에는 아무런 뜻을 갖지 않는다. 존재하고 있다면 자기의 적이 되어도 무방하다. 그러니까, 자기애가 때로는 가장 엄격한 수업에도 참여하고, 대담하게 힘을 빌려서 자기를 초월하려는 현상을 보여도 조금도 놀랄 것이 못 된다. 왜냐하면 자기애는 한 군데에서 자기를 파괴하면서 다른 곳에서는 자기를 재건하기 때문이다.

자기애가 쾌락과 인연을 끊은 것같이 보여도 그것은 기능을 잠시 정지시키고 있든가, 아니면 방향을 딴 데로 돌리고 있는 것뿐이다. 자기애는 얻어맞고 패배를 당한 것같이 보일 때도, 반드시 패배 속에서 씩씩한 모습으로 다시 되살아난다. 이상이 자기애의 초상이다.

그 전 생애는 그야말로 파란만장의 반란이라 비유해서 마땅하다. 그림으로 표현한다면 그것은 바다와 같다. 끊임없는 밀물과 썰물의 물결이야말로 자기애의 사념(思念)의 심한 기복과 영원한 움직임을 충실히 표현해 주는 것이라고 하겠다.

564

어떤 정열도 피의 뜨거움과 차가움의 여러 단계에 지나지 않는다.

565

행복을 누리고 있는 가운데 절제를 지킨다는 것은, 행복에 지나치게 도취되어 나중에 당할 창피한 꼴을 면해 보겠다는 마음이 아니면, 지금 가지고 있는 것을 잃기 싫다는 마음이다.

566

절제는 음식을 검소하게 차리는 것과 같다. 밥을 많이 먹고 싶어도 몸을 상하게 하지 않을까 걱정하는 것과 같다.

567

누구나 자기 자신에게 타이를 수 있는 결점을 타인에게서 발견하는 법이다.

568

자존심이란 인간 희극에 나오는 등장 인물을 모두 혼자 맡아서 연기하다가 자기의 기교나 여러 변장에 피로를 느껴, 나중에는 결국 본 얼굴을 나타내고 오만함을 드러내보이는 것과 같다. 적절한 말로 표현하자면 거만은 자존심의 폭발이며, 그 참모습의 공개 발현이다.

569

세세(細細)한 일에 적합한 재능을 만드는 소질은, 큰 일을 하는 재능에 필요한 소질과는 정반대가 된다.

자기가 어디까지 불행하게 될 것인가를 안다는 것도 일종의 행복이다.

자기 자신 속에서 마음의 평온함을 찾아 내지 못한다면, 다른 데서 찾으려 해도 그것은 헛수고이다.

사람은 자기가 생각하는 만큼 불행하지도 않으며, 옛날에 기대했던 만큼 행복하지도 못하다.

인간은 불행해 보이는 것에서 어떤 종류의 기쁨을 찾아 내고, 흔히 그것을 불행의 위로로 삼는다.

자기 운명에 책임을 질 수 없다면 앞으로 할 일에도 책임을 지지 못할 것이다.

현재 자기가 하고 싶은 일도 잘 모르는데, 장차 해 보았으면 하는 일을 어찌 알 수 있으며 어찌 책임을 진다는 것일까?

연애가 사랑하는 사람의 마음에 생기를 불어넣어 주는 것은 마치 영혼이 육체에 생기를 넣어 주는 것과 같다.

사랑하려고 마음먹거나 또는 사랑을 끝내려고 마음먹는 것은 자기 뜻대로 되지 않는 법이다.

따라서 남자가 여자의 변심을 한탄하고, 여자가 남자의 바람기를 한탄한들 아무 소용없는 일이다.

578

정의란 '자기가 소유하고 있는 것을 약탈당하지나 않을까?' 하는 의구에 지나지 않는다. 이웃 사람의 모든 이해 관계에 경의를 표하고 그것을 존중하며, 이웃 사람에게 아무런 피해도 입히지 않으려고 세심한 주의를 기울이는 것도, 결국은 거기에서 나온다. 이런 두려움이 있기 때문에 인간은 가문이나 운명이 자기에게 주는 복(福)의 울타리 안에서 참고 살고 있다. 이 두려움이 없다면 인간은 타인에게 끊임없이 해를 끼칠 것이다.

579

온화한 재판관이 보여 주는 정의는 자신의 승진을 간절히 바라는 마음에 지나지 않는다.

580

사람이 부정(不正)을 비난하는 것은 부정에 반발감을 느껴서가 아니라, 자기가 부정을 당했을 때의 불리한 입장을 생각해서이다.

581

사랑에 싫증이 났을 때 상대방이 부정한 짓을 저지르면 우리는 안도의 한숨을 쉬게 된다. 우리도 절개를 지킬 의무에서 해방될 수 있으니까.

582

친구가 행복하게 되었다는 소식을 듣고 우리가 기뻐하는 것은 우리의 천성적인 선량함에서 오는 것도 아니고, 그들에 대한 우정의 탓도 아니다. 이번에는 우리가 행복하게 될 차례가 왔다든가, 또는 친구의 행운 덕으로 뭔가 좋은 일이 있겠지 하고 우리의 가슴을 뛰게 하는 '자기애' 때문이다.

583

친구가 역경에 처하면 우리는 언제나 왠지 모르게 기분이 나쁘지 않다.

584

우리는 자기 자신의 비밀조차 지키지 못하면서 어찌 타인에게 그것을 지키라고 하는 것일까?

585

인간의 무분별은 자존심에서 나오는 가장 위험한 것이다. 자존심은 날이 갈수록 더욱더 우리의 눈을 보이지 않게 만든다. 끝내는 우리의 고뇌를 덜어 주고 우리의 결점을 고쳐 줄지도 모르는 약이 무엇이며, 어디에 있는가 하는 것까지도 모르게 만든다.

586

다른 사람들에게 어찌 도리 같은 것이 있겠느냐 하는 마음을 갖게 되었다면, 그때는 벌써 자기에게도 도리 따위는 없는 것이다.

587

실컷 게으름을 피운 자일수록 타인을 서둘러 족치는 법이다. 그렇게 함으로써 자기는 부지런한 듯이 보이려고 한다.

588

'자기 자신을 알라'고 가르쳐 주는 사람에게 불평을 털어놓는 것은 그만한 이유가 있다. 자기는 부자라는 엉뚱한 생각에서 제정신으로 돌아가게 고쳐 준 의사에게 아테네의 미치광이*14가 불평을 말한 것도 일리가 있는 일이었으니까.

589

철학자들, 그중에서도 특히 세네카*15는 그의 가르침으로 인간의 죄를 씻지는 못했다. 그들은 다만 자존심이라는 거대한 집을 만드는 데만 그 교훈을 사용했을 뿐이다.

590

벗의 우정이 식은 것을 느끼지 못하는 것은 이쪽에도 우정이 없다는 증거
이다.

591

아무리 현명한 사람도 그다지 중요하지 않은 일에는 지혜롭지만, 가장 중
대한 일에는 어리석은 경우가 많다.

592

가장 예민한 광기(狂氣)는 가장 예민한 지혜로부터 생겨난다.

593

음식을 절제한다는 것은 건강을 위해서이다. 그렇지 않으면 많이 먹지 못
하기 때문이다.

594

인간 개개인의 재능에는 하나 하나의 나무와 마찬가지로 저마다 고유한
특성과 작용이 있는 법이다.

595

사람들이 건망증에 잘 걸리는 것은 그 일에 대해 말하기 싫어졌을 때이다.

596

겸손이란 칭찬받는 것을 사양하는 것 같으나, 실은 더 멋진 찬사를 받고자
하는 태도이다.

597

사람이 악덕을 비난하고 미덕을 찬양하는 것은 모두 이해 관계 때문이다.

남에게 칭찬을 받고 나면 귀찮고 싫더라도 미덕을 계속 실행하고자 하는 기분을 갖게 된다.

재치·미모·용기는 사람들에게서 찬양을 받고 나면 더 북돋아져 빛을 낸다. 혼자서는 도저히 불가능에 가까운 일까지도 칭찬을 받으면 가능해진다.

제아무리 능숙하게 아첨하는 자라도 '자기애'에 비한다면 그것은 정말 아무것도 아니다.

세상 사람들은 분노를 종류별로 나누지는 않지만, 분노에는 격한 기질에서 오는 가볍고 거의 죄스럽지 않은 것이 있는가 하면, 그야말로 자존심의 광란이라고 말할 수 있는 극히 죄스러운 것도 있다.

위대한 정신이란 정념이 적고 미덕이 많은 정신을 말하는 것이 아니다. 다만 원대한 야망을 품고 있는 정신을 말한다.

왕은 백성들을 돈처럼 취급한다. 즉 기분 내키는 대로 백성의 값을 정해버린다. 그러니 세상에서는 그 사람의 참된 값어치가 아닌, 한번 정해진 시세로 통용되게 마련이다.

타고난 잔인성은 자기애가 만드는 만큼 잔인한 인간을 만들지는 않는다.

이탈리아의 어느 시인*16이 여자의 정숙이란 정숙해 보이기 위한 술책에 불과하다고 말한 바 있지만, 이것은 우리의 모든 미덕에도 적용된다.

세상에서 미덕이라고 말하는 것은 보통 우리들의 정념이 만들어 낸 환상에 지나지 않는다. 이런 환상에 그럴듯한 이름을 붙여 그것을 미끼로 자기가 하고 싶은 일을 안심하고 해보자는 것이다.

우리는 너무나 자기 일에만 열중하는 나머지, 미덕으로 생각하고 있는 것이 사실은 겉모양만 비슷한 악덕에 지나지 않을 때가 때때로 있다. 자기애가 우리의 눈을 현혹하고 있기 때문이다.

죄악 가운데는 너무나도 눈부시고 그 수가 엄청나기 때문에 도리어 무죄가 되고 명예롭기까지 한 경우가 있다. 이렇게 공공연히 도둑 행위를 일삼는 것이 수완으로 인식되고, 법 없이 나라를 빼앗는 일이 정복이라는 이름으로 불리어지기도 한다.

우리가 자기의 결점을 고백하는 것은 오로지 허영심 때문이다.

인간의 선이나 악은 그 도를 넘으면 선도 악도 아닌 것이 되고 만다.

큰 죄를 범할 능력이 없는 사람은, 다른 사람이 그런 짓을 할 수 있으리라고는 좀처럼 상상도 하지 못한다.

장례식의 화려함은 죽은 이의 명예보다 산 사람의 허영심과 관계가 깊다.

이 세상이 아무리 변화가 많고 불확실해 보인다 해도 역시 어떤 종류의 눈에 띄지 않는 관련이 있어 항상 신의(神意)에 의해 정리되는 질서가 존재한다. 만물은 이 신의에 따라 차례 차례 움직여가고 스스로의 운명의 흐름에 따라가는 것이다.

음모를 꾸몄을 때는 앞뒤를 가리지 않는 대담함이 마음의 지주(支柱)가 된다. 그러나 전쟁터에서 위험이 닥쳤을 때는 오로지 용기만이 없어서는 안될 마음의 힘이 되어 준다.

승리를 그 기원을 따져서 정의 내린다면, 시인들과 같이 '하늘의 딸'이라고나 불러야 할 것이다. 왜냐하면 이 지상에서는 그 기원을 찾아볼 수 없기 때문이다.

사실 승리는 수많은 행위가 뭉쳐져서 이루어지는 것이지만, 하나 하나의 행위는 승리가 목적이 아니라 다만 그것을 행하는 사람의 개인적인 이해 관계에 걸려 있는 것이다. 즉 군대의 구성원은 모두 자기 자신의 영광과 출세를 목표로 삼고 있으면서 그토록 위대하고 전체적인 하나의 이득을 획득하게 되기 때문이다.

한 번도 위험에 빠져 보지 않은 사람은, 자기의 용기에 대해 말할 자격이 없다.

인간은 자기의 희망과 욕망에 대해서는 좀처럼 한계를 긋지 못하지만, 은혜를 갚아야 하는 일에는 간단히 한계를 그어 버린다.

618

모방(模倣)이란 언제나 불쌍한 신세를 면할 길이 없다. 진짜라면 사람을 매혹시킬 수 있는데, 그것과 유사한 것이라도 가짜라면 사람을 불쾌하게 만들 뿐이다.

619

우리가 친구의 죽음을 안타까워하는 것은 반드시 그들의 재능을 아끼는 마음에서 그러는 것이 아니다. 우리의 입장에서 그들이 필요했던 것이고 그들이 우리에게 호의를 가지고 있었음을 아쉬워하기 때문이다.

620

세상의 모든 사람들에게 주어지는, 흔히 말하는 선의와 교묘하게 꾸민 속임수를 식별한다는 것은 좀처럼 쉬운 일이 아니다.

621

우리에게 나쁜 짓을 하면 벌을 받는다는 걸 상대방도 믿고 있을 때에만, 우리는 언제나 친절을 베풀 수 있다.

622

자신은 늘 다른 사람들로부터 환영을 받는다는 자신감이, 흔히 그로 하여금 환영받지 못하게 한다.

623

우리는 자기 눈에 보이는 이상의 것은 좀처럼 믿으려 들지 않는다.

624

다른 사람에 대한 신뢰는 그 대부분이 자기 자신에 대한 신뢰로부터 생겨난다.

625

세계의 운명은 물론, 사람의 취미까지 바꿔 버리는 철저한 혁명도 있다.

626

진실은 완전함과 아름다움의 기반(基盤)이며 진수(眞髓)이다.

어떤 성질의 것이든 있어야 할 참된 모습으로 존재하지 않는다면, 또 가져야 할 모든 것을 가지고 있지 않는다면, 아름다울 수도 완전할 수도 없다.

627

아름다운 것 가운데는 완성되어 있을 때보다 오히려 미완성으로 남아 있을 때가 훨씬 더 빛을 내는 것도 있다.

628

큰 도량(度量)이라는 것은 자존심의 눈물겨운 노력이 주는 선물이다.

이 노력에 의해 인간은 우선 자기 자신을 억제하고 드디어는 모든 것을 지배하기에 이른다.

629

한 나라에서 사치(奢侈)와 개인화가 극도에 달했다는 것은, 분명히 그 나라가 쇠퇴했다는 징조이다.

왜냐하면 개인이 모두 자기 이해에 집착하여 공공의 이익에는 등을 돌리기 때문이다.

630

모든 정념 가운데서 우리에게 가장 알려져 있지 않는 것이 바로 안일한 마음이다. 이것은 어떤 의미에서는 가장 강렬하고 악성적인 정념인데도, 그 난폭함을 느끼기가 어렵고 그것이 가져오는 손해도 눈에 띄지 않는다.

이 안일한 마음이 지니고 있는 힘을 주의 깊게 관찰해 보면, 이것은 언제 어디서나 우리의 감정·이해 관계·쾌락 위에 군림하고 있다는 것을 알 수 있다. 이것은 그 어떤 큰 배라도 멈추게 할 힘을 가진 빨판상어*17와 같다. 중요한 일을 밀고 나갈 때 암초나 어떤 폭풍보다도 위험한 잔잔함이다.

나태가 가져오는 안식은 영혼의 은밀한 매혹이지만, 이것에 한 번 빠져 버리면 그때까지 아무리 열렬했던 추구도, 아무리 확고했던 결심도 순식간에 중단되어 버리고 만다. 이 정념에 정확한 개념을 부여한다면, 나태란 영혼의 황홀한 상태와 비슷한 것이다. 그것은 영혼이 입은 모든 손실을 위로하고 영혼이 잃은 모든 행복과 이익을 대신할 수 있다고 말할 수 있다.

631

운명이 기분 내키는 대로 처리하는 여러 행위로부터 여러 종류의 미덕이 생겨났다.

632

사람은 남의 마음을 꿰뚫어보는 것은 좋아하지만, 자기의 마음을 들여다보는 것은 좋아하지 않는다.

633

지나친 식이요법을 써야 겨우 건강을 유지한다는 것은 매우 골치아픈 병이다.

634

연애 감정 없이 연애를 시작한다는 것은 쉬운 일이지만, 연애 감정이 있는데 사랑을 포기해야 한다는 것은 어려운 문제이다.

635

대부분의 여자는 정열 때문이 아니라 마음이 약하기 때문에 남자에게 넘어간다. 그러므로 대개 여자에게 대담한 남자가, 그다지 내세울 만한 점도 없는데 다른 남자를 능가하여 성공한다.

636

사랑을 해도 너무 사랑하지 않는 것이 사랑을 받는 확실한 방법이다.

사랑하는 남녀가 서로의 사랑이 언제 식을 것인가를 알려고 상대방에게 본심을 속이지 말라고 요구하는 것은, 자기가 언제 사랑받지 못하게 될 것인가를 알고 싶어서가 아니라, 상대방이 반대의 말을 하지 않는 한 자기가 사랑을 받고 있다는 사실을 더 확인할 수 있기 때문이다.

사랑은 열병이다. 그 격렬함이라는 점에서나, 언제까지 지속될지 모른다는 점에서나, 그 어느 쪽도 우리들의 힘으로는 어쩔 수 없기 때문이다.

가장 재능이 없는 자의 가장 뛰어난 재능은, 타인의 좋은 행실을 보고 그대로 본뜰 줄 안다는 점이다.

다른 곳에서 교태를 부리고 난 뒤 애인을 만나면 죄스럽고 두려운 법이다.

자기가 범한 과오를 고백할 용기가 있다면 저지른 잘못을 체념할 수도 있다.

모든 인간 사이의 유사점과 차이점은 너무나도 커서 이해하기가 어렵다.

흔히 말하는 힘에서, 그것을 보존하고 싶은 욕망과, 잃지나 않을까 하는 두려움을 제거한다면 뒤에 남는 것은 빈 껍질뿐이다.

친근하게 대한다는 것은 예의바른 생활의 모든 규범, 이것저것을 덜어 주는 것이다. 이를테면, 우리가 쾌적한 생활을 할 수 있도록 신앙심 없는 정신이 사교계를 가져온 것이다.

645

다음은 자기애가 빚어내는 결과의 하나이다. 모든 것을 우리의 약점에 적응시키려는 까닭에 미풍양속(美風良俗)이 우리에게 명하는 정당한 복종에는 등을 돌리게 한다. 또 어떻게 해서라도 미풍양속을 우리에게 편리한 것으로 만들어 보려고 타락시켜 버리고 만다.

646

여자는 태어날 때부터 남자보다 약하기 때문에 아무리 애써도 난잡해지기 쉽고 그 때문에 잃는 것도 많다.

여성의 위엄은 유지할 수 없게 되고 받아야 할 존경도 감소된다. 아주 정숙한 여자도 그 권리의 대부분을 그것 때문에 잃어버린다고 해도 지나친 말이 아니다.

647

농담은 재치의 즐거운 유희이며 대화를 즐겁게 해준다.

그런데 그것에 호의가 깃들어 있으면 교제를 한층 깊게 해 주지만, 그렇지 않으면 교제를 파탄으로 이끌어간다.

648

야유는 야유를 당하는 사람보다 오히려 야유를 하는 사람 쪽을 위해 존재한다.

649

야유는 언제나 허영심에서 생기는 재치의 경쟁이다. 그러므로 야유를 당하고 반박할 만한 재치가 없는 자나, 아픈 데를 찔리고 얼굴을 붉히는 자는 마치 용서할 수 없는 불명예스러운 패배를 맛본 듯 불끈 화를 내기 마련이다.

야유는 독약과 같아서 순수한 그대로 사용하면 우정을 소멸시키고 증오를 자극한다. 그러나 기지나 칭찬의 말을 섞어서 그 농도를 엷게 하면 우정을 획득하고 유지할 수 있다. 따라서 이 독약은 친구나 마음 약한 사람에게는 조심스럽게 사용해야 한다.

〈주〉

＊1 (기원전 63~기원후 14) 로마의 정치가. 카이사르가 암살된 뒤, 안토니우스 등과 제2차 삼두정치를 조직했었으나, 두 사람은 곧 대립하기 시작했다. 안토니우스가 클레오파트라와 사랑에 빠져 그의 처, 즉 아우구스투스의 누이와 이혼을 하게 되자, 드디어 패권을 걸고 싸워 이긴 아우구스투스는 로마 제정 초대 황제가 되었다. 아우구스투스의 전 이름은 옥타비아누스.

＊2 (기원전 82~30) 앞서 기술한 옥타비아누스와의 싸움에서 패배하고 자살했다.

＊3 베네치아 공화국 대통령의 칭호. 순전히 명예직으로 정치적인 아무런 실권도 없다. 즉 이름뿐이지 알맹이가 없다는 것을 비유한 말.

＊4 옛날에 아테네의 어느 미치광이는 의사에게 치료를 받고 본정신을 되찾게 되었으나, 현실 세계의 비참함을 견디지 못하고 미쳐 있었을 때의 즐거운 나날을 잊지 못해 의사에게 덤벼들었다고 한다. 이 이야기는 잠언 588에도 나온다.

＊5 (1621~1686) 튀렌 원수와 용명을 떨친 프랑스의 명장. 고전작가 라신과 몰리에르 등 문인과도 교분이 두터웠다.

＊6 (1611~1675) 콩데 공(公)과 함께 17세기 프랑스가 자랑하는 최대의 명장. 콩데 공과 함께 프랑스를 위해 많은 무훈을 세우고, 서로 경합을 벌인 일도 있었다.

＊7 근대 의학 이전에는 인간의 체내에 네 종류의 체액(혈액, 담, 황담즙, 흑담즙)이 있어서 그것의 혼합 작용에 의해 여러 가지 기질이나 기분이 정해진다고 믿고 있었다.

＊8 과제로서 일정한 운이 주어지면, 그것에 맞추어 시를 짓는다. 17세기 살롱에서 크게 유행했던 문인들의 유희.

＊9 이것은 그때의 대장군 콩데 공의 경우를 염두에 두고 쓴 것으로 보인다. 그는 궁정에서 미움을 받고 따돌림을 당해 원정군의 장군으로 임명되었다. 그 결과 용명을 떨칠 기회를 가질 수 있었던 것이다(주5 참조).

＊10 (기원전 95~46) 로마의 정치가로 호민관. 내란이 일어났을 때 시종 원로원측을 지지하고 카이사르에 대항했다. 스토아 철학에 조예가 깊고 자살 직전까지 플라톤의 서적을 손에서 떼지 않았다고 한다.

＊11 (기원전 85~42) 로마의 정치가, 암살의 주모자. 옥타비아누스 및 안토니우스와의

싸움에 져서 자살. 뛰어난 웅변가로 이름이 높다.

＊12 1에서 504까지의 잠언은 저자 생전의 결정판(1678년판)에 수록되어 있는 것들이나 다음 505에서 562까지의 잠언은 이 판 이후 저자가 죽은 해(1680년)까지 씌어지고 사후에 발표된 것들이다.

＊13 앞으로의 잠언은 제4판까지의 어느 판에나 실려 있었던 것이나, 결정판인 제5판 (1678년판)에서는 삭제되어 있는 것들이다.

＊14 주4를 참조할 것.

＊15 (기원전 5년경~기원후 65) 로마의 시인, 스토아파의 철학자. 종교적이고 인간애에 넘치는 사상으로 그의 저술은 처세철학으로서 많이 읽혀졌다.

＊16 바치스타 구와리니(1538~1612).

＊17 고대인들은 빨판상어에 배를 멈추게 하는 어떤 신비스러운 힘이 있다고 믿었다.

성찰*1

진실에 대해서

진실은 결코 어떤 대상 속에서도 다른 진실과의 비교에 의해 지워져 없어지는 존재가 아니다. 두 개의 대상 사이에 얼마만큼의 차이가 있든 한 쪽의 진실이 다른 편의 진실을 지워 없애지 않는다. 둘 사이에 폭의 넓이와 빛남의 차이는 있어도 진실하다는 점에 있어서는 양쪽 모두 평등하다. 작은 대상 속에 있는 것보다 커다란 대상 속에 있는 쪽이 훨씬 더 진실하다는 법은 없다. 전쟁의 기술은 시(詩)의 기법보다 웅대하고 숭고하고 찬란한 것이 사실이다. 그러나 시인과 정복자는 서로 어깨를 겨룰 수 있다. 또 입법자와 화가와 같은 경우도 그들이 진짜인 이상 똑같다.

같은 유(類)의 두 인물이 서로 다르고 대립까지 하는 경우도 있다. 스키피오*2와 한니발*3, 파비우스 막시무스*4와 마르켈루스*5가 그러하다. 그들의 재능은 모두 진짜였기 때문에 서로 어깨를 겨루고 맞설 수가 있었으며, 그것을 비교해 본들 한 쪽이 지워져 없어질 수는 없다. 가령, 알렉산드로스*6와 카이사르*7는 왕국을 주고 가난한 과부는 동전 한 닢을 준다고 생각해 보자. 두 개의 선물이 아무리 다르다 해도 양쪽 모두 베푸는 마음이 진실하다면 차이점이란 있을 수 없다. 두 사람이 모두 신분에 알맞은 선물을 주고 있는 것이다.

어떤 사람은 혼자서 몇 개의 진실을 가지고 있고, 또 어떤 사람은 하나의 진실밖에는 가지고 있지 않은 경우도 있다. 몇 개의 진실을 가진 사람은 보다 큰 값어치가 있으며 다른 사람이 빛내지 못하는 분야에 있어서도 자기는 광채를 낼 수 있다. 그러나 그 어느 편도 진실한 면에 있어서는 똑같이 빛을 내고 있는 것이다. 에파미논다스*8는 이름을 떨친 장군이요, 좋은 시민이요, 위대한 철학자였다. 그는 베르길리우스*9보다 더 존경을 받아 마땅했다. 왜냐하면, 그는 베르길리우스보다 진실한 면을 좀더 많이 가지고 있었기 때문이다. 그러나 명장으로서의 에파미논다스가 시인으로서의 베르길리우스보다 더 뛰어났느냐 하면 그렇지는 않다. 이 점에 있어서는 에파미논다스가 베르길리우스 이상이었다고는 말할 수 없기 때문이다. 어느 아이는 까마귀의 두 눈알을 파냈다는 이유로 집정관에 의해 사형에 처해진 바 있지만, 이 아이의 잔인성은 자기의 아들을 죽게 한 펠리페 2세*10의 잔인성만큼 지독하지는 않았을 것이고, 다른 악덕에도 그다지 물들어 있지는 않았을 것이다. 그렇지만 고작 한 마리의 동물에 가해진 잔인성이라고는 하되, 가장 극악무도한 군주의 그것과 동렬(同列)에서 같은 취급을 당한다 해도 할 수 없는 것이다. 왜냐하면 두 사람의 잔인성은 정도의 차이는 있지만 그 본질은 같기 때문이다.

두 개의 성(城)이 있고 양쪽이 모두 자신에게 알맞은 아름다운 것이라면 두 성이 아무리 차이가 난다 해도 한 쪽의 아름다움이 다른 쪽을 압도할 수 없다. 즉 샹티이*11의 성이 훨씬 아름답다 하더라도 리앙쿠르 성의 아름다움을 지워 없앨 수는 없다. 또한 리앙쿠르*12가 샹티이의 아름다움을 없애지는 못한다. 즉 샹티이에는 콩데 공(公)의 위대함에 알맞은 아름다움이 있고, 리앙쿠르에는 거기에 사는 사람에 알맞는 아름다움이 있는 것이다. 그러므로 양쪽에 모두 진짜의 아름다움이 있는 것이다.

그런데 때로 화려하지만 단정하지 못한 아름다움을 가진 여성이, 참된 아름다움을 가진 여성을 압도하는 경우가 있다. 아름다움을 판정하는 감식안은 간단하게 좋고 싫은 기분에 의해서 좌우되는 수가 많고, 또 아무리 아름다운 여자의 미라 할지라도 늘 같을 수는 없기 때문이다. 이와 같이 아름답지 못한 쪽에서 다른 아름다운 쪽을 구석으로 밀어내는 일도 생기기는 하지만, 그것은 다만 일시적 현상에 불과하다. 등불이나 햇빛에 따라서 실제의 얼굴 모양이나 안색이 다소간 다르게 보이기도 하고, 아름다운 여자의 속에 있는 참됨과 아름다움이 잠시 잘 안 보이는 경우도 있기 때문이다.

교제에 대해서

나는 여기서 교제에 대한 이야기에 곁들여, 우정에 대해서 말하고 싶은 생각은 없다. 둘 사이에 아무런 관계가 없는 것은 아니지만, 이 두 가지는 매우 다른 것이다. 우정 쪽이 좀더 품위가 있고 고상하다. 교제에 값어치가 있는 것은 그것이 우정과 비슷하기 때문이다. 내가 지금 여기에서 화제로 삼으려 하는 것은 신사라면 누구나 가지고 있어야 할 사적인 접촉에 관한 이야기이다. 교제가 인간 생활에 있어서 얼마나 필요한 것인가는 두말 할 필요가 없다. 모두 그것을 바라고 있고 찾고 있다. 그러나 그것을 유쾌한 것으로 만들고 오래도록 지속시키는 사람은 그리 많지 않다. 누구나 타인을 짓밟고 자기의 기쁨과 만족을 구하려 한다. 인간은 누구나 같이 살아가는 주변 사람들보다 자기를 더 소중히 여긴다. 그리고 어떤 일에서나 이러한 자기 본위의 태도를 상대방에게 느끼게 한다. 이것이 사람과의 교제를 흐리게 하고 망가뜨리는 원인이 된다. 이러한 독선적인 마음가짐은 우리들의 본성에 뿌리를 박고 있어서 단숨에 뽑아 버릴 수는 없지만, 적어도 이러한 마음을 표면에 나타내지는 말아야 한다. 타인의 기쁨에 동참하고 타인의 자존심도 소중하게 여겨주며 절대로 그것에 상처를 입히는 일을 해서는 안 된다.

이런 큰일을 하려면 지성이 크게 관여하게 되지만, 그것만으로는 부족하다. 좀더 많은 여러 가지 일들을 해내지 않으면 안 된다. 지성과 지성만의 접촉을 하다가는 그 교제는 오래 계속되지 못할 것이다. 교제는 역시 양식과 기질, 또 같이 살아가려는 사람들 사이에 마땅히 있어야 할 서로 아끼는 마음에 의해서 조절이 되고 지탱해 나갈 수 있는 것이다. 때로는 기질도 지성도 정반대인 사람들이 사이좋게 지내고 있는 것처럼 보일 때도 있지만, 그것은 그 사람들이 어떤 우연한 이유로 결합되어 있는 경우이므로 그리 오래가지 못할 것이 뻔하다. 또 집안이나 재능으로 보아 우리보다 뒤지는 사람들과 접촉할 경우도 생기지만, 뛰어난 사람 편에서는 상대에게 우월감 따위를 느끼게 해서는 안 될 것이다. 극히 드문 경우 외에는 그것을 상대에게 느끼게 해서는 안 되며 다만 타인을 교화하려는 경우에 한해서만 자기의 우월성을 보이고 그 외에는 절대로 금물이다. 상대방으로 하여금 자기는 지도를 받을 필요가 있다는 것을 깨닫게 하고, 가능한 한 상대방의 감정이나 이해(利害)를 고려하면서 도리에 따라 인도해야 한다.

기분 좋은 교제를 하려면 저마다 자유로운 입장에 있어야 한다. 만나든 안 만나든, 거기에 마음의 부담이 조금도 있어서는 안 된다. 같이 기분 전환을 하든, 같이 따분한 시간을 보내든, 의무감 따위가 개입해서는 안 된다. 헤어지더라도 두 사람 사이에 아무런 변화도 일어나지 않도록 해야 한다. 상대방에게 불편을 주고 싶지 않으면 상대방이 없어도 잘 지낼 수 있어야 한다. 그리고 타인에게 방해가 될 리 없다고 생각될 때, 흔히 방해가 되고 있다는 것을 명심해야 한다. 사이좋게 잘 지내길 원하는 사람들의 즐거움을 위해서 되도록 도움이 되어야 하겠지만, 그렇다고 그런 일에 지나치게 신경을 쓸 필요는 없다. 교제에 있어서는 상대방에게 신경을 쓰는 일이 절대적으로 필요하지만 거기에도 한도가 있어야 한다. 즐겁게 해주려고 신경을 쓰는 일도 그 도가 넘으면 일종의 추종이 되고 말기 때문이다. 아무튼 상대방에게 쓰는 신경은 전적으로 스스로의 의지에 의한 듯이 보이지 않고선 그 의의가 없다. 친구의 기분을 맞추어 주기 위한 것이더라도 자기 기분이 내켜서 하고 있다는 것을 상대방이 느끼도록 해주어야 한다.

친구들의 결점이 타고난 것이고 장점에 비해 그리 대단한 것이 아닐 때는 그들을 솔직하게 용서해 줘야 한다. 더욱이 그들의 약점을 알고 있다는 태도를 취한다든가, 기분 나쁘게 생각하는 듯한 태도는 절대로 피하는 것이 좋다. 친구들이 자기 자신의 결점을 스스로 깨닫고 그것을 자신의 힘으로 고칠 수 있게 인도해 주는 것이 바람직한 일이다.

남녀의 교제에는 반드시 필요한 어떤 예의범절이 있다. 예의범절이 지켜진다면 이쪽에서 야유를 던지더라도 상대방은 너그럽게 이해해준다. 흥분해서 자기 의견만을 주장한다면 서로 태도가 딱딱해져서 무뚝뚝한 말을 쓰게 되고 기분을 상하게 만들 것이 뻔하다. 그러나 예의범절이 있으면 그런 일은 모두 피할 수 있다.

남녀의 교제는 어떤 신뢰의 마음 없이는 오래 지속되지 못한다. 서로 간에 이런 믿음이 공통적으로 있어야 한다. 방심하여 언뜻 쓸데없는 말을 하는 것이 아닌가, 하고 상대방에게 의심을 사는 일이 없도록 서로가 믿는 가운데 조심성 있는 태도를 취해야 할 것이다.

재치에는 다양성이 있어야 한다. 한 종류의 재치밖에 없는 사람은 친구들의 환심을 오래 살 수 없다. 인간은 여러 가지로 다른 길을 가도 좋고 반드시 상대와 같은 견해, 같은 재능을 갖지 않아도 좋다. 교제의 기쁨을 더 한층 증가시켜 주는 것이라면 그것으로 족한 것이다. 이를테면 서로 다른 목소리, 다른 악기가 같이 음악을 연주하는 이치로 규칙만을 지키면 된다.

많은 사람이 이해(利害)를 같이 하기는 어려운 일이지만 그러나 적어도 접촉을 부드럽게 하기 위해서는 이해가 상반되지 않아야 한다. 친구들이 기뼈할 만한 일은 앞장서서 해 주고 그들에게 도움이 되어 주자. 그들의 고통을 덜어 주자. 그것을 없애주지는 못하더라도 마음만이라도 같이 아파하고 있다는 것을 알려 주자. 단숨에 뿌리를 뽑아 주겠다고는 말하지 못할지라도 서서히 그 고통을 덜어줄 수는 있을 것이다. 그리고 무언가 굉장히 기쁜 일이 아니더라도, 적어도 그들의 마음을 뿌듯이 채워 주는 것을 찾아 주기 위해 노력하자. 그들의 개인적인 일에 관여하여도 나쁠 것은 없지만 다만 그것은 상대가 허락하는 범위 내에서만 하고 절대로 도를 넘어서는 안 된다. 지나치게 그들의 마음속 깊이 파고들어가지 않는 것이 예의이며 인정이다. 그들은 자기만이 잘 알고 있다고 생각하는 자신의 마음속을 상대방에게 완전히 내보이는 것을 싫어하며, 더욱이 자기는 잘 모르고 있던 자신의 마음속을 상대방에게 들키는 것을 정말 싫어한다.

남녀의 접촉에는 친밀감도 깃들어 있고 솔직하게 털어놓는 여러 가지 화제에도 부족함이 없지만, 대부분의 사람들에게는 여러 의견을 기분 좋게 들으려는 순진한 마음가짐과 양식(良識)이 결여되어 있다. 그러나 이것은 교제를 계속하기 위해 절대적으로 필요한 것들이다. 인간은 어느 정도까지는 타인에게서 주의받기를 원한다. 하지만 무슨 일에서나 그렇게 해 주기를 바라지는 않는다. 뿐만 아니라 상대가 모든 종류의 진실을 안다는 것에 도리어 두려움을 느낀다.

사물을 관찰하려면 어느 정도의 거리를 두어야 하듯이 교제에 있어서도 그것이 필요하다. 말하자면 누구나 특유의 관점(觀點)을 가지고 있으며 그 관점에서 자기를 보아 주기를 원한다. 사람들은 너무 가까운 거리에서 자기 모습이 비춰지는 것을 싫어하는데 대부분의 경우 그것은 당연한 일이다. 또 어떤 일에나 자기를 있는 그대로 보아 주기를 바라는 사람도 거의 없다.

모습과 태도에 대해서

누구에게든 자기의 얼굴 형태와 재능에 알맞는 모습이 있다. 그것을 버리고 다른 모습으로 바꾸려 한다면 반드시 손해를 본다. 자기가 가지고 태어난 것을 알고 거기에서 벗어나서는 안 된다. 가능한 한 그것을 반성하려고 노력해야 한다. 대부분의 어린이가 사랑받는 이유는, 태어날 때의 모습과 태도를 아직 그대로 지니고 있으며 다른 모습과 태도를 모르고 있기 때문이다. 그러나 유년기를 벗어나면 그것이 변모하고 망가져 상해버린다. 어린이들은 다른 사람들이 하는 것을 흉내 내려고 한다. 그러나 그리 쉽게 되지는 않는다.

모든 모방 행위엔 반드시 거짓이 들어 있고, 미덥지 못한 것이 있다. 모방하는 자들의 태도나 감정에는 아무것도 확고한 것이 없다. 결코 자기가 원하는 대로 보여질 수 없는 데도 쓸데없이 자신과는 다른 인격체로 보이려고 애를 쓴다. 모든 게 다른 사람처럼 되었으면 하고 바란다. 또한 자기 자신과 조금도 닮지 않은 모습과 자기의 것이 아닌 다른 재치를 구한다.

그래서 그들은 닥치는 대로 이런 말투 저런 태도를 꾸며 보는 것이다. 그러나 어떤 사람에게 맞다고 해서 모든 사람들에게 맞는 것은 아니다. 말투나 태도에는 일반 법칙이란 것이 없으며, 모방 행위란 별로 바람직하지 못하지만, 그럼에도 생각해 보지도 않고 이것저것 그저 시험해 보는 것이다. 물론 두 사람이 서로를 흉내 내고 있는 것은 아닌데도 무슨 일에나 비슷한 경우도 있을 수 있다. 그러나 그것도 저마다의 천성에 따르고 있을 때가 그렇다. 대부분의 사람은 자기의 천성에 따르기를 아예 거부한다. 인간은 흉내 내기를 좋아하니까 모두들 자기도 모르고 있는 사이에 남의 흉내를 내고 있다. 자기의 좋은 점은 따돌려 버리고, 어울리지도 않는 다른 사람의 좋은 점을 흉내 내고 있다.

물론 자기 울타리 안에만 갇혀 있으라든가, 다른 사람의 어떤 점이라도 절대로 본떠서는 안 된다든가, 자기에게 결여되어 있는 필요불가결의 능력을 몸에 지니려고 하지 말라든가 하는 것은 아니다. 예술이나 학문은 그것에 관여하고 있는 대부분의 사람들에게 적합하다. 우아한 몸짓이나 예절은 모든 사람들에게 잘 어울린다. 그러나 이렇게 후천적으로 몸에 지니게 된 능력은 우리들의 타고난 소질과 이어지고 결합되어야 한다. 소질이 있음으로 해서 비로소 능력은 더욱 확대되고 증강되는 것이다.

간혹 우리들은 자기의 실력 이상의 지위나 중요한 자리에 발탁될 때가 있다. 또 격에 맞지 않는 새로운 직업에 종사할 때도 흔히 있다. 모든 신분에는 거기에 적합한 모습이 있다. 그러나 그것이 우리들의 타고난 모습에 꼭 어울린다고 늘 말할 수는 없다. 신분이 변하면 모습이나 태도도 변하여 위엄 있는 태도를 보여야 될 때도 있지만 그것이 지나치게 꾸민 것 같거나, 타고난 모습과 안 어울린다거나 잘 융합이 안된다거나 하면 반드시 거짓 꾸밈으로 끝나고 만다. 둘은 함께 결합되고 융합되어야 하며, 절대로 따로 보여져서는 안 된다.

인간은 항상 같은 말투와 같은 태도로 이야기하지는 않는다. 연대의 선두에 서서 행진할 때와 한가하게 산책할 때와는 다르다. 그러나 다른 화제라도 자연스럽게 일관된 태도로 이야기해야 한다. 연대의 선두를 걸어갈 때는 그것에 알맞게, 산책을 할 때는 그 상황에 알맞게, 즉 걷는 방법은 다를지라도 언제나 자연스럽게 걸어가지 않으면 안 된다.

개중에는 자기가 힘들여 얻은 지위나 중요한 자리에 어울리도록 태도를 꾸미려는 나머지, 자기의 타고난 모습을 내버릴 뿐만 아니라, 자기가 차지하고 싶어 못 견디는 중요한 자리나 지위의 태도를 미리부터 갖추는 사람들도 있다. 얼마나 많은 중장(中將)들이 원수(元帥)로 보이려고 애쓰고 있는 것일까! 얼마나 많은 사법관들이 대법관으로 보이려고 공연히 애쓰고 있는 것일까! 그리고 또 얼마나 많은 평민과 아낙네들이 공작 부인의 모습을 흉내내고 있는 것일까? 인간이 흔히 타인에게 불쾌감을 주는 것도 결국은 그 누구도 자기의 얼굴에 자기의 모습과 태도를 일치시키지 못하고, 자기의 사상과 감정에 어조와 말솜씨를 일치시키지 못하기 때문이다.

인간은 어떤 가짜나 남에게서 산 물건으로 이 조화를 깨뜨린다. 인간은 자기 자신을 잊어버리고 자신도 모르는 사이에 자기로부터 떨어져 나간다. 대부분의 사람들이 어디선가 이 잘못을 저지르고 있다. 이러한 종류의 조화음(調和音)을 완전히 들을 수 있을 만큼 정확한 귀를 가지고 있는 사람은 하나도 없다. 사랑받을 만한 성질을 가지고 있으면서도 호감을 사지 못하는 사람도 많고, 별 재능도 없으면서 호감을 사는 사람도 많다. 왜냐하면 한쪽은 자기와는 다른 것으로 보이기를 바라고 다른 한쪽은 보이는 그대로의 인간이기 때문이다. 요컨대 우리들이 그 어떤 장점과 단점을 태어났다 하더라도, 자기의 신분과 용모에 어울리는 모습과 어조, 태도와 감정을 가지고 있을수록 사람들로부터 호감을 사고, 거기에서 멀어질수록 사람들로부터 혐오를 받게 된다.

대화에 대해서

이야기를 주고받으면서 즐거움을 느끼는 사람이 이렇게도 적은 이유는,

누구나 상대방의 말보다 자기가 하고 싶은 말에 더 관심을 쏟기 때문이다. 자기의 말을 상대방이 들어 주기를 바란다면 상대방의 말도 들어 주어야 한다. 상대방에게도 들어 주는 권리, 비록 하찮은 일이라도 말할 권리를 남겨 주어야 한다. 상대방의 말에 반대한다든가 이야기를 도중에서 가로막아서는 안 되며, 반대로 상대방의 지성과 취미를 이해해 주고 말도 잘 이해한다는 뜻을 알려 주어야 한다. 상대방이 관심을 쏟고 있는 화제에 대해 이야기해 주고 칭찬해 줄 것은 칭찬해 주되, 환심을 사기 위한 칭찬이 아니라 감탄에서 오는 칭찬임을 상대방이 알 수 있게끔 해 주어야 한다. 쓸데없는 이의를 제기한다든가, 필요없는 하찮은 질문을 던져 본다든가, 상대방보다 자기 쪽이 옳다고 생각하는 것을 눈치채게 해서는 안 되며, 일의 옳고 그름을 결정하는 마지막 판단은 가벼운 마음으로 상대방에게 양보해 주는 것이 좋다. 이야기 상대의 기질이나 흥미에 따라서, 좀 점잖지 않은 것, 부담감을 주지 않는 것, 또 다소간 진지한 것도 말해 주어야 한다. 그리고 자기가 말한 것에 곧 찬동을 구한다든가 대답을 강요해서는 안 된다. 여기까지 예의를 갖추고 난 다음부터는 자기의 의견을 말해도 무방하다. 그러나 그것이 편견에 사로잡힌 것이어서는 안 되고 외고집이 되어서도 안 되며, 이쪽으로서는 그저 상대방의 의견에 자기의 의견이 뒷받침되기를 바라고 있다는 것을 알 수 있도록 하는 것이 좋다.

자기에 관한 일을 길게 늘어놓는다든가, 자주 예로 끄집어내는 일은 피해야 한다. 이야기 상대의 경험과 역량에 신경을 쓸수록 좋다. 그렇게 함으로써 비로소 가장 지성이 풍부한 사람과도 접촉이 가능하게 된다. 또한 되도록이면 '이것은 당신에게 배운 겁니다' 하는 표정을 지으면서 상대방의 생각에 자기의 생각을 일치시킬 수도 있는 것이다. 화제를 고갈시키지 않도록 조심해야 되며 그칠 사이 없이 상대방에게 무엇인가 생각해야 할 일, 말해야 할 일을 제공해 주는 것도 멋진 방법이다.

절대로 오만한 말투로 이야기해서는 안 되며, 필요 이상으로 과장된 말이나 말투는 삼가야 한다. 자기의 의견이 이치에 맞는 것이라면 그것을 굽힐 필요까지는 없으나, 그것을 고집하는 나머지 상대방의 감정을 해친다든가, 상대방의 말에 화를 내서는 안 된다. 언제나 회화의 중심인물이 된다든가, 빈번이 같은 화제를 되풀이해 이야기하는 것도 좋지 않다. 어떤 화제든 그것이 즐거움을 주는 것이라면 서슴지 말고 대화에 끼어도 좋다. 자기가 내놓은 화제 쪽으로만 대화를 이어가려고 하는 태도는 결코 바람직하지 않다.

아무리 품위가 있고 멋진 회화라도, 그것이 모든 사람에게 똑같이 받아들여지는 건 아님을 염두에 두어야 한다. 각 개인에게 적합한 회화를 선택해야만 하며, 말할 시기도 가려야 할 것이다. 그런데 말을 잘하는 것도 무척 어려운 일이지만, 침묵을 지키는 것도 못지않게 어려운 일이다. 침묵은 뛰어난 웅변일 수 있다.

때로는 침묵이 찬성도 비난도 된다. 조소하는 침묵이 있는가 하면 존경하는 침묵도 있다. 요컨대 우리들의 모습과 말투와 태도가 회화를 즐겁게도 만들고, 시시하게도 만들고, 부드럽게도 하고, 각박하게도 만든다. 그리고 이것을 능숙하게 구사하는 비결은 극히 적은 수의 사람에게만 주어져 있다. 그러한 것에 대해 규칙을 만들어 낸 사람들까지도 때로는 실수를 한다. 나의 의견으로는 가장 안전한 대화법이라는 바꿀 수 없는 규칙 따위는 갖지 않을 것, 멋진 말을 하려고 애쓰는 것보다 마음놓고 여유를 가질 것, 듣는 편이 되어 너무 자주 입을 열지 말 것, 그리고 절대로 무리하게 애쓰며 말하지 말 것 등이다.

신뢰에 대해서

솔직과 신뢰 사이에 서로 연관성이 있다고는 하지만, 둘은 여러 가지 점에서 다르다. 솔직하다는 것은 마음을 터놓고 있는 그대로의 자기를 보여 주는 것을 말한다. 그것은 진실을 사랑하고 탈을 쓰는 것을 싫어하는 마음이다. 자기의 결점을 보상받고 싶다는 마음, 적어도 그것을 고백함으로써 결점을 덜어 보고 싶다는 마음이다. 신뢰란 그렇게 여유로운 것은 아니다. 그 규칙은 훨씬 융통성이 없다. 거기에는 훨씬 신중함과 자제심이 요구되므로 우리들은 그것을 적당히 다루어선 안 된다. 신뢰라는 것은 우리만의 문제가 아니다. 보통 우리의 이해관계는 타인의 이해와 얽혀 있다. 신뢰에는 상당한 공정함이 필요하다. 그렇지 않으면 자기를 맡겼는데도 친구를 잃고 마는 결과를 가져올지도 모른다. 자기가 부여한 값어치를 비싸게 끌어올리려고 하다가 도리어 친구의 호의를 다른 사람의 손에 넘기고 마는 결과가 될 가능성도 없지 않다.

신뢰는 그것을 받는 사람을 언제나 기쁘게 한다. 그것은 우리들이 상대방의 가치에 바치는 공물(貢物)이기도 하며 상대방의 성의에 내맡기는 공탁물(供託物)이기도 하다. 상대방에게 우리에 대한 권리를 주고, 우리가 스스로 행동을 구속당하고 일종의 예속 관계를 맺는다는 보장인 것이다. 내가 이런 말을 늘어놓으며 신뢰를 파괴하려는 것은 결코 아니다. 신뢰는 교제나 우정을 맺는 역할을 하는 것이므로 인간 상호간에 없어서는 안 된다. 다만 나는 거기에도 한계를 두어 그것을 깨끗하고 성실한 것으로 하라고 말하는 것뿐이다. 신뢰는 항상 진실하고 분별이 있어야 하며 약점이나 이해 관계가 없기를 바랄 뿐이다. 그러나 나는 친구로부터 신뢰를 받는다든가, 친구를 신뢰한다든가 하는 경우, 언제나 올바른 한계를 지킨다는 것이 얼마나 어려운 일인지 잘 알고 있다.

사람이 속마음을 털어놓는 것은 대개의 경우 허영심에서 비롯되거나, 상대방으로부터 신뢰를 얻고 싶어서, 아니면 비밀을 교환하고 싶어서이다. 우리가 신뢰를 얻고 있어도 우리가 신뢰하기 어려운 사람도 있다. 그런 사람에 대해서는 상대방의 비밀을 지켜 주고 대단치 않은 이야기를 털어놓는 정도로 끝내면 된다. 또 그런 사람과는 달리 성실하기로 정평이 있고 우리를 위해서는 무슨 수고도 아끼지 않는 유달리 신뢰할 만한 사람도 있다. 이런 사람에 대해서는 우리의 일을 무엇 하나 숨길 것 없이 진짜 있는 그대로의 모습을 보여 주는 것이 좋다. 우리의 장점이든 단점이든 과장할 필요도 없으며, 또 깎아내릴 필요도 없다. 그들에게는 중간에서 적당히 얼버무리는 마음 속 비밀 이야기는 절대로 하지 말아야 한다. 그러면 이야기하는 쪽도 난처할 뿐더러, 듣는 쪽도 대개의 경우 만족하지 못하기 때문이다. 마치 숨겨 두고 있었던 일에 막연한 빛을 비추며 상대방의 호기심을 자극하는 결과가 된다. 이렇게 되면 상대방은 좀더 깊이 알고 싶어질 것이 뻔하다. 결국 자기 혼자 짐작하여 알아낸 비밀을 써먹어도 좋다고 생각해 버린다. 일단 말을 끄집어 냈다가 도중에서 입을 다무는 것보다 처음부터 아무 말도 하지 않는 편이 안전하고 믿음직스럽다.

우리들이 들은 비밀에 대해서는 지켜야 할 규율이 있다. 즉 그 비밀이 중대하면 중대할수록 신중하게 성의를 가지고 대해야 한다. 비밀을 누설해서는 안 된다는 점을 인정하지 않는 사람은 없을 것이다. 그러나 그 비밀의 성질과 중대성에 대해서는 모두 다 같은 생각을 가지고 있다고는 말할 수 없다. '이것을 입 밖에 내도 괜찮을까, 침묵을 지켜야 하는 것일까?' 대개의 경우 자기 자신밖에 의논할 상대가 없다. 언제나 어떤 경우에도 지켜야 할 비밀이란 그리 많지 않으며 비밀을 누설해서는 안 되겠다는 조심성은 그리 오래 지속되지 않는다.

인간은 성실한 친구들과 친밀한 관계를 맺는다. 그들은 언제나 우리에게 숨김없이 속이야기를 해 주었고, 우리도 그들에게 같은 태도로 대해 왔다. 그들은 우리의 성벽이나 교우 관계도 잘 알고 있고 가까운 거리에서 우리들을 지켜봐 왔으므로 조그마한 변화에 대해서도 빼놓지 않고 알고 있다. 우리가 아무에게도 말하지 않겠다고 약속한 문제를 그들이 딴 데에서 듣고 오는 수도 있다. 그러나 우리들이 다른 사람으로부터 들은 비밀 이야기를 가령 그들이 알고 싶어해도 그들에게 말해서는 안 된다. 그런데 우리들은 자신과 마찬가지로 그들을 신뢰하고 있다. 그래서 이런 경우 우리들은 자기에게 있어서는 무엇과도 바꿀 수 없는 우정을 잃어버리든가, 아니면 비밀을 지킨다는 신의의 입장을 취하든가 하는 실로 잔인한 이율배반에 몰리게 된다. 이런 입장은 확실히 성실함을 존중하는 사람에 있어서는 가장 쓰라린 시련이 아닐 수 없으나, 그래도 신사를 자처하는 사람이라면 이런 일로 동요해서는 안 될 것이다. 이때야말로 그런 사람에게, 상대방보다 자기 입장에 우선권을 주는 일이 허용된다. 그의 첫째 의무는 무슨 일이 있어도 위탁된 것을 그대로 보유하고 그 결과 따위는 추측하지 않는 것이다. 말이나 말투에 각별히 조심할 것은 물론, 억측을 하는 것도 조심하고 말이나 태도에도 자기가 말하고 싶지 않은 것을 조금이라도 상대방에게 비치는 일이 있어서는 안 된다.

우리 친구들의 대부분은 우리들로부터 신뢰를 받는 것이 당연하다고 생각하고 있으며, 우리들로부터 그 무엇이든 들을 수 있다고 우쭐대고 있다. 이것에 대항하기 위해서는 힘과 조심성이 필요하다. 그들에게는 무엇이든 알 권리 같은 것은 결코 넘겨주지 말아야 한다. 그들의 권한 밖의 사건이나 사정도 있는 것이다. 그들이 불평을 늘어놓는다 해도 들어 줄 필요가 없다. 완곡한 방법으로 자기 입장을 설명해 두는 것으로 족하다. 아무리 해도 그들이 이해를 해주지 않는다면 의리를 위해서 우정을 희생시킬 수밖에 없다. 이 피할 수 없는 두 개의 불행 가운데서 어느 한쪽은 나중에라도 정리가 가능하나 다른 한쪽은 영영 돌이킬 수 없다.

사랑과 바다에 대해서

사랑과 그 변덕스러움을 표현하려고 했던 사람들은 그것을 흔히 바다에 비유했다. 더 이상 아무것도 덧붙일 것이 없는 완전한 비유이다. 둘 다 모두 변하기 쉬워 믿을 수 없고, 좋은 점과 나쁜 점이 수없이 많다. 가장 안전한 항해에도 수많은 위험이 기다리고 있으며, 언제나 폭풍우와 암초에 신경을 써야 하며, 때로는 항구 안에서도 배가 난파된다. 그런데 이렇게 희망도 두려움도 빈틈없이 그려 보여 준 그들까지도, 지칠 대로 지쳐 맥이 빠져 버린 사랑에 대해선 침묵한다. 적도상에서 볼 수 있는 폭풍 전의 지루하기 짝이 없는 잔잔함과 얼마나 비슷한지 가르쳐 주지 않는다. 사람은 긴 항해에 지쳐 빨리 그것이 끝나기를 바란다. 육지가 보이지만 거기까지 실어다 줄 바람이 없다. 몇 해 동안의 피로가 한꺼번에 겹쳐 온다. 병이나 쇠약으로 움직이기조차 힘들다. 물도 먹을 것도 부족하고 맛도 변해 버린다. 무언가 새로운 것에 구원을 청하며 기분을 돌리려고 한다. 그러나 별 뾰족한 수가 없다. 낚시질이라도 해본다. 몇 마리의 고기는 잡히지만 그것으로 기분전환이 되는 것도 아니고, 영양이 보충되는 것도 아니다. 눈에 띄는 모든 것에 싫증이 나고 언제나 같은 생각이 머릿속을 빙빙 돌며 따분하기만 하다. 그러나 아직 살아 있다. 사는 것이 싫어서 죽을 지경이다. 이 고되고 견딜 수 없는 상태에서 한시바삐 탈출하고 싶은 의욕이 용솟음치는 것을 기다리고 있다. 그러나 용솟음친들 그땐 이미 약해져버린 마음에 아무런 도움도 될 수 없다.

모범에 대해서

좋은 모범과 나쁜 모범 사이에는 하늘과 땅 사이의 차이가 있지만, 그 어느 쪽이든 좋지 않은 결과를 가져올 뿐이다. 티베리우스*13와 네로*14의 죄가 과연 우리를 악덕으로부터 멀리하게 할까. 또 위대한 인물들의 훌륭한 모범이 우리를 미덕에 가까이 가게 할까. 나는 의심한다. 알렉산드로스의 무용담은 그 얼마나 많은 허풍선이를 낳게 했었던가!

카이사르의 영광은 조국의 반역을 얼마나 많이 정당화했었던가! 로마나 스파르타는 얼마나 그 야만적인 용기를 찬양했었던가! 디오게네스*15는 얼마나 많은 골칫거리 철인(哲人)들을 낳아 놓았으며, 키케로*¹⁶는 얼마나 많은 수다쟁이를, 폼포니우스 아티쿠스*¹⁷는 얼마나 많은 물에 물탄 듯한 게으름쟁이들을, 마리우스*¹⁸와 술라*¹⁹는 얼마나 많은 양심 깊은 사람들을, 루쿨루스*²⁰는 얼마나 많은 음탕한 자들을, 알키비아데스*²¹와 안토니우스는 얼마나 많은 방탕아들을, 카로는 얼마나 많은 고집쟁이들을 저마다 이 세상에 낳아 놓았던가! 모든 이들의 위대한 원형(原型)은 무수히 많은 좋지 않은 모범을 만들어 냈다. 미덕은 악덕과 경계를 이루고 있다. 이런 모범은 때로 우리들을 그릇되게 인도하는 길잡이가 된다. 더욱이 우리들도 허위로 가득 차 있기 때문에 이런 길잡이에 의존하여 미덕의 길을 찾는 것보다 이것을 멀리하는 편이 더 낫다.

질투의 미덥지 못함에 대해서

자기 질투에 대해서 이야기를 끄집어 낼수록, 지금까지 마음에 들지 않았던 점이 이번에는 다르게 보이게 된다. 아주 작은 일을 계기로 보는 각도가 달라지고, 뭔가 새로운 것이 발견된다. 이렇게 새로 발견된 것이, 지금까지 충분히 보고 충분히 생각했었다고 여기던 것을 다시 한 번 새로운 견지에서 보게 한다. 어떤 생각에 매달리려고 한다. 그러나 매달릴 만한 것은 아무것도 없다. 서로 대립되는 것, 서로 모순되는 것이 한꺼번에 나타난다. 밉기도 하고 사랑스럽기도 하다. 미워하며 사랑하고, 또 사랑하며 미워한다. 모든 것을 믿고 있다. 그러나 한편으로 모든 것을 의심하고 있다. 또한 믿었던 것도, 의심했던 것도 부끄럽게 여기고 후회한다. 항상 자기 생각을 결정하려고 하지만 아무리 해도 결론을 끄집어 낼 수가 없는 것이다.

시인 같으면 이런 사념을 시지프*²²의 고뇌에 비교할 것이다. 왜냐하면 이런 경우 우리들도 역시 고되고 험한 길에서 헛되이 큰 바윗덩어리를 밀어올리고 있는 것이니까. 산꼭대기가 보인다. 거기까지 기어오르려고 한다. 때로는 정상에 도착할 것처럼 느껴진다. 그러나 영원히 갈 수 없다. 우리들은 자기가 바라고 있는 일이 이루어질 수 있다고 생각할 정도로 기쁘거나, 또 자기가 제일 두려워하고 있는 일이 일어나지 않으리라고 믿을 정도로 여유가 있는 것도 아니다. 우리는 언제까지나 모호한 상태에 놓여 있다. 우리 앞에는 행복과 불행이 차례차례로 그 모습을 나타내지만 우리로서는 그것을 잡을 길이 없다.

사랑과 인생에 대해서

사랑은 인생의 영상이다. 그 어느 쪽에도 같은 변화가 있다. 어느 쪽이나 싹이 돋을 때는 기쁨과 희망에 가득 차 있다. 젊었으니 행복하고, 사랑하니까 행복한 것이다. 그러나 이렇게 즐거운 때도 우리는 또 다른 행복을 누리고 싶어서 더 확실한 것을 바라게 된다. 다만 살고 있다는 것만으론 만족하지 못하고 출세와 성공을 바란다. 그래서 유력한 사람의 보호를 찾게 되고 그들의 손발이 되어 움직인다. 자기가 눈독을 들이고 있는 것에 누군가 다른 사람이 눈독을 들이면 참지 못한다. 이런 경쟁심에는 많은 근심과 노고가 수반되기 마련이다. 그래도 일단 출세하고 나면 그 기쁨으로 이전의 고통은 다 없어지고 만다. 이렇게 되면 모든 정열도 기쁨에 가득 차서 만족하기 때문에, 머지않아 이것이 더 이상 행복으로 느껴지지 않게 된다는 걸 그때는 조금도 예상하지 못한다.

이런 행복이 오래 지속되는 일은 절대로 없다. 신선한 정취가 그리 오래 계속될 수는 없기 때문이다. 바라던 것이 일단 손에 들어오면 또 다른 것을 탐낸다. 우리들은 자기 손 안에 넣은 것에는 무엇이든 익숙해지고 만다. 같은 행복이 언제까지 같은 가치를 유지하지 못한다. 언제까지나 같은 맛을 낼 수는 없는 것이다. 우리들은 모르는 사이에 조금씩 변해 가고 있다. 우리들이 손에 넣은 것은 우리들의 일부분이 되어 그것을 잃어버리면 몹시 슬퍼하지만 그것을 가지고 있다는 기쁨은 더 이상 느끼지 않게 된다. 그 기쁨도 이미 둔화되어 지금까지 그토록 바라던 것과는 다른 방면에서 기쁨을 찾기 시작한다. 우리들의 의지로는 어찌할 수 없는 이런 변심은 시간이 지남에 따라 생기는 자연스런 결과이다. 시간은 우리의 뜻과 관계없이 우리의 목숨과 사랑까지 줄어들게 한다. 날마다 조금씩 젊음과 쾌활함을 지워 없애고 무엇과도 바꿀 수 없는 매력을 파괴하고 만다. 사람은 우쭐해지고 정열뿐만 아니라 사업욕까지 품게 된다. 이렇게 되면 이미 사랑만으로는 충분할 수 없어 다른 것의 힘을 빌리게 된다. 사랑도 여기까지 오면 쇠퇴기에 들어간다. 어느 때쯤 그만둘 것인가, 조금씩 앞이 보이기 시작한다.

그러나 자기 스스로 명확하게 마침표를 찍을 만한 판단력도 없다. 누구나 쇠퇴기에 접어들면 인생의 노년기와 마찬가지로 앞으로 맛보아야 할 어려움에 미리 대처하는 결심이 서기 어렵다. 이렇게 되면 사람들은 고통을 맛보기 위해 살아가는 것이다. 결코 기쁨을 맛보기 위해서가 아니다. 너무 오래 살고 있으면 언제나 병이 붙어 다니는 것과 같이 사랑의 노년기에도 질투와 불신과 싫증이 나지 않을까 하는 두려움, 버림받지 않을까 하는 걱정, 이런 고뇌가 늘 붙기 마련이다. 여기까지 오면 자기가 살고 있다고 느끼는 것은 자기의 병을 의식할 때뿐이다. 이것과 같이 사랑을 하고 있다고 느끼는 것은 사랑의 여러 가지 고통을 알 때뿐이다. 끈질기게 지속되는 인연으로부터 빠져나오기 위해서는 언제까지나 집착을 버리지 못하는 자신을 원망하고 슬퍼하는 것 이외에는 별 도리가 없다. 아무튼 모든 조락(凋落) 가운데서 사랑의 싫증만큼 견디기 어려운 것은 없다.

취미에 대해서

취미보다 지성이 풍부한 사람이 있는가 하면, 반대로 지성보다 취미가 풍부한 사람이 있다. 그러나 다양하고 색다른 점이 많은 것은 지성보다 취미이다.

취미라는 말에는 여러 가지 의미가 있어서 좀처럼 그 뜻을 알기 어렵다. 우리가 사물을 좋아하는 취미와, 어떤 법칙에 따라서 사물의 가치를 알고 식별하는 취미는 다른 것이다. 연극을 올바르게 평가하는 날카롭고 섬세한 감식안이 없어도 연극을 좋아할 수는 있다. 또 연극을 좋아하지 않더라도 올바른 감식안을 가지고 이것을 평가할 수도 있다. 눈앞에 나타나는 것에 우리를 서서히 접근시키는 취미도 있는가 하면, 강력한 힘과 연속성으로 우리를 이끌어들이는 취미도 있다. 무슨 일에나 잘못된 취미를 가지고 있는 사람들이 있는가 하면 어느 특정한 일에만 잘못된 취미를 가지고 있는 사람들도 있다. 이런 사람들은 자기 능력이 미치는 범위 안에서는 잘못이 없는 올바른 취미를 가진다.

그런가 하면 독특한 취미를 가지고 있는 사람들도 있다. 그들은 그것이 나쁘다는 것을 알면서도 도저히 그것을 버리지 못한다. 개중에는 취미가 일정하지 않아서 그때 그때 변하는 사람도 있다. 이런 사람은 가볍게 취미를 바꾸고 친구들의 말에 따라 즐거워하기도 하며 권태로워하기도 한다. 또 취미에 대해서 언제나 선입감에 굳어져 있는 사람들도 있다. 그들은 자기 취미의 노예가 되어 무슨 일에나 자기가 좋아하는 것 이외의 사물을 보는 눈이 없다. 또 좋은 것에는 민감하고 좋지 않은 것에는 가혹한 사람들도 있다. 그들의 눈은 명쾌하고 정당하다. 그들은 자기 취미의 근거를 지성과 분별에 두고 있다.

또 개중에는 자기도 그 원인을 모르는 일종의 본능으로, 눈앞에 닥친 문제의 좋고 나쁨을 결정하고 언제나 판단을 그르치지 않는 사람들도 있다. 이런 사람들이야말로 지성보다 취미를 발휘하는 사람들이다. 그것은 그들의 자기애나 기질이 타고난 지혜를 방해하지 않기 때문이다. 그들의 정신에 있어서는 모든 것이 힘을 합쳐 움직이고 모든 것이 같은 빛깔을 띤다. 이런 조화가 그들로 하여금 사물에 대한 건전한 판단을 내리게 하고 올바른 생각을 가지게 한다. 그러나 타인의 취미에 좌우되지 않는 확고한 취미를 가지고 있는 사람은 많지 않다. 대부분의 경우는 선례와 습관에 따르며 자기의 취미라고는 하지만 그것은 거의 모두 빌려 온 것에 불과하다.

지금까지 온갖 종류의 취미에 대하여 말해 왔으나 저마다 올바른 평가가 가능하고, 그 값어치를 구석구석까지 샅샅이 알고, 어느 것에도 잘 맞는 훌륭한 취미란 극히 드물며 거의 불가능하다. 우리들의 지식에는 한계가 있다. 올바른 판단을 내릴 수 있는 몇 가지 장점을 적절하게 배합하는 기술은 직접 관계가 없는 일에 한해서만 가능하다. 자기 일이 되면 우리들의 취미는 반드시 있어야 할 공정함을 잃고 만다. 선입견이 앞서기 때문에 취미를 흐리게 만든다. 우리에게 관계가 있는 것은 모두 다른 모양으로 보이게 된다. 자기에게 관계가 있든 없든 똑같은 눈으로 볼 수 있는 사람은 없다. 이렇게 되면 취미는 자기애와 기분에 끌려 우리에게 새로운 것을 보는 방법을 가르쳐 주며, 우리를 한없이 변하게 하고 불안정하게 만든다. 취미는 이쯤되면 벌써 우리의 취미가 아닌 것이 되고 감당하기 어렵게 된다. 우리의 동의도 얻지 않고 취미가 바뀌며 같은 대상이 여러 가지 다른 측면에서 보이게 되기 때문에 드디어는 자기가 전에 본 것과 느꼈던 것을 잊어버리고 만다.

인간과 동물의 유사점에 대해서

동물에도 여러 종류가 있듯이 인간에도 여러 종류가 있다. 어떤 종류의 인간과 다른 종류의 인간과의 차이는 동물들의 종류의 차이와 다를 게 없다. 죄 없는 사람의 피와 목숨을 빨아 먹고 사는 자가 얼마나 많은가! 어떤 자는 마치 호랑이처럼 사납고 잔인하며, 어떤 자는 사자처럼 약간 아량이 있어 보인다. 어떤 자는 곰처럼 거칠고 탐욕스럽기만 하고, 어떤 자는 늑대처럼 약탈을 좋아하고 무자비하다. 또 어떤 자는 마치 여우처럼 간계에 능하고 사람을 속이며 살고 있다.

개를 닮은 사람들이 이 세상에는 얼마나 많은가! 그들은 친구들을 쉽게 팔아넘기기도 한다. 어떤 자는 자기에게 먹이를 주는 사람을 기쁘게 하려고 사냥을 한다. 어떤 자는 언제나 주인 뒤를 따라다니고, 어떤 자는 집을 지킨다. 개중에는 사냥견도 있어서 용맹을 자기 생명으로 알고, 전투를 일과로 삼으며 그것을 유일한 자랑으로 삼고 있는 것도 있다. 광포하다는 것밖에는 아무것도 쓸모가 없는 불도그(bulldog)라는 것도 있다. 잘 짖고 때로는 물어뜯기도 하지만 그다지 유용한 가치가 없는 것들도 있다. 또한 전문적으로 정원만을 지키는 개*23도 있다.

우스꽝스러운 몸짓으로 사람을 곧잘 웃기고 잔꾀를 부리며 항상 나쁜 장난만 하는 원숭이 종류도 있다. 겉모습만은 아름답지만 노래를 부르면 아주 엉망이고 자기 집을 즐겨 때려부수는 공작의 종류도 있다.

지저귀는 소리와 날개의 빛깔밖에는 자랑할 만한 것이 없는 새들도 있다. 언제나 지껄이고 있지만 자기도 무슨 말을 하는지 모르는 앵무새가 이 세상에는 또 얼마나 많은가! 훔칠 기회만을 엿보기 위해 길러지고 있는 까치와 까마귀가 또 얼마나 많은가! 약탈만으로 살아나가고 있는 맹수 종류가 얼마나 많이 살고 있는가! 그런가 하면 다른 동물의 먹이밖에는 못되는 온순하고 얌전한 동물도 또 얼마나 많은가!

경계하는 데에는 두 번째 가라면 서러워하고 심보가 고약하고 배은망덕하면서도, 벌레조차 죽이지 못하는 성격을 가진 고양이가 있다. 혓바닥에는 독이 있지만 쓸모가 있는 살무사도 있다. 거미, 파리, 빈대, 벼룩 따위의 정말 불쾌하기 짝이 없는 족속들도 있다. 보기만 해도 흉칙스럽고 몸 전체가 독기로 차 있는 두꺼비도 있다. 밝은 곳을 무서워하는 올빼미도 있다. 살아나가기 위해 땅 밑에서만 생활하는 동물은 또 얼마나 많은가! 필요할 때는 혹사 당하고 쓸모가 없어지면 간단히 버림받는 말도 얼마나 많은가! 자기에게 멍에를 메운 자를 부자로 만들어 주기 위해 온 생애를 바쳐 일만 하는 소가 있는가 하면, 일생을 노래만 부르고 사는 매미도 있다. 무엇에나 겁을 먹는 들토끼가 있는가 하면, 겁을 먹고 있다가 순식간에 명랑해지는 집토끼도 있다. 음란함과 더러움 속에서만 사는 돼지, 동족을 배신하고 그물 속으로 끌어들이는 미끼로 쓰이는 집오리, 썩은 고기나 시체밖에 건드리지 않는 까마귀와 독수리가 얼마나 많은가! 한 곳에서 다른 곳으로 오가며 수많은 위험에 몸을 맡기고 살아가는 철새는 또 얼마나 많은가! 항상 좋은 날씨가 아니면 곤란을 겪는 제비, 경솔하고 때로는 무모하기 짝이 없는 풍뎅이, 불을 사모하는 나머지 자기 몸을 스스로 태우는 하루살이의 종류도 그 얼마나 많은가!

자기들의 우두머리를 떠받들고 규율을 지키며 부지런하게 살아가는 꿀벌은 또 얼마나 많은가! 그런가 하면 떠돌아다니면서 하는 일도 없이 꿀벌에 얹혀서 살아가려는 못된 심보의 무늬말벌은 또 얼마나 많은가! 장래를 내다보고 절약하며 무엇이나 규모 있게 사는 개미, 불쌍한 모습을 가장하고 언뜻 방심하고 있는 사람만 보면 먹어 버리려고 덤벼드는 악어는 또 얼마나 많은가! 또한 자기의 힘을 모르기 때문에 예속된 생활을 하고 있는 동물은 얼마나 많은가!

이런 성질들은 모두 인간에게서도 찾아볼 수 있다. 그리고 위에 말한 바와 같이 동물들이 서로에게 끼치는 영향을 인간사회에서도 모두 볼 수 있다.

여러 가지 병의 원인에 대해서

여러 종류의 병은 갖가지 정념이나 마음의 수고가 그 원인이다. 황금시대*24에는 정념도 마음의 수고도 없기 때문에 병도 없었다. 여기에 이어 등장한 백은(白銀)시대도 아직 순결함이 남아 있었다. 청동시대에 접어들어 정념과 마음의 수고가 발생하기 시작했으나 아직은 약하고 가벼운 것이었다. 그러나 흑철(黑鐵)시대에 들어서자 그것들은 드디어 그 맹위를 떨치기 시작하였고, 몇 세기 동안 여러 종류의 병을 퍼뜨려 인간을 고통스럽게 만들었다. 야심은 격렬하고 광적인 열병을 낳게 했고, 선망은 황달과 불면증을 낳게 했다. 지능의 마비 상태나 중풍이나 전신쇠약 같은 병은 게으름에서 오는 것이고, 노여움은 호흡곤란 및 혈압항진 또는 흉부질환을 낳았다. 공포는 심장고동병 및 인사불성을 일으켰으며, 허영은 정신병을 낳았다. 인색은 두부 백선(白癬)이나 옴을, 비탄은 괴혈병을, 그리고 잔인함은 결석을 낳았다. 중상이나 욕지거리는 홍역과 천연두와 자반병(紫斑病)을 유행시켰으며, 탈저(脫疽)와 페스트와 광견병은 질투가 일으킨 병임에 틀림이 없다. 뜻하지 않은 치욕을 당하면 졸도를 일으키고 소송은 편두통이나 정신착란을 일으킨다. 빚을 지면 바싹 마르는 열병에 걸린다. 결혼의 권태는 나흘 주기의 열을 나게 하고, 애인끼리 싫증이 났는데도 헤어지지 않으면 신경쇠약에 걸린다. 그런데 상사병은 다른 병 모두를 합친 것보다 더 쓰라린 것이지만, 그것을 말로써 표현한다는 것은 불가능하다. 사랑은 인생에서 가장 큰 즐거움이 될 수 있는 것이므로, 욕 따위는 하지 말고 입을 다물고 있는 편이 좋다. 사람은 항상 사랑을 두려워하고 공손한 태도로 대해야 한다.

거짓에 대해서

인간은 각양각색의 거짓을 행한다. 실제의 자기와 다르게 보이려고 속이려는 사람이 있다. 또는 이것보다 정직한 편이지만 타고난 거짓말쟁이여서 자기 자신을 속이고 사물을 있는 그대로 보지 않는 사람도 있다. 그리고 정신은 공명정대하지만 취미가 이상한 사람도 있다. 이와 반대로 정신은 그릇되지만 취미 쪽은 그런 대로 쓸 만한 사람도 있다. 끝으로 취미나 정신이나 조금도 거짓의 그림자가 없는 사람도 있다. 이런 사람은 퍽 드물다. 그 까닭은 정신이나 취미의 어딘가에 조금씩 거짓의 부분을 안 가진 사람은 거의 없기 때문이다. 이와 같이 누구나 거짓에서 벗어날 수 없는 이유는 우리의 성질이 불확실하고 모호하기 때문이며, 우리들의 견해도 역시 그와 같기 때문이다. 인간은 사물을 있는 그대로 정확하게 보지 않는다. 사실보다 더 높게 아니면 얕게 보기를 좋아하고, 사물을 있는 그대로의 모습으로 받아들이기를 거부하여, 우리들의 신분이나 성품에 알맞게 받아들이지 않는다. 이 잘못이 취미나 정신에 수많은 거짓을 불러온다. 자기애는 눈앞에 있는 것이 좋아 보이면 그것에 당장 덤벼든다. 그러나 우리들의 허영심이나 기분을 자극하는 좋은 것이란 얼마든지 있으므로 우리들은 익숙해져서 가벼운 기분으로 그것을 좇는다. 타인이 좇으니까 자기도 좇는 것이다. 사람이란 누구나 다 똑같은 감정을 가지고 있을 수는 없다든가, 그 감정이 그 사람에게 얼마만큼 잘 어울리느냐 하는 것에 따라서 집착의 정도도 다를 수밖에 없다든가 하는 그런 것들을 조금도 고려하지 않는다.

인간은 정신이 이상하다는 것보다 취미가 이상하다는 말을 더 걱정한다. 스스로 신사라고 생각한다면 칭찬할 것은 솔직하게 칭찬하고, 따를 것은 따르고, 무슨 일에나 자기를 앞세우지 않는다. 그러기 위해서는 절도와 공정함의 날카로운 감각이 있어야 한다. 일반적으로 좋은 것과 자기에게 좋은 것의 구별을 할 줄 알아야 한다. 게다가 우리들에게 어울리는 것으로 우리들을 이끌어가는 자연의 추이(推移)에 거역하지 않도록 노력해야 한다. 만약 사람들이 자기 자신의 재능만으로, 또한 자기의 의무를 지키는 것만으로 남보다 뛰어난 사람이 되려고 한다면, 그들의 취미나 행동에는 무엇 하나 거짓이 없을 것이다. 그들은 자기의 있는 모습 그대로를 보일 것이다. 사물을 자기의 지식에 의해 판단하고 자기의 이성에 의해 처리할 것이다. 그들의 견해나 애정도 타당한 것이 될 것이다. 그들의 취미는 진실하며, 타인에게서 빌려 온 것이 아닌 그들 자신의 것이 될 것이다. 그들은 바로 이것이다, 하고 그 취미를 선택하며, 관습이나 우연에 의해 선택하는 일은 없을 것이다.

칭찬할 만한 가치가 없는 것을 환영하는 일이 잘못이라면, 사람은 그것이 본디 좋은 것이라도 자기에게 맞지 않는 것으로 자기의 가치를 내보이는 일도 역시 잘못이라고 말할 수밖에 없다. 예컨대 사법관이 어떤 경우에 대담할 수도 있지만 용감하다는 것을 자랑한다면 그것은 잘못이다. 물론 이 사법관이 직책상 진압해야 할 폭동 사건에 대해서는 씩씩하고 침착해야 한다. 이것이 잘못이라는 말을 들을 걱정은 없다. 그러나 그가 결투를 했다고 한다면, 그것은 잘못이고 이상하게 여겨질 것이다. 여자가 학문을 좋아한다고 해서 조금도 나쁠 것이 없지만, 어떤 학문이라도 다 여자에게 적합하다고 말할 수는 없다. 학문에 따라서는 여자에게 어울리지 않는 학문도 있다. 그런 학문에 몰두한다면 그것은 잘못이다.

이성과 양식이 사물의 가치를 결정하는 것이어야 한다. 그 사물이 놓여 있어야 할 위치, 인정을 받아 마땅한 위치를 우리들의 감식안이 이성과 양식에 입각해서 정하는 것이라야만 한다. 그러나 대부분의 사람들은 이 평가와 지위를 잘못 보고 있다. 이렇게 잘못을 저지르는 원인은 우리들의 감식안이 진짜가 아니기 때문이다.

가장 위대한 왕이란 이 점에서 가장 빈번히 이런 종류의 잘못을 저지르는 사람들이다. 그들은 용기와 지식과 정사(情事)와 그 밖의 무엇이든, 하늘 아래 모든 사람이 앞을 다투어 하려는 일에 있어서 다른 사람들보다 뛰어나려고 애쓴다. 그러나 이런 것으로 다른 사람들보다 뛰어나려고 하는 취미는, 그 도가 지나치면 자기 몸에 안 어울리게 된다. 그들의 경쟁심을 다른 방향에서 찾지 않으면 안된다. 그들은 알렉산드로스를 본떠야 할 것이다. 그는 국왕만을 그의 경쟁상대로 삼았다. 즉 국왕은 국왕다운 능력만을 가지고 경쟁해야 한다고 똑똑히 밝혀 두어야 한다. 왕이 아무리 용감하고, 아무리 현명하고, 아무리 호감을 산다 해도, 이와 같은 뛰어난 능력을 자기와 마찬가지로 소유하고 있는 사람은 얼마든지 있을 것이다. 그들보다 뛰어나 보이려고 하는 욕망은 아무리 보아도 몸에 어울리지 않으며 또 그런 욕망이 이루어질 수 있는 가능성도 거의 없다. 그러나 그가 왕으로서의 본분에 전념하고, 인품이 높고 명장이며 대 정치가이고, 공정하고 관대하고 활발하며, 신하를 아끼고 그리고 나라의 영광과 평화를 사랑한다면, 그와 같은 고귀한 경쟁에서 이기려고 어깨를 겨누어 볼 만한 상대는 여러 나라의 왕을 빼놓고는 따로 없다는 것을 알게 될 것이다. 이런 올바른 의지에는 다만 진실하고 위대한 것만이 있을 것이며, 이런 뛰어나 보이려는 욕망에는 아무런 이상할 것이 없다. 이 경쟁심이야말로 왕에게 어울리고, 왕이 목표로 삼아야 할 참된 영광이다.

하늘과 운명이 만들어 내는 모범에 대해서

운명이란 정말 변덕스러운 것이지만, 그 운명이 변화와 변덕의 기질을 버리고 하늘에 협력하는 경우도 있다. 때로는 양자가 협력하여 비범하고 특이한 인물을 만들어 내어, 후세에 모범으로 삼는 일도 있다. 하늘은 여러 가지 재능을 부여하며, 운명은 이것을 사용하여 양자의 뜻대로 재능을 꽃피게 한다. 마치 양자는 위대한 화가의 수법을 흉내내어, 표현하고자 하는 완벽한 그림으로 꾸며 우리에게 보여 주려고 하는 것 같다. 양자는 우선 주제를 선택한다. 그리고는 자기들이 세운 계획의 실현에 몰두한다. 가문과 교육, 선천적 후천적 성질, 시대나 기회, 친구나 원수, 이런 것들을 설정한다. 여러 가지 미덕과 악덕, 성공과 실패를 크게 부각시킨다. 작은 일과 큰일을 뒤죽

박죽으로 섞어 놓는다. 그 배합 방법이 어쩌나 뛰어난지 인간의 행위와 동기도 항상 하늘과 운명의 뜻대로 그 형태를 이루고 빛깔이 되어 우리에게 나타난다.

하늘과 운명은 알렉산드로스의 일신에 얼마나 많은 온갖 재능을 부여해 주었으며, 그로 하여금 이 세상에 고귀한 영혼과 위대한 용기의 귀감을 얼마나 보여 주었던가! 위대한 가문, 그가 받은 훌륭한 교육, 젊음과 미모, 뛰어난 체질, 전쟁과 학문에 두루 적합한 정신력, 미덕의 가지가지, 아니 그 단점까지도, 그가 인솔한 작은 수의 군대에도 적을 놀라게 한 강한 힘, 그토록 멋진 짧은 생애, 그 죽음, 후계자들이 모든 것을 검토해 보면 이토록 많은 여러 가지 특성을 한 사람의 인간에게 집약한 운명과 하늘의 놀라운 기술에 누구나 감탄하지 않을 수 없을 것이다. 영토의 광대함보다도 개인의 자질이 더 위대한 젊은 정복자의 한 전형을 나타내 보이려고, 운명과 하늘이 그토록 이상한 사건의 가지가지를 배열하고 세상에 보인 특별한 배려를, 누구나 인정하지 않을 수 없을 것이다.

하늘과 운명이 카이사르에게 어떻게 작용했는가를 생각해 보면 거기에는 다른 계획이 있었음을 알 수 있다. 하늘과 운명은 카이사르에게 그토록 많은 용기와 관용과 너그러움, 탁월한 군사적인 천재성과 통찰력, 정신과 성격의 융통성, 뛰어난 웅변, 우아한 몸매, 전쟁과 평화의 양면에 걸친 천분을 집약해 부여했다. 게다가 하늘과 운명은 많은 시간을 소비하며 그토록 비범한 온갖 재능을 꾸며서 부여했다. 그리고 카이사르로 하여금 조국을 배신하여 그것들을 사용하게끔 만들었다. 이 모든 것은 우리들에게 세계 최대의 위인, 가장 이름 높은 왕위 찬탈자의 전형을 남기기 위해서가 아니었을까?

하늘과 운명이 카이사르를 탄생하게 한 곳은 세계의 패권을 다투고 있었던 공화국이었다. 그 나라는 이미 그 나라가 낳은 위대한 인물들에 의해서 굳혀지고 유지되고 있었다. 뿐만 아니라 운명은 그들 가운데에서도 가장 고명하고, 가장 강하고, 가장 무서운 존재들을 카이사르의 적으로 만들었다. 또한 운명은 한때 그를 가장 골치 아픈 적과 화해시키고, 그렇게 함으로써 그의 입신에 도움을 가져오게까지 했다. 얼마 되지 않아, 운명은 적을 현혹시켜 눈을 멀게 만들어 적으로 하여금 카이사르에게 싸움을 걸어오게 하고, 그리하여 카이사르를 오히려 최고의 지위에 올려놓았다. 운명은 카이사르에게 얼마나 많은 장애를 뛰어넘게 했었던가! 운명은 육지에서도 바다에서도 그에게 상처 하나 입히지 않고 얼마나 많은 위기를 모면하게 했었던가! 운명은 얼마나 오래도록 카이사르의 웅대한 포부를 밀어 주고, 폼페이우스*25의 의도를 때려 부쉈던가! 그토록 강력하고 자랑스럽고, 그토록 자유를 존중하는 로마인으로 하여금 운명이 얼마나 교묘하게 단 한 사람의 권력 밑에 굴복하게끔 이끌어 나가는가를 보여 주지 않았던가! 그뿐 아니라 운명은 카이사르의 죽음을 이용하여 그의 죽음이 그의 삶을 장식하는데 도움이 될 수 있게 해 주지 않았던가? 그토록 많은 예언자들의 경고도, 그 많은 천지 이변도, 처(妻)나 친구의 충고도 그의 몸을 지키지 못하고, 운명은 카이사르가 원로원에서 왕관을 쓰게 될 바로 그날을 택하여 그가 일찍이 목숨을 구해 준 사람들과 자기가 이 세상에 생명을 주어 내놓은 사람*26에 의해서 암살을 당하게 만들었다.

이러한 하늘과 운명의 협력이 카토*27처럼 뚜렷하게 나타난 사람은 없다. 하늘과 운명은 서로 협력하여 단 한 사람에게만 고대 로마의 수많은 미덕을 집약시키려고 노력했던 것만은 아니다. 카이사르의 미덕과 직접 대립시켜 같은 정도의 지성과 용기를 가진 이 두 사람이 같은 영광을 위해 한쪽은 왕위 찬탈자가 되고, 한쪽은 빈틈없는 시민의 모범이 되도록 운명은 만들어 준 것 같다. 나는 여기서 이 두 위대한 인물의 비교론을 펴자는 것은 아니다. 그 문제에 대해서는 이미 수많은 사람들이 여러 가지 말한 바 있다. 다만 나는 카토와 카이사르가 아무리 위대하고 걸출해 보인다 해도, 하늘과 운명이 두 사람을 서로 대립시키지 않았다면 이토록 그 두 사람의 모든 특성이 세상에 나타나서 찬연히 빛나지 못했을 것임을 말하고 싶을 따름이다. 기어이 이 두 사람을 같은 시대와 같은 국가에 태어나게 해서, 저마다 성격과 재능을 달리 만들어 국가와 가족의 이해에 있어서 서로 적대시하게 만들 필요가 있었던 것이다. 한쪽은 그 뜻이 웅대하기 이를 데 없고 야심도 끝이 없었다. 또 다른 쪽은 근엄하고 로마의 법을 지키고 자유를 무엇보다 소중히 여겼다. 두 사람이 모두 저명한 미덕을 가졌지만, 그 미덕은 이와 같이 다른 방향으로 발휘되었던 것이다. 한 마디 덧붙인다면 운명과 하늘이 두 사람 사이에 특별히 마련한 대비(對比)에 의해서 두 사람의 미덕은 더욱더 드러나게 되었다. 카토의 삶과 죽음에도 얼마나 많은 상황들이 질서있게 정리되어 늘어서 있는가! 로마 공화국의 운명, 그 자체도 운명이 이 위인에 대해 그리려고 했던 초상화를 훌륭하게 돋보이게 하기 위해서 봉사한 것이다. 운명은 그의 생명을 이 나라의 자유와 함께 끝나게 했다.

현대에 눈을 돌려 보자. 하늘과 운명은 지금까지 말해 온 바와 같은 결합을 계속하며, 군대의 지휘에 몸을 바친 두 사람의 인물을 각기 다른 전형으로 제공해 주고 있다. 콩데*²⁸ 공(公)과 튀렌느 원수*²⁹는 무훈을 다투고, 수많은 빛나는 공적으로 양쪽이 모두 훌륭하게 세상의 명성에 보답하고 있다. 이 두 사람은 똑같이 무용(武勇)과 경험을 가지고 있으며 육체도 정신도 강인하였다. 그들은 때로는 같이, 때로는 서로 떨어져서 힘을 모으기도 했으며, 때로는 대립할 때도 있었다. 많은 전투를 치르는 동안 불운했던 때도 있었으나, 그들의 지휘와 용기는 많은 싸움에서 승리를 이끌어냈다. 불우한 상황이 닥쳐도 그것은 오히려 그들을 더 위대해 보이게 했다. 두 사람은 모두 나라를 구하고, 나라를 파괴하는 일에 공헌했다.

그들은 같은 재능을 가졌으나 쓰는 방법이 달랐다. 튀렌느 원수는 정확하고 착실하게 계획에 따르고, 무용을 발휘하는 데도 함부로 덤비지 않았으며 언제나 때를 잘 타고 있었다. 한편 콩데 공은 큰일을 수행하는 데 있어 그의 관찰과 처리 방법은 타의 추종을 불허했으며, 뛰어난 천분이 그에게 굴복하고 그의 영광에 봉사하는 것 같았다. 최근의 싸움에서도 두 사람이 지휘한 군대는 열세였고 적군은 우세했지만, 그들은 모든 무용을 발휘하여 승리를 거두었다. 튀렌느 원수는 죽음까지도 그 빛나는 생애에 비해 조금도 손색이 없었다. 그의 죽음에는 여러 가지 괴기한 사건들이 얽혀 있으며, 죽음이 그렇게 중대한 시기에 찾아왔다는 것을 생각해 보면 마치 프랑스와 신성 로마 제국의 운명을 결정짓지 못해 두려워하고 주저하고 있었던 것이 아닌가 생각하게 된다. 이 같은 운명은 콩데 공이 때마침 대 사업을 달성하려는 순간에 건강상의 이유로 그를 지휘관의 지위에서 은퇴시켰다. 이것 역시 운명과 하늘이 이 위인이 사생활에 있어서도 온건한 여러 미덕을 실천하고 영광에 싸일 수 있게끔 보여 주려는 의도가 아닐까 싶다. 콩데 공은 전쟁의 승리 속에 있었을 때와 조금도 다름없이 은퇴 뒤에도 빛을 여전히 발산하고 있지 않은가?

바람둥이 여자와 노인에 대해서

취미에 이유를 붙이기란 어려운 일이다. 더욱이 바람둥이 여자의 취미에 대해서는 이것을 어찌 설명해야 좋을지 땀을 흘려야만 될 것 같다. 바람둥이 여자는 상대가 누구이든 자기의 허영심을 만족시켜 주는 자라면 언제나 환영한다. 말하자면 그녀들에게는 어떤 상대든 바람피우는 대상이 될 수 있다. 그러나 이해하기 어려운 것은, 이런 여자들이 그 옛날 멋깨나 부리던 남자, 즉 그런 노인에 대해서 갖는 호감이다. 이런 알 수 없는 취미를 가진 여자의 수가 뜻밖에도 많기 때문에, 왜 그런 기분을 일으키는 것인지 그 이유가 알고 싶어진다. 이런 일이 세상에 흔히 있다고는 하지만 우리들이 나이 든 여성에 대해 품고 있는 생각과는 상반되는 것이다. 과연 하늘은 비참한 상태에 빠진 노인들을 위로해 주기 위해 바람둥이 여자를 그들에게 보낸 것일까. 마치 유충이 생애의 끝에 가서 날개를 얻어 나비가 되듯 이것도 자연의 배려일까. 결정은 철학자들에게 맡기기로 하자.

그러나 특별히 자연 과학적으로 깊이 생각하지 않더라도 노인에 대한 바람둥이 여자들의 퇴폐적인 취미에 관해서는 분명한 원인을 찾아낼 수 있을 것 같다. 가장 명백한 이유는 그녀들이 기적을 좋아한다는 사실이다. 죽은 사람을 다시 살린다는 일이 그녀들의 허영심을 크게 만족시키기 때문이다. 그녀들은 죽음에서 다시 살린 자들을 그녀들의 개선 마차에 붙들어 매고 승리를 자랑해 보인다. 그녀들의 평판에는 아무런 상처도 입지 않는다. 반대로 노인들은 바람둥이 여자를 수행하는 장식품이 된다. 아마디스*30에게 난쟁이가 필요했듯이, 바람둥이 여자들에게는 따라다니는 노인이 필요했다. 이렇게 편리하고 쓸모 있는 노예란 많지 않을 것이다. 보잘것없는 친구를 소중히 대하고 있다는 것으로, 그녀들의 성품이 부드럽게 보이고 몸가짐도 훌륭해 보인다. 노인은 그녀들을 칭찬하기에 여념이 없으며, 남편의 신용도 얻게 되고, 남편에게 그녀들의 몸가짐이 확실함을 보장해 준다. 노인에게서 이 정도로 신용을 얻게 되면 그녀들은 이것을 백방으로 이용한다. 노인은 그녀들 집안의 모든 이해관계와 용건에 개입한다. 진짜로 정사(情事) 문제가 세상에서 화제가 되어도 그것을 믿지 않게 하려고 노인들은 심히 뛰어다닌다. 노인들은 그것을 지워 없애려고 뛰어다니며, 세간에 퍼진 말은 뜬소문이라고 단언한다. 자기들의 경험으로 미루어 보아, 이렇게 훌륭한 여자의 마음에 접할 수 있다는 것은 정말 어려운 일이라고 말한다. 그녀들에게서 부드러운 정을 받으면 받을수록 노인들은 비밀을 지키고 충성을 다한다. 자신의 이해관계 때문에 침묵을 지킨다. 그는 버림받는 것이 무섭다. 하찮은 자리라도 계속 주어진다면 노인에게는 과분한 행복인 것이다. 그런데 노인은 자기가 사랑 받고 있다고 언뜻 생각해 버린다. 그 까닭은, 볼품없이 늙어빠졌음에도 불구하고 자기가 특별히 선택되었다는 것은 자기가 예부터 지닌 진가 때문이라고 착각하기 때문이다. 그러고는 사랑의 신이 언제까지 자기를 지켜 주고 있는 것에 감사한다.

한편 여자 쪽에서도 노인에게 약속한 것은 지키려 하기 때문인지도 모른다. 그녀들은 노인들의 마음을 끄는 말을 한다.

"나는 줄곧 당신을 사랑해 왔어요. 당신을 몰랐다면 남자를 사랑하는 마음이 어떤 것인지 영원히 몰랐을 거예요."

여자들은 더욱이 질투 따위는 하지 말고 자기를 꼭 믿어 달라고 당부한다. 그리고 이렇게 말한다.

"물론 나는 사교계와의 접촉과 신사들과의 교제를 싫어하지 않아요. 한꺼번에 여러 신사들을 모시기도 하지만 그것은 모두 당신을 특별히 모시고 있다는 것을 사람들 눈에 띄지 않게 하기 위한 수단이랍니다. 또한 이런 사람들과 함께 어울려 당신의 이름을 몇 번이고 입에 오르게 하는 것이 즐거워서예요. 그뿐 아니라 나의 이 속마음을 숨기는 데 도움이 되니까요. 누가 뭐라해도 제 행동을 지배하는 분은 바로 당신밖에 없어요. 당신만 지금대로 만족해 주신다면, 또 언제까지나 저를 사랑해 주신다면 다른 일들은 아무것도 걱정할 것이 없어요."

이런 정도의 그럴듯한 변명을 듣고 마음이 솔깃하지 않을 사람이 어디 있겠는가? 그가 젊고 제법 건장하던 시절에도 이런 말에 곧잘 속아 넘어가지 않았던가? 지금은 이미 젊지도 않고 볼품도 없다. 그러니 딱하게도 아주 쉽게 이런 것들을 잊어버리고 만다. 옛날에 여자로부터 사랑을 받았던 노인들에게서 흔히 볼 수 있는 약점이다. 이렇게 계속 속아 넘어가는 편이 진실을 아는 것보다 더 나은 일인지 나 역시 판단할 수 없다. 다만 노인들에게는 자신을 상대해 주는 여자가 있다는 것이 기쁨인 것이다. 이렇게 하여 그들은 자기들의 비참한 모습에서 눈길을 돌릴 수 있는 것이다. 쓸쓸히 꺼져 가는 삶의 고통과 절망에 비교한다면 그들이 빠져 있는 사랑의 우스꽝스러움은 아무것도 아니다.

여러 정신의 차이에 대해서

한 위대한 인물 속에 다양한 특성이 함께 존재할 수도 있는 일이지만, 역시 그 사람 특유의 성질이라는 것이 있다. 가령, 지식이 풍부하고, 한결같이 활발하고, 먼 곳에 있는 것도 눈앞에 있는 것과 같이 식별하고, 아무리 큰일이라도 먼저 예측하고, 아무리 작은 일이라도 발견하고 인식하는 사람이 있다고 하자. 더구나 그의 사상이 높고 광대하고 공정하고 명료하며, 통찰력에서도 빠지지 않고, 다른 사람에게는 보이지도 않는 암흑 속에서도 진실을 찾아낸다고 하자. 그러나 이런 장점을 모두 갖추고 있다 해도 그 사람이 기분의 지배를 받는 사람이라면, 그 정신은 작고 약한 것으로 보이기 쉽다.

재치 있는 사람은 언제나 고상한 사고를 한다. 이런 사람은 밝고 즐겁고 자연스러운 것을 쉽게 만들어, 그것들에 가장 아름다운 햇볕을 쬐어 알맞은 장식을 모두 붙여준다. 타인의 취미도 잘 이해하고, 쓸데없는 생각과 다른 사람의 기분을 상하게 하는 것은 전부 없애 버린다. 또 공정하고 융통성이 있고 남의 마음을 잘 이끄는 재질이 있는 사람은 골치 아픈 일을 잘 피하고 뛰어넘기도 하고 뜻대로 쉽게 순응하기도 하고, 자기가 만나고 있는 상대방의 정신이나 기질을 잘 이해하여 거기에 곧잘 따르기도 한다. 상대방의 이해 관계를 존중하며 적당히 자기의 이해도 확보한다. 또 분별 있는 사람은 어떤 일이든 틀림없이 올바르게 파악한다. 이런 사람은 사물에 정확한 평가를 내리고, 그것을 자기에게 가장 유리하게 끌어들일 줄 알며, 자기 생각의 강함과 정당함을 잘 알고 있기 때문에 좀처럼 생각을 굽히지 않는다.

실리적인 사람과 사업가 사이에는 약간 다른 데가 있다. 실리적인 사람은 자기 이익에 집착하지 않더라도 사업을 이해할 수 있다. 즉 세상에는 자기와 관계 없는 일에는 유능하지만 반대로 자기와 관계 있는 일에는 전혀 무능한 사람도 있는 것이다. 또 자기와 관계 있는 일에만 유능하고 무엇이든 이익을 찾아 내는 사람도 있다.

어떤 이들 중에는 진지하고 고지식하면서도 유쾌하고 쾌활한 이야기를 곧잘 하는 사람도 있다. 이런 사람은 어떤 종류의 사람에게서도, 어떤 나이의 사람에게서도 호감을 산다. 젊은 사람에게는 흔히 진지한 데가 없고 사람을 얕보는 경향이 있는데, 그래서는 호감을 사기 어렵다. 항상 사람을 기쁘게 하려고 애를 쓰지만 이 일처럼 어려운 것도 드물다. 또 가끔 재미있는 말을 던져 박수갈채를 받는 일이 있더라도, 상대가 기분 나쁠 때 듣기 싫은 소리를 몇 번이고 해서 창피를 당한다면 아무 소용이 없다. 농담을 한다는 것은 정신의 여러 가지 기능 가운데서도 가장 즐거운 것이다. 그러나 위험하기 짝이 없는 것이기도 하다. 그것이 가벼운 경우라면 언제나 사람들을 즐겁게 한다. 그러나 그 정도가 지나치면 오히려 불쾌감을 줄 수 있다. 물론, 농담에 악의가 조금도 섞여 있지 않아서 당하고 있는 사람도 함께 웃을 수 있다면, 그 농담은 아주 좋은 것이다.

유쾌한 것을 몹시 좋아한다든가 익살부리기를 좋아하지 않는 한, 농담의 명수는 될 수 없다. 오랜 시간 상대방에게 익살을 부리려면 뚜렷한 목표가 있어야 한다. 그렇지 않으면 엉터리 수작을 하고 있다든가, 사람을 바보 취급하는 것으로 오해하기 쉽다. 익살이라는 것은 아주 명랑한 분위기 속에서 귀를 기울이게 하고, 눈앞에 있는 것을 우습게 보여 주는 일이다. 말하는 사람의 기질에 따라 약간 부드럽게 될 때도 있고 딱딱해질 때도 있다. 품위가 있고 기분 좋은 야유라는 것이 있다. 그것은 화제에 올라 있는 인물에 대해서 자신의 입 밖에 내도 무방하다고 생각하는 결점만을 골라서 화제로 삼는 것을 말한다. 언뜻 보아서는 그 사람을 비난하고 있는 것 같으면서도 실은 그에 대한 찬사가 담겨져 있는 것이다. 상대방의 좋은 점을 숨기는 것같이 보이면서도 그것을 밖으로 드러내놓는다.

예민한 사람과 잔재주를 부리는 사람과는 매우 다르다. 전자는 항상 사람들에게 즐거움을 준다. 그는 섬세하며, 일을 점잖게 생각하고, 사람들이 잘보지 못하는 작은 일까지도 파악한다. 잔재주를 부리는 사람은 절대로 솔직하게 곧장 나가는 법이 없다. 자기의 계획을 성공시키기 위해 책략을 펴고 간계를 꾸민다. 이런 방법은 머지않아 탄로가 나기 때문에 언제나 사람들로부터 경계를 당하고 따라서 절대로 큰일을 못한다. 불같이 열이 있는 사람과 불같이 빛나는 사람도 좀 다르다. 전자는 후자보다 극단적이며 일을 서두르는 경향이 있다. 그리고 후자는 발랄하고 매력이 있고 공정해서 좋다.

부드러운 마음의 소유자는 융통성이 있어 보이고 서글서글해 보이므로 바보가 아닌 이상 언제나 사람들로부터 호감을 살 수 있다.

세심한 사람은 어떤 문제를 내놓아도 세부까지 파고 들어가 질서정연하고 정확한 주의력을 미치게 한다. 이렇게 되면 아무래도 작은 일에만 얽매이기 쉽다. 그러나 이런 사고방식이 반드시 대국적인 관찰 방법과 양립할 수 없는 것은 아니다. 이런 두 개의 장점이 한 사람 속에 공존한다면, 그 사람이 다른 사람들보다 훨씬 뛰어난 사람이 될 것은 뻔하다.

재치 있는 사람이라는 말이 남용되고 있다. 지금까지 말해온 여러 가지 정신상의 특성은 모두 재치 있는 사람에게 들어맞는 것이지만, 이 말은 지금까지 수많은 엉터리 삼류 시인이나 따분한 작가들에게도 주어졌기 때문에, 요즘에 와서는 칭찬하기 위해서보다 오히려 사람을 웃음거리로 만들 때 사용하게 되었다.

정신이라는 말의 형용어는 꽤 많다. 모두 같은 뜻을 표현하고 있는 것 같으면서도 그 어조나 말하는 방법에서 차이가 난다. 그러나 어조와 말하는 방법에 대해서는 글로 표현할 수 없으므로 적절하게 설명할 수 없는 세부에 관한 것은 문제삼지 않겠다. 보통 흔히 쓰는 방법을 보면, 대체적인 것을 알 수 있다. 어떤 사람을 표현하는 데 있어서 재치가 있다, 꽤 재치가 있다, 풍부한 재치를 가졌다, 뛰어난 재치가 있다 등 여러 표현이 있지만 글로써 볼 때에는 거의 비슷한 느낌으로 보인다. 이런 표현을 다르게 나타낼 수 있는 것은 결국 어조나 말하는 방법뿐이다.

또 세상에서는, 저 사람은 한 종류의 재치밖에는 지니고 있지 않다든가, 몇 종류의 재치를 가졌다든가, 모든 종류의 재치를 가졌다고 흔히 말한다. 그러나 많은 재치를 가진 바보가 있는가 하면, 재치란 별로 가진 것이 없는데도 바보가 아닌 사람도 있다.

많은 재치를 지니고 있다는 말은 극히 모호한 표현이다. 이 표현에는 지금까지 말해온 모든 종류의 정신이 포함되는 것이지만, 동시에 '이것이다' 라고 하나의 정신을 분명히 나타내지도 못한다. 사람은 때때로 말에서는 재치를 발휘하는데, 행동면에서는 전혀 그렇지 못한 경우가 있다. 재치는 있으나 그것이 좁은 경우도 있다. 어떤 한정된 일에는 가능하나 다른 일은 안되는 재치도 있다. 또 풍부한 재치를 지니고 있으면서도 그것을 활용 못하는 사람도 있다. 이러한 재치의 가장 큰 자랑이라고 한다면, 그것은 대화를 주고받을 때 종종 사람들을 웃기는 정도가 고작일 것이다.

정신은 수많은 것을 만들어 낸다. 분류해 보자. 누가 보아도 그 매력이 보이고 느껴질 정도로 아름다운 것이 있다. 아름답기는 아름다우나 사람을 따분하게 만드는 것도 있다. 누가 보아도 아름답고 찬탄을 하는데, 그 누구도 이유를 모르는 것이 있다. 너무나 섬세하고 미묘해서 극히 소수의 사람만이 미의 전모를 알 수 있는 것이 있다. 그리고 완벽하지는 못하지만 멋진 말로 표현되어, 이치가 극히 순조롭고 풍부한 아취(雅趣)가 있으므로 찬탄을 받아 마땅한 것도 있다.

변덕에 대해서

나는 여기서 흔히 절개없이 변하는 사람의 마음을 변호할 생각은 조금도 없다. 즉, 단순한 경박함에서 오는 변덕은 이 글에서 예외로 한다. 그러나 사랑의 변화 과정을 모두 변덕의 탓으로 삼는 것은 옳지 않다. 처음 사랑이 시작될 때에는 아름답고 생생하게 꽃이 핀다. 그러나 얼마 안 가서 사랑은 과일의 껍질처럼 아무도 모르는 사이에 변한다. 그러나 이것은 그 누구의 죄도 아니다. 다만 시간의 죄라고 하겠다.

처음 얼마 동안은 얼굴이 예뻐 보인다. 마음이 서로 오고간다. 부드러움과 기쁨을 서로 찾는다. 상대방도 나를 좋아한다. 나도 상대방의 마음에 들고자 한다. 사랑하는 사람에게 자신의 무한한 가치를 보여 주고자 한다. 그러나 시간이 흐름에 따라 영원히 그러리라고 생각했던 것에 별로 큰 기쁨을 느끼지 않게 된다. 벌써 뜨거운 열도 없어진 것이다. 신선한 가치도 사라진 것이다. 그토록 사랑의 마음을 불러일으켰던 아름다움도 줄어들고 모든 게 전과 같지 않다. 사랑이라는 이름은 그대로 남아 있어도 이미 같은 사람, 같은 기분은 아니다. 맹세했던 것은 아직 지키고는 있지만 그것은 체면과 관습 때문이며, 또한 자기 마음의 변화를 충분히 파악하고 있지 않기 때문이다.

오랜 세월이 흐르고 난 뒤 서로 보여 주게 되는 모습을 처음 사랑하기 시작했을 때 보여 주었다면, 이 세상에 사랑할 사람이 누가 있겠는가? 또 처음 만났을 때의 그 모습을 언제까지나 몇 번이고 볼 수만 있다면, 그 누가 헤어지려고 하겠는가? 언제나 우리들의 기호를 지배하고 결코 싫증낼 줄 모르는 자존심은 끊임없이 새로운 기쁨을 발견하고 만족하고 있는 것이다. 그렇게 된다면 정조의 가치는 물론 그런 즐거운 결합의 존재 가치도 없어지고 말 것이다. 지금의 애정도 처음 만났을 때의 그 애정과 아무런 변화가 없을 것이다. 추억도 예나 지금이나 다른 것을 끄집어 낼 수는 없을 것이다. 같은 사람끼리 사랑을 주고받으며, 언제까지나 같은 기쁨을 맛보며 사랑을 하게 될 것이다. 우정에 금이 가는 경우도 거의 사랑의 경우와 같은 원인에서 온다. 양쪽은 서로 닮은 데가 많다. 하긴 사랑이 양성적이며 쾌락이 많고, 우정은 대등하고 엄하고 상대를 좀처럼 용서하지 않는다는 점에서는 구별된다. 어쨌든 시간은 때로 사람의 기질과 이해관계를 바꾸어 놓기 때문에 사랑도 우정도 똑같이 파괴하고 만다. 인간은 너무나 약하고 변하기 쉬우므로 우정의 무거운 짐에는 오래 견디기 어렵게 만들어져 있다. 옛날부터 이런 예는 수없이 끄집어 낼 수 있다. 오늘날에 와서도 참된 우정보다는 참된 사랑을 더 찾아보기 쉽다.

은퇴에 대해서

나이를 많이 먹으면 세상과의 접촉을 자연히 기피하게 된다. 요컨대 노인은 기분과 얼굴 모습이 변하고 몸의 움직임도 느려져, 대부분의 다른 동물들과 마찬가지로 같은 종류와의 접촉에서 차츰 멀어지게 되는 것이다. 노인이 되면 자기애에 반드시 붙어다니는 자존심이 이성의 역할을 하게 된다. 노인들은 남을 기쁘게 하는 여러 가지 일에서는 이미 기쁨을 못 느낀다. 젊었을 때라면 누구나 다 바라는 것의 값어치에 대해서도 노인들은 이미 경험을 통해 알고 있으며, 그런 것의 즐거움이 그리 오래가지 않는다는 것도 알고 있다. 젊은이들에게는 활짝 열려져 있는 듯이 보이는 권세와 쾌락과 명성, 또는 기타 인간의 가치를 끌어올리는 모든 길이 노인에게는 막혀 있다. 이제 운명도 남아 있는 것이 없고, 스스로 타개해 나갈 힘도 없다. 타인의 시기심과 부당한 행위도 많은 불편을 준다. 한번 발을 잘못 디디면 이전의 상태로 돌아가는 길이 너무나 멀고, 고통을 피할 수가 없게 된다. 곤란한 일을 당하고 나면 그들로서 헤쳐나갈 길이 없을 듯이 보이며 또한 나이가 그 의지를 허락하지 않는다.

그들은 우정에도 무감각하다. 그 까닭은 그들이 진짜 우정을 한 번도 가져 보지 못했던 탓이 아니라, 많은 친구들이 그들을 배신할 시간도 기회도 없이 죽어갔기 때문이다. 그래서 그들은 지금 살아남아 있는 친구들보다 죽은 친구들이 더 우정이 두터웠다고 믿고 있는 것이다. 그 옛날 그들의 상상력을 가득 채웠던 젊은 날의 여러 가지 행복도 지금은 이미 관계가 없으며, 영광과는 거의 인연이 끊어졌다.

그들이 손에 넣은 영예도 벌써 퇴색해 버렸다. 인간은 나이를 먹어감에 따라 영광을 얻기보다는 잃어버리는 편이 많다. 하루하루가 그들로부터 그들 자신의 부분 부분을 앗아가고 있다. 그들에게는 이미 자기가 가지고 있는 것을 즐길 만한 생명력이 없다. 자기가 바라고 있는 것을 손에 넣기엔 너무나 힘이 부족하다. 그들 눈앞에 보이는 것은 슬픔과 병과 쇠퇴뿐이다. 무엇이든 다 이미 보아왔다. 이제는 무엇을 보아도 새롭다고 해서 자극을 받지 못한다. 노인들은 시간의 흐름에 따라서 자기도 모르고 있는 사이에 사물을 보는 장소, 또 자기를 이런 각도에서 보아 주었으면 하는 좋은 장소에서 이탈해 가고 있는 것이다.

가장 행복한 노인들이란 아직도 사람들로부터 버림받지 않고 접촉을 유지하고 있는 사람들을 말하며, 그 밖의 노인들은 바보 취급을 받고 있다. 그들에게 남겨진 좋은 방법은 지금까지 사람들에게 너무 많이 보여준 것을 세상 눈에서 감추는 일이다. 그렇게 되면 그들의 취미도 욕망이라는 것의 공허함에서 각성하여 말이 없는 비정한 것으로 향하게 된다. 건축물, 농업, 한 집안의 관리, 학문 연구, 이런 것들이라면 그들의 뜻에 맞을 것이다. 그들은 자기 좋은 대로 이것들에 접근할 수도 있고, 멀리할 수도 있다. 그들은 뜻대로 계획을 세우고 그것에 몰두할 수 있다. 그들이 무엇을 바라든 모두 그들의 힘으로 할 수 있다. 세상에서 왈가왈부하는 것에는 이미 신경을 쓰지 않아도 되므로 그들은 무엇이든 자기 멋대로 할 수 있다.

가장 현명한 노인이라면 자기에게 남은 시간을 자기구제를 위해 사용할 것이다. 이 세상에서 남은 생명이란 조금밖에 없으니 좀더 나은 내세를 위한 인간이 되는 일이다. 그렇게까지는 되지 못한다 하더라도 노인들은 적어도 자기의 비참한 모습만은 사람들에게 보이지 말아야 한다. 육체의 쇠약이 오히려 그들의 고통을 덜어 준다. 즉 조금이라도 몸이 가볍게 느껴지는 날이 있으면 그것이 곧 행복인 것이다. 쇠약해 가고 있으나 그들보다 현명한 자연의 힘이, 욕망이라는 고통을 그들로부터 제거해 주고 있는 것이다. 요컨대 노인들은 자기를 잊어버리려고 하는 세상을 자기 쪽에서도 잊고 있는 것이다. 그들의 허영심마저 은퇴에 의해서 위로를 받는다. 지리함과 불안정함과 기력의 쇠퇴를 많이 느끼면서도, 때로는 신앙심에, 때로는 이성에, 대부분의 경우는 습관에 매달려 무미하고 쓸쓸한 생활의 무게를 그런대로 견디어 나간다.

〈주〉

＊1 저자의 생전에는 발표되지 않았던 각서풍(覺書風)의 글이다. 잠언은 짧고 단정적으로 사색의 결론만을 말하는 데 비해서, 이들 성찰은 모두 길고 세밀한 사색의 과정을 보여 준다. 말하자면 잠언집의 모체인 동시에 간결한 잠언에의 주석이다.

＊2 스키피오(기원전 236~184/183) 로마의 명장. 제2차 포에니 전쟁에서 카르타고의 명장 한니발에게 몰렸으나, 후일 한니발을 자마에서 이기고 카르타고를 굴복시켰다.

＊3 한니발(기원전 247~183) 카르타고의 명장. 제2차 포에니 전쟁에서 처음 로마 군에게 대승했으나, 후일 스키피오에게 패하고 내각 개혁에도 실패해서 자살했다.

＊4 막시무스(기원전 275~203) 제2차 포에니 전쟁 때의 로마의 명장. 뛰어난 전략가.

＊5 마르켈루스(기원전 268~208) 막시무스와 같은 시대의 로마의 명장. 〈로마의 검(劍)〉이라고 칭송을 받은 공격형의 명장.

＊6 알렉산드로스 대왕(기원전 356~323) 마케도니아 왕으로, 그리스·페르시아·인도에까지 영향력을 미친 대제국을 건설했다.

＊7 카이사르(기원전 100~44) 로마 최대의 무장, 정치가. 제1차 삼두정치를 열고 각지의 반란을 평정하고 로마의 독재자 지위에 올랐으나, 책략자의 칼에 쓰러졌다.

＊8 에파미논다스(기원전 410년경~362) 그리스 테베의 장군, 정치가. 독특한 전법을 창안해냈으며 특히 명웅변가로 이름이 높았다.

＊9 베르길리우스(기원전 70~19) 로마 최대의 시인. 로마 제국의 통일을 배경으로 응대한 국민적 서사시를 남겼다. 대표작으로는 〈아이네이스〉가 있다.

＊10 펠리페 2세(1556~1598) 스페인 황금시대의 왕이었으나, 잦은 전쟁으로 인해 국고가 궁핍해져 국민에게 무거운 세금을 과했다. 황태자를 옥사시키는 등 잔인함으로도 유명하다.

＊11 샹티이. 라 로슈푸코 시대의 명장 콩데 공(公)의 웅장하고 화려한 성이 있었던 곳. 잠언의 주5 참조.

＊12 리앙쿠르. 라 로슈푸코의 성이 있었던 곳.

＊13 티베리우스(기원전 42~기원후 37) 로마의 황제. 처음에는 나라를 잘 다스렸으나, 나중에는 시기심이 많아져 잔인한 폭군으로 바뀌었다.

＊14 네로(37~68) 로마의 황제. 어머니와 황후를 죽이고 그리스도교도를 학살하는 등 사상 최대의 악명 높은 폭군.

＊15 디오게네스(?~?) 기원전 3세기에 활동한 그리스의 철학자. 기지와 해학이 뛰어나 이름을 떨쳤다.

＊16 키케로(기원전 106~43) 로마 최대의 웅변가·정치가·저술가. 풍부한 그리스의 교양을 지닌 사람으로 철학·수사학·변론술에 대한 뛰어난 저작물을 많이 남겼다.

＊17 폼포니우스 아티쿠스(기원전 106~32) 키케로와 같은 시대의 로마 귀족. 키케로가 그에게 준 편지를 엮어낸 작업으로 유명함.

＊18 마리우스(기원전 157~86) 로마의 장군이며 정치가. 빈민의 입장을 옹호하여 귀족 문벌파의 대표격인 술라와 싸워 그 일파를 학살했다.

＊19 술라(기원전 138~78) 로마의 장군이자 정치가. 마리우스 2세와 싸워 이긴 뒤부터는 냉혹한 공포정치를 폈다.

＊20 루쿨루스(기원전 117~56) 로마의 장군. 사치, 도락으로 이름이 높았다.

＊21 알키비아데스(기원전 450년경~404) 아테네의 장군이며 정치가. 소크라테스의 제자였으나, 재물이 많고 미모에 뛰어나 방종한 생활을 했다.

＊22 시지프. 희랍 신화에 나오는 인물. 제우스를 속였다는 죄로 죽임을 당한 뒤 지옥에 떨어져, 산꼭대기에 밀어올리는 족족 굴러 떨어지는 큰 바위를 영원히 운반해야 하는 벌을 받았다.

＊23 〈정원만을 지키는 개〉란 예부터 내려오는 관용구로서, 인색하고 마음씨가 나쁜 사람을 가리킨다.

＊24 고대 그리스 사람들은 인류의 역사를 금, 은, 동, 철의 네 시대로 구분했다. 황금시대란 인간이 선량함과 순수함을 지니고 인간 사회에 행복과 평화가 충만되어 있었다고 믿는 시대이다. 은, 동, 철의 시대로 내려올수록 인간은 타락해갔다고 믿고 있었다.

＊25 폼페이우스(기원전 106~48) 로마의 장군이며 정치가. 카이사르와 함께 제1차 삼두정치를 조직했으나, 후일 카이사르와 대립하여 패배했다.

＊26. 카이사르를 암살한 브루투스는 카이사르의 아들이라고 생각하고 있었다.

＊27 잠언의 주10 참조.

＊28 잠언의 주5 참조.

＊29 잠언의 주6 참조.

＊30 「아마디스」 최초의 문헌은 1508년 몬탈보가 스페인어로 쓴 것으로 알려져 있다. 이 작품은 기사도를 고양시킴으로써 전 유럽의 상류사회에 공감을 불러일으켰다.

Les Caracteres De Theophraste Traduits Du Grec
Avec Les Caracteres Ou Les Moeurs De Ce Siecle

인간성격론

라 브뤼예르

머리말

　나는 대중에게서 빌린 것을 갚는다. 왜냐하면 이 작품의 내용 하나하나를 대중에게서 빌려 왔기 때문이다. 나에게 가능하고 또 나에게 상응하는 진리에 대해서 온갖 주의를 기울여 그 주제를 완성한 이상, 이것을 대중에게 다시 돌려준다는 것은 당연한 일이다. 대중은 내가 그린 이 초상을 멀리서 천천히 바라볼 수도 있고, 또 내가 그린 결점의 몇 개에 가슴이 찔리는 데가 있다면 그것을 교정할 수도 있을 것이다.

　이것이야말로 글쓰기에 있어서 누구나 세워야 하는 유일한 목표이지만, 그렇게 함으로써 반드시 성공한다는 것은 기대하기 어렵다. 그러나 사람들이 악덕을 혐오하는 것은 아니기 때문에, 그들을 비난하는 일도 게을리해서는 안 된다. 그들을 꾸짖는 규탄자나 비평가가 없어진다면, 아마도 그들은 더 나빠질 것이 뻔하며, 그것이 바로 설교와 저술이 행해지는 이유이다. 설교자와 저술가가 갈채를 받는다는 것에 대해서 느끼는 기분을 지워 없애 버릴 수는 없겠지만, 만약 그들이 그들의 연설 혹은 저서를 통해 찬사 외에 바라는 것이 아무것도 없다면, 그들은 그들 스스로의 행위를 부끄러워해야만 한다.

　그러므로 가장 확실하고, 가장 모호하지 않은 찬양 외에 바라야 하는 것이 있다면, 그것은 곧 풍속의 교정과 독자와 청자의 질적 향상인 것이다. 오로지 교훈만을 위해서 말하고 써야 할 것이다. 그리고 때로 사람의 환심을 사는 일이 있더라도, 만약 그것이 사람을 교화할 수 있는 여러 진리에 사람의 마음을 끌어들이고 그것을 받아들이게 하는 데 도움이 된다면, 아무것도 후회할 필요는 없다. 요컨대 어떤 책 속에 끼어들어 있는 약간의 사상과 반성이, 변화를 일으키고 정신의 피로를 고쳐 주고, 다음에 오는 문장에 정신을 한층 더 집중하게 하고, 한층 더 주의 깊게 하기 위해서 거기에 있는 것처럼 보여도, 다른 것과 비교해서 열렬함이나 표현의 능숙함, 또 예민함도 없다고 했을 때, 또 그것이 단순한 민중에게 해득되기 쉬운 것도 아니고, 친밀감·교훈·조화를 주는 것도 아닐 때, 그런 상태를 내버려 두는 것이 용인되지 않는다면, 독자는 그것을 탄핵할 수 있으며 저자는 그것을 삭제해야만 한다. 이것이 곧 원칙이다.

다른 또 하나의 원칙이 있다. 이것은 독자 여러분이 꼭 지켜 주었으면 하고 내가 간절히 바라는 것이다. 그것은 바로 나의 관찰의 표제를 잊지 말아 달라는 것이며, 이 작품에서 내가 항상 그리고 있는 것이 현세기의 여러 특징과 풍속이라는 것을 염두에 두어 달라는 것이다. 내가 그 성격과 풍속을 이따금 프랑스의 궁정 및 동포들에게서 따오고 있다고는 하지만, 이것을 어느 한 궁정에 제한할 수도 없으며, 어느 한 나라에 국한해서 생각할 수도 없기 때문이다. 그런 일을 한다면, 나의 저서는 그 폭과 효용성을 훨씬 잃어버리게 될 것이며, 여러 인간들을 보편성이라는 시야에서 그리려는 나의 의도에서도 멀어지게 되며, 또한 동시에 여러 장(章)의 순서 속이나 그것을 구성하는 여러 성찰의, 눈에 띄지 않는 어떤 상호 연관 속에 있는 그럴 만한 이유에서도 멀어져 나가는 것을 피할 수 없다. 이 경계조치를 취하고 난 다음 비로소 나는 모든 울분·불평·곡해·오용·비난·야유·악의로 가득 찬 독자에 대해서 항변할 수 있다고 믿고 있다.

읽는 기술을 터득해야 하며, 다음으로는 침묵을 지키는 기술 또는 읽은 것을 말로써 표현할 줄 아는 기술을 배워야 한다. 그것이 때로 가능하다 할지라도 그것으로써 족할 수는 없고, 또한 그것을 실행한다는 것을 바라는 것이 필요하다. 정확하고 세심한 작가가 자신의 노작(勞作)의 유일한 보수로서 일부 사람들에게 요구할 권리가 있는 이 조건이 없다면, 나는 그 작가가 계속해서 글을 써야만 할 것인지 어떤지 의심스럽다. 적어도 만약 그가 일부 사람들의 이익이나 진리를 위한 정열보다도 자기 자신의 만족을 택한다면, 그런 의무는 필요없다. 사실은 나도 제5판을 내기 이전 1690년부터, 새로 수집한 여러 자료를 통해서 나의 책에 좀더 나은 형태와 원숙함을 더해보고 싶다는 초조함과, 그 누군가가 '이 「성격론」은 언제나 가야 끝날 것인가. 이 작가는 다른 것에는 전혀 손을 대지 못하는가?'라고 말을 하지 않을까 하는 두려움 사이에서 몹시 주저했다는 것을 고백한다. 한편 현명한 사람들은 나에게 다음과 같이 말해 주었다. '소재는 견실하고 유익하고 유쾌하며 무궁무

진합니다. 오래오래 사십시오. 그리고 살아 있는 동안 끊임없이 그 소재들을 다루어 보십시오. 그 이상의 일이 당신에게 또 무엇이 있겠습니까? 인간들의 어리석은 생각이나 행동은 당신으로 하여금 해마다 한 권의 책을 쓰지 않게 하진 않을 것입니다.'

다른 사람들은 또, 그럴 만한 충분한 이유가 있어서이지만, 나에게 대중들의 변덕스러움과 경박함에 대해서 경계해 주기도 했다. 나에게는 대중에게 만족의 뜻을 표명해야 할 아주 큰 이유를 가지고 있었지만, 그 사람들은 또 나에게 다음과 같은 것을 귀띔해 주는 것을 잊지 않았다. 즉, 30년 이래로 거의 모든 사람들이 책을 단순히 읽기 위해서만 읽는 습성이 생겨서 그들에게 어떤 기쁨을 주기 위해서는 새로운 장(章)과 새로운 표제가 필요하다는 것이다. 이 나태한 풍조는 그후 무미건조하고 따분한 책들에서 비롯되었다. 문체도 졸렬하고 하등의 새로운 묘미도 없는 책들, 법칙도 없으며 조금의 정확성도 없고, 사회의 미풍양속에도 어긋나고, 급히 씌어지고, 단순히 그 새롭다는 이유만으로 그것이 또 급히 읽혀지는 수많은 책들, 이런 것들이 서점을 빈틈없이 메우고 세간을 범람시켰다. 그러므로 만약 내가 사리에 맞는 한 권의 책의 내용을 보완하는 것 이외에 별다른 재주가 없다면, 내가 할 수 있는 최상의 길이란 '휴식을 취하는 것이다'라는 것이다.

그래서 나는 이 매우 대조적인 두 개의 의견에서 무엇인가를 끄집어 내어 그것을 중화시키는 중간의 길을 지키기로 했다. 이미 초판을 두 배로 증보해 놓은 바 있는 내 작품에 다시 새로운 관찰을 덧붙이는 시늉을 일삼지는 않았다. 그러나 대중이 새로운 것을 읽기 위해서 마지못해 옛것을 다시 보아야 하는 불평을 덜어 주기 위하여, 읽고 싶다고 생각되는 부분만이 곧 눈에 띌 수 있게끔 나는 어떤 특수한 기호에 의해서 이 두 번째의 증보가 대중에게 나타나게 하는 일에 많은 신경을 썼다. 나는 또한 더 단순한 다른 기호를 통해서 첫 번째의 증보와 구별을 지어 두는 것도 무익한 일은 아닐 것이라고 생각했다. 이 기호는 대중에게 나의 「인간 성격론」의 진전 과정을 보여주며, 또 그들이 이 책을 읽고 싶다고 생각할 때, 그 선택을 도와주는 역할을 해 주기도 한다. 그리고 이 진전이 무한히 계속되는 것은 아닐까 하고 두려워하는 대중을 위해서, 나는 이 두 개의 정확한 기호 이외에는 다른 아무것도 만들어 내지 않겠다는 성실한 약속을 첨가해 두었다. 계속해서 나온 세 개의 판에 상당히 많은 새로운 관찰을 삽입함으로써 이 약속을 깨뜨렸다는 이유로 그 누가 나를 비난할지 모르나, 방주(傍註)에 의해서 알 수 있는 이 구별을 완전히 삭제하고 옛 관찰과 새로운 관찰을 한데 묶어 버린 것은 새삼스럽게 내가 대중에게 다시 읽히려는 생각에서 한 것이 아니다. 그것은 오히려 풍속에 관한 한 저서를 좀더 완전하게, 좀더 결정적인 것으로, 좀더 정밀하게 후세에 남겨 보겠다는 생각이라는 것을 적어도 그 사람은 인정해 주기 바란다. 또 내가 쓰려고 마음먹고 있었던 것은 결코 잠언이 아니었다. 잠언이란 모럴(심성)에 있어서 하나의 법률과도 같은 것이다. 나에게는 그런 법률을 제정할 수 있는 정도의 권위도 없으려니와 그런 재능도 가지고 있지 않다는 것을 고백한다. 나는 자신이 잠언의 관례, 즉 신탁(神託)풍의 극히 짧고 간결하여야만 되는 관례에 어긋나고 있다는 것조차 알고 있다.

이 관찰의 약간은 그러한 것도 없지 않아 끼여 있으나, 다른 것들은 더 장문(長文)인 것들이다. 인간은 여러 가지 사물을 저마다 다른 방식으로 사고하며, 또 전혀 다른 표현을 빌려서 그것들을 설명한다. 즉, 격언에 의해서, 논증에 의해서 암유(暗喩) 또는 다른 표상(表象)에 의해서, 대조법과 단순한 비교에 의해서, 한 사건 전체에 의해서, 일필(一筆)에 의해서, 서술과 묘사에 의해서. 나의 모든 성찰의 길고 짧은 것은 바로 여기에서 기인하고 있다.

요컨대 잠언을 꾸미는 사람들은 자기가 쓴 글을 믿어 주었으면 하고 바란다. 반대로 나는 사람들이 나보다도 더 잘 관찰을 한다면, 때로는 나의 관찰이 부족했다고 그들로부터 비평을 받는 데 대해서 거리낌없는 찬의를 표하는 입장임을 말해 둔다.

정신적인 저서에 대해서

1

언급되지 않은 것이란 이 세상에 단 하나도 없다. 사람이 생겨나서 생각을 하기 시작한 지 벌써 7천여 년, 우리는 너무나도 늦게 찾아온 것이다. 세태 인정에 있어서 가장 아름답고 가장 뛰어난 것은 이미 다 뜯어가 버렸다. 우리는 다만 고인(古人)들의 뒤에서, 또는 근대인들 가운데서도 재치에 뛰어난 사람들 뒤에서, 떨어진 이삭만을 주워 가는 것뿐이다.

2

오로지 정확하게 생각하고 정확하게 말할 줄 아는 길을 찾아야 한다. 타인을 우리의 취미나 우리의 감정에 끌어들여서는 안 된다. 그거야말로 분수에 넘치는 엉뚱한 짓이다.

3

책을 쓴다는 것은 시계를 만드는 것과 같이 하나의 직업이다. 그러나 저술가가 되기 위해서는 재치 이상의 것이 필요하다. 어느 사법관이 그 공적에 의해서 크나큰 관록을 보여 주었다. 그는 사건 처리에서 실제적이며 뛰어난 솜씨를 발휘한 사람이었다. 그런데 그 사람이 모럴(심성)에 관한 책을 한 권 출판했다. 그것은 흔히 찾아볼 수 없는 형편없는 책이었다.

4

완전한 작품을 내놓고 명성을 얻는 것은, 이미 따놓은 명성에 힘입어 평범한 작품을 값이 나가게 만드는 것만큼 쉬운 것은 아니다.

똑같은 취급을 받는다는 조건 아래 내밀(內密)하게 출판된 풍자적인 작품 또는 실화를 담은 작품은, 그것이 저속할수록 걸작으로 통한다. 왈가왈부해서 자극을 주게 되면 그때는 끝장이다.

모럴을 논한 많은 저서에서, 독자에게 주는 말, 권두의 헌사, 서문, 목록, 또 여러 종류의 추천문, 이런 것들을 전부 빼 버린다면 책의 이름과 비등한 부분은 별로 남는 것이 없다.

그 저속함이라는 것이 참으로 견디어 내기 어려울 때가 있다. 즉 시가(詩歌)·음악·회화(繪畵)·공개 연설 등의 경우이다. 흥미도 없는 제목을 가지고 장장 몇 시간을 떠들어 대는 그 과장된 연설을 듣는다든가, 엉터리 시인들이 온갖 허식을 다하여 그 보잘것없는 시를 낭독하는 것을 귀담아 들어야 한다는 것은 그 얼마나 참기 어려운 고문인가!

8

어떤 시인들은 연극에서 흔히 웅장하고, 고상하고, 위대한 감정으로 가득 차 있는 것같이 보이는, 화려한 시구(詩句)를 길게 늘어놓는 경향이 있다. 관중들은 눈을 치뜨고 입을 벌리고 열심히 귀를 기울이고 그것이 마음에 들었다고 생각하며, 이해하기 어려우면 어려울수록 더욱 더 그것을 찬미한다. 숨을 쉴 틈도 없이 고함을 치고 박수갈채를 보낼 정도로 흥분한다.

어린 시절, 나는 시구의 그런 부분은 연기자들에게도 또 관객들에게도 분명하게 이해될 수 있을 거라고 생각했었으며, 또 그 극의 작가 자신은 말할 것도 없이 잘 알고 있을 것으로 믿고 있었다. 그리고 그들이 준 작품을 온갖 세심한 주의를 기울여 읽어도 전혀 이해가 가지 않는 것은 나의 잘못이라고 생각했었다. 그러나 지금의 나는 그런 착각에서 깨어나 있다.

9

정신적인 소산의 걸작품으로서 몇 사람의 합작으로 이루어진 예는 오늘날에도 찾아볼 수 없다. 호메로스는 「일리아스」를, 베르길리우스는 「아이네이스」를, 티투스 리비우스는 「십장(十章)」을, 로마의 웅변가 키케로는 「연설문」을 저마다 혼자의 힘으로 썼던 것이다.

10

천성적으로 착하거나 원숙한 것처럼 예술에 있어서도 어떤 완성점(단계)이라는 것이 있다. 그것을 느끼고 그것을 사랑하는 사람은 완전한 멋(취미)을 지니고 있다고 볼 수 있고, 그것을 느끼지 못하고 이쪽 저쪽을 사랑하는 사람은 결함이 있는 멋을 지니고 있다는 것이 된다. 그로써 좋은 멋과 나쁜 멋이 있는 것이며, 따라서 멋을 논한다는 것은 그럴 만한 충분한 근거가 있는 것이다.

11

보통 사람들은 좋은 취미보다는 활발한 두뇌 쪽을 훨씬 더 많이 가지고 있다. 더 정확한 다른 표현을 빌려 말한다면, 그 기지에 빈틈없는 취미와 정확한 비판력을 겸해 지니고 있는 사람은 극히 소수라는 말이다.

12

영웅들의 생애는 역사를 풍요롭게 만들었고, 역사는 영웅들의 행위를 미화시켰다. 이것으로 어느 쪽이 더 덕을 입고 있는 것인지 나는 알 수가 없다. 즉 역사를 쓴 사람들이 그들에게 그토록 귀중한 소재를 제공해 준 사람들에게서 덕을 입고 있는 것인지, 아니면 이들 위대한 인물들이 역사가에게서 덕을 입고 있는 것인지.

13

형용사의 남용이란 실로 서투른 칭찬 방법이다. 칭찬을 하는 것은 사실이 하는 것이며, 또 그 사실을 말로 표현하는 방법이 하는 것이다.

14

저술가의 재능의 전부란, 정의를 잘 내리고 잘 그리는 데에 있다. 모세,[*1] 호메로스, 플라톤, 베르길리우스, 호라티우스가 다른 작가들에 비해 뛰어난 것은, 오로지 그 표현, '묘사법'에 의해서만이다. 자연스럽고 웅장하며 섬세하게 글을 쓰기 위해서는 진실만을 말해야 한다.

15

건축에서 한 일을 문체에서도 하게 되었다. 야만인이 궁전이나 사원에 도입한 고딕 양식은 이제는 완전히 버림을 당했다. 그 대신 도리아식, 이오니아식, 코린트식이 다시 불려들여졌다. 고대 로마나 옛 그리스의 폐허가 아니고서는 이미 볼 수 없게 되었던 것들이 오늘에 와서는 근대적인 것으로 변해서 우리들의 회랑(廻廊)이나 주랑(柱廊) 속에서 그 빛을 발산하고 있다. 이와 같이 글쓰기에서도 옛사람들을 모방하지 않으면 완벽한 문장을 찾아내기는 어렵다. 또 그것이 가능할지라도 아마 옛사람들을 능가하지는 못할 것이다.

사람들이 학문과 예술에서 옛사람들의 취미로 돌아와, 드디어 다시금 그 단순함과 자연스러움을 되찾기까지는 그 얼마나 많은 세기(世紀)가 흘러가야만 했던가!

사람들은 옛사람들에게서, 또 근대의 뛰어난 사람들에게서 영양을 섭취한다. 그들을 짜고 짜서 가능한 한 많은 것을 뜯어내어 그것으로써 자기 자신의 저서물을 부풀어오르게 한다. 드디어는 작가가 되어 이번에는 혼자서라도 걸을 수가 있다고 생각되는 지경에 이르면, 그들을 적으로 돌리고 그들을 학대한다. 좋은 젖을 얻어먹어 튼튼해진 어린아이들이 자기의 유모를 때리는 것과 조금도 다를 바가 없다.

근대의 작가는 흔히 옛사람들이 두 개의 양식에 있어, 곧 그 하나는 이성(理性)에 의해서 또 하나는 범례에 의해서 우리들보다 열등하다는 것을 증명한다. 그런데 그 작가는 이성이라는 것을 자기의 개인적인 취미에서 끄집어 내오며 범례는 자신의 여러 작품 속에서 인용하고 있다.

그는 옛사람들이 설령 불규칙적이고 예의바르지 못한 때가 있었어도 아름다운 필치를 가지고 있었다는 것은 인정한다. 그는 선인(先人)들의 문장을 인용한다. 그리고 그 인용문이 어찌나 아름다운지 그만 거기에 빠져서 그의 비평까지도 읽어 버리고 말 정도이다.

제법 재능을 인정받는 작가들 가운데에는 근대인에 반대하고 고대인의 편을 드는 의견을 토로하는 자가 있다. 그러나 그들은 매우 수상한 자들이며, 자기 자신에 근거를 두고 판단을 하고 있는 것같이 느껴진다. 그만큼 그들의 저서는 고대 취미 일색으로 만들어져 있다. 그러니까 그들의 말은 믿을 수가 없는 것이다.

16

작가는 자기의 작품을 정정하거나 평가할 수 있는 사람들에게 기꺼이 보여 줘야 할 것이다. 자기의 작품에 대해서 충고를 받거나 교정받는 것을 바라지 않는다는 것은 유식한 티를 내기 위한 수작에 불과하다.

작가임을 자처하는 사람이라면, 자기 작품에 주어지는 찬사도 비난도 똑같은 겸손을 가지고 받아들여야 한다.

17

우리들의 유일한 사고를 언어로써 나타낼 수 있는 여러 종류의 다른 표현들 가운데에서 적합한 것이란 단 하나밖에 없다. 말이나 글로 나타낼 때에도 언제나 그 표현을 쉽사리 찾아낼 수는 없지만, 그런 것이 존재한다는 것만은 확실하다. 그 밖의 모든 표현은 적정선에 미달하기 때문에 재능 있는 사람을 만족시키지 못하는 것 또한 확실하다.

온갖 세심한 주의를 기울여 글을 쓰는 뛰어난 작가도 오랜 노력 끝에 애써 겨우 찾아냈다는 표현이 극히 단순하고 평범한 것일 때가 있다. 그런 표현은 아무런 노력 없이도 제일 먼저 머리에 절로 떠올랐던 것임을 흔히 경험한다.

그때 그때의 기분에 따라서 글을 쓰는 사람은 자기의 작품에 수정을 가하게 되는 것이 상례이다. 기분이란 언제나 한 자리에 머물러 있는 것이 아니어서 시시각각으로 변하기 마련이기에, 그들은 얼마 안 가서 그들이 가장 좋아했던 표현이나 단어에도 냉담하게 되곤 한다.

18

우리로 하여금 뛰어난 글을 쓰게 하는 정신의 정확함 때문에, 그 책이 읽을 만한 값어치가 있을까 하는 불안감을 느끼게 된다.

평범한 정신만이 완전 무결하게 글을 쓰고 있다고 생각한다. 뛰어난 정신의 소유자는 분별 있게 온당하게 쓰고 있다고 믿는다.

19

아리스트는 말한다.

'조일르에게 내 작품을 읽어 주라는 권유를 받았기 때문에 나는 그렇게 했다. 그러자 내 작품이 형편없다는 것을 생각할 여유도 갖기 전에 먼저 그는 감동하고 말았다. 그는 내 앞에서 겸손하게 그것을 찬양했다. 그리고 그 뒤로 그는 누구 앞에서도 나의 작품을 칭찬하지는 않았다. 나는 그를 관대한 눈으로 바라본다. 또 글 쓰는 사람에게 그 이상의 것을 요구하지도 않았다. 나는 그가 만들 수 없었던 그런 아름다운 문장을 들려준 일에 대해서 오히려 그에게 미안하게 생각하고 있다.'

직책상 다른 작가들에 대한 질투심에 초연한 사람들이라 해도, 그들의 기분을 딴 데로 돌리고, 또 타인의 사상에 대해서 그들을 냉담하게 만드는 정열이라든가 욕구 같은 것을 가지고 있다. 그 어떤 사람이라 할지라도 정신, 심정, 경우의 배치로 해서 어떤 작품의 완벽함이 주는 기쁨에 전적으로 자기 몸을 내맡길 수 있는 상태에 있지 못하는 것이다.

20

비평의 기쁨은, 매우 아름다운 것에 강하게 감동하는 즐거움을 빼앗아간다.

21

많은 사람들이 어떤 원고를 읽고 평가할 수 있을 정도가 되었다. 그러나 일단 그 원고가 인쇄에 붙여지면 세간에서 어떤 취급을 받을 것인가, 또 전문가들로부터는 어떤 비평을 받을 것인가를 보기 전에는, 절대로 그것을 환영할 수가 없는 것이다. 즉, 그들은 투표를 결행하지 않고, 대중들의 힘에 의해 들것에 실려가기를 원하고 다수의 의견에 끌려가기를 마음속으로 바라고 있는 것이다. 그렇게 되었을 때, 그들은 우리들이야말로 그 책을 제일 먼저 찬양한 사람들이며, 대중은 바로 우리의 의견에 따른 것이다, 라고 비로소 입을 여는 것이다.

이런 종류의 무리들은, 자신들이 능력과 식견을 지니고 있으며 좋은 것과 뛰어난 것을 가릴 수 있는 올바른 판단력이 있다는 것을 우리에게 납득시킬 수 있는 좋은 기회를 놓치고 잃게 된다. 좋은 작품 하나가 그들의 손에 떨어진다. 그것은 처녀작이며 저자는 그 이름조차 낯설다. 처음부터 문단의 호평을 살 만한 여건이란 아무것도 가지고 있지 않다. 높은 사람들의 책에 박수갈채를 보내면서 그들의 뜻을 받들거나 아첨을 하는 것과는 사뭇 거리가 멀다. 여러분, 열렬한 사람들이여. 다음과 같이 외쳐 달라고 부탁하고 있는 것은 아닌 것이다.

'이것이야말로 최고 인간 정신의 걸작이다. 인류는 이 이상은 단 한 걸음도 더 나가지는 못할 것이다. 이것이야말로 인류의 언어가 도달할 수 있는 극한점이라 할 수 있다. 앞으로는 이 작품과 비교하지 않고서는 그 어떤 높은 취미도 올바르게 평가하지는 못할 것이다.'

이는 마땅히 찬양받을 만한 가치가 있지만 작품 자체에 해로운 기숙사나 수도원의 냄새가 풍기는, 과장되고 불쾌하기 짝이 없는 문장이다. 왜 여러분은 단순히 이렇게는 말할 수 없는가? '이것은 좋은 책이다' 라고. 그 작품이 유럽 전역에서 인쇄되어 몇 개 국어로 번역이 되었을 때, 여러분은 온 프랑스와 함께, 그리고 여러 외국인들과도 함께 반드시 그렇게 말할 것이다. 그러나 그때까지 별로 시간이 없다.

22

작품을 읽고 난 뒤, 뜻을 이해하지 못한 구절을 인용하고, 설상가상으로 거기에다 자기 식의 의미를 덧붙여서 그것을 변질시키고 마는 사람들이 있다. 그리고 그들 자신의 사상이며 그들의 표현에 불과한, 이러한 망가뜨려지고 왜곡된 문장을 비난의 대상으로 삼고, 그것이 좋지 못한 문장이라는 설을 주장한다. 그럼으로 모두가 그것이 나쁜 글이라는 것을 인정한다. 그러나 이들 비평가가 인용하고 있다고 생각하나 사실은 인용하고 있지 않는 그 작품의 부분은 그렇게 나쁜 문장은 아닌 것이다.

23

'에르모돌의 작품을 어떻게 생각하십니까? —아주 형편없어, 라고 앙팀은 대답한다—아주 형편없는 작품이야! —작품이라고 할 수 없을 정도야, 라고 그는 계속한다. 적어도 사람들의 평에 오를 만한 가치 있는 물건은 못 돼. —그렇지만 당신은 그것을 읽으셨습니까? ——아니 보지 못했어, 라고 앙팀은 말했다. 퓰르비와 멜라니가 읽지도 않고 그 책에 욕설을 퍼부은 것과, 그가 퓰르비와 멜라니의 친구라는 것을 그는 왜 덧붙여 말하지 않는 것일까?

24

아르셴은 그의 정신의 절정에 서서 멀리 떨어져 있는 인간의 무리를 바라다보고, 인간들의 왜소함에 놀라움을 금할 수가 없었다. 서로 찬양을 해 주기로 약속한 어떤 부류의 사람들로부터 칭찬을 받고 하늘 꼭대기에까지 추켜올려져, 그는 자기가 지니고 있는 조그마한 가치를 가지고, 사람이라면 누구나 소유할 수 있는 모든 가치를 그리고 또 그로서는 결코 가질 수 없는 가치를 소유하고 있다고 스스로 생각한다. 그래서 이러한 엄청난 생각에 사로잡히고 그것으로 머릿속이 부풀어 올라서, 무언가 권위 있는 말 한 마디를 말할 여유조차 없다. 이러한 성격으로 인해서 모든 사람들의 판단 따위에는 초연하기 때문에, 그는 누구나가 다 좇고 있는 틀에 박힌 생활의 가치 따위는 아예 속된 사람들에게 내맡겨 버린다. 자기의 변덕에 대해서도 그에게는 아무런 책임이 없고, 혹 책임이 있다고 한다면 그 변덕스러움을 숭배하고 있는 주위 친구들뿐이다. 그들만이 생각하고 판단할 수 있고, 글을 쓰고 또한 써야만 하는 것이다. 정신적인 산물인 작품으로서 이와 같이 세상의 호평을 받으며, 널리 교양 있는 신사들에게 애독되고 음미된 경우도 드물 것이다. 나는 그에게 칭찬해 달라고는 말하지 않는다, 읽어 달라고 하는 것이다. 그가 읽지도 않은 나의 문장은 그가 보지 않음으로 해서 수정당할 염려가 없기 때문이다.

25

테오크린은 불필요한 일들에 관하여 꽤 많이 알고 있다. 그는 언제나 이상한 생각을 한다. 그에게는 논리적인 두뇌보다도 사고하는 깊이가 결핍되어 있다. 그가 자랑삼는 것은 다만 기억력뿐이다. 그는 마치 허공에 떠 있는 것 같으며, 오만불손하기 짝이 없다. 그리고 그는, 웃음의 대상이 될 수 없다고 생각하는 사람들을 언제나 속으로 비웃고 있는 것같이 보인다. 우연한 기회에 내가 나의 작품을 그에게 읽어 주면 그는 귀 기울여 듣는다. 읽고 나면 그는 자신의 작품에 관한 것을 나에게 말한다. 여러분은 나에게 물을 것이다. '그러면 당신의 작품에 대해 그는 뭐라고 말했는지요?' 이미 앞서 말한 바와 같이 그는 나에게 자신의 작품에 대해서만 이야기한다.

26

작가가 자기 작품에 대해서 비평가들의 말을 믿고 가장 마음에 들지 않는 부분을 삭제한다면, 작품 전체가 비평을 받는 가운데 새로이 구성되는 작품만큼 완벽한 것은 없다는 결론이 되고 만다.

27

한 권의 책에서 어떤 표현 또는 어떤 감정을 말살하는 열 사람의 인물이 있다고 한다면, 그것은 매우 재미있는 경험이 된다. 그런 요구를 하는 사람들의 수는 쉽사리 찾아볼 수 있다. 어떤 사람은 외친다, '왜 이 감상을 삭제하셨습니까? 청신하고 아름답고, 표현이 아주 멋지지 않습니까?' 그런데 또 다른 사람은 반대로, 자기 같으면 이 감상은 버렸거나 다르게 표현했을 것이라고 단정한다. '당신의 작품에는 사물을 자연적으로 묘사하는 멋진 말들이 있습니다'라고 사람들은 말한다. 다른 사람들은 또 '생각 없이 내뱉은 말들이 없지 않아 있군요, 또 아마 당신이 이해시키려고 애써 고른 말들이 그 뜻을 충분히 나타내 주고 있다고는 말할 수 없는데요'라고 말한다. 이 모든 사람들이 한 마디씩 뱉은 이러한 의견은 동일한 표현에 대한 것이며 또한 똑같은 단어에 대한 것이다. 그리고 이 모든 사람들은 안식이 높고 식견이 탁월한 인물로서 통한다. 이런 경우 작가에 있어서는 감히 자기를 긍정해 주는 사람의 설에 따르는 수밖에 달리 무슨 방법이 있을 수 있겠는가?

28

당신이 성실한 작가라면 사람들이 어떤 터무니없는 소리를 하거나 어떤 추잡한 말과 욕설을 퍼붓는다 해도 고통스러워할 필요는 없다. 그리고 자기의 어떤 부분에 대해서 부당한 평을 듣게 된다 하더라도 그리 신경을 쓸 필요는 없으며, 그 부분의 삭제란 더욱 있을 수도 없다. 글 쓰는 방법에 있어서 아무리 세심한 정확성을 기한다 해도, 악의에 찬 익살꾼의 냉혹한 조롱은 피하기 어려운 하나의 재난이며, 가장 뛰어난 것도 그들에게는 흔히 한낱 웃음거리 불장난을 찾아낸 것밖에는 되지 않는다는 것을 명심하라.

29

성미가 급하고 단정적인 두뇌가 다듬어지지 않은 채 날것으로 남아 있는 경우, 그런 정신을 가지고 있는 사람들에게 여러 가지 감정을 설명할 때에는 말 이상의 것을 필요로 한다. 즉 어떤 몸짓으로 표현하거나, 말하지 않고 납득시켜야 한다. 간결하고 요령 있는 문장을 쓰기 위해서 아무리 주의를 기울여도 또 아무리 그런 정평을 얻는다 하더라도 그들은 여러분을 산만하다고 생각한다. 그러니 아주 완벽하게 그들에게 보완을 시키든가, 아니면 순전히 그들만을 위해서 글을 쓰는 것밖에 별다른 방법이 없다. 그들은 첫머리의 단어 하나만 보면 벌써 그 구절 전부를 알아차리고, 한 줄만 읽으면 그 장(章) 전체를 집어삼켜 짐작한다. 여러분은 작품의 단 일부분만을 그들에게 읽어주면, 그것으로 족하다.

그들은 그것만으로도 이미 그 작품에 통달하고 있다. 수수께끼 같은 이야기라도 길게 늘어놓았다면, 아마 그들에게는 안성맞춤의 재미있는 책이 될 것이 분명하다. 그들을 감동시키는 이런 되다 만 문체가 그리 많지 않다는 것, 그런 문체에 만족하는 문학자가 적다는 것은 그들에게는 매우 유감스런 일이다. 물살은 빠르지만 눈에 띄지 않아서 모습이 변하지 않는 강의 비유라든가, 바람을 타고 멀리 숲에까지 번져 거기에 떡갈나무나 소나무를 태우는 불장난의 비유라든가 하는 것은, 조금도 그들에게 감동적인 웅변이 될 수 없다. 그들을 놀라게 하는 그리스의 불*²이나 그들의 눈을 현혹시키는 번개 같은 것을 보여 줘라. 그러면 그들은 여러분을 뛰어난 작가라고, 아름다운 문장가라고 말해 줄 것이니까.

30

아름다운 작품과 완벽한 작품 사이에는 얼마나 큰 차이가 있는가! 나는 이 후자의 범주에 속하는 것이 존재했었는지 어떤지 모르고 있다. 보기 드문 천재들에게서 위대함이나 숭고함을 찾아낸다는 것은, 모든 종류의 과오를 피하는 것보다 쉬운 일이다. 「르 시드(Le Cid)」*3가 세상에 나왔을 때, 거기에 주어진 말이란 단 한 마디밖에는 없었다. 그것은 찬탄의 소리였다. 이 작품은 헛되이 이것을 소멸시키려고 시도한 권력이나 정책보다도 강했다. 항상 의견과 감정을 같이 하고 있는 정신, 즉 이 작품은 위대한 인물과 일반 대중들을 자기편으로 끌어모은 것이다. 그들은 모두 한결같이 그것을 외며, 극장에서 그것을 낭송하는 배우들에 앞서가는 것이었다. 요컨대 「르 시드」는 인간이 만들어 낼 수 있는 가장 아름다운 시절의 하나이다. 그리고 어떤 주제에 관해 씌어진 가장 탁월한 비평의 하나는 「르 시드」의 비평이다.

어떤 책이 여러분의 정신을 높여 주며 고귀하고 용감한 감정을 불어넣어 준다면, 작품을 판단하기 위해 달리 기준을 찾지 말라. 그것은 대가의 손에 의해 이루어진 훌륭한 작품이니까.

아름다운 문체의 감식자임을 스스로 자처하며 부우르나 라브당 정도의 문장은 지을 수 있다고 생각하는 카피스는, 대중의 소리를 외면하고 자기 혼자 '다미스는 뛰어난 작가는 못된다'라고 말한다. 다미스는 다수의 의견에 따라 대중들과 같이 솔직하게, '카피스는 열기(熱氣)가 결핍되어 있는 문학가'라고 말한다.

33

신문 기자로서의 의무는 이와 같이 말하는 데에 있다.

'지금 이러한 책이 유행하고 있다. 그것은 이런 특징이 있는 크라프와지 사에서 출판된 것으로서 제본은 튼튼하고 지질은 상등품이며, 값은 얼마이다.'

그는 그 책을 팔고 있는 서점의 간판까지도 알고 있어야 한다. 그러나 그 책의 비평을 해보겠다고 하는 건 어리석은 생각이다.

기자라는 직업의 극치는 정치에 관해 속이지 않고 논의를 하는 데에 있다.

밤이 되면 부패하고 아침에 눈을 뜨면 버려지는 기사를 베개 삼아 저녁에 조용히 잠자는 것이 신문 기자이다.

34

철학자는 인간을 관찰하는 것에 온 생애를 소비하고, 그 악덕과 어리석음을 가려내는 데에 온 정신을 소모한다.

그가 자기의 사상에 어떤 기교나 표현을 준다고 해도 그것이 저작자의 허영심에서 오는 것은 아니다. 오히려 그날 온종일 걸려 발견한 진리를 기록하기 위해서이며, 인쇄하여 그의 계획에 도움을 주고자 하는 데에 그것이 필요한 것이다. 그런데 만약 독자 중 누군가가 학자인 체하고 그의 책을 읽었는데 꽤 재치가 있더라는 등의 말을 했다고 한다면, 그들은 그의 노고에 대하여 높은 이자를 붙여 보답한 것으로 생각하는 것이다. 그러나 철학자는 그들의 찬사를 모두 되돌려 준다. 그는 그런 것 따위를 얻어 보려고 피나는 노력과 뜬 눈으로 여러 밤을 지새우지는 않았던 것이다. 그의 뜻은 그보다 높은 곳에 있으며, 그보다 고귀한 목적을 위해서 그는 행동하는 것이다. 그가 인간에게 바라는 것은 찬사보다도, 보수보다도, 좀더 크고 좀더 드문 성과이다. 즉 그것은 사람들을 한층 낮게 만들어 보려고 하는 것이다.

35

바보는 책을 읽어도 이해하지 못한다. 평범한 두뇌를 가진 사람은 그것을 완전히 이해했다고 생각한다. 위대한 정신의 소유자는 전부가 아니라 어느 부분밖에는 이해하지 못했다고 생각한다. 즉 그들은 명확한 것을 명확하다고 생각하는 것과 같이 모호한 것은 모호하다고 생각한다. 재치를 뽐내기 좋아하는 무리들은 모호하지 않은 것을 모호하다고 생각하려 하고, 매우 알기쉬운 것을 가지고 이해하려 들지 않는 것이다.

36

어떤 작가는 새 작품 하나를 내놓으면서 칭찬을 받으려고 공연한 노력을 한다. 바보들은 때로 찬양을 한다. 그러나 그것은 바보들의 짓이다. 재능 있는 사람들은 자기 자신 속에 모든 진리와 모든 감정의 씨를 다 가지고 있기에 그들에게 있어서 새로운 것이란 아무것도 있을 수가 없다. 그들은 거의 칭찬이라는 것을 하지 않는다. 그들은 다만 쓸 만하다는 사실만을 인정하는 데에 그친다.

37

서간문에 발자크*4나 부아튀르처럼 기지나 표현 기교나 재미난 문체를 써 넣을 수 있을지 어떨지 나는 알 수 없으나, 아무튼 그들의 편지에 여러 섬세한 감정이 결핍되어 있는 것만은 사실이다. 이 서간 문학은 그들 시대 이후로 처음으로 번창하기 시작했고, 그 장르의 탄생은 여성들에게 힘입은 바 컸던 것이지만 이 종류의 문장에서는 여성이 우리보다도 성공을 거두고 있다. 우리에게 있어서는 이따금 오랜 노력과 고된 연구 끝에 비로소 얻어지는 표현이나 필치가, 그녀들에게 있어서는 그저 붓이 움직이는 대로 쉽게 찾아내어진다. 그녀들은 말의 선택이 매우 뛰어나고 또 그것을 극히 적절하게 배열할 줄 아는 까닭에, 그 말들은 극히 평범한 것인데도 청신한 매력을 지니며, 그녀들이 쓰고 있는 그런 독특한 사용법을 위해서만 만들어져 있는 것 같은 느낌마저 들 정도이다. 단 한 마디의 말 속에서 감정을 충분히 읽게 한다든가, 섬세한 사고를 자세하게 나타낸다든가 하는 것은 오로지 여성들만이 가능한 일이다. 그녀들에게는 흉내 낼 수 없는 말의 연계법 같은 것이 있으며 그것이 자연적으로 이어나가고 있는데, 잘 들여다보면 그것들은 오로지 감각에 의해서만 결부되어 있음을 알 수가 있다. 만약 여성들이 언제나 정확성만 기해 준다면 그녀들의 몇몇 서간집(書簡集)은 아마도 우리 국어로 씌어진 가장 뛰어난 문학이 될 수 있다고 말해도 좋을 것 같다.

38

테렌티우스에게는 다만 열기(熱氣)가 모자랐던 것뿐이다. 그러나 얼마나 순수하고, 정확하고, 예의바르고, 우아하고, 결단력이 있었던가! 몰리에르에게는 불순한 말을 피해서 순수하게 쓰지 않았다는 것뿐이다.

그 얼마나 열정적이며, 얼마나 소박하고, 얼마나 멋진 야유의 수많은 원천들을 보여 주고 있는가! 뛰어난 인정과 풍속에 대한 모방과 묘사, 그리고 인간의 어리석음에 대한 형벌! 그러나 이들 두 희극 작가에게서 어떤 인간을 만들어 낼 수 있을 것인가!

39

나는 말레르브와 테오필르를 읽었다. 그들 두 사람은 다같이 자연이라는 것을 말하고 있었으나 다음과 같은 차이가 있다. 전자는 충실하고 한결같은 문체로 자연의 가장 아름다운 것, 가장 고상한 것, 가장 소박한 것, 가장 단순한 것을 나타낸다. 그는 자연의 회화(繪畵)를 또는 역사를 쓰고 있다.

이것에 비해 후자는 선택도 없고, 정확성도 없다. 자유롭고 변화 있는 필치로, 어떤 때는 길게 불필요한 서술을 늘어놓으면서 세부에 대해서 너무 많은 신경을 쓰고 있다. 그는 해부를 하고 있는 것이다. 때때로 그는 억측을 하고 과장을 하며, 자연에 있어서의 진실을 뛰어넘기도 한다. 그는 소설을 꾸미고 있는 것이다.

40

롱사르와 발자크는 저마다 자기 나름의 분야에서 뿐만 아니라 그들 후세의 시가와 산문에 있어서도 극히 위대한 인간을 만들어 내기에 충분한 좋은 점과 나쁜 점을 가지고 있었다.

41

마로는 그 필치 및 문체로 미루어 볼 때 롱사르보다 뒤에 쓴 것같이 여겨지는 점이 있다. 전자와 우리 사이에는 조금의 말 차이밖에는 발견되지 않는다.

42

롱사르와 그와 같은 시대의 작가들은 문체의 완성에 공헌했다기보다는 오히려 해를 주었다. 그들은 오히려 그 길을 지연시켰다. 그들은 문체를 영원히 완전한 단계로 끌어올리지 못하게 하고, 또 완성을 향해 가는 길목에 다시는 돌아올 수 없도록 함정을 파 놓았다. 극히 자연스럽고 알기 쉬운 작품을 쓴 마로와 생기와 열기로 가득 넘쳐흐르는 롱사르가 그 자신들보다 더 위대한 시인이 되지 못했다는 것은 놀라운 일이 아닐 수 없다. 이와는 반대로, 벨로오, 조델, 생 즈레 같은 문인들이 라캉이나 말레르브에 의해 계승됨으로써 프랑스어가 타락하기 시작하는 징조가 보일 듯 말 듯한 시기에 만회될 수 있었다는 것도 또한 놀라운 일이다.

43

마로나 라블레가 그 저서 속에다 온갖 비속한 문자들을 마구 뿌려 놓았다는 것은 용서받을 수 없는 일이다. 두 사람이 모두 그런 짓을 안 해도 될 충분한 재능과 소질을 지니고 있다. 어떤 작가에게 찬미하는 것보다는 웃는 쪽을 더 바라고 있는 독자들에게까지도 그런 지저분한 문자를 늘어놓을 필요는 없었다. 라블레의 경우는 특히 이해하기 어렵다. 그의 저서는 하나의 수수께끼라고 말할 수 있다. 사람들이 어떤 말로써 표현하기를 바랐던 것인지 모르나 아무튼 말로써 설명하기 심히 어려운 데가 있다. 그것은 신화에나 나오는 하나의 괴물이며 파충류의 다리와 꼬리를 가진 미녀의 얼굴이기도 하고, 또는 더 괴상한 모양을 하고 있는 짐승이기도 하다. 그것은 섬세하고 독창적인 정신과 지저분한 부패의 기괴한 혼합물이라고도 할 수 있다. 그 조잡함은 최악의 불명예를 훨씬 능가하고 있다.

그것은 천민의 매력이다. 이러한 장점은 청묘함과 탁월함의 극치에까지 도달해 있다. 그것은 가장 미묘한 진미가 될 수 있을 것이다.

44

두 사람의 문학가가 그들의 저서 속에서 몽테뉴를 비난했다. 나는 그들과 같이 유독 몽테뉴만이 온갖 종류의 비난으로부터 초연한 존재로 있을 수는 없다고 생각한다. 그러나 이 두 사람은 어떤 면에서도 그를 존경하고 있지는 않았던 것 같다. 한 사람은 깊이 사색하는 한 작가를 충분히 음미할 만큼 사색을 하지 않았다. 다른 사람은 자연스럽게 이루어지는 사색에 순응하기에는 너무나도 치밀하게 사색을 하고 있다.

45

장엄하고 진지하고 정밀한 문체는 후일 대성할 수 있다. 사람들은 오늘날

16세기 명문장가로 손꼽히는 아미요와 코에프토를 읽는다. 그러나 그들과 같은 시대의 사람들은 과연 누구를 읽었을까? 발자크는 부아튀르보다 어휘와 표현 기술에서 새로운 맛을 지니고 있다. 그렇지만 이 후자가 어조나 기지나 자연미 등의 관점에 있어서 근대적이 아니고, 우리 시대의 작가들과 하등 유사점이 없다고 하는 것은 무엇을 뜻하는 것일까? 그것은 현대 작가들이 그의 문체를 모방하는 것보다는 그를 무시해 버리는 쪽이 더 수월하고, 또 그에게 사숙한 몇몇 소수의 사람들이 그를 따라가지 못했다는 것을 말하는 것일 것이다.

46

〈H×× G××〉*5 따위의 잡지는 주저할 것 없이 한 푼의 가치도 없는 휴지 조각이라고 말할 수 있다. 이와 비슷한 책들은 그 밖에도 많이 존재하고 있다. 때로는 이런 무가치한 책들을 마구 사들이는 무분별함이 있듯이, 또한 그런 종류의 책으로 돈벌이를 하는 데 창의력을 발휘하는 일도 있다.

때때로 과감하게 어리석은 짓을 하지 않는 것은 대중의 구미를 이해하지 못하고 있다는 것이다.

47

가극(오페라)은 큰 연극의 초안이다. 그 대충의 윤곽이 무엇보다도 그것을 나타내 주고 있다.

가극이 그토록 완벽한 음악과 사치에 돈을 들이는데도 나를 왜 그렇게 지루하게 만드는지, 이유를 알 수가 없다.

가극 속에는 다른 것과 바꾸어 주었으면 하고 바라는 장면들이 적지 않게 나온다. 때로는 그 연극 전체의 결말을 바라는 마음까지도 사라져 버리게 할 때가 있다. 이것은 극본, 줄거리, 기타 관객을 즐겁게 해주는 요소들의 결합이라 할 수 있다.

가극은 오늘날까지 한 편의 시가 아니라 운문으로 존재해 왔다. 앙피옹과 그의 패거리에 의해서 돈을 절약한다는 미명 아래 온갖 종류의 대도구와 소도구를 무대에서 사라져 버리게 하고 난 뒤로, 가극은 한낱 음악회로 전락하고 말았고 여러 종류의 악기에 의해 통제되는 소리로 변하고 말았다.

연극의 여러 도구들이 어린애들의 오락물의 가치밖에는 지니지 않는다든가, 유치한 인형극에나 어울리는 물건이라고 무분별하게 말한다는 것은 문제의 핵심을 잘못 파악하는 말들이며 악취미를 길러 주는 행위이다. 무대 장치는 줄거리의 이어나감을 한층 풍부하게 만들고, 그것을 미화시키고, 관객들의 마음에다 연극의 가장 중요한 즐거움이라고 말할 수 있는 감미로운 환상을 불어넣어 준다. 가극이 아닌 순수 연극에 있어서는 지금까지도 그것이 오묘한 효과를 던져 주고 있는 것이다.

「베레니스」나 「페넬로프」 같은 (주로 귀로
듣고 음미하는) 작품에는 하늘을 나는 날개도 차바퀴도 변화도 필요 없다 하겠지만, 가극에 있어서는 바로 그런 것들이 필요한 것이다. 그리고 이 가극이 지니는 독특한 점은 정신과 눈과 귀, 이 세 가지를 같은 매력으로 사로잡아야 한다는 데에 있다.

48

이 바쁜 사람들은 극본을 꾸미고 여러 종류의 대소 도구, 발레(무용), 시구(詩句), 음악, 온갖 구경거리와 그 구경거리를 상연하는 무대 공간까지도 만들었다. 여기서 무대 공간이란 마룻바닥에서부터 지붕까지 사면의 벽 전부라는 뜻이다. 냇가의 고기잡이라든가, 탁상의 황홀함*6이라든가, 미궁의 경이*7와 같은 이 모든 것 또한 그들의 창의력에서 나왔다는 것을 누가 의심할 것인가? 관객들이 그들의 활발한 동작과 모든 성공에 대해서 박수갈채를 보낼 때 그들의 만족스러운 표정을 통해 나는 그것을 판단할 수 있다. 만약 내가 잘못 생각하여, 그들이 그토록 화려하고, 우아하고 고상한 이 제전에 아무것도 공헌한 바가 없고, 또 단 한 사람만의 능력으로 그런 계획, 그런 막대한 지출이 가능했던 것이라면, 나는 두 가지 사실에 감탄하지 않을 수 없다. 즉, 아무것도 하지 않은 자들의 혼란과 소요, 그리고 모든 것을 움직인 사람의 냉정함과 침착함.

49

이른바 통하고 있다는 사람들, 또는 자기를 그런 사람으로 믿고 있는 자들은, 여러 종류의 흥행물에 대해서 자기 자신만 결정권을 가질 뿐만 아니라 고립하여 서로 반목하는 여러 파벌로 분리된다. 이 여러 파벌은 대중의 이익과는 전혀 별개의 이해관계에 사수되어, 극히 제한된 시나 음악만을 찬미하고, 다른 모든 작품들에 대해서는 휘파람을 불며 방해 공작을 하기가 일쑤다. 그들은 반대파나 그들 자신의 파벌에 대한 편견을 옹호하려는 맹목적인 열의 때문에 해독을 끼친다. 그들은 시인이나 음악가들을 수없이 공박함으로써 낙담시키고, 저마다 그 분야에서 탁월한 거장(巨匠)들이 갖는 경쟁심이나 자유에서 얻어 내는 좋은 열매를 제거해 버리며, 학문이나 예술의 진보를 지연시킨다.

50

사람들은 극장에서 그렇게 자유스럽게 웃으면서, 혹시 눈물이라도 흘리게 되면 왜 수치스럽게 생각하는 것일까? 우스꽝스러운 장면을 보고 깔깔 웃어 대는 것보다 가련한 장면을 보고 가슴아파하는 쪽이, 자연스런 정서에 비추어 볼 때 어색하다고 느끼는 것일까? 표정이 변한다는 것이 우리들의 마음을 억제라도 한다는 것일까? 표정의 변화는 가장 비통한 고뇌보다도 바보같이 마구 웃어 댈 때 더 크다. 그래서 사람들은 높은 양반이나 존경하는 사람들 앞에서는, 눈물을 흘릴 때와 마찬가지로 웃기 위해서 얼굴을 돌리는 것이다. 부드러운 마음을 내보인다는 것, 특히 어떤 허구의 대상에 감동되어 속아 넘어감으로써 인간의 무력함을 드러내 보인다는 사실이 고통스러운 것일까? 눈물을 흘리는 행위와 같이 지나친 웃음 속에서도 인간의 약함을 보고, 두 가지 행위를 모두 가신에게 금하는 일부 엄격한 사람들 내지는 스토아파를 일일이 인용할 필요까지는 없는 일이지만, 그렇다면 도대체 사람들은 비극의 무대에서 무엇을 기대하는 것일까? 그것이 사람들을 웃게 하는 것일까? 아니면 진실성이 그 영상에 의해 무대를 강하게 지배하는 비극의 정도가 희극에서와 똑같은 효과를 내지 못한다는 것일까? 영혼이란 감동하기 전에는 비극이든 희극이든 모두 진실한 것에 도달하지 못한다는 것일까? 그것보다는 영혼을 만족시켜 준다는 것이 그렇게 간단한 것일까? 그러기에는 보다 진실한 것이 필요하지 않을까?

희극의 어떤 장면에서 극장 내부 전체에 웃음소리가 요란하게 터지는 것을 듣는다는 것은 조금도 이상한 일이 아니다. 그것은 그 장면이 재미있게 또 꾸밈없이 잘 연기되었다는 것을 말해 주는 것이다. 이와 같이 각자가 눈물을 참는 데 쓰는 노력과 억지 웃음은 다음과 같은 사실을 분명히 입증한다. 즉 위대한 비극의 자연스러운 효과는 아주 솔직하게, 서로의 얼굴이 드러나보이는 상태에서 눈물을 닦는 것 이외에는 주저 없이 그저 우는 데에 있다. 마음껏 울기로 마음먹고 난 뒤, 사람들은 극장에서 우는 것을 두려워하기보다 오히려 눈물을 흘릴 대상이 없어 목이 빠지게 기다려야 하는 안타까운 심정을 더 두려워해야 한다는 것을 깨닫게 될 것이다.

51

비극시는 그 발단부터 여러분의 가슴을 조이며 그 전편이 진행되는 동안 거의 숨쉴 틈도 정신을 가다듬을 여유도 주지 않는다. 설령 얼마만큼의 휴식을 준다 해도 그것은 여러분을 다시 새로운 미지의 심연 속에, 새로운 불안 속에 빠지게 하기 위해서이다. 그것은 여러분을 연민에 의해서 공포로, 또는 공포에 의해서 연민으로 끌어가는 것이며, 눈물과 오열, 불안과 희망, 두려움과 놀라움으로 대단원까지 여러분을 이끌어간다. 즉 그것은 가련한 감정, 사랑의 고백, 여자에게 수작을 거는 말들, 유쾌한 풍속 묘사, 달콤한 말들, 또는 이따금 사람을 웃기게 하는 언어의 유희와 같은 것들을 한데 모아 놓은 것으로서, 실은 그 뒤를 이어받는 마지막 장면에서 난폭한 무뢰한[8]이 등장하여 어떤 조리 있는 말에도 귀를 기울이지 않았다든가, 결국은 체면치레로 칼을 뽑아 피를 흘리게 한다든가, 누군가 목숨이 위태로운 불행한 자가 나오는 것과는 사뭇 거리가 먼 것이다.

52

연극의 풍속성은 단순히 나쁘지 않다는 것만으로는 족하지 않다. 그것은 품위가 있고 교훈적이어야만 한다. 시인의 눈을 끌지도 못하고 관객에게 즐거움도 주지 못할 정도로 저질스럽고 저속하며 무미건조할 수도 있다. 농부나 술주정뱅이가 어떤 어릿광대에게 어떤 장면을 제공하여 흥미를 끌게 한다. 그러나 그것은 참된 희극미(戲劇味) 속에는 들어가지 못한다. 어찌 그런 것이 희극의 기초나 중요한 줄거리를 만들 수 있겠는가? '저 연기는 정말 자연스럽다'라고 사람들이 말한다. 그러면 이 법칙에 따라서, 머지않아 극장 전체를, 휘파람을 부는 머슴들이라든가 변소 안에 들어앉은 손님이라든가 졸고 있든가 먹은 것을 토해 내고 있는 주정뱅이 같은 구경꾼들 전부를 사로잡고 말 것이다. 이 이상 더 자연스러운 것이 있을 수 있겠는가? 늦게 일어나 오후 몇 시간을 화장에 소비하고, 거울에 얼굴을 비쳐 보고, 향수를 뿌리고, 턱수염에 손질을 하고, 편지를 받고 답장을 쓰는 것은 나약한 인간의 특성이다. 이 역을 무대 위에 올려 놓아보라. 1막, 2막, 오래 계속되면 계속될수록 그것은 자연스러운 것이 되고, 그 모델과 일치하게 될 것이다. 그러나 동시에 무미하고 지루하기 짝이 없는 것이 되고 말 것이다.

53

소설이나 연극은 똑같이 해로운 점과 이로운 점을 지니고 있다. 거기서는 굳은 지조와 미덕과 애정과 무사무욕의, 극히 훌륭한 범례나 극히 아름답고 완벽한 여러 성격들을 볼 수 있다. 젊은 사람이 그 작품 세계에서 시선을 자기 주변의 모든 것에 돌렸을 경우, 지금 막 감탄해 마지않았던 모든 것에 비교도 되지 않는 매우 보잘것없는 대상밖에는 눈에 띄지 않는다. 그러므로 그 사람이 보잘것없는 그들에 대해서 조금치의 나약함을 내보일 수 있다는 것도 나에게는 놀라운 일이다.

54

코르네유는 그 뛰어난 점에 있어서는 누구보다 월등하다. 그는 어떤 모방할 수 없는 특이성을 지니고 있다. 그러나 그의 일에는 고르지 않은 데가 있다. 그의 초기의 극작은 무미건조하고 힘이 없어서, 후일 그가 그토록 대성할 수 있다는 희망을 조금도 안겨 주지 않는다. 또한 그의 마지막 작품들은 심하게 타락하여서 사람들을 놀라게 한다.

그의 가장 뛰어난 극본 몇 작품에는 품성(品性)에 대한 용서할 수 없는 결함이라든가, 줄거리의 진행을 중지시키며 그 힘을 죽이는 미사여구의 과장된 문체라든가, 그토록 위대한 인간에 있어서는 도저히 이해가 안 가는 시구(詩句)의 조잡함, 표현의 조잡함이 있다.

그의 가장 뛰어난 점은 재치(에스프리)이다. 그는 이 재치를 통하여 타인의 작품에서는 누구도 읽어 보지 못한 실로 절묘한 시구라든가, 단호히 옛사람들의 법칙을 무시하고 만든 자기 연극만의 처리라든가, 마지막으로 여러 가지 대단원의 처리를 구사하고 있다. 그는 그리스적인 취미나 움직일 수 없는 줄거리의 단순성에 언제까지나 구속을 받지는 않았다. 반대로 그는 무대에서 여러 사건으로 갈등을 즐겨 일으키게 하고, 거의 언제나 복잡한 무대를 깨끗하게 처리하는 데 성공을 했던 것이다. 그가 만든 그 다양한 시편들의 구상은 그저 감탄스러울 따름이다.

라신의 극시들은 유사점이 많아서, 부쩍 한 군데를 향해 가는 경향이 있다. 그러나 라신에겐 잘되고 못된 데가 없으며 기복이 없다. 정확하고 규칙적이고 양식(良識)과 자연스러움을 골자로 하는 그의 극작 구성과 처리 방법, 단정하고 풍부한 각운을 통해 곳곳에서 볼 수 있는 우아한 음악적인 시법, 그 어떤 관점으로 보나 언제나 같다. 그는 고대의 정확한 모방자였다. 고대극의 줄거리에 나타난 선명함, 단순함을 그는 세심한 주의를 기울이며 따랐다.

라신에게서 웅대한 맛과 비범한 맛이 느껴지는 것은 코르네유에게서 심금을 울리는 힘과 비창한 맛이 느껴지는 것과 같다. 「르 시드」의 전편에, 「폴리외크트」에, 「호라티우스」에 흐르고 있는 애정보다 더 큰 애정이 또 있을 수 있을까? 미트리다트나 포뤼스나 뷜뤼스에게서 볼 수 있는 그 위대한 힘은 또 얼마나 큰 것인가? 역시 고대인들의 기호이며 비극 작가들이 여러 극장에서 즐겨 불태웠던 그 정열, 사람들이 공포라든가 연민이라는 이름으로 불렀던 그 열정도 이 두 시인은 깊이 알고 있었던 것이다. 라신의 대표작 「앙드로마크」에 나오는 오레스트와 「페드르」에 나오는 왕비 페드르는, 코르네유의 「오이디푸스」나 「호라티우스」의 주인공과 함께 그것을 증명해 준다. 그러나 만약 그들 두 사람의 사이에 어떤 비교를 시도하고, 그들이 가지고 있는 가장 특이한 것과 그들의 작품에 항상 발휘되고 있는 가장 평범한 것을 통해서 각기 특징짓는다면 다음과 같이 말할 수 있을 것이다.

'코르네유는 우리들로 하여금 그의 성격, 그의 관념에 복종시킨다. 라신은 우리들의 그것에 순응한다. 전자는 반드시 그래야만 된다는 식의 인간을 그리고, 후자는 그것을 있는 그대로 그린다. 전자에게는 더 많이 사람들이 찬미하는 것이 있고, 서슴없이 모방하는 것이 들어 있다. 후자에게는 더 많은 사람들이 타인 속에서 인정하는 것, 또는 자기 자신 속에서 느끼는 것이 간직되어 있다. 한쪽은 인간의 정신을 드높이고, 놀라게 하고, 지배하고, 교육한다. 다른 쪽은 마음에 들게 하고, 가슴을 울리며 감동시키고, 마음속 깊이 스며들게 한다. 이성(理性)에서 가장 아름다운 것, 가장 고귀한 것, 가장 절대적인 것은 전자가 다루고 있다. 후자에서는 정열 속에서 가장 즐거운 것, 가장 섬세한 것이 취급된다. 잠언, 율법, 훈계는 전자에게 있으며, 후자에게는 고상한 취미와 감정이 있다. 코르네유의 연극에서는 마음을 빼앗기며, 라신의 극에서는 마음이 동요당한다. 코르네유는 좀더 도덕적이라고 할 수 있으며, 라신은 좀더 자연적이라 할 수 있다. 한 사람은 소포클레스를 따르고, 다른 한 사람은 에우리피데스에 한층 더 힘입고 있는 것같이 생각된다.'

55

혼자 오랜 시간 힘 안 들이고 이야기할 수 있는 능력에다가 과격한 몸짓이라든가 격렬한 억양의 음성이라든가 건장한 폐가 결부되어 있는 것을 대중들은 '웅변'이라고 부른다. 현학자들은 그것을 연설 속에서만 인정하며, 여러 표정의 누적이나 과장된 언어의 사용, 한 절 한 절이 멋지게 끝을 맺는 기술 등만을 기준으로 삼는다.

논리란 어떤 진리를 설득하는 기술이며, 웅변이란 우리로 하여금 타인의 마음과 정신을 지배할 수 있게 만드는 영혼의 선물이다. 그것이 우리로 하여금, 우리의 마음에 든 모든 것을 그들에게 고취시키거나 그들에게 납득시키는 것이다.

웅변은 대화뿐만 아니라 모든 종류의 저서 속에도 존재할 수 있다. 사람들이 찾는 곳에는 절대로 없으며, 찾지 않는 곳에 드물게 존재한다.

웅변의 숭고함이란, 모든 것이 웅변이 되기 이전 그 본래의 바탕이 지닌 것과 같다.

숭고함이란 무엇일까? 아무도 정의하지 않았다. 그것은 하나의 형상(形狀)일까? 여러 가지 형상에서 태어나는 것일까? 또는 적어도 몇 개의 형상을 말하는 것일까? 모든 종류의 저서가 그것을 받아들이는 건가, 아니면 그것이 가능한 것은 오로지 위대한 주제에만 한해서일까? 아름다운 자연미가 풍기는 대화체의 목가(牧歌)나 친밀한 편지, 매우 미묘한 회화(會話) 같은 것들 이외에서도 빛날 수 있는 것일까? 그렇지 않으면, 자연미라든가 섬세함이라는 것은, 그것에 완벽함을 준 작품의 숭고함이 아닐까? 숭고함이란 무엇일까? 숭고함이란 어디에 들어가는 것일까?

동의어(同義語)란 동일 사물을 의미하는 여러 종류의 말투 또는 문구를 말한다. 대구(對句)란 서로 다른 것을 비추어 볼 수 있는 두 개 진리의 대립을 말한다. 암유(暗喩) 또는 비유(比喩)는 다른 것으로부터 하나의 진리를 바로 그것이라고 알아차릴 수 있는 자연스러운 영상을 빌려온다. 과장법이란 정신을 인도하여 좀더 낮게 진리를 알리기 위해서 진리를 뛰어넘어 설명하는 것을 말한다. 숭고함이란 진리만을 그리는 것을 말한다. 단 고귀한 주제에 한해서이다. 그것은 진리의 총체를 그 원인과 목적하는 바 속에서 그린다. 그것은 진리에 가장 알맞은 표현이든가 영상이다. 평범한 정신은 단 하나밖에 없는 표현을 찾아내지 못하고 동의어를 남용하기 마련이다. 젊은 사람들은 대구의 광채에 현혹되어 그것을 사용하기 좋아한다. 올바른 정신, 정확한 영상을 그려 내는 것을 사랑하는 정신은 당연히 비유와 암유를 쓰는 데에 동의한다. 격렬한 정신, 불덩이 같은 막연한 공상은 규칙과 정확성을 무시하고 뛰어넘는 까닭에 과장법을 쓰는 데에 결코 싫증을 낼 줄을 모른다. 숭고함에 이르러서는, 위대한 천재들 가운데서도 가장 뛰어난 극소수의 사람들만이 해당된다.

56

글을 쓰는 모든 사람들은, 명확한 글을 쓰기 위해서 자신을 독자의 위치에 놓아야 한다. 자신의 작품을 마치 전혀 새로운 것, 처음으로 읽어보는 것, 아무런 관여도 하지 않았던 것, 작가로부터 비평을 부탁받은 것과 같이 검토하지 않으면 안 된다.

그리고 자기가 이해한 것은 다만 자기 혼자만의 납득이 아니고, 누가 보아도 사실상 이해할 수 있으리만큼 자기도 납득이 갔다는 것을 명심해야 할 것이다.

57

사람이 글을 쓰는 것은 오로지 이해해 주기를 바라는 마음에서이다. 적어도 글을 써서 좋은 것들을 이해시킬 필요가 있다. 순수한 표현을 사용하고 적절한 어구들을 쓰도록 노력해야 한다. 적절한 말은 고귀하고 신선하고 견실한 사고와 극히 아름다운 뜻을 지닌 사상을 표현하지 않으면 안 된다. 순수하고 투명한 언어를 무미하고 보람없고 진부하고 무익하고 전혀 새로운 맛이 없는 주제에 사용한다는 것은 악용인 것이다. 경박하고 유치하고, 때로는 무미건조하고 흔해 빠진 것들을 아무 어려움도 없이 이해했다고 한들, 그게 독자에게 무슨 소용이 있다는 것일까? 아무리 한 작가의 사상이 뚜렷하게 나타나 있다고 한들, 그 작품에 지리함을 느낀다면 무슨 가치가 있겠는가?

만약 작가가 몇몇 저서 속에 어떤 심각한 이야기를 집어넣었다고 한다면, 만약 그가 때로는 지나칠 정도로 정밀하고 섬세한 표현을 즐겨 쓴다고 한다면, 그것은 그 사람이 자기의 독자들에게 호감을 가지고 있다는 것을 말해주는 것뿐이다.

58

파벌을 짜거나 음모를 꾸미는 족속들이 쓴 책을 읽고 있으면, 진지함이라곤 전혀 찾아볼 수가 없다. 사실은 과장되고, 상호간의 이유도 있는 그대로 서술되어 있지 않을 뿐만 아니라 표현도 정확하지 못하다. 더욱이 우리의 인내력마저 완전히 소모시키고 마는 것은, 논쟁의 씨가 되었던 어떤 사건에 대해서 입씨름을 일삼는 자들이 서로 주고받은 가혹한 말들과 욕지거리들을 산더미만큼이나 실컷 읽어야만 한다는 것이다. 흥분이나 불화가 없어지고 난 후 이런 책들은, 떨어져 가는 종이 값을 올릴 자격도 없거니와, 완전한 망각 속에 매장되어 버릴 자격도 없다. 그런 것들은 다만 묵은 달력밖에는 될 수 없는 것이다.

59

어떤 사람들의 영광이나 가치는 글을 잘 써야 하는 데에 있고, 다른 어떤 사람들의 그것은 아무것도 쓰지 않는 데에 있다.

60

20년 이래 사람들은 정확하게 글을 쓴다. 사람들은 새로운 단어로 언어를 풍부하게 하고, 라틴어법의 속박에서 벗어나서 문체를 순수하게 프랑스적인 문장으로 환원시켰다. 말레르브와 발자크가 선구자가 되어 발견하고, 이후의 많은 작가들이 파손되어 가는 상태로 방치했었던 문장의 조화를 거의 모두 되찾았다. 요컨대 사람들은 문장에다 그것이 가능한 모든 질서와 선명함을 주었다. 이것은 사람이 의식하지 못하는 사이에 문장에다 정신을 부여하는 것이 되는 것이다.

61

그들이 발표하는 예술이나 학문처럼 폭넓은 정신을 소유한 거장과 대가라고 하는 사람들이 있다. 그들은 천재적인 자질과 창의력에 의해서, 학문이나 예술에서 그들이 받은 혜택을 더 충분히 되돌려 준다. 그들은 예술을 한층 고귀한 것으로 만들기 위해서 예술로부터 몸을 빼고, 여러 법칙이 그들로 하여금 위대함이나 숭고함으로 인도하지 않는 경우에는 그 법칙에서 떨어져 나간다. 그들은 홀로 아무런 반려자도 없이 걸어간다. 그러나 그들은 때로 불규칙적인 것으로부터 여러 도움이 될 만한 것을 끄집어 내는 데 성공하며, 항상 자신에 넘치고 확고부동한 자세로, 매우 높은 경지에 도달하고 매우 심원한 데에까지 파고 들어간다. 바르고 온화하고 절도 있는 정신은 단순히 그들 뒤를 따르지 못한다는 것뿐만 아니라, 그들을 찬미하지도 않고 그들을 이해하려 들지도 않는다. 더욱 그들을 모방하려고 들지도 않는다.

그들은 자기 영역 내에 조용히 머무르며, 그들의 능력 또는 그들의 식견의 한계를 이루고 있는 어느 지점에까지만 간다. 그들은 그 이상은 넘어서려 하지 않는다. 왜냐하면 그들은 그 멀리까지 보지 못하기 때문이다. 따라서 그들은 기껏해야 제2류급의 수위를 차지하는 데 멈추며, 평범한 부류 속에서만 뛰어날 수 있을 따름이다.

62

다른 천재들이 제작해 놓은 모든 작품들의 수집·등록·저장고가 되기 위해서만 만들어진, 감히 말한다면, 열등하고 종속적인 정신이라는 것도 있다. 즉 그들은 표절가요, 변안가요, 편집자의 구실만을 한다. 그들은 사고(思考)를 하지 않으며, 여러 작가들이 이미 생각했던 것을 입 밖에 낼 따름이다. 반드시 창의력이 요구되는 사상의 선택에도 그들의 선택은 졸렬하고 부정확하다. 그것이 그들에게 뛰어난 것보다는 오히려 많은 것들을 늘어놓도록 시킨다. 그들은 배운 것밖에는 알지 못하며 누구나 다 몰라도 좋다고 생각하는 것밖에는 배우지 않는다. 대화 속에 나타나는 법도 없고 유통되지 않는 화폐와 같이 공허하고 무미건조하고 흥미나 유익성도 없는 학문이다. 그들의 독서량은 놀랄 만한 것이나, 그들의 대화라든가 그들의 저작물은 권태로움을 금할 수가 없다. 그들은 권세가와 천민을 현명한 학자로 만들고, 현명한 사람에게는 현학주의의 누명을 씌우는 바로 그런 몫을 담당한다.

63

비평은 간혹 학문이라고는 말할 수 없을 때가 있다. 그것은 재치보다는 건강함을, 능력보다는 노력을, 천재적인 소질보다는 습관적인 것을 요구하기 때문이다. 만약 그것이 다독을 하고 있는 데 비해 감상안이 없는 사람에 의해서 씌어져 어떤 글에 영향력을 미치게 된다면, 독자나 작가를 동시에 타락시키고 만다.

64

본디 모방하는 데 뛰어나고, 언제나 누군가의 뒤쪽에 서서만 일하는 극히 겸손하기 짝이 없는 작가에게 권한다. 즉, 기지, 공상, 또는 박학(博學)함에서 나오는 작품만을 모범적으로 선택하라고. 본보기로서 뛰어나지는 못하지만, 적어도 가까이 다가가서 읽을 만한 것이 되기 때문이다. 반대로 다음과 같은 사람들을 모방해서는 안 된다. 즉, 기질에 의해서 글을 쓰는 사람들, 심정이 말을 하게 하고 말이나 수사에 영감을 가지고 있는 사람들, 그리고 종이 위에 표현하는 모든 것을 뱃속으로부터 짜내는 사람들이다. 이런 것이야말로 극히 위험천만한 본보기로서, 남의 꼬리에 매달려 쉽게 글 쓰려고 하는 사람들로 하여금 생기가 없고 품위기 없고, 조롱거리나 되기에 알맞은 문제로 떨어뜨리고 마는 것이다. 진심으로 나의 목소리의 억양을 흉내 내려 한다든가, 나의 얼굴을 닮으려고 바란다든가 하는 사람을 나는 비웃을 것이다.

65

기독교인으로 또 프랑스 인으로 태어난 사람은 풍자적인 글을 쓰는 데 있어 많은 구속을 받는다. 위대한 주제를 다루는 것이 그에게 금지되어 있기 때문이다. 때로는 그런 주제에 손을 대는 일도 있으나 곧 사소한 일에 몸을 돌리고, 그의 뛰어난 재능과 아름다운 문체로 그것을 높인다.

66

도리라나 핸드바그의 전철을 밟지 않기 위해서라도 공허하고 유치한 문체는 피하라. 반대로 어떤 종류의 책을 통해서는 대담한 표현을 시도하라. 어순(語順)을 도치시킴으로써 묘사에 생기가 도는 어구를 쓰며, 그것을 사용하거나 이해하는 즐거움을 맛보지 못하는 사람들을 불쌍히 여겨라.

67

글을 쓸 때, 자기가 살고 있는 시대의 취미밖에 존중하지 않는 사람은 그의 저서보다는 자신의 몸만을 생각하는 것이다. 항상 완전한 경지를 지향하지 않으면 안 된다. 그러면 때로 우리들과 같은 시대의 사람들에 의해 거부되는 정당한 평가를 후세 사람들이 우리에게 돌려 줄 것이다.

68

우스꽝스러움이 존재하지 않는 곳에 그것을 억지로 집어넣으려고 해서는 안 된다. 그것은 취미를 해치는 일이며 자기와 남의 판단을 그르치게 하는 것이다.

그러나 어딘가에 존재하는 우스꽝스러움은 정확하게 장소를 찾아내어 우아하게, 사람의 마음에 들게, 또 사람에게 교훈을 줄 수 있게 끄집어 내야 할 것이다.

69

호라티우스 또는 브왈로가 당신보다 앞서서 그렇게 말했는데요—나는 당신의 말을 믿습니다. 그러나 나는 그것을 내 생각대로 말한 것입니다. 단지 내가 그들보다 늦게 태어났다고 해서 진실된 것을 생각할 수 없다는 건가요. 뒤에도 또 다른 사람들이 그것을 똑같이 생각할 텐데요?

⟨주⟩

*1 모세는 단순히 글을 쓴 사람으로밖에는 생각하지 않는다.〔원주〕

*2 ⟨그리스의 불⟩이란, 적의 배에 불을 지르기 위해 고대 그리스 사람들이 바다 위에서 태운 불.

*3 「르 시드」 프랑스 17세기 고전극의 대표적 작가 코르네유의 비극.

*4 발자크(1597~1654) 당시의 게 드 발자크를 말한다. 뒤에 나오는 부아튀르와 함께 17세기 초반의 프랑스 문필가이며 특히 「서간집」으로 유명함.

*5 ⟨H×× G××⟩라는 약자는 당시 지식인 사회에서 큰 비중을 차지하고 있었던 ⟨르 메르퀴르가랑⟩이라는 잡지를 낮추어 부른 말. 이 잡지가 당대의 비극 작가 라신에 대해서 코르네유 편을, 신구 양파의 논쟁에서 구파에 대해 신파 편을 두둔함으로써 라 브뤼예르의 비위를 몹시 상하게 했음.

*6 샹티이의 숲에서 있었던 사냥 대회.〔원주〕

*7 샹티이의 미궁에서 베풀어진 그 정묘함이 극했던 식사.〔원주〕

*8 저속한 비극의 대단원에는 곧잘 이런 종류의 소동이 일어난다.〔원주〕

개인의 가치에 대해서

1

좀처럼 보기드문 재능과 뛰어난 가치를 지니고 있는 인간이라 할지라도, 죽음에 이르러 자신의 소멸을 느끼지 않는 하나의 세계, 그를 대신할 수 있는 많은 인간이 존재하는 하나의 세계를 남기고 간다는 것을 생각할 때, 그 누가 자신의 쓸모없음을 스스로 느끼지 않겠는가?

2

많은 사람들이 어떤 가치를 지니고 있다는 것은, 실은 이름뿐인 것에 지나지 않는다. 아주 가까운 거리에서 그들을 바라보면 아무것도 아닌 자들이 멀리서는 제법 당당한 인간으로 보인다.

3

천재적인 재능을 가진, 찬미를 받아 마땅한 아주 뛰어난 자들이, 사람들의 입에 오르지도 못한 채 얼마나 많이 죽어갔던가? 사람들의 입에 오르지도 못하고 앞으로도 결코 오르지 못할, 얼마나 많은 사람들이 지금도 아직 살고 있는가?

4

그 누구도 스스로 타인의 가치를 발견해 내는 사람은 없다.

타인 속으로 파고들어가거나 타인을 식별할 수 있는 시간적 여유를 갖기에는, 인간이란 너무나 자기 자신의 일로 가득 차 있다. 큰 값어치와 겸손함을 가지고 있기 때문에 사람은 오랜 세월 알려지지 않은 채로 남아 있는 것이며, 그 원인은 바로 거기에서 오고 있는 것이다.

천재 혹은 뛰어난 재능의 소유자는 때때로 절호의 기회를 놓치기도 한다. 즉 어떤 사람은 이미 이룩해 놓은 일에 의해서 칭찬을 받을 가능성이 있고, 또 어떤 사람은 기회만 주어진다면 해놓은 일에 의해서 칭찬을 받을 수 있다는 것이다.

위대한 명성을 떨치는 일만큼 고통스러운 것도 이 세상에는 없을 것이다. 사람이 그 작품의 초벌 손질에 손을 댈까 말까 하는 사이에 생명은 이미 종말을 고하기 일쑤니 말이다.

유능한 인물이 쉴새없이 왕 앞에 문안드리는 것은, 보통 사람들이 생각하는 이유와는 정반대의 이유 때문이다. 보통 사람들이 지니기 어려운 겸손함 없이 그가 그런 행동을 하는 것은 아니다. 겸손함이야말로 군주가 행차하시는 길에 있다든가 그 눈 앞에 몸을 두고 있다든가 얼굴을 보인다든가 하는 경우, 그들을 조금이라도 즐겁게 해드리고 있다는 생각 따위에서 그를 멀리하고 있는 것이다. 오히려 그는 자기가 고귀한 사람들에게 방해물이 되고 있지나 않나 하고 걱정한다. 그리고 배알을 할 때가 닥치면, 그는 예절과 의무의 온갖 부담을 스스로 져야 한다는 것을 깨닫는다. 반대로 자기 스스로를 높게 평가하고 있는 자, 흔히 속된 말로 오만한 사람은 자기 모습을 드러내는 것을 좋아하며, 배알하고 있는 고귀한 분들이 그의 사람됨을 자신이 생각하고 있는 것과는 달리 판단하고 있다는 것은 꿈에도 생각 못할 만큼 매우 강렬한 자부심을 가지고 아첨하고 있는 것이다.

덕을 지닌 사람은 자기 의무를 실천함으로써 의무에 대한 기쁨을 보상받는다. 그리고 찬사나 존경이나 감사에 대해서는 무관심하다.

전혀 다른 두 개의 상태를 억지로 비교해 보자.

나는 용기 있는 사람이 자기가 맡은 의무를 이행하는 일은, 마치 일꾼이 지붕에 기와를 올리는 일과 같다고 본다. 양자는 똑같이 목숨을 위험 속에 내맡기기를 바라지 않으며, 또한 그렇다고 해서 위험하니까 일을 멈추려고도 하지 않는다. 죽음은 그들에게 있어서 직무상 하나의 사고에 불과한 것이지, 절대로 장애물은 될 수 없다. 전자가 참호에 들어가 요새를 탈취하고 적진을 타파하는 일은, 후자가 지붕이나 종탑 꼭대기에 기어 올라가는 일과 똑같이 별로 자랑할 만한 것은 못된다. 허세를 부리는 인간은 잘했다는 뭇사람들의 평판에 오르려고 애를 쓰지만, 그들은 다만 일을 잘해 보려고 온 정성을 다하고 있는 것에 지나지 않는다.

10

공적의 겸손은 마치 한 폭의 그림에서 볼 수 있는 음영의 초상과 같은 것이며, 그것에 힘과 부력(浮力)을 부여한다.

단순한 겉모습은 보통 사람의 옷이며, 그들의 몸에 알맞게 재단되어 있다. 그러나 위대한 행위로 생애를 채우고 있는 사람들에게 그것은 하나의 장식이다. 나는 그들을 허술하고도 좀더 자극적인 미모에 비교한다.

자기 자신에 만족하며, 그들에게 상당한 성공을 가져다 준 어떤 행위나 작품에 만족하는 인간들은, 겸손이라는 것이 위대한 인간에게 썩 잘 어울린다는 소문을 듣고는, 큰 용기를 가지고 겸손해져서 단순함이나 자연스러움을 가장한다. 그것은 별로 키도 크지 않은 사람이 머리를 부딪힐까 겁이 나서, 문턱에서 몸을 굽히는 것과 비슷한 일이다.

친구의 행운과 불행에 관심을 기울여서는 안 되며, 오로지 우리를 그들에게 끌려가게 하는 미덕에만 관심을 가져야 한다. 그리고 그들이 불운한 신세가 되어도 뒤따라가야만 한다고 느낄 때는, 그들이 번영의 절정에 이르기까지 꿋꿋이 자신감을 가지고 교제를 계속해 나가야 한다.

12

보기 드문 것에는 정말 강하게 마음이 끌리면서, 오직 미덕이라는 것에는 왜 이토록 마음이 움직이지 않는 것인가!

13

이름난 집안에 태어난 것이 그토록 행복한 일이라면, 집안이 있는지 없는지조차 알 수 없게 되는 것도 그것 못지않는 행복이라고 할 수 있다.

14

지상에는 드물게 뛰어난 인물이 나타나서, 그 미덕에 의해 이름을 떨치고 그 걸출한 자질이 놀라운 빛을 내는 수가 있다. 그 원인은 사람이 알 수 없는 것이며, 사라져 없어진 뒤 어찌될 것인가는 더욱 알려져 있지 않다. 저 이상한 별과 같이, 그들에게는 조상도 없으며 후예도 없는 것이다. 그들은 그들만으로 전 씨족을 형성하고 있는 것이다.

15

현명함은, 우리들에게 의무와 그것을 이행할 책임을 찾아내도록 만든다. 만일 거기에 위험이 깃들어 있다면 그 위험도 함께 준다. 그리고 현명함은 용기를 북돋워 주든가, 아니면 그 대신의 역할을 해준다.

16

자기가 추구하던 예술에서 뛰어난 재능을 발휘하여 완벽해지고 난 뒤, 사람은 그 예술로부터 빠져나와 더 고상하고 더 높은 차원의 것과 비교하려고 든다. 그러나 V씨는 화가이며 C씨는 음악가이며, 「피람므」의 저자는 시인임에 틀림없다. 또한 미냐아르는 미냐아르이고 륄리는 륄리이며, 코르네유는 어디까지나 코르네유 자신인 것이다.

17

아내를 갖지 않은 자유로운 인간은 다소의 재간만 가지고 있다면 자기 운명을 초월하여 출세할 수도 있으며, 사교계에 발을 들여놓을 수도 있고, 가장 교양있는 신사들과 같이 어깨를 겨눌 만한 인물이 될 수도 있다. 이런 것은 속박을 받고 있는 사람에게는 그리 쉬운 일이 아니다. 결혼은 모든 인간을 어떤 틀 속에 넣어 버리고 만다.

18

사람들이 좀더 큰 명예와 광채를 얻기 위해서는, 개인적인 공적 다음으로 뭐니뭐니해도 높은 지위와 당당한 직함이 필요하다. 그리고 에라스무스 같은 위인이 될 수 없다면 사교(司敎) 정도라도 되어야 한다. 어떤 사람들은 자기 명성을 널리 떨치기 위해, 귀족의 칭호나 등급을 나타내는 목걸이를 걸고 주교의 직위나 로마 추기경의 지위를 한 몸에 모으려고 한다. 또한 그들에게는 로마 교황의 삼중관(三重冠)이 필요하다. 그러나 트로휌에서 추기경이 될 필요가 조금이라도 있었던가?

19

피레몽의 옷에는 황금이 찬란하게 빛나고 있다고 당신들은 말한다. —상인들 집에서도 그와 같이 찬란하게 빛나고 있습니다. —그가 걸치고 있는 옷의 천은 정말 훌륭해. —그 천이 가게에서 필로 있을 때는 그 훌륭함이 줄어들기라도 한다는 건가요? —하지만 자수나 장식이 거기에 한층 화려함을 더해주고 있는 거죠. —그렇다면 나는 직공의 손재주를 찬미해야겠는데. —누가시간을 물으면, 그는 시계를 꺼냅니다만 그 시계가 또 걸작품입니다. 그가차고 있는 검(劍)의 날밑은 줄마노(瑪瑙)랍니다. 손가락에는 큼직한 다이아몬드를 끼고 있는데 사람들 눈을 부시게 하죠. 그런데 그것이 또 기막히게멋진 것이죠. 필요나 허영을 위해서도 사람들이 몸에 붙이는 물건들은 무엇하나 부족한 것이 없죠. 돈 많은 할머니와 결혼한 청년 이상으로, 온갖 종류의 장식품에는 빠지는 것이 하나도 없습니다. —드디어 당신은 나의 마음에호기심을 불러일으키는군요. 그렇게 귀중한 물건들이라면 한번 꼭 볼 필요가 있겠는데요. 피레몽의 그 옷과 보석을 나에게 보내 주십시오. 사람 쪽은당신에게 맡기기로 하죠.

이 호사스러운 마차와, 자네 뒤를 따라다니는 수많은 얼간이들과, 자네를끌고 다니는 그 여섯 마리의 짐승 때문에 사람들이 자네를 우러러보고 있다고 생각한다면, 피레몽 자네는 착각을 하고 있는 걸세. 겉멋이나 부릴 줄 아는 자만스러운 자네의 속을 들여다볼 때, 자네의 사람됨과 관계가 없는 이런 모든 사치스런 도구들을 사람들은 제쳐놓고 보는 걸세.

당당한 행렬과 호사스런 의복과 화려한 마차를 가졌다고 해서, 자기가 훨씬 훌륭한 가문에 속하고 훨씬 많은 재치를 지니고 있다고 생각하고 있는 자를 관대하게 볼 필요는 더욱 없네. 그는 그것을 자기에게 말을 건네는 사람들의 얼굴빛이나 눈빛에서 읽을 수 있지.

20

명주나 네덜란드 나사로 된 긴 외투를 걸치고, 배 위에 넓은 허리띠를 매고, 모로코 가죽신을 신고, 질 좋은 둥근 가죽 모자를 쓰고, 풀을 잘 먹인 멋진 칼라를 달고, 머리털 하나 비어져나오지 않게 곱게 빗은 머리에 얼굴빛은 약간 붉은 기미가 도는 궁정풍의, 또는 도시풍의 남자, 이런 겉모습으로 무언가 형이상학적인 명제의 해석을 생각하고, 영광이라는 것이 무엇인가를 설명하고, 인간은 신을 어떻게 보아야 하는가를 정확하게 아는 인물, 이런 사람을 가리켜 박사라고 부른다. 연구실에 파묻혀 한평생을 명상하고 탐구하고 참고하고 대조하고 읽고 또는 쓰는 보잘것없는 인물, 이런 사람을 가리켜 석학(碩學)이라 부른다.

21

우리 프랑스에서 병사는 용감하고, 법관은 현명하다. 그 이상은 아니다. 고대 로마에서 법관은 용감했었고, 병사는 현명했었다. 그리고 한 사람의 로마 인은 병사이자 법관이었다.

22

영웅은 다만 전쟁터에서 태어난다. 위인은 연구실이나 궁정, 그 모든 곳에서 나올 수 있다. 그러나 이 양쪽을 하나로 합쳐도 인자(仁者)에는 미치지 못한다.

23

전쟁에서 영웅과 위인과의 차이는 미묘하다. 군사적 수완 모두가 이 양자를 만든다. 그러나 전자는 젊고 모험적이고 고도의 용기를 지니고 있고, 위험에 대해 초연하고 대담하기 이를 데 없으며, 후자는 크나큰 사려와 깊고 넓은 선견지명과 고도의 능력과 오랜 경험에 의해 뛰어난 것처럼 느껴진다. 어쩌면 알렉산드로스 대왕은 단순한 영웅에 불과하며, 카이사르는 위인이었을지도 모른다.

신의 아들들*[1]은 자연의 법칙에서 벗어난 예외의 인물처럼 보인다. 그들은 시간과 세월에 거의 아무것도 기대하지 않는다. 그들에게 있어서는 기능(技能)이 나이를 앞선다. 그들은 태어날 때부터 교양을 갖추고 있다. 그리고 보통 인간이 소년시절을 빠져나올 무렵에, 그들은 이미 완전한 어른이 되어 있다.

근시안적인 사람들이라면 좁은 공간 속에 파묻혀 갇힌 정신을 가리키지만, 그런 사람들은 흔히 동일한 주체 속에서 인식할 수 있는 재능의 보편성을 이해하지 못한다. 유쾌한 것을 보면 거기에서 견실한 것을 배제한다. 경쾌함이라든가 유연함이라든가 능숙함이라든가 육체의 우아함 같은 것을 발견했다고 생각하면, 벌써 거기에는 심원과 사려깊음이나 현명함과 영혼의 부여 같은 것을 허용하려 들지 않는다. 그들은 소크라테스의 역사에서 그가 춤을 추었다는 것을 빼버린다.

할 만큼 했으므로 이제 더 이상 바랄 것이 없다고 할 정도로 완성된, 그리고 가까운 집안 사람에게 필요한 인간은 없을 것이다.

숨겨져 있는 여러 가지 동작을 우리에게 드러내 보이려 하지 않는 것만큼,

미묘하고 단순하고 또한 이해하기 어려운 것은 없다. 바보는 재치 있는 인간처럼 들어갔다가 나오고, 자리에 앉았다가 일어서고, 입을 다물었다가 주저앉고 하는 동작을 하지 않는다.

28

한 번도 본 적 없는 모프스라는 사람이 나를 찾아왔다. 그는 자기가 알지도 못하는 사람들, 이를테면 그를 알지도 못하는 다른 사람들 집에 데려가 달라고 부탁한다. 그는 얼굴밖에는 모르는 여자들에게도 편지를 쓴다. 그가 누구인지도 모르는 존경할 만한 사람들의 모임에도 슬그머니 끼어든다. 그런 장소에서 그는 그에게 질문해 오는 것을 기다리지도 않고 점잖은 사람들의 이야기를 가로막고 있다는 것도 느끼지 못한 채, 안하무인격으로 혼자 지껄인다. 어느 날 그는 어느 집회에 끼어들어 주위에 아랑곳하지 않고, 자리를 잡고 앉는다. 사람들은 모 장관이 앉게 되어 있는 그 자리에서 그를 내쫓는다. 그러자 이번에는 공작과 원로가 앉게 되어 있는 자리에 가서 앉는다. 그는 여러 사람들의 웃음거리가 되었지만, 오로지 그 사람 혼자만은 웃지 않는 엄숙한 인물이 된다. 왕의 옥좌에서 개를 내쫓으면 개는 설교사의 연단 위로 올라간다. 개는 무관심한 표정으로 당황함도 없이 아무런 수치도 느끼지 않고 주위를 둘러본다. 개는 바보 얼간이처럼 얼굴을 붉힐 줄 모른다.

29

여름과 겨울 두 철을 위해 따로 방을 가지고 있으며 아흔아홉 칸 집에서 사는 사람이, 루브르의 중이층(中二層)에 와서 잤다고 해서 겸손한 마음으로 그런 행동을 취한 것은 아니다. 날씬한 몸매를 유지하기 위해 술 마시는 것을 삼가고, 하루 한 끼의 식사밖에 하지 않는 남자는 절제를 하고 있는 것도 아니고 또한 식이요법을 하고 있는 것도 아니다. 또 가난한 친구 때문에 골치를 썩히고 있는 세 번째의 남자가 드디어 그 친구에게 약간의 원조를 해 주었다면 그는 돈을 주고 휴식을 산 것이지, 인심이 후해서라는 말을 듣지는 못한다. 동기만이 인간 행위의 가치를 결정짓는 것이며, 청렴이 거기에 완전함을 부여한다.

타인에게 은혜를 베푸는 사람은 선량한 인간이다. 베푸는 은혜 때문에 고통을 받는다면 그는 매우 선량한 인간이다. 만약 그가 은혜를 베풀어 준 사람들 때문에 고통을 받는다면 그의 선량함은 매우 위대한 것이다. 그 이상 선량함이 커진다는 것은 그의 고통이 커가는 도에 따라 비례한다. 그리고 그가 그것 때문에 죽는다면 그의 미덕은 그야말로 최고에 도달한 것이며, 영웅적이고 완벽한 것이다.

〈주〉
＊1 임금의 자손들. (원주)

여자에 대하여

1

어떤 여자의 가치에 대하여 운운할 때, 남녀의 의견이 일치한다는 것은 극히 드문 일이다. 즉 이는 남녀가 기울이는 관심에는 너무나 큰 거리가 있기 때문이다. 여자는 남자의 마음을 사로잡는 매력으로 같은 여자들의 마음을 끌게 할 수는 없다. 남자들에게 커다란 정열을 불사르게 하는 그 천태만상이 그녀들 사이에서는 혐오와 반감만을 자아낸다.

2

어떤 여자들은 눈동자의 움직임이나 얼굴 표정, 걸음걸이 같은 것들하고만 관계되는 기교적인 멋 내지 매력이라는 것을 가지고 있는데, 그런 것들은 다만 거기에서 그친다. 사람을 위압하는 눈부신 기지를 가진 여자가 존경받는 것은 속이 들여다보이지 않기 때문이다. 다른 여자들에게는 몸짓이나 걸음걸이에 의존하지 않는 소박하고 자연스러운 매력이 있다. 그 아름다움은 마음속에 뿌리를 박고 있고, 태어난 집안이 좋은 것에서 유래하고 있는 것 같다. 그것은 모든 겸손을 다 가지고서도 감출 수 없는 수많은 미덕이 따르는 평화스럽고도 움직일 수 없는 가치로서 사람의 시선을 끌지는 못한다 해도, 눈을 가진 자에게는 나타나 보인다.

3

나는, 13세부터 22세까지는 아리따운 아가씨가 되고 싶고, 그 나이를 넘어설 무렵부터는 남자가 되고 싶다고 하는 사람을 본 적이 있다.

4

젊은 여자들 가운데에는, 하늘이 준 고마운 천성이라고 하는 것의, 여러 가지 이로운 점을 등한히하고 그 타고난 천성에 자기 몸을 내맡기는 것이 얼마나 유익한 것인지를 조금도 모르는 사람이 있다. 그녀들은 억지로 태도를 꾸미거나 서투르게 남을 흉내 냄으로써, 매우 드물고 약한 이 하늘의 선물을 못 쓰게 망가뜨리고 만다. 그녀들의 음색이나 걸음걸이는 모두 빌려 온 것들에 불과하다. 그녀들은 몸치장을 하고, 기교를 부리며, 자연의 상태에서 충분히 멀어져 갔는지 어떤지를 거울에 비추어 본다. 실제의 모습보다 더 보기 싫어진다는 것이 그렇게 쉬운 일이 아닌데도 말이다.

5

연지를 바르고 분을 칠하는 것은 확실히, 마음을 속이는 것보다는 작은 죄이다. 그것은 또 가장이나 변장보다 어딘지 모르게 엉큼한 데가 있다. 가장이나 변장을 하는 경우, 사람은 그 외관이 보여 주는 인물이 되어 버리는 것이 아니라, 다만 자기 몸을 숨기며 남의 눈을 피하려고만 생각할 뿐이다. 그러나 화장의 경우는 타인으로 하여금 경의를 품게 하려고 하는 것이며, 외관에 의해서 진실과는 달리 사람들의 눈에 띄기를 바라는 것이다. 즉, 그것은 하나의 거짓이라고 말할 수 있다.

생선의 크기를 꼬리와 머리 사이에서 재는 것과 같이, 꾸며진 것은 제외하고 본래의 여자를 판단하지 않으면 안 된다.

6

만약 여자들이 단순히 자기네들끼리의 눈에 아름답게 띄기를 바라고 자기네들 사이에서만 서로 마음에 들기를 바란다면, 미용 방법에 있어서나 몸치장이나 장식의 선택에 있어서 말할 것도 없이 그녀들의 취미나 기분에 따라할 수 있다. 그러나 만약 그녀들이 마음에 들고 싶어하는 상대가 남자이고, 연지를 바르고 장신구를 붙이는 것이 남자를 위한 것이라고 한다면, 나는 의견을 종합해서, 남자 전체 또는 그 대부분의 입장에서 다음과 같이 권고한다. 즉, 분이나 연지는 귀부인들을 추악하고 불쾌하게 만든다. 입에 칠하는 빨간 물감만 해도 그녀들을 늙어 보이게 하고 본래의 모습을 바꾸어 놓고 만다. 남자들이란 귀부인들이 얼굴에 흰 분을 마구 칠하고 있는 것을, 입 안에 틀니를 끼고 있다든가, 턱 속에다 밀랍으로 된 공 모양의 알을 넣는 것같이 보기 싫어한다. 남자들은 그녀들이 자기 자신을 보기 싫게 하기 위해서 쓰는 모든 기교에 대해서 진심으로 불평한다. 그리고 이것은 하느님을 끄집어 내어 말할 성질의 것은 아니다. 반대로 사랑의 병을 고칠 수 있는 마지막 수단을 신은 남자에게 남겨 주셨다.

만약 여자들이 기교를 부려 도달할 수 있는 상태가 자연적인 처음의 얼굴이라면, 만약 그녀들이 순식간에 그 안색의 청신함을 잃게 하는, 화장에 쓰는 연지나 분에 의해서 꾸미는 것과 같은 정도의 진홍빛과 납빛의 얼굴을 갖는다고 한다면, 그녀들은 아마 영원히 위안받을 길을 잃고 말 것이다.

7

교태를 부리는 여자는, 남자의 환심을 사려는 집념과 자기의 아름다움에 대해 가지는 의견만은 절대로 굽히지 않는다. 그녀는 하루하루와 한 해 한 해가 흘러가는 것을, 마치 다른 여자들만을 주름지게 하고 보기 싫게 만드는 것으로 간주한다. 그녀 자신의 나이가 얼굴에 적혀 있다는 것을 까맣게 잊어버리고 있다. 옛날 그녀의 젊음을 미화했던 그 똑같은 장식이, 드디어는 그녀의 몸을 흉하게 만들고 노령의 여러 결점들을 환하게 드러내 보인다. 애교를 떠는 태도와 부자연스러운 겉치레는 고뇌와 열병 속에까지 그녀를 따라다닌다. 그녀는 온갖 치장을 하고 화사한 리본을 달고 죽음을 맞는다.

8

리즈는, 그녀가 경멸하는 어떤 애교덩어리 여자가 40세나 된 여자에게는 어울리지도 않는 몸단장을 서슴지 않는다는 소문을 들었다. 리즈는 지금 그런 나이에 와 있었다. 그러나 그녀는 한 해가 열두 달보다는 적으며, 그녀를 늙게 만들지는 않았다고 믿고 있었다.

그녀는 거울을 보고 얼굴에 연지를 칠하고 무슈[*1]를 붙이면서, 나이를 먹으면 젊어 보이게 꾸미기는 어렵다는 것을 깨달았다. 그리고 사실 크라리스가 무슈를 붙이고 연지를 바른다면, 꽤 꼴불견일 것이라는 데에 찬성했다.

9

여자들은 애인을 기다리고 있는 동안 몸단장에 여념이 없다. 그러나 뜻밖에 애인이 찾아왔을 때는, 자기가 지금 어떤 모습을 하고 있었는지 잊어버리고 만다. 그녀들은 무관심한 남자들에 대해서는 더 많은 여유를 보인다. 그녀들은 자기가 지금 허름한 몸차림을 하고 있다는 것을 느끼고 그들 앞에서 단장을 하거나, 아니면 잠시 자리를 떠서 몸치장을 고치고 되돌아온다.

모든 구경거리 가운데서도 제일 좋은 것은 아름다운 여인의 얼굴이다. 또한 가장 감미로운 조화는 사랑하는 여인의 목소리의 음색에 있다 할 것이다.

즐거움이란 저마다 멋대로 느끼는 것이다. 아름다움이란 무엇인가. 더 실재적(實在的)이며, 취미나 견해로부터 독립해 있는 것이다.

. 다만 바라다보고 이야기나 건네보는 것으로 그치고 싶을 만큼, 극히 완벽하고 또 극히 두드러진 가치를 지니고 있는 어떤 종류의 미모에 마음을 빼앗길 때가 있다.

교양 있는 신사의 특성을 갖추고 있는 아름다운 여자는, 사교계에서 교제를 더욱 더 즐거운 것으로 만든다. 그녀 속에서 남녀 양성의 모든 값진 것을 다 찾아볼 수 있기 때문이다.

자질구레한 일들이 남자들의 마음을 크게 좌우하고 즐겁게 해 주는 데 비하여, 젊은 여자들에게는 별반 효과가 없다. 그들의 애무는 하나하나가 의식적이다. 그들은 말하고, 행동하고, 열심히 환심을 사려고 한다. 그러나 마음을 사로잡는 설득의 효과는 별로 없는 것 같다.

변덕은 여자에게 있어서 아름다움의 바로 옆에 자리잡고 있다. 아름다움이 주는 큰 힘의 해독제로서, 또한 아름다움이 남자를 해치는 것을 조금이라도 덜어 주기 위해서. 이 약이 없다면 그들은 여자의 미모에 사로잡혀 거기에서 빠져나오지 못할 것이다.

여자들이란 남자에게 쏟은 사랑의 표시에 의해서 남자에게 집착한다. 남자들은 사랑의 표시에 의해서 사랑에서 깨어난다.

여자는 이미 사랑을 하지 않게 된 남자에 대해서는 한때 그 남자에게 자신의 사랑을 쏟았다는 사실마저 완전히 잊어버린다.

사람들은 애인을 단 한 사람밖에 갖지 않은 여자를 바람둥이가 아니라고 생각하고, 몇 사람의 애인을 가지고 있는 여자는 바람둥이라고 생각한다. 그런 이유로 바람둥이라는 것을 피하기 위해 한 남자에게만 집착하는 여자는, 선택을 잘못하는 약간 머리가 모자라는 사람으로 통한다.

19

옛 정부(情夫)는 도무지 하나를 오래도록 잡고 있는 성미가 아니어서 새로운 남편에게 양보를 한다. 그리고 이 남편이라는 자도 도무지 참을성이 없어서 뜻밖에 나타난 새로운 정부가 그 대역을 맡게 된다.

옛 정부는 자기가 받들고 있는 귀부인의 사람됨 여하에 따라서, 새로운 경쟁자를 두려워하는가 하면 또 경멸하기도 한다. 때로 옛 정부에게 있어서 그를 사랑한 여자의 곁에서 부족했었던 것이 있었다고 한다면, 그것은 단지 남편이라는 이름뿐이었다. 그것은 정말 천만다행한 일이 아닐 수 없다. 그런 사정이 없었다면 그는 수없이 실패하고 말았을 것이니까.

20

여자의 은근한 태도는 교태를 더 한층 돋보이게 한다. 반대로 여자에게 애교를 떠는 남자는 여자에게 은근한 태도로 대하는 남자보다 더 졸렬해 보인다. 아양 떠는 남자와 은근한 여자와는 그런대로 좋은 한쌍이 될 것이다.

21

사랑 장난에 있어서 남의 눈을 피한다는 것은 극히 어렵다. 대개의 경우, 여자는 그 남편의 이름보다는 정부의 이름을 대는 편이 더 쉽기 때문이다.

22

은근한 여자는 사랑을 받기 원한다. 교태 부리는 여자는 귀여운 존재가 되기를 바라고 미인으로 통하는 것만으로 족하다고 생각한다. 전자는 깊은 교섭이 소원이며, 후자는 마음에 드는 것만으로 만족한다. 전자는 차례차례로 하나의 교섭에서 다른 교섭으로 옮겨간다. 후자는 동시에 많은 기쁨을 맛본다. 한 사람의 여자 속에서 지배하고 있는 것은 정열과 쾌락이며, 다른 여자에게 있어서 그것은 허영과 경박함이다. 은근함은 마음의 무력함을 말하는 것이거나 체질의 악덕일 것이다. 교태는 정신의 문란이다. 이 두 개의 성격에서 세 번째의 성격, 최악의 성격을 만들어 낼 수 있는 것을 끄집어 낼 수 있다.

23

약한 여자란, 누군가 그 여자에게 어떤 잘못을 꾸짖으면 그녀 자신도 그것을 자신에게 꾸짖는 여자를 말한다. 마음이 이성(理性)과 싸우고 거기에서 빠져 나오려고 해도 빠져 나올 수 없다든가, 아니면 그것이 훨씬 늦게 가능한 여자를 말하는 것이다.

24

변덕이 심한 여자란 아직 사랑을 하지 않고 있는 여자를 가리키며, 경박한 여자란 이미 딴 남자를 사랑하기 시작한 여자를 말한다. 마음이 들떠 있는 여자란 사랑을 하고 있는지 아닌지, 자기가 무엇을 사랑하고 있는지도 모르는 여자이며, 냉담한 여자란 아무것도 사랑하지 않는 여자이다.

25

배반이란, 전 인격의 거짓을 일컫는다. 그것은 어떤 여자에게 있어서는 사람을 속이는 말과 행동을 하는 기교이며, 때로는 어기는 것보다는 지키는 쪽이 힘이 덜 들 것 같은 맹세와 약속을 하는 기교이기도 하다.

불성실한 여자와 관계가 있는 사람으로부터 그런 여자로 알려져 있는 경우는 다만 불성실한 여자로 끝난다. 그러나 만약 그 사람이 그녀를 정숙하다고 믿고 있는 경우에는, 그녀는 배반을 한 여자가 되고 만다. 여자의 배반 행위로부터 사람들은 그것이 질투를 고칠 수 있다는 행복을 얻어 낸다.

26

어떤 여자들은 일생을 통해서, 파기하는 것도 숨기는 것도 똑같이 어려운 이중(二重)의 의무를 지켜야 한다. 한 사람에게 결핍되어 있는 것은 계약뿐이고, 다른 한 사람에게 결핍되어 있는 것은 애정뿐이다.

27

한 여자를 미모, 젊음, 자존심, 그 오만함으로 미루어 판단할 때, 후일 이 여자를 매혹시킬 자는 반드시 영웅일 것이라는 것을 의심할 사람은 하나도 없다. 그녀의 선택은 끝났다. 보니, 그녀의 상대는 재치도 없는 조그마한 괴물에 불과했다.

28

체질에서 오는 것인지 아니면 나쁜 성격에서 오는 것인지, 재산도 별로 없는 청년들의 돈주머니가 되어 주고 있는 이미 시들어 버린 여자들이 있다. 나는 어느 쪽을 더 동정해야 할지 모르겠다. 기사(騎士)를 필요로 하는 나이든 여자 쪽인지, 아니면 나이든 여자를 필요로 하는 기사인지.

29

궁정에서는 보잘것없는 존재가 마을에서는 부인의 사실(私室)로 초대를 받는다. 거기에서 그는, 어깨에서 늘어뜨린 멜빵에 칼을 차고 있는 부르주아도, 목에 리본을 매고 회색 옷차림을 한 법관도 다 같이 물리치고 그 자리의 지배자로 군림한다. 그의 소원은 이루어져 사랑을 받는다. 금빛 어깨걸이나 모자에 단 흰 깃털에 대해서, 왕과 대화를 나누고 대신들과 만나고 있는 남자들에게 사람들은 결코 오랫동안 거역하지 못한다. 그는 남자나 여자의 질투심을 불러일으킨다. 사람들은 그를 찬미하고, 그는 부러움의 대상이 된다. 그러나 거기에서 몇 킬로만 떨어져도 그는 불쌍한 존재로 여겨지고 있다.

도시 남자와 시골 여자의 관계는 마치 궁정의 남자와 도시 여자의 관계와 같다.

속이 텅 비고 조심성이 없고, 수다쟁이에다 쓸데없는 농담이나 잘 하고, 자기 일이라면 자신있게 말하지만 다른 사람에 관한 것이라면 경멸을 일삼고, 과격한 성미에 건방지기 짝이 없고, 거기에다 또 무모하고 품위도 없고 성실함도 없으며 판단력도 없고, 그러나 다만 공상력만은 풍부하게 갖고 있는 남자. 대부분의 여자들로부터 찬미를 받기 위해서 이 남자에게 결핍되어 있는 것이 있다면, 그것은 아름다운 용모와 날씬한 몸매뿐이다.

이 여자가 하인을 사랑하고, 저 여자가 수도사를 사랑하고, 도리느가 그녀의 의사를 사랑하는 것은 비밀이라는 것 때문일까, 아니면 우울병적인 취미에서 오고 있는 것일까?

로시우스는 멋을 부리며 무대에 들어온다. 그렇습니다, 렐리, 거기에다 나는 이렇게 덧붙이겠어요. 그의 다리는 멋있게 쭉 뻗어 있고, 연기도 능숙하고 대사가 긴 역할도 능히 해낸다고. 그리고 대사를 완전하게 낭독하기 위해서 그 남자에게 결여되어 있는 것은 세상 사람들이 말하듯이 좀더 입을 크게 벌리고 발성을 해야 한다는 것뿐입니다.

그러나 배우라는 직업에 흥미를 느끼는 사람이 오로지 그뿐이라고 말할 수 있을까요? 또한 배우라는 직업이 그가 할 수 있는 가장 고상하고 가장 명예스러운 것이라고 할 수 있을까요? 뿐만 아니라, 로시우스는 당신의 소유가 될 수는 없습니다. 그 남자는 다른 여자의 것이라고요. 또한 그에게는 선약이 되어 있습니다. 크로오디가 그 남자를 손에 넣으려고, 잔뜩 눈독을 들이고 기다리고 있죠. 그러니까 바틸르를 꼭 붙들라고요.

렐리, 당신이 경멸하고 있는 칼잡이 기사 계급은 문제 밖으로 돌려놓고라도, 희극 배우들 가운데에 춤을 추며 그렇게 높이 뛰어오르고 멋지게 공중 곡예를 할 수 있는 청년을 또 어디에서 찾아낸다는 것입니까? 당신은, 저 두 발을 앞으로 쭉 뻗고 땅 위에 떨어질 때까지 공중에서 한 바퀴 도는, 뜀 뛰기 곡예사인 코뷔스를 원하고 계신가요? 그 남자는 이미 늙었다는 것을 모르고 계시나요?

바틸르는 지원자가 너무나 많아서 받아들일 여자보다는 거절해야 하는 여자 쪽이 더 많다는 것을 말하려는 거군요. 그러나 플루트를 부는 드라콘이 있죠. 오보에나 플래절렛을 불고 그 남자만큼 멋있게 두 뺨을 불룩 내미는 사람도 같은 광대 중에는 한 사람도 없을 거라고요. 그 남자가 만질 수 있는 악기는 한이 없다고요. 또 농담을 썩 잘하고, 어린 꼬마 애들이나 까다로운 계집애들까지도 웃긴답니다. 단 한 번의 식사에서 누가 드라콘만큼 잘 먹고 잘 마실 수 있다는 말입니까? 그 남자는 한 중대 전부를 완전히 취하게 만들어 놓아야 비로소 자기가 취하는 그런 남자라고요.

한숨을 쉬시는군요, 렐리. 드라콘은 이미 딴 상대를 골라 버렸다는 건가요, 아니면 불행하게도 누군가가 먼저 선수를 썼다는 건가요? 그를 쫓아다니는 그렇게 많은 애인들을, 로마 인들의 모든 꽃이라고 말해도 좋을 정도의 애인들을 다 그를 위해서 희생한 세조니와 그 남자가 드디어 부부의 약속이라도 했다는 것인가요? 젊고 아름답고 얌전하고 가문이 좋은 태생의 세조니하고 말입니까?

렐리, 만약에 당신도 인기 직업을 가지고 있고, 그 특수한 경우로 해서 예전 로마의 부인들처럼 사람들 눈에 띄는 것에 물들어 있다면, 나는 당신을 불쌍한 여자라고 생각할 겁니다. 그 사람들에게서 제일 좋은 것을 빼앗기고 만다면 어찌할 셈이십니까? 아직도 남아 있습니다. 고문(拷問)역을 맡고 있는 브론테가 말입니다. 세상 사람들은 그 남자의 힘과 수완밖에는 이야기하지 않는다고요. 그는 어깨가 넓고 뚱뚱한 젊은이죠. 거기에다 흑인이라고요, 검둥이라고요.

34

사교계의 부인들에게 정원사는 정원사이고, 석공은 석공이다.

외딴 곳에서 외롭게 사는 다른 여자들에게 석공은 남자이고, 정원사도 남자이다. 유혹을 두려워하는 자에게는 모든 것이 유혹이다.

35

어떤 여자들은 수도원과 애인을 좋아한다. 정사(情事)를 즐기고 자선(慈善)가인 그녀들은 설교단이나 기도소 제단의 구내까지도 연문(戀文)을 읽는 장소와 하느님에게 기도드리지 않는 것을 누구에게도 들키지 않는 장소로 가지고 있다.

36

정신적인 교도(敎導)를 받고 있는 여자란 어떤 여자를 말하는 것입니까? 남편에게 좀더 공손하고, 하인들에 대해서는 한층 더 부드럽게 대하고, 가정과 자기 일에 정성을 쏟고, 친지들에 대해서는 더 열성적이고 성실하게 대하는 그런 여자를 가리키는 것인가요. 자기 기질에 덜 좌우되고, 자기의 이해상관에도 덜 눈을 밝히고, 생활의 안이함도 덜 사랑하는 여자를 말하는 것입니까?

이미 부자가 되어 있는 자기 아들에게 쓸데없이 돈을 많이 주는 여자가 아니고, 부유하고 여유가 있어 돈이 남아돌아간다 해도 애들에게는 필요한 만큼만 주고, 적어도 의무로서 정당한 액수의 돈만을 주는 여자를 가리키는 것입니까? 자기 자신만을 사랑하고 타인을 함부로 대하는 마음이 훨씬 적은 여자를 말하는 것입니까? 온갖 종류의 인간적인 집착으로부터 해방이 된 여자를 뜻하는 것입니까? 당신은 말씀하십니다. '아니, 그런 것 따위는 아무 것도 아냐.' 나는 다시 한 번 당신에게 묻습니다. '정신적인 교도를 받고 있는 여자란 도대체 어떤 여자를 말하는 것입니까?' 알겠습니다, 그것은 정신적인 교도자를 가지고 있는(그와 내연의 관계를 맺고 있는) 여자를 말하는 것이군요.

37

고해 신부와 정신적인 교도자가 품행의 규칙에 대해서 의견의 일치를 보지 못한다면, 한 여자가 중재자(仲裁者)로서 선정하는 제3자는 과연 누구일까요?

38

한 여자에게 중요한 것은 정신적인 교도자를 갖는 일이 아니라, 교도자 따위는 없어도 될 만큼 평탄한 생활을 보내는 것이다.

39

만약 한 여자가 고해 신부에게, 다른 여러 가지 약점과 함께 그녀의 정신적인 교도자에 대한 약한 마음을 말하고, 대화에 소비한 시간에 대해서 말할 수 있다면, 아마 속죄로서 그 지도자를 버리는 것이 허용될 수도 있을 것이다.

40

과거에 여자들로부터 상처를 입은 적이 있는 성자(聖者)들에게, 있는 힘을 다하여 이렇게 소리치는 것을 용서하기 바란다. '여자를 피하시오, 여자를 지도하지 마십시오, 여자를 구제하는 걱정은 아예 다른 이들에게 맡기시오.'

41

남편에 대해서 교태를 부리는 여자인 동시에 숭배자가 된다는 것은 지나친 일이다. 여자는 어느 한 쪽을 택하지 않으면 안 된다.

42

어떤 종류의 사람들을 보고 있으면 나는 놀라움을 금할 수가 없다. 나는 눈을 크게 뜨고 그들을 이모저모로 살핀다. 그들이 입을 열면 가까이 가서 귀를 기울인다. 그리고 수소문을 한다. 온갖 사실에 대해서 듣고 그것을 수집한다. 자세히 들여다보건대 현명함이나 올바른 감성, 속세의 고통에 대한 경험, 인간에 관한 지식과 종교나 도덕에 대한 학식 같은 것에 전혀 위배되는 모든 것을 가지고 있는 자들에게, 도대체 어찌하여 신은 그들의 정신이 아무리 보잘것없는 것이라 해도 영혼에 관한 임무, 가장 섬세하고 숭고한 모든 것에 관한 임무를 수행할 수 있는 힘을 주고, 또 사도 임명의 경이를 현대에 재현하고, 그들에게 반드시 기적이 일어날 것이라고 생각하는지 도무지 알 수가 없다. 만약 반대로 그들이 매우 고귀하고, 극히 소수의 인간에게 밖에는 주어지지 않는 그런 직무를 위해서 이 세상에 태어났다고 믿고 그런 일을 수행하는 데 있어서도 단순히 타고난 재능을 발휘할 뿐이며, 그저 보통의 천직에 종사하는 것뿐이라고 생각하고 있다면, 나에게는 더욱 이해하기가 어려운 것이다.

나는 분명히 알고 있다. 가정의 비밀을 듣게 되는 인물이 된다든가, 분규 조정에 필요한 인물이 된다든가, 일자리를 구해 준다든가, 하인들을 돌보아 준다든가, 고관대작들의 저택이라면 어디든 마음대로 드나들 수 있다든가, 때로는 호사스러운 식탁에서 식사를 함께 한다든가, 큰 도시에서 당당하게 마차를 타고 산책을 한다든가, 사람들의 눈을 피해 달콤한 시골 나들이를 한다든가, 수많은 저명 인사나 지체 높은 사람들로 하여금 자기의 생활이나 건강 상태에 대하여 관심을 갖게 만든다든가, 타인과 나 자신을 위해 모든 인간적인 이해득실을 처리 안배한다든가 하는 일에 있는 바로 그 취미가, 오로지 그것만이 영혼의 감독이라는 그럴싸한, 또 비난의 여지를 주지 않는 구실을 만들어, 상류 사회에 정신적인 교도자라고 하는 패들의 씨를 뿌려놓은 것이다.

43

신앙심은 특히 여자들에게 정열과도 같이, 어떤 층의 연령이 갖는 약점과도 같이, 또는 누구나 따르는 유행과도 같이 찾아온다. 옛적에 그녀들은 일주일 간의 일을 도박의 하루, 연극 구경의 하루, 음악회의 하루, 가장 무도회의 하루, 또는 들을 만한 설교의 하루, 이런 식으로 나누어 보냈다. 그녀들은 월요일에는 이스멘의 집에 돈을 잃으러, 화요일에는 클리멘의 집에 시간을 잃으러, 수요일에는 셀리멘의 집에 명예를 잃으러 갔다.

그녀들은 벌써 전날부터 다음 날 또 그 다음 날에 맛볼 수 있는 온갖 즐거움을 알고 있었다. 그녀들은 동시에 현재의 쾌락과 또 반드시 찾아올 쾌락을 한꺼번에 맛보며 즐기고 있었다. 그녀들은 가능하다면 그것을 단 하루에 모아 즐겼으면 하고 바랐다. 그것이 그 무렵 그녀들의 마음에 걸리는 단 하나의 걱정거리였으며, 모든 기분 전환의 골자였다. 그래서 그녀들이 어쩌다가 오페라 구경에 오면, 연극 구경에 미련을 갖는 것이었다.

시대가 바뀌면 풍속도 변한다. 그녀들의 고행(苦行)과 은신 생활은 도에 지나치다. 그녀들은 보기 위해서 주어진 눈을 이미 열지 못한다. 그녀들의 감각 기관은 아무 쓸모가 없게 되어 버렸다. 정말 믿을 수 없는 일이다. 그녀들은 입을 열지 않는다. 그러나 아직도 생각은 한다, 자기 일은 그런대로 좋게, 다른 사람의 일은 그리 좋지 않게. 그녀들 사이에는 미덕과 개선의 경쟁심이라는 것이 있는데, 그것이 무언지 모르게 질투와 관련되어 있다.

정략적(政略的)이건 또는 싫증이 나서 그랬건 방금 막 버린 바 있는 생활 양식에 있어서와 똑같이, 그녀들은 이 새로운 생활 방식에 있어서도 역시 수위(首位)를 차지하는 것에는 싫증을 내지 않는다. 일찍이 그녀들은 사랑 장난으로, 미식(美食)으로, 무위도식으로, 유쾌하게 자기 몸을 망치고 있었다. 지금 그녀들은 주제넘은 마음과 시기심으로 슬프게 자기 몸을 망치고 있는 것이다.

44

에르마스, 만약 내가 인색한 여자와 결혼한다면, 그녀는 나를 파산시키는 일은 하지 않을 거야. 만약 그녀가 도박을 즐기는 여자라면 그 여자는 부자가 될 수 있겠지. 학문을 아는 여자라면 나를 교육시켜 주겠지. 얌전빼는 여자라면 신경질을 피우지 않을 터이고, 신경질적인 여자라면 나의 인내력을 단련시켜 줄 것이고, 아양떠는 여자라면 내 마음에 들려고 가진 애를 쓸 것이고, 정사(情事)에 능한 여자라면 아마도 나를 사랑하는 데까지는 온갖 교태를 부리겠지. 만약 신앙가 티를 내는 여자[2]라면, 에르마스, 대답을 해 주게. 신을 속이려고 자기 자신을 속이고 있는 여자에게 도대체 무엇을 기대해야 할 것인가를?

45

조종하는 노고를 떠맡은 것이 남자인 이상, 여자란 다루기 쉬운 존재이다. 그래서 한 남자가 몇 여자를 지배하는 것이다. 그는 그녀들의 재치나 기억력을 길러 주며, 그 종교까지도 확립하고 결정해 준다. 그는 그녀들의 마음까지도 통제하려고 꾀한다. 그래서 그녀들은 그 남자의 얼굴빛을 살피지 않고서는 가부(可否)도 논하지 않으며, 칭찬이나 비난도 결정하지 못한다.

그는 그녀들의 기쁨, 슬픔, 욕망, 질투, 증오, 연애, 이런 것을 모두 들어 주는 의논 상대자이다. 그는 그녀들과 정부(情夫)의 사이를 갈라놓기도 하고, 남편과 불화하게 만드는가 하면 또 화해를 시키기도 한다. 그러면서 그 공백 기간을 잘 이용할 줄 안다.

그는 그녀들의 문제를 돌봐 주며, 소송 운동에 뛰어들어 그 재판관을 만나기도 한다. 그는 그녀들에게 자기의 의사나 거래하는 상인이나 일꾼들을 알선해 주기도 한다. 그녀들의 거처를 결정해 주거나, 가구를 선정하거나, 탈 것의 평가를 해 주는 그런 것까지도 간섭한다. 마차 속에서도, 도시의 길가에서도, 산책길에서도, 설교를 듣는 의자에서도, 연극을 구경하는 좌석에서도, 그녀들과 항상 같이 붙어 있는 그의 모습을 볼 수가 있다.

그는 그녀들과 같은 집을 방문하고, 목욕탕에도 해수욕에도 여행에도 동반하는 것이 상례로 되어 있다. 그녀의 시골 별장에서 그는 제일 좋은 방을 하나 차지하고 있다. 그는 권위를 잃지 않고 나이를 먹는다. 왜냐하면, 약간의 기지와 많은 틈만 낼 수 있다면 권위를 유지하기에 충분하기 때문이다. 아이들도 상속인들도 며느리들도 질녀들도 하인들도 모두 그에게는 복종한다.

그는, 처음에는 존경을 하게 만들고 나중에는 두려움을 갖게 만든다. 이 오래되고, 매우 필요한 친구는 한 사람도 눈물을 흘리지 않는 가운데 죽어간다. 그리고 그에게 폭군의 위세를 마음껏 휘두르게 한 열 사람의 여자는 그의 죽음에 의해서 자유라는 유산을 넘겨받는다.

46

어떤 여자들은 겸손이라는 겉모습을 가지고 자기의 품행을 숨기려고 하였다. 그녀들 저마다가 그칠 사이 없이 꾸미고 또 한 번도 탄로난 일이 없는 겉치레에 의해서 얻어낸 것은, 다만 다음과 같은 소문뿐이었다. '정결한 여

자로 오인할 뻔했었던 여자이다.'

47

자기와 조금도 닮지 않은 여자들과 사이좋게 지내도, 그들의 평판에 가벼운 상처 하나 입히지 않고 세상 사람들이란 흔히 심술궂은 나쁜 해석을 내리기 쉽다. 이런 교제에 있어서 사람이란 끼리끼리 모인다는 이유와는 좀 다른 이유를 찾아볼 수 있으며, 그것이 여자들에게는 극히 뚜렷하고 확고한 평판을 갖게 하는 강한 증거가 된다.

48

희극 작가는 등장 인물들을 과장해서 무대 위에 올려 놓는다. 시인은 묘사를 강조한다. 사생 화가는 정렬(整列)이나 대조나 구성을 극단화하든가 과장해서 그리며, 모사(模寫)하는 화가는 그 크기나 균형을 콤파스로 측정하지 않는 한, 형상을 크게 만들어 그의 그림의 구도 속에 들어가는 모든 부분에 원형의 각 부분에는 없는 용적을 준다. 이와 마찬가지로 숙녀인 체한다는 것은 정숙하다는 것의 모방인 것이다.

허영에 지나지 않는 거짓 겸손이라는 것이 있고, 경박에 불과한 거짓 명예라는 것이 있고, 쩨쩨함에 지나지 않는 위대함이라는 것이 있고, 위선에 불과한 미덕이 있고, 얌전한 척하는 데 불과한 정숙함이 있다.

얌전한 척하는 숙녀는 얼굴 표정과 말로써 나타내고, 정숙한 여자는 행동으로 나타낸다. 전자는 자기의 기분과 체질에 따르고, 후자는 이성과 심정에 따른다. 한쪽은 진지하며 엄격하고, 다른 쪽은 모든 경우 정확하게 적절한 태도를 취한다. 전자는 그럴듯한 외관 속에 여러 약점들을 숨기고, 후자는 자유롭고 자연적인 태도 속에 풍부한 소질을 감춘다. 얌전한 척 꾸미는 태도는 정신을 구속하고, 연령도 추악함도 감추지 못한다. 때때로 그것이 붙어 다닌다. 정숙하다는 것은 반대로 육체의 결함을 완화해 주고, 정신을 고귀한 것으로 만들어 주고, 젊음에 더욱더 생기를 불어넣어 주고, 아름다움을 더욱더 돋보이게 만들어 준다.

여자가 유식하지 못한 것을 왜 남자의 탓으로 돌리는가? 어떤 법률에 의해서, 어떤 법령에 의해서, 어떤 명령서에 의해서, 그녀들은 눈을 뜨고 책을 읽고, 읽은 것을 기억하고, 그녀들의 대화나 저서 속에서 그것을 해설하는 것을 금지당했다던가? 반대로 그녀들은, 정신의 나태함에 의해서, 미용에 소비하는 지나친 배려에 의해서, 긴 연구에 종사하는 것을 방해하는 어떤 종류의 경박함에 의해서, 손끝으로 하는 일에만 적합한 재능이나 천재에 의해서, 가정의 사소한 일들이 주는 즐거움에 의해서, 어렵고 진지한 일에 대한 천성적인 기피에 의해서, 정신을 만족시켜 주는 것과는 전혀 별개의 호기심에 의해서, 혹은 기억력을 연마하는 일과는 전혀 다른 취미에 의해서 이 아무것도 배우지 않는다는 습관에 그녀들 자신이 스스로 빠져 있는 것은 아닌가? 그렇다고는 하되 남성이 이 여성의 무지를 어떤 원인으로 돌리든, 다른 모든 점에 있어서 남성을 지배하고 있는 여성이 이 점에서만은 그들에게 뒤져 있다는 것이 우선 남자들의 행복이다.

학식이 있는 여성을 본다는 것은 마치 아름다운 무기를 바라다보는 것과 같다. 즉 그것은 예술적으로 조각되어 있어, 놀라운 광채를 지니고 있고 매우 정묘한 세공이 가해져 있다. 그것은 호기심이 많은 사람에게나 보이는 실내 장식품으로서 실용적이지 않으며, 전쟁에도 수렵에도 쓰이지 않는다. 세계에서 가장 잘 훈련을 받았다 해도, 기계 장치가 되어 있는 목마(木馬)를 사용하지 않는 것과 같은 것이다.

만약에 학식과 정숙함이 같은 인간 속에 결합되어 있다면, 나는 성의 여하를 가릴 것 없이 찬미할 것이다. 만약 여러분이 나에게 정숙한 여자란 결코 유식한 여자가 되려고는 생각하지 않는다든가, 유식한 여자는 결코 정숙하지는 않다든가 하는 말을 한다면, 여러분은 지금 막 읽은 것을 벌써 잊어버린 것이다. 즉, 여성들이 학문에서 멀어지는 것은 반드시 어떤 결함에 의해서라는 것이다. 여러분 스스로가 다음과 같이 결론을 내려 보라. 그런 결점이 적으면 적을수록 그 여성은 더욱더 정숙할 것이다. 이렇게 해서 정숙한 여자는 학식이 있는 여자가 되는 데에 더한층 적합하니만치 정숙한 것이며, 또 학식이 있는 여자는 많은 결점을 이겨 나갈 수 있으니만치 그렇게 된 것이니까 더한층 정숙한 여자가 될 수밖에는 없다라고.

우리들과는 아무런 상관이 없는 이해관계로 절교한 것이라 할지라도, 똑같이 우리들의 친구인 여성들 사이에서 중립적인 태도를 취한다는 것은 매우 어려운 일이다. 따라서 때로는 그 어느 한편을 택하든가 양쪽을 다 잃든가 하는 수밖에 없다.

친구보다도 돈을, 돈보다도 애인을 더 중하게 여기는 여자가 있다.

어떤 여자들 마음속에서, 남자에 대한 애정보다 더 격렬하고 강한 무엇인가를 볼 수 있다는 것은 놀랄 만한 일이다. 나는 야심과 도박이라는 것을 말하고 싶은 것이다. 이와 같은 여자는 남자에게 순결을 지키게끔 한다. 그녀들이 자기의 성(性)에서 얻고 있는 것은 다만 여자라는 옷뿐이다.

여자들이란 극단적이다. 남자보다 좋든가 나쁘든가 그 어느 한쪽이다.

거의 모든 여자들은 주장이라는 것을 갖고 있지 않다. 그녀들은 감정에 의해서 좌우되고, 도덕관념에 대해서는 자기가 사랑하고 있는 남자들에 의존한다.

여자들은 연애에 있어서는 대다수의 남자들보다도 더 철저하다. 그러나 남자들은 우정에 있어서 그녀들을 능가한다.

남자라는 존재가 바로 여자들끼리 서로 사랑을 못하게 하는 원인이 되고 있다.

사람을 흉내내는 행위에는 위험이 깃들어 있다. 이미 나이가 든 리즈는 어떤 젊은 여자를 웃음거리로 만들어 보려다가 오히려 자기가 보기 흉한 꼴이 되고 만다. 그녀는 나를 겁나게 만든다. 그녀는 젊은 여자의 흉내를 내기 위해서 표정을 꾸며 본다거나 과장된 몸짓을 해 보인다. 그러면 그녀가 경멸하고 있는 젊은 여자는 더한층 아름다워지는 데 비해서, 자기는 그만큼 더 보기 싫은 여자가 되어 버린다.

도시의 많은 바보 같은 남녀들에게는 재치가 좀더 있었으면 하고, 궁정에서는 재치를 지니고 있는 사람이 많으므로 재치가 좀 없었으면 하고 바란다.

후자의 부류에 속하는 사람들 사이에서는, 빼어난 미인도 다른 여자들과 같이 있음으로 해서 겨우 체면을 유지할 뿐이다.

남자들이란 자기 자신의 비밀보다도 타인의 비밀에 대해서 더 충실하다. 반대로 여자는 타인의 비밀보다는 자기 자신의 비밀을 굳게 지킨다.

젊은 여자의 마음속에는, 이기심이나 야심에서 벗어날 정도로 강렬한 애정은 존재하지 않는다.

가장 돈 많은 딸들도 마음의 결단을 내리지 않으면 안 되는 시기가 있다. 젊었을 때의 그 좋은 기회를 놓치고 돌이켜보지 않는다면, 반드시 오랜 세월 아쉬움을 갖고 살게 될 것이다. 그녀들에게 있어서 재산이 많다는 평판은 미모의 평판과 함께 줄어드는 것같이 느껴진다. 반대로 젊은 여자들에 대해서는 모든 것이, 남자들의 여론에 이르기까지도 힘이 되어 준다.

그들은 그녀를 더한층 탐내고 싶은 여자로 만들게 하는, 온갖 이로운 점을 기꺼이 그녀에게 주기 때문이다.

뛰어난 미모가 많은 재산을 탐내게 하는 데밖에는 소용이 되지 않았던 여자들이 그 얼마나 많이 있는가!

아름다운 여자들이란 대개 자기를 열렬히 사랑하는 사람들은 학대하고, 추남이나 노인, 혹은 쓸모없는 남편을 통해 필요한 것을 보충한다.

한 남자가 지니고 있는 재능이나 품위를, 대부분의 여자들은 그들의 인상에 의해서 판단한다. 그녀들이 아무것도 느끼지 않는 남자에 대해서는 거의 그 어느 것도 인정하려 들지 않는다.

자기가 변했는지 혹은 늙기 시작했는지를 알고 싶어하는 남자는, 젊은 여자를 만나 그 눈이나 자기에게 말하는 어조에 물어 볼 수 있다. 그는 그가 알기를 두려워하고 있는 사실을 알 수 있게 될 것이다.

동일한 인물에게만 시선을 돌리는 여자, 혹은 그 사람으로부터 항상 눈길을 피하는 여자는, 그 여자에 대해서 동일한 것만을 생각하게 한다.

여자에게 있어서 자기가 느끼지 않고 있는 것을 입 밖에 낸다는 것은, 아무런 힘도 들지 않는다. 남자에게 있어서 자기가 느끼고 있는 것을 말한다는 것은 더욱 힘이 들지 않는다.

한 여자가 한 남자에 대해서 느끼고 있는 모든 정열을 그 남자에게 숨기고, 한편 남자 쪽에서는 자기가 느끼지 않는 모든 정열을 그녀에게 속여 나타내 보이는 경우가 때때로 있다.

68

한 남자가 냉담하여 자기가 느끼지도 않는 정열을 한 여자에게 믿게 하려고 한다면, 자기를 사랑하지 않는 여자를 속이는 것보다는, 자기가 사랑을 받고 있는 여자를 속이는 편이 더 쉬울 것이다.

69

다른 사람에 대해서 참된 애정을 느끼고 있지 않는 한, 남자는 거짓 애정으로 여자를 속여 넘길 수가 있다.

70

남자는 자기를 사랑하지 않게 된 여자에 대해서 한바탕 화풀이를 하고서 잊어버린다. 여자는 버림받았을 때 그렇게 떠들어 대지는 않는다. 오랜 시간 혼자서 끙끙 앓는다.

71

여자는 허영 아니면 연애에 의해서 게으름을 고친다. 반대로 게으름은 활발한 여자에 있어서는 연애의 전조가 된다.

72

흥분해서 편지를 쓰는 여자가 흥분해 있다는 것은 매우 확실한 일이지만, 과연 그녀가 감동되어 있는지 어떤지는 분명하게 말하기 어렵다. 강렬하고 애정이 깃들어 있는 정열이라는 것은 침울하고 조용한 것같이 생각된다. 이미 자유로운 몸이 아닌 여자의 가장 절실한 관심, 무엇보다도 그녀의 마음을 사로잡는 관심은 자기가 사랑하고 있는 것을 믿게 하는 일보다 오히려 자기가 사랑받고 있다는 것을 확인하는 것이다.

73

그리세르는 여자들을 사랑하지 않는다. 그녀는 교제나 방문을 싫어하며 그녀들에게는 있어도 없다고 잡아뗀다. 때로는 남자 친구들에게도 그 방법을 쓴다. 그 남자 친구들은 수도 적고, 그들에 대한 그녀의 태도는 엄격하기이를 데 없으며, 우정의 테두리를 넘어서는 것 같은 일은 조금도 용서하지않고, 그들의 의무 속에 가두어 둔다. 그들과 자리를 함께 하고 있을 때 그녀는 건성으로 극히 짧은 단어만 가지고 대답을 하며, 어떻게든 쫓아내 버리려고 힘쓴다.

항상 집에 있는 그녀는 고독하지만 교제를 싫어한다. 그녀의 집 문은 철저하게 단속이 되어 있고, 그녀의 방에 접근하는 것은 몽트롱이나 에멜리의 방보다도 더 어렵다. 단 한 사람, 코린만은 언제나 기다리며 반갑게 맞이한다. 몇 번이고 껴안는다. 사람들은 그녀를 사랑하고 있다고 생각한다. 자기들밖에없는 방 안에서 그녀의 귀에 속삭인다. 그녀의 이야기를 듣기 위해서는 두 개이상의 귀를 갖는다. 그녀 이외의 모든 사람에 대한 불평을 들려준다. 사람들은 온갖 이야기를 그녀에게 털어놓는다. 그러나 그녀에게서는 얻어내는 것이란 아무것도 없다. 그녀는 두 사람의 신뢰를 배신하지 않는 것이다.

사람들은 무도회나 극장이나 공원이나, 베누즈에 새로 나온 과일을 먹으러 가는 도중에, 남자와 짝을 지어가는 그리세르를 만난다. 때로 그녀는 혼자서 가마를 타고 그녀가 소유하고 있는 멋있는 과수원이 있는 도시 밖의 마을길을 지나간다든가, 혹은 그렇게도 아름다운 비밀을 간직하고, 젊은 여자들에게 재혼을 약속하며 그 시기나 상황을 말해 주는 카니디의 문을 두드리기도 한다.

그녀는 보통 허술한 모자를 눌러 쓰고, 평상시의 수수한 차림으로 홀로 암노새를 데리고 나타난다. 암노새 위에 올라탄 그녀는 아름답다. 다만 생기가없을 뿐이다. 그러나 사람들은 그녀가 조심스럽게 남편의 눈을 속이고 있는어떤 강한 애착에 주목한다. 그녀는 그 남자의 환심을 사고, 그 남자를 애무한다. 매일 그녀는 그 남자를 위해서 많은 새로운 애칭을 만들어 낸다. 그녀는 이 사랑스러운 애인과만 잠자리를 함께 한다. 그녀는 외박을 바라지 않는다. 아침에 그녀는 몸치장을 하거나 꼭 써야 할 편지를 쓰거나 한다. 한 해방된 노예가 들어와서 그녀에게 귀엣말을 한다. 그는 총애를 받고 있는 파르므농이며, 그녀는 주인의 반감이나 하인들의 질투를 묵살하고 그를 옹호한다.

사실 누가 파르므농보다 더 잘 여러 가지 의향을 알려 주고, 대답을 해 줄 수 있겠는가? 누가 입을 다물어야 할 일에 대해서 그보다 더 입이 무거울 수가 있을까? 누가 그보다도 더 소리를 내지 않고 비밀의 문을 열 수가 있을까? 누가 그보다 더 능숙하게 작은 뒤 층계를 통해서 안내할 수 있을까? 누가 그보다도 더 잘 들어온 곳에서 나가게 해 줄 수 있다는 것일까?

74

기분이나 체질에 따라 움직이고, 어떤 결심도 숨기는 법이 없고, 반대로 여러 단점만을 골라서 내보이고, 인색하기 그지없고, 몸차림은 엉망이고, 대답도 퉁명스럽고, 점잖지도 못하고, 차갑고 말도 없는 남편이 도대체 어떻게 온갖 장식으로 몸매를 가다듬고, 화려한 것을 좋아하고, 환심을 사고, 세심한 배려를 아끼지 않고, 은근함을 다하여 선물을 바치고, 아양을 떠는 멋부리는 남자 가운데서, 젊은 아내의 마음을 지켜보겠다는 희망을 걸 수 있는지 나는 정말 알 수가 없다.

75

어떤 남편은 자기의 손으로 만든 적수(敵手), 그 옛날 아내에게 보낸 선물과 같은 적수밖에는 갖지 않는다. 그는 아내 앞에서 그 적수의 보기 좋은 이(齒牙)나 아름다운 머리를 칭찬한다. 그는 적수의 친절을 받아들여 방문을 환영한다. 그리고 자기가 손에 넣을 수 있는 특산물을 빼고는, 그 친구가 그에게 보내 주는 사냥감이나 송로(松露)버섯이 가장 맛있다고 생각한다. 그는 만찬회를 열고 초대객에게 말한다. '맛을 보십시오. 그것은 레앙드르 군에게서 온 거랍니다. 감사하는 마음뿐이랍니다.'

76

세상 사람들의 입에 오르내리지 않도록 자기의 남편을 완벽하게 소멸시키는 여자, 혹은 매장해 버리는 여자가 있다. 그는 아직도 살아 있는 것일까, 이제는 살아 있지 않은 것일까? 사람들은 그것을 의심한다. 그는 자기 가정에 있어서는 조심스러운 침묵과 완전한 복종의 모범을 보여 주는 것밖에는 아무런 쓸모도 없다. 예증(預贈) 재산의 의무도 부부 재산 계약의 의무도 그가 맡을 바 아니다. 그러나 그것을 제외하고 또 그가 애를 낳지 않는다는 것을 빼면, 그는 아내요 그녀는 남편이다. 서로 얼굴을 맞댄다는 위험 같은 것은 조금도 없이 두 사람은 같은 집 안에서 몇 달이고 살고 있다. 그들이 다만 이웃 사람에 불과하다는 것은 더욱 사실이다. 남편은 고기 장수와 요리사에게 돈을 지불한다. 그리고 사람들이 만찬을 먹는 곳은 언제나 부인 집이다. 두 사람은 때로 아무런 공통점도 가지고 있지 않다. 잠자리도, 식탁도, 이름까지도. 그들은 로마식 또는 그리스식으로 생활하며, 저마다 자기 것을 소유하고 있다. 그리고 사람들이 드디어 B×× 씨는 20년 이래 공식적으로 L×× 부인의 남편이었다는 것을 알게 되는 것은 오랜 세월이 흘러가고, 한 도시의 은어(隱語)를 샅샅이 알게 되고부터의 이야기이다.

77

남편을 밟아 짓눌러 버릴 만한 난폭함을 가지고 있지 않은 여자는, 자기의 좋은 가문이나 인척 관계를 가지고, 자기가 가지고 온 다액의 지참금을 가지고, 미모의 매력을 가지고, 공적을 가지고, 혹은 사람들이 미덕이라고 일컫는 것을 가지고 남편을 욕보인다.

78

적어도 하루에 한 번 마누라를 가지고 있다는 것을 남편에게 후회시키지 않게 할 정도의, 혹은 마누라를 갖지 않은 남자는 행복하다는 생각을 못 느끼게 할 정도로 완벽한 여자란 거의 없다.

79

터무니없이 야단법석을 떨지도 않으며 말없이 느끼는 고통 같은 것은 이미 사라져 버렸다. 즉 눈물을 흘리고, 말을 하고, 되풀이한다. 그리고 남편의 죽음에 심히 감동되어 그것에 관한 가장 조그마한 일도 잊지 않는다.

80

아내에게서 사랑을 받을 수 있는 비결은 없을까?

무정한 여자란 아직도 사랑하는 남자를 만나지 못한 여자를 말한다.

스미르느라는 곳에 에밀이라고 불리는 매우 아리따운 아가씨가 살고 있었다. 그녀는 아름다운 용모도 매력이려니와 무엇보다도 엄격한 행실 때문에 온 마을에 알려져 있었다. 특히 그녀는 남자들에게 항상 냉담했다. 그녀는 남자들과 만나도 아무런 위험도 느끼지 않으며, 여자 친구나 형제를 대할 때와 다를 바가 없다고 말했다. 과거의 모든 시대에 사랑이라는 것이 일으킨 온갖 미치광이 짓에 대해서도 그녀는 조금도 믿으려 들지 않았다. 그리고 그녀가 직접 목격한 사랑의 광기(狂氣)는 그녀로서는 이해할 수 없는 것이었다.

그녀는 우정밖에 몰랐다. 그녀가 우정을 느끼는 젊고 귀여운 아가씨는 극히 다정스럽게 그녀의 우정에 보답하고 있었기 때문에, 그녀는 다만 그 우정을 오래오래 끌고 가는 것밖에는 생각하지 않고 있었다. 다른 어떤 감정 때문에 자기가 만족하고 있는 존경과 신뢰의 정에 냉담해지리라는 것은 꿈에도 생각할 수가 없었다. 그녀는 유프로진에 관해서밖에는 말이 없었다. 그것이 바로 이 충실한 여자 친구의 이름이다. 그래서 스미르느 마을 사람들은 모두 그녀와 유프로진에 대한 이야기밖에는 하지 않았다. 두 여자의 우정은 마을 사람이라면 누구나 다 아는 명물이 되고 말았다.

에밀에게는 두 오빠가 있었다. 나이도 젊고 보기 드문 미남이라, 마을의 모든 여자들이 그들에 대해서 열을 올리고 있었다. 그리고 그녀가 그들을 언제나 누이가 동생들을 사랑하듯 사랑하고 있었던 것은 사실이었다. 어느 주피터 신(神)의 사제(司祭)가 있었는데, 그녀의 아버지에게 출입이 잦았다. 그 남자는 그녀가 마음에 들어 용감하게 그녀에게 속마음을 털어놓았으나, 다만 경멸을 받고 말았다. 한 노인이 가문의 명성과 막대한 재산에 자신감을 갖고 같은 모험을 시도한 바 있었으나 역시 같은 경위로 끝났다. 그러나 그녀는 의기양양했다. 그때까지는 형제와 한 사람의 사제와 한 사람의 노인에 둘러싸여 있어서, 그녀는 자기 자신이 감정의 포로가 되는 일은 없을 것이라고 자부하고 있었다.

하늘은 그녀에게 보다 강력한 시련을 주었다. 그러나 그 시련도 그녀를 보다 거만하게 만들고, 사랑에는 움직이지 않는 아가씨라는 평판을 더한층 확고히 해준 데에 불과했다. 그녀의 매력에 차례차례로 마음을 빼앗기고, 그녀가 온갖 사랑의 열정을 나쁘게 보는 것을 조금도 두려워하지 않았던 세 사람의 열애자(熱愛者)가 있었다.

첫 번째 남자는, 사랑의 열광 속에서 이성을 잃고 그녀의 발 밑에서 스스로 가슴을 찔렀다. 두 번째 남자는 이루어질 수 없는 소원의 절망에 빠져 크레타의 전쟁터에 자살하러 떠났다. 그리고 세 번째 남자는 번민과 불면(不眠)으로 죽었다. 그들의 원수를 갚는 남자는 아직도 나타나지 않았다. 연애에 있어서 매우 불행했던 예의 노인은, 자기의 나이와 마음에 들기를 바랐었던 여자의 성격을 알고 반성을 한 결과, 사랑의 병으로부터 자기 자신을 되찾을 수가 있었다. 그는 계속 그녀를 만나기를 바랐다. 그녀는 그것을 관대히 받아들였다. 어느 날 그는 그녀에게 자기 아들을 데리고 갔다. 그 아들은 나이가 젊고, 용모도 아름답고, 거기에 매우 품위도 있어 보였다. 그녀는 흥미를 가지고 그를 바라보았다. 그가 아버지 앞에서 말이 적었기 때문에 그녀는 이 남자에게는 별로 재치가 없다고 생각하여, 좀더 재치가 있었으면 좋았을 텐데 하고 생각했다.

어느 날 그가 혼자서 그녀를 만나러 왔다. 그는 기지에 찬 말들을 수없이 늘어놓았다. 그런데 그는 거의 그녀를 바라다보지도 않고 그녀의 미모에 대해서는 더욱 말이 없었다. 그녀는 매우 놀랐다. 이렇게도 풍채가 당당하고 이렇게도 재치에 넘치는 남자가 여자의 환심을 사려 들지 않는 것을 쾌씸하다고 생각했다. 그녀는 자기의 여자 친구에게 그 남자에 대해서 말했다. 여자 친구는 그를 한 번 만나보기를 원했다. 그 남자는 유프로진에게만 눈길을 돌렸다. 그리고 그녀에게 당신은 몹시 아름답다고 말했다. 그토록 냉담하던 에밀은 질투를 느끼기 시작했다. 그리고 크테지퐁이 자기가 느낀 것을 솔직히 피력했다는 것, 단순히 그는 여자의 환심이나 사려는 사람이 아니라 부드러운 마음씨의 소유자라는 것을 알았다.

이 순간부터 그녀는 그녀의 여자 친구에 대해서 전과 다른 마음을 느끼게 되었다. 그녀는 더 분명한 것을 알기 위해서 다시 한 번 두 사람을 같이 있게 하려고 마음먹었다. 두 번째의 만남은, 그녀가 눈으로 직접 보기를 두려워하고 있었던 것 이상의 것을 그녀에게 보여 주어 그녀의 의혹을 확신으로 바꾸어 놓았다. 그녀는 유프로진에게서 멀어져 갔으며, 일찍이 그녀를 매혹시켰던 가치를 더 이상 그녀에게 인정하지 않게 되고 대화의 흥미도 잃어버렸다. 그녀는 이미 유프로진을 사랑하지 않게 되었다. 그녀의 마음 속엔 우정 대신 연애가 자리잡기 시작했다.

크테지퐁과 유프로진은 날마다 만나서 서로 사랑을 나누었고, 결혼식을 올리게 되었다. 그 소문은 마을 전체에 퍼졌다. 사랑하는 한 쌍의 남녀가 드디어 화촉을 밝힌다는 크나큰 환희의 소식이 알려진다. 에밀은 그것을 알고 절망에 빠진다. 그녀는 자기의 사랑을 뼈저리게 느낀다. 그녀는 다만 크테지퐁을 또 만난다는 기쁨을 위해서 다시 유프로진과 교제하기를 바랐다. 그러나 이 젊은 남편은 여전히 아내의 열렬한 찬미자이며, 신부의 따뜻한 정 속에서 한 사람의 여인을 바라다보고 있을 따름이었다. 그는 에밀이라는 여자에 대해선 사랑하는 여자의 친구로밖에는 보고 있지 않은 것이다.

이 불행한 아가씨는 잠을 못 이루고 음식조차 입에 대지 않는다. 그녀는 기운을 잃어 간다. 그녀는 정신을 잃기 시작한다. 그녀는 동생을 크테지퐁으로 착각하고 마치 애인을 대하듯 그에게 말을 건넨다. 정신을 되찾으면 그녀는 자기의 착각에 얼굴을 붉힌다. 얼마 안 가서 그녀는 다시 격렬한 정신착란에 빠져, 더 이상 얼굴을 붉히는 법도 없어진다. 그녀는 이미 자기 자신의 착란을 인정하려 들지도 않는다. 그때서야 그녀는 남자들에 대해서 두려움을 갖는다. 그러나 이미 때는 늦은 것이다. 그것이 바로 그녀의 광기(狂氣)인 것이다. 그녀에게는 때로 간격을 두고 이성이 되돌아오는 수가 있지만, 그렇게 되면 그녀는 다시 이성을 되찾은 것을 괴로워했다. 일찍이 그토록 거만을 떨고 그토록 무정했었던 그녀에 대해 알고 있는 스미르 마을의 젊은이들은, 신이 그녀를 너무 지나치게 벌을 주신 것이 아닌가 하고 생각하고 있다.

〈주〉

＊1 17~18세기에 귀부인들 사이에 유명했던 얼굴에 붙이는 검은 애교점.
＊2 거짓 신앙가를 뜻함.〔원주〕

마음에 대해서

1

순수한 우정 속에는 어떤 종류의 미덕이 있는데, 속된 인간으로 태어난 사람은 그런 우정에까지는 도달하지 못한다.

2

남녀 사이의 우정도 온갖 버릇없는 행동을 삼감으로써 비로소 존속할 수 있다. 그렇다고는 하되 여자는 항상 남자를 남자로서 바라보고, 남자는 여자를 여자로서 바라본다. 이 결함은 정열도 아니며 또한 순수한 우정도 아니다. 이것은 특별한 부류의 관계를 형성한다.

3

연애는 갑자기 생겨난다. 즉 아름다움의 화살 하나가 우리를 고정하고 우리를 결정해 버린다. 우정은 반대로, 세월과 함께 오랜 교제를 통해서 서서히 형성된다. 어떤 아름다운 얼굴이나 아름다운 손이 한 순간에 이룩하는 것보다도 훨씬 적은 것을 몇 해나 걸려서 이룩해 놓기 위해서 친구들 사이에서는 그 얼마나 많은 기지와 마음의 선량함과 애착과 봉사와 친절이 필요한 것인가!

4

시간의 흐름은 우정을 굳게 만들고 연애를 약화(弱化)시킨다.

5

연애는 그 자체의 힘으로 존속한다. 때로는 그것을 소멸시켜 마땅하다고 느껴지는 요소들, 예를 들면 변덕이라든가 가혹함이라든가 반감이라든가 질투에 의해서 존속하고 있는 것이다.

우정은 반대로 여러 가지 도움을 필요로 한다. 그것은 관심과 친절, 믿음과 배려를 주지 않으면 소멸해 버리고 만다.

6

우리들 눈에 좀더 흔히 띄는 것은 완벽한 우정보다는 열광적인 연애 쪽이다.

7

연애와 우정은 서로 배척한다.

8

과거에 위대한 사랑을 경험한 사람은 우정을 소홀히 한다. 그리고 우정에 모든 것을 다 쏟은 사람은 사랑을 위해서는 아직 아무것도 한 일이 없다.

9

연애는 연애에 의하여 시작된다. 가장 강한 우정이더라도 그것은 약한 연애로밖에 옮겨갈 수 없는 것이다.

10

우리가 갖는 연애의 이해 관계가 우리를 결부시키는 그 친밀한 교제만큼, 강렬한 우정과 비슷한 것도 없다.

11

사람은 단 한 번밖에는 마음으로부터의 사랑을 하지 못한다. 그것은 첫사랑이다. 그 다음 계속되는 여러 사랑은 그렇게 무의식적인 것은 아니다.

12

갑자기 생기는 사랑에서 깨어나는 데는 많은 시간이 걸린다.

13

점차적으로 서서히 익어 가는 사랑은 격렬한 열정이라고 하기에는 너무나 우정과 비슷하다.

14

지금보다 백만 배나 더 많이 사랑하기를 바랄 만큼 사랑하고 있는 자는, 애정에 있어서 자기가 바라고 있는 이상으로 사랑하고 있는 자에게밖에는 뒤지지 않는다.

15

누군가를 자기 자신보다도 더 많이 사랑할 수가 있다는 것에 만일 내가 찬의(贊意)를 표한다면, 나는 어느 쪽에 더 큰 만족감을 주는 것일까. 사랑을 하고 있는 자에겐가, 아니면 사랑을 받고 있는 자에겐가?

16

남자들이란 때때로 사랑하기를 바라지만 그것에 성공하지 못한다. 그들은 자기의 실패 원인을 찾아보려 하나 그 원인을 발견해 내지는 못한다. 감히 이렇게 말할 수는 없는 것일까. 그들은 여전히 자유스런 몸으로 존재하기를 강요당하고 있는 것이라고.

17

처음에 가장 강렬한 정열로 사랑을 주고받은 사람들은 머지않아 애정이 흐릿해지며, 다음에는 서로 사랑을 하지 않게 되는 일에 그들의 마음이 통한다. 남자와 여자 어느 편이 이 파탄에 좀더 많이 기여했느냐, 그것을 결정한다는 것은 결코 쉬운 일이 아니다. 여자는 남자를 바람둥이라고 책망하고, 남자는 여자를 바람기가 있다고 말한다.

18

연애에서 사람이 아무리 세심하다 하더라도, 우정에 있어서보다는 훨씬 많은 잘못을 용서한다.

19

온갖 수단을 다 써서 배신한 여자를 더 지독한 배신자로 만든다는 것은, 그녀를 사랑하고 있는 남자에게는 하나의 감미로운 복수이다.

20

막대한 재산 없이 사랑을 한다는 것은 슬픈 일이다. 그것은 사랑하는 자를 환희에 차게 해 주고, 더 이상 아무것도 바라지도 않을 정도로 행복하게 해 줄 수 있는 여러 가지 수단을 우리에게 주는 것이기 때문이다.

21

일찍이 한 여자에게 열렬한 사랑을 바쳤으나 냉담한 반응밖에는 얻지 못했다면, 세월이 흘러 그녀가 아무리 큰 도움을 우리에게 준다 해도 배신자로서의 큰 누명에서 벗어나기는 어렵다.

22

은혜를 갚는다는 행위에는, 우리가 은인에게 가진 큰 사랑과 우정이 동반한다.

23

사랑하는 사람들과 함께 있다는 것, 그것으로 족한 것이다. 꿈을 꾸든, 그들과 말을 나누든, 이야기를 하지 않든, 그들의 일을 생각하든, 관계가 없는 것을 생각하든, 이 모두가 그들 곁에 있으면 다 똑같은 것이다.

24

증오에서 우정까지의 거리는 반감에서 우정까지의 거리에 비해 짧다.

25

미움에서 사랑으로 옮겨가는 것은 미움에서 우정으로 가는 것보다는 흔하다.

26

우정에 있어서는 비밀을 토로하지만 사랑에 있어서는 그것이 누설된다.

어떤 상대에게 사랑을 받지는 않아도 신뢰를 받는 경우가 있다. 사랑을 받고 있는 사람은 비밀의 누설도, 속이야기도 필요로 하지 않는다. 모든 것이 그 사람에게는 열려져 있으니까.

27

우정에 있어서, 친구로부터 발견하는 결점은 그것으로 우리의 친구를 해롭게 할 수 있는 결점뿐이다. 사랑하는 애인에게서 발견하는 결점은, 그것으로 우리 자신이 고통을 받는 결점뿐이다.

28

사람이 그것을 선용할 수 있는 것은, 우정에 있어서는 오직 최초의 과실인 것같이 연애에 있어서는 최초의 화이다.

29

이미 사람들이 질투라고 이름붙인 바 있는, 그릇되고 기묘하고 근거 없는 시기심이라는 것이 있다면, 정당하고 자연스럽고 이성(理性)과 경험에 뿌리를 두는 감정인 질투는 다른 명칭으로 불리어져야 할 것이다.

기질이란 질투에 힘입는 바가 매우 크다. 그리고 질투는 언제나 크나큰 정열을 필요로 하는 것은 아니다. 그렇다고는 하되, 섬세함이 결여되어 있는 격렬한 연애란 하나의 모순이 아닐 수 없다.

사람은 때때로 섬세함으로 인해 혼자 고통을 받는 경우가 있다. 사람은 질투로 고통을 받고 또 타인에게도 고통을 준다.

아무것도 우리를 돌봐 주는 것 없고 한순간도 질투로부터 우리를 떼어놓지 않는 여자들은, 만약 사람이 자기의 마음보다도 그녀들의 감정이나 행위에 따라서 처신을 한다면, 조금도 우리의 질투에 보답하지 않을 것이다.

30

우정에 있어서 거리감이나 소원(疎遠)함을 느끼는 것은 그만한 원인이 있다. 사랑에 있어서는 지나치게 사랑을 받고 있는 것 이외에는 서로 사랑하지 않을 이유가 없다.

사랑하지 않으리라고 마음먹어도 뜻대로 되지 않았던 것처럼, 언제까지나 사랑하리라고 해도 마음대로 되는 것은 아니다.

사랑이란, 혐오감에 의해서 죽고 망각이 그것을 매장한다.

연애의 시작과 끝은, 단 둘만이 있으면 거북함을 느끼는 것으로써 알 수 있다.

사랑이 영속하지 못하는 것은, 인간이 국한되어 있다는 것, 심정에는 그 한계가 있다는 것의 뚜렷한 증거이다.

사랑을 한다는 것은 인간이 약해서이다. 그리고 사랑이 식어 간다는 것은 또 다른 약한 마음에서 오는 적(敵)이다.

사랑하는 마음이 식어 간다는 것은 자기를 스스로 위로하는 것과 비슷하다. 사람은 항상 울고 항상 사랑할 만한 것을 마음속에 가지고 있지 않은 것이다.

35

어떤 종류의 상실(喪失)에 대해서는 슬픔의 끝없는 샘이 마음속에 있어야 할 것이다. 사람이 큰 불행에서 빠져나올 수 있는 것은 용기나 또는 정신력에 의해서는 아니다.

사람은 비통한 눈물을 흘리며 뼈에 사무치도록 슬퍼하지만 그 다음에는 순식간에 자위한다. 그 정도로 사람은 나약하든가 아니면 경박한 것이다.

만약 못생긴 여자가 자기를 사랑하게 만든다면, 반드시 그 사랑은 열광적인 것이 될 것이다. 그것은 사랑하는 남자의 이상한 연약함에 의해서든가,

아니면 미인의 매력보다도 더 신비스럽고 눈에 띄지 않는 어떤 매력에 의해서든가, 어느 한 쪽일 테니까 말이다.

37

하는 짓 하나하나가 이제는 서로 사랑하고 있지 않음을 말해 주고 있는데, 그럼에도 불구하고 오랜 습관에 의해서 만남을 계속하며 입으로는 서로 사랑하고 있다고 말한다.

38

어떤 사람을 잊으려고 애를 쓰는 것은, 즉 그 사람을 생각하고 있다는 것을 말하는 것이다. 연애는 불안과 통한다. 거기에서 벗어나기 위해서 자꾸만 반성을 한다든가 술책을 쓴다든가 하면 오히려 더 격화된다. 사랑을 약화시키기 위해서는 자기의 정열에 대해서 일체 생각을 하지 않는 것이 좋다.

39

사람은 자기의 애인에게 모든 행복을 가져다 주려고 한다. 그 사정이 허락하지 않는다면 모든 불행을 가져다 주려고 한다.

40

지금은 이미 고인이 된 한때 사랑했던 사람을 애석하게 떠올리는 것은, 미워하는 사람과 같이 사는 것에 비교하면 하나의 행복이다.

41

사랑하는 사람들에 대해서 아무리 욕심 없는 마음을 지니고 있다 해도, 때로는 그 사람들을 위해서 참고 물건을 받는다는 관대함을 가져야 한다.

친구가 자기에게 무엇을 주면서 느끼는 것과 똑같은 미묘한 기쁨을 받을 때도 느끼는 자만이 받을 자격이 된다.

42

준다는 것, 그것은 적극적인 행동이다. 자선을 어쩔 수 없이 베푸는 것도 아니며, 우리에게 요구하는 사람들의 집요함이나 궁핍함에 굽히는 것도 아니다.

43

자기가 사랑하고 있는 사람들에게 무언가를 주었을 때, 앞으로 어떤 일이 일어난다 해도 자기가 베푼 은혜에 생각을 돌릴 기회란 이미 존재하지 않는다.

44

로마에서는, 미워하는 것은 사랑하는 것보다 비싸게 먹히지 않는다. 또는 우정은 증오보다 부담이 많다고 말했다. 적에게는 물건을 주지 않아도 된다는 것은 당연한 이야기이다. 그러나 그들에게 복수를 하는 데에 단 돈 한 푼도 필요하지 않는 것일까?

또 자기가 증오하는 인간을 불행하게 만드는 것이 기분이 좋고 자연스러운 일이라고 한다면, 과연 그 마음의 정도가 자기가 사랑하는 사람을 행복하게 하는 것보다도 덜하다고 할 수 있는 것일까? 그러니, 그들을 불행하게 만들지 않는다는 것은 힘들고 고통스러운 것이 아니겠는가?

45

은혜를 베풀어 준 지 불과 얼마 안 되는 사람과 시선이 마주치는 것은 하나의 큰 즐거움이다.

46

배은망덕한 사람에게, 다시 말하면 자격이 없는 사람에게 떨어지는 은혜라는 것은, 은혜라는 명칭이 바뀌어지지 않아도 되는 것인지, 또한 그것이 사은(謝恩)에 대신할 만한 것인지 아닌지 나는 잘 모른다.

47

은혜라는 것은 많이 주는 것보다는 적절한 때에 알맞게 주는 것이 더 그 가치가 있다.

48

연민의 정이나 동정심이 우리로 하여금 불행한 사람들의 위치로 몰아넣고 결국 우리 자신에게 되돌아오게 한다는 것이 만약 사실이라면, 왜 그들은 그 비참한 처지에서 우리로부터 슬픔의 위안을 얻는 것이 그렇게도 적을까?

비참한 사람들에게 온정의 손길을 내밀지 않는 것보다는 차라리 배은망덕에 몸을 내맡기고 있는 쪽이 더 좋다.

자기에 대한 연약함 내지 관대함과 타인에 대한 가혹함과는 똑같은 하나의 악덕이라는 것이, 경험에 의해서 입증되고 있다.

고된 일이나 고통을 잘 참아 이겨나가고 자기의 몸가짐에 준엄한 인간이, 타인에 대해서 관대하다는 것은 극히 당연한 일이다.

가난한 사람을 떠맡고 있다는 것은 정말 불쾌한 일이다. 그러나 그 사람을 우리와의 예속 관계에서 벗어나게 해 준다는 새로운 이익을 기뻐하기란 극히 드문 일이다. 마찬가지로 친구의 출세에서 받는 기쁨이란, 그 친구가 우리를 능가해 버리거나 우리와 같은 지위에 올라올 때 느끼는 작은 불안 혹은 질투에 의해서 다소간은 평균되는 것이다. 이와 같이 인간은 자기 자신과 뜻을 같이 한다는 것은 좀처럼 어려운 것이다.

왜냐하면 누구나 자기에게 복종하는 사람을 원하며, 또한 그것이 조금의 비용도 필요로 하지 않기를 바라기 때문이다. 사람은 또 친구의 행복을 간절히 바란다. 그러나 그것이 실현되면 반드시 그것을 먼저 기뻐한다고 단언할 수가 없는 것이다.

52

초대한다, 권유한다, 자기 집을 제공하고, 식탁을 같이하고, 재산을 바치고, 힘이 되어 줄 것을 말한다.

약속을 지킨다는 것과 같이 값이 비싸게 먹히는 것이란 없다.

53

자기를 위해서는 한 사람의 충실한 친구가 있으면 그것으로 족하다. 그런 사람을 늘 만날 수 있다는 것은 좀처럼 바라기 어려운 행운임에 틀림없다. 그러나 타인에게 힘이 되어 주는 것이라면 아무리 친구가 많아도 그것에 만족할 수 없다.

54

어떤 사람들에게 충분히 도움을 주었다면 그 사람들의 마음은 으레 내쪽으로 쏠리게 될 것이다. 그러나 그것이 성공하지 못한 경우에는 또 하나의 방법이 있다. 앞으로는 아무것도 해 주지 않는 것이다.

55

언젠가는 자기의 친구가 될 수 있으리라는 생각을 가지고 적과 사귀고, 언젠가는 자기의 적이 될지도 모른다는 식으로 친구와 사귄다는 것은, 증오의 본질에 응하는 것도 아니고 또한 우정의 법칙에 따르는 것도 아니다. 그것은 도덕적인 잠언이 아니고 정략이라는 것이다.

56

더 잘 알게 된 후 우리의 모임에 낄 수 있을지도 모르는 사람들을 적으로 돌려서는 안 된다. 친구의 선택에 있어서는 매우 확고한 태도와 변함없는 성실함을 가져야 한다. 만일 친구의 자리에서 떨어져 나간다 해도, 그들로 하여금 우리의 신용을 남용하거나, 우리의 적과 같이 두려움을 품게 해서는 안 된다.

57

사랑과 존경심으로 친구와 만나는 것은 즐거운 일이다. 이해관계로 친구와 교제를 한다는 것은 고통스러운 일이다. 그것은 억지를 쓰는 일이다.

58

우리로부터 행복을 손에 넣겠다고 생각하는 사람들의 호의보다는 오히려, 우리를 행복하게 해 주겠다고 생각하는 사람들의 호의를 열망해야 할 것이다.

59

경박한 일이나 환상을 좇는 날개로 자기의 행운을 향해 날아갈 수는 없다. 자기의 변덕스러운 마음을 좇아 행동하는 데에는 어떤 종류의 자유스러운 감정이 있고, 반대로 입신출세를 구해 좇는 데에는 노예 봉사의 감정이 깃들어 있는 것이다.

출세를 바라되 크게 바라고 그것을 위한 노력은 그보다 적게 하고, 그것을 찾아 헤매지 않고 스스로에게서 그것을 발견해 내는 것에 가치가 있다고 생각하는 것이 자연스러운 것이다.

60

자기가 바라는 행복을 기다릴 수 있는 자는, 그것이 끝내 찾아오지 않는다 해도 절망하는 길을 택하지 않는다. 반대로 어떤 일을 초조함을 가지고 바라는 자는, 그 일의 성공에 의해서 충분한 보상을 받기에는 너무나 정력을 소모해 버리고 만다.

61

어떤 일을 아주 열렬하게 바라는 나머지, 그것을 놓치지 않기 위해서 해야 할 일을 하나도 잊어버리지 않는 사람들이 있다.

62

가장 바람직한 일이란 그리 쉽게 찾아오지 않는다.

만일 기회가 온다 해도, 기쁨을 느낄 수 있는 시기나 상황은 지나가 버린 후이다.

63

웃지도 못하고 죽을 염려가 있다. 그러므로 행복하게 되기 전에 웃어야 한다.

64

만약에 인생을 유쾌한 시간으로만 채운다면, 인생은 아주 짧다.

마음에 드는 사람과 함께 보낸 시간을 한데 묶어 꿰맨다면, 고작 몇 개월의 인생밖에 만들지 못할 것이다.

65

타인으로부터 만족감을 얻는다는 것은 얼마나 어려운 일인가!

66

보기 싫은 자가 죽는 것을 보는 데에는 약간의 기쁨을 금할 수가 없을 것이다. 사람은 그때 자기 증오의 결실을 즐길 것이다. 그리고 그 남자에게 기대할 수 있는 모든 것, 즉 그 남자의 완전 소멸이라는 데에서 오는 기쁨을 그에게서 뜯어 낼 수 있을 것이다. 드디어 그의 죽음이 다가온다. 그러나 더이상 우리가 그것을 즐기지 않는 시기에 있어서이다. 그의 죽음은 너무 빨리 오든가 아니면 너무 늦게서야 온다.

67

자기의 과오를 현장에서 잡고, 그럴싸한 이유로 불만을 표시하는 사람을 용서한다는 것은, 거만한 사람에게 있어서는 매우 고통스러운 일이다.

그의 자존심은 자기의 우월성을 회복하고 상대방을 죄과에 빠뜨릴 때까지는 좀처럼 고개를 숙일 줄 모르기 때문이다.

68

자기가 은혜를 베풀어 준 사람에게 더욱더 애착을 느끼는 것과 같이, 자기가 큰 모욕을 가한 인간에 대해서도 우리는 격렬하게 증오한다.

69

모욕·비방의 감정을 처음에 억누른다는 것도, 상당한 세월이 흐를 때까지 잊지 않는다는 것도, 똑같이 어려운 일이다.

70

적을 증오하여 복수를 계획하는 것은 무력함에서 오는 것이고, 마음이 가라앉아 복수를 단행하지 않는 것은 나태함에서 오는 것이다.

71

자기를 타인의 지배하에 내맡긴다는 것에는 확실히 무기력함과 똑같은 정도의 나태함이 들어 있다.

어떤 남자 또는 그 가족의 평안과 같은 중대사에 있어서는, 그 남자를 아무런 준비도 없이 단숨에 지배하려고 해서는 안 된다. 그는 먼저 남이 자기의 정신에 대해서 잡으려 하고 있는 압력과 영향력을 즉각적으로 느낄 것이다. 또 그는 치욕감 또는 일시적인 흥분이나 속박에서 벗어나려고 할 것이다. 그러므로 그에 대해서는 먼저 사소한 일부터 착수하지 않으면 안된다. 여기서부터 가장 큰 일에 이르기까지의 단계적인 발전은 물론 필연적이다. 처음에는 기껏해야 그 남자를 시골로 보낸다든가 도시로 다시 불러들인다든가 하는 정도의 일밖에는 생각이 미치지 못하는 사람도, 마지막에는 아들을 법적으로 그의 적자(嫡子)로 삼는 유서를 그로 하여금 쓰게 만드는 데까지도 몰고 가는 것이다.

누군가를 오랜 시간 동안 절대적으로 지배하기 위해서는 권력 행사를 최소한으로 줄이고, 그가 예속적인 관계에 빠질 가능성이 있다는 것을 극히 조금밖에는 느끼지 않도록 해야 한다.

어느 한도까지는 기꺼이 타인의 지배에 몸을 내맡기지만, 그 이상이 되면 벌써 다루기가 어렵고 지배당하지 않는 사람들이 있다. 즉 그들의 심정, 그들의 정신에 통하는 길을 갑자기 잃어버리고 마는 것이다. 오만한 자세로 나와도, 고개를 숙이고 들어가도, 힘으로 밀어도, 술책을 써도, 그들을 회유시킬 방법이 없다. 그러나 거기에는 다음과 같은 차이점이 있다. 어떤 사람들은 이성(理性)에 의해서, 다른 사람들은 기질에 의해서, 그렇게 되는 것이다.

논리적인 이야기와 좋은 충고에도 귀를 기울이지 않고, 혹시 지배당하고 있지나 않을까 하는 두려움에 사로잡혀 스스로 길을 잃는 사람들도 있다.

보잘것없는 일들에 있어서는 기꺼이 친구들의 지배를 받고, 그것을 미끼로 중대한 일에 있어서는 그들 친구를 지배하는 권리를 만들어 내는 사람들도 있다.

드랑스는 자기 주인을 적지 않게 지배하고 있는 사람으로 인식을 받고 싶으나, 주인 쪽에서는 그런 것은 생각조차 할 수 없는 일이고 세상 사람들도 같은 입장이다. 때와 장소도 전혀 개의치 않고 자기가 모시고 있는 높은 분에게 그칠 사이 없이 말을 건네는 것, 살짝 귀에 속삭인다든가 이상야릇한 말을 던지는 것, 그 면전에서 너털웃음을 터뜨려 보인다든가 말을 가로막는다든가, 그와 그에게 말을 건네는 사람들 사이에 끼어들어 문안을 드리러 온 사람들을 업신여긴다든가, 또는 그 사람들이 물러가는 것을 초조하게 기다린다든가, 너무 건방진 태도로 주인 곁에 다가선다든가, 어떤 벽난로에다 등을 기대고 그와 똑같은 태도를 꾸며 본다든가, 그의 옷자락을 잡아끈다든가, 바로 뒤따라 걸어간다든가, 친숙한 사이인 체한다든가, 오만불손한 행동을 취한다든가 하는 것, 이런 짓은 총애를 받고 있는 사람이라는 것을 나타내는 것보다는 미련하고 자존심이 강한 남자라는 것으로 보여준다.

현명한 사람은 기꺼이 타인의 지배도 받지 않으며, 타인을 지배하려는 노력도 하지 않는다. 그는 다만 이성(理性)만이 혼자서 그리고 영원히 지배하기만을 바란다.

도리를 아는 어떤 인물에게 믿음을 가지고 몸을 내맡기고, 모든 일에 있어서 항상 절대적으로 그 사람의 지배를 받고 있다는 것을 나는 결코 싫어하지는 않을 것이다. 그렇게 되면, 깊이 생각할 필요없이 나는 모든 일을 잘 처리할 수 있는 확신을 가지게 될 것이다. 나는 이성에 의해서 지배되고 있는 사람의 정신적인 안정을 마음껏 누릴 것이다.

72

온갖 종류의 정열이란 모두 거짓말쟁이다. 그것은 온 힘을 다하여 타인의 눈에 자기 모습을 꾸며 보인다. 또한 그것은 자기 자신에게도 모습을 숨긴다. 어떤 미덕과 거짓 유사성을 갖지 않는 악덕, 그리고 그것을 이용하지 않는 악덕이란 존재하지 않는다.

신앙에 관한 책을 펴고 사람은 감동한다. 이번에는 음란 서적을 열면 그것이 또 큰 자극을 준다. 심정만이, 상반되는 사물을 융합시키고, 양립할 수 없는 것을 허용한다는 것인가?

남자들은 무력함이나 허영심보다는 죄악 쪽에 수치를 덜 느낀다. 공공연하게 부정한 짓을 저지르고, 난폭자이고 배신자이고 중상모략가인 사람이 하는 연애라든가 야심이라든가 하는 것은, 다만 그것을 숨기려는 일념에서 열심히 숨기고 있는 것이다.

'나는 야심가였다'라고 말할 수 있는 경우란 결코 있을 수 없다. 왜냐하면 사람은 전혀 야심가가 아니거나 항상 야심가이거나 그 어느 쪽일 테니까 말이다. 그러나 '한때는 사랑을 했었다'라고 고백하는 때는 찾아오는 것이다.

인간이란 연애로 시작하여 야심으로 끝난다. 그리고 죽을 때처럼 조용한 장소에 앉아 있을 때는 그리 많지 않다.

정열에 있어서 이성(理性)을 유린하는 것만큼 쉬운 일은 없다. 정열의 크나큰 승리란 이해관계를 극복하는 것이다.

사람은 머리보다도 마음에 의해서, 더욱 사교에 적합하고 더욱 원만한 교제가 가능하다.

재치의 힘에 의해서라기보다는 오히려 천성적인 선량함에 의하는 위대한 감정, 고귀하고 숭고한 행위가 있다.

80

은혜에 보답한다는 행위에서, 지나칠 만큼 아름다운 과잉은 이 세상에 존재하지 않는다.

81

만약에 연애라든가 교활함이라든가 필요성이라든가 하는 것이 재치를 발굴해 내지 못한다면, 그것은 확실히 재치하고는 인연이 없다는 것을 말해 주는 것이다.

82

사람들이 찬탄을 아끼지 않는 장소가 있고, 감동하는 장소가 있고, 즐겨 살고 싶다는 생각을 자주 갖게 하는 장소도 있다.

나에게는, 재치나 기질이나 정열이나 취미나 감정이 여러 장소에 의해 좌우되는 것처럼 생각된다.

83

선(善)을 행동으로 실천하는 사람들만이 남의 부러움을 살 가치가 있다. 단 그것은 더 좋은 방법이 없다고 했을 때의 이야기이고, 그 방법이란 좀더 자주 선한 행동을 하는 것이다. 그것은 우리를 시기하는 사람들에 대한 달콤한 복수이기도 하다.

84

어떤 사람들은 사랑을 하고 있다는 것과 시(詩)를 쓰고 있다는 것을, 마치 감히 고백할 수 없는 두 개의 약점인 것처럼 부인한다. 하나는 심정의, 다른 하나는 재치의 약점인 것처럼 말이다.

85

평생을 살아가다 보면, 그것이 우리들에게 금지된 것만큼, 또 적어도 그것이 허용되어 있기를 바라는 것이 당연한 만큼, 심히 귀중한 쾌락과 부드러운 유혹이 있기 마련이다. 이와 같이 커다란 매력은 미덕, 그것의 단념이 가능한 매력에 의해서만 극복될 수 있다.

교제와 대화에 대하여

1

정말 멋없는 성격이란, 아무런 특징도 갖지 않은 성격을 말한다.

2

사람을 귀찮게 하는 것은 바보들이나 하는 짓이다.

머리가 제대로 돌아가는 사람이라면 상대방에게 자기가 마음에 드는 존재인지 권태로운 존재인지를 스스로 느낄 수 있을 것이며, 어디서나 자기의 존재가 방해가 되기 전에 스스로 물러서야 하는 일쯤은 알고 있을 것이다.

3

우리 주위에는 음란한 생각을 하거나 남을 헐뜯거나 야유를 일삼는 사람들이 많지만, 섬세한 사람은 아주 적다. 고상하게 야유를 하고, 극히 사소한 주제에서 멋진 말을 발견해 내려면 많은 표현법과 세련되고 풍부한 정신력이 필요하다. 야유를 한다는 것은 곧 창조를 하는 일이며, 무에서 유를 만들어 내는 일이다.

4

때때로 일상생활의 대화에서 열띤 맛이 없다든가 공허하다거나 유치하다는 말을 듣게 된다. 결국 대화 자체가 창피하게 느껴지고 영원한 침묵 속에 스스로를 가두게 된다. 그 영원한 침묵이야말로 무익하게 떠들어 대는 것보다 더 나쁜 것이다. 그러므로 모든 사람들의 생각에 순응할 줄 알고, 엉터리 소문이라도 현재의 정부나 군주들의 이해관계에 관한 애매한 비판이나, 늘 같은 이야기나, 아름다운 감정의 토로에 관한 이야기라도, 일단은 필요악으로 허용하지 않으면 안 된다. 아롱스에게는 멋대로 격언을 말하게 내버려두어야 하며, 메렌드에게는 자기에 관한 이야기, 그가 마시는 약, 그의 편두통, 그의 불면증에 대해서 말하도록 내버려 두어야 한다.

5

아리아스는 읽지 않은 책도 없고 보지 못한 것도 없다. 그는 자기가 그렇다는 것을 사람들이 알아주기를 바라고 있다. 그야말로 만물박사임에 틀림없으며, 또 본인 스스로 그렇게 자칭하고 있다. 그는 침묵을 지킨다든가 어떤 일에 대해서 모르고 있다는 인상을 주는 것보다 차라리 거짓말을 하는 쪽을 택한다.

식탁에서 북유럽 어느 궁정의 귀족이 화제에 오른다. 그러면 그는 이야기를 꺼내기 시작하고, 그 사람에 대해 알고 있는 것을 말하려는 사람들을 제쳐놓는다. 그는 그 먼 나라에 대해서 자기가 마치 그곳에서 태어난 것처럼 자세하게 이야기한다. 그는 그 궁정에 대해서, 그 나라의 여성과 법률과 풍속에 대해서 길게 이야기를 늘어놓는다. 그는 그 나라에서 일어났던 여러 가지 일화를 말한다. 그는 자기 이야기에 흥이 나서 누구보다 먼저 웃음까지 터뜨리며 열을 올린다.

누군가 참다못해 그에게 반박하고, 그가 거짓 이야기를 하고 있다는 것을 분명하게 증명한다. 아리아스는 절대로 당황하지 않는다. 반대로 자기 말을 중단시킨 사람에게 격분을 토한다. '그 당사자에게서 들은 것 말고는 아무것도 말하지 않습니다. 나는 그것을 바로 세톤에게서 들어 알고 있습니다. 그곳 궁정에 주재하고 있던 프랑스 대사인데 바로 4~5일 전에 파리에 돌아오신 분입니다. 나와는 각별한 사이죠. 나는 열심히 물어 보았죠. 그분은 무엇 하나 나에게 숨기는 것이 없습니다.' 그는 처음보다 더한층 자신감을 가지고 이야기를 계속한다. 그때 초대 손님 중 한 사람이 그에게 입을 연다. '지금 당신 이야기를 듣고 있는 바로 내가 최근에 대사관에서 돌아온 세톤이라는 사람입니다만.'

6

합승마차나 연회장에서나 극장에서, 우연히 자리를 같이 하게 되는 낯모르는 사람에게 가만히 이야기를 시켜 둘 필요가 있다. 여러분은 다만 그의 말을 듣고만 있으면 된다. 얼마 뒤 그 사람이 어떤 인물인가를 자연히 알 수 있게 될 것이다. 여러분은 그의 이름, 주소, 고향, 재산 상태, 직업, 그의 아버지의 직업, 어머니 쪽의 집안, 혈족 관계, 인척 관계, 그 집안의 문장(紋章)을 알 게 될 것이다. 그가 귀족이라는 것을, 그가 성관(城館)과 훌륭한 가구류와 많은 하인들과 한 대의 값진 마차를 소유하고 있다는 것을 알게 될 것이다.

7

대화의 재능은 그것을 과장해서 드러내 보이는 데에 있는 것이 아니라, 오히려 타인에게 그 재능을 찾아 내도록 하는 점에 있다. 여러분과의 대화에서 자기 자신과 자기의 기지에 만족감을 느끼는 사람은, 완전히 여러분에게 만족하고 있는 것이다. 사람들은 여러분을 찬미하기를 좋아하지 않는다. 그들은 여러분의 마음에 들기를 바라고 있을 따름이다. 그들은 호감을 산다든가 박수갈채를 받는다든가 하는 것 이외에, 가르침을 받는다든가 기쁨을 맛본다든가 하는 것은 도무지 바라지도 않는다. 그리고 섬세한 쾌락이란 타인의 쾌락을 만들어 주는 것을 말한다.

8

대화를 나눌 때나 글을 쓸 때나 지나친 상상력은 금물이다. 공상은 때때로 취미를 완성하고, 우리들을 더 뛰어난 사람으로 만드는 데 아무런 도움도 되지 않는, 공허하고 유치한 관념밖에는 산출해 내지 않는다. 우리들의 사상은 양식(良識)과 올바른 이성 속에서 파악되어야 하며 또한 우리들의 판단력의 결과로 얻어지는 것이라야 한다.

9

말을 멋지게 할 줄 아는 재치도 없고, 침묵하고 있을 만한 판단력도 없다는 것은 크나큰 불행이다. 이것이야말로 모든 무례(無禮)함의 기본임을 명심하라.

10

이야기하는 방법에 있어서 능숙하게 말하는 사람, 유창하게 말하는 사람,

정확하게 말하는 사람, 때에 맞추어 적절하게 말을 던지는 사람이 있다. 가능한 한 식사를 삼가라는 분부를 받고 있는 사람 앞에서 방금 배불리 먹고 온 진수성찬에 대해 길게 이야기를 늘어놓는다든가, 병약한 사람 앞에서 자기 건강의 왕성함에 대해 자랑삼아 이야기한다든가, 일정한 수입도 없고 거처도 없는 사람을 앞에 놓고 자기 수입과 부유함이나 자기 집 가구들에 대해 이야기한다든가, 비참한 처지에 놓여 있는 사람 앞에서 자기 생활의 행복에 대해 이야기를 늘어놓는 것은 이 마지막 부류를 어기고 있는 것이라 할 수 있다. 이러한 대화는 그들에 대해서 너무나 가혹한 것이며, 그들이 처해 있는 상태와 여러분의 그것을 감히 비교한다는 것은 가증스러울 만큼이나 역겨운 짓이 아닐 수 없다.

11

어떤 사람들에게는 말하는 것과 모욕하는 것이 정확하게 동일한 경우가 있다. 그들은 이를 데 없이 날카로우며 가혹하다. 그들의 문체는 악의와 쓰디쓴 약쑥의 혼합물이다. 조롱과 모욕과 경멸은 그들의 입술에서 나오는 침과 같이 흘러나온다. 차라리 벙어리나 천치로 태어났다면, 얼마나 다행한 일이었을까. 그들이 소유하고 있는 예민함이나 기지는 우매함이 타인을 해치는 것보다, 더 많은 해를 그들에게 주고 있다. 그들은 날카로운 응수만으로 만족을 못하며, 때로는 안하무인격으로 공격의 화살을 쏜다. 그들은 앞에 있는 사람이나 없는 사람이나 그들의 혀 밑에 있는 모든 사람에게 습격을 가한다. 그들은 숫양과 같이 정면이나 측면으로 닥치는 대로 물고 늘어진다. 숫양에게 뿔을 갖지 말라고 요구할 수 있을까? 그토록 가혹하고 잔인하고 억제하기 어려운 성질을 고친다는 것은 기대하기 어려운 일이다. 따라서 사람이 할 수 있는 최선의 방법은, 그들의 눈에 띄자마자 뒤도 돌아보지 않고 힘껏 그들에게서 도망치는 일이다.

12

미덕과 재능과 선행을 가지고서도 사람은 견딜 수 없는 인물이 될 수 있다. 사소한 일이라 해서 등한시하는 거동이 때로는 사람들로 하여금 여러분을 좋은 사람이나 나쁜 사람으로 결정짓는 수가 있기 때문이다. 부드럽고 세련된 거동을 위해 사소한 주의만 기울인다면 미리 그들의 나쁜 판단을 충분히 막을 수 있다. 오만하고 야비하고 모욕적이고 불친절한 인간이라는 평을 받기 위해서는 아무것도 필요치 않다. 이와 반대로 존경을 받기 위해서는 더 사소한 것만을 가지고서도 족하다.

13

예절이 반드시 선량함이나 공정함, 정중함이나 감사의 마음을 불러일으키는 것은 아니다. 그러나 예절은 적어도 그것들의 외관을 갖추게 하고 인간이 내면적으로 그렇게 되어 있어야 할 모습을 외적으로 나타내 보이게 한다.

예절의 정신을 정의하는 것은 가능하지만, 그 실천 방법을 결정하는 것은 매우 어렵다. 그것은 즉 관용법(慣用法)과 풍습에 따르고 있으며 시대와 장소와 인간에 결부되어 있는 것이므로, 성별이나 주위 환경에 있어서도 저마다 같을 수가 없다. 정신 하나만을 가지고 그것을 판별할 수는 없다. 정신은 사람으로 하여금 모방하게 하여 예절에 따르게 하고 그렇게 함으로써 자기를 완성케 한다. 예절만 소중히 여기는 사람들이 있는 반면, 위대한 재능이나 확고한 미덕만을 따르는 사람들이 있다. 세련된 몸가짐이나 말씨가 인간의 가치를 정하고, 기분 좋게 만드는 것은 사실이며, 예절 없이 자기를 유지하기에는 여간 뛰어난 자질을 지니지 않고서는 안 된다는 것도 사실이다.

예절의 정신이란, 우리들의 말과 태도에 의해서 서로를 만족시킬 수 있는 일종의 주의이다.

14

여러분이 노래를 부르게 하거나 악기를 연주하게 시킨 사람들 앞에서 같은 재능을 가진 다른 사람을 지나치게 칭찬한다는 것은 예의에 벗어나는 하나의 실수이다. 여러분에게 자작시를 읽어 주고 있는 사람 앞에서 다른 시인을 추어올리는 것도 마찬가지이다.

15

타인을 위해 베푸는 만찬이나 연회, 타인에게 증정하는 선물, 타인에게 주는 모든 쾌락은 성대하게 하거나 상대방의 취미와 기호에 따라서 한다. 물론 후자 쪽이 더 바람직하다.

16

모든 종류의 찬사를 냉담하게 거절하는 것은 야만적이다. 그것이 선량한 사람들로부터 주어진 것이고, 우리들 속에서 값어치 있는 것을 성실한 마음으로 칭찬해 주는 것이라면, 우리는 깊은 감명을 받아야 할 것이다.

17

이 세상에 충만한 온갖 종류의 조잡한 성격을 견디어 낼 수 없다는 것은, 칭찬받을 만한 좋은 성격이 아니다. 교제에는 여러 가지 금화와 화폐가 필요한 것이니까.

18

골칫거리가 생긴 사람들, 피차간에 상대방의 불평불만을 들어야 하는 사람들과 함께 생활한다는 것은, 법정에서 밖으로 나오지 못하거나, 아침부터 밤까지 변론이나 소송 이야기를 듣고 있는 것과 같다.

19

그들이 친밀한 결합 속에서 일생을 보냈다는 것은 세상 사람들이 이미 잘 알고 있다. 그들의 재산은 공동 소유나 다름이 없었고, 그들은 한 지붕 밑에서 살았으며, 서로 한시도 곁을 떠나는 법이 없었다. 80세 이상이 되어 그들은 서로 상대방과 헤어지지 않으면 안 되었고, 따라서 지금까지의 교제를 끊어야 한다는 것을 깨달았다. 그들에게는 이제 단 하루라는 생명밖에는 남아 있지 않았다. 그러나 그 하루를 함께 보낸다는 것은 그들에게는 정말 생각도 하고 싶지 않은 일이었다. 그들은 죽기 전에 두 사람 사이를 끊을 것을 서둘렀다. 지금까지 지녀 온 친절은 이미 바닥이 나 있었던 것이다. 훌륭한 모범이 되기에 그들은 너무 오래도록 살았던 것이다. 조금 더 빨랐다면 그들은 사이좋게 죽어갔을 것이다. 그리고 굳은 우정의 보기 드문 귀감을 남겼을 것이다.

20

만족스럽고 평온하고 그리고 즐거워 보이는 외관이 우리를 속이고, 거기에는 존재하지 않는 평화를 우리에게 상상시키고 있는 동안, 가정 내부에서는 흔히 불신과 질투와 혐오에 의해서 풍파가 일고 있다. 그 비밀을 사람들이 냄새 맡는다는 것은 그리 쉬운 일이 아니다. 여러분이 찾아왔기에 급히 가정 분쟁을 중지시켰을 뿐이고, 다시 그것을 시작하기 위해서 다만 여러분이 물러가기를 기다릴 뿐이다.

유산 상속 때문에 문제가 생긴 노령의 방계 친척은, 단지 똑같은 일을 겪은 사람들에게만 자신이 당하는 쓰라린 고통을 말할 수 있다.

클레앙트는 매우 교양 있는 신사이다. 그는 사교계에서 가장 뛰어나고 가장 분별 있는 여자를 아내로 선택했다. 두 사람은 각기 자기가 얼굴을 내밀고 있는 사교계의 온갖 종류의 즐거움을 만끽하고 있었다. 그 이상의 성실과 세련은 어디 가서도 찾아볼 수 없을 정도였다. 그들은 다음 날 헤어지고, 이혼 증서는 공증인의 집에서 빈틈없이 작성되었다.

사실상 같이 살 수 없게끔 만들어진 어떤 종류의 가치, 서로 융합될 수 없는 미덕이라는 것이 존재한다.

며느리가 들고 오는 지참금, 과부가 새 남편이나 아이에게 주는 재산, 부부의 재산 계약, 이런 것들에는 확실히 큰 기대를 걸어도 좋다. 그러나 부모가 젊은 부부와 맺는 부양 계약은 그리 믿을 만한 것이 못된다. 시어머니와 며느리와의 사이가 원만치 않은 때에는 결혼식을 올린 그 첫 해에 벌써 파기되고 만다.

아버지는 사위를 사랑하지 않고 며느리를 사랑한다. 어머니는 사위를 사랑하고 며느리를 사랑하지 않는다. 이렇게 해서 서로 상쇄되기 마련이다.

계모가 이 세계에서 제일 싫어하는 존재는 남편의 전실 소생 자식들이다. 그녀가 남편에 열을 올리면 올릴수록, 그녀는 더욱더 못된 어머니가 된다.

계모들이 도시나 마을에서 아이들을 떠나게 하고, 거지나 방랑자나 종이나 노예들의 군상을 지상에 증가시키는 일은, 지상에 존재하는 빈곤에 비해 조금도 뒤떨어지지 않는다.

26

G씨와 H씨는 시골에 사는 이웃 친구이며, 그들이 소유하고 있는 땅은 맞붙어 있다. 그들은 도시에서 멀리 떨어진 인적이 드문 황량한 지방에 살고 있다. 따라서 모든 교제에서 완전히 격리되어 있는 만큼, 고독을 피해 보려는 마음에서나 사교를 즐기는 기분으로서나 두 사람은 불가피하게 서로 친교를 맺지 않으면 안 될 것이다.

그럼에도 불구하고 그들 사이를 갈라놓고 두 사람 사이를 개와 고양이로 만들고 대대손손 그들의 증오심을 지속시키고 있는 극히 보잘것없는 원인을 설명한다는 것은 매우 곤란한 일이다. 일찍이 친척이나 형제 사이에서도 이것보다 더 사소한 것으로 싸움을 벌일 일은 없었을 것이다. 지구상에 인간이 두 사람밖에는 존재하지 않고 그것을 둘이서만 소유하고 전 세계를 둘이서 분할한다고 가정한다면, 나는 이렇게 확신한다. 머지않아 두 사람 사이에서는 무엇인가 분쟁의 씨가 생기고 말 것이라고. 설령 그것이 단순히 경계선의 문제에 지나지 않는다 해도.

27

타인을 우리에게 적응시키는 것보다 우리가 타인에게 적응하는 편이 훨씬 더 유익하다.

28

나는 작은 마을에 다가간다. 이미 나는 한눈으로 내다볼 수 있는 높이에 서 있다. 산의 중턱이다. 강 하나가 성벽 밑을 씻으며 아름다운 들판 쪽으로 흐르고 있다. 울창한 숲이 찬바람으로부터 이 마을을 보호하고 있다. 하늘에 는 구름 한 점 없고 성과 종탑의 수를 하나하나 셀 수 있을 정도이다. 그 마을은 언덕 경사면에 그려진 듯이 보였다. 나는 감탄을 하며 다음과 같이 말했다. '이렇게 아름다운 하늘 밑에서, 이렇게 기름진 땅에서 산다는 것은 얼마나 행복한 일인가!' 나는 마을로 내려갔다. 나는 이틀 밤도 자기 전에 거기에 살고 있는 사람들을 닮아 갔다. 그래서 나는 거기서 한시바삐 빠져나가려고 마음먹었다.

29

시골뜨기와 바보는 언제나 화를 내기 좋아하며, 언제나 조롱당하거나 멸시당하고 있는 것으로 생각하기 일쑤다. 가장 부드럽고 죄없는 야유일지라도 세련된 인간이나 또는 기지가 있는 인간에게만 던져야 한다.

30

위대한 인물에게 상을 주는 것은 생각하기 어렵다. 그들은 자신들이 지닌 그 위대함에 의해서 거절하기 때문이다. 소인에 대해서도 마찬가지이다. 그들은 경계심에서 여러분을 멀리한다.

31

모든 가치 있는 사람들은 서로 느끼고 서로 인정하고 서로 상대방을 간파한다. 존경받고 싶어하는 사람은 존경할 만한 인물들과 접촉을 가져야 할 것이다.

32

재치있는 사람들을 비웃는 것은 바보들의 특권이다. 그들에게는 무슨 말을 던져도 지장이 없으며 사교계에서 그들의 존재는 마치 궁정에서 미친 자의 그것과 다를 바 없다.

33

우롱은 흔히 재치의 결핍이다.

34

당신은 그가 당신에게 속고 있다고 생각한다. 만약 그가 속고 있는 체 가장하고 있다면, 그 사람과 당신은 어느 쪽이 더 많이 속고 있는 것일까?

35

칭찬할 줄 모르고, 항상 비난만 일삼으며, 그 누구에게도 만족하지 못하는 사람들은 누구인가? 바로 아무에게도 만족감을 주지 못하는 사람들이다.

36

사교계에서 경멸과 교만한 태도를 취한다는 것은, 만약 그것이 존경을 받기 위해서라면 정반대의 현상을 불러올 것이다.

37

친구 사이에서 교제의 즐거움은 품성과 풍습에 관한 비슷한 기호와 학문에 대한 다소간의 의견 차이에 의해 만들어진다. 사람들이 자기의 의견을 굳히고, 토론을 통해 수양을 쌓고 학문을 깊게 하는 것은 바로 여기에서 유래한다.

38

작은 결점에 대해 서로 용서하는 마음의 준비가 되어 있지 않으면, 우정에 있어서는 큰 것을 기대하기 어렵다.

39

크나큰 고난에 파묻혀 있는 사람의 마음을 가라앉히려고 얼마나 많은, 게다가 아무 도움도 되지 않는 말들을 늘어놓는 것일까? 사건으로 불리는 외적인 일들은 종종 이성과 천성보다도 강한 것이다. '먹어라, 자거라, 슬퍼서 죽는 일이 있어서는 안 된다. 살 것을 생각해라.' 그에게는 불가능한 것을 강요하는 효력 없는 연시이다. '그렇게 걱정을 하고 있다는 것은 뭔가 잘못된 게 아닙니까?' 이 말은 이런 뜻이 아닐까. '불행하다니 그럴 수 있습니까?'

40

사업을 영위하는 데 극히 필요한 충고가 있다. 즉 흔히 사회 교제에서 주는 사람에게는 유해하고, 받는 사람에게는 무익할 때가 있다는 점이다. 인간의 품성에 관한 경우, 여러분은 사람이 자인하지 않는 결점이나 또는 미덕이라고 믿고 있는 결점을 지적하는 것이 되며, 저서에 관한 경우, 여러분은 그 저자에게는 훌륭하게 보이고 만족하고 있는 부분, 자기로서는 처음으로 성공한 훌륭한 부분이라고 믿고 있는 점을 깎아 없애는 결과가 되어 버린다.

이와 같이 당신은 당신의 친구를 전보다 좋게 이끌어가지도 못하고, 전보다 능숙하게 만들지도 못하고, 친구들의 신뢰감만 잃게 되는 것이다.

41

심정에 관한 문제로서, 정열이나 애정과 관계되며, 모두 경박한 문제로 굳어진 극히 유치하고 무미건조한 대화가 한때 유행한 일이 있었다. 단지 몇 권의 소설을 읽었다고 해서, 도시나 궁정의 가장 교양 있는 인사까지도 그러한 문제들에 심취했던 것이다. 그들은 그런 것들을 머지않아 곧 내쫓았다. 그러자 서민 계급이 그것을 인계(引繼)받았다. 톡 쏘는 말투와 멋을 부리는 애매한 둘러치기 표현과 함께.

42

만약 사람들이 때때로 유명하다고 믿지 않는 어떤 이름이 잘 생각나지 않는 듯 의심스러운 표정을 짓는다든가, 그 이름을 입 밖에 낼 때 일부러 달리 발음하는 것은, 다름아닌 자기의 이름이 우월하다 생각하고 하는 수작이다.

43

지저분한 이야기를 하는 것이나 누구나 다 아는 훌륭한 이야기를 마치 새로운 것인 양 늘어놓는 것이나, 나는 그 어느 쪽도 맘에 들지 않는다.

44

독단적인 말투로 상대방에게 무언가를 주입시키려고 하는 것은, 깊은 무지에서 나오는 행위이다. 별로 아는 것이 없는 인간은, 방금 그가 배운 것을 타인에게 가르쳐 줘야 한다고 생각한다. 많은 것을 알고 있는 사람은 자기가 말하는 것이 남들은 모른다는 걸 전혀 생각지 않는다. 그리고 더 무관심하게 이야기한다.

45

중대한 일은 다만 간단하게 표현하는 것으로써 충분하다. 그것은 과장함으로써 오히려 그 가치를 잃는다. 작은 일들은 고상하게 말할 필요가 있다. 그것은 다만 표현이나 말투나 태도에 의해 의미를 갖게 되는 것이므로.

46

사람들은 일에 대해서 문장으로 쓰는 것보다 더 교묘하게 입으로 말할 수 있다고 생각한다.

47

사람으로 하여금 비밀을 지킬 수 있게 만드는 것은, 좋은 집안 태생이라든가 좋은 교육밖에는 없을 것 같다.

48

전체적인 것이 아니면 모든 비밀 이야기는 위험천만한 것이다. 전부를 감추어서는 안 되는 경우란 극히 드문 법이다. 어떤 사람에 대해서 자기의 비밀과 그 사정을 숨겨야 한다고 생각하는 경우는, 이미 그 비밀을 너무나 많이 털어놓았을 때이다.

49

현명한 자는 때로 권태로움이 싫어서 사교계를 피한다.

부의 행복에 대해서

1

　재산이 많은 사람은 온갖 산해진미를 먹고, 벽화가 그려진 화려한 침실이나 거실에서 살고, 시골과 도시에 각각 큰 저택을 하나씩 짓고, 호화로운 마차를 타고, 한 사람의 공작을 가족으로 맞아들이고, 아들을 대귀족으로 만들수 있다. 그것은 옳은 일이며, 전적으로 그의 권한에 속한다. 그러나 만족하며 산다는 것은, 아마도 다른 종류의 사람들에 속하는 일일 것이다.

2

　좋은 가문 또는 막대한 재산은, 사람의 가치를 세상에 알리고 그것을 좀더 빨리 주목하게 만든다.

3

　야심적이고 자존심이 강하지만 어리석은 남자의 야망을 감싸 주는 것은, 세상 사람들의 친절이다. 즉 이 남자가 막대한 재산을 모았을 경우, 세상 사람들은 친절하게도 그가 일찍이 가져 보지 못한 가치, 그리고 그가 지닐 수 있는 큰 가치를 그에게 찾아 주는 것이다.

4

　어떤 인간에게서 권세가의 남다른 사랑과 막대한 재산이 떨어져 나감에 따라 그런 것들이 지금까지 감추고 있었던 졸렬함, 아무도 보지 못한 채 거기에 존재하고 있었던 옹졸함이 그 사람 속에서 내보인다.

5

　만약 자기의 눈으로 직접 보지 못했다면, 돈의 많고 적음이 인간들의 사이에 두는 엄청난 불균형을 누가 감히 상상이나 할 수 있었겠는가? 이 돈의 많고 적음이 검(劍)에, 법복(法服)에, 또는 교회에게 사람을 결정짓게 하는 것이다. 그리고 이 이외의 천명(天命)이란 거의 존재하지 않는다.

6

두 상인이 이웃에서 같은 장사를 하고 있었으나 뒷날 그들 재산의 크기에 하늘과 땅의 차이가 생겼다. 그들에게는 저마다 딸 하나가 있었다. 그녀들은 같이 자라났고, 같은 나이와 같은 처지가 주는 친밀감 속에서 살아왔다. 둘 중 하나가 극도의 빈곤에서 빠져나오기 위해서 일자리를 찾는다. 그녀는 이름 높은 귀부인으로 궁정에서도 으뜸으로 손꼽히는 여성의 시중을 들게 된다. 그 여자는 바로 그녀의 친구이다.

7

만약에 재무관리가 실패하면, 정부의 고급 관리들은 이렇게 말한다. '그 자는 귀족이 아니야. 한 푼의 값어치도 없어, 상놈이야.'
만약 그가 성공하면, 이 고관들은 그에게 딸을 달라고 간청한다.

8

젊었을 때 어떤 종류의 직업에 견습을 한 것이 전혀 다른 분야의 직업에 종사하기 위해서였더라도, 결국은 일생 동안 그 직업에 머무르게 된다.

9

보기 흉하고 키도 작고 재주도 없는 한 남자가 있다. 사람들은 나의 귀에 다 속삭인다. '저분은 1년 수입이 5만 리브르나 된답니다.' 그것은 지극히 그 사람 개인에 관한 일이며, 그것으로 내가 좋을 것도 나쁠 것도 없다. 그러나 만약 내가 그 애기를 들음으로써 그를 다른 눈으로 보기 시작한다면, 그렇게 할 수밖에는 다른 도리가 없다고 한다면, 그 얼마나 우둔한 짓인가!

10

대단히 어리석은 큰 부자를 웃음거리로 만들어 보겠다는 생각은 공연한 계획일 것이다. 웃는 사람도 그 부자의 편을 들 것이 뻔하니까.

11

N××라는 사람이, 스위스 사람 같은 험악하고 거친 문지기를 거느리고, 육중한 현관과 커다란 대기실을 지니고, 찾아온 손님을 거기에서 몇 시간이나 초조하게 기다리게 한 뒤, 엄숙한 얼굴에 정연한 걸음걸이로 겨우 그 모습을 나타내며 몇 마디 이야기를 듣고서는 손님을 본체만체 배웅도 하지 않으면, 설령 그가 다른 곳에서는 아무리 저속하고 열등한 인물로 통하고 있다 해도, 그에 대해서 무언가 존경에 가까운 것을 느끼게 될 것이다.

12

크리티퐁, 나는 당신을 만나러 갑니다. 나는 당신에게 용건이 있어서 하는 수 없이 나의 침대와 방에서 뛰어나가는 것이니, 원컨대 내가 당신의 보호를 받고 있는 인간도, 당신에게 귀찮게 매달리는 인간도 아니라는 것을 알아주기를 바랄 따름입니다. 당신의 노예들은 당신이 지금 방구석에 틀어박혀 있다며, 한 시간 후에는 내 이야기를 들어 줄 수 있을 거라고 말합니다.

나는 그들이 정한 약속 시간보다도 앞서서 다시 찾아갑니다. 그러자 그들은 당신이 지금 출타 중이시라고 나에게 알립니다. 크리티퐁, 도대체 당신은 당신 저택의 제일 구석진 곳에서 뭘 하고 있는 거지요? 내 이야기를 들어 줄 수 없을 정도로 그렇게 힘든 작업이란 도대체 무엇이지요? 당신은 어떤 기억을 더듬고 있는가, 장부를 대조하고 있는가, 서명을 하고 있는가, 서명 끝에 장식 글자를 넣고 있는가 하고 계시겠죠. 내가 당신에게 묻고 싶은 것은 단 한 마디뿐이며, 그것에 대해 당신은 나에게 좋소 혹은 안 되오 하고 대답만 해주면 되는 일인데요.

당신은 이 세상에서 보기 드문 인물이 되고 싶어서 그러는 건가요? 진정 그러길 원한다면, 당신에게 매달리는 사람들에게 힘이 되어 주시오. 모습을 나타내지 않는 것보다는 이 행위에 의해서 훨씬 보기 드문 인물이 될 수 있는 겁니다. 오, 귀중하시고 바쁘신 인간이여, 언젠가 당신 쪽에서 내 도움을 필요로 하는 때가 온다면, 그때는 쓸쓸하고 초라한 내 방을 찾아오시오. 철학하는 사람은 손님을 좋아하는 법이랍니다.

나는 결코 면회를 다른 날로 연기하지는 않을 겁니다. 당신은 영혼의 형이 상학성과 육체와의 격리를 논한 플라톤의 서적에 빠져 있는 나를 발견할 것입니다. 또는 토성이나 목성의 거리를 재기 위해서 손에 펜을 쥐고 있는 나를 발견하시겠죠. 이것은, 신(神)이 하신 많은 업적 속에서 사랑하고, 진리의 인식에 의해서 정신에 어떤 질서를 주고, 보다 뛰어난 인간이 되려는 나의 마음가짐 때문인 것입니다. 서슴지 말고 들어오십시오, 문이란 문은 모두 열려 있으니까요. 나의 작은 대기실은, 거기에서 따분한 시간을 보내며 나를 기다리라고 만들어 놓은 것이 아닙니다. 나에게 찾아오겠다는 것을 알릴 필요도 없이 곧장 내 방으로 들어오십시오. 만약에 당신에게 도움이 되어 드릴 수 있는 기회를 가지고 오신 거라면 그것은 금이나 은보다도 더 귀중합니다. 이야기를 하시죠, 무슨 일을 어떻게 하면 당신을 도와드릴 수 있는지요? 나의 책을, 나의 연구를, 나의 일을 집필하기 시작한 것을 멈추어야 합니까?

당신에게 도움이 되어 드릴 수 있는 것이라면, 이런 것들을 중단한다는 것은 그 얼마나 행복한 일입니까! 돈을 취급하는 사람, 사업가라고 일컫고 있는 사람이란, 정말 다루기 힘든 곰과도 같죠. 여간한 고생을 하지 않고서는 그의 방에서 그를 만나보기가 어렵죠. 뭐라고 말을 해도 그는 만나볼 수가 없다는 겁니다. 왜냐하면 처음에는 아직 그를 보지 못하고, 얼마 뒤에는 영원히 그를 보지 못하게 되니까요. 문학하는 사람은 반대로 광장 한 모퉁이에 우뚝 서 있는 경계 말뚝과 같이 접근하기가 쉽죠. 그는 누구에게도, 언제 어디에서도, 어떤 경우를 막론하고 모든 상태에 있어서, 식탁에서 침실에서, 발가벗고서도 옷을 입고서도, 건강할 때도 병을 앓고 있을 때도, 만나볼 수가 있습니다. 그는 귀중한 존재로 있을 수가 없으며, 또 귀중한 존재이기를 바라지 않는 것입니다.

13

어느 부류의 사람들이 가지고 있는 그 거액의 돈을 부러워하지 않기로 하자. 그들은 그 부(富)를 유상(有償)으로 소유하고 있는 것이며, 그 대가란 우리에게 적응시키기에 너무나 엄청난 것이다.

즉 그들은 그것을 소유하기 위해서 그들의 안식과 건강, 그들의 명예와 양심을 소비한 것이다. 그것은 너무나 값이 비싸고, 또 그렇게 비싼 값으로 획득할 수 있는 것이란 아무것도 없는 것이다.

14

패를 짜고 있는 부자들을 보고 우리는 하나하나 온갖 정열을 느낀다. 즉 사람들은 먼저 그들의 비천함을 두고 경멸하기 시작한다. 다음에는 그들을 부러워하고, 증오하고, 두려워하고, 때로는 그들에게 경의를 표하고 존경한다. 결국 그들에 대해서 동정심을 품게 되기까지는 상당한 시간이 걸린다.

15

어떤 하인이 소액의 수입에서 토지의 소작 전대(轉貸)로 그 업을 바꾸었다. 그리고 정당치 않은 징수와 공갈 협박과 권리를 남용함으로써 몇몇 가족을 파멸로 몰아넣고 난 후, 비로소 그 위에 높이 솟아오를 수가 있었다. 습격의 공적으로 귀족이 된 그에게 부족한 것은, 다만 선량한 인간이라는 것뿐이었다. 교구 재산 관리위원이라는 직함이 이 기적이라고도 할 수 있는 일을 성취시켰다.

16

아르휘르는 성(聖) ××의 커다란 회랑(廻廊)을 향해 혼자 걸어가면서 카르멜 파(派)의 성직자나 신학 박사의 설교를 멀리에서 듣고 있었다. 그녀에게는 그것이 비스듬하게만 보였으며, 그 말들이 들리지 않을 때가 더 많았다. 그녀의 미덕은 세상에 알려진 바 없으며, 그녀의 신앙심은 그녀의 사람됨과 함께 사람들이 잘 알고 있었다. 그녀의 남편 되는 사람은 고리대금에 손을 대기 시작하여 6년 남짓한 세월에 얼마나 많은 돈을 벌어들였던가!

그녀는 성당에 올 때 꼭 마차를 타고 온다. 사람들은 그녀 뒤로 늘어진 길고 무거운 옷자락을 든다. 설교자는 그녀가 자리에 앉을 때까지 설교를 중단한다. 그녀는 그를 정면으로 바라다보며, 단 한 마디도 빼놓지 않고 듣고, 사소한 몸짓 하나하나도 소홀히 하는 법이 없다. 그녀의 참회를 듣기 위해서 신부들 간에는 음모가 꾸며진다. 모든 신부들이 그녀의 죄를 다투어 용서해 주려 한다. 그리고 결국은 주임 신부가 승리를 거둔다.

17

크레쥐스는 묘지에 운반된다. 절도와 공금 횡령으로 벌어들인 그의 막대한 재산은 사치와 미식으로 탕진해 버려, 자기를 매장하는 데에 필요한 돈조차 남아 있지 않았다. 따라서 모든 원조를 잃고 그는 죽어 버렸다.

그의 집에서는 물약도, 강심제도, 의사도, 그의 후생(後生)의 안락을 보증해 주는 신부의 그림자도 찾아볼 수가 없었다.

18

샹파뉴는 그의 위(胃)를 가득 채운 장시간의 만찬에서 빠져나와, 아브네 아니면 셰리 포도주의 달콤한 취기(醉氣)에 빠져, 제출되는 명령서에 서명한다.

그런데 그 명령서란, 어떤 구제 방법을 강구하지 않으면 한 지방 전체에서 주식인 빵을 빼앗기게 될 그런 중대한 것이다. 그는 용서를 받을 만도 하다. 소화가 시작될 무렵에, 어딘가에서 굶주림으로 인해 죽어가는 사람들이 있다는 것을 이해할 수 있는 무슨 방법이 있겠는가?

19

실뱅은 금력으로 문벌과 또 하나의 성(姓)을 손에 넣었다. 그의 선조는 인두세를 지불했던 작은 교구의 영주였다. 그는 옛날 같으면 크레오빌 가(家)에 시동(侍童)으로서도 들어가지 못했을 것이다. 그러나 지금은 그 집안의 사위이다.

20

드뤼스는 아피안 땅을 지나서 가마를 타고 간다. 선두에는 그의 해방된 노예와 노예의 무리들이 사람을 쫓고 길을 만든다.

그에게 없는 것이 있다면, 그것은 전투용 도끼를 가진 선두 호위병뿐이다. 그는 이 행렬을 거느리고 로마로 들어간다. 그곳에서 그의 아버지 상가의 비천함과 가난함에 대해 승리를 자랑하는 듯 의기양양하게 보인다.

21

자기 재산을 페리앙드르와 같이 잘 사용할 수는 없을 것이다. 그것은 그에게 지위와 신용과 권위를 주고 있다.

이미 사람들은 그에게 우정을 바라지 않고, 그 사람의 보호를 간청하고 있다. 그는 처음에는 자기를 가리켜, '우리 같은 종류의 인간은'이라고 말했으나, 지금은 '나와 같은 지위에 있는 인물은'이라고 말한다. 그는 스스로를 이와 같이 부르고 있으며, 그 누구에게도 돈을 빌려 주는 법이 없고 식사에 초대하지도 않는다. 그 식사란 어찌나 진수성찬으로 가득 차 있는지 손님이 있으면 오히려 장애물이 될 것같이 보인다. 그의 집은 호화찬란하다. 도리스 양식이 그 모든 외관을 지배하고 있다. 그것은 단순한 문이 아니라 주랑(柱廊)이다. 이것은 개인의 저택일까? 사원일까? 대중들은 대부분 착각을 일으킨다. 그는 그 지방 일대를 지배하는 영주님이시다.

그 사람이야말로 사람들의 질시의 표적이며, 모두가 그의 몰락을 한번 보았으면 하고 바라고 있다. 그 사람이야말로 진주 목걸이에 의해서 이웃에 사는 모든 귀부인들을 적으로 만들어 버린 여자의 남편이다.

이 인간에게 있어서는 모든 것이 오래 유지된다. 그가 획득한 이 위대함에 있어서도 아직 그 아무것도 모순을 일으키지 않는다. 이 위대함에 대해 이미 지불이 끝났으므로 그에게는 아무런 빚도 없다.

늙어빠지고 초라하기 짝이 없었던 그의 아버지가 20년 전에, 즉 페리앙드르가 아직 세상 사람들의 화제에 오르기 전에 만약 죽어가지 않았었더라면! 지위 신분을 알아차리고, 과부와 상속자로 하여금 얼굴을 붉히게 했을 그 끔찍스러운 광고[*1]를 어찌 그가 참을 수 있었겠는가? 앞을 다투어 장례식에 참석하겠다는 수많은 사람들을 어떻게 제쳐놓고, 질투심이 강하고 악의에 가득 차 있고 통찰력에 뛰어난 도시 사람들의 눈초리에서 그 광고문을 어떻게 숨길 수 있었겠는가? 또한 사람들은 각하의 칭호를 누리고 있는 그가, 자기 아버지를 고귀하신 인물 또는 명예스러운 인물이라고 부르는 것을 용납할 수 있겠는가!

22

얼마나 많은 사람들이, 정원에 옮겨 심어진 이미 자랄 대로 다 자라 버린

나무들과 흡사한가. 그 나무들이 자라나는 것을 보지 못했지만 아름다운 장소에 그것이 심어지는 것을 보는 사람들, 그 나무가 자라나는 처음도 과정도 아무것도 모르고 있는 사람들의 눈을, 그 나무들은 얼마나 놀라게 하는가!

23

만약 죽은 사람들이 이 세상에 되돌아와서, 그들이 지녔던 위대한 이름이나 가장 유명했던 그들의 영지(領地)나 그들의 성(城)이나 그들의 유서 깊은 저택이, 아마도 그들의 소작인 노릇을 했었을 사람들의 자식들에 의해 소유되고 있는 꼴을 본다면, 그들은 우리들의 세기(世紀)에 대해서 어떤 생각을 갖게 될까?

24

신은 인류에게 부귀나 금전이나 웅대한 건축물이나, 기타 여러 종류의 재산을 내려 주신다. 또한 신은 인류에게 극히 보잘것없는 것도 하사하신다. 이런 신의 분배법을 가장 잘 이해하는 것은 최대의 공급을 받고 있는 부류의 인간이다.

25

여러분의 입맛을 돋우고, 필요 이상으로 먹게 만드는 음식들이 요리되는 주방으로 들어가 보라. 무슨 일이 벌어지고 있는가? 더할 나위 없이 진미가 되어 여러분의 눈을 매혹시키고, 무엇을 먹을까 주저하게 만들고, 이것저것 가릴 것도 없이 모두 먹어보고 싶게 만드는 그 음식들이 어떤 과정을 거쳐 나오는지 살펴 보라. 얼마나 더럽고 욕지기가 나는 노릇인가!

만약 여러분이 극장의 무대 뒤로 가서, 연기자를 공중에 매다는 장치나 밧줄 따위를 세어 보고, 얼마나 많은 사람들이 이런 기계 장치의 조작을 맡고 있는지를 관찰한다면 여러분은 이렇게 말할 것이다. '그렇게 아름답고 그렇게 자연스럽게, 마치 혼자서 움직이고 있는 것같이 보이던 그 구경거리의 원동력이나 태엽이 이런 것인가?'

여러분은 감탄할 것이다. '얼마나 고된 작업인가? 얼마나 열띤 것인가?'라고. 이와 똑같이 큰 부자의 재산이란 깊이 파고들어가 들여다보려고 해서는 안 되는 것이다.

26

매우 생기가 있어 보이고 매우 화려하고 극히 건장한 소년이 있다. 그는 절의 영주이며 종직(宗職)에 부수되는 다른 열 개 이득의 소유자이다. 모두 합해서 그에게는 12만 리브르의 연금이 들어오고 있으며, 그것도 반드시 금화로 지불되고 있다. 다른 곳에는 굶주림에 허덕이고 있는 1백 20의 가족이 있다. 그들은 겨울철에 불도 못 피우고, 몸을 감쌀 옷도 없고, 때로는 빵조각마저도 씹기 어렵다. 빈곤은 극에 도달해 있으며 치욕스럽기조차 하다. 이를 어찌 부(富)의 분배라 할 수 있겠는가! 그리고 이 사실은 분명히 하나의 미래를 증명하고 있는 것이 아닐까?

27

크리지프는 자수성가하여 그의 집안에서 최초로 귀족이 된 사람이다. 30년 전, 그는 언젠가는 3천 리브르의 연수입을 가져 보리라 열망했었다. 그것이 그의 희망의 전부이며 최고의 야심이었다. 그는 그렇게 말했으며, 그것은 세상 사람들의 기억에 남아 있다. 어떤 수단에 의해서인지는 모르나 그는 딸의 지참금으로 평생 모은 전 재산을 현금으로 줄 수 있는 신분이 되어 있었다. 장가갈 나이에 접어든 다른 자식들을 위해서도 그의 금고 속에는 같은 금액의 돈이 보관되어 있다. 게다가 그는 자식이 많기로도 유명하다. 또한 그것은 상속 재산의 일부에 지나지 않으며, 그가 죽은 뒤 기대해도 좋을 다른 재산이 남아 있었다. 그는 많이 늙었지만, 아직도 오래 살 수 있을 것이다. 그리고 그는 부자가 되기 위해서 애를 쓰는 것으로 여생을 소비하고 있다.

28

에르가스트로가 제멋대로 하게끔 내버려두어라. 그는 강물을 마시는 모든 사람들, 땅 위를 걷고 있는 모든 사람들의 권리를 요구하고야 말 것이다. 그는 갈대나 동심초나 쐐기풀까지도 황금으로 바꾸어 놓을 기술을 터득하고 있다. 그는 모든 의견을 경청하며, 반드시 그 사람에게 자기 의견을 제출한다. 군주께서 다른 사람들에게 무엇인가를 하사하셨다면, 그것은 반드시 에르가스트에게 손해를 입힌 것이 된다. 그들이 총애를 받게 되면, 그것은 반드시 에르가스트가 받아야 마땅한 것이기 때문이다. 그것은 소유하고 획득하는 것에 대한 그칠 줄 모르는 굶주림의 표시이기도 하다. 그는 예술이나 학문까지도 물건처럼 거래를 하고, 음악까지도 수익을 올리는 도구로 삼는 데에 주저하지 않을 것이다. 그가 큰 부자가 되어 사냥개의 무리나 마구간을 갖게 된다면, 대중들은 올페우스의 음악을 잊어버리고 그의 음악에 만족해야만 할 것이다.

29

크리스톤과는 아예 담판을 지을 생각을 하지 않는 게 좋다. 그는 자기 자신의 이익밖에는 관심을 쏟지 않는 사람이니까. 그의 직업, 그의 토지, 그의 소유물을 보고 부러움을 느끼는 사람들에 대해서 모든 함정을 이미 만들어 놓고 있다. 그것은 여러분들에게 법에도 없는 가혹한 조건을 부과하게 될 것이다. 이토록 자기 이익에만 몰두하고 여러분의 이익에 적이 되는 한 인물에게서 무엇을 기대하겠는가! 아무런 동정도 아무런 양보도 있을 수 없다. 그에 대해서는 기만이 필요할 뿐이다.

30

소문에 의하면, 브론텐은 은퇴한 뒤 성자(聖者)들과 함께 8일간이나 칩거했다고 한다. 성자들에게는 성자들의 명상이 있고, 그에게는 그의 명상이 있는 법이다.

31

대중들에게는 때로 비극을 본다는 즐거움이 있다. 이 속세라는 무대 위에서, 가장 가증스러운 여러 종류의 인간, 여러 막에서 크나큰 악행을 저지르는 인물들이 죽어 없어져 가기 때문이다.

32

부자들의 생애를 2등분해서 바라보면, 발랄하고 활동적인 전반부는 대중

들을 괴롭히려는 노력에 의해 채워져 있고, 죽음을 바라보게 되는 후반부는
서로서로 남을 고발하여 파멸시키는 일로 가득 차 있다.

33

당신을 비롯한 몇 사람에게 재산을 만들어 준 이 남자는, 자신의 생활비조
차 조달할 수가 없었으며 죽기 전에 처자의 재산을 마련해 놓지도 못했다.
그들은 숨어서 불행한 생활을 하고 있다. 그들의 비참한 처지를 당신은 잘
알고 있지만, 그것을 덜어 주려는 생각 따위는 머리에 떠오르지 않는다. 사
실상 당신은 그런 일을 할 수가 없다. 당신은 날마다 큰 향연을 벌이고 큰
건물을 수없이 짓고 있으니까. 그러나 당신은 은혜를 갚는다는 생각에서 은
인의 초상화를 보존하고 있다. 사실(私室)에 있던 초상화는 며칠 전 대기실
로 옮겨졌다. 이 얼마나 큰 대접인가! 그 초상화는 가구 창고 속에 묻힐 수
도 있었는데 말이다.

34

기질에서 오는 냉혹함이 있는가 하면 지위나 신분에서 오는 냉혹함이 있
다. 사람들은 전자와 똑같이 후자에게서도 타인의 비참함에 대해 냉혹하다
는 특징을 끄집어 낼 수 있다. 이는 자기 가족의 불행을 슬퍼하지 않는 것이
라고 말해도 좋을 것이다. 수완이 있는 자본가는 친구를 위해서, 아내를 위
해서, 자식들을 위해서 눈물을 흘리지 않는다.

35

도망가게. 떨어져 있게. 당신은 아직도 충분히 떨어져 있지 않아—당신은
말한다. 적도 밑에 와 있습니다—극지(極地)에 가게. 지구의 건너편으로 가
게. 가능하다면 하늘의 별에 올라가게—자, 말씀하시는 곳에 왔습니다—좋
아, 당신은 이제 완전해. 나는 지금 지상에서 욕심 많고, 탐욕스럽기가 그
유례를 찾아볼 수 없고, 무정하고 냉혹한 한 사람을 발견하고 있습니다마는,
이 남자는 앞질러서 그와 부딪치는 모든 사람을 희생시키고, 타인에게 어떤
곤란함을 주어도 자기 자신 한 사람의 이익만을 계산하고, 자기 부(富)만을
늘리고, 넘쳐 주체를 못할 만큼의 재산을 모으려고만 하고 있습니다.

36

'재산을 모은다'는 것은, 매우 아름다운 말이며 지극히 훌륭한 것을 뜻하므로, 세계의 모든 인구에게 널리 알려져 있다. 그것은 모든 나라의 언어에서도 인정을 받고 있고, 궁정이나 마을에서나 지배권을 행사하고, 수많은 수도원에도 파고 들어가 남녀 양성의 수도원 벽을 뛰어넘는다. 그것이 침입하지 않은 성스러운 장소란 존재하지 않으며, 이방인이나 야만인의 마음에도 들어, 그것이 알려져 있지 않은 사막도, 산간벽지도 없다.

새 계약을 너무 많이 맺거나 금고 속에서 늘어나고 있는 돈을 너무 강하게 느끼는 결과, 드디어 사람은 자기가 뛰어난 두뇌를 가지고 있다고 생각하여 지배권을 마음대로 휘두를 수 있다고 믿게 된다.

돈을 벌어 큰 부자가 되기 위해서는 어떤 종류의 재치가 필요하다. 그런데 그 재치라는 것은 훌륭하거나 아름다운 것이 아니며, 위대하거나 숭고하지도 않으며, 강인한 것도 섬세한 것도 아니다. 그것이 어떻게 생긴 것인지 나는 분명히 알 수가 없다. 누군가가 그것에 대해서 가르쳐 주기를 기대하고 있다.

재산을 모으기 위해서는, 재치보다는 오히려 습관이나 경험이 필요하다. 사람들은 그것을 너무 늦게 생각한다. 그리고 겨우 그것을 깨달았을 때에는 여러 가지 잘못을 이미 저지른 뒤이며, 그 잘못을 메꿀 수 있는 시간이 남아 있지도 않다. 아마도 큰 부자가 매우 드문 것은 이 때문이다. 조그마한 재능밖에 갖지 못한 사람은 전진해 나가는 것만을 바랄 뿐이다. 즉 그는 모든 것을 제쳐놓은 채 아침부터 밤까지 단 한 가지밖에는 생각하지 않고, 밤에도 단 한 가지 일밖에는 꿈꾸지 않는다. 그것은 즉 전진하는 것이다. 그는 일찍이 소년 시절부터 돈 버는 길에 투신하기 시작했다. 만약 그가 앞길을 가로막는 정열의 장애물을 발견하면, 당연히 그는 빈틈이나 외모를 관찰한 다음, 비스듬히 가든가 오른쪽으로 가든가 왼쪽으로 가든가 한다. 만약 새로운 장애물이 그의 길을 막는다면, 그는 앞서 간 길에서 다시 되돌아온다. 그는 여러 가지 곤란의 성질에 따라 그것을 피하고 다른 방법을 취하는 결심을 하게 된다. 이해 상관, 습관, 시기 등이 그를 인도한다. 한 여행자가 큰 길을 걸어가다가 길이 혼잡해지면 들판을 가로지르고, 다시 큰 길로 돌아와 그 길을 따라서 목적지에 이르기 위해서는, 위대한 재능과 우수한 두뇌가 필요한 것일까? 그의 목적지에 도달하기 위해서는 많은 재치가 필요한 것일까? 그렇다면 부호로서 신용 있는 바보란 하나의 기적이라는 것일까?

작은 노력이나 근면함이 무언가 기여하는 바가 있었다고는 상상도 할 수 없는 일이지만, 그러나 좋은 자리에 앉아서 호사스런 생활을 하다가 죽는 우둔한 자들도 있다.

바보 천치들이라고 해도 좋다. 누군가가 그들을 강기슭으로 데리고 갔든가, 아니면 우연이라는 것이 그들을 거기에 부딪히게 했다. 사람들은 그들에게 말했다. '물이 필요하십니까? 퍼 가시죠.' 그래서 그들은 물을 퍼 갔다.

39

젊은 사람들 중에는 가난한 자가 많다. 아직 돈벌이를 시작하지 않았거나 재산 상속을 받지 못했기 때문이다. 사람들은 부자가 되며 동시에 노인이 된다. 그러니까 사람이 모든 이익을 한꺼번에 모은다는 것은 극히 드문 일이다. 만약 어떤 사람들에게 그런 일이 일어난다 해도, 거기에는 그들을 부러워하기에 족할 만한 것이 아무것도 없다. 단지 그들은 동정을 받아 마땅할 정도로 죽음에 의해 잃게 될 것을 소유하고 있는 것이다.

40

자기 재산에 대해서 생각해 보는 건 나이 30에 해야 할 필요가 있다. 그것은 50세에는 맞지 않는다. 늙어서 집을 짓게 되면, 벽화 그리는 사람 집에, 유리 끼는 사람 집에 왔다갔다하다가 죽게 된다.

41

우리 앞에 찾아온 사람들의 허영심이나 재주나 노동이나 비용을 즐기고, 자손을 위해 우리들 자신이 노동을 하고, 나무를 심고, 집을 짓고, 소득을 늘리는 것이 아니라면, 그 많은 재산의 성과란 도대체 무엇이란 말인가?

세상 사람들의 눈을 속이기 위해서 매일 아침 문을 열어 보이고, 온종일 사람들을 속여 넘기고 나서 밤에 문을 닫는다.

자기의 상품 가운데 제일 나쁜 것을 주기 위해서 상인은 물건들을 진열해 보인다. 상품의 결점을 감추고 그것을 좋게 보이도록 하기 위해서, 그는 윤이 반짝반짝 나는 천이나 인공적인 광선을 사용한다. 그는 정당한 값보다 비싸게 팔기 위해서 값을 올려 부른다. 고객들이 정당한 값밖에는 지불하지 않는다고 믿을 수 있게 그는 이상야릇한 가짜 도장을 찍고, 가능한 한 적게 주기 위해서 나쁜 자(尺)를 쓴다. 그리고 그는 화폐 저울을 가지고 있다. 이것은 상품을 산 손님이 무게가 나가는 금화로 지불하게 하기 위해서이다.

모든 경우, 가난한 사람은 선량한 사람에 가깝고, 돈 많은 사람은 사기꾼과 거리가 그리 멀지 않다. 수완과 능숙함이라는 것은 사람을 큰 부자로까지 끌어갈 수는 없다.

어떠한 기술이나 장사에 있어서도, 성실함의 과시에 의해서 사람은 부자가 될 수 있다.

가장 시간이 덜 걸리는 우수한 돈벌이 방법은, 사람들로 하여금 여러분에게 재산을 만들어 주면 그들에게 이익을 가져다준다는 것을 명확하게 이해시키는 것이다.

사람들은 생활의 필요에 쫓겨서, 때로는 이득이나 명예를 탐내는 나머지, 불경스럽게 재능을 기른다든가 수상쩍은 직업에 종사하게 된다. 그리고 그들은 그 위험한 짓이나 결과들을 오래도록 자기 자신에 감추고 있다. 다음에 그들은 신중한 신앙심에 의해서 그런 것들로부터 손을 끊게 되는데, 이 신앙심이야말로 그들이 수확을 끝내고 확고하게 구축한 재산을 즐기고 나서부터 가 아니면 결코 그들에게 찾아오지 않는 것이다.

47

이 지상에는 가슴을 찌르는 여러 가지 비참함이 존재한다. 어떤 사람들에 게는 빵마저 부족하다. 그들은 겨울이 찾아오는 것을 두려워하고, 살아 있다 는 것 자체에 공포심을 가지고 있다. 다른 사람들은 철 이른 과일들을 먹고, 자기의 섬세한 미각을 위해서 토지나 계절을 저축하고 있다. 단순한 서민 계 급에 불과하지만 단지 그들이 부자라는 이유에서 백 가족의 식량을 무모하 게도 단숨에 집어삼켜 버리고 만다. 이토록 심한 양극단에 대해서는 어찌하 여야 되는 것일까.

가능하다면 나는 불행한 자 속에도, 행복한 자 속에도 끼고 싶지 않다. 나 는 중간 위치쯤에 몸을 두고 피신한다.

48

가난한 사람이 비탄에 잠기는 것은, 모든 것이 그들에게 결핍되어 있기 때 문이고, 아무도 그들을 도와 주지 않기 때문이다.

부자가 분노하는 것은, 극히 작은 것이 그들에게 부족하기 때문이든가, 아 니면 누군가가 그들에게 반기를 들려고 하기 때문이다.

49

소비하는 액수보다 손에 많이 넣는 자가 부자이고, 그 소비가 수입을 초과 하는 자가 가난한 자이다.

해마다 2백만 프랑을 버는 사람이라도, 매년 50만 리브르가 부족할 수도 있다.

뻔한 재산일수록 오래 가지 못하며, 막대한 재산이면서도 그 종말이 짧은 경우도 있다.

빈곤에 접근했었을 때의 그 시기, 그것은 크나큰 부(富)이다.

꼭 필요치도 않은 것에 의해서 인간이 부유해진다면, 현명한 사람이야말 로 가장 부자이다. 갖고 싶은 욕심 때문에 가난해진다면, 야심가와 수전노는 극단의 빈곤 속에서 애타게 괴로워하고 있는 셈이다.

50

온갖 정열은 인간에게 폭력을 행사한다. 그리고 야심은 인간에게 다른 정열을 일시 금지시키고, 잠시 동안 모든 미덕의 겉치레를 꾸며 보인다.

온갖 악덕을 다 지니고 있는 이 트리퐁을, 나는 검소하고 순결하며 관대하고 겸손한 사람이라고 믿고 있었고, 신앙심이 두터운 사람이라고까지 생각하고 있었다. 그가 재산을 모으지 않았었다면, 나는 아직까지도 그런 사람으로 믿고 있었을 것이 뻔하다.

51

사람들은 소유하거나 크게 되고 싶은 욕망을 좀처럼 양보하지 않는다. 걱정이 찾아오고 죽음이 다가온다. 얼굴은 시들고 다리는 이미 힘이 빠져 있는데도 사람들은 말한다. '내 재산 내 집'이라고.

52

이 세상에서 출세하는 방법은 두 길밖에 없다. 자기 자신의 지혜에 의존하든가, 타인의 어리석음에 의존하든가, 어느 한쪽이다.

53

용모는 체질이나 성품을 폭로하지만 표정은 재산의 많고 적음을 나타낸다. 연수입 1천 리브르보다 많은지 적은지는 바로 얼굴에 적혀 있다.

54

부유하고 거만한 인물로 통하는 크리잔트는, 유능하지만 가난한 인물인 으젠과 함께 있는 것을 사람들에게 보이지 않으려 한다. 으젠도 크리잔트에 대해서 같은 생각을 품고 있다. 그들은 서로 만날 위험성이 있는 장소를 피해 다닌다.

55

전에는 언제나 먼저 경의를 표해 오던 어떤 부류의 사람들이 반대로 내편에서 인사하는 것을 기다리고 있는 것을 볼 때, 나는 속으로 다음과 같이 말한다. '좋아, 매우 기쁜 일이지. 아주 잘 된 일이야. 이 사람이 전보다 더 좋은 집에 살고, 더 값진 가구를 갖고, 더 잘 먹고 있다는 것을 알 수 있어. 또 그는 몇 개월 전부터 무언가 새로 사업에 손을 대고, 벌써 상당한 이익금을 올리고 있는 모양이지. 제발 가까운 날에 그가 나를 경멸하게 되기를 바랄 따름이야!'

만약 사상이나 서적, 또 그 저자가 큰 부자들이나 돈푼이나 긁어모은 자들에게 좌우된다면 그들은 얼마나 가혹한 추방에 처해졌을 것인가! 소환되는 일 같은 것은 상상조차 하기 어려울 것이다. 현명한 사람들에 대해서 그들은 어떤 태도를 취하고 얼마나 권세를 펼 것인가! 자기의 재능으로 지위도 못 오르고, 돈도 못 벌고, 다만 그저 올바르게 생각하고 올바르게 글 쓰는 것을 그치지 않는 이들, '빈약한' 인간들에 대해서, 그들은 어떤 위엄을 보일 것인가! 현재는 부자를 위해서 존재하고, 미래는 유덕하고 유능한 인사를 위해서 존재하는 것을 인정해야만 한다.

호메로스는 지금도 존재하고, 또한 항상 존재할 것이다. 그러나 권세를 누린 여러 사람들, 여러 사업가들은 이미 존재하지 않는다. 그들은 과거에 존재하고 있었던가? 그들의 조국, 그들의 이름은 알려져 있는가? 그리스에는 여러 당파들이 존재했었던가? 호메로스를 경멸하고, 광장에서는 그를 피하려고만 하고, 그에게 인사를 되돌리지도 않고, 혹은 그 이름에게만 경의를 표하고, 식탁에 함께 자리하는 것을 일부러 피하고, 그를 부자가 아닌 인간, 오직 책을 쓰는 인간으로만 보았던, 그 여러 중요한 인물들은 어찌 되었을까? 으뜸가는 부호로 이름을 떨쳤던 그 포콘네 일족은 어찌 되었을까? 과연 그들은 프랑스 사람으로 태어나 '스웨덴에서 죽은 데카르트'와 같은 정도로 후세에 남을 수 있을까?

사람들은 보통 자만심 때문에 손아랫사람 앞에서 뽐내 보인다. 또 그들은 똑같은 이유로 윗사람에게 비겁하게 머리를 숙이는 습성이 있다. 그것은 이 악덕에 특유한 것이며, 그 기만이라는 것은 개인의 가치도 아니고 미덕도 아니며, 금력이요 지위요 신용이요 공허한 지식이다. 그것이 우리로 하여금 우리보다 재산을 조금 가진 사람을 똑같이 경멸하게 하고, 우리보다 많이 가진 사람을 지나치게 존경하도록 하는 것이다.

58

아름다운 영혼이 영광과 미덕에 열광하는 것처럼, 돈벌이와 이득에 열광하는, 마치 진흙과 쓰레기로 뭉쳐진 듯한 더러운 영혼이 있다. 그것은 단 하나의 쾌락밖에는 맛볼 수 없다. 즉 획득한다는 쾌락, 또는 잃지 않는다는 쾌락이다. 1할 이자를 얻어 내는 데에만 열심히 탐을 내고, 오로지 채무자의 무리에 온 정신을 빼앗기고 있다. 화폐 가치의 하락과 품질의 하락에 대해서만 항상 신경을 쓰고, 계약서나 증권, 양피지(羊皮紙) 같은 것에 몰두하여 침몰된 배와 같다. 이런 패들은 친척이나 친구·시민·기독교인도 아니고, 또한 인간도 아니다. 그들은 다만 돈만 쥐고 있으면 되는 것이다.

기꺼이 도움의 손길을 내밀고, 선행을 하는 재능에도 남달리 뛰어난데다 누군가를 한번 친구로 삼으면 그 어떤 필요나 불균형, 술책도 그들을 떨어뜨리지 못하는 그런 고귀하고 과감한 영혼이 만약 아직도 이 세상에 남아 있다면, 우선 그런 것을 제외하는 일부터 시작하기로 하자. 그리고 이 신중한 조치를 취하고 난 다음, 상상하기조차 슬프고 고통스러운 하나의 사실을 대담하게 말해 버리자. 즉 교제와 호의에 의해 우리들과 매우 친밀한 관계를 맺고, 우리를 사랑하고, 우리를 좋아하고, 우리에게 수없이 친절을 베풀어 주는 사람, 그리고 우리를 도우면서도 자기 이익에 절대로 집착하지 않는 이는 세상에 단 한 사람도 없다는 말이다.

오롱트가 나이를 먹어가면서 재산을 늘리고 있는 사이, 어느 집에 딸이 하나 태어나 아리따운 아가씨로 성장해서 16세가 된다. 그는 50세인데 젊고 아름답고 영특한 이 딸과 결혼해 달라는 부탁을 받는다. 보잘것없는 가문에 이렇다 할 재치도 없고, 한 마디로 아무런 가치도 없는 이 늙은 남자가 모든 경쟁자 가운데서 선택된 것이다.

61

인간에게 있어서 모든 행복의 원천이어야 할 결혼이라는 것이, 재산 상태 여하에 따라서는, 때로 무거운 짐이 된다. 그때 아내나 자식들은 사기, 허위, 부정 이득 따위에 대한 강렬한 유혹이 된다. 그는 사기와 빈곤 사이에 몸을 두고 있다. 정말 기괴한 상태에 빠져 있는 것이다.

프랑스 말로, 과부와 결혼한다는 말에는 한 밑천 잡는다는 의미가 들어 있다. 그러나 반드시 그 뜻대로 된다고는 장담할 수 없는 노릇이다.

현실적으로 큰 고통 없이 편안하게 살 수 있을 정도의 분배밖에는 받지 못한 자가 관리가 되고자 한다. 말단 관리가 사법관이 되기를 바라고, 사법관은 대통령이 되려 한다.

이와 같이 모든 지위에서, 인간은 자기에게 주어진 행운 이상의 것을 꾀하고, 자기 운명을 억지로 재촉하며 결핍과 빈곤 속에서 허덕이고 있는 것이다.

이와 같이 그들은 부유한 사람이 되어 보려는 욕망을 품지도 못하려니와 동시에 또 부유한 사람으로 멈추어 있을 수도 없는 것이다.

맛있는 저녁을 들게, 크레알크. 자정에는 밤참도 빼놓지 말고 들게. 장작을 불에 더 많이 넣게. 외투도 사게. 방의 벽지도 바꾸어 보게. 자네는 자네의 상속인을 사랑하지 않고 있어. 자네는 그가 누구인지도 모르고 있어. 자네에게는 상속인이 아무도 없어.

젊은 날엔 늙었을 때를 위해 저축을 하고, 늙어서는 죽음을 위해 절약을 한다. 방탕한 상속인이 호화로운 장례식의 비용을 지불하고 남은 돈은 탕진해 버린다.

수전노는 죽어서 단 하루 사이에, 살아 있었을 때의 10년간보다 더 많은 소비를 한다. 그리고 그 상속인은 10개월 사이에, 수전노의 전 생애보다도 더 많은 낭비를 한다.

사람이 낭비하는 것은 자기의 상속인에게서 약탈하는 것이 된다. 사람이 인색하게 절약하는 것은 자기 자신에게서 탈취하는 것이 된다. 자기에게도, 타인에게도 그 중용을 지키는 것이 옳다.

상속인이란 명의가 없다면, 아마도 자식들은 아버지에게 더욱 더 귀여운 존재가 되고 거꾸로 아버지는 그 자식들에게 더욱 더 중한 존재가 될 수 있을 것이다.

인생에 혐오를 느끼게 하는 인간의 슬픈 상태! 대수롭지도 않은 재산을 만들어 보려고 땀을 흘리고 밤을 새우고 몸을 굽히고 매달리지 않으면 안 되든가, 아니면 그것을 우리의 근친(近親)의 임종에 기대해도 좋을 것이다. 자기 아버지가 빨리 저 세상으로 가 주기를 바라는 마음을 억제하는 자는 선인(善人)이라 할 것이다.

69

누군가의 유산을 상속받았으면 하고 바라는 자의 성격은, 아부하는 자의 성격과 같다. 우리는 일생을 통해 그 누구에게서도, 우리들이 유산으로 남길 돈을 바라고 있는 인간에게서 만큼 아첨받고, 떠받들어 모셔지고, 추대를 받고, 후한 대접을 받고, 보살펴지고, 애무를 받는 일이란 없다.

70

저마다 지닌 지위나 여러 가지 직함과 상속 재산에 의해서 모든 인간은 서로 자기를 상속인으로 생각한다. 그들은 이것에서 오는 이익을 위해 전 생애를 통해서 타인의 죽음에 대한 비밀스럽고 은폐된 욕망을 기르며 간직한다. 각기 신분에 있어서 가장 행복한 자란, 죽음에 의해서 잃어야 하는 것, 상속인에게 남길 재산을 가장 많이 소유하고 있는 인간이다.

71

도박에는 귀천이 없다. 그러나 신분의 높낮이엔 흔히 매우 이해하기 어려운 균형이 있고, 어떤 지위 사이에는 매우 심각한 차이를 드러내 보이는 심연이 도사리고 있어서, 이러한 양 극단이 접근해 있는 것을 본다는 것은 고통스럽기 짝이 없는 일이다. 그것은 음조가 전혀 맞지 않는 음악과도 같은 것이고, 배합이 나쁜 색채와도 같고, 귀에 퍼붓는 욕지거리나 모독과도 같으며, 사람으로 하여금 몸서리치게 하는 잡음이나 소음과도 같다. 그것은 적당하다는 것의 전적인 전복이다.

만약 사람들이 그것은 서양에 퍼져 있는 전반적인 습관이라고 항변을 해 온다면 나는 다음과 같이 답변한다. 즉 그것은 우리들로 하여금 세계의 다른 측면의 야만스런 풍속에 물들게 하는 것의 하나이며, 또 우리들 땅을 찾아오는 동양 사람이 수첩에 빼놓지 않고 꼭 적어갈 것 중의 하나라고. 우리가 그들의 좀베이*²라든가, 다른 엎드려 절하는 습관에 가슴아파하는 것 이상으로, 이 과도한 친밀함은 틀림없이 그들을 불쾌하게 할 것이다.

72

극히 중대한 사건을 앞에 놓고 있는 정부나 의회의 태도도, 막대한 돈을 걸고 있는 도박꾼들의 탁자만큼 엄숙하고 진지하지는 않다. 그들의 얼굴은 말할 수 없는 가혹함이 지배하고 있다. 개회(開會) 중일 때는 서로 화해할 수 없는 원수지간이 되는 그들은 이미 교우 관계나 인척 관계, 가문이나 신분의 상하도 인정하지 않는다. 맹목적이고 잔인하고 신성하기까지 한 우연만이 자리를 주관하고, 절대 권한으로 판결을 내린다. 그 둘을 모두 한결같이 깊은 침묵에 의해서, 그리고 다른 어떤 장소에서도 가질 수 없는 주의력에 의해서, 그 우연성에 경의를 표한다. 모든 정열은 마치 정지된 양, 단 하나의 정열에 자리를 양보한다. 그때 정부의 고급 관료들은 상냥하게 굴거나 아첨꾼 같지도 않고, 관대해 보이지도 않으며, 두터운 신앙가다운 면모마저도 사라져 없어진다.

73

도박과 이득으로 이름을 떨친 사람들에게서 그 옛날의 보잘것없던 흔적은 찾아볼 수조차 없다. 그들은 같은 처지에 있었던 친구들을 모두 잊어버리고, 가장 높은 귀족 행세를 하기에 이른다. 주사위나 트럼프 놀이의 운수가 이따금 그들로 하여금 첫 출발 지점으로 다시 되돌아가게 하는 것도 사실이다.

74

인간의 탐욕에 대해서 파놓은 함정과 같이, 저마다 소유하고 있는 돈을 눈 깜짝할 사이에 탕진해 버리고 다시는 되돌아올 수 없는 심연, 도박꾼이 찾아와서 산산조각이 나고 난파해 버리는 무서운 암초와도 같이, 공공연한 트럼프 놀이가 존재하고 있다는 것에 나는 놀라지 않는다. 아무개가 최근에 손에 넣은 때도 안 묻은 돈을 가지고 상륙을 했다든가, 소송 사건에 이겨서 막대한 돈이 주머니에 굴러 들어왔다든가, 큰 증여를 받았다든가, 도박을 해서 큰돈을 땄다든가, 어느 집안의 아들이 거액의 유산을 방금 상속받았다든가, 어떤 경솔한 점원이 금고의 돈을 가지고 트럼프 놀이로 일생의 승부를 내보고 싶어한다는 것을 정기적으로 알기 위해서 이러한 장소에 밀사들이 파견되어 있다는 사실도 놀랄 것은 못된다. 사람을 속인다는 것은 확실히 더럽고 부도덕한 일이다. 그러나 그것은, 내가 트럼프 놀이 장사치들이라고 부르는 사람들에 의해서 예부터 사람들에게 알려져 있으며, 어떤 시대를 막론하고 행해지고 있는 직업이기도 하다. 교훈은 그들의 문짝에 적혀 있으며, 거기에서 다음과 같은 글을 읽어 볼 수 있을 것이다. '여기에서 사람은 성실하게 속인다.' 왜냐하면 그들이 빈틈없는 훌륭한 인물이 되기를 바라겠는가? 그들 가운데 도박장에 들어간다는 것과 잃어버린다는 것이 동일한 것이라는 것을 모르는 자가 있겠는가? 내가 이해할 수 있는 것은, 그들이 항상 생활에 필요한 만큼의 피해를 입는 못난 사기꾼들을 그들 가까이에서 찾아낸다는 사실이다.

75

수많은 인간들이 도박으로 파멸한다. 그들은 도박 없이는 살아갈 수 없다. 이 무슨 변명인가! 그것이 아무리 격렬하고 치욕적일지라도 이와 같은 말을 변명이라고 늘어놓을 수 있었을까? 도둑질을 하지 않고서는 견딜 수가 없었다는 등, 사람을 죽이지 않을 수가 없었다는 등, 뛰어 덤벼들지 않고서는 못 견디겠더라는 등, 이런 말을 해서 과연 사람들로부터 용서를 받을 수 있단 말인가? 끔찍스럽고, 그칠 줄을 모르고, 절제라는 것을 모르고, 한계가 없는 도박! 오로지 적수의 파멸밖에는 안중에 없다. 돈을 긁어모으겠다는 욕망에 열을 올리며, 손실에 절망하고, 탐욕에 몸을 망치는 도박, 한 장의 카드나 주사위의 운수에 자기 자신의 재산, 마누라나 자식들의 전재산을 거는 도박! 과연 그런 것이 용서를 받을 수 있다는 것일까. 아니면, 하지 않고서는 못 견디는 것일까? 도박으로 인해서 파산지경에 이르렀을 때는 더 심한 고생을 감수해야 하지 않는가. 입을 것도 먹을 것도 없이 지내야만 하고, 아무런 것도 가족에게 주지 못하고 지내야만 하지 않는가?

나는 남의 것을 교묘히 훔쳐가는 행위를 용서하지 않는다. 단 사기꾼에게만은 큰 도박을 하는 것을 눈감아 준다. 교양 있는 사람에게는 그것을 용서하지 않는다. 막대한 손실이라는 위험에 몸을 내맡기는 것은 너무나도 유치한 장난이다.

76

영구히 계속되는 고뇌란 단 하나밖에 없다. 그것은 재산의 상실에서 오는 고뇌이다.

시간이 지나면 모든 슬픔은 사그라진다. 그러나 이것만은 더 슬프게 한다. 우리의 인생이 흘러가는 사이, 우리는 잃어버린 재산만큼 부족함을 느낀다.

딸을 시집보내거나 빚을 갚을 때, 계약을 체결할 때도, 돈을 쓰지 않는 인간은 사귀기 쉽다. 단 그의 자식이나 마누라가 아닌 한은.

제노비여, 당신의 제국을 뒤흔들어놓고 있는 반란도, 부군(夫君) 되시는 왕의 죽음 이래 어느 강국에 대해서나 용감하게 떠맡고 있는 전쟁도, 하등 당신의 호사스런 낭비를 덜하게 하지는 않습니다. 화려한 궁전을 짓기 위해서 당신은 유프라테스의 강가를 골랐습니다. 그 땅의 공기는 온화하며 건강에도 좋고, 주위의 환경도 웃음꽃이 활짝 피어 있는 것 같습니다. 신성한 숲이 서쪽에 그림자를 던지고 있습니다. 지상에서 사는 시리아의 신들도, 이보다 아름다운 거처는 골라 내지 못했을 것입니다. 들판은 돌이나 나무를 잘라 내는 사람들로 붐빕니다. 그들은 줄을 지어 가고 또 오고, 리반의 목재와 청동(靑銅)과 반암(斑岩)을 운반하고 있습니다. 기중기와 다른 기계들의 움직이는 소리가 하늘 높이 솟아오르고, 아라비아 쪽으로 여행하는 사람들이 고향으로 돌아가는 길에, 이 궁전의 장려한 모습을 볼 수 있기를 당신은 바라고 있습니다. 당신이나 왕자나 공주들은 그 궁전에 살기 전부터 그 장려함을 몸에 지녔으면 하고 소망하는 것입니다.

위대한 여왕이시여, 아무것도 아끼지 마십시오. 황금과 가장 우수한 일꾼의 모든 기술을 투입하십시오. 당신 세기의 피디아스나 제우크시스가, 당신의 천장과 벽에 온 지식을 쏟아 넣도록 하십시오. 광대하고 감미로운 정원을 거기에 설계하게 하십시오. 인간의 손으로는 도저히 만들어질 수 없는 매력에 찬 정원을. 그 어느 것과도 비교할 수 없는 이 작품에 당신의 모든 재보와 모든 지력(智力)을 쏟아 넣으십시오. 그런데 제노비여, 당신이 마지막 손질을 끝내고 나면, 팔미르 근처의 사막에 살고 있는 목자(牧者)들 가운데 누군가가 당신의 운하의 통행세로 부자가 되어, 이 왕궁을 아름답게 꾸미고, 훨씬 그와 그의 재산에 어울리게 하기 위하여 후일 현금 지불로 사들일 것입니다.

79

이 웅장한 성관(城館)과 가구들, 정원과 아름다운 물은 여러분을 매혹한다. 이토록 화려한 집에 살고 있는 주인의 행복은 감탄의 소리를 지르게 할 것이다. 그러나 주인은 이미 존재하지 않는다. 그는 이 집을 여러분만큼 유쾌하고 조용하게 즐기지는 못했다. 명랑한 날이란 단 하루도 없었으며 고요한 밤도 없었다. 이 집을 아름답게 꾸미기 위해서 그는 빚에 허덕였다. 채권자들은 그를 여기에서 쫓아 버렸다. 그는 머리를 돌렸다. 마지막으로 이 집을 바라다보았다. 그리고 그는 비통한 나머지 죽어 버렸다.

80

어떤 가족은, 우연이나 운명의 장난이라고밖에 부를 수 없는 것과 마주친다. 이 가족은 백 년 전만 해도 그 누구의 입에도 오르내리지 않았으며, 존재하지도 않았다. 하늘은 뜻밖에도 그들에게 은총을 내린다. 재산, 명예, 지위가 이들 가족에게 되풀이해서 기반을 닦게 만든다. 이 가족들은 번영과 영화 속에서 호사스런 생활을 누린다. 유놀프에겐 조부(祖父)가 없었지만 그래도 아버지는 있었다. 이 아버지는 입지전(立志傳) 속에 끼일 수 있는 인물이며, 그가 오랜 생애를 통해 바라고 바랐던 것의 전부는 그저 입신 출세를 하는 것이었다. 그리고 그는 출세를 했다. 이들 두 사람에게 남달리 뛰어난 재능, 탁월한 능력이 있었던가? 그것은 요행이었던가? 행운은 이미 벌써 그들에게 미소를 지어 보이지 않는다. 행운은 지금 다른 집에서 뛰어놀고 있으며, 그들의 자손을 그들의 조상과 똑같이 대하고 있다.

81

종문(宗門)이나 군직(軍職), 이 두 지위에 있는 사람들의 몰락과 파멸의 가장 직접적인 원인은, 재력(財力)이 아닌 지위가 소비의 많고 적고를 결정한다는 것에 있다.

82

만약 여러분이 여러분의 재산을 위해서 아무것도 잊어버리는 것이 없다면, 그 얼마나 고된 노력을 하고 있는 것인가! 만약 여러분이 사소한 일들을 소홀히 한다면, 그 얼마나 후회스러운 짓을 하고 있는 것인가!

지톤은 혈색이 좋고, 만족스러운 표정을 짓고 있고, 볼은 부풀어 있고, 눈은 뚫어지게 쳐다보는 확고한 데가 있고, 어깨는 넓고, 배는 큼직하고, 걸음걸이는 무게가 있고 침착하다. 그는 자신만만한 말투로 이야기한다. 그는 자기에게 말을 걸어오는 사람에게 되풀이해서 말을 시키고, 어떤 이야기도 귀담아 듣지 않는다. 그는 커다란 손수건을 펴서 큰 소리를 내며 코를 푼다. 그는 매우 멀리 침을 뱉고, 매우 요란스럽게 재채기를 한다. 그는 낮에 잠을 잔다, 밤에도 잔다, 그것도 정신을 잃을 정도로 깊은 잠을. 그는 손님 앞에서 코를 곤다. 그는 식탁이나 산책길에서도 다른 사람보다 많은 장소를 차지한다. 동격의 사람들과 산책을 할 때에는 가운데 자리를 잡는다. 그가 일어서면 모두가 일어서고, 그가 걸음을 계속하면 모두가 걷기 시작한다. 모든 사람들이 그를 본받는다. 그는 다른 사람의 이야기를 가로막고, 다른 사람의 이야기를 정정한다. 그러나 그 누구도 그의 이야기를 가로막지 않으며, 그가 이야기하고 싶은 대로 내버려 두고 그것에 귀를 기울인다. 사람들은 그의 의견에 찬성하고, 그가 멋대로 떠들어 대는 소문을 믿는다. 그는 안락의자에 깊숙이 몸을 파묻고 다리를 꼰 채 눈살을 찌푸리고, 아무도 쳐다보지 않기 위해서 모자를 눈 밑까지 내려쓰든가, 아니면 그의 자존심과 방약무인에서 그 모자를 걷어올리고 이마를 노출시킨다. 그는 쾌활하고 너털웃음을 좋아하고, 성미가 급하고 오만불손하고, 곧잘 화를 내고 제멋대로이고, 농간을 잘 부리고 시대의 여러 사건에 대해서는 비밀을 지킨다. 그는 자기에게 재능과 기지가 있다고 믿고 있다. 그는 큰 부자인 것이다.

페돈은 눈이 쑥 들어가 있고, 얼굴빛은 상기되어 있고, 몸은 여위었고, 볼은 푹 파져 있다. 그는 조금밖에는 잠자지 않으며 그것도 매우 얕은 잠이다. 그는 건성으로 마치 꿈을 꾸듯 행동하며, 기지에 대해서는 바보와도 같은 태도를 해 보인다. 그는 알고 있는 것도 잘 말하지 못하고, 누구보다도 정통한 사건에 대해서조차 말하는 것을 잊어버린다. 때로 그것을 말한다 해도, 끝까지 멋지게 정리를 못하고 이야기 상대에게 괴로움을 주고 있는 것이 아닌가 생각하여, 극히 짤막하게, 게다가 무미건조하게 말한다. 그는 자기 이야기를 귀담아 듣게도 못하며, 사람을 웃기지도 못한다. 사람들이 말하는 것에 대해서 그는 찬사를 던지고 미소를 띠어 보내고 그들의 의견에 찬성을 한다. 그들에게 작은 도움이 되고자 그는 뛰어다니고 날아다닌다.

그는 정중함을 기본 생활 태도로 삼고, 아첨을 하고, 상대방의 눈치만을 살핀다. 그는 자기가 하는 일에 대해서는 모두 비밀에 붙이고, 때로는 거짓말도 한다. 그는 미신적이고 세심하고 소심하다. 그는 사뿐히 걷는다. 마치 땅이 부서질까 봐 겁이 나는 듯이 말이다. 그는 눈을 내리깔고 걸어가며, 길가는 사람을 감히 눈을 쳐들고 바라보지도 못한다. 그는 토론하는 집회를 조직하는 사람들의 일원(一員)으로 끼어드는 것 따위는 결코 하지 않는다. 그는 말하는 사람의 등 뒤에 숨어 거론이 되고 있는 일들을 살짝 훔쳐 들으며, 누구와 눈길이라도 마주치면 도망쳐 버린다. 그는 장소를 넓게 잡는 법도 없으며, 좌석을 점령하는 일도 없다. 그는 어깨를 쪼그리고 걸으며 누구의 눈에도 띄지 않으려고 모자를 푹 내려쓴다. 그는 외투 속에 몸을 웅크리고 도사린다. 그에게는 애를 쓰지 않고서도 지나갈 수 있고 누구의 눈에도 띄지 않게 들어갈 수 있는 방법을 고안해 내지 않아도 된다. 만약 누군가가 자리에 앉으라고 하면 그는 의자 끝에 겨우 궁둥이 한쪽을 얹어 놓을 뿐이다.

그는 대화를 나눌 때 목소리를 죽이며 명확하게 발음을 못한다. 그러나 공적인 사건에 대해서는 비교적 자유로운 태도를 취하며 시대에 대해서는 비관론을 펴고, 대신이나 내각에 관하여서는 평범한 그 나름대로의 전망을 한다. 그는 대답하기 위해서만 입을 연다. 그는 모자로 얼굴을 가리고 기침을 하든가 코를 풀며, 거의 자기 발등에 떨어지게 침을 뱉는다. 그리고 재채기가 나오려 하면 주위에 사람이 아무도 없을 때까지 기다린다. 갑작스레 재채기가 나오면 같이 있는 사람도 모르도록 조용히 해치운다. 어떤 사람도 그에게는 인사나 문안을 드릴 필요가 없다. 그는 가난한 사람인 것이다.

〈주〉

＊1 매장 통지서. 〔원주〕
＊2 샴 왕국의 교제 관계. 〔원주〕

도시에 대해서

1

파리 시민들은 마치 약속이라도 한 듯이, 밤마다 쿠우르나 튀일리에 모여든다. 서로 얼굴을 보거나 비난하기 위해서이다.

사람들이 이것을 좋아하는 것도 아니다. 속마음으로는 경멸하고 있으면서도 이 사교계라는 것 없이는 단 하루도 살 수 없었다.

산책길에서 사람들은 누군가 지나가기를 바란다. 여기에서는 한 사람이 다른 한 사람을 경멸한다. 마차도, 말(馬)도, 옷도, 가문을 상징하는 문장(紋章)도, 무엇 하나 빼놓지 않고 호기심 내지 악의(惡意)를 가지고 관찰된다. 그리고 뒤에 따르는 일행의 수가 많고 적고에 따라 사람들의 존경을 받거나 멸시를 당한다.

2

센 강이 합류하는 마른(Marne) 강과 줄기를 같이 하며, 파리로 들어오는 방면의 하천 바닥에 경계를 그어 구획을 나누는, 그 기다란 제방에 대해 누구나 잘 알 것이다. 무더운 여름철이 되면, 사람들은 거기에서 물 속에 발을 담근다. 그들이 물 속에 뛰어드는 것을 극히 가까이서 바라볼 수 있다. 물 속에서 나오는 광경도 볼 수 있다. 그것은 하나의 소일거리다. 이 계절이 찾아오기 전에는, 도시의 여자들은 아직 거기에서 산책을 즐기지 않는다. 그리고 이 계절이 지나가 버리면, 그녀들은 더 이상 거기에서 산책을 하지 않는다.

3

여자들이 아름다운 옷을 자랑하고, 화장술을 뽐내기 위해 모이는 곳에서 여자 친구들과 산책을 하는 것은 사람들과 이야기라도 나누고 싶어서가 아니다. 극장에서 마음 놓고 앉아 있기 위해서, 사교계 인사들과 알고 지내기 위해서, 비평에 태연해지기 위해서 같이 있는 것이다. 확실히 거기에서 사람들은 서로 아무 말도 하지 않고, 지나가는 사람들을 위해서 말을 하고, 길 옆에 있는 사람들 때문에 목소리를 높이고, 몸짓을 하고, 농담을 던지고, 옆으로 비스듬히 고개를 기울이고, 왔다갔다하고 있는 것이다.

4

도시는 여러 사회로 분할되어, 마치 그 수(數)만큼의 작은 공화국과 같다. 저마다 법률이 있고, 관습이 있고, 사투리가 있고, 웃기기 위한 고유한 언어가 있다. 이 집단이 힘을 자랑하고 자기 집단을 고집하는 열의가 존속하는 한, 사람들은 자기가 속해 있는 계층에서 나온 것이 아니라면, 무엇 하나 멋진 말도 잘된 일도 인정하려 들지 않으며, 다른 데에서 들어온 것을 즐긴다는 것도 불가능한 일이다.

그것은 그들만이 가지고 있는 신비를 풀지 못하는 사람들에 대한 경멸로까지 발전해 나간다. 뛰어난 기지를 자랑하는 상류 사회의 어떤 신사가 우연히 그들 속에 모습을 나타낸다 해도, 그들에게는 한낱 이방인의 존재에 불과하다. 그는 그 사회에서는 길도 모르고, 말도 모르며, 풍속도, 습관도 모르는 먼 나라에 와 있는 것 같은 존재이다. 그는, 지껄여 대고 웅성거리고 귀엣말을 주고받고, 너털웃음을 터뜨리고, 다음에는 다시 어두운 침묵에 빠지는 한 국민을 본다. 그는 당황하여 말 한 마디 물어볼 장소도 찾지 못하고, 이야기를 들을 능력조차도 갖지 못한다.

거기에는 반드시 빈정거리는 익살꾼이 있어서, 그 자가 지배권을 행사하고 그 사회의 영웅적인 존재로 대접을 받는다. 이 인물은 타인의 기쁨을 한 몸에 도맡아 항상 이야기하기 전에 사람을 웃게 한다. 만약 우연히 한 여자가 찾아와서 그들과 함께 기쁨을 나누지 못하는 경우가 생긴다면, 이 낙천가 패거리들은 그 여자가 웃지도 못한다는 것을 이해하지 못하며, 여러 가지 우스꽝스럽고 하찮은 일들에 그녀가 무감각하게 보인다는 것도 이해하지 못한다. 그런데 그 우스꽝스러운 일들을 그 패거리들이 이해하는 것은, 단순히 그 패거리들이 자기들 스스로 그것을 했다는 것에 불과한 것이다. 그래서 그들은 그녀의 목소리의 억양도, 그녀의 침묵도, 그녀의 키도, 그녀의 얼굴생김도, 그녀의 옷차림도, 그녀가 들어온 것도, 그녀의 나가는 방법도 용서하지 못하는 것이다. 그러나 같은 당파에게 그런 세월이 계속되지는 않는다. 언제나 반드시, 최초의 해부터 다음에 이어지는 당파로 분열하기 위한 암투나 불화의 씨가 있기 마련이다. 미녀(美女)의 이기심이나 도박과 더불어 얽히는 사건, 처음에는 검소하지만 드디어는 주지 육림으로 변하는 만찬의 광태, 이러한 것들이 이 공화국을 혼란에 빠뜨리고, 마지막에는 치명적인 결정타를 가하게 된다. 극히 단기간에, 이 국민에 대해서는 지난 해에 유행했던, 얼굴에 붙이는 애교점보다도 더 이야깃거리가 없어지고 만다.

5

도시에는 〈대〉법관과 〈소〉법관이 있다. 대법관은 궁정에서 받는 여러 가지 사소한 모욕들과 경멸을 소법관에게 복수한다. 이 양자의 한계, 대(大)가 끝나는 곳과 소(小)가 시작되는 곳을 식별한다는 것은 쉽지 않다. 이류임을 거부하고 일류임을 부인당하고 있는, 무시할 수 없는 한 단체까지도 있다. 이 단체는 굴복할 줄을 모른다. 오히려 반대로, 압력의 힘과 소비 능력을 가지고 사법관들과 같은 행세를 하려 든다. 떨어진다 해도 그것은 극히 사소한 분야에서 뿐이다.

사람들은 그들이 자기 직책의 고귀함, 자기 업무의 절대적인 독립성, 구변의 기교, 개인적인 가치가 적어도 세무 관직의 고관이나 아니면 은행가의 아들이 자기의 의자를 사들이는 데 지불했던 바 있는 1천 프랑의 돈주머니에 대신하는 것이라고 말하고 있는 것을 듣는다.

6

당신은 호사스런 마차 속에서 꿈꾸는 것을, 또는 그 속에서 휴식을 취하는 것을 비웃고 있겠죠? 빨리 책이나 서류 뭉치를 손에 들고 읽으십시오. 자가용 마차에 몸을 싣고 지나가는 족속들에게는 간단하게만 인사하십시오. 그들은 당신이 매우 바쁜 몸이라고 생각할 것입니다. 그들은 이렇게 말하겠죠. '저 남자는 근면하고 피로라는 것을 모르는 사람이다. 큰 길가에서나 좁은 골목에서도 책을 읽고 열심히 일을 하고 있다.' 삼류 변호사에게서도 다음과 같은 것을 배우십시오. 일에 쫓기고 있는 것같이 꾸며 보인다든가, 이맛살을 찌푸린다든가 매우 심각하게 대수롭지도 않은 것을 꿈꾼다든가 할 필요가 있다는 것을. 때를 맞추어 식사하는 일을 잊는 것도 배우고, 집에 있을 때는 다만 조서를 꾸미는 것에만 열중하고, 어두운 집 속으로 유령과 같이 사라져 없어질 필요가 있다는 것을. 대중들에게서 몸을 숨기고, 극장을 피하고 극장 같은 데에서는 모습을 내보여도 아무런 위험도 없는 사람들, 그런 데에 갈 수 있는 여가를 지니고 있는 사람들, 고몽이나 듀아멜 같은 족속들에게 맡겨 둘 필요가 있다는 것을.

7

젊은 법관들 가운데는 막대한 재산과 쾌락에 이끌려, 궁정에서 이른바 아첨꾼이라고 불리는 패들과 빈번히 교제하는 자들이 있다. 그들은 그 패들을 본떠서 법관의 관록을 훨씬 능가하는 거만한 태도를 취하며, 그들의 나이와 재산에 의해서, 검소하고 절제를 지켜야 한다는 게 면제(免除)되어 있다고 생각한다. 그들은 궁정에서 궁정이 가지고 있는 최악의 것만을 취한다. 즉 그들은 허영심과 나약함과 방종과 방탕만을 자기 것으로 삼는다. 마치 이 모든 악덕이 그들에게만은 당연한 것인양.

결국 그들은 올바르게 가져야 할 성격과는 천 리나 떨어져 있는 성격을 몸에 붙이고, 그들의 소원대로 매우 졸렬한 인간의 충실한 모방이 되고 만다.

8

도시에 살고 있는 법관과 궁정에 발을 디디고 있는 법관은, 똑같이 두 사람의 인간이다. 자기 집에 돌아오면, 그는 남겨 두고 간 습관이나 신체나 얼굴을 다시 되찾는다. 이미 그는 분주한 인간도 군자인 체하는 엄숙한 인간도 아니다.

9

크리스팽 일족(一族)은 뒤에 따르는 일행의 행렬을 길게 하기 위해서, 서로 돈을 내어 여섯 필의 말에 이르기까지 그들 친척을 불러 모은다. 저마다가 그들이 제공한 하인의 무리를 합친 이 행렬은 쿠우르나 또는 뱅센 산책길에서 그들에게 크나큰 승리를 가져오게 하며, 그들로 하여금 갓 결혼한 귀족들이나, 파산에 허덕이고 있는 자종이나, 결혼을 서두르고 있는 트라종, 재산을 공탁*1하고 있는 트라종과 같은 처지로 만들고 있다.

10

나는 사니옹 일족이 다음과 같이 말하는 것을 듣는다. '같은 이름에는 같은 문(紋). 적류(嫡流), 지류, 분가의 지류. 전자는 무지(無地) 일색에 가로줄 무늬(장남임을), 두 번째는 옆줄 무늬, 후자는 톱니 모양의 가장자리 무늬' 그들은 유명한 부르봉 가(家)를 본떠서 같은 바탕 위에 같은 금속을 쓰고 있다. 부르봉 가와 같이 꽃을 두 개와 하나로 구분하고 있다. 꽃은 백합을 그대로 쓰고 있지는 않으나 그런 대로 만족할 수밖에 없다. 아마도 그들은 마음속으로 자기 가문의 문장(紋章)을 부르봉 가의 문장만큼이나 명예스러운 것으로 생각하고 있을 것이고, 자기 가문의 문장에 만족하고 있는 대귀족들과 같은 심정으로 그 문장을 소유하고 있기 때문일 것이다.

사람들은 장례식 때 교회 안팎에 치는 검정천에서, 유리문 위나 성관(城館)의 앞을 위에서, 추방형에 적합한 한 사람을 방금 교수형에 처해 버린 그들의 고등 재판소의 기둥 위에서 이 문장을 볼 수 있다. 그것들은 가는 곳마다 눈에 띈다. 여러 가구들이나 자물쇠 위에도 붙어 있고, 온갖 마차 위에도 박아 놓고 있다. 하인들은 이 문장의 명예를 결코 더럽히는 법이 없다. 나는 사니옹 일족에게 이렇게 말하고 싶다. 여러분의 어리석은 수작은 좀 시기가 빨랐다. 적어도 여러분의 종족에 1세기의 시대가 붙을 때까지 기다려라. 여러분의 조부를 본 사람, 그에게 이야기를 건넨 사람들은 지금 노인이 되어, 머잖아 숨겨 갈 것이다. 누가 그들과 같이 이렇게 말할 수 있을까? '바로 저기에서 그는 상품을 진열해 놓고 엄청 비싼 값으로 팔고 있었다'라고.

사니옹 가(家) 및 크리스팽 가의 사람들은 그들이 막대한 경비를 지불하고 있다는 것, 그들은 이토록 많이 낭비를 하고 있는 것을 별로 좋아하지 않는다는 것이 사람들 입에 더 자주 오르내리기를 간절히 바라고 있다. 그들은 자기네들이 베푼 무도회나 만찬에 대해서 지리하게 이야기를 늘어놓는다. 그들은 도박에서 잃은 돈에 관해서 말하고, 그들이 돈을 잃으리라고는 생각지도 못했던 도박판에 대해서 매우 큰 소리로 아쉬워한다. 그들은 어떤 여자에 관해서 은어나 신비스러운 말을 내뱉는다. '그들에게는 서로 이야기할 많은 환담이 있다. 그들은 순식간에 새로운 것을 수 없이 발견해 낸다'. 그들은 서로 행운아로서 통한다. 그들 중 한 사람은 시골에서 밤늦게 잠자리에 들고, 깊게 잠자기를 바라고, 아침에 일어나고, 각반을 차고, 무명옷을 입고, 화약통이 달린 줄을 어깨에 걸치고, 머리를 다시 매고, 엽총을 손에 든다. 총만 잘 쏘면 훌륭한 사냥꾼인 것이다. 그는 밤이 되면, 이슬에 젖어 기진맥진하여 한 마리도 죽이지 못하고 빈손으로 돌아온다. 그는 다음 날 다시 사냥터로 나가지만, 지빠귀나 자고를 빗나가게 쏘는 데에 온종일을 소비한다.

다른 한 사람은, 몇 마리의 보잘것없는 개를 데리고 있는 모습이 마치 '우리 엽견 부대'라고 할 정도이다. 그는 어떤 수렵의 모임을 알고 거기에 나간다. 그는 사냥개를 풀어 두는 곳에 간다. 그는 높이 우거진 풀 속에 몸을 숨기고 있다가 사냥개를 돌보고 하인들 속으로 숨어들어간다. 그는 뿔피리를 가지고 있다. 그는 메나리프와 같이 '나는 기쁜가?'라고는 말하지 않는다. 다만 그는 스스로 기쁘다고 믿고 있다. 그는 법률이나 소송 수속을 깨끗이 잊고 있다. 꼭 이포리트를 닮았다. 지금 손 안에 들어 있는 일건 서류에 관해서 어제 그와 만난 일이 있는 메딘드르도, 오늘은 그가 자기의 검사라는 것을 알아차리기에 몹시 힘들리라. 여러분은 다음 날 목숨이 걸려 있는 중대한 사건에 대해 재판을 받게 되는 그 방에서 그를 볼 수가 있을까? 그는 동료들을 주위에 모아놓고 마치 한 무리의 사슴을 빗나가게 쏘지 않은 양, 마치 잘못을 저지른 개의 뒤에서, 6마리의 개를 대신 내놓고서도 깨끗이 속은 엽견의 뒤에서, 고함 소리를 목이 터지듯 질렀는데도 숨이 차지 않은 양, 그들에게 이야기한다. 시간이 다가오고 있다. 그는 궁지에 몰린 짐승의 울부짖는 소리와 사슴의 내장 진미를 이야기하며 말을 맺는다. 그리고 재판을 하려 다른 사람들과 함께 황급히 자리에 앉는다.

11

최근에 아버지의 재산을 상속받고 그 아버지의 장례로 큰 부자가 된 사람이 있다. 그들은 군주의 것을 모방해 옷이나 탈것을 만들고, 과도한 낭비와 어리석은 사치를 일삼는다. 또한 자기 깐에는 뭇사람들의 시선을 현혹시켰다고 믿고 있는 도시의 독설과 조롱을 사들인다. 이와 같이 자기 자신을 웃음거리로 만들기 위해서 스스로 파멸의 길로 몸을 이끌어간다는 것은 얼마나 허망한 짓인가!

또, 어떤 사람들은 자기가 살고 있는 구역보다 멀리 그 미치광이 같은 짓을 행해 보려고 쓸데없는 수작을 하다가, 그것조차 실패한다. 그 구역만이 그들 허영의 극장이다. 앙드레가 마레 구역에서 명성을 떨치고, 거기에서 이어받을 재산을 탕진하고 있는 것을, 일르 구역에서는 아무도 모른다. 그러나 적어도 만약 그가 도시 전체나 교외까지도 널리 알려져 있다면, 모든 일을 건전하게 판단할 줄 모르는 많은 시민들 가운데는, 그를 가리켜 '정말 멋진 사람'이라고 부르고, 크잔트나 아리스톤에게 베푸는 진수성찬이나 에라미르를 위해 여는 향연에 그를 초대하기도 할 것이다. 그러나 그는 남몰래 파멸해 가는 것이다. 그가 빈곤으로 줄달음질쳐 가며, 오늘은 호사스런 마차를 타고는 있으나 6개월이 지나면 발로 걸어갈 수조차도 없어질 것이 뻔한데, 그가 그렇게 되는 것은 그를 높게 평가하고 있지도 않는 두 사람 내지 세 사람의 인간을 위한 짓에 불과한 것이다.

12

나르시스는 밤에 잠자기 위해서 아침에 일어난다. 그는 여자들처럼 화장하는 시간이 따로 있다. 그는 매우 규칙적으로 포이앙트와 미니므의 훌륭한 미사에 날마다 참석한다. 그는 매우 사교에 능숙하고, ××구역에서는 트럼프 놀이의 옴브르 또는 르베르시의 3번 타자나 5번 타자로서 평가받는다. 그 구역에 있는 아리시의 집에서 그는 네 시간이나 계속해서 안락의자에 깊이 앉아서, 매일 밤 금화 5장을 열여섯 승부에 건다. 그는 정확하게 네덜란드 신문과 〈메르퀴르 갈랑〉지(紙)를 읽는다. 그는 베르즈락*²과 데마레*³와 바르벵 이야기와, 그리고 몇 권의 시집을 읽었다. 그는 여자 친구들과 함께 프레느나 쿠우르를 산책한다. 그의 방문에는 종교적인 꼼꼼함이 언제나 들어 있다. 오늘 하고 어제 했던 일을 그는 내일도 할 것이다. 이와 같이 그는 살고 난 뒤에 죽는 것이다.

13

어디에선가 본 적이 있는 남자다, 라고 여러분은 말한다. 그것이 어디냐고 물으면 대답하기 어렵지만 그의 얼굴은 낯이 익은 데가 있다. 다른 사람들에게도 마찬가지다. 나는 가능한 한 여러분이 기억을 더듬는 데 힘이 되어 주려 한다. 가로수가 우거진 시내의 큰 길가 벤치에서일까, 튀일리의 대로변에서일까, 아니면 극장의 발코니에서일까? 성당일까, 무도회일까, 랑뷔에 성(城)에서일까? 어디에 가면 그를 만나지 않을 수 있을까?

광장에서 유명한 누군가의 사형 집행이 있거나, 축하의 불꽃놀이라도 열리면 그는 시청 건물의 유리창에 모습을 나타낸다. 무슨 장려한 행렬의 도착을 기다리고 있을 때면 그는 그 주변의 발판 위에 자리를 잡고 있다. 기마 시합이라도 열리면 그는 반드시 들어와서 정면 앞자리에 좌석을 잡는다. 외국 사신들이 국왕을 배알할 때면 그는 그 행진을 구경하고, 그들의 배알하는 모습을 지켜보고, 그들이 배알을 끝내고 돌아갈 때는 줄지어 서 있는 사람들 틈바구니에 끼여 있다.

스위스 연맹 서약에서 그의 존재는, 대법관의 존재나 연맹 위원의 존재와 똑같이 핵심적인 것이었다. 연감에서 민중 또는 내방자를 대표하는 것은 언제나 그의 얼굴이다. 공개적인 수렵인 생 튀베르*⁴가 열리면 그는 말을 타고 있다. 야영이나 사열식의 소문이 떠돌면, 그는 위유나 아세에르에 가 있다. 그는 군대나 의용병이나 전쟁을 좋아하는 것이다. 그는 전쟁을 가까이에서 구경하고 베르나르디의 요새까지도 가서 구경한다. 샹레이는 행군을 알고, 자키에르는 군량미를 알고, 뒤 메츠는 대포를 알고 있다. 그래서 그도 누구에 뒤질세라 열심히 구경하는 것이다. 그는 구경하다가 백발이 되었다. 그러니 직업적인 관람자라 할 수 있다.

그는 남자라면 으레 해야 할 일을 아무것도 하지 않으며 알아 두어야 할 일을 무엇 하나 알지 못한다. 그러나 그는 사람이 볼 수 있는 것은 모두 보았으니 죽어도 후회는 없다고 말한다. 그가 죽는다면 얼마나 큰 손실인가! 그의 뒤를 이어 누가 이렇게 말할 수 있단 말인가? '쿠우르는 문을 닫아 버렸다. 이제는 아무도 거기에서 산책을 하지 않는다. 뱅센의 진흙은 이제는 말라서 높아졌다. 그러니 더 이상 마차가 뒤집히는 일은 없을 것이다'라고. 그 누가 음악회의 모습을, 훌륭한 성체 강복식(聖體降福式 ; 가톨릭에서 주일이나 특정한 날에 사제가 성체로서 복을 빌어 주는 일)의 진행 상황을, 장날의 인기 품목에 대해서 알려 줄까? 누가 여러분에게 보마비엘이 죽었다는 것을, 로쇼아가 감기에 걸려 8일부터는 노래를 부르지 않을 것이라는 것을 알려 줄까?

누가 그와 같이 문장(紋章)이나 하인배들을 갖고 있는 부유층을 알고 있을까? 누가 '스카펭은 백합꽃을 달고 있다'고 말하고, 그런 것을 그 사람 이상으로 잘 알고 있는 사람이 있을까? 단순한 부유층 여자 이름을 누가 그보다도 더 허영과 과장을 가지고 발음할 수 있을까? 누가 그보다도 더 보드빌을 몸에 지니고 있을까? 누가 여자들에게 〈애정 연감〉이나, 〈연애 신문〉을 빌려 줄 것인가? 누가 그와 같이 단 한 마디도 빼놓지 않고 오페라의 대사를, 규방 속에서의 로랑의 노여움을 식탁에서 노래부를 수 있을까? 마지막으로 도시에는 다른 데서나 마찬가지로 매우 바보스러운 인간이나, 무미건조하고 한가로운, 일 없이 놀고만 먹고 사는 인간들이 있으니까 이야기이지만, 누가 그와 같이 완전하게 그런 부류의 사람들의 마음에 들 수 있을까?

14

테라멘은 돈도 많고 재능도 있었다. 그는 유산을 상속받았다. 그래서 모든 부인들은 그를 연인으로 삼기 위해서, 모든 처녀들은 그를 구혼자로 만들기 위해서 그를 뒤쫓는다. 그는 이 집 저 집 어머니들에게 그가 결혼을 할 것이라는 희망을 안겨 주러 다닌다. 그가 의자에 앉자마자, 어머니들은 자기 딸에게 마음껏 애교를 떨게 하기 위해, 그리고 테라멘으로 하여금 사랑의 고백을 할 수 있도록 자리를 비워 준다. 이 집에서는 법관과 적대(敵對)를 하고 저 집에서는 기사(騎士)나 또는 신사로 하여금 얼굴을 못 들게 만들어 놓고 있다. 한창 젊은 나이의, 정력적이며 쾌활하고 기지에 넘친 청년도 그만큼 열렬하게 찬미의 대상이 될 수 없으며, 그만큼 정중한 대접을 받지 못한다. 사람들은 그 사람의 손을 다투어 잡는다. 같이 방문한 사람에게는 미소조차 던질 여유가 없다. 여자의 환심을 사려 드는 얼마나 많은 남자들을 그는 물리쳤던가! 얼마나 많은 행운이 그에게 주어지고 있는가! 그의 꽁무니를 쫓아다니는 그 많은 부인 재산 상속자들에게 과연 그는 일일이 응할 수가 있을까? 그것은 단순한 남편의 공포에 그치는 것이 아니라 남편이 되고자 바라는 모든 인간에 대한 위협과 공갈이며, 자기 재산의 공탁의 구멍을 결혼이라는 것에 의해 메꾸려고 하는 모든 인간에 대한 위협이다.

그토록 행복하고, 그토록 현금을 많이 가지고 있는 사람들은 문명이 개화된 도시에서는 추방을 당해 마땅하다. 또는 이런 부류의 인간들에게는 재능밖에 가지고 있지 않는 사람보다 더 후한 대접을 하는 것을 여성들에게 금지 시켜야 하다. 이것을 어기는 경우는 미친 짓 아니면 파렴치의 죄를 뒤집어 씌워 마땅할 것이다.

15

보통 궁정의 원숭이인 파리는, 반드시 궁정을 흉내 내고 있다고는 말할 수 없다. 정부의 몇몇 고급 관리들, 특히 궁정의 부인들이 재능이 뛰어난 사람들에 대해서, 또 가진 것이란 재능밖에 없는 사람들에 대해서, 당연히 품고 있는 그 애무하는 듯한 기분 좋은 외관을, 파리는 그 어떤 점에 있어서도 전혀 흉내 내지 않는 것이다. 그들 궁정인들은 재능 있는 사람의 재산 계약서나 그 조상의 핏줄을 조사하지 않는다. 그 사람을 관대하게 대접하고, 그 사람을 존경하는 것이다. 그가 호사스런 마차를 타고 왔는지 걸어왔는지, 재산이 얼마나 되고 땅덩어리가 얼마나 넓고 마차가 얼마나 값진 것인지, 그들이 알 바가 아닌 것이다. 그들은 많은 하인들과 화려함과 위세를 싫증이 날 정도로 지니고 있기 때문에, 기꺼이 철학하는 사람이나 유덕한 사람과 어울리는 것이다.

도시 여자의 경우는, 자기 집 문 앞에 멈추는 마차의 요란한 소리를 듣자마자, 어느 누구인지도 모르면서 그 마차 속에 몸을 싣고 있는 인간에 대해서 호의와 애정이 솟아오르는 것을 막지 못한다. 만약 그녀가 창 너머로 마차를 끄는 한 쌍의 멋진 말이나 많은 하인들이 뒤따르고 있는 모습을, 혹은 호화찬란하게 금빛으로 반짝이고 있는 몇 줄기 못대가리 모양의 장식을 본다면, 그녀는 이미 그녀의 규방 안에서 기사(騎士)나 법관을 맞이한다는 것에 벌써부터 가슴을 설레고 있을 것이다.

그녀는 얼마나 매혹적인 접대를 바칠 것인가! 그녀는 그에게서 잠시나마 눈길을 돌릴 수 있을 것인가? 그는 그녀 곁에서는 아무것도 잃을 것이 없는 것이다. 사람들은 그를 더 안락하게 모시기 위해서 마차의 차체를 달아매는 가죽띠를 이중으로 늘릴 것이고, 여러 가지 차체의 스프링을 고안해 줄 것이다. 그녀는 그것 때문에 더욱더 그를 존경하게 되고 그것 때문에 더욱더 그를 사랑하게 될 것이다.

궁정 여성들의 원숭이 흉내에서 생기는 어떤 부류의 도시 여자들의 같잖은 자만에는, 보통 평범한 여자들이 지니고 있는 비천함이나 시골 여자의 촌티보다도, 무언지 모르게 더한층 추한 것이 들어 있다. 그것은 즉, 이 두 가지 것에 덧붙여진 겉치레라는 부자연함이다.

한 푼의 돈도 들이지 않고, 그것도 현금으로 돌려받을 수 있는 멋진 결혼축하 선물을 하는 교묘한 발명!

지참금의 3분의 1을 결혼식 비용으로 쓰고, 쓸데없는 물건들을 산더미같이 사들여 가난을 맛보기 시작하더니, 가구나 화장 대금을 지불하는 데 기본 재산마저 파먹는 이 유익하고 찬탄할 만한 관습!

예의나 점잖음보다는 오히려 뻔뻔스러운 행동 쪽을 택하는 남자가, 하룻밤 사이에 한 여자를 마치 연극 무대 위에서와 같이 침대 위에 노출시키는 이 아름답고도 정당한 습관! 거기에서 남자는 우스꽝스럽고 어리석은 역(役)을 연기하며, 알게 모르게 이 구경거리는 계속된다. 결국 도시의 구석구석에서 몰려드는 남녀의 호기심 앞에 그녀는 이 상태로 드러내 보여진다. 이러한 습관으로 뭇사람들의 호기심을 자극하는 건, 밍글레리아의 여행기 속에 나오는 이야기를 읽는 것 정도로 충분하지 않겠는가?

20

지극히 고통스러운 풍습이며 지극히 불쾌한 속박이다! 서로 초조해하며 만나는 것을 가능한 한 피하려고 애를 쓰고, 우연히 서로 부딪치는 일이 있다 해도 뜻없는 말이나 몇 마디 주고받을 뿐이고, 양쪽이 다같이 알고 있는 일을, 그것도 안다 해서 아무런 도움이 될 수 없는 것들을 서로 알리는 것뿐이다. 방 안으로 들어간다는 행위가 단순히 그 방에서 다시 나오기 위한 행위에 불과하고, 점심을 먹고 나서 자기 집을 나오는 것은 5시간 동안에 3명의 스위스 여자와 잘 알지도 못하는 한 여자와 조금도 사랑하고 있지 않는 한 여자를 만나 보았다는 것으로 매우 만족하고, 저녁때가 되어 또 자기 집으로 되돌아오기 위한 것에 불과하다. 시간의 가치를 깊이 생각하고, 그 헛된 소모가 얼마나 돌이키기 어렵다는 것을 생각하는 사람이라면, 이토록 크나큰 불행에 대해서 마음속으로부터 가슴아파하지 않을 수 없을 것이다.

21

도시 사람들은 농촌과 전원의 사물에 대해 전적인 무관심 속에서 자라나고 있다. 그들은 대마포를 나오게 하는 식물과 아마포를 나오게 하는 식물의 구별, 밀과 호밀과의 구별, 이 두 가지와 혼합밀과의 구별을 거의 할 줄 모른다. 그들은 영양을 섭취하고 옷을 입고 있으면 그것으로 만족인 것이다. 여러분이 만약 이야기를 듣고 싶다면, 대부분의 도시 사람들에게는, 논밭이 어떻다는 둥, 해마다 벌채되는 나무들이 어떻다는 둥, 포도의 휘묻이라든가 두 번째 나는 풀이라든가 하는 말은 아예 입 밖에 내지 말아야 할 것이다. 이런 말들은 그들에게 있어서는 아주 생소하다. 그들의 어느 층에게는 어느 자(尺)라든가, 세율이라든가, 화폐 가치라든가 하는 이야기를 해야 할 것이고, 또 다른 사람들에게는 상소법이라든가, 재심 소송이라든가, 봉급이라든가, 상급 법원에의 소송 이송(移送)이라든가 하는 이야기를 해야 할 것이다. 그들은 이 세상 물정을 잘 알고 있다. 세상의 아름답지 못한 한 쪽을, 잘 보이지 않는 어두운 부분을 누구보다도 더 잘 알고 있다.

그들은 자연을 모른다. 그 본원, 진보, 은혜, 광대함을 모른다. 그들의 무지함은 때때로 자의에 의한 것이다. 자기 직업, 자기 재능에 대해서 그들이 지니고 있는 지나친 자부심에 뿌리박고 있는 것이다. 어둠침침하고 담배 연기에 그을은 작업실 구석에서 보다 암담한 소송 사건에 마음을 빼앗기고 있는 실제가들은, 맑은 하늘을 향락하고 대지를 경작하고 적당한 시기에 씨를 뿌리고 풍요한 수확을 거두어들이는 농사짓는 사람들에 대해서 자기들보다 뛰어나다고는 결코 생각하지 않는 졸렬한 인간들이다. 그들은 또 원시인 및 족장들에 관한 이야기나, 원시인들의 전원 생활이나 그들의 경제 구조에 관한 이야기를 듣게 되면, 사무실도 없고 사령(辭令)도 없고, 의장(議長)도 없고, 대소인(代訴人)도 없었던 그런 시대에 인간이 살고 있었다는 사실에 크게 놀란다. 인간이 서기과라든가 검사국이라든가 구내 식당이라든가 하는 것 없이도 편안하게 살 수 있었다는 것을 그들은 이해하지 못하는 것이다.

22

역대의 황제도 부르주아들이 파리의 길거리를 안내받을 때처럼 그렇게 편안하고 안전하게 바람이나 비나 먼지나 햇빛으로부터 자기 몸을 보호하지는 못했다. 오늘날 파리 사람들의 풍습과 그들 조상의 굽 높은 신발과의 사이에는 얼마나 큰 차이가 있는가! 그들 조상들은 사치품을 손에 넣기 위해서 필요한 물건을 없애 버리는 것을 할 줄 몰랐으며, 실용품보다는 사치를 선택하는 일도 몰랐다. 그들이 촛불을 켜 방 안을 밝게 하고 불을 피워 몸을 덥게 하는 일은 볼 수 없었다. 초는 제단이나 루브르 궁에서만 사용하였다.

그들은 화려한 사륜마차에 몸을 싣기 위해서 맛없는 식사 중간에 나가는 법도 없었다. 그들은 인간이 걸어다니기 위해서 발을 가지고 있는 것으로 믿었고 그러므로 걸어다녔다. 건조한 날은 몸을 깨끗하게 유지했으며, 비가 오는 날에는 신발을 벗었다. 사냥꾼이 밭을 뛰어넘는다든가 병사가 참호 속에서 흠뻑 젖었듯이, 도로나 네거리를 마구 쏘다니는 데 조금도 겁을 먹지 않았다. 두 사람에게 가마를 들리는 것을 사람들은 상상하지 못했다. 그 옛날 아우구스투스가 주피터의 신전을 발로 걸어갔을 때와 똑같은 우아한 태도로 의회나 대심원으로 걸어가는 몇 사람의 사법관도 있었다. 그 시대에는 철이나 구리 제품들이 부엌에서 윤기를 내고 있는 동시에, 주석 접시들은 식탁이나 찬장에서 그 광채를 발산하였다. 은이나 금들은 보석 상자 속에 들어 있었다. 공주나 왕자를 가르치는 스승의 아름다운 이름은 우리 조상들에 있어서는 잘 알려져 있었다.

그들은 왕손이나 귀한 집 자제들이 그 누구의 가르침을 받고 있는지 알고 있었다. 그러나 그들은 하인들의 봉사를 자기 아들들과 같이 나누도록 하며, 그들 자신이 직접 아들들의 교육을 감독하는 것에 만족하고 있었다. 그들은 모든 일에 있어서 자기 자신을 첫 번째 고려의 대상으로 삼았다. 그러니까 그들의 소비는 그들의 수입과 균형을 이룰 수가 있었던 것이다. 하인들, 탈 것, 가구, 식사, 또 그들의 도시와 시골집, 모두가 그들의 연수입과 그들의 지위에 따라 있었으니 무리가 없었다. 그들은 겉모습만 보고 소송 사건에 능통한 사람의 마누라를 사법관의 마님으로 착각하는 일도 없었으며, 평민이나 하인배를 신사로 잘못 판단하는 일도 없었다. 재산을 탕진하거나 그저 늘리려고만 하는 것보다는 그것을 유지하는 데 마음을 쏟고, 그 전부를 후계자에게 남기고, 조용히 편안하게 죽음의 길로 가는 것을 생활의 신조로 삼았다. 따라서 그들은 '살기 어려운 시대다. 굶주리고 있다. 돈을 만져 보기 어렵다'라고는 말하지 않았다. 그들은 우리보다 조금밖에는 돈을 더 가지고 있지 않았다. 그리고 그것으로 충분했다. 수입이나 넓은 땅덩어리보다는 오히려 절약과 겸손에 의한 부자였던 것이다. 마지막으로 그즈음 사람들은 다음 잠언을 뼈에 사무치게 느끼고 있었다. '크고 화려하고 사치스럽고 영화로운 것 속에 있는 것은, 작은 것에 있어서의 낭비요, 어리석은 수작이요, 무능함이요, 바로 그 자체에 지나지 않는다'라는 것을.

〈주〉
*1 고액의 납세 때문에 재산을 국고에 기탁하는 일. 〔원주〕
*2 시라노 드 베르즈락. 〔원주〕
*3 데마레 드 S 소를렝. 〔원주〕
*4 17세기 수렵의 보호자. 수렵의 뜻으로 사용됨.

궁정에 대해서

1

한 인간에게 우리가 할 수 있는 가장 존경할 만한 의미의 비난은, 그 사람에게 '당신은 궁정을 모르고 있다'고 말하는 것이다. 단지 이 한 마디 말에 의해서 사람들은 그의 미덕을 알게 된다.

2

궁정을 알고 있는 사람은 자기의 몸짓이나 눈이나 얼굴 표정을 자유자재로 구사한다. 그는 속이 깊어서 좀처럼 그 진심을 드러내 보이지 않는다. 그는 악의에 찬 마음을 숨기고, 적에게는 미소를 던지고, 자기 기분을 억제하고, 정열을 가장하고, 거짓 심정을 꾸미고, 자기 감정에 어긋나게 말하고 행동한다.

이 모든 뛰어난 세련미는 거짓이라고 불리는 하나의 악덕에 지나지 않으며, 전혀 불필요한 것들이다. 마치 정부의 고급 관리들이 자기의 재산을 늘리기 위해서 솔직함과 성실함과 미덕이 필요치 않은 것과 같다.

3

어떤 종류의 변화무쌍한 색채, 그것을 바라볼 때 여러 광선에 따라 변화하는 색채를 누가 한 마디로 이름지을 수 있겠는가?

이와 마찬가지로 누가 궁정을 한 마디로 정의할 수 있겠는가?

4

단 한 순간이라도 궁정에서 몸을 숨긴다는 것은 궁정을 단념하는 일이다. 아침에 궁정을 본 조정의 신하는 저녁에 다시 궁정을 본다. 그것은 다음 날 또다시 궁정을 보기 위해서이며, 또는 그 자신이 그곳에서 자신의 얼굴을 팔기 위해서이다.

5

궁정에서는 사람들이 아주 작은 존재에 지나지 않는다. 아무리 큰 허영심을 가지고 있다 해도 거기에서는 자기 자신을 작은 존재로 느낀다. 그러나 불행이라는 것은 공통점을 지니고 있다. 위대한 인간이라 할지라도 궁정에서는 아주 작은 인간에 지나지 않는다.

6

시골에서 바라보면 궁정은 더할 나위 없이 아름답게 보인다. 그러나 궁정에 가까이 가보면, 그 우아함은 사라진다. 마치 그것은 휘황찬란한 경치를 너무 가까운 거리에서 바라보는 것과 같다.

7

뜰, 대기실, 대리석 층계 위 같은 데에서 보내는 생활에는 좀처럼 익숙해지기 어려운 데가 있다.

8

궁정은 만족감을 주지 않는다. 궁정은 우리가 다른 장소에서 만족하는 것을 방해한다.

9

교양 있는 신사라면 궁정 생활의 경험을 갖지 않으면 안 된다.

궁정에 발을 들여놓으면 지금까지 모르고 있었던 새로운 세계를 발견하게 된다. 거기서는 악덕(惡德)과 예절이 똑같은 힘으로 지배하고 있는 것이 보이고, 좋은 것도 나쁜 것도 모두 그에게는 유익할 따름이다.

10

궁정은 대리석으로 세워진 건물과 같다. 나는 그것이 매우 가혹하고 딱딱하며, 또 매우 세련되고 윤기가 흐르는 인간들로 구성되어 있다고 말하고 싶다.

사람들은 흔히 거기서 돌아오기 위해 궁정에 간다. 그리고 그것에 의해 자기 마을의 귀족이나 자기 교구의 신도에게 존경의 마음을 불러일으킨다.

만일 사람들이 겸손하고 검소하다면, 자수 가게나 과자집은 필요 없는 사치품이 되고 꼭 필요한 진열품만을 늘어놓게 될 것이다. 마찬가지로 만일 사람에게서 허영심과 이기심을 없애 버린다면, 궁정에는 사람 그림자도 얼씬하지 않을 것이고, 왕은 홀로 고독한 존재가 되고 말 것이다.

사람들은 어떤 장소에서는 노예가 되고, 다른 장소에서는 지배를 위해 필요한 것을 뜯어 내는 약탈자가 된다. 사람들은 오만하고 자만하고 강압적인 태도를 하나로 묶어 궁정의 일류 인사에게 넘기고 있다. 그러나 이것은 시골에서 그 태도를 세분하여 분배해 주기 위해서이다. 말하자면 그들은 그들이 당한 그대로를 정확하게 사람들에게 되돌려 주는, 왕의 위력의 참된 원숭이와 조금도 다름이 없다.

13

군주가 그 모습을 나타내는 장소에서는 조정의 신하들을 보기 흉한 꼴로 만든다. 나는 두 번 다시 그들의 얼굴을 똑바로 쳐다볼 수 없다. 그들의 표정은 바뀌고 그들의 거동은 야비하게 변한다. 거만함과 존대함을 가장하는 사람일수록 그 변질도는 높다. 그들은 자기가 지니고 있는 것 이상을 잃기 때문이다. 성실하고 겸손한 인간은 그들보다 훨씬 훌륭한 태도를 지닌다. 자기가 지니고 있는 이상의 다른 태도를 꾸밀 필요가 없기 때문이다.

궁정의 풍조는 전염된다. 노르망디 지방의 발음법이 루앙이나 파셰즈 마을에 퍼지듯 그것이 V지방에도 전해진다. 보급계 하사관이나, 감사계에서 일하는 낮은 관리들이나, 과일 창고의 우두머리들에게서 그런 영향을 발견할 수 있다. 매우 평범한 정신을 가진 사람으로서 궁정 풍조를 몸에 지닌다는 것은 크나큰 진보를 가져오는 것임에 틀림이 없다. 고귀한 재능과 확고한 정신을 소유하고 있는 인간은, 이런 종류의 재능을 연구하고 그것을 몸에 지니는 것을 높은 안목으로 생각지 않으며, 또 그것을 존중하지도 않는다. 그는 아무런 반성도 하지 않고 그런 것을 손에 넣고, 그것을 버리려고도 생각하지 않는다.

15

어느 궁정에서든 모험을 즐기는 대담한 인물과, 상스럽고 버릇없는 성격을 지닌 인물이 홀연히 나타나는 법이다. 그들은 스스로 원해서 어디에나 얼굴을 내밀고, 자기에게는 누구도 뒤따를 수 없는 뛰어난 솜씨가 있다고 떠들어 대며, 무슨 말을 해도 그 말이 받아들여진다. 그러는 동안에 그들은 대중들의 어리석고 그릇된 판단과 새로운 것에 대해 갖는 인간의 특별한 기호를 이용한다. 그들은 군중들 속에서 두각을 나타내고, 그 이름은 군주의 귀에까지 들어가게 된다. 정부의 고급 관리들은 그들이 군주에게 말을 건네고 있는 것을 보게 된다. 그것은 군주가 그들과의 대화를 즐겁게 여기고 있는 동안만 지속된다. 큰 인물들에게 편리한 것은 그들을 관대하게 대접하든 내쫓아 버리든 아무런 지장도 없다는 점이다. 그때 그들은 부자가 되는 동시에 신용을 잃고 사교계에서 영원히 그 자취를 감추고 만다. 그리고 그들이 지금까지 속여 왔던 사교계는 또다시 다른 인간에게 속아 넘어갈 채비를 서두르고 있는 것이다.

16

어느 궁정에나 아부와 추종을 일삼고, 달콤한 말로 남의 환심을 사고, 여성에 대해서는 특히 정중한 태도를 취하는 족속들이 있기 마련이다. 그들은 그 여성들의 모든 쾌락을 함께 나누어 가지며, 약점을 연구하고, 온갖 정열에 부채질을 한다. 그들은 그녀들의 귓가에 음탕한 말을 속삭이고, 달콤한 말로 그녀들의 남편이나 애인들에 대해 이야기하고, 그녀들의 슬픔이나 병을 미리 짐작하기도 하고, 그녀들의 잠자리를 정해 주기도 한다. 그들은 유행을 만들어내고 사치나 낭비를 일삼으며, 옷과 가구와 마차를 사는 데 막대한 돈을 쓰는 방법을 여성들에게 가르쳐 주기도 한다. 그들 자신도 창의와 호사함이 눈부시게 빛을 발산하는 옷을 몸에 걸친다.

그리고 그들은 개축하여 아름답게 꾸미지 않고서는 옛 성관에 살지 않는다. 그들은 미묘하게 그리고 심사숙고하며 식사를 한다. 그들은 모든 종류의 육체적 향락을 경험한다. 그들은 손수 재산을 모았으며 유지하고 있다. 자만심이 강한 그들은, 자기와 동류의 사람들에게는 가까이 가지도 않으며 인사도 하지 않는다. 그들은 다른 모든 사람들이 입을 다물고 있는 곳에서 말을 하고, 점잖은 신사들이 감히 그 모습을 나타낼 수 없는 어떤 곳에도, 또 어떤 시간에도 주저 없이 침입한다. 점잖은 신사들이야말로 오랜 봉사와 몸에 입은 많은 상처와 훌륭한 직책 또는 당당한 지위를 가지고서도 그와 같은 단호한 얼굴 표정을 짓지 않으며, 그와 같이 안하무인격으로 불손한 태도를 취하지 않는다.

그 족속들은 위대한 군주들에게 항상 자기 주장을 경청하게 만들며, 모든 쾌락과 향연에 참여하고, 루브르나 샤토오에서 밖으로는 한 발짝도 나오는 법이 없고, 거기에서 마치 자기 집인 양 멋대로 활보하고 다니며, 모든 곳에서 그야말로 신출귀몰하는 활약상을 보이고, 언제나 궁정에 처음 발을 들여놓은 사람들의 눈을 놀라게 하는 최초의 얼굴이 된다. 그들은 포옹을 하고 포옹을 당한다. 그들은 입가에 미소를 띠기도 하며 크게 웃기도 한다. 그들은 농담을 즐기고, 이야깃거리를 곧잘 꾸며 낸다. 그들은 편리하고 유쾌하고 부유하며 돈을 빌려 주는 인간들이고, 그야말로 대단치 않은 인간들이다.

17

평민의 신분으로 궁정에 들어가서, 거기서 교양 있는 신사가 되지 못한다면 그거야말로 크나큰 바보이다.

18

궁정에서는 자나깨나 이해 관계로 일관한다. 사람들이 아침저녁으로 밤낮으로 참고 견디어 낼 수 있는 것은 바로 이 이해 관계 때문이다. 이것이 사람들로 하여금 생각하게 하고, 말하게 하고, 침묵을 지키게 하고, 행동하게 만든다. 사람들이 어떤 사람에게 접근하고, 다른 사람을 소홀히 하고, 추어올렸다 내렸다 하는 것은 모두 이 정신 상태에서 나온 행위이다. 이 법칙에 따라서 사람들은 친절함과 정중함과 경의와 냉담과 경멸의 도를 조절한다.

어떤 사람들이 미덕에 의해 검소와 절제의 방향으로 몇 걸음 내딛게 되면, 어떤 야심의 동기가 그들을 최대의 욕심쟁이, 최대의 야심가로 만들어 버리고 만다. 모두 걸어가고 움직이고 있는 장소에서 부동의 자세로 멈춰 설 수 있는 방법이 어디 있겠는가? 타인이 뛰고 있는 장소에서 혼자 뛰어가지 않을 수 있는 방법이 어디 있겠는가? 출세의 여부나 재산 상태의 여하가 자기 자신의 책임이라고 믿어지고 있다. 궁정에서 출세나 축재를 하지 않은 사람은 할 필요가 없었던 것으로 간주되고, 여론에서도 떠들어 대지 않는다. 사태가 이쯤 되어 있으니, 아무런 성과도 거두지 못하고 궁정에서 멀리 떠나가야 할 것인가, 아니면, 은총도 보수도 받지 않고 거기에 억지로 남아 있어야 할 것인가? 이것은 매우 곤란하고 괴롭고 정말 결정하기 어려운 문제인 까닭에, 많은 정부의 고급 관리들이 그래야 되나 안 그래야 되나 하는 것으로 나이를 먹어가고 의혹 속에서 죽어 가는 것이다.

19

우리의 친구가 만일 크나큰 행운을 타고 높은 자리에 올라앉았는데도 전과 다름없이 우리와 인사를 나누어 주는 사람이라면, 그것은 정말 드물게 볼 수 있는 우정이라고 할 수 있다.

20

사람들에게 둘러싸여 만족해하는 인간이 있다. 그러나 그에게는 높은 지위가 있다. 모두 앞을 다투어 가까이 하려는 남자가 있다. 그러나 그는 군주의 사랑을 받고 있다. 권위가 막강한 사람에게서까지 포옹을 당하고 애무를 받고 있는 사람이 있다. 그러나 그는 부자이다. 모든 사람들이 호기심을 가지고 쳐다보고 손가락질하는 인물이 있다. 그러나 그는 학자이며 웅변가이다. 누구나 잊지 않고 인사를 하는 인물도 있다. 그러나 그는 독설가이다. 나는 선량한 인간, 그 이상의 아무것도 아닌 인간, 어디서나 환영받는 인간을 원한다.

21

아주 높고 미묘한 지위에 있어서는, 거기까지 올라가는 것이 거기에서 몸을 지탱하는 것보다 더 쉽다.

22

사람들은 행운의 절정에서, 그들로 하여금 거기까지 올라가게 한 그 똑같은 이유에 의해 굴러 떨어지는 것을 흔히 볼 수 있다.

23

궁정에서 누군가에 대해 좋게 말하는 데는 두 가지 이유가 있다. 첫째는 자신이 그를 칭찬하고 있다는 것을 그에게 알리기 위해서. 둘째는 그가 자신에 대해 좋게 말하도록 하기 위해서.

24

당신은 착한 분입니다. 당신은 왕의 사랑을 받고 있는 분들의 마음에 들려고 애를 쓰지 않고, 그분들의 기분을 상하게 하려고도 하지 않고, 오로지 당신의 주인과 당신의 의무에만 집착하고 계십니다. 그러나 당신은 파멸입니다.

25

자격이 있는데 지위를 거절당하는 것과, 그럴 값어치가 없는데 그 의자에 앉는 것과, 어느 쪽이 더 큰 치욕일까?
궁정에서 중요한 자리에 앉으려면 아무리 큰 어려움이 있더라도 그 지위에 적합한 사람이 되기 위해 보다 큰 쓰라림과 고통을 겪어야 한다.

26

기분 나쁜 얼굴로 물건을 준다는 것은 촌스러운 일 중에서도 가장 못난 일이다. 준다는 행위는 가장 어렵고 고통스러운 것이다. 거기에 미소를 덧붙인다고 해서 무슨 손해가 있겠는가?

27

궁정에는 이익을 얻기 위해 온갖 지위를 몸에 붙이고 다니는 탐욕스러운 족속들이 우글거리고 있다. 총독, 사법관, 종교직, 모두가 그렇다. 그들은 매우 뛰어난 적응성을 지니고 있으므로 그 신분에 따라 모든 은총을 마음대로 요리한다. 그들은 수륙 양면 작전을 쓴다. 그들은 '교회'와 '검'에 의해 살아간다. 뿐만 아니라 법의(法衣)를 거기에 보태는 비결도 터득하고 있다. 만약 여러분들이 '저 사람들은 궁정에서 어떤 일을 하고 있습니까?' 하고 묻는다면 '그들은 받고 있는 거야. 그리고 물건을 주고 있는 모든 사람들을 시샘하고 있는 거야' 하고 대답하겠다.

28

수많은 사람들이, 궁정에서 무엇인가 받은 사람들을 포옹하고 축하해 주는 일에 그들의 평생을 보내며, 결국은 아무것도 얻지 못하고 거기에서 죽어간다.

29

이제 막 중요한 자리에 앉은 사람은 이미 그의 이성과 재치를 타인을 위한 자기 거동이나 외관 조정을 위해 사용하지 않는다. 그는 자기의 기준을 자기가 점유하고 있는 직책과 지위에서 빌려 온다.

망각, 거만, 무례, 가혹, 배은은 바로 여기에서 오는 것이다.

30

톱니바퀴나 태엽과 같은 장치는 숨겨져 있어 눈에 띄지 않는다. 시계는 바늘만이 밖으로 나와서 우리가 알지 못하는 사이에 한 바퀴를 돈다. 이것이야말로 정부의 고급 관리들의 상징이다. 크게 출세했는가 하면, 때로는 출발점과 똑같은 위치에 되돌아오므로 더욱 적절한 상징이라 할 수 있다.

31

귀족은 시골에 있는 자택에서 살면 자유로운 생활을 보낼 수 있다. 단지 원조가 없을 뿐이다. 궁정에서 살면 보호를 받는다. 그러나 노예의 몸이 된다. 이렇게 서로 상쇄된다.

32

노예는 한 사람의 주인만을 섬긴다. 그러나 야심가는 자기 행복에 도움이 될 인간의 수만큼 주인을 가지고 있는 것이 아닐까?

33

사교계의 법을 가지고서도, 또 사람들이 예의라고 부르는 것을 가지고서도 화해될 수 없는 어떤 종류의 가족들이 있었다. 그런데 그 가족들이 신기하게도 화합한 것이다. 종교가 그것을 시도하다 실패한 바로 그 장소에서, 결국 이해관계가 움직여 아주 쉽게 그 일을 성공시켰던 것이다.

34

타인을 위해 탄원하는 자에게는 정의를 요구하는 인간의 믿음직스러운 모습이 깃들어 있고, 자기 자신을 위해 말하고 행동하는 자에게는 은혜를 구걸하는 쑥스러움과 수치가 깃들어 있다.

35

평생을 통해 진실과 단순함만이 세계 최선의 방법인 경우가 있다.

36

여러분이 총애를 받고 있는 한 모든 일은 잘 돼나가고 잘못을 저지르는 일도 없으며, 모든 길은 여러분을 끝까지 인도한다. 그러나 불우한 대접을 받고 있을 때는, 하는 일 모두가 잘못이며 무익하고, 모든 길이 여러분을 빗나간 방향으로 인도할 것이다.

37

어느 기간 동안 음모를 일삼고 살아온 인간은, 이미 그것 없이는 지낼 수가 없다. 그는 다른 어떤 생활도 지리해서 견디지 못할 것이다.

38

어떤 총신은 매우 가까운 거리에서 관찰의 대상이 된다. 만일 그가 대기실에서 나를 기다리게 하는 시간이 보통 때보다 더 짧고, 덜 엄격한 표정을 짓고, 이맛살을 덜 찌푸리고, 기꺼이 나의 말에 귀를 기울이고, 더 멀리까지 나를 전송해 준다면, 나는 그가 몰락해 가고 있는 것으로 짐작하게 된다. 그리고 나의 이 생각은 사실대로 적중할 것이다.

인간은 자기 자신을 도덕적으로 유지하는 능력이 대단히 적다. 그러니까 그를 보다 인간적으로 만들고, 보다 대하기 좋게 만들고, 잔인성을 없애고, 보다 청렴한 인간으로 만들기 위해서는 왕의 은총을 잃든가 치욕을 당할 필요가 있다.

39

궁정에서 어떤 부류의 사람들을 관찰해 본다. 그들의 이야기를 듣고 그들의 거동을 살펴보면, 그들은 자기 조부의 일이나 손자의 일도 생각하고 있지 않다는 것을 분명히 알게 된다. 오로지 현재만이 그들의 관심사이다. 그들은 그 현재를 즐기지 않고 낭비하고 있는 것이다.

40

어느 날엔가 단호히 큰 명성과 권력 또는 막대한 재산을 헌신짝같이 버릴 수 있는 사람은, 그토록 많은 고통과 잠 못 이루는 밤 그리고 수많은 죄악으로부터 순식간에 해방된다.

41

100년이 지나도 세계는 변함이 없을 것이다. 같은 극장 안의 같은 장식이다. 그러나 같은 배우일 수는 없다. 받은 총애를 향락한 모든 자들, 거절을 비관하고 절망에 빠졌던 모든 자들은 무대 위에서 사라져 없어질 것이다. 이미 극장에는 같은 극본을 가지고 같은 역할을 연기하려는 많은 사람들이 다가오고 있다. 이번에는 그들이 사라져 없어진다. 새로운 배우들이 그들 대신 역을 맡게 된다. 이와 같은 희극의 등장 인물을 어떻게 믿을 수 있겠는가!

42

궁정을 본 사람은 세계에서 가장 아름다운 것, 가장 외관이 멋진 것, 가장 잘된 장식을 본 셈이다. 궁정을 보고 나서 궁정을 경멸하는 사람은 세계를 경멸하는 사람이다.

43

건전한 정신은, 궁정에서 고독과 은거의 취미를 찾아 낸다.

귀족들에 대해서

1

민중들은 귀족들을 거의 맹목적으로 동경한다. 그들은 귀족들의 몸짓과 표정과 목소리와 일거일동에 심취한다. 그러니 만일 지체 높은 사람들이 선량하게 되고자 마음먹으면, 그들은 거의 우상 숭배에 가까울 정도로 존경받게 될 것이다.

2

귀족들은 어떤 점에 있어서는 다른 사람들보다 막대한 이득이 있다. 나는 미식(美食)이나 사치스런 가구나 개나 말이나 원숭이나 난쟁이나 바보나 아첨배는 그들에게 양보한다. 그러나 마음과 재치에 있어서 그들과 맞먹거나, 때로는 그들을 능가하는 사람들을 손아래 부리는 행복에 대해서는 그들이 부럽다.

3

귀족들은 숲 속에 길을 내고, 몇십 리나 되는 긴 성벽을 쌓아 토지를 지키고, 천장에 금박을 입히고 끝없이 흐르는 강물을 정원에까지 끌어들이고, 오렌지 밭을 기름지게 하는 것을 자랑삼고 있다. 그러나 어떤 마음에 만족감을 주고, 어떤 영혼을 환희에 차게 하고, 극도의 가난에 대비하고, 거기에 구제의 손길을 뻗어주는 데까지는, 그들의 호기심은 가 있지 않다.

4

저마다 다른 지위 환경에는 반드시 거기에 밀착되어 있는 매력이 있어서, 빈곤의 밑바닥까지 도달해도 거기에 머무르고 있으면서 움직이려 하지 않는다. 그러므로 지체 높은 사람들은 물자의 과잉 상태에 만족하고 살아가며,

비천한 사람들은 절제를 사랑하며 살아간다. 전자는 지배하고 명령하는 취미를 가지고 있으며, 후자는 그들에 봉사하고 그들을 따르는 것에 즐거움을 느끼고 허영심까지 품는다.

지체 높은 분들은 사람들로부터 둘러싸이고 인사를 받고 존경을 받는다. 비천한 사람들은 둘러싸고 인사를 드리고 엎드린다. 그리고 모든 사람들은 만족하고 있는 것이다.

5

귀족들은 아주 쉽게 입으로 약속한다. 그들이 여러분에게 한 훌륭한 약속은 이미 그들의 지위에 의해 면제받은 셈이다. 보다 큰 약속을 하지 않는 일이 그들에게 있어서는 분수를 지키는 일이 된다.

6

지체 높은 분에게 불만을 토로하는 것보다는 차라리 그분을 이쪽에서 버리는 편이 더 유익하다.

7

그 사람들은 어떻게 해서 그렇게 큰 상금을 탔는지, 다른 사람들은 또 어떻게 해서 그렇게 귀족들의 사랑을 얻고 있는지, 누가 속 시원히 말해 줄 수 있겠는가?

8

지체 높은 귀한 분들은 재치밖에 없는 머리 좋은 사람들을 경멸한다. 재치 있는 사람들은 높은 자리밖에 없는, 이른바 위대하고 귀하신 분들을 멸시한다. 유덕한 인사는 아무런 미덕도 지닌 것이 없고 높은 지위나 재치만을 가지고 있는 이 양쪽 모두에 대해서 분개한다.

9

테오필의 불치의 병이란 무엇일까? 그 병은 30년 이상이나 지속되고 있으나, 좀처럼 낫지 않는다. 그 병은 다름이 아니라, 높은 자리에 있는 귀하신

분들을 보살피기를 바랐었고, 바라고 있으며 또 바랄 것이라는 병이다. 죽음만이 그에게서 이 타인에 대한 권세욕을 제거할 수 있을 것이다. 이것은 이웃을 사랑하는 그의 열렬한 마음일까? 습관일까? 자기 자신에 대한 지나친 평가일까? 어떤 대 저택도 그가 기어들어가지 않은 곳은 없다. 그의 발걸음은 방의 중간에서 멈추지 않는다. 그는 벽구멍이 뚫려 있는 곳을 통해 대기실로 간다. 사람들은 왕의 인견(引見)을 받고 배알을 받기 위해 그가 오랜시간 온갖 몸짓을 써가며 하는 이야기가 끝나기를 기다리고 있다.

그는 여러 가정의 비밀에 참여한다. 그들 가정에 슬픈 일이 일어나든 좋은 일이 일어나든 언제나 그는 맡은바 그의 몫을 한다. 그는 앞을 내다보며 얼굴을 내밀고 환대를 받게 만든다. 그를 받아들이지 않을 수 없는 것이다. 그의 비는 시간과 그의 야심을 충족하기 위해서는 그가 신에 대해서 자신의 영혼과 똑같이 책임을 지고 있는 1만 명의 영혼을 돌보아도 결코 충분하지 않다. 그 밖에도 더 지위가 높고 더 고귀한 분들이 있으며, 그는 아무런 이익을 바라지도 않고 스스로 원해서 그들을 떠맡고 있다. 그는 자기의 음모와 중개와 또는 술책을 꾸미는 데 있어서 일종의 밑거름으로서 필요한 모든 일에 귀를 기울이며 감시의 눈을 게을리하지 않는다. 어떤 지체 높은 귀하신 분이 우리나라에 오자, 그는 그분을 붙들고 놓아 주지를 않는다. 그가 그 귀하신 분을 보살피리라는 것을 세간에서 추측도 하기 전에, 벌써 테오필은 그분을 보살펴 주고 있다는 소문이 퍼진다.

10

우리를 능가하는 사람들로부터 오는 냉담함과 무례한 언행은 우리로 하여금 그들을 증오하게 만든다. 그러나 간단한 인사나 미소가 우리를 그들과 화해시킨다.

11

귀족들은 평소 민중을 경멸하고 있으므로 민중에게서 받는 아부와 아첨이나 찬사에는 무관심하게 되고, 자만심도 완화되어 있다. 마찬가지로 귀족 또는 정부의 고급 관리들로부터 그칠 새 없이 찬미를 받고 있는 왕도, 자기를 찬미하는 사람들을 더 존경한다면 틀림없이 콧대가 더욱 높아질 것이다.

12

만약 자기가 부하들을 잘 알고 자기 자신을 올바르게 인식할 수 있다면, 윗자리에 앉은 것을 부끄럽게 생각하게 될 사람들이 많다.

13

뛰어난 웅변가가 많지 않다면, 과연 그것을 들을 수 있는 귀를 가진 사람들은 많이 있을까? 훌륭한 문학가가 적다면, 읽고 소화할 수 있는 사람들은 어디에 있는 것일까? 마찬가지로 사람들은, 왕의 자문에 응하고 여러 사건 처리에 있어서 훌륭하게 보필할 수 있는 인물이 적다는 것을 항상 개탄해 왔다.

그러나 만일 그러한 능숙하고 총명한 인물들이 태어났다고 가정해 보자. 그들이 자기의 견해와 자기의 식견에 따라 행동했을 때 과연 그들은 그들의 가치만큼 사랑을 받을 수 있었을까? 존경을 받을 수 있었을까? 과연 그들은 조국을 위해 그들이 생각한 만큼 찬양을 받았을까? 그들은 살아 있는 목숨이기 때문에 실패하면 비난을 받고 성공하면 시기의 대상이 되기에 충분하다. 민중의 비애나 선망은 귀족들이나 권세가의 입장에서 볼 때 피치 못할 현실로 간주되며, 그들로 하여금 무의식 중에 민중을 하찮은 존재로 여기게 하고, 그들의 모든 계획에서 민중의 찬동을 가볍게 생각하게 하고 그것을 정치의 한 법칙으로까지 만들게 되는 결과를 불러일으킨다.

비천한 사람들은 서로 해치고 증오한다. 비천한 사람들에게 주는 그들의 악에 의해, 그들이 결코 주지 않는 선에 의해 귀족들은 가증스런 존재가 된다. 그들의 비천함과 빈곤과 불행은 지체 높은 귀하신 분들의 책임이다. 적어도 그들 비천한 사람들에게는 그렇게 보인다.

14

귀족과 민중은 가장 대조적인 인간의 2개의 지위이다. 후자는 필요한 것에 만족하고, 전자는 불필요한 것 때문에 불안해하고 궁상을 떤다. 평민들이란 아무런 악한 행위도 하지 못한다. 높으신 분들은 어떤 선한 행위도 하기를 원하지 않으며, 여러 가지 크나큰 악한 행위를 할 수 있는 사람들이다. 후자가 사람이 되어 가고 단련을 받는 것이 다만 유익한 일들에 제한된 반면, 전자는 거기에 여러 가지 해로운 일들을 결합시킨다. 한쪽에는 소박함과 솔직함이 있는 그대로 나타나는 데 비해, 다른 쪽에는 정중함이라는 외관 안에 사악과 부패의 구정물이 숨겨져 있다.

민중에게는 재치가 없고, 귀족들에게는 영혼이 없다. 전자는 밑바탕이 선량하고 꾸밈새가 없다. 후자에게는 겉치레 이외에 아무것도 없으며, 가진 것이 있다면 그것은 단순한 껍질뿐이다. 두 가지 중 하나를 선택해야 한다면 나는 주저하지 않고 민중이기를 바랄 것이다.

15

군주의 쾌락 속에는 다소 타인을 불쾌하게 만드는 쾌락이 들어 있는 듯 느껴진다. 그러나 이것은 그릇된 생각이다. 군주도 보통 사람들과 별로 다른 데가 없는 것이다. 그들도 자기 자신의 일을 생각하고 자신의 기호와 정열과 안락을 추구한다. 이는 지극히 당연한 일이다.

16

머슴이나 하인이 그들의 지위에 알맞는 재치만을 가지고 있다고 하자. 그들은 벌써 자기 자신을 자신이 지니고 있는 비천함에 따라서 판단하지 않고, 자기가 모시고 있는 주인의 지위나 재산에 의해서 판단한다. 그들의 문을 통해 들어오고 그들의 계단으로 올라가는 모든 사람들을 아주 냉담하게 자기나 자기 주인 밑에 놓고 쳐다본다. 그만큼 사람들은 귀족이나 귀족에 소속되어 있는 것을 큰일로 바라본다.

17

타인의 가치를 빨리 알아차린다는 것, 그것을 알았을 때는 응분의 대접을 한다는 것, 이 두 가지 일은 즉각적으로 계속해서 해야 할 일임에도 불구하고, 거의 대부분 귀하신 분들은 이 일을 못한다.

18

자네는 위대하다, 자네는 권력자다, 하는 것만으로는 모자라네. 나로 하여금 자네를 존경할 수 있게 해 주게.

자네의 사랑을 잃었다는 것, 또는 자네의 총애를 얻지 못했다는 것에, 내가 서러움을 느낄 수 있게 말일세.

19

사람들이 귀족들을 찬양해 마지않는 것은 자기가 가까이에서 그들을 보았다는 것을 자랑하기 위함이며, 존경심이나 감사의 정에서 찬양하는 일은 아주 드물다. 허영심이나 천박함은 때때로 원한을 이겨 낸다. 사람들은 그들에게 불만을 느끼고 있으면서도 그들을 칭찬해 마지않는 것이다.

20

지체 높은 인간에게 모든 사람들이 선뜻 자리를 양보하는 데도, 응당 그가 차지해야 할 자리에 순순히 먼저 앉지 않는다는 것은 순전한 위선적인 행위이다. 겸손하다는 것, 그를 위해 성급히 길을 여는 군중들 속에 끼어들어간다는 것, 모든 사람들이 그를 알아채고 급히 거기에서 그를 모셔 가게 하기 위해 집회에서 끝자리를 차지하고 앉는다는 것, 이런 모든 번잡스러운 일에 그는 아무런 불편을 느끼지 않는다. 평범한 지위에 있는 사람들에게 있어서 겸손이라는 것은 이보다 훨씬 고통스러운 실천이 아닐 수 없다. 그들이 만약 군중들 속에 끼어들어간다면 사람들은 그들을 밟아 죽이고 말 것이다. 그들이 만약 불편한 장소를 택했다고 하면, 그 장소는 언제까지나 그들의 소유로 남아 있을 것이다.

21

귀족들은 이 세계가 창조된 초기를 좋아하지 않을 것이 뻔하다. 그 시대는 그들에게 그리 유리하지 못했기 때문이다. 우리들 모두가 같은 형제나 자매들로부터 나오고 있다는 것을 직접 눈으로 보아야 한다는 것은 그들에게는 서러운 일임에 틀림이 없으니까. 인간은 다 함께 동일한 가족을 형성하고 있다. 거기에는 다만 아버지가 앞이냐 뒤이냐 하는 차이밖에는 없다.

22

테오그니스는 몸치장에 매우 신경을 쓰는 남자로 여자와 같이 몸단장을 하고 외출한다. 눈이나 얼굴 화장이 완전히 끝나지 않으면 절대로 집을 나서지 않는다. 그것은 그가 민중들 속에 있을 때 단정한 모습과 빈틈없는 귀족차림으로 보이기 위해서이고, 길가의 사람들이 우아하고 멋진 자세로 한없이 미소를 던지고 있는 그를 알아보도록 하기 위해서이고, 아무튼 무엇 하나 잘못이 없게 하기 위해서이다.

넓은 홀 안을 걸어갈 때면, 그는 많은 사람들이 모여 있는 오른쪽으로 고개를 돌리고, 아무도 없는 왼쪽으로도 고개를 돌린다. 그는 거기에 있는 사람들에게 일일이 인사를 나누며 거기에 없는 사람들에게도 공손히 인사를 한다. 그는 자기 바로 옆에 있는 사람을 포옹하며, 그 사람의 머리를 가슴에 꼭 껴안는다. 다음에 그는 자기가 포옹한 인물이 누구인가를 묻는다.

누군가가 간단한 일로 그를 만나려고 한다. 그 남자는 그를 만나 일을 부탁한다. 테오그니스는 기분 좋은 얼굴로 이야기를 듣는다. 자기가 도움이 될 수 있다면 더 이상의 기쁨이 없겠다고 말한다. 그는 그 남자에게 힘이 되어 줄 것을 약속한다. 그래서 그 남자가 부딪힌 일에 도움이 되어 줄 것을 간절히 부탁하자, 그는 자기로서는 그런 일은 할 수 없다고 말한다. 그는 자기 입장이 되어 생각해 보라고 설명하며 그것을 그 남자로 하여금 판단하게 한다. 손님은 전송을 받고 애무를 받고 돌아간다. 거절을 당했는데도 만족을 느낀다.

23

높은 자리에 앉아 있는 사람들이 많은 시간을 끌며 실속 없는 포옹을 함으로써 상대방을 속이고 있다고 생각하는 것은, 그들에 대해 큰 악의를 품고 있거나 그들을 잘 알고 있다는 뜻이 된다.

24

우리들은 귀족이나 훌륭한 벼슬아치에 대해서 쓸데없는 질투나 힘없는 증오심을 품고 있다. 그것으로는 그들의 탁월함이나 출세에 복수를 하지도 못한다. 다만 우리들 자신의 비참함에, 타인의 행복에 대한 견디기 어려운 무거운 짐만을 덧붙이는 결과밖에 안 된다.

이처럼 뿌리깊고 전염되기 쉬운 마음의 병에 대해서 어떤 처방을 내려야 하는 것일까? 아주 작은 것으로써 만족하도록 하자. 좋은 기회를 잡으려고만 하지 말고 남에게 내어 주는 아량을 갖자. 이 마음가짐이야말로 가장 확실한 것이며, 나는 그것을 시험해 보기로 한다. 그래서 나는 여러 가지 일을 의식적으로 피하고 있는 것이다. 말하자면 문지기를 회유한다거나 하인을 농락하는 따위의 일을, 정승집이 하루에도 몇 차례나 문 밖으로 내쫓는 의뢰자의 한 사람이 되는 것을, 조신(朝臣) 집에 모여드는 수많은 사람들로부터 밀려나가는 신세가 되는 것을, 정승집의 사랑방에서 불안과 초조에 떠는 것을, 정당한 일에도 겁을 먹으면서 떠듬떠듬 말하며 그에게 간청하는 것을, 그의 오만한 태도나 쓰디쓴 웃음이나 냉담하게 내뱉는 말 따위를 참고 견뎌야만 하는 일 따위를 피하고 있는 것이다. 그렇게 되면 나는 더 이상 그를 증오하지 않으며 부러워하지도 않는다. 그는 나에게 아무것도 바라지 않으며 나 또한 그에게 바랄 것이 아무것도 없다. 아마 그에게는 걱정거리가 있고 나에게는 아무런 걱정이 없다는 것을 빼놓는다면 우리는 동등한 것이다.

25

지체 높은 사람들은 감정의 지배를 많이 받는다. 어떤 일이라 해도 처음에는 이 하릴없는 사람들에게 강렬한 인상을 심어준다. 한 사건이 벌어진다. 그들은 거기에 대해서 말을 많이 한다. 머지않아 그들은 거의 그 일에 대해서 말을 하지 않는다. 다음에 그들은 더 이상 그 이야기를 꺼내지 않는다. 그들은 앞으로 다시 그것을 입 밖에 내는 기회를 갖지 않을 것이다. 행위와 작품과 사건 등 모든 것이 잊혀져 없어지고 만다. 정확한 평가도, 선견지명도, 반성도, 은혜도, 보상도 그들에게는 바라지 말아야 한다.

26

권세가들에 대해서 사람들은 입을 다물고 있어야 한다. 그들을 칭찬하는 데는 거의 언제나 아첨이 끼어든다. 살아 있을 때 그들을 욕하는 것은 위험이 깃들게 마련이고, 죽고 난 다음에 말한다는 것은 비겁한 일이다.

생애와 사상

에라스무스/라 로슈푸코/라 브뤼예르

에라스무스가 태어난 당시의 로테르담(위)과 하우다(아래)의 풍경. 18세기 초의 동판화.

에라스무스의 생애와 사상

1. 에라스무스 역사적 배경

에라스무스(Desiderius Erasmus, 1469~1536)는 네덜란드의 항구 도시인 로테르담에서 태어났으며 스위스 바젤에서 세상을 떠났다. 그래서 그는 보통 '로테르담의 에라스무스'라고 불린다.

에라스무스는 이탈리아 인문주의자들이 개척한 문헌학적 방법을 이용하여, 특히 그리스어 「신약성서」와 교부들에 대한 연구에서 과거에 대한 역사적·비판적 연구의 토대를 이루어 놓았다. 그의 교육에 관한 저술은 형식에 치우친 과거의 교과과정을 지양하고 인간성을 중시하는 고전문학을 새롭게 강조하는 방향으로 나아가는 데 이바지했다. 그는 교회의 악폐를 비판하고 먼 옛날의 좋았던 시절을 강조함으로써, 점증하는 개혁 욕구를 더욱 부추겼다. 이 욕구는 프로테스탄트의 종교개혁뿐 아니라 가톨릭의 반종교개혁에도 나타났다. 마지막으로 그는 신앙 고백을 통한 격렬한 논쟁의 시대에 어느 쪽에도 속하지 않는 독자적인 태도(그는 마르틴 루터의 예정설도 받아들이지 않았고, 교황이 주장하는 권력도 인정하지 않았음)를 유지했기 때문에 양쪽의 충성스러운 지지자들에게는 의혹의 대상이 되었고, 신앙의 정통성보다 자유를 더 높이 평가하는 사람들에게는 어둠을 비추는 횃불이 되었다.

초기 생애

에라스무스의 아버지 게라르 프라에트는 네덜란드 하우다 출신의 성직자였으며, 어머니는 의사의 딸이었다. 에라스무스는 그들의 사생아로 태어났다.

네덜란드 데벤테르에 있는 성레보인 교회의 부속학교에 들어가 3학년까지 진급했다. 그의 스승이었던 얀 신텐과 교장 알렉산데르 헤기위스는 모두 인

문주의자였다. 에라스무스는 학생시절에 고전 라틴어 시를 쓸 만큼 총명했
는데, 근대의 독자들은 이 시를 통해 그가 세계시민주의자였다는 인상을 받
았다.

어릴 때 부모님을 여읜 그는 공동생활형제회 부속학교에서 공부하였으며
1487년에는 아우구스티누스 교구 사제수도회에 수련자로서 입회했다. 그리
고 그는 1492년에 사제로 서품되었다.

그 후 에라스무스는 캄브레 주교의 비서가 되었으며, 그의 도움으로 1495
년 파리의 기숙사제 대학교에 들어가 신학을 공부하였다. 그러나 에라스무
스는 궁정 신하의 생활에는 적합하지 않았고, 캄브레 주교가 그를 파리대학
에 보내 신학을 공부하게 했을 때(1495)도 상황은 별로 나아지지 않았다.
"딱딱한 침대, 거칠고 형편없는 식사, 잠들 수 없는 밤, 가혹한 노동 때문에
1년에도 몇 명이나 사망자가 나오는" 생활(그의 편지에서 인용)을 보낸 그
는 이듬해에 캄브레로 돌아와 버렸다. 이후 그는 방랑의 나날을 보낸다.

그는 고전 연구에 도움을 얻기 위해 제자들을 받아들이기 시작했고, 이 시
기(1497~1500)에 오래지 않아 유럽 전역의 인문주의 학교에서 쓰게 되는
우아한 라틴어 교재(「대화집 Colloquia」·「격언집 Adagia」을 포함)의 초판이
나왔다.

방랑의 나날

1499년에 에라스무스는 제자인 윌리엄 블런트의 초청으로 영국을 방문했
다. 이곳에서 그는 토머스 모어와 존 콜릿을 만나 오랜 우정을 맺게 되었다.
에라스무스는 성서를 형식주의자들처럼 논쟁적으로 해석하지 않고, 사람들
이 아직도 고전적인 수사학을 이해하고 실천하는 원시적 신학자'가 되겠다는
야심을 품고 있었다. 존 콜릿은 그의 이런 야심에 활기를 불어넣었다. 나중
에 그가 자기 견해를 기꺼이 주장할 수 있게 된 것은 콜릿의 용기를 배웠기
때문인지도 모른다. 콜릿은 헨리 8세가 전쟁을 추구하고 있을 때, 왕의 노여
움을 살 위험을 무릅쓰고 궁정에서 전쟁에 반대하는 설교를 했던 것이다. 열
정적인 콜릿은 그에게 옥스퍼드대학교에서 「구약성서」를 강의하라고 열심히
권했지만, 신중한 에라스무스는 아직 그럴 준비가 되어 있지 않았다. 그는
'고대 신학'을 연구하려면 그리스어에 숙달할 필요가 있다고 확신하고, 라틴

에라스무스가 파리에서 가정교사를 하던 무렵의 모습. 앉은 사람이 에라스무스, 가운데 서 있는 사람은 노르토호프 형제. 샤르프 미셸 그림.

어로 쓰인 바울로 서신을 들고 유럽 대륙으로 돌아왔다.

　1501년 프랑스의 아르투아를 방문했을 때 에라스무스는 열렬한 설교자인 장 부아리에를 만났다. 부아리에는 프란체스코 수도회의 수사였지만, '수도원 생활은 신앙심이 깊은 사람들보다 어리석은 사람들에게 더 어울리는 생활'이라고 에라스무스에게 말했다. 숭배자들은 부아리에의 제자들이 죽음을 앞두었을 때 마지막 종교의식이 주는 신성한 위안을 얻지 않고도 하느님을 믿고 얼마나 평온하게 죽음을 맞이했는가를 자세히 이야기했다. 부아리에는 초기 그리스도교 시대의 교부인 오리게네스의 저서를 에라스무스에게 빌려주었다. 그리스 출신의 오리게네스는 플라톤 철학에 뿌리를 둔 우의적이고 정신적인 성서 해석법을 주창한 사람이었다. 1502년 에라스무스는 이미 루뱅(브라반트 주)이라는 대학 도시에 정착하여 오리게네스와 바울로의 저서를 그리스어로 읽고 있었다. 그 노력의 결실이 바로 「그리스도교 병사의 필독서(Enchiridion militis Christiani)」였다. 이 저서에서 에라스무스는 '고대인'들이 좋아한 정신적 해석을 이용하여 성서를 도덕적 관심사에 적합하게 만드는 한편, 성서를 연구하고 묵상함으로써 그리스도의 가르침을 '뼛속 깊이 주입하라'고 독자들에게 촉구했다. 「필독서」는 '수도원 생활은 경건하지 않다'고 단언했다는 점에서 평신도의 경건함을 밝힌 선언문이었다.

　1505년 에라스무스는 연구에 대한 지원을 얻기 위해 영국으로 건너갔다.

그러나 원하던 지원은 받지 못하고, 가정교사로 일하면서 이탈리아로 여행할 기회를 얻었다. 이탈리아는 북유럽 인문주의자들에게는 약속의 땅이었다. 일행은 대학 도시 볼로냐에 도착하여, 때마침 군인 교황인 율리우스 2세가 정복군의 선두에 서서 볼로냐에 의기양양하게 입성(1506)하는 광경을 지켜보았다. 이 장면은 나중에 에라스무스가 익명으로 발표한 대화체 풍자문학인 「Julius exclusus e coelis」(1513~14)에 등장한다. 베네치아에서 에라스무스는 이름난 출판사인 '알두스마누티우스'의 환영을 받았다. 이 출판사에서는 비잔틴 제국이 멸망한 뒤 이탈리아로 망명한 사람들이 수많은 학자들의 지적 생활을 풍요롭게 해주고 있었다. 에라스무스는 그리스와 로마의 격언들을 모아 주석을 붙인 알두스판 「격언집」을 3,000개 항목이 넘는 분량으로 증보하여, 지식의 금자탑으로 만들었다. 그에게 처음으로 명성을 가져다준 것은 바로 이 책이었다. '네덜란드의 귀'라는 격언은 그가 기교에 치우친 이탈리아를 무비판적으로 숭배하지 않는다는 것을 보여주는 수많은 암시 가운데 하나이다. 이탈리아의 설교는 지나치게 연극적이었고, 이탈리아 학자들은 영혼의 불멸성을 의심했다. 에라스무스의 목표는 정직하고 겸손한 '네덜란드의 귀들'을 쓰는 것이었다.

1529년에 출판한 「소년교육론 De pueris instituendis」은 교육의 힘에 대한 확신을 가장 분명하게 주장한 글이다. 그는 열심히 노력하면 하찮은 욕망은 억제하고, 평화를 사랑하거나 사교적인 기질을 북돋우는 방향으로 인간의 본성 자체를 바꿀 수 있다고 믿었다. 에라스무스는 글 자체가 그 사람이라고 믿었다 해도 과언이 아닐 것이다. 따라서 고전시대와 초기 그리스도교시대의 '인문학'은 인간 정신에 유익한 영향을 주는 반면, 형식에 치우친 이론의 나열은 논쟁적인 기질을 유발하고 '어리석고 폭군적인 아서 왕의 우화' 등과 같은 기사문학은 젊은 귀족들에게 복수심과 방탕함을 가르친다고 믿었다. 유명한 「바보예찬(Moriae encomium)」은 에라스무스가 영국으로 돌아가는 길에 알프스 산맥을 넘으면서 구상하여 토머스 모어의 집에서 집필한 책인데, 이 책은 전혀 다른 분위기를 나타내고 있다. 진지한 학자 에라스무스는 처음으로 다른 사람의 작품만이 아니라 자신의 작품도 보편적인 풍자의 대상으로 삼았고, 이 풍자에서는 어리석은 정열이 승리를 거두었다. 그는 "현명한 사람조차도 자식을 낳고 싶으면 바보짓을 해야 한다"라고 쓰고 있다.

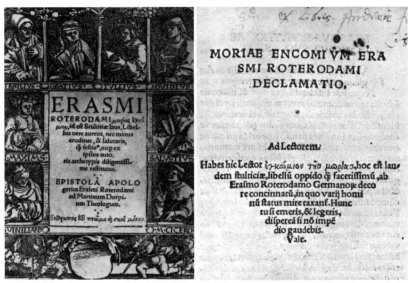

「바보예찬」의 속표지. 왼쪽은 바젤의 프로벤판, 오른쪽은 스트라스부르판

　1509년부터 5년 동안은 영국에 머무르며 케임브리지 대학교에서 강연을 하고 그리스어 「신약성서」 작업을 비롯한 학구적인 일에 종사했다. 에라스무스는 유럽 대륙으로 돌아오자, 요한 프로벤 출판사와 관계를 맺고 「격언집」 개정판(1515)을 준비하기 위해 스위스 바젤로 갔다. 이 책뿐 아니라 같은 무렵에 쓴 다른 저서에서도 에라스무스는 그리스도교 사회의 죄악, 즉 호전적인 야망에 사로잡힌 나머지 그리스도보다는 카이사르를 흉내내는 교황들, 개인의 사소한 원한을 갚기 위해 나라 전체를 전쟁으로 몰아넣는 군주들, 군주들의 전쟁이 정당하다고 선언하거나 그리스도교도들에게 미신적인 의식을 가르침으로써 개인적 이익을 추구하는 설교사들을 비판하는 데 새로운 대담성을 보여주었다. 이런 죄악을 없애기 위해 에라스무스는 교육에 기대를 걸었다. 특히 설교사들의 훈련은 형식에 치우친 학구적 방법이 아니라 ‘그리스도의 철학’에 바탕을 두어야 한다고 주장했다. 에라스무스는 그리스어 「신약성서」에 주석을 붙인 주석본과 자신이 편집한 성 히에로니무스의 「저작선집(Opera omnia)」으로 본보기를 보이려고 애썼다. 이 2권의 책은 1516년에 프로벤 출판사에서 나왔다. 이 무렵 에라스무스는 ‘다시 젊어지는 세계’를 보았다고 생각했고, 그의 낙관론은 「신약성서」에 붙인 서문의 하나에 여실히

표현되어 있다. 이 글에서 그는 "복음서를 정확히 충실하게 설교하면, 그리스도교도는 많은 전쟁을 면할 수 있을 것"이라고 말했다.

에라스무스는 이제 브라반트를 본거지로 삼았다. 이곳 브뤼셀에는 합스부르크 왕가의 네덜란드 궁정이 있었고, 그는 총리인 장 소바주를 비롯하여 궁정에 유력한 친구들을 많이 사귀고 있었다. 그는 소바주를 통하여 나중에 신성 로마 황제 카를 5세가 된 16세의 카를 대공을 보좌하는 명예 고문관으로 임명되었고, 「그리스도교 군주교육론(Institutio pirncipis Christiani, 1516)」·「평화에 대한 호소 Querela pacis」(1517)를 써달라는 주문을 받았다. 이 저서들은 에라스무스 자신의 신념을 표현했지만, 프랑스와 평화를 유지하고자 하는 소바주의 파벌에는 전혀 해를 끼치지 않았다. 에라스무스가 「신약성서」를 의역하기 시작한 것도 이 무렵이었다. 「신약성서」의 각 편은 군주나 교회 수장에게 헌정되었다. 그는 루뱅 근처에서 신학 교수단에 들어갈 수 있게 되었고, 라틴어와 그리스어 및 히브리어를 가르치기 위해 갓 설립된 트릴링구알 칼리지에도 깊은 관심을 가졌다. 「진정한 신학방법 Ratio verae theologiae」(1518)은 언어 공부에 바탕을 둔 새로운 신학교육을 위한 논리적 근거를 제공했다. 그의 그리스어 「신약성서」는 초판이 나오자마자 많은 주석을 비롯해서 여러 부분이 수정되기 시작했다. 에라스무스는 원문 비평가로서는 분명 많은 실수를 저질렀지만, 학문의 역사에 우뚝 솟아 있는 비범한 인물이다. 어떤 경우에는 그가 죽은 지 150년이 지날 때까지도 명쾌하게 설명되지 않은 문헌학적 원칙을 그는 직감으로 이해했다. 그러나 루뱅을 비롯한 여러 지역의 보수적 신학자들(이들은 대부분 그리스어를 알지 못했음)은 돌연히 나타난 이 아니꼬운 '문법학자'에게 성서 해석을 맡기기를 꺼려 했고, 에라스무스가 「신약성서」 재판(1519)에서 성 히에로니무스의 라틴어 번역을 그 자신의 라틴어 번역으로 바꾸었을 때도 루뱅의 분위기는 나아지지 않았다.

말년

1529년에 프로테스탄트 도시인 바젤이 가톨릭 예배를 완전히 금지하자 에라스무스와 인문주의자인 몇몇 친구들은 가톨릭 도시이며 대학 도시인 프라이부르크임브라이스가우로 이주했다. 그는 아우크스부르크 의회에 참석하라는 초대를 거절했는데, 이 의회에서는 필리프 멜란히톤의 '아우크스부르크 신앙고백'이 루터 신봉자와 가톨릭 신학자들 사이에 최초의 의미 있는 토론을 불러일으켰다. 에라스무스는 의회에 참석하지 않았으면서도 「교회일치회복론 De sarcienda ecclesiae concordia」(1533)을 통해 그같은 토론을 부추겼는데, 이 책은 의인(義認) 교리에 대한 견해 차이는 '이중의 정의'(이 말이 무슨 뜻인지에 대해서는 자세히 설명하지 않았음)를 고려함으로써 조정될 수 있음을 암시하고 있다. 설교입문서 「에클레시아스테스 Ecclesiastes」(1535)가 출판되는 것을 보기 위해 스위스 바젤로 돌아온 그는 바젤이 자신의 성향과 맞는다는 것을 깨닫고 그 도시에서 오래 머무르다가 1536년 7월 12일 그곳에서 세상을 떠났다. 부아리에의 제자들과 마찬가지로 그는 교회의 마지막 종부 성사를 요구하지 않은 것 같다. 그가 남긴 마지막 말은 네덜란드어로 '사랑하는 하느님'이었다.

시대적 전환기

에라스무스가 살던 시대는 분명히 인류 역사상 중요한 전환기였다. 특히 그의 사상과 생활에 직접적이고도 큰 영향을 끼친 사건 3가지가 이 시대에 일어났다. 하나는 1440년 무렵 구텐베르크의 인쇄술 발명이고, 또 하나는 1453년 동로마제국의 멸망과 투르크의 콘스탄티노플 점령이며, 마지막 하나는 1517년에 시작된 루터의 종교개혁이었다. 이 사건들은 각기 다른 방식으로 에라스무스의 사상에 큰 영향을 주었다.

근대적 인쇄술의 발명

1440년 무렵 구텐베르크가 이것을 발명했다고 한다. 그 전까지는 손으로 써서 책을 만들었는데, 이 기술이 등장함으로써 도서 제작 방법이 완전히 바뀌었다. 과거에는 대학생들이 책을 회람하려면, pecia라는 전문가가 베껴 쓴 책을 부분적으로만 회람해야 했다. 즉 당시에는 도서 열람이 자유롭지 못했다. 게다가 그 책을 교실에서 사용기란 매우 불편했다. 그런데 활판인쇄술이 등장하면서 이런 불편함이 일소되었다. 성서처럼 많은 사람들이 원하는 책을 수요만큼 찍어 낼 방법이 확립되자, 유럽 각지에서 출판·인쇄업자들이 차례로 등장하고 책들이 봇물 터지듯이 간행되었다. 그중에는 베네치아의 알두스(Aldus)를 비롯한 저명한 출판업자들도 있었는데, 그 가운데 하나였

베네치아의 인쇄업자(서점) 아르둘스 마누티우스를 방문한 에라스무스. 샤르트 미쉐르 그림

던 프로벤(Froben)은 에라스무스의 친구였다. 프로벤은 바젤의 유명한 출판업자였다. 그의 서점 덕분에 에라스무스는 생계를 꾸려 나갈 수 있었다.

그러나 인쇄술을 둘러싼 주위 사정은 매우 나빴다. 인쇄술이 발명된 지 고작 50년 정도밖에 안 지난 까닭이었다. 사회는 관습적으로나 법률적으로나 그 기술에 대응할 준비가 안 되어 있었다. 저자와 출판업자·인쇄업자 사이에는 아무런 규정도 보호도 존재하지 않았다. 다시 말해 무정부 상태였던 것이다. 그러므로 잘 팔리는 책을 출판업자가 멋대로 인쇄해서 판매하는 일이 일상다반사였다. 「바보예찬」도 예외는 아니었다. 에라스무스가 돌피우스에게 쓴 편지에서 말했듯이, 「바보예찬」은 1511~15년 사이 각기 다른 장소에서 다른 출판사에 의해 7번 이상 인쇄되었다. 기록에 따르면 「바보예찬」은 1511~20년 사이에 35번이나 재판되었다고 한다. 9개 도시의 14군데가 넘는 출판사(앤트워프, 바젤, 쾰른, 피렌체, 마인츠, 파리, 슐레트슈타트, 슈트라스부르크, 베네치아 등)에서 그 책을 발행한 것이다. 어떤 친구들은 에라스무스에게 출판사를 한정하라고 충고하기도 했지만, 그는 그 충고를 듣지 않았다고 한다. 참고로 당시에는 한 번에 500~1000부를 찍는 것이 통례였으므로, 「바보예찬」은 전체적으로 20만 부도 넘게 팔린 베스트셀러였던 셈이다.

동로마제국의 멸망과 투르크의 콘스탄티노플 점령

그리스 문화가 라틴 세계에 유입된 것은 5~6세기 무렵의 일이다. 특히 보이티우스(Boethius)가 플라톤의 「티마이오스」와 아리스토텔레스의 논리학에 관해서 쓴 책이, 그런 흐름을 증명해 준다. 그러나 그 밖에 그리스어 문헌을 라틴어로 번역한 책은 거의 없었다. 이런 상태는 10세기까지 이어졌다. 그러나 알렉산드리아를 통해 이슬람 문화권, 특히 바그다드로 유입되어 있던 그리스 문화가 11세기 들어서 주목받기 시작했다. 이때 아라비아어로 쓰인 그리스 문헌을 번역하는 작업이 활발하게 이루어졌다. 특히 시칠리아, 비잔틴왕국에 속하던 에스파냐 남부 도시들 등이 이 작업의 중심지였다. 그리고 12세기에는 '12세기 르네상스'란 말이 나올 정도로 번역 작업이 활발하게 이루어졌으며, 그리스어 원본을 직접 라틴어로 번역하는 일도 점점 늘어났다. 13세기에는 뫼어베크(Moerbeke)의 윌리엄 같은 번역자가 등장하여 많은 그리스어 철학서를 번역했다.

미지의 새로운 문화, 특히 그리스 문화와의 이런 접촉은 사람들에게 많은 영향을 끼쳤다. 그중에서도 특히 큰 영감을 받은 사람이 휴머니즘의 시조 페트라르카이다. 그는 그리스어를 제대로 배우지는 못했지만, 그리스 문화에 큰 관심과 동경을 품고 있었으며 그리스어 문헌도 열심히 모았다.

그리스 문화를 중시하는 이런 경향에 박차를 가한 사람이 14세기 후반의 브루니(Leonardo Bruni), 15세기의 트라페준티우스(Trapezuntius)와 아르기로풀로스(Argyropulos) 등이다. 이리하여 1350년 이전의 라틴 세계에서는 보기 힘들었던 그리스어 문헌이, 1350~1600년 사이에 비약적으로 증가했다. 그런데 이 현상은 그리스 문화권 동쪽 지역을 여행했던 이탈리아인들이나 몰락한 콘스탄티노플을 떠나 서쪽으로 도망쳐 온 사람들이 이루어 낸 결과물이기도 했다.

어쨌든 이런 그리스 학자들과, 브루니와 마르실리오 피치노를 비롯한 15세기 휴머니스트들의 노력은 에라스무스에게 큰 영향을 끼쳤을 것이다. 에라스무스가 그리스학에 힘을 쏟았던 것도 이 때문으로 추측된다. 돌피우스에게 보낸 편지에서도 그는 그리스어 습득의 중요성을 몇 번이고 강조하였다.

루터의 종교개혁

1517년 10월 31일, 루터가 로마교회를 공격하는 95개조 반박문을 비텐베르크 성(城) 교회 정문에 써 붙였다. 에라스무스의 「바보예찬」이 간행된 지 6년 뒤의 일이었다. 이 일로 루터는 1520년에 파문 선고를 받았다.

이 사건이 일어난 까닭은, 당시의 교황 레오 10세가 성 베드로 성당을 개축하기 위해 면죄부를 마구 발행했기 때문이었다. 하지만 이는 직접적인 이유일 뿐이다. 아우구스티누스 시대 이후로 계속되어 온 "구원과 인간의 의지, 신의 은총은 어떤 관계가 있는가?"라는 신학상의 중대한 문제야말로 이 사건의 본질이었다. 루터는 구원이 어디까지나 신의 은총임을 주장하였으나, 로마교회는 전통적으로 인간의 자유 의지와 구원이 어느 정도 관련되어 있다고 생각했던 것이다.

에라스무스는 천성이 온화해서 싸움을 싫어했다. 거침없이 자기 생각을 표현하는 루터와는 달리, 에라스무스는 우아한 문학자이자 신앙심 깊은 신자였다. 그래서 그는 1519년에 루터의 지원 요청을 받아들이지 않았다. 그 후 1523년에는 교황 하드리아누스 6세가 루터를 논박해 달라고 에라스무스에게 부탁하였는데, 이때에도 그는 그리스어 신약성서와 관련된 일을 비롯한 개인적인 집필 활동에만 몰두하였다. 이처럼 그는 루터와 관련된 논쟁에 직접 끼어들지 않았다. 다만 1524년에 「자유의지론(De libero arbitrio diatribe sive collatio)」을 써서 그 자신의 의견을 표명하였다. 이 글에 따르면 원죄를 범한 뒤에도 인간의 지성 및 의지는, 비록 결함은 있지만 특별한 힘을 지녔다고 한다. 즉 진리를 식별하여 앞으로 나아가기 위해 노력하는 힘이 인간에게 주어져 있다는 것이다. 그러므로 인간은 성서의 말씀처럼, 구원을 위하여 신의 은총에 협력할 수 있다는 것이 그의 주장이었다. 이 주제는 이후에도 신학자들 사이에서 끝없이 논쟁되고, 17세기에도 얀세니즘(Jansnisme) 문제로서 프랑스 사상계를 뒤흔들었다.

위와 같은 에라스무스의 의견에 대항하여, 루터는 "인간의 의지는 구원과 무관하다"라는 주장이 담긴 「노예의지론」을 저술했다. 이 두 사람의 논쟁은 내용으로 볼 때 사상의 역사에 남을 만한 중요성을 지니고 있다. 루터는 에라스무스와 자유의지에 대한 논쟁을 벌이면서, 자신의 주장을 가장 잘 이해하고 있는 사람이 에라스무스임을 인정했다. 그럼에도 루터는 이렇게 말했다.

"그 문체의 아름다움이나 단정함은 차치하고, 이토록 설득력이 부족한 글은 처음 본다." (「노예의 지론」)

이 문장은 두 사람의 차이점을 극명하게 보여 준다. 에라스무스는 자기 의견을 밝히려 했을 뿐, 남을 설득하려 들진 않았다. 그는 그런 일을 싫어했던 것이다.

루터파를 중심으로 한 프로테스탄트 세력은 16세기 중반에는 독일 전체와 덴마크, 스웨덴까지 퍼져 나갔다. 이러한 불길

에라스무스의 초상. 홀바인 그림

같은 기세는, 당시 종교계의 사정뿐만 아니라 정치·사회·경제 전반의 모든 상황이 빚어낸 것이었다. 우선 14세기 독일에서는 제후들이 난립하고 있었다. 따라서 영국·프랑스·에스파냐 등과는 달리, 독일에서는 하나의 교회가 형성될 수 없었다. 한편 배부른 로마교회는 도덕적으로 타락하였으며 세속적인 재판 및 징세와 관련된 권리까지 가지고 있었다. 고위 성직자들은 하위 성직자들에게 사목(司牧)의 임무를 떠맡겼는데, 이 하위 성직자들은 신학적 교양이 부족하여 그 일을 제대로 못했다. 그리고 여러 가지 종교의식은 인간미가 결여된 형식적인 것으로 전락하였다. 서민들은 점점 프란체스코회를 중심으로 한 설교자들의 이야기에 귀 기울이게 되었다. 그들은 그 당시 범람하던 서민적인 종교 서적이나 성인(聖人) 이야기를 읽고, 중세 이후 유행하던 순례 여행을 떠나기 시작했다. 「바보예찬」 후반부에는 이런 상황이 놀림조로 묘사되어 있다.

게다가 16세기 초에는 실직한 기사들이 반(反) 교회라는 풍조에 따라 서

로 연합하여 반란을 일으켰다. 그들은 교회나 영주의 영토를 나눠 달라고 요구했다. 또 농민들은 농작물 판매로 돈을 버는 과정에서 자기들의 힘을 깨달았다. 그들은 용병을 고용하여 스스로를 지키기 시작했다. 특히 독일 중·남부 지방의 농민들은, 가난한 영주에게 돈이나 부역을 바치기를 거부했다. 이런 추세는 개혁의 바람을 불러왔다. 그리고 루터의 이론이 불러일으킨 '그리스도교도의 자유에 대한 오해'까지 이 바람에 가세하여, 1524년에는 마침내 농민전쟁이 일어났다. 독일 남부에서 발생한 이 전쟁의 불길은 이듬해 독일 북부와 오스트리아까지 퍼져 나갔다.

게다가 당시의 종교계는 대립과 갈등으로 가득 차 있었다. 가톨릭과 프로테스탄트의 대립, 프로테스탄트 내부에서 벌어지는 루터파와 츠빙글리파와 칼뱅파의 갈등, 신성로마제국 황제의 지위를 둘러싼 싸움 등등. 이처럼 항쟁의 불씨가 잔뜩 존재하던 16세기는 그야말로 숱한 전쟁으로 점철된 시대였다.

프로테스탄트의 도전

마르틴 루터가 교황의 권위에 도전한 것이 계기가 되어 중대한 사건들이 잇따라 일어났다. 이런 사건들이 처음 일어났을 때부터 에라스무스를 싫어하는 성직자들은 에라스무스가 루터를 부추겼다고 비난했다. 루터를 숭배하는 일부 독일인들도 루터는 에라스무스가 암시한 것을 대담하게 선언했을 뿐이라고 생각했다. 사실 루터가 에라스무스에게 보낸 첫번째 편지(1516)는 바울로의 해석을 둘러싸고 두 사람 사이에 중대한 의견 차이가 있었음을 보여주었고, 1518년에 에라스무스는 자신의 주장과 루터의 주장이 혼동되지 않도록 루터의 저서를 더이상 출판하지 말라고 출판업자인 프로벤에게 은밀히 지시했다. 에라스무스는 루터의 글, 적어도 「교회의 바빌론 유수(The Babylonian Captivity of the Church, 1520)」보다 먼저 나온 글을 읽으면서 감탄할 만한 점을 많이 발견했고, 교황 레오 10세에게 보낸 편지에서는 루터를 '복음서의 진리를 알리는 힘찬 나팔'로 묘사하기까지 했다. 그러나 그는 천성적으로 의심이 많았기 때문에, 루터의 가장 큰 적은 언어 공부를 이단의 근원으로 보고 따라서 언어 공부와 이단을 한꺼번에 뿌리 뽑고 싶어하는 사람들이라고 확신했다. 그리하여 그는 '좋은 글'에는 파괴적인 역할밖에 할 수 없는 대결을 미리 방지하기 위해 자신이 가진 영향력의 가느다란 실에 의지했지만, 이 노력

마르틴 루터의 초상(왼쪽). 루터는 95개 조의 의견서를 비텐베르크 성문교회(오른쪽) 문에 내붙였다.

은 허사로 끝났다. 그가 1521년 12월에 브라반트 주를 떠나 바젤로 간 것은 루터를 비난하는 책을 써달라는 신성 로마 황제 카를 5세의 요청을 피하기 위해서였다. 황제가 직접 요청하면 그는 거절할 수 없었을 것이다.

　교회는 하나라는 에라스무스의 믿음은 근본적이었지만, 그가 가장 잘 아는 네덜란드인이나 브라반트인들과 마찬가지로 그는 종교적 박해의 잔인한 논리를 혐오했다. 그는 「대화집」을 통해 자신의 견해를 간접적으로 밝혔다. 이 책은 원래 학생들의 대화체 작품으로 출발했지만, 이제는 주석을 전달하기 위한 수단이 되어 있었다. 예를 들면 '믿음에 대한 질문(1522)'이라는 대화에서 가톨릭교도는 놀랍게도 루터 신봉자들이 믿음의 모든 교리, 즉 사도신경의 모든 항목을 받아들이고 있다는 것을 발견한다. 여기에 함축되어 있는 의미는, 교황의 무류성이나 루터의 예정설을 둘러싼 격렬한 논쟁은 모든 신자들에게 구속력을 갖는 교리에 대한 논쟁이 아니라 단순한 견해 차이일 뿐이라는 것이다. 에라스무스가 보기에 교회 분열의 근원은 신학이 아니라 성직자의 개입에 반대하는 반교권주의였고, 성직자들이 지옥의 고통을 무기로 삼아 의무적으로 지키도록 규정해놓은 율법과 '종교의식'에 대한 평신도들의 분노였다. 그가 루뱅에서 알게 된 네덜란드 출신 교황 아드리아누스 6세

(재위 1522~23)에게 보낸 서신에서 말했듯이, 교회가 그 부담을 줄여주기만 하면 아직도 화해가 이루어질 가능성은 남아 있었다. 예를 들어 평신도에게 성배를 주고 성직자의 결혼을 허락하면 화해가 이루어질 수도 있었다. 그 편지에서 그는 "자유라는 매력적인 이름으로 모든 것이 되살아날 것"이라고 쓰고 있다.

아드리아누스 6세의 뒤를 이어 클레멘스 7세가 즉위하자 에라스무스는 더 이상 신학적 전투가 벌어지고 있는 '원형 경기장으로 내려가기'를 피할 도리가 없었지만, 스위스의 종교개혁가인 울리히 츠빙글리에게 '바리새인'들을 즐겁게 하지 않는 방법으로 루터를 공격하겠다고 약속했다. 「자유의지론(De libero arbitrio, 1524)」은 인간의 자유로운 선택이 구원의 과정에서 맡는 역할을 옹호했고, 성서 해석에서는 오랜 세월에 걸친 교회의 합의가 권위를 갖는다고 주장했다. 그 대답으로 루터는 그의 가장 중요한 신학 저서 가운데 하나인 「노예의지론(De servo arbitrio(1525)」을 썼다. 여기에 대해 에라스무스는 2부로 이루어진 장황한 「히페라스피스테스(Hyperaspistes, 1526~27)」로 응수했다. 이 논쟁에서 에라스무스는 바울로나 성 아우구스티누스가 허락하는 것보다 더 강력하게 자유 의지를 요구하고자 한다는 것을 보여주었다.

바젤에서 지낸 기간은(1522~29) 논쟁으로 얼룩져 있었다. 일부 논쟁은 루터와 벌인 대토론에 비하면 약간 지루했다. 에라스무스는 자신을 되풀이 비난하는 정통파 가톨릭 신학자들뿐만 아니라, 자신을 복음서에 대한 배신자라고 부르는 프로테스탄트에게도 짜증이 난 나머지 옹졸한 성격을 자주 드러냈다. 그가 자신을 변명하기 위해 쓴 글에는 학자들이 아직 이용하지 않은 자료도 들어 있지만, 대체로 그가 풍자적이고 냉소적인 비평에서 더 뛰어난 솜씨를 보인 것은 분명해 보인다. 그가 아는 젊은 '가짜 복음주의자'가 사람들을 개종시키기 위해 복음서로 사람들의 머리를 때리는 장면을 묘사한 대화체 작품은 그 좋은 보기이다. 그러는 동안에도 그는 그리스어 「신약성서」(이 책은 통틀어 5가지 판으로 간행되었음)와 「의역」, 그리고 키프리아누스와 힐라리우스 및 오리게네스를 비롯한 그리스도교 교부들의 글을 편집한 저서를 계속 펴냈다. 그는 또한 언어의 순수성에 대한 '미신적' 열정 때문에 라틴어 산문을 비고전적인 용어로 더럽히기를 거부한 인문주의자들(이들은 대부분 이탈리아인이었음)을 호되게 나무라는 데도 시간을 바쳤다(「키

안델레히토 들판을 산책하는 에라스무스. 샤르르 미쉐르 그림

케로파 Ciceronianus」, 1528).

2. 바보예찬

「바보예찬」은 보통 풍자문(諷刺文)으로 분류된다. 이 글은 에라스무스 본인이 말했듯이, 저자가 여행이 끝날 무렵 심심해서 쓴 것이다. 또한 야유와 조소와 해학으로 가득 차 있다. 이런 탄생 배경과 내용을 볼 때 이것은 확실히 풍자문으로 불릴 만하다. 그러나 이것은 단순한 풍자문이 아니다. 에라스무스는 사제, 즉 성직자의 일원이었다. 그는 당시의 교회 및 신학자들의 실정과 그들을 둘러싼 정세를 전부 알고 있었다. 그리고 그에 대해 경고문을 쓴 것이다.

에라스무스는 돌피우스에게 보낸 편지에서 "이 책의 목적은 내가 이전에 쓴 책들의 목적과 같으며, 다만 문체가 다를 뿐이다"라고 말했다. 그는 루터가 내딛는 종교개혁의 발소리를 또렷하게 들었을 것이다. 하지만 루터처럼 반박문을 만들어 교회 정문에 붙이는 일은, 그의 성격에 맞지 않았다. 「바보예찬」 본문과 돌피우스에게 보낸 편지에서 보듯이, 그는 완곡한 서술로써 세상을 비판하고 성서학자 특유의 지식으로써 그리스도교의 본질을 설명하고자 했다. 이를테면 "신은 인간이 될지니"라는 그리스도교의 오묘한 교의는

에라스무스의 철제상

그야말로 '어리석음'에 불과하다고 말하는 것처럼.

하지만 성직자들을 비판한 「바보예찬」은 당연히 그들의 분노를 샀다. 이 성직자들의 선봉에는 파리 대학교 신학부가 자리하고 있었다. 그들은 1527년에 이 책을 단죄하였다. 그러나 단죄는 한 번으로 끝나지 않았다. 이후에도 「바보예찬」은 몇 번이고 같은 처벌을 받았으며, 1559년에는 교황 파울로스 4세에 의해 에라스무스의 모든 작품이 금서 목록에 올랐다.

에라스무스의 주요 저서(초판 간행일순)

Adagiorum collectanea 「격언집」 1500

(이후 1536년까지 개판·증보되었으며 1508년부터 Adagiorum chiliades로 개명)

Lucubratiunculae 「형설지공 소론」 1503

Panegyricus 「칭찬」 1504

Moriae encomium 「바보예찬」 1511

De ratione studii 「학문 방법론」 1511

De copia verborum 「문장 용어집」 1512

Plutarchii opuscula 「플루타르크 소품집 (라틴어 번역)」 1514

Enchiridion militis christiani 「기독교 병사의 필독서」 1515

Novum instrumentum 「그리스어 신약성서 교정본」 1516

S. Hieronymi opera「성 히에로니무스 저작집」1516~ (속간)

Institutio principis christiani「기독교 군주 교육」1516

Querela pacis「평화의 호소」1516

De pueris instutuendis「어린이 양육에 관하여」1517

Antibarbarorum liber「반(反) 야만족 이론」1520

Novum testamentum「신약성서 개정판」1519

Colloquia「대화집」1519

De contemptu mundi「세상에 대한 경멸」1521

Colloquia「대화집 증보 재판」1522

De immennsa Dei misercordia「신의 크나큰 자비에 대해서」1523

De libero arbitrio diatribe sive collatio「자유의지론」1524

Familiarium colloquiorum opus「대화집 증보 개정판」1526

Institutio christiani matrimonii「기독교 결혼 지침」1526

Dialogus de recta latini graecique sermonis pronuntiatione「라틴어, 그리스어의 정확한 발음에 대해서」1528

Ciceronianus「키케로파(派)」1528

Vidua christiana「기독교 미망인」1529

Sarcienda ecclesiae concordia「교회일치 회복론」1533

De praeparatione ad mortem「죽음의 준비」1534

Opera omnia「전집」1540

이 저작 일람은 R.J. Schoeck, Erasmus in Europe : The Prince of Humanists 1501~1536, Edinburgh University Press, 1993의 An Erasmian Chronology : Life and Writings에서 인용하였다.

3. 홀바인과「바보예찬」삽화

이 책에서 사용된 홀바인의 삽화는 간츠(Paul Ganz)의「디자인집」가운데 'Illustrations marginales de L'Eloge de la Folie'라는 부분에서 복제한 그림이다. 그런데 이 삽화의 작자도 제작 과정도 불분명하므로, 주로 간츠의 기술에 따라 이를 설명한다.

홀바인(Holbein) 일가부터 살펴보자. 이 책의 삽화를 그린 한스 홀바인 (Hans Holbein)은 아버지와 이름이 같다. 그는 한스 홀바인(1465~1524?)의 아들로, 1497년 아우크스부르크에서 태어나 1543년 런던에서 세상을 떠났다. 이탈리아 고전주의의 영향을 받은 그의 화풍은 리얼리즘에 가까웠다. 그는 휴머니즘의 영향도 받아 1515년 무렵에는 바젤로 이주하였다. 그런데 그의 형 암브로시우스(Ambrosius)도 화가였다. 그래서 삽화와 관련된 문제가 복잡해지는 것이다.

상황을 정리해 보자. 1515년 3월, 「바보예찬」의 재판이 프로벤 서점에서 출판되었다. 그리고 학자이자 시인이었던 미코니우스(Oswald Myconius)가 이 서점의 주인 프로벤에게 홀바인을 소개해 줬다. 미코니우스는 1510~16년 동안 바젤에 머물렀다. 따라서 그 무렵 바젤에 체류하던 에라스무스와도 당연히 교류가 있었다. 그런데 여기서부터 사정이 모호해진다. 추측컨대 미코니우스가 바젤에서 발행된 「바보예찬」(아마도 1515년 판)을 갖고 있었는데, 홀바인이 그 책의 여백에 그림을 그려 넣었을 것이다. 그 시기는 1515~16년으로 추측된다. 이 삽화들은 모두 갈색 잉크나 검은 잉크로 그려져 있다. 이 책 자체는 미코니우스가 세상을 떠난 뒤 그의 양자에게 전해졌으며, 이후 몇몇 수집가들의 손을 거쳐 오늘날 바젤의 시립미술관에 소장되어 있다.

문제는 82점에 달하는 삽화들을 누가 그렸느냐는 것이다. 어떤 연구자들은 모든 삽화를 한스 홀바인이 그렸다고 주장하며, 어떤 학자들은 그중에 한스의 작품뿐만 아니라 형 암브로시우스의 작품도 섞여 있다고 주장한다. 심지어 「디자인집」의 저자 간츠는 "홀바인 공방의 화가들이 31점, 형 암브로시우스가 23점, 동생 한스가 28점을 그렸다"라며 3종류가 섞여 있다고 주장하였다. 참고 자료로서 간츠가 구분한 각 작품번호를 소개한다.

한스—6, 19, 34, 40, 41, 42, 44, 48, 51, 56, 57, 58, 59, 60, 67, 68, 69, 70, 71, 72, 73, 75, 76, 77, 78, 80, 81, 82.

암브로시우스—3, 5, 17, 27, 33, 43, 45, 46, 47, 49, 50, 52, 53, 54, 55, 61, 62, 63, 64, 65, 66, 74, 79.

남은 31점은 홀바인 공방의 화가 2명이 그렸다고 한다. 간츠는 펜 선의 굵기, 기법, 주제를 파악하는 방식 등을 세세히 비교해서 위와 같이 분류하였다. 하지만 이것도 결정적이라고 보긴 어렵다.

어쨌든 홀바인 형제의 우열을 가리자면, 아무래도 동생 한스가 형 암브로시우스보다 우위인 듯하다. 한스가 영국의 궁정화가로 일했다는 사실도 이를 뒷받침한다. 그럼 이 책에 실린 삽화의 우열은 어떨까. 독자 여러분이 직접 그 특징과 우열을 따져 보시길 바란다.

참고로 각 삽화의 제목은 작자가 지은 것이 아니다. 여기서는 원칙적으로 간츠의 카탈로그에 실린 작품명을 사용했다.

테르미누스상과 함께 한 에라스무스. 그의 발 밑에는 '에라스무스를 만나보지 못한 이여, 여기 그의 모습은 생전의 실물과 꼭 닮았음을 명심하시오'라고 쓰여 있다. 홀바인 그림

라 로슈푸코의 생애와 사상

1. 라 로슈푸코의 생애

라 로슈푸코(François VI, duc de La Rochefoucauld 또는 Prince de Mar-cillac이라고도 함, 1613~1680)는 프랑스의 고전작가이다. 그는 1613년 9월 15일 프랑스 파리에서 태어났다. '프롱드의 난' 때는 가장 적극적으로 참가하였으며 뒤에는 '잠언'(箴言 maxime : 역설적인 진실을 경구로 간결하게 표현하는 프랑스 문학형식)의 대표적인 작가가 되었다.

그는 루이 왕조 때에도 손꼽히는 귀족 가문 출신이다. 아버지 프랑소아 5세가 세상을 떠난 뒤, 장남이었던 라 로슈푸코는 프랑소아 6세라는 어마어마한 명칭을 가진 공작이 되어 가문의 명예를 한몸에 지니게 되었다. 프랑소아 가문은 프랑스 남서부에 있는 앙구무아 주(샤랑트 주와 거의 일치하는 옛 프랑스 지방)에 영지를 가지고 11세기부터 연면히 계승된 봉건 영주의 가계였으니 그 위세는 말할 나위도 없다. 이 가문은 15세기부터 궁정에서 권세를 떨쳤다. 증조부는 명군(名君) 프랑소아 1세의 이름을 지어 주었고, 아버지인 프랑소아 5세도 루이 13세의 중신이었으며, 숙부는 추기경이었다.

라 로슈푸코는 유년 시절을 넓은 영지의 성관에서 보냈다. 17세기 초부터 중엽에 걸쳐서는 재상 리슐리외 추기경이 권세를 잡아 중앙집권화를 추진하고 귀족의 세력을 억압하려는 시대였다. 그러나 라 로슈푸코 가문에는 아직 봉건 귀족의 전통이 살아 있었다. 소년 시절의 라 로슈푸코는 그리스·라틴의 고전과 학문보다 가문의 전통에 따라 전통적인 군인 교육을 받았다. 승마·사냥·무예 등을 익히고, 기사도 이야기와 목가소설을 읽었다.

그는 1628년, 15세에 왕실의 비봉 후작의 딸 앙드레 드 비봉과 결혼하고 궁정에 나가게 되었다. 이듬해에 군에 복무하게 되어 이탈리아에 첫출전하고 5월에는 16세의 어린 나이로 연대장이 되었다. 1년쯤 복무한 뒤 궁정에 돌아온 그는 국왕 루이 13세의 왕비 안의 신뢰를 받게 되었으며, 왕비의 심복인 셰브뢰즈 공작 부인을 알게 되면서부터 궁전 내의 야심과 권력의 음모에 말려들기 시작했다. 다시 플랑드르 전선에 출전했다가 궁정에 돌아온 뒤부터 아름다운 미망인 셰브뢰즈 공작부인을 깊이 사랑하게 되었고, 궁전 내의 세력 다툼에 본격적으로 개입하게 되었다. 젊은 왕비 안이 궁정의 권력을 휘어잡은 재상 리슐리외에게 부당하게 압박을 받고 있는

라 로슈푸코 초상. 몽고르네 그림

것을 보고, 라 로슈푸코는 동정을 금치 못했다. 그래서 그는 불타는 기사도 정신을 발휘하여 안 왕비파의 반(反) 리슐리외 음모에 가담했다. 이 일은 실패로 돌아가고 8일 간 바스티유 감옥에 투옥되었다가 2년 간 고향의 성으로 추방당했다.

1639년 추방이 풀려 군무에 다시 복귀한 그는 플랑드르 원정군에 참가하여 무훈을 세웠다. 재상 리슐리외는 라 로슈푸코의 무용과 재능을 높이 찬양하여 자기 진영에 끌어들이기 위해 여단장의 자리를 제공했지만, 그는 이것을 단호히 거절하고 고향으로 돌아가 조용한 생활을 보냈다.

1642년에 그의 숙적 리슐리외 재상이 죽었으며 이듬해에는 루이 13세도 세상을 떠났다. 안 여왕이 어린 루이 14세의 섭정직을 맡게 되자, 라 로슈푸코는 안 여왕에게 바쳤던 충성의 보답을 받으리라고 생각했다. 그러나 안 여왕은 재상 리슐리외의 유언으로 다음 재상이 된 마자랭의 음모에 걸려 라 로슈푸코에게는 아무런 보답도 해 주지 않았다.

우울한 나날을 보내던 그는 재능과 미모를 두루 갖춘 롱그빌 공작 부인을 알게 되고 그녀를 사랑하게 되었다. 그녀는 반(反) 마자랭파였다. 그녀와의 관계는 더욱 깊어졌고 두 사람 사이에는 아들이 있었다. 그녀의 사주를 받고 라 로슈푸코는 마자랭파에 반항하는 반란, '프롱드의 난'에 참가했다. 이 일도 결국 마자랭의 책략에 의해 패배로 끝나고 그는 반란군을 지휘하다 중상을 입었다. 그 뒤 대사면으로 자유의 몸은 되었으나 굴욕감과 패배감에 젖어 고향에서 요양했다.

1650년 2월 라 로슈푸코의 나이 37세 때, 아버지인 프랑소아 5세가 세상을 떠났다. 그는 다시 굴욕과 불명예를 씻으려고 자기 애인인 롱그빌 공작 부인의 오빠 꽁데 공과 합세하여 두 번째 프롱드의 난을 일으켰다. 그러나 마자랭파의 군대에 의해 라 로슈푸코는 영지인 베르사이유 성까지 파괴당하고 말았다. 곧 마자랭파와 반(反) 마자랭파 사이에 정치적 흥정이 시작되었다. 그러나 라 로슈푸코는 여기에 굴하지 않고 세 번째 프롱드의 난을 일으켜 반란군을 이끌고 분전하다가 7월에 얼굴에 총탄을 맞고 다시금 실패했다. 그의 나이 39세였다.

이 세 번에 걸친 끈질긴 음모와 반란은 귀족의 세력을 약화시키고 왕권을 확장하려 했던 실권자에 대한 반항이었지만, 그렇다고 라 로슈푸코가 특별히 자기들 귀족의 권세를 회복하려는 정치적 의도를 가졌던 것은 아니다. 오로지 사랑하는 애인에게 헌신한다는 기사도 정신에서 한 일이었다. 라 로슈푸코는 다름아닌 '프랑스의 돈키호테'라고 할 수 있다. 그 결과 그가 얻은 것은 얼굴에 맞은 총탄과 애인의 배신이었다. 애인인 롱그빌 공작 부인은 그의 곁을 떠났던 것이다.

이리하여 몸과 마음에 깊은 상처를 입은 라 로슈푸코는 고향에 돌아가 은신하면서 「회고록(Mémoires)」의 집필을 시작했다. 전에는 야심과 행동의 전형적 기사였던 그는 실의와 조용한 사색 속에서 문인으로 변모했던 것이다. 1655년 42세 때 근신 생활에서 물러난 라 로슈푸코는 파리의 저택으로 돌아와 그 무렵 화려하게 열리던 여러 곳의 문예 살롱에 드나들었다. 그 중에서도 특히 사블레 부인의 살롱에 자주 드나들었다. 이곳에는 얀센주의를 믿는 포르루아얄(Port-Royal) 수도원의 신학자들이 단골 손님으로 참석하고 있었다. 사블레 부인도 열성적인 얀센주의자였다. 얀센주의란 그즈음 프랑스 종

라 로슈푸코관

교계에 유행했던 가톨릭교의 새로운 교파의 교리였다.

이 살롱을 통해 25세의 젊은 라 파예트 부인과의 우정이 싹트기 시작했고 동시에 그는 43세 때인 1656년부터 「잠언과 성찰」을 쓰기 시작했다. 라 로슈푸코의 잠언은 라 파예트 부인의 영향에 의해 지나치게 격렬하고 신랄한 표현은 다소 완화되었다고 한다. 그녀의 따뜻한 배려에 의지하여 라 로슈푸코는 만년의 불행과 병고를 견디었다. 그는 51세 때부터 심한 관절염으로 고생했으며 이 병은 그의 지병이 되어 죽을 때까지 그를 괴롭혔다.

라 파예트 부인의 위로와 조언을 받으면서 라 로슈푸코가 써 온 「잠언과 성찰」은 1665년 52세 때에 드디어 초판이 세상에 나왔다. 그 뒤 이 잠언집은 끊임없이 덧붙여지고 고쳐져 1678년의 제5판에 이르러 결정판이 되었으며 또한 그 해 라 파예트 부인의 소설 「클레브 공작부인」가 출간되었는데 이 작품을 쓰는 데는 라 로슈푸코의 협력이 컸다고 한다.

정열적인 기사로서 또한 신랄한 잠언가로서 파란 많은 일생을 보낸 라 로슈푸코는 1680년 3월 15일 그즈음 유명한 대주교 보쉬에의 손으로 종부성사를 받고 이튿날 지병인 통풍의 발작으로 66세의 나이에 운명했다.

2. 라 로슈푸코의 사상

라 로슈푸코는 쾌락주의자로 불렸으나 풍부한 상상력을 지닌 통찰력 때문에 어떤 교조에도 얽매이지 않았다. 미셸 드 몽테뉴와 블레즈 파스칼처럼 그도 인간의 주위에는 많은 불가사의가 있어서 인간의 노력을 하찮은 것으로 만들며 그 지식을 비웃는다는 것을 알고 있었다. 또 인간에 대해 그가 알지 못하는 많은 것들이 있으며 사유와 존재, 인간 자신과 인간의 행위 사이에는 간격이 있음을 깨달았다. "자연은 우리에게 훌륭한 자질들을 부여하나 그것이 나타나기 위해서는 기회가 필요하다." 어떤 잠언들은 무기력한 힘을 존중하는가 하면 또 다른 잠언들은 힘에 대한 거의 니체적인 숭배를 드러내고 있다. 이런 모든 통찰들은 프랑스 고전주의 학파에 공통된 것처럼 보인다. 그는 귀족 신분으로 작가라고 불리는 것을 경멸했지만 이 유파의 뛰어난 일원이었다. 그가 명성을 얻고 자신의 추종자들에게 영향을 끼친 것도 이러한 통찰 때문이었다. 그의 추종자로는 영국의 웅변가이며 저술가인 체스터필드 경, 소설가이자 시인인 토머스 하디, 독일의 철학자 프리드리히 니체, 게오르크 크리스토프 리히텐베르크, 프랑스의 작가이며 비평가인 스탕달, 샤를 오귀스탱 생트뵈브, 앙드레 지드 등이 있다.

그렇지만 그의 영예는 사상가라기보다는 예술가로서의 것이다. 그는 다양하고 교묘한 언어의 배열을 통해 주옥 같은 잠언을 만들어냈다. 잠언의 가치는 반드시 그 진실한 내용에 있지 않으며, 그보다는 오히려 진실의 새로운 측면을 드러내보이는 극적인 언어에 있다. 그는 그 이상의 것을 할 시간이 없다고 서술하고 정의하면서도 단순하고 명확한 이미지를 경탄스럽게 사용한다. 어떤 때는 마지막 한 단어가 그 앞의 말들을 역설적으로 뒤엎는 효과를 나타내기도 한다.

예컨대 "사람들이 아낌없이 베푸는 것은 충고뿐이다"라든가, "혼자서만 현명해지겠다는 것은 아주 어리석은 일이다" 같은 잠언들이 그런 것이다.

프랑스에는 거의 어느 시대에나 인간성의 현실에 주의를 기울이면서 인간이 사는 방법을 탐구하려는 작가들이 있었다. 이들을 '모럴리스트'라고 한다. 라 로슈푸코는 몽테뉴 및 라 브뤼예르와 함께 모럴리스트를 대표하는 작가다. 모럴리스트는 있는 그대로의 적나라한 인간을 관찰하는 일에서 출발하여 인간성의 현실을 인식하고 인간다운 생활 방법을 탐구하는 사람들이다. 모럴리스트의 기본적 사색에는 반드시 인간에 대한 폭넓은 관찰과 자기 자신의 풍부한 인생 체험이 있다. 그 사색 태도는 철저하게 인간의 현실에 밀착되어 철학자의 형이상학적 추론과는 관계가 없다. 즉 모럴리스트가 목적하는 바는 모순 많은 인간의 진실에 대한 인식이지 이론적 체계를 수립하는 일이 아니다.

라 로슈푸코의 자필 원고

그러므로 라 로슈푸코를 비롯하여 이들 모럴리스트의 작품에는 이론이나 체계의 부족한 점이 있더라도 거기에는 반드시 독자를 압도하는 인간의 진실이 담겨 있다. 넓은 인간 관찰과 풍부한 인생 체험으로 뒷받침된 진실의 무게가 있다. 라 로슈푸코의 「잠언과 성찰」은 이러한 모럴리스트의 전형적인 작품이다. 겨우 한두 줄의 짧은 잠언에도 저자의 생애를 건 인생 체험이 집약되어 있으므로, 인간은 어떻게 살아야 할 것인가 하는 엄숙한 문제를 독자에게 제시해 주는 영원한 고전이라고 할 수 있다. 라 로슈푸코는 「잠언과 성찰」의 첫머리에 우리들이 흔히 미덕이라고 일컫는 것은 대개 가장된 악덕에 지나지 않는다. 라는 잠언을 내걸고 인간 관찰에 대한 자신의 자세를 명시하고 있다. 그는 그의 잠언집 속에서 보통 세상에서 미덕이라고 하는 우정·감사·헌신·겸손·예의·성실·정의·박애·침착·인자·관대 따위가 모두 가식에 지나지 않는다는 것을 폭로했다. 치과 의사가 메스와 핀셋으로 인간의 육체를 대하듯, 라 로슈푸코는 자신의 쓰디쓴 인생 체험과 풍부한 인간 관찰을 가지고 인간 심리의 임상의로서 임했다. 그리하여 인간의 온갖 마음의 움직임, 모든 행위의 내부에 감춰진 자기애를 하나도 남김없이 정확하게 적발했다. 따라서 「잠언과 성찰」은 인간의 악과 추함과 약점에 대해 가차없는 분석을 가한 진단서이다. 인간 정신에 대해 가장 가혹한 점수를 매긴 채점표라고 할 수 있다.

3. 잠언과 성찰

라 로슈푸코가 살았던 17세기 중엽의 프랑스 궁정과 사교계를 지배하고 있었던 것은 외형을 중시하는 우아한 귀족 취미였다. 이 시대의 사람들은 인간성의 본질은 잊고 오직 외형적인 우아함과 섬세함, 세련미를 추구했으며 현실에는 있을 수 없는 인간상에 도취되어 있었다. 그즈음 프랑스에서 유행했던 뒤르페의 목가소설 「아스트레(L'Astrée)」 등이 그것을 입증한다. 이들 소설의 작중 인물들은 순수한 사랑에 충만해 있고 몸짓은 우아하고 세련되며 그들의 행위는 모두 헌신과 미덕을 위해 존재했다. 그즈음 사람들은 이들 목가소설에 나오는 인물들의 선과 미덕과 예의를 자기들의 생활 규범과 도덕률로 삼았다. 그러나 이것은 덧없는 인간의 아름다운 환영에 지나지 않았다. 이처럼 인간 본연의 현실적 자세를 잃고 안일과 미덕에 빠져 미화된 인간상의 환영에 도취되어 있을 때 라 로슈푸코의 「잠언과 성찰」이 나왔다.

이 '잠언'이라는 독특한 문학 양식은 짧은 형식을 요구한다. 인간의 보편적 진실이라는 큰 주제를 다루면서 되도록 적은 말로 되도록 풍부한 내용을 표현하는 것이다. 이 모순을 훌륭하게 극복한 것이 뛰어난 잠언이다. 그러므로 저자의 깊은 인생 체험과 넓은 인간 관찰이 한두 줄의 글 속에 집약되고 결정(結晶)되어야 한다. 라 로슈푸코의 「잠언과 성찰」이야말로 이러한 집약을 이룩한 훌륭한 작품이다.

그는 문예 작품으로서 전 생애를 통하여 「잠언과 성찰」이 한 권의 책밖에 남기지 않았다. 이 책은 겨우 2백 페이지 정도가 되는 작은 책자다. 그러나 그는 이 한 권에 의해 프랑스 문학사에는 물론 세계 문학사에서 이채로운 존재가 되었다. 아무도 이렇게 적은 분량으로 이렇게 높이 평가받지 못할 것이다.

예부터 많은 작가들이 「잠언과 성찰」을 머리맡에 놓아 두고 애독하였다.

프랑스에서는 라 퐁텐, 볼테르, 콩스탕, 생트 뵈브, 플로베르, 그리고 다른 나라에서는 스위프트, 니체, 쇼펜하우어, 톨스토이 등이 모두 그렇다. 라 로슈푸코의 잠언 가운데 몇몇은 그들의 '좌우명'이 되었다. 인간의 약점과 나쁜 곳만 파헤친 그의 날카롭고 신랄한 잠언이 어떤 까닭에서 이처럼 위대한 철학자와 문학자들의 정신에 매력을 끌고 영향을 준 것일까? 그것은 한 마디로 말해서 라 로슈푸코의 비할 바 없는 인간 인식의 예리함에 있었을 것이다. 이 작품은 가장된 아름다운 환상을 파괴하고, 냉엄하게 인간을 진단하고 인간의 현실적 자태를 보여 주었던 것이다. 인간성의 악을 꿰뚫어보는 그의 엄숙한 응시는 인간의

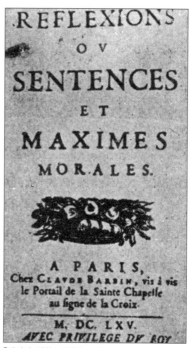

「잠언과 성찰」 초판(1665).

가식된 자만에 대한 도전이었다. 그 세밀한 심리 분석은 안일한 인간 해석에 대한 반증이었다. 인간이 자기의 약점을 잊고 자기의 힘을 과신하고 '인간의 이상상(理想像)'을 가장하고 있을 때 라 로슈푸코는 「잠언과 성찰」로써 '인간의 현실상'을 드러낸 것이다. 겨우 한두 줄의 짧은 잠언에 불과하지만 라 로슈푸코는 그것으로 인간 심리를 분석했으며, 정확하게 인간성의 진실을 지적한다. 독자들은 이들 잠언 하나하나에 담긴 압축된 인간의 진실 파악에 압도되고 만다.

잠언이란 17세기 프랑스에서 훌륭한 취미와 재능을 가진 귀부인이나 숙녀 및 신사들이 모인 살롱에서 생긴 문학인데, 인간 정신과 감정을 짧은 문장으로 간결하고 예리하게 표현한 것이다. 라 로슈푸코의 잠언의 뜻을 올바르게 파악하려면, 그즈음 재상 리슐리외와 마자랭에게 반항하여 프롱드의 난에 가담하였다가 실패하고 실의의 생애를 보낸 귀족 라 로슈푸코의 심경을 상기하고 그즈음 프랑스 역사를 알아 둘 필요가 있지만, 이 작품에는 인간의 가면을 벗기는 냉엄한 눈과 작자의 페시미즘과 운명론 및 귀족적 선(善)의

추구가 표현되어 있어 인간 내부의 심리 동태를 여실히 분석하고 있다는 점에서 그의 잠언은 풍부한 내용과 짙은 밀도로 우리에게 깊은 감명을 준다.

제1편은 1665년 「도덕에 대한 성찰과 잠언 Réflexions ou sentences et maximes morales」이라는 제목으로 출판되었는데 경구만 수록되지는 않았다. 가장 감동적인 항목은 이기심에 관한 묘사로서, 그는 삶의 모든 양태와 인간의 모든 행동 속에서 이기심을 발견했다. 3쪽에 달하는 이 항목은 제1판에만 들어 있고, 그 이후는 작자 스스로가 삭제했다. 자필 원고에는 오랫동안 마음속에 간직해왔던 잠언들도 보이는데, 때로 여러 가지 이본(異本)들에서 일련의 연관된 문장들이 아주 간결하게 다듬어져가는 과정을 볼 수 있다. 또한 일반적인 명제 속에서 프롱드나 정치에 대한 개인적인 감정이 종종 거친 표현으로 묘사되기도 한다.

더욱이 라 로슈푸코의 잠언은 언어의 배치에 있어서 의식적인 기법을 쓰고 있다. 동일어(同一語)나 동의어(同意語)가 묘미있게 반복되고 병렬되고 대응되면서 멋진 강조의 효과와 균형의 아름다움을 이루고 있다. 이와 같은 시각과 의미의 균형과 동시에 음절수의 조화에 의한 리듬이 있다. 예를 들어 3·3·3조와 8·8조 따위의 리듬 감각에 넘치는 잠언이 상당히 많다. 위에 설명한 여러 가지 면에서 라 로슈푸코의 「잠언과 성찰」은 정확한 심리 분석과 엄격한 인간 인식이라는 사상적 가치와 더불어 표현 기법의 문학적 가치로 보아서도 프랑스 문학의 뚜렷한 고전으로 영원히 그 이름을 남긴 작품이다.

라 브뤼예르의 생애와 사상

1. 라 브뤼예르의 문학

프랑스의 전형적 모럴리스트의 한 사람으로 몽테뉴나 라 로슈푸코와 어깨를 겨루는 라 브뤼예르는 1645년 8월 파리의 소시민 가정에서 태어났다. 아버지는 파리 시청 세무과에 근무하는 관리였기 때문에 어렸을 때 라 브뤼예르의 생활은 넉넉하지 못했다. 그러나 그는 학문에 대한 열정이 강해서 오라트와르 교파의 학교에서 라틴어뿐만 아니라 그리스어, 독일어를 배웠다. 20세 때에 오를레앙 대학에서 법학을 공부하고 법학사의 학위와 변호사의 자격을 얻어 파리 고등법원의 변호인이 되었다.

그가 살았던 17세기 프랑스 사회는 귀족들이 득세한 세상이었으므로 좋은 머리와 재능을 가진 그로서도 출세의 기회를 잡지 못하고 이곳에서 8년 동안이나 근무했다. 그는 직장으로 통근하면서 시민 생활의 여러 가지 면을 관찰하는 한편 많은 학자 및 문인들과 친교를 맺었다. 그는 변호사의 자격을 얻었지만 법정에는 한 번도 선 일이 없었다. 마침 숙부가 세상을 떠나자 유산을 받게 되어 라 브뤼예르는 1673년 28세 때 까앙 시의 재무부 총무과 징세관의 직(職)을 살 수 있었다. 그즈음 관리는 하급 관리에게 일을 맡기고 자기는 파리에 머무를 수 있었으므로 어머니와 둘이서 단란한 독신 생활이긴 했으나 산책·독서·골동품 수집·애완 그리고 고명한 성직자의 설교 등을 들으면서 '현자의 무위(無爲)'를 즐길 수 있었다. 아무 배경도 없었던 그는 수입도 대수롭지 못한 이 증세관의 자리에 12년 동안이나 있었다.

이와 같이 조용한 생활을 보내고 있었던 그가 파리에서 어떤 사람들과 교제했는지는 알 수 없다. 다만 루이 왕조 때의 철학자이며 웅변가이고 위대한 대주교인 보쉬에를 알게 되어, 1684년 8월 그의 주선으로 대귀족인 콩데 공의 손자 부르봉 공의 교사가 되었다. 그러나 부르봉 공은 이름 높은 폭군이었고 그의 부모 앙기앙 공 부처 역시 오만하고 짓궂어 라 브뤼예르는 남모르는 고생을 했다. 이윽고 부르봉 공이 학업을 중도에서 포기하고 1886년 결혼한 뒤, 라 브뤼예르는 꽁데 공의 시종이 되었으며 나이는 이미 41세에 이르렀다.

이때 그는 콩데 공의 유명한 샹티이 저택의 도서실 관리를 맡게 되어 베르사이유, 퐁텐블로, 샹티이 사이를 오가는 왕족과 귀족들의 생태를 관찰하고, 때로는 직접 그들과 대화를 나눌 수 있었을 뿐만 아니라 독서와 사색할 시간도 충분히 있었으므로, 여기에서 그의 주저(主著)인 수상집 「인간성격론」의 원고가 틈틈이 씌어졌다. 이곳에서 보낸 시절은 대체로 행복하지 못했다. 왜냐하면 그는 자신이 중류 출신이라는 것을 자랑스럽게 생각했지만, 볼품없는 외모와 시무룩한 태도 및 신랄한 말투로 항상 웃음거리가 되었기 때문이다. 자신의 사회적 지위에 대한 열등감은 그가 쓴 책에 그대로 반영되어 있다. 그러나 그는 그런 상황에 놓여 있었기 때문에 타락한 사회에서 돈이 발휘하는 막강한 힘과 사회적 관습의 폭력, 그리고 하는 일 없이 빈둥거리며 시간을 보내는 귀족의 게으름과 변덕스러움 및 유행이 갖고 있는 위험을 속속들이 관찰할 수 있는 기회를 얻었다. 그리하여 1688년 그가 43세 때, 자신이 번역한 고대 그리스의 철학자 테오프라스토스의 「성격론」과 함께 그 부록 형식으로 「인간성격론」이 출간되었다. 테오프라스토스의 성격론보다 분량이 훨씬 많은 자신의 「인간성격론」을 왜 부록 형식으로 했으며, 왜 이 책에 자기 이름을 밝히지 않았는지 그 이유는 알 수 없다. 이것은 라 로슈푸코가 그의 저서 「잠언과 성찰」에 이름을 안 밝힌 이유처럼 책략에 의한 것이 아니라, 단순한 겸양의 마음에서 한 일이 아닌가 짐작된다.

이 작품은 라 브뤼예르의 마음속에 피고 있었던 그즈음 귀족 가문과 그들의 금력에 대한 도전이었다. 이 책에는 귀족을 모델로 한 인물 묘사가 여러 각도에서 풍자적으로 그려져 있다. 이는 대단한 소문과 물의를 일으켰는데 저자가 라 브뤼예르인 것은 아무도 몰랐다. 「인간성격론」은 1년 동안 3판이나 매진되는 등 베스트셀러가 되었다.

이리하여 라 브뤼예르는 1693년 48세 때에 아카데미 프랑세즈의 회원이 되었다. 그러나 관례인 입회 연설에서 때마침 신구(新舊) 논쟁이 한창이었음에도 불구하고 부알로, 라신, 보쉬에 등 고대파의 사람들을 너무 칭찬하였기 때문에 근대파인 토마, 코르네유, 퐁트넬 등의 반감을 사게 되어 잡지 메르퀴르 갈랑의 지면에서 호되게 공격받았다. 이듬해에 그 동안의 여러 작품을 추가하여 그의 「인간성격론」은 제8판으로 결정판이 되어 출간되었다.

라 브뤼예르 초상

몇 년 동안 당대의 문단에 명성을 떨친 그는 은퇴하고 샹티이에 들어앉았다. 그즈음 성직자 페늘롱이 정적주의(靜寂主義)를 비난하여 신학상의 논쟁이 벌어지자, 그는 자기와 친우인 보쉬에 대주교의 입장을 지지하여 「정적주의 문답」 5편을 썼다. 그는 51세 때 「인간성격론」 제9판을 준비하다가 1696년 5월 11일 뇌일혈로 급서했다.

라 브뤼예르가 전 생애를 통해 남긴 저서는 당대의 신랄한 잠언가인 라 로슈푸코와 마찬가지로 「인간성격론」 한 권뿐이다. 많은 평론가들은 이 저서에서 라 브뤼예르가 뜻한 일관된 사상을 발견하려고 했으나 그것은 헛수고로 끝났다. 이 책을 읽는 독자의 눈을 먼저 끄는 것은 기독교적인 페시미즘인데 그것은 작품의 색조에 불과하고, 전체를 일관하는 구성이나 주제로 볼 수는 없다. 라 브뤼예르는 인간성에 대해 그 나름대로의 판단을 가지고 있었다. 즉 인간은 본질적으로 악하며, 신의 도움 없이는 그 천성인 악덕과 사악에 떨어진다는 기독교적 인간관이었다. 그러나 이것은 루이 왕조 당시의 사조이며 니콜, 보쉬에, 파스칼 등과 공통된 철학이다. 아무런 독창적 원리도 없고 라 브뤼예르가 쓴 「인간성격론」의 특색도 아니다.

라 브뤼예르 자신은, 단편적인 각 작품에는 '눈에 보이지 않는 연락'이 이어져 있으며 모든 부분이 기독교 옹호라는 하나의 목적을 위해 결부되어 있다고 말하지만 그의 주장은 지지하기 어렵다. 그의 주장과는 반대로 구성의 결여와 다양성이야말로 이 작품집의 본질이 아닐까? 그는 인간의 현실을 그 무한한 가능성으로 인해 단일한 것으로 결정할 수 없다고 말하는 위대한 모럴리스트인 것이다. 데카르트적 미학과 결별하고 프로스트나 베르그송을 예언한 진정한 선구자는 라 브뤼예르가 아닐까?

몽테뉴의 유창한 「수상록(Essais)」의 필치는 3~4가지 문제의 주위를 맴돌고 있을 뿐이다. 파스칼의 「팡세」는 장중하고 웅대한 건축물의 주춧돌이다. 라 로슈푸코의 「잠언」은 하나의 목적과 암담한 체계로 독자의 마음을 이끌어가고 압도하는 강한 힘이 있다. 그러나 라 브뤼예르의 「인간성격론」은 20년 동안 그때 그때의 기분에 따라 틈틈이 써 모은 인상 및 관찰과 성찰의 수첩이다.

그러므로 라 브뤼예르는 같은 시대의 모럴리스트처럼 미리 확립한 철학에 의해 추상적 인간을 그리는 대신 자유로운 관찰자로서 구체적인 낱낱의 인간을 그렸다. 즉 '인간'을 그리는 대신 '인간 백태(人間百態)'를 그렸으며 '잠언' 보다 '포르트레(초상)'를 즐겨 그렸던 것이다.

따라서 「인간성격론」의 저자 라 브뤼예르는 형이상학자가 아니라 심리학자라고 할 수 있으며 여러 가지 인간의 모습을 그린 풍속화가라고 하겠다. 그러므로 그의 탁월한 관찰의 바탕을 이루는 것은 사상이나 철학적 원리가 아닌 더욱 풍부한 '감수성(感受性)'이었다. 다른 모럴리스트보다 체계적이진 않았지만 그에게는 풍부한 변화와 관조 속에 인간성의 내부를 맛보게 하는 조용한 매력이 있는 것이다.

2. 「인간성격론」에 대해서

「인간성격론」의 본디 제목은 「현세기의 성격집 및 풍속집」이다. '현세기'란 말은 라 브뤼예르가 살았던 17세기 프랑스의 귀족 사회를 가리키는 것은 두말 할 나위도 없다. 1688년에 초판이 출간되었을 때 테오프라스토스의 「성격론」의 부록 형식으로 나왔으므로, 독자의 이해를 쉽게 하기 위해 광범

16세기 무렵의 파리 중심부(코 디유의 동판화). 라 브뤼예르는 파리에 오랫동안 머무르면서 귀족사회의 생태를 고찰한 「인간성격론」을 썼다.

위한 일반적인 표제로 「인간성격론」이라는 이름을 역자가 붙인 것을 양해하기 바란다.

그렇다고 이 책이 인간 성격에 대한 철학적 심리학적 이론서는 아니다. 책의 내용은 성찰 및 잠언의 부분과 포르트레의 부분으로 이루어졌다. 잠언과 포르트레는 17세기 프랑스의 문예 살롱에 유행했던 일종의 지적 놀이에서 시작된 문학 양식이다. 포르트레는 인물의 외관을 기지에 넘친 필치로 묘사하고 인간의 개성이나 특징을 짧은 문장으로 표현한 것이다. 한편 잠언은 인간 내면의 심리를 분석하고 그것에 의해 인간성을 추구하고 파악하려고 하는 짧은 문장으로 표현한 문학 형식이다. 라 브뤼예르의 잠언은 라 로슈푸코에는 미치지 못한다 하더라도 '포르트레'에 있어서는 아무도 따라오지 못할 독자적인 경지를 이루고 있다.

「인간성격론」의 내용을 크게 분류하면 문예 비평, 풍속 묘사, 사회 풍자의 세 가지로 나눌 수 있다. 그의 문예 비평은 16세기 문학의 사적 개관(史的概觀) 등이 있으며 근대 문예 비평의 선구를 이루고 있다. 풍속 묘사에 있어서는 동시대인의 있는 그대로를 묘사하고 그 결정을 바로잡으려 하지만 동시에 그 배후에 있는 인간의 영원한 현상을 잘 표현하고 있다. 특히 '포르트레'의 형식으로 묘사한 이 풍속 묘사는 바로 소형소설(romanen miniature)이며 18세기 이후의 소설에 큰 영향을 주고 있다. 그의 사회 풍자는 비평가로서의 독자적 이론을 가지고 있었던 것은 아니지만, 권력과 금력만이 활개치던 17세기 사회의 불합리성을 규탄하는 정의감과 인간애는 후세의 사회이론가에게 큰 자극을 주었다.

라 브뤼예르는 모순을 두려워하지 않았다. 그의 정치사상은 때로 혁신적이고 때로는 아주 보수적이었다. 우리들은 그의 작품 속에서 루이 왕조의 사회 정책에 대한 '고소장'을 볼 수 있다. 이를테면 하층계급에 대한 어느 정도 선동적인 연민의 정, 허영에 사는 귀족들과 부호들 그리고 세속적인 성직자와 경박한 궁정인에 대한 증오, 비참한 농민들에 대한 동정 따위를 그의 작품 속에서 찾아 볼 수 있다.

그러나 무엇보다 라 브뤼예르를 정당하게 높이 평가할 수 있는 것은 그의 뛰어난 문체이다. 그는 풍부한 어휘를 자유자재로 구사하여 문장에 무한한 변화를 주었다. 긍정과 의문, 가정과 암시, 그리고 감탄이 서로 교차되어 그의 문장을 살리고 있다. 간결하고 압축되고 보편적이고 순수한 라 로슈푸코의 문체와는 달리 라 브뤼예르의 사상은 종종 자취를 감추고 외형적 물질적 의상을 걸치고 등장한다. 말하자면 그것은 뉘앙스가 풍부한 성찰이며 재치 있는 '포르트레'로 표현되었다. 그는 유연한 예술가의 솜씨로 일상생활의 현실성에 주의를 기울이고 그 진실성을 묘사하고 있다. 그의 완벽하게 다듬어진 예술적 문체는 후세의 프로벨, 메리메, 공쿠르 형제, 아나톨 프랑스, 마르셀 프루스트 등의 대작가들의 작품의 근원을 이루는 것이라고 해도 지나친 말은 아니다. 쥘리앙 방다는 '라 브뤼예르의 문체는 투명한 빛처럼 맑고 우리 시대의 모든 위대한 문체를 순수하게 담고 있으며, 19세기의 프리즘이 이것을 분해한다'고 높이 평가하고 있다.

에라스무스 연보

1466년
10월 27일 로테르담에서 출생. 그 밖에 1467년, 1469년에 탄생했다는 설도 있다. 아버지는 성직자였으며 어머니는 의사의 딸이었다. 가톨릭 교회의 성직자는 결혼할 수 없었으므로 에라스무스는 사생아 신분이었다. 그보다 3살 많은 형이 있었다.

1475년(9세)
형제는 아버지의 뜻에 따라 '공동생활 형제회'가 경영하는 데벤테르의 학교에 입학했다.

1483년(17세)
어머니가 페스트로 세상을 떠났다. 형제는 학교를 그만두었다.

1484년(18세)
아버지가 세상을 떠났다. 형제는 친척들의 도움을 받아 다른 도시의 '공동생활 형제회' 부속학교에 입학했다.

1487년(21세)
스테인 수도원에 들어갔다. 형은 다른 수도원에 들어갔다.

1488년(22세)
수도사 자격을 얻었다. 이 무렵 에라스무스는 고대 로마의 시문을 즐겨 읽었다.

1492년(26세)

사제 자격을 얻었다.

1493년(27세)

수도원을 나와 캄브레 주교의 비서가 되었다. 주교를 모시면서 네덜란드 곳곳을 여행했다. 그 동안 꾸준히 집필해 왔던 「반(反) 야만족 이론」(1520년 출판) 등을 완성하려고 노력했다.

1495년(29세)

주교의 허락을 받아 파리로 유학을 가서 몽테귀 대학의 기숙사에 들어갔다. 일설로는 1494년이라고도 한다.

1496년(30세)

1년도 채 안 되어 몽테귀 대학을 그만두었다. 캄브레, 스테인으로 갔다가 다시 파리로 돌아온다. 라틴어 개인교수로 일하면서 생계를 꾸렸다. 이때 그가 교재로 만든 「일상회화 문례집(文例集)」, 「단어·숙어집」 등은 뒷날 개정·증보를 거쳐 출판되었다.

1499년(33세)

스테인에 가서 신학 연구를 허락받은 뒤 다시 파리로 돌아왔다. 그는 개인교수로서 새로운 제자를 가르쳤다. 바로 젊은 마운트조이 남작이었다.

5월에 남작의 초청을 받아 영국을 방문했다. 이때 콜레트와 모어 등을 만났다. 그는 콜레트와의 교류를 통해, 그리스어를 공부해서 보다 심오한 신학 연구에 매진하기로 마음먹었다. 이 무렵 헨리 왕자(미래의 헨리 8세)도 만났다.

1500년(34세)

1월이 되자 영국을 떠났다. 여름에는 「격언집」을 파리에서 출판했다. 파리에 페스트가 돌자 오를레앙으로 피신했다. 12월에 파리로 돌아왔다.

1501년(35세)

또다시 페스트를 피해 브뤼셀·스테인으로 갔다. 에라스무스가 스테인을 방문한 것은 이때가 마지막이었다. 그 뒤 네덜란드 여러 지방을 전전했다. 이런 생활은 1504년 12월까지 계속되었다.

1504년(38세)

2월에 「기독교 병사의 필독서」를 다른 단편들과 함께 한 권으로 묶어 앤트워프에서 출판했다. 1503년에 출판했다는 주장도 있다.

이해 여름, 루뱅 근처의 수도원 서고에서 로렌초 발라가 쓴 「신약성서 주해」의 사본을 발견했다. 이 책은 그에게 강한 자극을 주었다.

1505년(39세)

발라의 「신약성서 주해」를 파리에서 인쇄해 간행했다. 가을에는 다시 한 번 영국을 방문했다. 모어가(家)나 마운트조이 남작가에 머무르면서 옛 친구들과 교류하고 새로운 명사들과 사귀었다. 그는 모어와 함께 루키아노스의 작품을 라틴어로 공동 번역하는 일에 도전했다.

1506년(40세)

헨리 7세의 주치의에게 부탁을 받아, 이탈리아로 유학 가는 그의 아들들을 수행했다. 파리, 스위스를 거쳐 9월 무렵에는 토리노에 도착했다. 그는 이곳의 대학교에서 신학박사 학위를 땄다. 그 뒤 목적지인 볼로냐에 도착했지만 전쟁의 위협 때문에 피렌체로 잠시 피난했다. 11월에 볼로냐로 다시 돌아왔다.

1507년(41세)

수행 임무를 마친 뒤, 10월에 베네치아의 출판 업자인 알두스 마누티우스를 찾아갔다. 마누티우스의 친척 집에서 한동안 머물렀다.

1508년(42세)

알두스 인쇄소에 다니며 「격언집」 증보 작업을 시작했다. 편집서와 역서

(譯書)를 간행했다.

1509년(43세)

베네치아 근처의 파도바에서 유학하고 있던, 스코틀랜드 왕 제임스 4세의 서자를 개인적으로 지도했다.

교황이 베네치아를 공격하자 에라스무스는 시에나로 피난 갔다. 그 뒤로 마를 방문하여 높은 사제들의 환대를 받았다.

8월에는 이탈리아를 떠나 영국으로 갔다.

1511년(45세)

4월에 런던에서 파리로 돌아왔다. 그가 런던의 모어가(家)에서 체류할 때 집필했던 「바보예찬」을 파리에서 출판했다. 「바보예찬」의 초판 1800부는 순식간에 다 팔렸으며 이듬해 5월에는 제5판이 나왔다.

8월 말에는 케임브리지 대학교 총장 요한 피셔의 초청으로 영국에 건너갔다. 그는 퀸스 대학교 기숙사에 체재하면서 강의도 하고, 캔터베리 대주교와 마운트조이 남작이 주는 연금도 받으면서 3년간 영국에 머물렀다.

1514년(48세)

3월에 반전사상이 담긴 편지를 써서 생 베르탕 수도원장에게 보냈다. 이 편지는 뒷날 수정되어 1515년, 1517년에 간행됐다.

7월에는 영국에 머물면서 썼던 원고 및 연구 자료를 가지고 스위스의 바젤로 건너갔다. 도중에 스테인 수도원에서 보낸 복귀 독촉장을 받았지만 응하지 않았다. 그는 나중에 교황에게 부탁해서 복귀 면제를 받을 생각이었다. 8월이 끝날 무렵에는 바젤에 도착했다. 이곳의 프로벤 서점에서 그는 출판 준비를 시작했다.

1515년(49세)

한스 홀바인(아들)이 「바보예찬」의 삽화를 그렸다.

1516년(50세)

2월에 「그리스어 신약성서 교정본」을 교황 레오 10세에게 헌정했다. 이 책은 16세기 중에 229번이나 재판되었다.

4월부터 8월까지는 「성 히에로니무스 저작집」(7권)을 간행했으며, 6월에는 스페인 왕 카를로스 1세의 특별 고문관으로서 「기독교 군주교육」을 왕에게 바쳤다.

이상의 모든 책은 프로벤 서점에서 출간되었다.

1517년(51세)

1월에 교황의 특허장을 받았다. 덕분에 그는 수도사가 지는 의무를 면제받게 되었다.

여름이 되자 루뱅 대학교의 일원으로서 루뱅에 머물렀다. 그는 이곳에서 약 4년간 지냈는데, 세계 각국의 왕이나 대학 교수들에게 종종 초빙되기도 했다.

12월에는 「평화의 호소」, 「루키아노스 작품집」(모어와 공동 번역) 등을 프로벤 서점에서 간행했다.

1518년(52세)

「결혼예찬」 등을 발간했다. 루터의 '95개조 반박문'을 모어에게 보냈다.

1519년(53세)

루터에게 첫 번째 편지(3월 28일)를 받았다. 에라스무스는 답장(5월 30일)에서 중립을 표명했다.

「일상회화 문례집」(1496년 부분 참조)을 수정한 뒤 간행했다.

1520년(54세)

헨리 8세와 회담하러 가는 카를 황제를 수행하였다.

젊은 시절에 쓴 초고 「반(反) 야만족 이론」을 프로벤 서점에서 출판했다.

1521년(55세)

1월 27일, 보름스에서 제국의회가 열렸다. 에라스무스도 초청을 받았지만 불참했다. 참고로 이 의회에 소환된 루터는 당당하게 자기 소신을 밝혔다. 그 결과 루터는 제국에서 추방되고, 그의 저서는 금서로 지정되었다. 하지만 루터는 작센 선제후의 보호를 받아 바르트부르크 성에 머무를 수 있었다.

에라스무스는 10월에 반(反) 개혁파인 루뱅 대학교를 떠나 바젤로 갔다.

1522년(56세)

바젤에 정착하여 저술 활동에 전념했다. 이때부터 에라스무스의 만년이 시작된 것이다.

3월에는 「일상회화 문례집」을 2배로 증보해서 프로벤 서점을 통해 출판했다. 이후 「일상회화 문례집」은 해마다 개정·증보를 거쳐 출간되었다. 1526년 판에서는 마침내 제목이 「대화집」으로 바뀌었다.

8월에는 츠빙글리가 개혁 운동에 참가해 달라고 에라스무스에게 요청했다. 그러나 에라스무스는 거절했다.

1523년(57세)

교황, 프랑스 왕, 작센 선제후가 각기 다른 목적으로 에라스무스를 초빙했다. 그러나 에라스무스는 전부 거절했다.

1524년(58세)

3월에 「신약성서 해석」을 발간했다. 이 무렵부터 파리대학교 신학부가 에라스무스를 엄하게 비판하기 시작했다. 헨리 8세나 교황 하드리아누스 6세 등은 에라스무스에게, 그가 반(反) 루터임을 분명하게 드러내는 논문을 집필하라고 말했다.

9월이 되자 그는 「자유의지론」을 간행해서 루터의 주장을 비판했다.

1525년(59세)

파리대학교 신학부가 「평화의 호소」 프랑스어 판을 고발해서 금서로 만들었다.

12월에는 루터가 「자유의지론」에 대항해 「노예의지론」을 발표했다.

1526년(60세)

「노예의지론」에 대한 반론을 2월에 발표했다.

「일상회화 문례집」의 최종 증보판을 「대화집」이란 이름으로 발행했다. 그러나 파리대학교 신학부는 이 책도 금서로 지정했다. 5월에는 파리대학교 신학부 교수인 노엘 베다가 르페브르와 에라스무스를 비판했다.

8월에 「기독교 결혼지침」을 발간했다.

1527년(61세)

에라스무스가 자주 신세지던 출판사인 프로벤 서점의 주인 요한 프로벤이 10월에 세상을 떠났다.

1528년(62세)

3월에 「라틴어, 그리스어의 정확한 발음에 대해서」와 「키케로파(派)」를 하나로 묶은 책을 프로벤 서점에서 출판했다.

1529년(63세)

루터파와 갈라선 스위스의 츠빙글리파가 바젤에서 교회 지배를 확립했다. 에라스무스는 바젤을 떠나 그곳에서 60km쯤 떨어진 프라이부르크로 갔다.

1533년(67세)

「교회일치 회복론」을 프로벤 서점에서 출판했다.

1534년(68세)

「죽음의 준비」를 프로벤 서점에서 출판했다.

1535년(69세)

출판과 관련된 일 때문에 바젤의 프로벤가에서 체류했다.

1536년 (70세)

7월 12일에 세상을 떠났다. 유해는 바젤 대성당에 안치되었다.

라 로슈푸코 연보

1613년

9월 15일 빠리에서 태어나다. 프랑스에서도 손꼽히는 대귀족 라 로슈푸코 공작 집안의 장남이다. 아버지 라 로슈푸코 공작은 프랑수아 5세라 불리었다. 소년기는 주로 앙구무아 주에 있는 베르타이유 성에서 승마, 사냥, 목가 소설의 독서 등으로 자유스러운 소년 시절을 보내다.

1628년(15세)

1월 20일 불과 15세의 나이에 앙드레 드 비본과 결혼하다. 평생 동안 8명의 자녀를 낳다.

1629년(16세)

이탈리아에 첫 출전하다. 5월 1일 오베르뉴 연대장이 되다.

1630년(17세)

궁정에 돌아오다. 국왕 루이 13세의 왕비 안 도트리슈의 신뢰를 받아 왕비의 심복인 셰브뢰즈 공작 부인을 알게 되다. 안 왕비파의 음모에 말려들다.

1635년(22세)

플랑드르 전선에 출전하다.

1636년(23세)

궁정에 다시 돌아왔으나 군사를 비판했다는 이유로 재상(宰相) 리슐리외의 미움을 사게 되어 앙구무아 주의 자기 성으로 돌아오다. 이 무렵 투르에

은거중이던 셰브뢰즈 공작 부인(35세)과의 사랑이 익어 가다.

1637년(24세)
추방이 풀려 궁정에 복귀하다. 재상 리슐리외에게서 압박을 받고 있던 안 왕비를 브뤼셀로 구출하려는 음모를 꾸미다가 실패하여 셰브뢰즈 공작 부인 은 스페인으로 도망가고, 라 로슈푸코는 8일 간 바스티유에 투옥되었다가 2 년 간 고향의 성에 추방되다.

1639년(26세)
추방이 풀려 군무에 복귀하다. 플랑드르 원정군에 참가하여 무훈을 세우 다. 재상 리슐리외는 라 로슈푸코의 무용과 재능을 높이 사, 그를 자기 진영 에 끌어들이기 위해 여단장의 자리를 제공하나 이것을 단호히 거절하다.

1640년(27세)
고향의 베르타이유 성에서 평온한 생활을 보내다.

1642년(29세)
라 로슈푸코의 정적(政敵)인 리슐리외 재상 사망하다.

1643년(30세)
루이 13세 사망하다. 안 여왕이 섭정직을 맡고 마자랭이 재상이 되다. 마 자랭의 간계로 라 로슈푸코는 여왕으로부터 경원을 당하고 셰브뢰즈 공작 부인으로부터 버림을 받다.

1646년(33세)
반 마자랭파의 한 사람으로 재색을 겸비한 롱그빌 공작 부인과 알게 되다. 그녀에 대한 사랑으로 라 로슈푸코의 마자랭에 대한 반감은 더욱 커지다.

1649년(36세)
1월 애인 롱그빌 공작 부인과의 사이에서 사내아이가 태어나다. 프롱드의 난($^{귀족들의 \ 마자랭}_{파에 \ 대한 \ 반란}$)에 참가하다. 반란군을 지휘하다 부상을 입다. 반란은 실패하고 대사면으로 자유의 몸이 되다.

1651년(38세)
마자랭파와 반 마자랭파 사이에 정치적인 흥정이 진행되다. 롱그빌 공작 부인과 헤어지다.

1652년(39세)
세 번째 프롱드의 난이 일어나다. 다시 반란군을 이끌고 분전, 7월 얼굴에 총탄을 맞다. 반란은 실패하나 10월에 대사령이 내리다.

1653년(40세)
심신이 피로하여 고향에 돌아가다. 「회고록」의 집필을 시작하다.

1655년(42세)
파리 리앙쿠르의 저택으로 옮기다. 사블레 부인의 살롱에 자주 드나들다. 이 무렵 라 파예트 부인(25세)과의 우정이 싹트다.

1656년(43세)
「잠언」을 쓰기 시작하다.

1659년(46세)
루이 14세로부터 8천 리브르의 연금을 받게 되다.

1665년(52세)
「잠언과 성찰」(잠언 3백 17편 수록)의 초판이 출간되다.

1680년(66세)
3월 15일 그즈음 유명한 대주교 보쉬에의 손으로 임종의 종부성사를 받고 이튿날 지병인 통풍의 발작으로 세상을 떠나다.

라 브뤼예르 연보

1645년

8월 파리의 소시민 가정에서 태어나다. 아버지는 파리 시청 세무과에 근무하는 관리여서 생활은 넉넉지 못하였다. 오라트오르 교파의 학교에서 라틴어, 그리스어, 독일어를 배우다.

1665년(20세)

오를레앙 대학에서 법학을 공부하고, 법학사의 학위와 변호사의 자격을 얻다. 파리 고등법원의 변호인이 되다. 8년 동안 근무하면서 많은 학자 및 문인들과 친구가 되다.

1673년(28세)

까앙 시의 재무부 총무과 징세관(徵稅官)의 직을 얻었으나, 그즈음 관리는 일은 하급 관리에게 맡기고 자기는 빠리에 머물러 있을 수 있었으므로 어머니와 단란한 독신 생활을 하다. 12년 간 근무하다.

1684년(39세)

루이 왕조 때의 위대한 대주교 보쉬에의 주선으로 콩데 공의 손자 부르봉 공의 교사가 되어 파리와 샹티이의 두 저택에 머물면서 귀족풍의 생활을 하다.

1686년(41세)

부르봉 공의 결혼 후 콩데 공의 시종이 되다. 유명한 샹티이 저택의 도서실 관리를 맡게 되어, 베르사유와 샹티이 사이를 오가며 왕족과 귀족들의 생활을 관찰하는 한편 「인간성격론」의 원고를 틈틈이 쓰다.

1688년(43세)

그가 번역한 테오프라스토스의 「성격론」이 출간되었으며 이 책의 부록 형식으로 자신이 집필한 「인간성격론」이 같이 출간된다. 이 책에는 자기의 이름을 밝히지 않았으나 나오자마자 베스트셀러가 된다.

1693년(48세)

아카데미 프랑세즈의 회원으로 선출되다.

1694년(49세)

그즈음 성직자 페늘롱이 정적주의(靜寂主義)를 비난한 논쟁이 일어나자, 친숙한 대주교 보쉬에 편에 서서 「정적주의 문답」 5편을 쓰다.

1696년(51세)

「인간성격론」 제9판을 준비하다가 5월 11일 뇌일혈로 급서하다.

정병희(鄭秉熙)

성균관대학교 불문학과를 거쳐 서울대학교 대학원 불문학과를 졸업. 파리대학교 문학부(소르본대)에서 프랑스희곡 전공 박사학위 수여. 이화여자대학교 문리대 불문학과 교수 역임. 지은책 《한국가면극 연구(프랑스어 출판)》《프랑스 중세종교극 연구》 등, 옮긴책 《까뮈 희곡선집》, 《몰리에르 희곡선집》, 필립 《뷔뷔 드 몽빠르나스》, 프레보 《마농레스꼬》 등이 있다.

세계사상전집040
Desiderius Erasmus/La Rochefoucauld/La Bruyére
MORIAE ENCOMIVM ID EST STVLTITIAE LAVS CUM EPISTOLA AD M. DORPIUM
REFLEXIONS OU SENTENCES ET MAXIMES MORALES
LES CARACTERES DE THEOPHRASTE TRADUITS DU GREC
AVEC LES CARACTERES OU LES MOEURS DE CE SIECLE
바보예찬/잠언과 성찰/인간성격론
에라스무스/라 로슈푸코/라 브뤼예르/정병희 옮김
동서문화사창업60주년특별출판
1판 1쇄 발행/2016. 9. 9
발행인 고정일
발행처 동서문화사
창업 1956. 12. 12. 등록 16-3799
서울 중구 다산로 12길 6(신당동 4층)
☎ 546-0331~6 Fax. 545-0331
www.dongsuhbook.com
*
사업자등록번호 211-87-75330
ISBN 978-89-497-1448-6 04080
ISBN 978-89-497-1408-0 (세트)